2010
北京门头沟年鉴

北京市门头沟区地方志编纂委员会

中共党史出版社

图书在版编目（CIP）数据

北京门头沟年鉴. 2010/ 北京市门头沟区地方志编纂委员会编.
-北京：中共党史出版社，2010. 12
ISBN 978-7-5098-0906-8

Ⅰ. ①北…　Ⅱ. ①北…　Ⅲ. ①门头沟区-2010-年鉴　Ⅳ. ①Z521.3

中国版本图书馆 CIP 数据核字（2010）第 229359 号

书　　名：北京门头沟年鉴（2010）

编　　者：北京市门头沟区地方志编纂委员会
责任编辑：韩冬梅
出版发行：中共党史出版社
社　　址：北京市海淀区芙蓉里南街 6 号院 1 号楼
邮　　编：100080
网　　址：www.dscbs.com
经　　销：新华书店
印　　刷：北京市金星剑印刷有限责任公司
开　　本：787mm×1092mm 1/16
字　　数：836 千字
印　　张：28.75 印张 前插：29 页
印　　数：1—1500 册
版　　次：2010 年 12 月第 1 版
印　　次：2010 年 12 月第 1 次印刷
书　　号：ISBN978-7-5098-0906-8
定　　价：98.00 元(精装)

北京市门头沟区地方志编纂委员会

《北京门头沟年鉴》编辑部

编辑说明

一、《北京门头沟年鉴》是一部综合性资料性工具书，在中共门头沟区委和区人民政府的领导下，由北京市门头沟区地方志编纂委员会主持编纂。

二、本年鉴以马克思列宁主义、毛泽东思想、邓小平理论和“三个代表”重要思想为指导，按照科学发展观和构建和谐社会的要求，认真贯彻中央、市委、市政府的各项方针政策，遵循实事求是的原则，科学、客观地反映实际情况。

三、本年鉴从2002年开始，逐年编纂出版。当年出版的年鉴全面记述上一年度门头沟区在各条战线、各个方面所发展的重要事件和新的情况，系统汇集年度内重要的文献。为领导决策提供可靠的参考信息，为各行各业提供有价值的资料，为各方面人士了解门头沟、研究门头沟提供最新信息。

四、本卷年鉴反映的是2009年1月1日至12月31日期间的情况，文内一般直书月、日，不再书写年份。

五、本年鉴采用文章和条目两种体裁，以条目体为主，文字内容分为概述、大事记……共21个一级栏目，分目下设条目。

六、本卷年鉴收有门头沟区党、政、军、各民主党派、团体、街道、乡镇、部分企业负责人名录，以及驻区部分单位负责人名录。所列均以2009年内任职为限，其中有任免情况的分别予以注明。同时还收有2009年内获省、市级以上奖励和荣誉称号的单位和个人。

七、本年鉴的所选文章和条目，均由各部门、各单位确定专人撰写，经主管负责人审阅，并经区委、区政府有关部委办及领导审核。统计资料由统计局提供。照片由各单位提供。

八、本年鉴的编辑出版得到了区领导、撰稿单位以及各方面的大力支持和帮助，在此一并表示感谢。由于时间和水平所限，疏漏与不足或在所难免，恳请各界人士和广大读者批评指正，使《北京门头沟年鉴》越办越好。

石门营地块鸟瞰效果图

石门营地块原貌

石泉砖厂地块鸟瞰效果图

石泉砖厂地块原貌

北京市委书记刘淇到门头沟区调研

北京市委副书记王安顺到门头沟区调研

门头沟区区委书记伊欣欣参观“走过60年”门头沟庆祝新中国成立60周年老照片展

门头沟区区长刘云广参观“走过60年”门头沟庆祝新中国成立60周年老照片展

北京市门头沟区第十四届人民代表大会第五次会议

政协门头沟区第八届委员会第四次会议

中共北京市门头沟区第十届委员会第八次全体（扩大）会议

门头沟区第二批深入学习实践科学发展观活动动员会

门头沟区党风廉政建设工作会议

门头沟区2009年农村工作会

门头沟区2009年迎新春军政座谈会

门头沟区“国庆平安行动”安全稳定特派员培训会

门头沟区科学技术奖励大会

2009 年门头沟区干部培训秋季开学典礼

2009 年门头沟区人民检察院中层领导干部选任上岗答辩会

卫生系统预防职务犯罪法制法规培训

门头沟区第二轮区志编纂工作动员大会

门头沟区2009年度新农村建设档案工作座谈会

北京市第一部村志《川底下村志》首发式

门头沟区广电 新闻中心 2009 年工作会

2009 年门头沟区药品监督管理工作会

门头沟区财政局财政业务及体制改革培训

门头沟区举办“依法信访，共筑和谐”宣传日活动

地税局与区电视台制作专题访谈携手开展税法宣传活动

门头沟工商分局“12·4”法制宣传

开展森林防火宣传

区医院甲流康复患者送来锦旗和感谢信

龙泉医院“十一”红歌会

区政府对气象局2008年绩效工作督察考核

门头沟区地税局与立思辰公司文件打印外包签约仪式

门头沟区200人参与国庆60周年群众游行

区幼儿园开展“情系灾区——祝愿灾区小朋友健康快乐”百米画卷送祝福教育活动

参加2009北京国际旅游节活动

开展“寻找门头沟最美丽的山村”评选活动

2009年农村文艺演出星火工程启动仪式

大台街道“祝福祖国”群众舞蹈展演

“贺龙杯”中国业余篮球公开赛暨门头沟区第十一届“篮协杯”篮球比赛

门头沟区首届“羽协杯”羽毛球比赛暨“联通杯”青年羽毛球混合团体赛

监督员进工地进行食品安全法宣传

世界艾滋病日宣传活动

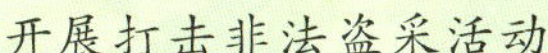
开展打击非法盗采活动

地震局应急救援培训

北京第二实验小学永定分校工程开工典礼

首师大附中永定分校高中新课改研讨会

门头沟区2009年社区换届选举工作动员会

黄土台社区第七届居民委员会选举大会

龙泉镇2009年农村集体经济产权制度改革工作总结会暨第一批股份经济合作社成立授牌仪式

永定镇2009年入党积极分子和后备干部培训班

王平镇优秀党员干部先进事迹报告会

政府补贴农机具发放仪式

黄安坨玫瑰花合作社分红

专家深入田间、地头进行实用技术指导

七彩雁翅美如画摄影大赛启动仪式

军庄镇第十二届京白梨采摘节开幕式

潭柘寺首届“玉兰节”开幕式

《双龙峡》杯摄影大赛

门头沟区迎接新中国成立60周年环境建设暨全面启动创建国家生态区工作动员大会

北京市门头沟区国家生态区建设规划专家评审会

滨河世纪广场

公路边坡修复

京津风沙源治理成果

莲花池西路门头沟段绿化

龙门涧沟治理

妙峰山镇采石废弃地生态修复科技示范工程

目 录

政法　军事

政法

农　业

农业工作

林果业

水资源开发利用

综合经济管理

统计工作

质量技术监督

审计局

药品监督管理

财税　金融　保险

财税

·财政

市政管委

公共事业

·供水

·供电

·供暖

·供气

环境保护

环境卫生

城市管理监察

交通　邮电

交通

·公路建设

科技　教育

科技

文化　卫生　体育

文化

卫生

社会　生活

老龄工作

街　道

大峪街道

城子街道

东辛房街道

大台街道

乡　镇

潭柘寺镇

永定镇

雁翅镇

斋堂镇

清水镇

人物

统计资料

概 述

概 述

门头沟区位于北京市西部，总面积1448.9平方公里，山区面积占98.5%。区政府驻地距市区（阜成门）25公里。辖9个镇、4个街道办事处。

2009年，全区人民在区委区政府领导下，深入贯彻落实科学发展观，按照“保增长、保民生、保稳定”的要求，全力促进经济增长，着力解决民生问题，全区经济社会各项事业保持平稳发展。

2009年年末常住人口28万人，其中居住半年以上外来人口3.8万人。户籍人口总户数113987户，总人数244704人，其中非农业人口184645人，农业人口59835人，未落常住人口224人。户籍人口中，全年出生人口1702人，死亡人口1563人，人口出生率6.97‰，死亡率6.40‰，自然增长率0.57‰，计划生育率97%。

经济总量：全区实现地区生产总值（GDP）74.8亿元，比上年增长2.2%。其中第一产业实现增加值1.3亿元，比上年增长20.5%；第二产业实现增加值37.5亿元，比上年下降9%；第三产业实现增加值36.1亿元，比上年增长16.4%。三次产业比重分别为1.7%、50.1%、48.2%。

2009年国民经济和社会发展

农 业

2009年，全区围绕农村改革发展、产业培育、生态建设和社会发展四个重点，加快建设生态、富裕、文明的新农村，农业取得良好发展，全年实现农林牧渔业总产值3.6亿元，同比增长16%。农业全年完成产值6501.1万元，同比下降0.4%；受京津风沙源治理和第二道隔离地区绿化等工程带动，林业生产大幅增长，林业实现产值1.5亿元，同比增长52.1%；畜牧业实现产值1.4亿元，同比下降2.2%。其中，出栏羊7866只，比上年增长13.2%；家禽年出栏367.3万只，比上年增长0.5%；出栏生猪6927头，比上年增长28.9%；牛奶产量2010.8吨，同比下降35.8%。全年粮食总产量达到269.4万公斤，比上年下降30%。

工 业

全区规模以上工业企业实现产值65亿元，比上年下降5.9%。在规模以上工业企业中，中央市属工业企业完成产值35亿元，比上年下降13.5%，占总产值比重为53.8%；都市型工业实现产值5.7亿元，比上年下降2.6%；现代制造业实现产值13.4亿元，比上年增长11.3%；高新技术产业实现产值8.1亿元，比上年增长8.7%。规模以上工业企业实现产品销售收入65.8亿元，比上年下降10.6%，实现利润总额9.3亿元，比上年下降40.6%。

商 业

全区实现社会消费零售额21.7亿元，其中，吃类商品零售额8.7亿元，占社会消费品零售额的40.1%；穿类商品零售额1.2亿元，占社会消费品零售额的5.7%；用类商品零售额10.1亿元，占社会消费品零售额的46.6%；烧类商品零售额1.6亿元，占社会消费品零售额的7.6%。从行业分类上看，批发零售业零售额17.2亿元，占社会消费品零售额的79.2%；住宿餐饮业零售额3.9亿元，占社会消费品零售额的17.9%；其他行业零售额6363万元，占社会消费品零售额的2.9%。

旅游业

全年接待游客395.1万人次，和上年比较增长8.3%，实现旅游收入4.7亿元，比上年增长15.8%。其中星级宾馆接待16.2万人次，比上年增长3.8%，实现营业收入1.7亿元，比上年下降2.4%；A级及主要景区（点）接待游客124.8万人次，比上年增长10.6%，实现营业收入6381万元，比上年增长23.5%。

截至年底，全区实际经营的观光园为45个，民俗旅游农户820户，全年共接待游客87.3万人次，比上年下降1%，实现经营收入6099.2万元，比上年增长8%。

固定资产投资　城乡建设

投资　全区实现项目建设地固定资产投资85.5亿元，比上年增长20.4%。其中重点工程项目62个，完成投资74.8亿元，市属重点工程项目13个，完成投资41.6亿元，区属重点工程项目49个，完成投资33.3亿元。政府投资完成66.1亿元，比上年增长56.3%，社会投资19.3亿元，比上年下降32.6%。农村投资完成16.9亿元，比上年增长41.9%，占全社会固定资产投资的比重为19.8%，其中农村基础设施投资11.4亿元，比上年增长51.9%。在全社会固定资产投资中，生产经营性投资5.4亿元，比上年增长38.4%。

基础建设　全区有资质的建筑业企业实现建筑业总产值33.1亿元，比上年增长38.9%；房屋建筑施工面积102.8万平方米，比上年下降2.7%，其中新开工面积36.7万平方米，比上年下降17.6%；房屋建筑竣工面积36.9万平方米，比上年增加68.3%。

生态环境　年内，全区围绕区域功能定位要求，全面加大城乡生态环境建设，构筑起“生态治理、生态修复、生态保护”三道防线，生态建设取得阶段性成果。2009年全区生态建设投资完成5.9亿元，比2008年增长19.9%。永定大砂坑修复工程已全面竣工，修复面积3550亩；实施京津风沙源、农业综合开发等治理项目，治理流域面积130平方公里。

全面启动国家生态区创建工作，被评为中国绿色名区。永定河流域山区河道生态修复治理工程全面开工。清水镇、王平镇、雁翅镇通过市级环境优美镇考核验收，10个村成为市级生态村，川底下村被评为最美丽乡村。严格落实第十五阶段空气质量保障措施，区域空气质量进一步提升。截至2009年12月31日，空气质量二级及好于二级天数达到259天，占全年有效监测天数的71.4%；林木覆盖率达到82.7%。

资源及能源消耗　积极推进节能减排工作，实施赛阳水泥厂退出方案，关停非煤矿山3家、煤矸石砖厂3家，二氧化硫排放量、化学需氧量分别削减4.1%和22.1%。全区万元GDP能耗0.9615吨标煤，下降2.8%。规模以上万元工业产值能耗0.298吨标煤，下降28.4%。全社会售电量8.1亿千瓦时，比上年增长13.6%；自来水售水量1188.8万吨，比上年增长4.2%。

安全　全区共发生安全生产事故120起，伤63人，死亡17人，与上年相比，事故起数减少6起，同比下降5%；受伤人数增加9人，同比上升17%；死亡人数减少1人，同比下降6%。其中交通事故49起，伤63人，死亡12人；铁路交通事故1起，死亡1人；火灾事故66起，未造成人员伤亡；生产安全事故4起，死亡4人。

财政 金融

财政　全区实现财政一般预算收入9.3亿元，比上年增长4.3%，完成调整预算的123.6%。实现固定税收7201万元和非税收入1亿元，分别比上年增长13.5%和26.5%。实现共享税收7.8亿元；比上年下降4.6%。实现营业税和企业所得税为2.9亿元和1.3亿元，分别比上年下降1.8%和42%。实现增值税1.5亿元，比上年增长5.1%。

全区财政一般预算支出完成37.3亿元，比上年增长38%，完成调整预算的201.4%。其中一般公共服务支出3.6亿元，比上年增长7.2%；社会保障和就业支出5.9亿元，比上年增长62%；教育支出4.8亿元，比上年增长2.1%；科学技术支出3031万元，比上年增长97.7%；医疗卫生支出2.5亿元，比上年增长20.3%。

金融　截至年底，金融机构存款余额达到212.5亿元，比上年末增长34.1%。其中对公存款98.1亿元，储蓄存款114.4亿元，分别比上年末增长39.3%和29.9%。全区贷款余额42.4亿元，比上年末增长27.7%。其中，个人贷款9.1亿元，比上年末下降9%；对公贷款33.3亿元，比上年末增长43.5%。

房地产业　邮电　运输

房地产开发业　全区房地产开发投资额7.7亿元，比上年增长41.1%；商品房施工面积59.3万平方米，比上年增长30.2%，其中住宅施工面积37万平方米，比上年增长36.5%；商品房销售面积7.3万平方米，是上年的2.4倍，其中住宅销售面积5.7万平方米，是上年的2.4倍；商品房销售额6.2亿元，是上年的2.7倍，其中住宅销售额4.7亿元，是上年的2.4倍。

邮电　截至年末，全区共有邮政局所15处，其中局1处，支局5处，所9处。全年邮政业务总量6832.9万元，通信业务总量5756.5万元，出口函件323.8万件，包件4.3万件，汇票14.5万张，报纸累计数782.2万份，杂志20.5万份，特快专递4.2万件。

科技　教育　文化　卫生　体育

科学技术　全年共实施科技计划项目10项，年内新立4项。其中区级科技计划项目1项，年内新立1项；市级科技计划项目9项，年内新立3项。通过科技计划的实施，共引进市科技经费693万元，培训各类技术人员和管理人员300人次，引进技术人员7人。举办各种科技培训班25期，500人次参加培训。

教育　年末，全区共有幼儿园16所，班数103个，全年入园（班）人数3089人，在园（班）幼儿5097人，离园（班）2325人，教职工498人；小学学校42所，毕业生2327人，招生数1861人，在校学生数12441人，教职工1722人，其中专任教师1360人；中学学校19所，其中初级中学14所，高级中学3所，完全中学2所，毕业生3696人，招生数3079人，在校学生数10965人，教职工1702人，其中专任教师1147人。

2009年，门头沟区的教学质量进一步提高。全区小学及格率达到99.3%，中考及格率达到86.9%，优秀率达到19.7%。中小学体育课合格率小学98%，初中97.7%，高中100%；全区高教自考专业44个，参加考试2373科次；全年专科毕业17人，本科毕业21人，实考率60%。全年参加岗位（职业）技术培训12243人次。

文化　2009年，全区共有文化俱乐部、文化室261个，全年组织演出3690余场，观众90.9万人次。公共图书馆共有藏书43.2万册，其中本年新购6.5万册，阅览室座席501个，书架单层总长度1691米，发放个人借书证6461个。全区共有重点文物保护单位国家级4个，市级9个，区级78个。举办以“相约永定河畔，体验文化古韵”为主题的第三届中国北京永定河文化节，通过“如诗如画门头沟”书画摄影展等多种形式，宣传永定河文化，进一步扩大我区的影响力和知名度。

卫生　2009年，全区区属医疗卫生机构126个，医院14个，乡镇卫生院7个，诊所、卫生所、医务室共计80个，其他医疗卫生机构25个。医疗卫生机构床位2534张，卫生技术人员2888人，其中执业医师868人，注册护士1009人。全年医疗服务门诊、急诊共计13.3万人次，出诊17037人次，住院病人治愈好转率86%。参加农村新型合作医疗的人数54143人，比上年末减少1955人，参合率为98.4%。

体育　2009年，全区有等级运动员256人，等级裁判337人，其中国家级1人，一级29人，二级307。全年参加市级比赛11项，共获金牌16枚、银牌12枚、铜牌26枚，向上一级体校输送优秀运动员4人。全区组织区级比赛41次，参赛人数8万人次。

人民生活

劳动和社会保障　2009年，门头沟区出台公费医疗管理办法，完善了“两定”、“两线”、“两挂钩”的管理制度。全面落实城乡居民养老保险制度，降低失业、工伤、农民工大病医疗保险缴费费率，调整医疗保险缴费周期。全年参加养老保险、失业保险、工伤保险、医疗保险和生育保险人数分别为70272人、76632人、82163人、153812人和41910人。全区享受城市最低生活保障的居民为15509人，享受农村最低生活保障的农民2731人。

为应对困难经济环境所带来的就业问题，深入企业挖掘就业岗位，通过落实稳定就业补贴政策、挖掘企业就业岗位、加强劳动力培训、发放贷款鼓励创业等多种方式促进就业工作，力求稳定全区就业形势。2009年门头沟区城镇登记失业率4.33%，比2008年下降0.54个百分点，当年新增失业人员

6624 人，期内安置失业人员 5629 人。参加职业技能培训 4548 人，其中再就业培训 2112 人。

城乡人民收支　城镇居民人均可支配收入 23345 元，比上年增长 8%。城镇居民人均消费支出 15953 元，比上年增长 7.2%，恩格尔系数为 32.1%，比上年下降 1.3 个百分点。农民人均纯收入 11475 元，比上年增长 11.6%。农民人均生活消费支出 8308 元，比上年增长 11.6%，恩格尔系数为 33.9%，比上年下降 3.3 个百分点。

2009 年末城镇从业人员 65407 人，比上年增加 558 人，同比增长 0.9%；其中在岗职工 62628 人，比上年增加 773 人，同比增长 1.2%。城镇从业人员年平均工资 37436 元，比上年增长 10.8%；其中在岗职工年平均工资 38176 元，比上年增长 10.4%。

大 事 记

大 事 记

1 月

5 日—7 日　区政协八届三次会议召开。会议通过了中国人民政治协商会议北京市门头沟区第八届委员会常务委员会工作报告的决议和第三次会议政治决议。通报了八届三次会议期间提案情况和审查意见的报告。对区政协 2008 年度优秀提案进行了表彰。

6 日—9 日　区人大十四届四次全会召开。会议通过了门头沟区人民政府工作报告等决议，补选了 3 名区第十四届人大常委会委员。

12 日—15 日　门头沟区开展打击非法盗采专项活动。

19 日　门头沟区 2009 年迎新春军政座谈会召开。

是月　区滨河世纪广场等 29 个项目荣获首届“中国环境艺术奖”。

2 月

12 日　门头沟区第三所“12355 青少年星光自护学校”在城子街道广场社区挂牌。

18 日　军庄镇社保所、西城区展览路街道社保所、华夏大地（北京）劳务人员俱乐部正式建立三方统筹城乡就业合作关系。

20 日　2009 年农村工作会召开。会上作了题为《不断深化农村改革　大力促进农民增收加快形成城乡经济社会发展一体化格局》的工作报告，并对门头沟区 2008 年度新农村建设先进集体和先进个人进行表彰。

24 日—25 日　开展集中整治斋堂地区非法盗采专项行动。

25 日　领导干部作风建设工作座谈会召开。会上讨论了《门头沟区关于开展弘扬北京奥运精神、加强领导干部作风建设年活动的实施方案》。

27 日　门头沟区采空棚户区改造一期工程奠基开工典礼举行。

3 月

4 日　制定《关于进一步完善党政领导干部接待群众来访制度的实施意见》，实行“定期接待、重点约访、带案下访、领导包案和联合接访”五位一体的领导接访形式，强化党政领导接访制度。

同日　市春风办到门头沟区开展捐资助学活动，共向 31 个贫困家庭发放 1.42 万元助学金。

5 日　门头沟区加大信访督办和协调力度推动“事要解决”，制定《信访事项督办规定》。

9 日　2009 年去劳动保障工作会议举行。

10 日　门头沟区开展深入学习实践科学发展观活动动员大会召开。

18 日　中共北京市委书记刘淇围绕“扩内需、保增长、促发展”到门头沟区调研。实地察看了北京精雕科技有限责任公司、中国航天科工集团第四研究院、采空棚户区、西六环良乡——寨口段项目工地。

19 日　石景山区领导到门头沟区调研交流。

27 日—28 日　区四大部门领导赴首钢曹妃甸工业区学习考察。听取了工业区有关情况的介绍，实地参观考察了工业区规划大厅、首钢矿石码头、京唐钢铁公司厂区及热轧生产线施工现场。

是月　区人才服务中心首次利用短信平台，向

350名2009年度区属应届大中专毕业生传递招聘信息。

4　月

15日　全区社区居委会换届选举点工作结束。

21日　伊欣欣检查社区党组织换届选举工作，听取区社会工委有关情况的汇报，并参加大峪街道南路二社区党支部换届选举大会。

同日　区2009年精神文明建设委员会工作会议举行。

同日　区青少年法制宣传教育基地在斋堂镇成立。

25日　拉萨市党政代表团到区内参观考察。

28日　召开全区领导干部大会，传达市委十届六次全会精神。

同日　区委召开深入学习实践科学发展观活动指导检查组工作会。

同日　北京演艺人协会京西斋堂川基地建设项目启动。

29日　举办庆“五一”慰问演出活动。

是月　区内启动城乡无丧葬补助居民丧葬补贴发放工作。

是月　星座新桥商厦荣获“首都诚信经营示范店”称号。

5　月

4日　伊欣欣到京煤集团调研，了解企业的生产经营现状，征求对加强和改进政府服务工作的意见及建议。

同日　农村产权制度改革座谈会举行。

8日　区级领导干部深入学习实践科学发展观活动学习体会交流会举行。

13日　区科学技术奖励大会举行，会上为获得门头沟区2006、2007年度科学技术进步奖、科技成果推广奖的单位和个人颁奖。

14日　区庆祝第十九次“全国助残日”系列活动举行，为扶残助学教师志愿者颁发聘书。

15日　中共北京市委副书记王安顺到区内调研，实地察看了妙峰山镇涧沟村、妙龙民用爆炸物品仓储服务中心、采空棚户区等，并听取了情况报告。

19日　区深入学习实践科学发展观活动经验交流会举行。

21日　区发改委、石龙管委举办企业帮扶工作现场办公会，就杜邦大源公司拟新建无纺布生产流水线、东西分析公司拟新建科技大楼、航天四院拟扩大投资规模再征地等项目中遇到的问题和困难进行了研究。

26日　京西发展博士论坛启动，首期论坛以“社会经济转型期门头沟区核心竞争力探索”为主题，10余位博士的研讨成果将为区委决策提供参考。

27日　致公党北京市门头沟区支部成立。

是月　斋堂镇菌棒生产基地建设项目启动。该基地位于军响村，占地面积6万平方米。

6　月

3日　深入学习实践科学发展观活动征求意见座谈会举办。会上听取了与会人员就地区经济发展、民生保障、社会安全稳定等方面的意见和建议。

6日　门头沟区部署医疗保险“二次采集信息”工作，需要进行信息采集、比对的单位共2222家，涉及43459人。

8日　制定《城镇防汛分指挥部2009年防汛预案》。

9日　成立区防汛应急抢险大队，放置流量标杆，安装雨量遥测和雨情视频传输系统，实时远程监测雨情。

同日　中央国家机关人口计生协作组到王平镇韭园村开展送温暖活动，为贫困独生子女家庭送去9000元慰问金。

10日　区民政局采取措施做好防汛救灾准备工作。

同日　妙峰山市级森林公园揭牌仪式举行。该公园占地面积2264.7公顷，植被覆盖率达到98%以上。

同日　军庄村、三家店村界碑立碑仪式举行，明确村域土地界限。

11日　门头沟区迎接新中国成立60周年环境建设暨全面启动创建国家生态区工作动员大会召开。会上，宣读了区人大常委会关于批准《北京市门头沟区国家生态区建设规划》的决定。

12日　门头沟区《2009年非物质文化遗产保护成果展》在区博物馆开幕。

13日　“中华人文书院公益图书馆”捐建仪式在斋堂镇文化活动中心举行。

是月　门头沟区3家樱桃园在北京樱桃擂台赛

上获奖。其中，紫云山庄生态园的“早大果”获二等奖，水峪嘴生态农业观光园和树莓溪采摘园的“红灯”分获三等奖。

是月　完成 2009 年清洁小流域治理工程施工、监理招标和京津风沙源小流域治理工程施工招标工作。

7　月

1 日　门头沟区“向党报告　向人民报告”纪念建党 88 周年主题党日活动举行。

2 日　市委常委、市委教育工委书记赵凤桐到区内检查指导工作。实地察看了区中等职业学校校舍抗震加固工程和军饷中心小学教师集体宿舍改造工程建设情况，听取了门头沟区校舍抗震加固工作和农村地区中小学教师集体宿舍改造工作总体情况的介绍。

8 日　区领导与京煤集团领导就加强双方合作进行座谈。与会领导听取了门头沟区采空棚户区改造与小城镇建设范围内设计京煤集团企业资产等情况的介绍，就加强双方协调配合，推进采空棚户区改造，加快产业结构调整，维护企业利益等问题进行了沟通与研讨，并达成广泛共识。

同日　门头沟区残疾人运动员朱雪琦荣获 2009 年全国残疾人游泳锦标赛女子 50 米自由泳 S3 组金牌，收获北京市代表队的首枚金牌。

10 日　区委十届八次全体（扩大）会议召开。

17 日　第三届中国·北京永定河文化节开幕式暨“碧水乡情”——永定河组歌音乐会在中山音乐堂举行。

24 日　门头沟区 2009 年度煤矿从业人员培训工作结束，共培训 1579 人次，培训率、持证上岗率均达 100%。

27 日　中国国民党荣誉主席连战率团参观潭柘寺公园。

31 日　首都非公经济参与“绿色北京”建设行动暨首都非公经济参与门头沟区创建国家生态区工作启动仪式举行。会上对首都非公经济参与“绿色北京”建设和门头沟区创建国家生态区活动进行了部署。

是月　门头沟区开展整治非法用工专项行动，重点检查劳动合同签订、有无使用童工行为等情况。

是月　潭柘寺镇、永定镇冯村荣获全国第二批文明村镇称号。

是月　区交通局完成补换新版道路运输从业资格证件工作，共换发资格证件 117 人次。

8　月

3 日　新型村邮站建设工作启动仪式举行。至此，全区 177 个行政村全部建成新型村邮站。

7 日　“如诗如画门头沟”大型美术书法摄影展在中国人民革命军事博物馆开展。

10 日—12 日　区城管大队开展市容环境秩序集中整治工作。

11 日　区重点工程进度情况汇报会召开，会上听取了发改委、市政管委、公共工程服务中心、建委等部门牵头工程进展情况汇报。

14 日　门头沟区第一批深入学习实践科学发展观活动总结大会举行。会上，对全区第一批深入学习实践科学发展观活动进行了总结。

24 日　门头沟区聘请专业公司检查农村环境整治工作开展情况。

26 日　门头沟区组织群众参加首都各界“爱国歌曲大家唱”大型演唱会，并完成演唱团队和群众演员团队任务。

28 日　第三届首都西南区域经济发展论坛在门头沟区举办。

是月　门头沟区完成 2009 年蜜蜂优良品种引进推广工作。

是月　门头沟区成立社会防控督察组，加大对全区社会层面防控甲型 H1N1 流感的监督检查力度。

是月　门头沟区农村优抚、社救对象危旧房改造工程全面启动，将对 721 户危旧房进行翻建维修，并增加抗震、节能保温功能。

是月　永定大砂坑上岸村东侧污泥治理工程完工，共清理污泥 15 万立方米。

是月　区林业局开展林木有害生物灾害防治工作，防治面积共计 1.5 万亩。

9　月

1 日　门头沟区开展“爱在你身边”流动人口计划生育宣传服务活动。

3 日　市爱卫办检查组检查门头沟区爱国卫生和“迎国庆”环境卫生整治工作，并给予了肯定。

4 日　门头沟区开展宣传文化活动喜迎国庆。

8 日　区四大部门领导参加军事日活动。

9 日　伊欣欣检查区内基层国庆安保工作。

10日　召开去庆祝教师节表彰大会。

18日　门头沟区召开农村改革创新工作经验交流会。

21日　区电视台播出系列电视片《身边的60年》。该片共8集140分钟。

24日　“走过60年——门头沟区庆祝新中国成立60周年老照片展”开展，共展出352幅老照片。

29日　伊欣欣、王二安等区领导到沙河某机场阅兵村慰问国庆受阅部队官兵，并送去去了20万元慰问金。

是月　《门头沟区新城地名专项规划》编制工作启动。

是月　门头沟区组织8家合作社及企业代表参加第七届中国国际农产品交易会。共展出纸皮核桃等50余种产品。

10　月

10日　区委理论学习中心组到北京展览馆参观“辉煌60年”成就展。

13日　门头沟区庆祝新中国成立60周年活动总结大会暨第三季度经济形式分析会召开。

14日　德国前联邦议院及欧洲议会议员协会访华代表团到妙峰山镇樱桃沟村参观新农村建设。

16日、19日　中央电视台科教频道绿色空间栏目播出《川底下古民居四合院》专题片。

17日—21日　门头沟区第十三届“乒协杯”乒乓球比赛举行，共有35支队伍、近300名运动员参赛。

19日—20日　门头沟区举办十七届四中全会精神一把手培训班。

26日　门头沟区9个社区通过市爱卫办创建北京市健康社区检查验收。全区已有59个社区被评为北京市健康社区。

29日　市检查组到区内开展农村党风廉政建设工作专项检查。

11　月

4日　中央电视台与永定镇石厂村举行“共建北京市健康示范村”捐赠仪式。

8日　门头沟区举办区电视台建台15周年、电视台综合频道开播、门头沟新闻网成立暨第10个记者节庆典活动。

11日　伊欣欣到第二批学习实践科学发展观活动联系点调研。

20日　门头沟区工程建设领域突出问题专项治理工作启动。

29日　致公党北京市妇委会与致公党门头沟支部开展“走进残疾人‘温馨家园’”活动，为门头沟区残疾人捐赠图书6300册。

是月　门头沟区计划生育基础信息核查工作培训班举办。

12　月

1日　伊欣欣带队检查斋堂地区打击非法开采工作。

2日　市专家组到门头沟区评估验收学习型城区先进区创建工作。

3日　门头沟区农村党组织书记打击非法开采工作专题培训班举行。

5日　清水镇在北京四中举办大型画册《大家看清水》发布会。画册共收入展现清水镇自然风光和乡土景观的书画摄影作品300余件。

21日　门头沟区农村“两委”换届选举工作会召开。

29日　区委十届九次全体（扩大）会议召开。

30日　门头沟区清洁能源下乡工程启动仪式举行。

文　献

深入贯彻落实十七届四中全会精神
努力开创现代化生态新区建设新局面

——2009年12月29日在中共门头沟区委十届九次全体（扩大）会议上的报告

门头沟区委书记　伊欣欣

同志们：

这次全会的主要任务是深入贯彻落实党的十七届四中全会、中央经济工作会及市委十届七次全会等一系列重要会议精神，总结2009年工作，研究部署2010年重点任务。下面，我受区委常委会委托，向全会报告工作。

一、2009年工作回顾

2009年是新中国成立60周年，也是应对国际金融危机等诸多挑战，全面落实中央、北京市各项决策部署，推动现代化生态新区科学发展的重要一年。面对严峻复杂的形势，区委常委会深入贯彻落实科学发展观，按照建设“人文北京、科技北京、绿色北京”的要求，召开了区委十届八次全会及23次常委会议，对产业结构调整、保障和改善民生、维护社会安全稳定等重要问题进行了深入研究，制定了保持经济社会平稳较快发展的对策措施，充分发挥人大、政府、政协职能，团结带领全区各级党组织和广大党员干部群众，迎难而上，奋力拼搏，圆满完成了“保增长、保民生、保稳定”工作目标和国庆60周年服务保障任务，全区各项事业都取得了新的进展。

（一）着力推动经济平稳较快发展

常委会坚决贯彻落实中央和北京市促进经济增长的一系列措施，加大固定资产投资力度，大力优化产业结构，积极帮扶企业，实现了经济平稳较快发展。

狠抓固定资产投资落实。制定重大项目落地责任制，建立项目督查考核机制，开通重大项目绿色审批通道。创新投融资机制，加强银政合作，积极发挥金融资金对重点工程建设的支持作用。推进土地一级开发，完成10亿元土地储备投资任务。生态环境、基础设施等重点建设工程顺利实施。全社会固定资产投资完成85亿元，同比增长19.4%，创历史最高水平。

大力推进产业结构调整。举办“旅游山会”系列促销推介活动，引进一批社会投资，发展旅游合作组织，积极培育新型旅游业态，提升了旅游景区和服务设施品质，休闲旅游产业快速发展。深化与中关村科技园区合作，加快石龙产业孵化中心建设，启动与西城区产业共建基地项目，高新技术产业发展平台和机制进一步完善。关闭非煤矿山和煤矸石砖厂各3家，制定了赛阳水泥厂退出方案，低端产业退出又迈出重要一步。节能减排工作进展顺利，万元GDP能耗同比下降7.6%。全年预计实现旅游收入4.7亿元，同比增长15.3%；石龙经济开发区实现工业总产值34.1亿元，同比增长28.9%。全区产业结构调整步入良性发展轨道。

积极组织财政收入。加强税源涵养和税收管理，强化税源动态监控，确保应收尽收。优化招商投资环境，积极帮扶企业发展，建立了区领导联系重点企业、政府与企业定期会商等制度，设立企业发展扶持基金，拓宽企业融资渠道。完成财政一般预算收入9.2亿元，扭转了财政收入下降趋势。

预计全年实现地区生产总值70.5亿元，同比增长8%；社会消费品零售额21.4亿元，同比增长15%；城镇居民人均可支配收入23340元，同比增长8%；农民人均纯收入11450元，同比增长11.4%；城镇登记失业率为4.33%。

（二）圆满完成国庆服务保障任务

国庆60周年庆祝活动是全市的一项重大政治任务。对此，常委会高度重视，按照“隆重、喜庆、节俭、祥和”的总要求，精心组织，周密安排，出色地完成了各项服务保障任务。

确保社会安全稳定。深入落实安全稳定工作责任制，扎实推进“平安北京”和“六个体系”建设，全面启动国庆安保战时运行机制，深化“护城河”工程和“平安边界”创建活动。加大领导干部接访力度，完善领导包案制度，强化矛盾纠纷排查化解工作。发挥治安志愿者、治安巡防队、安全稳定特派员等队伍作用，加强对涉恐涉爆、“法轮功”邪教组织等9类重点人管控。严厉打击违法犯罪，有效预防和减少刑事发案，第三季度群众安全感指数达到95.9%，在全市排名第四。保持打击非法盗采力度，严格落实安全生产责任制，确保了生产安全和食品、药品安全。启动了突发公共卫生事件应急预案，加强对甲型H1N1流感疫情防控。实现了“大事不出、小事减少、管理严格、秩序良好”的目标。

加强城乡环境建设。积极推进城乡环境整治重点工程，大力整治城乡结合部环境，完成门城地区夜景照明升级改造、主要大街景观布置工作，城乡面貌显著改善。深入开展城市秩序整治行动，主要大街、重点地区和旅游景区环境秩序良好。全面启动创建国家生态区工作，3个镇、10个村分别通过了市级环境优美镇、生态村考核验收。认真落实第十五阶段大气污染防控措施，截至12月25日，全区空气质量二级和好于二级天数为255天，空气质量优良率达到71.4%，创历史最好水平。

认真组织各项庆祝活动。广泛开展“爱祖国、爱北京、爱家乡”等一系列主题教育活动，激发了全区人民的爱国热情。深入开展“迎国庆、讲文明、树新风”活动，积极组织各类志愿服务，通过了创建北京市学习型城市先进区评估验收，市民文明素质得到大幅提升。精心策划国庆游园、歌咏比赛、文艺演出等群众性国庆主题文化活动，营造了全区人民喜迎国庆、参与国庆的浓厚氛围。高质量完成群众游行、太平鼓表演、联欢晚会表演、焰火燃放等任务。

（三）积极推进以改善民生为重点的社会建设

常委会在努力推动经济发展的同时，把社会建设放在更加突出的位置，切实解决民生问题，加大社会保障力度，使广大群众共享发展成果。

稳步推进各项民生工程。加大公共财政投入，着力解决住房、教育、医疗等涉及群众切身利益的民生问题。认真落实市委、市政府提出的用三年时间基本完成采空棚户区改造安置房建设的要求，安置房建设加快推进。抓好“名校办分校”工作，首师大附中永定分校投入使用，实施了校舍抗震加固工程，办学条件进一步改善。加强医疗卫生服务基础设施建设，实施了区医院急诊综合楼等一批重点医疗卫生设施改造、建设工程。推进山区五级客运站建设，山区交通条件进一步改善。年初确定的60件为民办实事工程全面完成，“五无”目标继续保持动态清零。

着力解决就业和社会保障问题。落实中央和北京市一系列促进就业政策，加大就业补贴、税收减免、贷款贴息等政策优惠力度，促进企业稳定就业、增加就业，鼓励个人自谋职业、自主创业和灵活就业。大力开发公益性就业岗位，努力做好城乡就业困难人员帮扶工作。推行城乡统一的居民养老保险制度，实现了城乡养老保险制度全覆盖。完成城乡低保调标工作，农村低保对象中无劳动能力的重残人员全部享受城市低保标准。完善医疗救助制度，新型农村合作医疗保障水平不断提高。开展社会捐助、慈善救助和灾害救助，社会救助体系不断完善。

创新社会管理体制。落实社会建设“1+4”文件精神，加强社会管理和服务，成立了区社会建设管理机构。推进社区服务站建设，建立了社区服务站专职工作者队伍。研究构建“枢纽型”社会组织工作体系。顺利完成第七届社区居委会换届选举。

（四）加快推进城乡经济社会发展一体化进程

常委会认真贯彻落实城乡一体化工作要求，制定、完善了门头沟区的工作意见，加大统筹城乡经济社会发展力度，农村经济社会面貌进一步改观。

千方百计促进农民增收。扎实开展低收入农户增收帮扶工作，进一步细化工作目标和措施，实行党政机关与低收入村、低收入户结对帮扶，实现了低收入农户人均纯收入比2008年增长10%的目标。建立农村公共工程农民参与机制，支持农民参与新农村基础设施建设。加强农民技能培训，搭建就业信息服务平台，促进农村劳动力转移就业。落实粮食直补、生态作物补贴、农机具购置补贴、山区生态林补偿等政策，农民收入持续增长。

推动农村产业结构优化升级。创新沟域经济发展模式和途径，加大投入力度，积极引进社会资本，促进农业与旅游业、文化创意产业融合。大力发展绿色种植、养殖业，食用菌栽培、肉鸡养殖、蜂产品加工等产业初步形成。推进特色果品基地建设，樱桃、京白梨、薄皮核桃等唯一性果品种植规模进一步扩大，农业标准化水平不断提高。

推进农村基础设施建设。全面完成“五项基础设施”和“三起来”等工程年度建设任务，农村群众生产生活条件进一步改善。大力实施燃气下乡工程，推广使用清洁型煤，积极探索太阳能、户用沼气等农村新能源综合利用模式，走出了一条解决山区群众生活用能问题的新路子。

深化农村综合改革。扶持农民专业合作组织建设，新发展农民专业合作社44家。在20个村开展了集体经济产权制度改革，在2个镇进行了集体林权制度改革试点，搭建了农村土地流转信息平台。新农村建设管理的体制机制进一步完善。

（五）以学习实践活动为统领大力加强党的建设

常委会坚持以开展深入学习实践科学发展观活动为主线，以领导干部作风建设年活动为抓手，全面加强党的建设。

认真开展深入学习实践科学发展观活动。完成了区内第一批学习实践活动，各级领导干部结合领导干部作风建设年活动的有关要求，带头转变领导作风和工作作风，积极破解工作中的难点问题，解决了一批影响和制约科学发展的突出问题和广大群众普遍关注的民生问题，进一步完善了保障和促进科学发展的体制机制。民主测评中，区级班子群众满意率和较满意率达到100%。目前，第二批学习实践活动正在扎实推进。

有序推进领导班子和干部队伍建设。落实干部人事制度改革的各项制度，坚持拟提拔处级干部人选区委常委会票决、拟调整党政正职征求区委委员、候补委员意见和新提拔干部征求区纪委意见等制度，建立健全领导班子和领导干部综合考核评价体系，改革处级非领导职务管理方式。开展了行政机构改革工作，根据新体制需要同步调整党组织设置。做好干部调整、提拔、交流工作，领导班子结构进一步优化。完善干部教育培训模式，继续开展境外培训。加强后备干部队伍建设，选派处级后备干部到重点岗位实践锻炼。建立与西藏对口支援单位干部挂职锻炼长效机制。对镇领导班子和领导干部进行了届中考察。积极配合市委做好局级后备干部、处级优秀年轻干部调整工作。

深入推进基层党建工作创新。加强社会领域党建，探索组建社区党委工作，建立了非公企业党建“三级共建”工作机制，开展了在农民专业合作社建立党组织工作。推进党内基层民主，实行了镇党代表任期制，强化代表在参与决策、推动工作、加强监督中的主体地位。深化农村“两委”任期承诺制，健全村干部绩效考评体系。在部分党组织中实行党组织书记直选，全面推行“三推一选”，完成了社区党组织班子换届选举。加强党员教育管理，完成农村党员干部远程教育终端站点建设，实现农村基层党组织全覆盖。加大对党组织书记的培训力度，提高了思想政治素质和领导经济发展、维护社会稳定的能力。基层党组织的凝聚力、战斗力进一步增强。

切实加强党风廉政建设。认真贯彻落实党风廉政建设责任制，逐级签订责任书，形成一级抓一级，层层抓落实的党风廉政建设工作格局。加强廉政风险防范，在85个单位开展了廉政风险防范管理工作。推动惩防体系向农村延伸，全面推进农村“三资”管理中心建设，政府投资项目资金监管率达到100%，95%的村实行了账款双托管。完善监督机制，健全纪检监察派驻机构工作制度，规范巡视工作流程。强化对采空棚户区改造工程、帮扶企业专项资金使用的监督检查。深化民主评议政风行风活动，开展立项效能监察，坚决纠正损害群众利益的不正之风。保持查办案件工作力度，严厉惩治腐败行为。

注重加强常委会自身建设。常委会成员积极参加学习实践科学发展观活动，针对产业结构调整、统筹城乡发展等问题，深入开展调查研究，围绕正确处理生态涵养与发展的关系，形成了推动新一轮科学发展的共识，提高了领导科学发展的能力。认真贯彻民主集中制原则，进一步完善常委会研究重要问题、重大事项程序，坚持重大问题集体讨论、集体决定，不断提高科学、民主、依法决策水平。召开了两次民主生活会，结合征求到的意见、建议，常委会成员认真开展批评与自我批评，增进了了解，加强了团结。一年来，常委会成员密切配合、相互支持，巩固了求真务实、民主团结、勤政廉政、开拓进取的工作局面。

在总结工作成绩的同时，也要看到全区各项工作中存在的问题：各级领导班子和领导干部推动科学发展的能力与新形势、新任务的要求还有一定差距，发展理念需要进一步创新；推进产业结构调整、转变发展方式的步伐还需要加快，在发展战略性新兴产业和引进重大项目上需要下更大功夫；社会建设、社会管理水平与群众要求和期待还有较大差距，在解决就业、住房等关系群众切身利益的突出问题上需要进一步加大力度；反腐倡廉建设方面还存在一些薄弱环节，发生了1名区级和2名处级领导干部被“双规”的问题，暴露出干部队伍建设、重大工程建设领域的管理还存在漏洞，需要进一步加强监督、综合防范。对存在的问题，我们一定要清醒认识，高度重视，在今后的工作中着力加以解决。

二、深入贯彻落实“人文北京、科技北京、绿色北京”要求，进一步提升发展水平

北京奥运会和新中国成立60周年庆祝活动的圆满成功，标志着首都经济社会发展已经进入了全面建设现代化国际大都市的新阶段。市委提出，要瞄准建设国际城市的高端形态，从建设世界城市的高度，审视首都的发展建设。随着区域功能定位的逐步落实，我区生态环境建设取得显著成效，产业结构调整取得突破性进展，进入了城乡快速发展的关键时期。全区上下要深入贯彻落实党的十七届四中全会、中央经济工作会和市委十届七次全会精神，把思想和行动统一到中央和市委对当前形势的科学判断上来，统一到对明年工作的总体要求和主要部署上来，切实增强发展的紧迫感和责任感，着力优化产业结构，转变经济发展方式；着力提高城乡一体化水平，加快城镇化进程；着力保障和改善民生，全力维护社会稳定；着力转变政府职能，优化发展环境，努力实现经济社会又好又快发展。

2010年全区经济和社会发展的主要目标是：在优化结构、提高效益、降低消耗和保护环境的基础上，实现地区生产总值增长10%，完成财政一般预算收入8.8亿元，全社会固定资产投资增长10%，城镇居民人均可支配收入和农民人均纯收入分别增长8%，城镇登记失业率控制在4.8%以内，万元GDP能耗下降4%，完成市政府下达的空气质量优良率指标。

（一）坚持高端、高效、高标准的发展方向，加快转变经济发展方式

首都的城市性质和人才、科技资源优势，决定了北京发展定位的高端、高效、高标准，这也是建设“人文北京、科技北京、绿色北京”的必然要求。作为生态涵养发展区，虽然由于历史原因，我区经济总量低，产业基础薄弱，给产业结构调整带来一定难度，但我们仍然要积极利用好首都各种资源优势，同时发挥好自身生态优势，深入落实“绿色北京”行动计划，积极发展绿色经济、低碳经济、循环经济，加大节能减排力度，全力打造绿色生产体系、绿色消费体系和绿色环境体系，推进产业结构的高端化，实现地区协调、可持续发展。

用高水平规划引领高端化发展。要充分发挥规划的导向和龙头作用，科学编制“十二五”时期经济社会发展规划，按照资源节约和环境友好的原则，统筹谋划城乡产业发展、土地利用和公共服务体系建设，推动城乡协调、均衡发展。要加快编制采空棚户区改造腾退土地利用规划，加强基础设施配套和生态环境建设，着力打造特色鲜明、功能完善的生态商务区。要结合永定河绿色生态发展带建设，高标准做好永定河两岸的新城综合发展规划，大力引进各种高端要素，积极发展集康体健身、休闲度假、文化娱乐等为一体的商务休闲产业。要抓紧研究浅山区发展规划，盘活各种土地资源存量，引进研发、创意等新兴产业入区发展。

推进产业结构优化升级。休闲旅游是旅游业的高端形态，要以满足中高端消费群体的休闲度假需求为出发点，积极引进专业化旅游管理公司、大型投资集团，策划实施一批高品位旅游项目，加快建设一批高档旅游配套服务设施，发展新型旅游业态，推动观光旅游向休闲旅游升级，努力建设休闲之都。要推进沟域经济高端化，大力发展都市型特色农业，促进一、二、三产业融合发展，打造沟域品牌。打破镇、村界限，盘活集体建设用地资源，集成山区政策向重点沟域倾斜，鼓励社会资本参与沟域开发，积极争取市沟域经济国际招标项目。提高专业合作社的组织化程度，增强农民参与沟域经济发展的能力。要抓住中关村科技园区管理体制改革的机遇，研究与中关村科技园区合作的新机制，加快与西城区产业共建基地建设和石龙产业孵化中心建设，制定、完善优惠政策，引进、发展一批骨干大项目，以大项目带动重点产业的发展，把石龙经济开发区打造成高端产业集聚区。要把民营经济作为推动经济发展的重要力量，发挥西南五区论坛等平台作用，促进区域合作，大力引进、培育科技含量高、发展潜力大的产业项目，为区域经济注入更多的生机和活力。

继续加强生态建设。要把生态建设作为一项长期的战略任务抓紧抓好，不断扩大门头沟区的生态优势，充分发挥生态环境的财富效应，为产业优化升级创造条件。要坚持生态优先的发展思路，加大生态建设的投入力度。落实创建国家生态区规划，启动创建国家环保模范城市工作，继续开展国家和市级环境优美镇、市级生态村创建工作。扎实推进万亩滨水森林公园建设、永定河湿地生态修复、废弃矿山植被恢复、京津风沙源治理等生态建设工程，加大城乡环境综合治理力度，不断提高生态建设水平。要强化节能减排责任制，开展林业碳汇研究，落实大气污染治理措施。积极应对气候变化，倡导低碳生活方式。

（二）加快城镇化进程，统筹城乡区域协调发展

加快城镇化进程是推动经济增长、转变发展方式的巨大动力，是优化城乡生产要素配置、实现城乡一体化发展的重要途径。要抓住北京市加快新城和小城镇建设的政策机遇，着力提高城镇综合承载能力，发挥城镇对农村的辐射带动作用，促进城乡协调、快速发展。

提升新城建设水平。加快推进基础设施建设，续建工程要保持建设力度，保证工程按期竣工；新建项目要抓紧完成前期准备工作，争取早开工、早建成。加大采空棚户区改造建设力度，确保安置房建设3年时间基本完成。要按照低排放、低消耗、节水、节约土地的总体要求，高起点推进新城规划，把低碳城市建设作为创建国家生态区的重要内容，建设宜居宜业宜游的花园式城市。要积极配合北京市重大基础设施建设，抓好工程前期准备和入区筹备工作，加快与全市大市政设施的对接。要加大土地一级开发储备力度，为永定河绿色生态发展带建设的启动打好基础。

加快重点镇建设。要切实抓好斋堂、潭柘寺、军庄三个市级重点镇规划的落实，特别要规划好产业用地，吸引社会资本进入，推进产业升级。要发挥小城镇联系新城、沟域的纽带作用和对周边农村的聚集、辐射、带动作用，培育现代服务业，鼓励更多农民从事二、三产业，促进农民转移就业。要加大政策扶持力度，推进资源整合、政策集成、资金聚焦，加强公共基础设施和产业项目向重点镇倾斜，力争用三到五年的时间，把重点镇建设成为产业迅速发展、生活便利、环境优美、特色鲜明的小城镇。

加大新农村建设力度。要加强对低收入村在资金投入、产业配置等方面的扶持，加快改善农民生产、生活条件，提升自主发展能力。要认真总结街坊路建设、农民住房节能改造等方面的经验，集中主要财力，解决一些农民生产生活中最需要、最急迫、最现实的突出矛盾和问题。要深化农村综合改革，加大农村集体经济产权制度改革力度，全面推进集体林权制度改革，搞好集体建设用地确权，激发农村内部发展活力。

（三）着力提高民生和社会建设水平，全力维护社会稳定

保障和改善民生是发展经济的最终目的，也是推动经济发展方式转变的重要举措。要把改善民生、发展社会事业作为扩大内需、调整经济结构的重点，在加快经济发展的基础上，更加注重社会建设，完善公共服务体系，促进社会和谐。

加大民生问题解决力度。要树立“大民政”理念，创新部门联动工作机制，整合劳动社保、民政、卫生等政策资源和行政职能，着力构建大民生、大民政、大保障工作格局，切实提高为民服务、为民办事的效率和水平。继续实施为民办实事工程，巩固“五无”目标。要实施更加积极的就业政策，积极开发社区和农村公益性就业岗位，加强劳动者职业技能培训，加大对就业困难人员和低收入家庭的援助、帮扶力度，努力扩大就业。完善促进创业的政策措施，鼓励、支持劳动者自主创业和自谋职业。要完善社会保障体系，加大社会救助力度，使各项救助政策覆盖城乡低收入家庭，提高社会保障水平。要建立健全拖欠农民工工资问题动态监管机制，特别要加强对镇、村级公共工程中工资发放情况的监督，加大执法检查和处理力度。要加快医疗卫生基础设施建设，推进医药卫生体制改革，完善公共卫生服务体系，积极应对重大突发公共卫生问题。要改善办学条件，调整教育布局，促进义务教育均衡发展。要注重总结采空棚户区改造拆迁经验，增强工作的科学性和透明度，更好地争取群众支持和拥护，切实维护群众合法权益。要认真落实居家养老等“九养政策”，加快构建城乡一体化的社会化养老服务体系。要进一步解决山区交通、生活能源等问题，提高山区群众生活水平。

切实维护社会安全稳定。要深入贯彻落实全国政法工作会议精神，更加自觉、更加主动地落实稳定是硬任务，是第一责任的要求，加强对影响社会稳定因素的分析把握，完善维护稳定的体制机制，毫不松懈地抓好维护稳定工作。要深入推进社会矛盾化解工作，把明年作为矛盾纠纷化解年，按照抓源头、清积案、建机制、强基层的要求，健全党和政府主导的维护群众权益机制，完善“大调解”工作体系，加大房屋拆迁、农村集体经济、劳动合同等重点信访问题的解决力度，努力实现矛盾纠纷存量减少、增量不添的目标。要大力加强基层基础建设，完善社会治安防控体系，探索建立街镇综治维稳信访工作中心，整合规范巡防队、治安志愿者等基层安全稳定工作力量，构建具有地区特色的防控工作模式。要完善社会服务和管理机制，推进社区规范化建设，积极构建“枢纽型”社会组织管理体系，建立经常性志愿服务管理机制。强化社会治安重点地区综合治理、特殊人群帮教管理和网络虚拟社会管理，进一步提高流动人口服务和管理工作的规范化、信息化水平。加强安全监管，提高应对突发事件的能力，坚决防范和遏制重特大安全事故。

（四）转变政府职能，进一步优化发展环境

加快推进服务型政府建设。要深化行政审批制度改革，建立绿色审批通道长效机制，精简审批事项，优化审批程序，探索更加快速、简化、协调、面向基层的行政服务模式。要完善重点工程责任体系，实行重大项目区级领导责任制，加大区级层面的统筹力度。要规范政府重大行政决策程序，健全重大决策实施监测机制，加强政府信息公开，提高政府工作透明度和公信力。要转变机关工作作风，提升窗口单位服务意识和服务水平，使公共权力更好地服务发展、服务群众。

深化行政管理体制改革。要在机构改革的基础上，做好“三定”工作，进一步理顺职能。要推进以绩效为导向的预算管理改革，统筹财政资金、金融资金和社会资本运用，增强财政资金撬动社会资本的杠杆效应。要完善镇级财政管理体制，加大转移支付力度，增强镇级财政综合保障和统筹发展能力。要贯彻人才强区战略，创新人才培养、引进、管理机制，为加快发展提供智力支持。

（五）推进民主法治建设，保障群众民主权利

进一步提高民主法治水平。要认真贯彻落实市委第三次人大工作会议精神，进一步增强新形势下坚持和完善人民代表大会制度的坚定性和自觉性，努力为人大及其常委会履行职能创造更好条件。落实市人大常委会党组《关于做好当前人大工作的若干意见》，进一步创新工作方式，提高工作质量和实效，充分发挥人大的体制优势，使人大的监督、代表等工作成为现代化生态新区建设的重要推动力量。要树立政治协商主导意识，将政治协商纳入决策必经程序，大力推进政协履行职能的科学化、制度化、规范化、程序化建设，不断提升履职的能力和水平，充分发挥政协协调关系、汇聚力量、建言献策、服务大局的重要作用。要加强对统一战线的领导，丰富民主党派参与现代化生态新区建设的形式，提高参政议政的实效。认真落实民族、宗教、侨务政策，发挥新社会阶层人士作用。要创新群团组织活动方式，充分发挥工会、共青团、妇联等组织在建设和谐社会中的独特作用。要加强法制宣传和教育，落实“五五”普法规划，增强全区人民的法律意识和法制观念。加强政法队伍建设，深入推进公正廉洁执法，维护司法公正。深化“全国双拥模范区”创建成果，加强军民、军政团结。

稳步扩大基层民主。要深化社区管理体制改革，完善社区居民自治机制和社区参与机制，增强社区公共服务、公益服务和便民利民服务职能，提高社区居民依法直接行使民主权利、管理社区公共事务和公益事业的能力。要抓好农村“两委”换届选举工作，大幅度提高“两委”交叉任职特别是党支部书记、村委会主任“一人兼”比例，真正把“一好双强”和群众公认的优秀人才选进“两委”班子。健全村级民主决策机制，推行“四议两公开”工作法，完善村务公开、民主管理、民主理财制度，规范村级工作运行机制。

三、深入贯彻落实十七届四中全会精神，进一步加强和改进党的建设

以改革创新精神加强和改进新时期党的建设，既是各级党组织的重要政治责任，也是推进科学发展、促进社会和谐的重大现实需要。区委制定了关于贯彻落实党的十七届四中全会精神的实施意见，全区各级党组织要按照提高党的建设科学化水平的要求，紧密结合本部门实际，切实抓好落实。要突出基层基础这个重点，着重做好以下五个方面工作：

（一）继续抓好深入学习实践科学发展观活动

深入推进区内第二批学习实践活动。参加活动的基层党组织要紧紧围绕各自职能，认真制定、完善整改落实方案，找准工作着力点，集中力量解决一批关系群众切身利益的突出问题，有针对性地多为群众办一些看得见、摸得着、促进科学发展的实事、好事，使群众直接感受到学习实践活动的成果。要把学习实践活动中加强基层组织、解决实际问题的好做法、好经验以制度的形式巩固下来，建立有利于贯彻落实科学发展观的长效机制。

（二）全面开展学习型党组织创建活动

要把深化对“人文北京、科技北京、绿色北京”的认识作为重要的学习内容，引导各级领导干部准确把握首都发展的新要求、现代化生态新区建设的新特征和广大群众的新期待，提高推动科学发展、服务广大群众的能力和水平。要健全学习制度，完善周末大课堂、干部轮训调训、挂职锻炼等教育培训制度，加强各类培训的统筹协调，强化监督考核，坚决克服不愿学、不勤学、不真学、不深学、不善学等消极、被动现象。要把创建学习型党组织纳入基层党建工作整体规划，发挥中心组的表率作用，以学习型领导班子建设推动学习型党组织创建。

（三）进一步加强党员领导干部作风建设

在开展领导干部作风建设年活动的基础上，以加强思想教育、完善各项制度、抓好集中整顿、严肃党的纪律为抓手，大力开展党员作风建设年活动。要健全完善领导干部调查研究制度、接待群众来信来访制度、基层干部群众对领导机关和领导干部作风评议等制度，深入开展领导干部联系村、低收入户帮扶等工作，密切党群、干群关系。要严格执行党章，严格执行党的政治纪律、组织纪律、经济工作纪律和群众工作纪律，健全对重大决策部署执行情况定期检查、专项督查制度及纪律保障机制，坚决纠正有令不行、有禁不止的行为。

（四）深入推进反腐倡廉建设

要严格执行党风廉政建设责任制，进一步完善反腐倡廉工作机制。注重巡视成果的综合运用，提高巡视成效。加强纪检监察派驻机构管理，建立直派组定期报告工作等制度。健全农村“三资”监管体系，推动信息化管理和重点工作流程管理。深化廉政风险防范管理工作，重点做好领导班子、领导干部和公共权力部门的防范管理。要加强对权力运行的制约和监督，完善政府投资项目公示制度和责任追究制度，特别要接受教训，深入推进工程建设领域突出问题专项治理，重点加强对采空棚户区改造、土地一级开发、重大建设工程招投标、工程质量与安全等方面的监管，确保公开透明、廉洁高效。要深入开展党性党风党纪教育，推进廉政文化建设，严格执行领导干部廉洁自律各项规定。要坚决纠正损害群众利益的不正之风，严肃查办各类违纪违法案件。

（五）加强和改进党对经济工作的领导

要完善党的领导体制和工作方式，把工作重点和主要精力放在把握方向、谋划全局、提出战略、制定政策、营造良好环境上，支持行政部门依法充分履行职责，发挥各方面的积极性。要把中央、市委的统一部署与本区、本部门实际结合起来，在发展大局中找准定位，理清发展思路，创新发展模式，突破重点难题。要贯彻落实中央《2010－2020年深化干部人事制度改革规划纲要》，积极推动干部人事制度改革，健全干部选拔任用的提名、考察、决定等环节的工作机制，建立健全促进科学发展的干部考核评价机制。加强干部教育培训，提高领导干部的知识水平、理论素养，提高领导班子和领导干部完成任务、做好工作、推动发展的能力。要坚持围绕中心、服务大局、拓宽领域、强化功能，切实加强党的基层组织建设，增强基层党组织的生机和活力，不断提高创造力、凝聚力和战斗力。

同志们，做好2010年工作，机遇难得，任务繁重，责任重大。我们要全面贯彻党的十七届四中全会精神，深入落实科学发展观，更加紧密地团结在以胡锦涛同志为总书记的党中央周围，振奋精神，创新发展，转变作风，真抓实干，全面完成“十一五”时期经济社会发展目标，为开创现代化生态新区建设的新局面而努力奋斗！

政府工作报告

——2010年1月5日在北京市门头沟区第十四届人民代表大会第五次会议上

门头沟区区长　刘云广

各位代表：

现在，我代表区人民政府，向大会报告工作，请予审议，并请各位政协委员和其他列席人员提出意见。

一、2009年工作回顾

2009年是新中国成立六十周年，也是我们积极应对金融危机严峻挑战，保持经济社会平稳较快发展的重要一年。一年来，在市委、市政府和区委的坚强领导下，区政府团结全区人民，坚持以科学发展观为统领，按照“保增长、保民生、保稳定”的要求，全力促进经济增长，狠抓国庆服务保障工作，着力解决民生问题，实现了区十四届人大四次会议确定的各项工作目标，全区经济社会发展迈上新台阶。

经济运行全面企稳回升。初步预计，实现地区生产总值70.5亿元，比上年增长8%。财政一般预算收入完成9.2亿元。全社会固定资产投资完成85亿元，增长19.4%，达到历年最高水平。实现社会消费品零售额21.4亿元，同比增长15%。

人民生活质量稳步提高。城镇居民人均可支配收入23340元，同比增长8%，农民人均纯收入11450元，同比增长11.4%。城镇登记失业率为4.33%。60件为群众办的实事项目全面完成。

生态环境迈上新水平。截至12月31日，空气质量优良率达到71.3%，为历史最好水平。万元GDP能耗下降7.6%。林木覆盖率达到82.72%，较上年提高0.85个百分点。

（一）国庆服务保障工作圆满完成

狠抓迎国庆环境综合整治。比照奥运标准，完成7大类环境建设任务。高质量规划实施国庆期间城市景观建设，完成各类绿化40万平方米。改造户外广告、牌匾229处，拆除违法建设3.45万平方米，升级改造门城地区夜景照明37处，完成4处游园活动场所景观建设。组建斋堂地区环卫所，将深山区、景区垃圾处理纳入市政统一管理。建立健全环境管理考核评比机制，加大统筹协调执法力度，对群众反映强烈的夜间排档、占路市场等进行全面清理，环境建设成果得到巩固。

全面落实国庆平安行动。以应急指挥平台为依托，强化城市运行管理，确保基础设施高效稳定运转。开展领导干部“大接访”活动，解决了一批影响社会稳定的突出问题。严格落实安全生产责任制，严厉打击非法盗采行为。防控甲型H1N1流感工作扎实有效。深入开展社会治安群防群治，形成全方位防控网络，实现了“平安国庆”目标。

精心组织新中国成立60周年庆祝活动。扎实开展“迎国庆、讲文明、树新风”活动，25个单位获得首都先进集体称号。发动近9万人次参与国庆服务保障工作，社会志愿服务进一步强化。群众游行、太平鼓演出等任务圆满完成，焰火燃放、国庆游园等活动安全有序。成功举办第三届永定河文化节、群众歌咏比赛等活动，营造了欢乐、祥和的节日氛围。

（二）经济结构调整加快推进

采取有力措施应对金融危机的影响，建立促进经济增长的责任体系及涵养税源的工作机制，落实帮扶企业的各项措施，设立5000万元的企业帮扶资金，推动经济运行逐步回升。石龙经济开发区实现工业总产值34.1亿元，同比增长28.9%，5.6万平方米的产业孵化中心工程主体完工，启动与西城区共建产业发展基地建设，支持立思辰公司在创业板成功上市。都市型现代农业稳步发展，川柏民居文化休闲旅游沟域正式对外开放，妙峰山等沟域基础设施进一步完善，观光农业、绿色养殖业、农产品深加工规模效益日益显现。以“山会”为主题，推出系列特色旅游活动，区域旅游知名度进一步提高，妙峰山苇甸沟成为国家级水利风景区。规范主要景区、民俗旅游及国道两侧标识3230处，建成野外应急救援辅助定位系统，旅游咨询服务总站投入运行，全年实现旅游收入4.7亿元，接待游客390万人次，同比分别增长15.3%和7%。落实家电下乡、以旧换新等政策，整治主要大街沿线600多家商户店容店貌，消费环境进一步改善。制定文化创意产业扶持措施，启动斋堂古村落古道文化创意产业聚集区建设。建立与京煤集团定期会商机制，举办西南五区经济论坛，积极吸引首都非公经济组织参与生态建设。成立企业发展服务中心，招商引资工作取得成效，新增注册企业1117家。节能减排任务得到落实，实施赛阳水泥厂退出方案，关停非煤矿山3家、煤矸石砖厂3家，二氧化硫排放量、化学需氧量分别削减4.1%和22.1%。

（三）地区可持续发展能力进一步提升

基础设施建设成效明显。建立重点工程建设责任体系和绿色审批通道机制，发挥融资平台作用，重点工程投资实现历史性突破。西六环路全线贯通，阜石路改造二期工程顺利推进，八宝山火化场迁移工程正式开工。门支路二期、规划一路建设基本完工，西苑路、增北路、潭王路、108国道改线等工程全面推进，高沿路、担下路、清千路等山区道路开工建设。完成再生水厂一期工程，粪便无害化处理厂正式运行。门城地区一户一表改造任务总体完工，累计改造8690户。按照3年基本完成的要求，全面启动采空棚户区改造工程，组建专门工作机构，制定科学合理的拆迁安置补偿办法，完成3200户的拆迁任务，石门营、石泉砖厂地块110万平方米安置用房开工建设，实现投资15亿元。启动斋堂、东辛称等地块一级开发，完成一级开发投资10亿元。

生态环境建设深入推进。全面启动国家生态区创建工作，被评为中国绿色名区。实施京津风沙源、农业综合开发等治理项目，治理流域面积130平方公里。永定河流域山区河道生态修复治理工程全面开工。清水镇、王平镇、雁翅镇通过市级环境优美镇考核验收，10个村成为市级生态村，川底下村被评为最美丽乡村。严格落实第十五阶段空气质量保障措施，区域空气质量进一步提升。

山区发展环境不断改善。编制村庄规划80个，新改建乡村道路34公里。农村“五项基础设施建设工程”顺利推进。实施42个村老旧管网改造，改善109个村供水条件。改造农村公厕96个。农村垃圾处理模式不断完善，在所有行政村实施垃圾减量化分类收集，为深山各镇统一配备垃圾运输车辆。完成燕家台等6个山区五级客运站建设。编制完成潭柘寺旅游休闲镇开发规划和军庄镇总体规划，斋堂、潭柘寺镇再生水厂开工建设，完成潭柘寺消防站建设工程，斋堂镇路网改造工程全面竣工。在20个村实施社区股份化改造，在所有镇成立“三个中心”，开展了林权制度改革试点。

（四）社会建设取得新成效

编制完成国家级生态修复科技综合示范基地建设规划，设立科技创新专项资金。制定中小学布局结构调整规划，完成11所学校抗震加固改造工程，首师大附中永定分校投入使用，新建幼儿园1所。落实义务教育学校绩效工资改革政策，教师待遇进一步提高。建立17个终身学习服务基地，完成各类培训13万人次，学习型城区先进区创建工作通过市级验收。区医院急诊综合楼主体完工，疾病预防控制中心交付使用，创建市级卫生村15个、健康社区9个，新建22个农村标准化卫生室和12个健康工作室。完善公共文化基础设施，新建27个农家书屋，为70个村安装数字电影机。制定古村落古民居保护办法，戒台寺滑坡整治保寺工程全部完工。组建区级社会工作机构，推进社区规范化试点建设，招录社区工作者148名，创建和谐社区14个、达标社区9个。新建13个残疾人温馨家园，老年人各项优待政策得到落实。援藏工作扎实开展。人口计生工作成效明显，妇女儿童、民族侨务宗教等各项事业全面进步。

（五）民生状况不断改善

全年安排2.26亿元用于就业和社会保障工作。采取有力措施应对严峻的就业形势，出台促进就业再就业工作实施意见，设立就业促进保障基金，5148名登记失业人员实现再就业，消除零就业家庭108户，开发公益性就业岗位402个。落实低收入农户增收帮扶机制，低收入农户人均纯收入增长10%，低收入户数减少2613户。强化“无拖欠工资”执法检查，为2128名职工追回被拖欠工资1600万元。实施新型农村合作医疗定点医院住院直报，为2.38万名农民进行体检。规范统筹医疗救助和临时救助制度，实施农村低保分类救助，全年支出低保金6700万元，实现动态管理下的应保尽保。完成721户优抚对象、农村社救户危旧房翻建维修任务。多措并举，投资近2亿元，推动群众反映强烈的山区能源问题取得明显突破，完成山区民居节能改造11884户，建设太阳能公共浴室47处，在山区3个镇开展送气下乡试点，清水平价型煤加工厂正式投产。住房保障力度继续加大，4.8万平方米的经济适用房一期和廉租房二期工程顺利竣工。

（六）民主法制和政府自身建设扎实推进

全面执行人大及其常委会决议，认真向区人大常委会报告工作，自觉接受监督。积极听取民主党派、工商联、无党派人士和人民团体的意见。高质量完成关于山区能源问题的议案办理工作，办理人大代表建议99件，政协委员提案141件，办复率达到100%。完成第七届社区居委会换届选举工作。深入开展五五普法教育活动，做好行政复议、法律服务和法律援助工作。国防教育、国防后备力量建设和双拥共建工作不断加强。

完善区对镇街财政体制，在所有镇推行财政管理方式改革，镇街统筹发展能力得到提高。扩大集中财务软件试点范围，行政事业单位资产管理不断规范。建立国有资产管理数据库，实现国有资产动态管理。完成区政府机构改革任务，机构设置和管理体制进一步规范。完成全区第二次全国经济普查工作。

认真落实作风建设年各项任务，扎实推进政风行风建设，党风廉政建设责任制得到落实。结合科学发展观教育实践活动，深入推进服务型政府建设，政府部门服务水平和办事效率不断提高。完善政府重大决策规则和程序，政府信息公开工作深入推进，电子政务水平逐步提高。严格控制压缩出国、车辆购置运行及公务接待等费用支出，行政效能进一步提高。

各位代表，回顾过去的一年，成绩来之不易，这些成绩是在宏观经济形势异常严峻的背景下取得的，是在市委、市政府和区委的正确领导下，全区人民团结拼搏、攻坚克难的结果，凝聚了各方的智慧心血。在此，我谨代表区政府向工作在各条战线上的广大干部群众，向给予我们支持监督的人大代表、政协委员、各民主党派、人民团体、社会各界人士，向参与和关心、支持门头沟发展和建设的驻区单位、驻区部队表示衷心的感谢和崇高的敬意！

在肯定成绩的同时，也要清醒地认识到，全区经济社会发展中还有不少困难和问题，主要表现在：一是区域经济上行仍然面临较大压力，新产业培育步伐有待加快，社会投资明显不足，保持经济持续增长的基础尚不稳固。二是城乡基础设施建设依然滞后，距离经济社会加速发展的需求还有较大差距，环境建设的长效机制仍需完善，城市管理和社会建设模式还需要探索创新。三是城乡差距依然较大，农民增收问题依然突出，推进城乡一体化发展的任务还很艰巨。四是关系群众切身利益的就业、住房、医疗教育等问题还需要加快解决，公共服务能力还有待提高，拆迁征地、劳资纠纷、企业经营困难等引发的上访问题较为突出，维护安全稳定的任务仍很艰巨。五是政府职能转变还需要强化，公务员队伍、机关作风建设有待进一步加强，地区发展的软环境还需要进一步优化。这些问题，我们要高度重视，在全力加快发展的进程中，采取有效措施予以解决。

二、2010年主要工作任务

2010年是实施“十一五”规划的最后一年，也是我们紧抓机遇，落实建设“人文北京、科技北京、绿色北京”要求的关键之年。总体上看，今后三至五年将是门头沟区加快发展的重要机遇期：中央继续实施积极的财政政策和适度宽松的货币政策，以及首都着眼建设世界城市的目标，为我们加快发展提供了良好的外部环境。从自身看，门头沟区正处于城镇化快速发展阶段，近年来固定资产投资的持续增长也使区域发展动力不断增强，尤其是经过奥运和国庆60周年的洗礼，区域发展基础条件得到较大改善。随着北京市促进西南区域发展措施的推进、永定河绿色生态发展带规划的逐步实施、首钢搬迁步伐的加快以及区域交通条件的改善，地区发展活力将进一步增强，发展空间也将进一步扩大。我们要进一步解放思想、紧抓机遇，始终坚持将发展作为第一要务，正视发展差距、坚定发展信心、明确发展目标，积极主动开展工作，推动全区经济社会又好又快发展。

2010年政府工作的总体要求是：全面贯彻落实党的十七大、十七届三中、四中全会和中央经济工作会议精神，深入贯彻落实科学发展观，按照建设人文北京、科技北京、绿色北京的要求，全面落实市委、市政府及区委十届九次全会的工作部署，着力抓好经济发展方式转变，积极推进新产业培育，促进经济又好又快发展；着力提高城镇化水平，加快新农村建设步伐，推动城乡协调发展；着力优化发展环境，加大基础设施和生态环境建设力度，切实推进服务型政府建设；着力保障和改善民生，加强社会建设，全力维护社会稳定，为全面完成“十一五”规划目标、建设现代化生态新区奠定坚实的基础。

2010年全区经济社会发展主要预期目标是：地区生产总值增长10%；财政一般预算收入完成8.8亿元；全社会固定资产投资增长10%；社会消费品零售额增长13%；城镇居民人均可支配收入和农民人均纯收入分别增长8%；城镇登记失业率控制在4.8%以内；万元地区生产总值能耗下降4%；完成市政府下达的空气质量优良率指标。

今年要着重抓好以下六方面工作：

（一）着力培育新产业，加快推动经济发展方式转变

抓好产业发展规划编制工作。认真总结“十一五”规划实施情况，高质量编制“十二五”经济社会发展规划。以促进永定河绿色生态发展带建设为重点，坚持用高水平规划引领产业高端化发展，启动国际招标，做好龙泉商务区、永定滨水商务区的产业发展和生态建设规划，加快发展沿岸商务休闲旅游产业。抓紧制定采空棚户区腾退土地利用总体规划，培育新的经济增长点。启动浅山区发展规划编制工作，明确细化生态友好型产业的区域布局，拓展新的发展空间。

推进石龙经济开发区建设。升级改造石龙经济开发区路网基础设施，启动五期征地工作，推进与中关村科技园区及西城区的产业共建合作，完成产业孵化中心建设并推进招商工作，做好产业孵化中心二期项目前期工作，发挥开发区对南部地区经济发展的带动作用。理顺开发区管理建设体制，强化服务和招商职能，针对重点企业的需求开展个性化服务。加大对中小企业在信贷融资、科技创新、人才引进等方面的支持力度，营造良好发展环境。

加快沟域经济发展步伐。加强对沟域经济发展的规划指导和统筹管理，集成政策，整合旅游景点、自然风景区、观光采摘园、民俗文化和古村落资源，形成发展合力。抓紧确定并做好标志性沟域的国际招标工作，进一步完善基础设施，鼓励社会力量参与沟域经济发展，促进山区经济繁荣。

提高旅游业发展水平。深化“山会”品牌营销活动，加大旅游市场开拓力度，研究深度开发现有旅游资源，年内实现妙峰山滴水岩、仰山栖隐寺等一批新景区景点对外开放，提高旅游商品开发水平。充分利用废弃矿山、古道古村落古民居等资源，发展特色民俗旅游及创意文化产业项目，做好斋堂文化创意产业集聚区申报工作。

加大节能减排力度。按照建设低碳城市的要求，建立符合功能定位的产业准入标准，严格落实节能减排责任制，确保完成“十一五”期间节能减排目标。加快“三高”产业淘汰步伐，关闭6家非煤矿山，继续实施门城地区煤矸石砖厂退出，完成赛阳水泥厂关停工作，推动新港水泥公司退出，妥善做好职工安置工作，编制腾退区域产业发展规划。完成黑山、石龙集中供热厂工程，加快办理城子集中供热工程前期手续，实施天然气入户3000户，启动风能发电项目。完成20万平方米城镇建筑节能改造。大力倡导低碳经济模式与低碳生活方式，广泛开展全民节能活动。

积极吸引社会投资。发挥政府投资的引导放大作用，制定促进重点领域社会投资的政策措施，推动符合功能定位的重大项目在区内落地。抓好招商引资工作，提高项目包装水平，强化企业发展服务中心职能，创新服务机制体制。继续加强与京煤集团的沟通、协调，推进与西城区、西南五区之间的合作交流。编制全区商务规划，落实扩大内需的各项政策，进一步优化消费环境。

（二）加快基础设施和生态环境建设，提升区域经济发展承载能力

完善基础设施体系。落实新城建设发展实施意见，坚持高标准规划、高水平配套，加快建设一批路、水、电、气、热、通讯及垃圾处理等基础设施。完成增北路、黑山大街、西苑路、三家店至南宫等道路改造工程，开工建设锅炉厂南路西延、黑江路等项目，启动滨河路南延、九龙路等道路建设工程。完成108国道改建一期、潭王路、高沿路、清千路、担下路等山区道路建设工程，抓紧办理108国道二期、109国道三军段、双大路二期等道路工程前期手续。加快市政配套基础设施建设，确保中水厂投入使用，启动城子自来水厂扩建工程，推进军庄、中门寺110千伏变电站建设。积极支持阜石路、轻轨S1线、八宝山火化场迁移等市级重点工程建设，全力做好征地、拆迁等工作。细化完善土地利用总体规划，以永定河沿岸和南城地区为重点，做好土地储备和供应，完成斋堂、东辛称地块一级开发，推动冯村、黑江、中门寺、高家园等土地一级开发，启动开发地块内的配套设施建设，努力扩大发展空间。

提高生态建设成效。坚持将生态环境作为发展的优势，深入推进国家生态区创建工作。实施京津风沙源、农业综合开发、二道绿隔、水土保持等治理工程。修复门城及斋堂地区废弃矿山4000亩。全面完成永定河流域生态修复工程。开工建设新城万亩滨水森林公园，抓紧办理门城水环境治理一期工程前期手续。落实市政府第十六阶段控制大气污染的各项措施，进一步改善空气质量。编制生态城建设规划，启动国家生态修复科技综合示范基地建设，推进王平生态示范园治理项目。力争完成2个国家级环境优美镇、1个市级环境优美镇、10市级生态村创建任务，抓好首都绿色村庄、花园式社区和花园式单位创建工作。

全面加强城乡环境整治。实施西六环门头沟段夜景照明、桥下空间整治、绿化美化工程。继续规范店容店貌和户外广告，重点整治门支路、汽车十场路两侧环境。规范有形市场经营秩序，治理占路经营、黑车揽客等行为。加大城乡结合部和老旧小区环境整治力度，坚决制止和拆除违法建设。巩固国庆六十周年环境建设成果，建立健全市容环境长效管理机制和综合执法机制，推动环卫中心管理体制创新，推进农村垃圾收集处理工作长效化、规范化。

狠抓重点工程建设管理。2010年，计划安排重点工程53项，其中，完工23项、开工建设30项。此外，还要抓紧办理29项工程的前期手续。抓好重点工程建设责任制的落实，强化领导协调，健全绿色审批通道机制，提高申报项目质量和效率，加快前期手续办理进度。改革创新拆迁方式方法，抓紧规划建设拆迁安置用房，完善部门和镇街“双进入”体制，坚持依法办事，做好群众思想工作，切实维护好群众利益。加强项目储备管理，建立重大项目台帐制度，对符合功能定位、条件成熟的项目，要积极创造条件，确保尽快落地。

（三）加快农村城镇化步伐，推进城乡一体化发展

加快重点镇建设。推进城镇化与新农村建设“双轮驱动”，以产业园区和农民就业基地建设为重点，有序推进重点镇建设，通过城镇化拓展农村发展空间。完成斋堂、潭柘寺、军庄等重点镇控制性详细规划编制工作，完善镇中心区路网、污水处理、集中供暖等基础设施，启动燃气工程，提高综合承载能力。实施潭柘寺镇中心路网改造一期工程，推进与京投银泰集团的全面合作，启动农民安置房建设工程，加快镇域整体开发进程。做好军庄镇工业设计园及农业观光产业发展规划。推进斋堂镇旅游集散中心建设，创建全国旅游集散特色镇。

提高都市型农业发展水平。实施108、109国道观光休闲走廊建设，提高绿色养殖产业效益，积极发展特色栽培和林下经济，新增设施农业1000亩。加强农业观光园区建设，发展标准化果品基地6000亩、市级农业观光园区10个、国家级标准化示范基地2个。提升改造民俗旅游，新增市级民俗旅游村3个、市级民俗旅游户20户。大力发展有机农业，全面推广绿色农产品，推进唯一性农产品原产地品牌认证，提升农产品附加值。设立专项资金，扶持黄芩、蜂蜜、玫瑰等一批农产品深加工龙头企业发展。

推进农村改革创新。推进农村社区股份制改造和收益分配制度改革，壮大农村集体经济。积极推动土地流转改革，完成60个村集体建设用地确权工作。认真总结雁翅、军庄试点工作经验，加快推进集体林权制度改革。完善农村金融保险服务体系，启动村镇银行试点，扩大小额信贷、农业保险覆盖范围。提升农民专业合作社运营水平，发展市级农民示范合作社6家。完善农村“三个中心”管理，强化招投标管理职能。研究农村公益设施运营维护办法，建设20个农村公益服务中心。

着力改善山区发展环境。加快农村五项基础设施建设，确保年内基本完成总体任务。在48个村实施安全饮水工程，改造农村公厕112个，绿化村庄97个。加强农村交通配套设施建设，完成斋堂客运换乘中心及5个山区客运站建设。修复乡村道路32公里。完成334人的险村险户搬迁任务。推进循环农业示范点、循环水务村建设，完成雨洪利用工程12处，新增节水灌溉面积6280亩。

（四）全力解决民生问题，使发展成果惠及广大群众

扎实推进重点民生项目。投资10亿元，实施直接关系群众生活方面的62件重要实事。在城区，全面加快采空棚户区改造步伐，实现石门营、石泉砖厂地块安置房110万平方米主体完工，统筹做好安置地块内路网基础设施及教育、卫生、社区服务、商业等配套设施建设，抓紧实施第3个地块的选址及拆迁工作，力争新开工50万平方米。按照公开、公正、公平的原则，做好经济适用房一期选房入住工作。推动石门营经济适用房二期29万平方米开工建设，加快冯村两限房建设步伐，积极支持黑山、大峪危旧房改造项目建设。在山区，继续加大能源问题解决力度，推广燃气、型煤、沼气和太阳能等清洁能源，完成1万户民居节能改造，扩大送气下乡工程覆盖面，安装村内节能路灯1万盏，使山区能源问题得到基本解决。

努力稳定和扩大就业。认真贯彻国家及北京市各项促进就业的政策，完善区内促进就业再就业的各项措施，开发多种形式的公益性岗位，鼓励城乡劳动者自主创业，做好毕业生、青年失业群体、就业困难人员的就业促进工作。落实“零就业”家庭长效帮扶机制，帮助5000名失业人员实现再就业。推进低收入农户“共同致富行动计划”，扶持20个低收入村发展产业，确保低收入农户人均增收10%。加强农民就业技能培训和就业服务，培养新型农民带头人，实现农民转移就业500人，鼓励农民进入小城镇创业定居。加大对拖欠农民工工资问题执法检查力度，确保实现“无拖欠工资”目标。

加大社会保障和弱势群体帮扶力度。进一步完善城乡社会保障体系，加大城乡居民养老保险、失业保险扩面征缴工作力度。整合新农合、“一老一小”、无业居民大病医疗保险制度，推动居民医疗保障制度城乡一体化。统筹城乡救助制度，做好低收入家庭确认工作，整合规范各专项、临时救济政策，积极扶持慈善公益事业。完成205户农村优抚和社救户危房改造任务。落实居家养老助残服务“九养”办法，启动区老年社会福利中心项目，推动与西城区共建养老合作基地建设。规范残疾人温馨家园及职业劳动康复站的管理。

提高教育医疗服务水平。坚持推动义务教育均衡发展，完成实验二小永定分校建设，实施三家店铁路中小学改造工程，抓紧办理白庄子小学、军庄小学迁建工程和少年宫新建工程前期手续。启动棚户区改造安置区域内4所中小学和4所幼儿园建设工程。对20所中小学校舍实施抗震加固改造。落实市医药卫生体制改革方案和医保惠民政策，完成社会保障卡发放工作，将公费医疗人员全部纳入基本医疗体系。确保区医院急诊综合楼工程投入使用，抓紧启动妇幼保健院改建、中医院改扩建、龙泉精神病院改造、卫生监督所和计划生育生殖健康技术服务中心新建工程。完善社区卫生服务机构和人员绩效考核机制，加强乡村医生规范化培训，提高基层公共卫生服务水平。

（五）提高社会建设水平，营造和谐稳定的社会环境

积极发展社会事业。推进科技孵化中心建设，探索建设高端研发基地的途径和模式，提升区域科技创新能力。整合文化教育资源，巩固学习型城市先进区创建成果。制定有足够吸引力的政策，在社会保障、住房、子女教育等方面创造条件，吸引聚集更多的优秀人才到门头沟区工作，促进人才与项目对接、与产业互动。完善公共文化服务体系，新建50个农家书屋，为农村放映数字电影10000场，推动信息资源下乡。实施沿河城戏台等5处文物修缮工程。完成全国第三次文物普查工作。认真组织第四届永定河文化节、全民健身运动会、百公里山地纵走等系列文体活动，不断丰富群众生活。巩固全国计划生育优质服务先进区创建成果，探索统筹解决人口问题的新模式，关心支持老龄、妇女、儿童、残疾人事业。做好第二批援藏干部、项目的衔接工作。全面贯彻落实党的民族、宗教、侨务方针政策。扎实做好第二轮修志工作。认真开展第六次全国人口普查工作。

切实维护安全稳定。加大安全隐患排查治理力度，深入开展煤矿、非煤矿山专项治理，坚决遏制非法盗采行为。动员社会力量积极参与药品食品安全监督管理。在学校、重点行业及社区开展自救互救、避险逃生技能培训和演练。完善突发公共卫生事件应急体系建设，扎实做好甲型H1N1流感等传染性疾病的防控工作。坚持领导干部接访制度，推动一批历史遗留问题尽快得到妥善解决。拓宽基层信访渠道，方便群众及时提出个人诉求、反映意见，把矛盾化解在基层、解决在萌芽状态。完成斋堂消防站建设，实施6个派出所新改建工程。加强对流动人口的管理服务，强化社会治安综合治理，严厉打击违法犯罪活动，切实提高群众安全感，全力维护社会稳定。

提高社会建设水平。加快推进社区用房规范化建设，规范社区服务站的管理运行，建立社区工作者考核奖励等管理制度，加强社区协管员队伍的统筹协调管理。推进“枢纽型”社会组织建设，加快推动政社分开、管办分离。从群众需求出发分类开发社区服务项目。健全社区民主参与机制和公共管理体系，创建18个和谐社区。深化村务公开民主管理，积极推行“四议两公开”工作法，完成第八届村委会换届选举。扎实开展“五五”普法工作，加强人民调解、社区矫正和法律援助工作。加大双拥和优抚工作力度。广泛开展“爱首都、讲文明、树新风”活动，深入推进六大文明引导行动，培育良好的社会风尚。

（六）加强政府自身建设，为加快发展提供体制机制保障

深化行政管理体制改革。深化部门预算、国库集中支付、财政支出绩效考评以及财政投资评审等改革。加强政府负债管理，降低财政风险。完善镇街和部门协税护税机制，确保应收尽收。强化行政事业单位国有资产使用和处置的动态监控，探索实物库管理模式。实施事业单位分类改革，规范岗位设置，推进工资制度改革。规范政府部门和派出机构社会化用工管理。深化国有企业改革，妥善处理改革中的遗留问题，逐步完善国有资产监管体系。

提高政府行政效能。完善区政府决策、执行、监督体系，建立科学合理的绩效评估机制，引导企业、群众参与政府效能评价监督，落实行政问责制。以加强和改进“一站式”服务为重点，深化对企业的服务职能，全面提升窗口单位的服务意识和服务水平，简化审批环节，推进流程再造和效能监督，进一步优化发展软环境。依法做好政府信息公开工作，保障群众的知情权和监督权。探索科级及以下干部交流、轮岗机制，调动公务员队伍的积极性，提高整体素质。健全保增长责任机制，制定奖惩考核办法，增强各部门为加快区域经济社会发展做好服务工作的积极性和主动性。

全面推进依法行政。坚决执行区人大及其常委会的决议，主动加强与政协的联系，认真听取民主党派、工商联、无党派人士和各人民团体的意见，为人大代表、政协委员履行职责创造良好的环境。支持工会、共青团、妇联等人民团体工作。广泛征集群众建议，接受社会公众和新闻舆论监督。健全科学民主依法决策机制和执法协调机制，强化行政执法责任追究，及时化解行政纠纷。

加强勤政廉政建设。落实党风廉政建设责任制，深入开展纠风工作，畅通群众诉求渠道，加强政府部门效能建设。认真吸取教训，进一步规范重大项目和重大资金支出程序，以政府采购、招投标、企业改制重组、棚户区改造和征地拆迁等领域为重点，加强监察审计，堵塞漏洞，保证权力公开透明运行。大力纠正损害群众利益的不正之风，坚决查处违法违纪案件。坚持勤俭节约，严格压缩行政成本，倡导节俭办一切事业。

各位代表！新的一年，门头沟区面临着新的机遇和挑战，发展任务更加艰巨，必须付出更大的努力。让我们紧密团结在以胡锦涛同志为总书记的党中央周围，在市委、市政府和区委的领导下，团结依靠全区人民，进一步解放思想、振奋精神，以更足的干劲、更实的作风，努力推动经济社会又好又快发展，为将门头沟区建设成为现代化生态新区而努力奋斗！

门头沟区2009年计划执行情况和2010年国民经济、社会发展计划安排（草案）

——2009年1月7日在北京市门头沟区第十四届人民代表大会第四次会议上

门头沟区发展改革委员会主任 张满仓

各位代表：

我受区政府委托，向大会提交门头沟区2009年计划执行情况和2010年国民经济社会发展计划报告（草案），请予审议。

一、2009年国民经济和社会发展计划执行情况

2009年是新中国成立60周年。全区人民在区委领导下，深入贯彻科学发展观，积极应对国际金融危机带来的不利影响和严峻挑战，全力落实“保增长、保民生、保稳定”的各项政策措施，锐意进取，迎难而上，区十四届人大四次会议的决议和部署得到较好落实，全区经济社会各项事业保持平稳发展，年度发展计划主要目标顺利完成。

（一）经济运行稳中有进

在经济环境复杂多变，不确定因素增多的情况下，我区出台了《2009年经济增长指标任务分解》等相关措施，经济运行态势企稳回升，保持了平稳发展势头，实现地区生产总值75.9亿元，同比增长3.7%。人民生活水平持续提高，城镇居民人均可支配收入23345元，农民人均纯收入11475元，分别增长8%、11.6%。一般财政预算收入完成9.27亿元，完成年度预算的122.7%。初步核算万

元地区生产总值能耗下降1.6%

固定资产投资增长较快。实现全社会固定资产投资85.5亿元，同比增长20.4%，完成全年投资计划的113%。投资结构进一步优化，生产经营性投资规模不断扩大，全年完成生产经营性投资5.4亿元，同比增长38.4%。

旅游产业持续发展。旅游活动异彩纷呈，举办了"与春天同行"大型文艺演出和北京市首届旅游山会等活动，组织赴外省市开展大型旅游促销活动。加强主要景区及民俗旅游标识系统建设，旅游咨询服务总站投入使用。初步测算接待游客390.2万人次，实现旅游收入4.7亿元。分别增长7%和15.8%。

消费品市场保持繁荣。加强对行业安全、食品安全监管，督促商家积极备货，保障了市场供应。实施"家电下乡"政策，开展大型主题促销活动，积极推动消费升级。实现社会消费品零售额21.7亿元，增长16.4%。

积极帮扶企业共渡时艰。制定了区《关于帮扶企业应对国际金融危机的实施意见》，对17家工业企业给予资金支持。成立企业服务中心，建立企业信息沟通机制，健全了高新技术企业认定服务体系。举办西南五区经济发展论坛，与西城区合作开展共建产业基地项目，石龙产业孵化中心建设进展顺利，为培育金融后台服务、高新技术、文化创意等产业提供基础条件。

（二）城乡建设协调推进

基础设施建设步伐加快。建立投资项目绿色审批通道，狠抓重点工程前期工作，为投资项目及早落地创造了条件。重点工程完成投资33.3亿元，比上年同期增长1.3倍，占全社会固定资产投资的比重达到40%。西六环路实现全线贯通，增产路、规划一路等工程竣工，108国道改线、双大路一期、潭王路改建工程加快实施。完成城区一户一表改造工程8690户。采空棚户区改造全面提速，完成了年度拆迁任务，石门营、石泉砖厂地块安置房正式开工，廉租房二期与经济适用房一期工程基本完工，棚户区改造实现投资14.5亿元。

生态环境质量进一步提升。全面启动创建国家生态区工作，编制并通过《门头沟区国家生态区建设规划》。京津风沙源治理、永定大砂坑修复工程、第二道绿化隔离工程竣工。六环路、滨河路、高家园路等6条道路两侧绿化改造工程全部完成。永定河流域山区河道生态修复工程已开工建设。布置迎国庆城市景观，升级改造了门城主要大街夜景照明。生态建设投资完成5.9亿元，比上年同期增长19.9%。空气质量二级和好于二级天数达到259天，占全年有效监测天数的71.4%。

节能减排取得新进展。加强工业污染深度治理，26个超标排污点基本实现了达标排放。加快高污染企业退出步伐，关闭了3家非煤矿山和3家煤矸石砖厂。门城8000户天然气入户改造工程基本完工，区再生水厂和黑山、冯村集中供热厂正抓紧建设。积极推广新型清洁能源，实施农村既有房屋节能改造工程。减少二氧化碳排放，开展黄标车淘汰工作，淘汰黄标车3544辆，占淘汰比例的76.6%。加大科技支撑力度，开展了林业碳汇项目研究。

（三）新农村建设扎实推进

调整农业内部结构，推进农业产业化进程，实现农林牧渔总产值3.6亿元，增长15.8%。其中都市型现代农业实现产值1.8亿元，增长0.4%，占农业产值比重为49.7%。新发展设施农业415亩，斋堂镇130栋食用菌生产温室正在抓紧施工。推进肉禽产业化建设，120栋肉鸡养殖大棚建成投入生产。提升改造农业观光园区25个，爨底下、妙峰山等重点沟域经济建设初见成效。建成山区雨洪利用工程25处，发展农业节水灌溉面积1500余亩。

农村基础设施和生态环境建设明显改善。继续推进村庄体系规划编制。农村"五项工程"建设扎实推进，以新能源示范为重点的"三起来"工程完成年度计划。实施新农村污水治理和安全饮用水工程，新建成污水处理站8座，改善了9个镇109个村的供水条件。规划的村镇垃圾密闭、收集、转运系统建设全面铺开，城市管理机制开始向农村延伸。修建乡村道路34公里，完成斋堂镇中心路网改造，建成上苇甸等6个山区五级客运站。创建市级卫生村15个和健康社区9个，王平、雁翅、清水镇通过了市级环境优美镇考核验收，川底下村被评为北京市最美丽乡村。

（四）民生状况不断改善

就业和社保工作取得良好效果。建立"零就业"家庭帮扶长效机制，保持了零就业家庭动态为零。开发置换就业岗位4055个，全区共有1445名农村劳动力实现转移就业。城镇登记失业率为4.33%。推进保险扩面征缴工作，各项社会保险收缴率均在94%以上。新型农村医疗参合率达到98.4%。实施农村低保分类救助制度，完成了城乡低保标准调整工作。完善城乡医疗救助制度，提高了医疗救助比例和救助额度。北京石龙老年护养院在全市率先挂牌运营。

社会公共服务稳步提升。首师大附中永定分校工程竣工交付使用，北京实验二小永定分校新建工程抓紧施工，完成了11所农村学校教师集体宿舍改造和11所学校抗震加固任务，新建了1所幼儿园。建立优教优酬薪资分配机制，制定了区《义务教育学校绩效工资实施方案》和《关于鼓励城镇教师赴山区学校任教的意见》。公共卫生和基本医疗体系不断完善，区医院急诊综合楼工程已完成主体封顶，新建了22个农村标准化卫生室和12个健康工作室；防控甲流H1N1工作取得阶段性成效，甲流疫苗接种工作全面展开。文化体育活动蓬勃开展。圆满举办了中国·北京第三届永定河文化节系列活动，完成了区工人综合文化活动中心工程，开展了山地越野挑战赛和永定河穿越赛等精品赛事。

社会建设和管理机制不断完善。社会管理和服务重心向社区下移，“五无”目标全面实现。深入推进平安社区创建活动，加强对流动人口的管理和服务，加大矛盾排查调处力度，社会治安明显好转。深入开展安全生产“三项行动”和“护航”行动，安全生产形势基本稳定。加强人口与计划生育工作，计划生育率达到97%。

（五）体制改革不断深化

一是全力推进政府机构改革，政府各部门“三定”工作有序展开，新组建机构和调整机构已正式对外挂牌。二是进一步深化财政管理体制改革，深化国库集中支付改革，推进全额补助事业单位公务卡结算方式改革，推行镇财政管理方式改革。三是大力推进农村三资管理机制、土地流转机制、产权制度改革，农户土地承包经营权流转信息平台已初步建成，农民专业合作社已发展到142家。四是推进农村金融服务体系改革，出资参与组建北京市农业担保责任有限公司，引导更多的信贷资金和社会资金投向农业领域；落实农村信用体系建设方案，完成了组建小额创业贷款公司方案。五是深化国企改革，完成了5家企业的改制任务，建立国有资产管理数据库。六是完善节能减排机制，落实节能减排工作责任制，健全了节能减排统计、监测、考核实施方案及办法。

总体上讲，2009年全区经济社会发展形势良好，符合科学发展的要求，符合和谐发展的理念，符合国家宏观调控政策的取向。但在发展中仍然存在一些矛盾和问题需要高度重视。主要表现在：一是工业生产降幅虽然收窄，但进一步回升的基础尚不稳固。二是招商引资力度不足，引资政策和服务环境都有待优化。三是经济总量低，区内企业安置我区城乡劳动力能力弱，对各类人才特别是高层次人才缺乏吸引力，劳动力总量矛盾和结构性矛盾并存。四是城乡建设中产生的问题与矛盾还有待创新工作机制，加强服务和管理。这些都需要我们按照科学发展观的要求，通过发展和改革的办法认真加以解决。

二、2010年国民经济和社会发展计划安排

2010年是“十一五”规划最后一年；是巩固发展基础、确保经济平稳较快发展的关键一年；是深入学习实践科学发展观活动，建设“人文北京、科技北京、绿色北京”的重要之年，安排好全年国民经济和社会发展计划至关重要。

（一）发展计划安排的指导思想和主要原则

2010年全区国民经济和社会发展计划安排的指导思想是：以党的十七大、十七届四中全会和中央经济工作会议精神为指导，深入落实科学发展观，坚持把发展作为首要任务，加快经济发展方式转变和经济结构调整，提高经济发展质量和效益；坚持城乡统筹，扎实推进城乡一体化建设、生态环境建设和以民生为重点的社会建设，努力实现全区经济社会又好又快发展。

在计划目标的确定和重点建设项目的安排上，总体把握“六个坚持、六个促进”。即：坚持扩大内需和优化发展环境，促进经济平稳较快增长；坚持以人为本和改善民生，促进和谐社会建设；坚持结构调整和优化升级，促进发展方式转变；坚持环境保护和资源节约，促进生态文明进步；坚持城乡统筹和区域协调，促进城乡经济社会一体化发展；坚持体制机制创新，促进发展活力。

（二）2010年经济社会发展主要目标

主要调控指标

——城镇登记失业率控制在4.8%以内；

——地方财政收入完成8.8亿元；

——万元地区生产总值能耗下降4%；

——空气质量二级和好于二级天数完成市下达指标。

主要预期指标

——地区生产总值增长10%；

——旅游综合收入增长15%；

——固定资产投资增长10%；

——农村经济总收入增长10%；

——城镇居民人均可支配收入和农民人均纯收入均增长8%。

三、实现2010年国民经济和社会发展计划的主要措施

（一）抓好重点工程建设，促进投资较快增长

投资仍然是拉动地区经济增长的主要原动力。要继续贯彻国家扩大内需的各项政策，把促进全社会固定资产投资与加快城乡发展紧密结合起来，把引导消费和改善民生紧密结合起来，促进经济平稳较快增长。2010年固定资产投资计划94亿元，增长10%。

坚持集中财力办大事、分阶段解决一批问题的原则，安排好政府投资，推进重点工程建设，促进经济社会与资源环境的全面协调可持续发展。2010年计划安排重点工程61项，其中：完工、开工工程分别为24项和37项。重点工程建设要抓好五个方面工作：

一是加强城市道路交通建设。完成增北路、北京锅炉厂南路西延等道路工程，实施三家店至南宫和石龙西路西延改造（一期）。完成滨河路南延、黑山大街北延等前期工作。配合做好阜石快速路市级重点工程建设。

二是加快城乡水、电、气、热等骨干基础设施建设。整合门城新城分散燃煤锅炉，扩大集中供热规模，完成黑山、永定地区集中供热厂建设，筹备城子集中供热项目。提高污水回收利用能力，实施门城再生水管线铺设工程。建设军庄、中门寺110KV变电站工程。启动城子自来水厂改扩建工程，提高生产生活用水能力。

三是加大基本公共服务和社会事业的投入力度。支持卫生、文化、安全等公共领域的建设和发展，提升社会公共服务水平。完成区医院急诊综合楼、社区用房试点项目建设，抓好大峪派出所、城子派出所、大台派出所工程建设，筹建养老基地、社会福利中心、计划生育技术服务中心等工程。

四是加大保障性安居工程建设力度。加强市政设施配套能力，积极推进门城采空棚户区改造，加大保障性住房供应力度，加快石门营、石泉砖厂地块安置房和冯村两限房建设，开工建设经济适用房（二期）。继续做好保障性住房资格审查、分配工作，逐步改善居民居住条件。

五是做好土地储备工作，拓展城市发展空间。完成新城滨河项目和中门寺居住项目的一级开发工作，实现年内上市交易。启动琉璃渠和高家园的土地一级开发项目。

（二）着力推进结构调整，促进发展方式转变

树立旅游精品品牌，举办好第二届旅游山会及九省市山地旅游品牌研讨会。推进旅游项目建设，启动斋堂镇旅游集散中心、古村落古道保护性开发、民俗村旅游开发等具有示范性和导向性的旅游项目；积极鼓励并引导社会资金参与旅游产业的开发建设，加强与中坤、银泰等企业集团的投资合作，以项目建设带动旅游经济发展。积极申请市旅游产业专项发展资金，加大对景区及镇村旅游基础设施的投入，启动5A级景区创建工作。开展乡村酒店、采摘篱园、山水人家、养生山吧等八种乡村旅游新业态创建工作，使乡村旅游发展迈上新台阶。建立乡村旅游协会，提升乡村旅游的管理水平。加快旅游信息化建设，提高网络化服务能力和水平。

石龙开发区要加大对重大产业项目的招商引资力度，以孵化中心为载体，与中关村科技园区管委会合作举办大型招商推介会，力争年内引进一批研发企业入住，确保税收增量任务的完成。加快石龙产业园区基础设施、公共服务环境的建设，做好五期征地土地一级开发，促进产业集聚发展。

积极参与北京市永定河绿色生态发展带的方案制定，优化城市空间布局，争取高端产业项目落户我区，吸引更多优势发展要素向我区聚集，促进沿河地区经济发展。

努力扩大消费需求，巩固支撑增长的动力。千方百计增加城乡居民收入，稳定消费预期。落实国家和北京市相关政策，继续增加对城市和农村低保的补助，提高企业退休人员基本养老金水平。适度提高城市居民最低生活保障标准。加强消费市场环境专项整治，保障食品安全，严厉打击假冒伪劣、各类诈骗等违法行为，营造安全消费环境。以市场需求为导向，利用新建大中型综合商业设施优势，引进先进业态、知名品牌丰富我区中高档商品市场。围绕门城棚户区改造，规划建设社区商业网点，吸引实力强、信誉好、符合地区消费需求的商业企业落户我区。2010年社会消费品零售额增长13%。

（三）加强环境建设，提高生态文明水平

按照建设“绿色北京”的要求，加快建设资源节约型、环境友好型城市，提高社会生态环保意识，增强可持续发展能力。

提高地区生态品质。按照“山区森林化、城镇园林化、道路林荫化、庭院花园化”的要求，全面推进国家生态区创建和生态体系建设。继续实施废弃矿山植被恢复工程，整治门城煤矸石山周边环境，完成京津风沙源治理、永定河流域山区河道

生态修复、第二道绿化隔离带工程，开工建设新城万亩滨水森林公园。启动国家环境保护模范城市创建工作。完成2个国家级环境优美镇、1个市级环境优美镇和10个市级生态村的创建任务。深入开展全民义务植树活动，完成春季植树任务。

积极推进节能降耗减排。深挖结构减排潜力，落实区《2008－2010三年非煤固体矿山企业关闭调整方案》，年内完成非煤矿山和煤矸石砖厂关闭任务。推进新港水泥厂退出工作。落实市政府第十六阶段控制大气污染的各项任务，分解《门头沟2010年污染物总量减排工作计划》，确保完成市政府下达我区的目标任务。加大黄标车淘汰和限行力度，严格实施绿色施工管理规程，加快退出污染比较严重的落后生产工艺，进一步改善空气质量。

（四）加强新农村建设，推进城乡一体化协调发展

深入落实《中共北京市委关于率先形成城乡经济社会发展一体化新格局的意见》，加快农村各项基础设施建设。推进高沿路、清千路、担下路工程建设，抓好108国道二期（南村至鲁家滩）、109国道（三家店至军庄）改造前期工作。加强农村新能源推广，实施山区乡镇液化气下乡工程，完成节能住宅改造1万户。推进农村“亮起来”工程，安装节能路灯1万盏。完成潭柘寺、斋堂污水处理配套管网改造工程。建设循环农业示范点，实施雨洪利用工程，新增农业节水灌溉面积6280亩。发展农村交通配套设施，新建斋堂客运换乘中心，在清水、潭柘寺等镇设立7处山区客运站。推动农业观光园区发展，发展市级农业观光园区10个、国家标准化示范基地2个，建设标准化果品基地6000亩。发展林下药材等特色栽培10000亩。积极发展农民专业合作社。新发展市级示范合作社6家、区级示范合作社10家，区级规范合作社20家，使门头沟区农民专业合作社整体水平有较大幅度提升。推进第一产业和第三产业融合，扩大就业，增加农民收入。

（五）着力推进改革开放，为发展注入新的活力

加强对改革的指导和统筹协调，努力建立健全有利于科学发展的体制机制，实施好重点领域改革，增强发展活力。

根据全市工作部署，研究区事业单位分类改革方案，适时推进事业单位改革，剥离行业管理部门直接管理所属事业单位的职责，集中精力履行公共服务体系建设和公共事务管理职能。完善乡镇机构改革试点单位的改革方案，总结试点经验，适时推进乡镇机构改革工作。

加强行政事业单位国有资产管理，制定《门头沟区行政事业单位固定资产配置管理暂行办法》，促进资产管理与预算管理有机结合，逐步实现预算分配的公平性和资产配置的合理性。积极探索实物库管理，整合资源，降低成本，使资产处置管理更加公开化和透明化。

深化政府采购改革，建立招标文件专家论证制度，增加招标准备环节透明度，促进政府采购项目公平、公正开展。推进政府采购电子化系统建设，搭建政府采购管理系统整体框架。加强政府投资项目管理，建立重大项目台账制度，做好项目储备，带动全社会固定资产投资持续稳定增长。

深化科技体制创新。按照“科技北京”行动计划，制定区技术创新工程实施方案。完善科技管理体制，设立科技创新基金，促进科技成果在我区落地转化。支持各类新型产业组织发展，鼓励民营科技企业参与重大科技专项、科技基础设施建设及有关科技计划项目。

推进农村林权制度改革工作，做好雁翅、军庄镇林权制度改革试点工作，逐步面向全区实施林权制度改革。启动30个村社区股份制改造和60个村收益分配制度改革工作。结合乡镇实际情况，抓好农村集体建设用地确权工作。

健全国有资产收益收缴制度。制定国有资产收益收缴的管理办法，抓好经营业绩考核和薪酬管理工作，加强对企业资产收益率的监测。研究商业公司城子地区开发项目，实现资源优化配置。

（六）加强社会建设和改善民生，促进发展成果共享

切实将稳定就业局势和提升城乡社会保障水平摆在更加突出的位置。重点做好零就业家庭帮扶工作，加强对就业困难群体的帮扶和指导。加强城乡劳动力培训，促进劳动力转移就业，做好关停并转企业的人员安置。开发置换社区就业岗位2500个，安置失业人员1500人次，促进城镇登记失业率保持较低水平。大力发展社会福利和慈善事业，完善社会救助体系，做好应急救助和分类救助工作。

落实办学条件标准，改善办学条件。实施军庄小学、少年宫、汽修实训基地建设工程，完成20所中小学校舍抗震加固工作，启动4所幼儿园和白庄子小学建设项目。严格落实“两免一补”政策，认真做好贫困学生和外来人口子女入学安排。落实绩效工资、引进优秀人才、提高待遇等相关措施，进一步提高全区教师队伍的整体素质。

统筹城乡医疗卫生事业发展。认真落实市医药卫生体制改革实施方案，完成社会保障卡发放工作。继续提高农村合作医疗筹资标准和报销比例，取消转诊程序。加强对乡村医生的规范化培训和业务指导，提高乡村医生技术水平。倡导健康卫生的生活习惯，做好甲型H1N1流感防控和监测工作。以群众满意度为核心，推行新的社区卫生绩效考核工作机制，创建市级健康社区5个和市级卫生村12个。加强卫生基础设施建设，改造农村户厕1700户，完成区妇幼保健院改扩建工程，启动区中医医院扩建工程、区精神病防治院建设工程。

丰富基层群众文化体育生活。办好第四届中国北京永定河文化节、农村文艺演出等系列文化活动。放映数字电影10000场（次）。制定基层文化活动管理办法和督察考核奖励办法。抓好斋堂镇沿河城戏台等文物修缮工程。完成全国第三次文物普查工作，力争斋堂文化创意产业集聚区申报成功。抓住休闲、健身等户外运动良好发展趋势，争取国家、北京市体育部门的支持，举办山地纵走、登山比赛等品牌赛事活动。

（七）创新规划思路，编制好“十二五”发展规划

在科学发展观指导下，全区各相关单位要认真检查“十一五”规划各项指标、各项任务完成情况。准确把握全区发展新阶段、新特点，抓住事关长远发展的重大问题和关键环节，充分消化吸收前期调研成果，广泛吸引社会各界和中介机构参与，提出“十二五”规划纲要草案。充实完善专项规划体系，做细做精专项规划，使之成为指导行业发展、安排政府投资的重要依据。

新的一年，我们要在区委领导下，在区人大和各位代表的监督、指导和帮助下，认真落实本次会议的各项决议、决定，团结一致、锐意进取，扎实工作，为实现全年国民经济发展目标、推动社会事业全面进步而努力奋斗。

关于门头沟区2009年预算执行情况和2010年预算（草案）的报告

——2010年1月5日在北京市门头沟区第十四届人民代表大会第五次会议上

门头沟区财政局局长　许　彪

各位代表：

我受区人民政府委托，向大会提交门头沟区2009年预算执行情况和2010年预算（草案）的报告，请予审议，并请各位政协委员提出意见。

第一部分　2009年预算执行情况

2009年，在市委、市政府和区委的正确领导下，全区以邓小平理论和“三个代表”重要思想为指导，深入贯彻落实科学发展观，紧紧围绕“保增长、保民生、保稳定”中心任务，千方百计组织收入，积极优化支出结构，建立健全各项保障机制，促进区域经济社会协调发展。全年预算执行情况总体较好。

一、2009年财政收支总体情况

（一）一般预算收支及平衡情况

2009年，全区一般预算收入预计完成92,000万元，完成年度预算的122.7%，加上市对区县体制返还、定额补助及转移支付补助收入等214,426万元，市追加专项收入80,949万元，上年结转本年使用收入7,100万元，一般预算总收入预计394,475万元。一般预算支出预计完成365,000万元，比上年增长35.1%，加上解支出600万元，一般预算总支出预计365,600万元。一般预算收支相抵，预计转入预算稳定调节基金5,000万元，结余23,875万元。

1. 区级当年财力执行情况

区级当年财力支出预计完成288,490万元，完成年度预算的155.9%，比上年增长50.6%。区级财力主要支出项目预计完成情况是：一般公共服务32,611万元，为预算的118.9 %，比上年增长2.3%；公共安全18,498万元，为预算的154.8%，比上年增长18.2%；教育40,809万元，为预算的135.8%，比上年增长30.5%；科学技术1,320万元，为预算的150.5%，比上年增长19.6%；文化体育与传媒4,480万元，为预算的198.9%，比上年增长13.4%；社会保障和就业52,134万元，为预算的161.7%，比上年增长84.6%；医疗卫生18,705万元，为预算的176.8%，比上年增长66.2%；环境保护7,865万元，为预算的663.7%，比上年增长2.9倍；城乡社区事务57,549万元，为预算的251%，比上年增长59%；农林水事务42,599万元，为预算的277.1%，比上年增长129.6%。

区级财力比年初预算预计超收121,426万元，其中：市区完善财政管理体制事项划转资金40,002万元，新增可支配财力61,414万元。根据《预算法》、《北京市门头沟区预算监督办法》的要求，主要用于按有关法律、法规要求保障农业、教育、卫生等法定支出依法增长，加强经济社会发展薄弱环节建设，以及社会保障、节能和环保等方面的重大项目支出。

2. 市专项补助收入执行情况

市专项补助收入预计80,949万元。按照市专项补助收入规定用途安排支出，主要用于环境保护工程、保障性住房配套市政设施建设、新农村建设、教育基础设施建设、社会保障等方面。

3. 上年结余执行情况

上年结余7,100万元，其中6,792万元为项目结余。已经按照项目用途全部安排支出。

（二）基金收支及平衡情况

2009年，基金收入预计完成48,226万元，加上年结余18,802万元，市级补助收入10,344万元，基金总收入预计77,372万元。基金总支出预计完成77,372万元，基金收支平衡。

需要说明的是，以上财政收支是按照预算执行情况初步汇总的，在编制财政决算后还会有变化，届时再向区人大常委会报告。

二、2009年主要财政工作

（一）围绕实现“保增长”目标，强化帮扶措施，大力支持区域经济发展

2009年是全区乃至全市经济经受重大考验的一年，财政收入面临诸多不确定因素，为顺利完成年度收入任务，提高自身财力保障能力，全区各部门通力合作，取得了积极的工作成效。

一是加大对企业的政策和资金帮扶力度，涵养、巩固既有财源。制定出台《帮扶企业应对国际金融危机实施意见》、《帮扶企业应对国际金融危机专项扶持资金使用实施细则》、《促进和扶持乡镇企业发展办法》等帮扶政策，出资建立扶持企业发展基金5000万元，千方百计帮助企业渡过难关。

二是积极发挥融资服务平台功能，以政府注资的方式通过首创投资担保平台为我区9个中小企业项目提供担保2530万元，切实缓解中小企业融资困难，扶持中小企业发展壮大。

三是加大招商引资力度，积极引进实力企业，培育新财源。继续加大市政基础设施、生态环境建设投入，改善地区发展和投资环境，为优势产业项目的引进创造良好的条件；梳理优化招商投资服务大厅工作流程，加大招商引资宣传推介力度，齐心协力为企业提供良好的服务。2009年新引进的企业中，注册资本在1000万元及以上的大户企业有11家。

（二）建立健全组收工作机制，依法强化收入征管，努力增加财政收入

一是强化责任意识，分解收入指标。制定《保增长促发展涵养地区税源加强税收管理工作实施办法》、《2009年经济增长指标任务分解》，将全年收入任务分解到各组收部门、镇（街道）；按月统计并通报各部门、镇（街道）财政收入任务完成情况；完善收入激励、考核长效机制。

二是建立横向联动机制，共享涉税信息。成立以区长为组长的组收工作领导小组，定期召开财政、税务、工商等部门横向联席会议，深入开展税源分析，多层次、动态监控税源，把握税源变化趋势，加强税源户管理。

三是完善征管手段，加大对企业的主动服务力度，依法应收尽收。加强对企业漏税自查辅导，鼓励企业自查补缴；严格贯彻落实各项税收政策，加大清缴欠税力度，堵塞征管漏洞；主动加强对纳税企业的跟踪服务，提高行政效能。

（三）全力“保民生、保稳定”，保障各项重点工作顺利实施

一是积极筹措资金，加快推进民生公益性重点工程建设。支持采空棚户区改造工程。2009年，为加快采空棚户区改造这一关乎民心的重大民生工程建设，相关部门加强联动协作，多方积极筹措项目资金，目前共筹措资金16亿元，主要用于实施石门营、石泉砖厂地块定向安置房建设项目拆迁工作。同时加强资金管理，制定《门头沟区采空棚户区改造项

目资金管理办法》,确保改造资金安全、高效使用。继续加大重点工程投入。大力支持了京津风沙源治理、煤矸石山植被恢复及景观建设、黑山石门营等地区集中供热、经济适用房市政配套设施建设、增北路等道路改建等一批重点工程项目,以及再生水厂、疾控中心、污水处理厂、消防站等公益性设施建设,不断完善城乡基础设施,着力提升全区经济社会发展承载力。

二是继续加大社会保障、医疗卫生、教育等民生领域投入,着力保障和改善民生。认真落实各项社会保障政策。及时、足额保障城乡最低生活保障金、城乡无保障老人生活补助、一老一小医疗保险等资金需求。支持实施农村社救及优抚对象危旧房改造、高龄老人津贴补助等为民办实事项目,切实解决事关群众利益的现实问题。完善就业再就业资金保障机制。加大就业帮扶力度,积极帮助就业困难人员实现就业。支持加快全民公共卫生体系建设。积极应对突发公共卫生事件,全力做好甲型H1N1流感防控资金应急保障工作,确保各项防控措施有效落实;支持开展全区农民健康体检工作,新建农村标准化卫生室和健康工作室,安排新农合参合补助资金,提供药品零差率补助资金等。促进教育事业全面发展。继续推进义务教育办学条件达标工程、名校与我区联合办学工程建设,全面启动学校校舍抗震加固工程,加大幼儿园建设、师资培训等教育投入,支持职业教育进一步发展。支持基层文化体育事业发展。加强基层体育设施建设,举办各类文体活动,丰富群众文化体育生活。

三是统筹使用支农资金,深入推进新农村建设。支持实施农民既有住房节能保温改造工程,切实解决我区农村冬季取暖难题。加快生态修复技术集成与产业化支撑体系建设、新农村五项基础设施建设、水土保持、防汛工程建设,推动设施农业加快发展,认真做好险村险户搬迁工作,足额落实生态林管护补贴、管水员补贴、种粮农民粮食补贴等资金,保障各项惠农政策落实到位。

四是充分发挥财政资金政策引导作用,认真落实各项扩内需政策。积极开展家电下乡、以旧换新、淘汰"黄标车"等工作,严格审核并及时兑付财政补贴资金,确保扩内需政策落实到位,政策效果及时显现。

五是坚持资金高效使用的原则,认真做好国庆服务保障工作。从严从紧编制国庆活动支出预算,支持开展迎国庆景观环境工程建设和国庆游园活动,足额保障各类安保经费,确保了在当前财力紧张的情况下圆满完成各项服务保障工作。认真贯彻中央及市委、区委有关精神,压缩因公出国(境)经费、车辆购置及运行费、公务接待费三项经费预算支出,厉行节约,集中财力支持实施当前重点工作。

(四)大胆改革、锐意进取,将财政各项改革引向深入

部门预算编制手段不断完善,定额体系进一步健全。公务卡结算改革深入推进到全额补助事业单位。政府采购制度体系进一步健全,制定非招标采购方式、采购验收及信息反馈等管理办法,严格政府采购审核,优先采购节能、环保产品。深化财政投资评审工作,制订《小额资金工程项目管理办法》,探索规范小额资金管理;开展工程竣工财务决算评审试点改革。扩大绩效考评范围,推动部门开展自评工作,促进绩效考评工作为预算管理服务。完善区对镇街财政管理体制,科学划分区与镇街两级政府的事权和财权,下划部分专项资金,增强镇街综合保障和统筹发展能力,镇级财政管理改革全面实施。进一步扩大集中财务软件管理试点范围。固定资产实现"一物、一卡、一码"管理。开展小金库治理、强农惠农专项资金等财政监督检查工作,确保财政资金安全有效运行。

第二部分 2010年预算草案

一、2010年财政收支预算

2010年预算草案编制的指导思想是:坚持以科学发展观为统领,认真贯彻党的十七届四中全会和中央经济工作会议精神,全面落实区委工作部署,按照"保基本、保运转、保民生、保稳定、促发展"的预算编制要求,不断优化支出结构,加强生态建设和优化发展环境,调整经济结构和提高发展质量,改善民生和促进社会和谐,推动区域经济社会可持续发展。

根据上述指导思想,按照积极稳妥的原则,2010年一般预算收入安排88,000万元,加上市体制补助210,276万元,调入预算稳定调节基金5000万元,市专项预计数9013万元,收入总计312,289万元。2010年一般预算总支出安排312,289万元,比上年预算增长68.8%。一般预算收支平衡。

一般预算支出主要安排情况是:一般公共服务支出安排33,123万元,比上年预算增长21.2%;公共安全支出安排16,586万元,比上年预算增长38.8%;教育支出安排43,325万元,比上年预算增长44.2%;科学技术支出安排1,296万元,比上年

预算增长47.8%；文化体育与传媒支出安排5,025万元，比上年预算增长123.1%；社会保障和就业支出安排45,235万元，比上年预算增长40.3%；医疗卫生支出安排22,464万元，比上年预算增长112.3%；环境保护支出安排8,662万元，比上年预算增长631%；城乡社区事务支出安排45,394万元，比上年预算增长98%；农林水事务支出安排45,602万元，比上年预算增长196.6%。

2010年基金收入安排32,400万元，市专项预计数100万元，基金支出安排32,500万元。基金预算收支平衡。

基金支出按照各项基金规定用途，主要用于安排城乡基础设施建设、保障性住房建设以及残疾人就业保障等相关的支出。

二、2010年财政预算安排考虑的主要因素

（一）审慎稳妥，合理安排财政收入

2010年，判断我区财政收入形势仍然较为严峻。一是从财政收入来源基础看，我区税源结构总体格局并未改变，现有主体税源缺乏收入稳定增长能力，新增税源发挥收入贡献能力仍需一段时间。二是2009年财政收入中包含有清理欠税、稽查补税、评估纳税、清算土地增值税等较多一次性入库收入，属非常规增长因素。同时，也考虑到中央和北京市为加快经济复苏，制定出台了多项拉动经济增长的政策措施等有利因素，按照审慎稳妥的原则，2010年财政收入预算安排88,000万元。

（二）精打细算，统筹保障重点支出

围绕市、区重点工作，2010年财政支出预算安排切实贯彻“过紧日子”的思想，在“保基本、保运转”的基础上，努力以有限的财力办更多大事。一是坚持以人为本，加大社会建设投入，促进和谐社会构建。保障农业、教育、卫生等法定支出依法增长，贯彻落实低保、抚恤社救、无保障老人优待、就业帮扶等各项社会保障政策，大力支持采空棚户区改造、保障性住房建设、农民住房节能保温改造等重大民生工程建设，以及各项惠及群众民生的实事项目实施。二是加大生态建设和环境保护投入，全力支持创建国家生态区。继续支持重大生态修复工程和环境综合整治建设，加强打击非法从事矿产资源活动专项资金管理，保障城市景观建设、道路周边绿化、市政设施运行维护资金需求，改善城乡面貌和群众居住环境。三是支持培育符合功能定位的新产业发展壮大，引导地区经济长期健康发展。

三、以科学发展观为统领，坚定信心，扎实工作，确保圆满完成2010年预算任务

2010年是“十一五”、“十二五”承前启后的一年，财政部门将深入贯彻落实党的十七届四中全会精神，以科学发展观为统领，全面加强财政科学化、精细化管理，狠抓以下各项工作，确保圆满完成全年预算任务。

（一）正确把握当前经济财政形势，积极推动财政收支科学化、精细化管理

细化收入日常监控和分析工作，涉税部门加大工作协同力度，注重宏观经济形势变化对财政收入的影响分析，密切关注税源和税收结构变化情况，及时研究制定相应对策，提高收入监管的科学化程度。针对组织财政收入中存在的突出问题，提高精细化组织程度，进一步完善税收管理工作制度，优化财政收入任务分解和考核机制，积极调动各涉税部门、组收单位的工作积极性，促使经济成果及时转化成财政收入。完善征管手段，堵塞征管漏洞，依法实现应收尽收。

严格预算执行，强化预算约束，防止铺张浪费。优化支出结构，坚持有保有压，注重财政资金的使用效益。强化支出责任，加强支出进度管理，优化资金支付程序，提高资金使用效益。加大财政监督检查力度，强化财政资金监管，保证财政资金安全有效使用。

（二）强化财政改革间的统筹协调和衔接配合，提升财政改革整体合力

继续深化部门预算、国库集中支付、政府采购等财政改革，并积极促进各项改革间的相互衔接。针对梳理出的改革间衔接问题，制定财政业务梳理改革方案，优化业务流程、完善岗责体系，通过财政管理制度的细化完善，把有限的财政资金用好、用活，进一步提高财政管理效益，积极打造效益财政。完善预算定额标准，细化预算编制，完善公务卡管理办法，加强现金使用监管，完善政府采购制度执行细节，提高预算执行效率。促进资产管理与预算管理相结合，研究探索实物库管理，发挥资产调剂作用，提高资产配置效率。促进部门预算与绩效考评相衔接，扩大部门自评范围，突出部门对支出效果的责任主体地位，提高部门绩效意识。深入开展财政投资评审工作，加强对政府投资建设项目的财政管理，促进部门预算与投资评审的进一步衔接。

（三）坚持依法理财，提高财政服务效能

继续强化财政监督，扩展监督方式，把监督检查与国库支付监控、支出进度监控、专项资金使用

监控相结合。深化政务公开和全程办事代理工作，落实《政府信息公开条例》，健全财政信息公开工作机制和制度规范。加强财政法制建设，进一步建立健全行政执法责任制，不断提高财政依法行政能力，自觉接受人大监督，自觉接受审计监督和社会公众的监督。

各位代表，2010 年的预算任务十分艰巨，我们将在区委的领导下，全面贯彻落实科学发展观，以更加高昂的斗志，以更为扎实的工作，开拓创新，真抓实干，为创造门头沟区更加和谐美好的未来做出新的贡献！

北京市门头沟区人民代表大会常务委员会工作报告

2010 年 1 月 6 日在北京市门头沟区第十四届人民代表大会第五次会议上

门头沟区人大常委会主任　李慷云

各位代表：

我受北京市门头沟区第十四届人民代表大会常务委员会委托，向大会报告本届常委会 2009 年主要工作和 2010 年工作安排，请予审议。

过去一年的主要工作

2009 年，区人大常委会在中共门头沟区委的领导下，坚持以邓小平理论和“三个代表”重要思想为指导，深入贯彻落实科学发展观，紧紧围绕建设“人文北京、科技北京、绿色北京”工作大局和加快推进现代化生态新区建设，认真履行宪法法律赋予的职责，执行区十四届人大四次会议决议，完善科学工作方式，提高工作质量和实效，为推进全区经济建设、政治建设、文化建设和社会建设做出新的贡献。

一年来，常委会共举行 12 次会议，听取和审议“一府两院”5 项专项工作报告，7 项计划和预算报告，1 项代表议案办理报告；检查 4 个方面法律法规贯彻实施情况，听取和审议 1 项执法检查报告；跟踪审查 3 项落实常委会审议意见报告；任免国家工作人员 97 人次，其中副区长 4 人次，区人大常委会工作机构负责人 16 人次，区政府组成部门主要负责人 24 人次，“两院”工作人员 25 人次，法院人民陪审员 25 人次，接受 3 名委员因年龄原因辞去常委会委员职务的请求；就批准国家生态区建设规划、采空棚户区改造融资贷款、2008 年财政决算和补选区人大代表、举行区人民代表大会会议等 5 项重大事项作出决定决议，较好地完成了区十四届人大四次会议确定的各项工作任务。

一、监督工作取得新成效

常委会以《监督法》为依据，紧紧围绕全区工作大局，综合运用听取和审议专项工作报告、执法检查、决定重大事项、开展视察调研、实施跟踪监督等多种形式，加强和改进监督工作，努力增强监督工作实效，促进了“一府两院”依法行政和公正司法。

着力推进创建国家生态区。加强生态环境建设，创建国家生态区，是落实我区区域功能定位、实现可持续发展的迫切要求。常委会对此持续关注，听取和审议区政府关于编制和实施《门头沟区国家生态区建设规划》的报告，常委会组成人员视察京津风沙源治理情况，主任会议成员视察迎接国庆 60 周年环境布置和综合治理情况，市、区人大联动检查垃圾处理和水污染防治法贯彻实施情况。为了做好审议编制和实施国家生态区建设规划报告的准备，组织委员和代表听取区政府 8 个职能部门、1 个开发区、4 个镇的工作汇报，实地考察环境优美镇建设、污染物减排、农村污水处理、市政污水管网建设等重点工作和重点工程。在此基础上，经过常委会审议，决定批准国家生态区建设规划，并针对创建难度大、任务艰巨、投入与需求矛盾突出、群众生态意识不够强等问题，提出了坚持科学规划，完善实施计划；统筹协调发展，注重实绩实效；积极筹措资金，建立长效机制；切实加强领导，严格考核制度等方面的审议意见。区政府根据审议意见的要求，在规划设计、宣传发动、组织投入、加强管理等方面，认真进行研究和整改，生态建设取得了新的进展。

着力深化计划与预算监督。按照监督法的规定，常委会听取和审议区政府关于2008年财政决算报告和审计工作报告，决定批准2008年财政决算；听取区政府关于2009年上半年国民经济与社会发展计划执行情况报告及其人大的专题调研报告；听取区政府关于2009年上半年财政预算执行情况和市级专项资金安排使用情况报告；听取区政府关于2009年市区完善财政管理体制、增加财力安排方案的报告。根据区政府的提请，常委会听取和初审、复审区政府关于采空棚户区改造融资贷款议案，决定批准融资贷款60亿元，要求区政府将改造资金依法纳入财政预算，向区人民代表大会报告，并对做好采空棚户区改造工作提出提升规划水平、科学安排融资、加强资金管理、强化质量管理等方面的意见和建议。北京市关于支持生态涵养发展区的专项资金，对弥补区内财力不足、推进经济社会加快发展起到了重要作用。为保证专项资金的科学有效使用，常委会组织委员和代表听取区政府7个部门工作汇报，检查区医院设备更新、潭柘寺镇桑峪村农户生态庭院、永定镇苛罗屯村农业观光园等市级专项资金使用情况，听取和审议区政府关于市级专项资金安排使用情况报告。围绕保增长、促发展，组织委员和代表深入相关部门和基层单位开展专题调研，推进经济发展的良性运行。跟踪检查2008年常委会关于“十一五”规划中期评估审议意见的落实情况，审查了区政府的整改情况报告。主任会议初步审查区政府关于2010年国民经济与社会发展计划、财政预算编制情况，为本次会议审议批准做了前期准备工作。

着力促进农民就业与增收。农民就业与农民增收，是加快新农村建设、全面建设小康社会的重点和难点。常委会在2008年听取和审议农民就业和农民增收情况报告的基础上，2009年继续把此项议题作为重点进行跟踪监督。主任会议听取区政府关于贯彻落实市、区农村工作会议精神情况的汇报，常委会听取和审议区政府关于农民就业和农民增收情况的报告，市、区人大联动检查全区贯彻实施农产品质量安全法情况。为了切实了解农民就业与增收的第一手情况，组织委员和代表与9个镇的领导干部进行座谈，走访119个村的村干部，与区农委、人力社保局、统计局、经管站等相关部门交换意见，共同探讨促进农民就业与增收的思路和措施。经过常委会审议，针对存在的突出问题，提出了准确把握农民就业与增收的现状和趋势，增强统筹地区发展能力；加快产业结构调整步伐，因地制宜培育主导产业；加大培训力度，提高农民综合素质；建立长效帮扶机制，提高低收入群体的保障和救助水平；完善城乡统筹就业管理机制，加强就业服务体系建设等方面的工作要求，对促进农民就业与农民增收起到了重要的推动作用。

着力推进解决民生问题。积极发展以改善民生为重点的社会事业，是推进全社会共享改革成果、促进社会和谐稳定的重要内容。常委会听取和审议区政府关于公共卫生体系建设情况的报告，检查义务教育法的贯彻实施情况，跟踪检查2008年常委会关于食品卫生和食品安全审议意见的落实情况，审查了区政府的整改情况报告。常委会组成人员视察经济适用住房建设和非物质文化遗产、文物保护工作。主任会议成员视察采空棚户区改造、老龄工作基础设施建设。在义务教育法的执法检查中，紧紧抓住防止少儿辍学、保证教育经费增长、合理配置教育资源、教师队伍建设等问题深入进行调研，听取和审议执法检查组报告，提出了明确政府职责，提高保障能力；调整教育布局，改善办学条件；实施素质教育，提高教育质量；采取有效措施，加强教师队伍建设等方面的意见和建议。为深入了解公共卫生体系建设情况，组织委员和代表听取区发展改革委、卫生局、财政局、人力社保局的工作汇报，召开有镇、街道办事处和各类基层卫生机构等25个单位参加的5个座谈会，视察斋堂医院和镇卫生院、村卫生室、社区卫生服务站、妇幼保健院等5个卫生医疗单位，还通过门户网站、京西时报和镇人大、人大街工委广泛征求各方面的意见。经过常委会审议，提出了进一步加强领导、落实责任，加强农村医疗卫生工作，整合医疗卫生资源，加强卫生队伍建设等方面的意见和建议，促进了医疗卫生事业的发展。

着力推动民主法治建设。促进“一府两院”依法行政和公正司法，是常委会行使监督权的重要方面。常委会听取和审议区检察院关于对刑事诉讼活动法律监督工作情况的报告，听取区政府关于依法行政工作情况的报告，跟踪检查2008年常委会关于实施北京市信访条例审议意见的落实情况，审查了区政府的整改情况报告。在调研刑事诉讼活动法律监督情况中，组织委员和代表听取区检察院6个处室的工作汇报，召开有区公安分局、法院、司法局和律师事务所参加的座谈会，视察区检察院驻所检察室，旁听检察员出庭支持公诉刑事案件的庭审。常委会针对法律监督意识有待进一步增强、法律监督方式方法需要进一步改进、法律监督水平需要进一步提高等问题，对加强刑事诉讼法律监督工作提出四点要求。一是提高监督意识，增强责任感和使命感；二是维护司法公正，强化法律监督权威；三是创新完善机制，增强法律监督实效；四是加强队伍建设，提高法律监督能力。根据市人大要求，对制定和修改5部法律法规进行立法调研。

二、代表工作迈上新台阶

保障人大代表依法行使职权，是完善人民代表大会制度、提高人大常委会工作质量的一项基础性工作。常委会按照区委［2007］24号文件的要求，认真落实加强和改进代表工作的各项措施，为代表履行职责提供了较好的条件，代表的主体作用越来越明显。

抓好代表议案办理工作。区十四届人大四次会议交付的关于“解决农村能源问题”的议案，涉及全区农村人口最关心、最直接、最现实的利益问题，也是区人大设立常委会以来督办的第一件代表议案。常委会对此高度重视，下力做好督办工作，力求取得让群众满意的实效。一是组织委员和代表到重点村镇进行座谈和实地考察，进一步了解农村能源利用现状和存在的突出矛盾，征询对解决方案的意见。二是组织提议案代表和议案办理部门，到延庆县考察新型能源开发利用情况，学习先进经验，拓宽解决农村能源问题的思路。三是先后三次与议案主办部门座谈，及时了解议案办理进展情况，研讨解决遇到的问题。四是组织委员和代表视察青白口、青龙涧、椴木沟的墙体保温工程和军响地区送气下乡配送站、清水镇型煤加工厂。在深入调研的基础上，常委会听取和审议区政府关于解决农村能源问题议案办理情况的报告，并就解决农村能源问题提出了坚持急事快办“可行可靠、节约安全、长期有效”方针和建立政策支持体系、制定发展利用规划、加强后期服务管理、探讨农居节能模式、提高居民生态意识等方面的要求。区政府对议案办理工作非常重视，组建工作机构，制定实施方案，落实工作任务，加大资金投入，计划用三年时间基本完成农民既有房屋节能保温改造，在全区农村逐步推进燃气入户工程，积极推广使用清洁能源，积极发展新能源和可再生能源。

改进代表建议督办工作。在区十四届人大四次会议上，代表提出104件建议、批评和意见。在有关方面的共同努力下，除两件不属本区职权范围转交市有关部门参考外，其余102件已如期办理完毕并书面答复代表。其中：已经办结或基本办结的65件，占63.7%；已经采纳代表建议、列入计划逐步解决的8件，占7.9%；因政策、规划、规定等原因不能办理、向代表说明情况的29件，占28.4%。闭会期间提出的16件代表建议、批评和意见，有关部门正在积极办理。常委会认真总结督办代表建议工作经验，着力完善督办工作机制，努力增强办理实效。一是对代表建议分类整理，确定承办单位，及时召开交办会，提出明确要求。二是实行重点建议督办责任制，常委会主任、副主任督办大台地区享受养山就业政策、居住小区成立业主委员会、增设公属幼儿园、加快清千路改造、山区养殖大棚照明用电改为农业用电等5件代表建议。三是采取多种形式加大协调力度，组织代表视察建议办理情况，促进重点难点问题的解决。四是把建议督办工作列入常委会议程，常委会听取代表建议交办情况报告和办理结果报告。各承办单位以对人民群众高度负责的精神，落实责任，积极办理，做了大量富有成效的工作。承办任务重、办理质量高的单位有：京煤集团、国土分局、公路分局、邮政局、自来水公司、供电分公司、区政府办公室、总工会、市政市容委、教委、农委、城管大队等。

密切代表与选民的联系。以“保增长、保民生、保稳定”为主题，采取分别走访与集体接待相结合的方式，组织130名区人大代表和9名市人大代表开展接待选民活动。共走访选民933人次，在9个镇、4个街道办事处和京煤集团的166个村、社区、单位接待465名选民代表，收到选民意见和建议340条。对这些意见和建议认真进行归纳整理，按照权属范围，区别不同情况，采取不同方式，分别反馈给相关单位和部门予以处理。认真开展代表向选民述职试点工作，26名区人大代表就出席人民代表大会会议、参加代表视察检查活动、反映选民意见和要求、提出建议批评意见等方面，向选民代表进行述职，接受选民代表评议。通过代表述职试点，进一步密切代表与选民的联系，增强代表的责任感和使命感，也为普遍开展代表述职活动提供了经验。

拓展为代表履职服务功能。继续完善区、镇、街密切协同的代表工作格局，代表履职服务保障体系建设进一步加强。改进代表培训方法，拓宽代表培训渠道，通过组织代表考察城区改造、建设、开发和郊区农家乐、农村新能源、土地流转，使代表进一步开阔了眼界，增长了知识。拓展代表知情知政渠道，为代表依法履职创造条件。扩大代表对常委会工作的参与，邀请47名区人大代表列席常委会会议。积极组织闭会期间代表活动，共有代表1422人（次）参加视察、检查和调研。年中，组织代表开展就地视察，向代表通报全区上半年经济和社会发展运行情况，征询代表意见和建议。组织代表视察区政府为民办实事和代表建议办理情况，旁听区法院典型案件审理和王平法庭关于劳动合同案的巡回审判。农村人大代表小组成立一年多来，开展专题调研6次，参加代表58人次，向有关部门表达农民意愿21项。按照市人大的统一安排，认真做好市人大代表活动的服务保障工作，邀请市人大代表参加区人大组织的视察检查和接待选民活动。

三、自身建设开创新局面

加强常委会及其机关自身建设，对于充分发挥常委会作为地方国家权力机关、依法履职工作机关和密切联系人民群众代表机关作用至关重要。常委会以深入开展学习实践科学发展观活动为契机，增强做好人大工作的责任感和使命感，进一步完善工作制度和机制，不断改进工作方式和工作作风，使自身建设取得新的进展和成效。

深入开展学习实践活动。按照区委统一部署，以“深入贯彻落实科学发展观，推进全区民主法制建设，充分发挥人大优势，促进现代化生态新区全面协调可持续发展”为主题，紧紧围绕解决“坚持正确政治方向、保持良好精神状态、完善科学工作方式、提高队伍素质能力”等方面的问题，在党员和干部中深入开展了学习实践科学发展观活动。通过学习调研、分析检查、整改落实三个阶段的工作，进一步提高用科学发展观统领人大工作的自觉性，分析检查贯彻落实科学发展观情况，针对存在的突出问题制定整改方案，完善加强和改进人大工作的长效工作机制，为开拓区人大工作新局面奠定了坚实的基础。

发扬求真务实的工作作风。围绕全区科学发展大局和改进人大工作，科学安排常委会议题。坚持领导带头，深入开展调查研究。一年来，常委会组成人员和机关共撰写调研报告31篇，其中议题调研报告15篇，专题调研报告13篇，考察报告3篇。坚持常委会组成人员接待代表日制度和联系代表制度，主任会议成员亲自督办重点代表建议，亲自接待区人大代表，积极参加接待选民活动，进一步密切了与代表和选民的联系。加强与外埠和本市兄弟区县交流，学习和借鉴做好人大工作的先进经验。坚持常委会领导批示信访件制度，亲自协调处理重要信访件，注重对信访信息的综合分析，为监督工作提供议题来源和信息支持。全年共受理来信来访来电256件（人）次，其中来信101件，来访92人次，来电63人次，做到件件有着落、事事有回音。加强对基层人大工作的指导，每季召开镇人大主席联系会，两次召开人大街工委工作会，传达有关精神，交流工作情况，研讨改进工作的思路和措施。镇人大和人大街工委积极开展工作，在配合区人大开展代表接待选民、代表向选民述职、代表视察检查活动等方面发挥了重要作用。

不断增强机关的服务功能。坚持常委会及其机关每季举办理论讲座，抓住重点难点问题开展研讨活动，进一步健全各项工作制度，调整工作机构和充实工作人员，机关的整体素质和服务水平明显提高。各委室围绕常委会的总体工作安排，深入基层开展调查研究，密切与相关部门的协调配合，热情为代表履行职责服务，较好地发挥了集体参谋助手和服务班子的作用。加强和改进信息工作，加大人大工作宣传力度，及时公开人大工作重要事项，继续在区有线电视台开办“周末说法”节目，扩大了民主法治宣传，增强了人大工作的透明度。

各位代表，区人大及其常委会作为地方国家权力机关，和其他区级国家机关的总体工作目标是一致的。但由于工作性质和担负职能不同，人大工作又有其自身的特点和规律。一年来，常委会自觉坚持党的领导、人民当家作主和依法治国的有机统一，在完善科学工作方式、努力提高工作质量方面进行有益的探索和实践，取得了较为明显的成效。

（一）提高人大工作质量，必须不断强化人大意识，增强做好人大工作的责任感。人民当家作主是社会主义民主政治的本质和核心。人民代表大会制度是我国人民当家作主、参与管理国家事务和社会事务的根本政治制度。充分发挥人民代表大会制度的优越性，建设中国特色社会主义民主政治，是对全社会的共同要求，更是人大常委会和人大工作者义不容辞的责任。通过开展学习实践科学发展观活动，常委会及其机关进一步深化了人大意识，增强了做好人大工作的责任感；进一步明确了政治方向，自觉坚持党的领导、人民当家作主和依法治国的有机统一；进一步振奋了开拓创新精神，积极探索科学的工作方式和工作方法。"一府两院"自觉接受人大监督，认真落实人大决议，社会各方面大力支持人大工作。这是去年常委会工作取得明显进步的根本原因。

（二）提高人大工作质量，必须围绕中心把握大局，精心选择监督议题。去年，是贯彻中央保增长、保民生、保稳定方针，加快推进现代化生态新区建设的一年。常委会遵循宪法和法律赋予的职责，力求准确把握全区改革发展脉搏和人民群众普遍关注的问题，按照既不失职又不越权的要求，找准人大工作与党委、"一府两院"工作的结合点，把依法、有效作为人大监督工作必须遵循的一个基本原则，确定监督工作重点，讨论决定重大问题，切实在增强实效上下功夫。根据区委总体工作部署、人民群众呼声和"一府两院"工作进程，常委会就有关生态建设、经济运行、农民增收、专项资金使用、诉讼监督、教育卫生等方面确定了一批重点监督议题，认真进行审议，提出工作要求，既推动了全区科学发展，又使群众关注的民生问题得到一定程度的改善。

（三）提高人大工作质量，必须精心做好会前准备，在深入调查研究上下功夫。人大常委会工作的特点之一是集体决定问题、集体行使职权，主要形式是举行常委会会议。要提高常委会决策的科学化、民主化水平，关键在于做好会前的各项准备工作，特别是要把力量放在调查研究上。调查研究越深入，实情掌握的越具体，会议审议才能更充分，提出的审议意见才能更符合实际、更具操作性。2009年，常委会遵循会议质量在会前的原则，不论是常委会审议的议题还是听取的议题，都采取视察、检查、座谈等多种形式，广泛听取民声，了解第一手情况。例如，常委会在听取区政府关于上半年国民经济和社会发展计划执行情况报告之前，组成5个专题调研组，分别就财政经济、民生社保、文教卫生、农民增收、城乡环境进行专题调研；向代表通报上半年经济社会发展情况，征询代表的意见和建议。会中，区政府全体领导成员及其相关部门负责人列席常委会会议，直接听取调研成果汇报和常委会组成人员审议，有效地提高了会议的审议质量和效果。

（四）提高人大工作质量，必须加强会后跟踪监督，抓好审议意见的落实。人大及其常委会工作的又一个特点，是不直接处理属于"一府两院"职权范围内的具体问题。同时，宪法和法律又明确规定，"一府两院"要执行人大决议，对人大负责，受人大监督。因此，要把常委会的决定、决议和审议意见落到实处，就要切实抓好会后的跟踪监督，也就是人大工作的实效在会后。2009年，常委会就此抓了三个方面的工作。一是对常委会审议的重要议题，会后都归纳整理审议意见，经主任会议通过后印发"一府两院"。全年共形成6项审议意见。二是对"一府两院"落实审议意见提出明确要求，限定时间报告落实措施和整改结果。三是选择2008年常委会审议的三个重点监督议题，对落实审议意见的情况进行专题调研，审查"一府两院"落实审议意见情况的报告。通过这些工作，使人大工作的实效性有了明显增强。

（五）提高人大工作质量，必须充分发挥代表作用，加强常委会及其机关的自身建设。做好人大工作，需要自觉坚持和依靠党的领导，需要"一府两院"的积极配合，需要社会各方面的大力支持，但建设一支素质高、能力强的人大工作队伍至关重要。去年，常委会采取多项措施，注重加强三支队伍的建设。一是加强代表队伍建设，通过组织系统培训、畅通信息渠道、丰富代表活动，提高代表履行职责能力，扩大代表对常委会工作的参与。二是加强常委会组成人员队伍建设，通过坚持学习制度、加大视察力度、充分发扬民主、实施集体决策，进一步调动常委会组成人员的积极性，提高常委会会议的议事水平和整体效能。三是加强机关工作人员队伍建设，从建设学习型机关入手，积极营造勤于学习、善于思考、努力实践、勇于创新的浓厚氛围，为常委会履行职责提供周到细致的服务。这三支队伍抓好了，提高人大工作质量就有了坚实的组织保证。

各位代表，一年来，常委会做了大量工作，取得了明显成绩和新的进展，也有了深切的体会。这是在中共门头沟区委的领导下，全体常委会组成人员和人大代表共同努力的结果，也是"一府两院"积极配合和社会各方面、广大人民群众大力支持的结果。在此，我代表区人大常委会，向各位代表和所有关心、支持人大工作的同志们、朋友们，表示衷心的感谢和崇高的敬意！

在肯定成绩和进步的同时，我们也清醒地认识到，常委会工作同宪法和法律赋予的职责，同新形势对人大工作的新要求，同区委关于全区的总体工作部署，同代表和人民群众的殷切期望相比，还有不少差距。一是以科学发展观为指导，推进全区民主政治建设，为科学发展和社会和谐提供民主法制保障的自觉性和责任感需要进一步增强。二是对如何改进和完善监督工作方式和工作方法，加强对权力运行的监督与制约，不断提高监督工作的质量和实效，需要进一步认真研究和积极探索。三是代表履行职责与常委会行使职权结合的不够紧密，为代表履职服务的水平需要进一步提高。四是常委会及其机关履行职责的工作机制和工作方式，与新时期人大工作的要求存在差距，整体素质和效能需要进一步提高。对这些问题，我们将认真进行研究，切实加以改进。

今后一年的主要任务

2010年是实施“十一五”规划的最后一年，是本届区人大任期的第四年。做好全年各项工作，对于推动“十一五”规划目标的全面实现，把本届区人大工作提高到新水平，具有十分重要的意义。常委会工作的总体要求是：以邓小平理论和“三个代表”重要思想为指导，全面贯彻落实科学发展观，坚持党的领导、人民当家作主和依法治国的有机统一，按照中央、市委总体工作部署和市委第三次人大工作会议精神，紧紧围绕区委总体工作安排和本次大会决议行使职权，下力促进科学发展和社会和谐，下力完善科学工作方式和工作方法，下力健全工作制度和工作机制，下力提高工作质量和实效，为建设现代化生态新区创造良好的民主法治环境。

一、以贯彻市委人大工作会议精神为契机，进一步加强和改进人大工作

在市人大设立常委会30周年之际，市委召开第三次人大工作会议，就加强和改进新形势下人大工作提出了指导性意见。这对于充分发挥人民代表大会制度的优势、建设“人文北京、科技北京、绿色北京”具有重要意义。我们要认真学习、全面贯彻市委人大工作会议精神，依法有效履行职责，充分发挥人民代表大会制度的重要作用，为把门头沟区建设成为现代化生态新区做出更大贡献。一是要深化对人民代表大会制度的认识，认清人大及其常委会在坚持和完善人民代表大会制度中肩负的责任，进一步增强做好人大工作的坚定性和自觉性。二是要围绕提高人大工作质量和实效，着力完善工作方式，推进工作机制、工作方法的创新，把人民代表大会制度的优势充分展现出来。三是要加强常委会及其机关的自身建设，不断提高履职能力和服务保障水平，奋力开拓全区人大工作的新局面。

二、以增强监督实效为出发点，加大监督工作力度

今年是贯彻实施《监督法》的第四年。常委会将认真总结贯彻实施《监督法》经验，找准存在的薄弱环节，进一步健全监督工作机制，完善监督工作程序，制定具体实施细则，继续推进监督工作制度化、规范化、程序化建设。继续贯彻落实中央“保增长、保民生、保稳定”方针和市委建设“人文北京、科技北京、绿色北京”的要求，把关系科学发展、改善民生和社会和谐的突出问题作为重点，进一步提高监督工作水平。

听取和审议“一府两院”6个专项工作报告。生态建设在全区科学发展中具有重要的战略地位。几年来，我区在生态修复方面做了大量工作，创造了宝贵经验，但与创建国家生态区的要求仍有很大差距，常委会听取和审议区政府关于实施生态修复工程及其专项资金使用情况的报告。促进农民就业和农民增收，是一项长期而艰巨的任务，需要经过多年的持续努力，常委会在前两年高度关注的基础上，听取和审议区政府关于促进农民就业、农民增收和发展集体经济情况的报告。我区文物种类多、分布广、品位高，是经济社会发展的宝贵资源。针对文物发掘、保护、开发、利用方面存在的问题，常委会视察文物保护工作情况，听取和审议区政府的专项工作报告。深入开展普法宣传是实施依法治区战略的基础性工作，今年是“五五”普法的最后一年，常委会听取和审议区政府关于贯彻实施“五五”普法规划情况的报告。采空棚户区改造是全区经济社会发展布局的一次战略性调整，投入资金多、涉及面广，任务非常繁重，常委会听取区政府关于采空棚户区改造进展情况的专项报告。2009年代表提出的关于解决农村能源问题的议案，需要经过几年的努力才能全面落实，常委会听取区政府关于议案办理进展情况的专项报告。

听取和审议计划与预算方面的5个报告。按照监督法和预算法的规定，常委会听取和审议区政府关于2009年财政决算报告和审计工作报告，审查和批准2009年财政决算；听取区政府关于2010年上半年国民经济和社会发展计划执行情况报告和财政预算执行情况报告；听取和审议区政府关于编制国民经济和社会发展“十二五”规划纲要情况的报告。

检查村民委员会组织法实施情况。发展基层民主、保障人民享有更多更切实的民主权利，是社会主义政治建设的一项重大任务。村民委员会即将进行换届选举。常委会检查村民委员会组织法的贯彻实施情况，听取执法检查组的执法检查报告。

加大委员和代表的视察力度。采取多种形式，组织委员和代表视察残疾人基础设施、科技工作、沟峪经济和首师大附中永定分校。

跟踪检查审议意见的落实情况。2009 年常委会听取和审议了区政府关于编制和实施国家生态区建设规划的报告和关于公共卫生体系建设情况的报告，检查了义务教育法的贯彻实施情况，今年将跟踪检查上述三项常委会审议意见的落实情况。

三、以保障代表依法履职为落脚点，加强和改进代表工作

深入贯彻区委［2007］24 号文件，认真落实关于进一步加强人大代表工作的实施意见，继续完善代表工作格局，健全代表工作机制，提高服务保障水平。举办代表培训班，改进代表培训方式，努力提高培训质量，帮助代表提高履行职责能力。继续加强和改进信息工作，每季组织代表开展视察检查活动，向代表通报上半年国民经济和社会发展计划执行情况，不断拓展代表的知情权。邀请各镇人大、人大街工委负责人列席常委会会议，增加代表列席常委会人数，扩大镇、街和代表对常委会工作的参与。继续开展代表接待选民活动，扩大代表向选民述职的范围，进一步密切代表与选民的联系。加强对代表建议、批评和意见的综合分析、统筹协调和分类督办，努力提高办理质量。

四、以提高履职能力为重点，切实加强自身建设

巩固和提高学习实践活动成果，切实落实各项整改措施，进一步增强以科学发展观统领人大工作的自觉性和坚定性。坚持常委会及其机关的理论讲座制度，倡导浓厚的学习风气，发扬理论联系实际学风，不断增强做好人大工作的责任感和使命感。继续完善工作机制，创新工作方式，改进工作作风，切实做好审议议题的会前准备和会后的跟踪监督，努力提高人大工作质量和实效。按照政治坚定、业务精通、务实高效、作风过硬、团结协作、勤政廉政的要求，加强机关组织机构和干部队伍建设，更好地发挥集体参谋助手和服务保障作用。加强人大宣传工作，拓展宣传范围，丰富宣传形式，完善信息平台，增加信息容量，为人大工作营造良好的舆论氛围。密切与镇人大的联系，充分发挥人大街工委的作用，加强对基层人大工作的指导。创新对外交流方式，学习外埠和本市兄弟区县的人大工作经验。

各位代表，随着建设“人文北京、科技北京、绿色北京”的不断向前推进，门头沟区的改革开放和现代化建设进入了一个新的发展阶段。我们要顺应新形势，面对新任务，站在新起点，要有新作为，认真履行宪法和法律赋予的职责，努力提高人大工作水平和实效。让我们紧密团结在以胡锦涛同志为总书记的党中央周围，在中共门头沟区委的领导下，为把门头沟区建设成为更加美好的现代化生态新区而努力奋斗！

北京市门头沟区人民法院
工　作　报　告

——2010 年 1 月 7 日在北京市门头沟区第十四届
人民代表大会第五次会议上

门头沟区人民法院院长　黄建京

各位代表：

现在，我代表门头沟区人民法院向大会报告 2009 年工作，请予审议。

2009 年主要工作

2009 年，法院在区委领导、区人大及其常委会监督、区政府及社会各界支持和市高级法院指导下，全面贯彻党的十七大和十七届三中、四中全会精神，深入贯彻落实科学发展观，坚持“三个至上”指导思想和“从严治院、公信立院、科技强院”工作方针，紧紧围绕“为大局服务、为人民司法”工作主题，以化解社会矛盾、促进社会和谐为主线，充分发挥审判职能作用，大力践行司法为民，全面加强队伍建设，为建设“人文北京、科技北京、绿色北京”和现代化生态新区做出了不懈努力。

一、充分发挥审判职能，努力维护社会和谐稳定

一年来，法院克服案件数量大幅攀升、审理难度明显增加等困难，全面完成审判任务。全年共审理各类案件5308件，审结执结5222件，同比分别上升15.84%和15.97%，均创历史新高，二审改判率、发回重审率在全市继续保持较低水平。同时，按照市高级法院的统一部署，清理执行积案1356件。

（一）依法打击刑事犯罪，营造安定有序的社会环境

全年审理各类刑事案件156件，审结154件，判处罪犯227人。在刑事审判工作中，法院始终把打击锋芒对准严重刑事犯罪。依法严惩杀人、抢劫等严重暴力犯罪和盗窃、诈骗等多发性侵财犯罪，判处罪犯146人，维护人民群众生命健康和财产安全。坚决惩处利用“法轮功”邪教组织破坏法律实施犯罪，维护辖区政治稳定。严惩挪用公款、职务侵占等职务犯罪，推进反腐倡廉工作。结合地区治安特点，依法从快打击非法制造、买卖爆炸物和重大责任事故犯罪，判处罪犯12人，保障了门头沟区对非法盗采行为打击活动的深入开展。认真贯彻落实宽严相济的刑事审判政策。对犯罪情节轻微、主观恶性不深、社会危害不大、认罪悔罪的被告人，依法从轻、减轻处罚。对符合缓刑条件的被告人依法适用缓刑，有56人依法被宣告缓刑，占同期被判处刑罚被告人的24.67%，教育分化瓦解犯罪分子。试行刑事和解制度，加大刑事附带民事案件的赔偿调解工作力度，努力促使当事人修复被破坏的社会关系。将教育、感化、挽救方针贯穿于未成年人犯罪案件审判的全过程。继续实行社会调查员和法官综合评价制度，推进对未成年人与成年人共同犯罪案件的分案审理工作，保护未成年被告人的合法权益，促使其改过自新。邀请心理专家对未成年被告人和被害人开展心理矫治，通过“一书、一信、一电话”，加强对未成年缓刑犯的帮教工作，进一步提升对未成年缓刑犯的矫正效果。

（二）积极化解民商事纠纷，促进经济社会和谐发展

全年审理各类民商事案件3310件，审结3247件，调撤率为59.59%。在民商事审判工作中，法院认真贯彻落实“调解优先、调判结合”原则，努力实现案结事了。依法及时处理涉民生纠纷。认真审理婚姻家庭和相邻关系案件，促进家庭、邻里、社区关系的和谐。及时审理劳动争议、工伤赔偿等案件，切实保障劳动者合法权益，促进劳动关系的和谐稳定。妥善处理涉及医疗、交通事故等损害赔偿案件，注重当事人实际问题的解决，保障群众基本生命健康和财产权利。依法审结买卖、借款、服务等合同纠纷案件，维护公平竞争依法有序的市场经济秩序。稳妥审理土地承包案件，保护农民合法权益、支持农村土地确权工作有序开展。加强对新类型、疑难、涉稳案件的研究和审判。针对涉及拆迁补偿、劳动争议、土地承包等群体性纠纷不断增长的趋势，从维护社会稳定的大局出发，研究制定化解矛盾的措施，并与区农委、区人力资源和社会保障局、棚户区拆迁办公室建立沟通协调联动机制，成功审结了一批群体性民商事纠纷和300余件涉棚户区拆迁纠纷。积极探索多元化纠纷解决途径。继续深入开展“三贴近”指导民调工作，聘请特邀调解员等社会力量参与调解，健全诉讼与非诉讼相衔接的矛盾纠纷解决机制，有效化解民商事纠纷。

（三）妥善处理行政案件，保护行政相对人的合法权益，支持行政机关依法行政

全年审理各类行政案件47件，审结32件。在行政审判工作中，法院坚持保护行政相对人合法权益与支持行政机关依法行政相统一的原则，依法审理涉及治安处罚、工伤认定、拆迁裁决、限期拆除违法建设等行政案件，审查涉及企业拖欠职工工资等非诉行政执行案件，有效维护了公民合法权益，监督、支持了行政机关依法行政。对于矛盾突出的纠纷和群体性纠纷，加大协调工作力度，稳妥化解涉房屋拆迁、治安处罚、工伤认定等行政案件，促进了行政相对人与行政机关相互理解。坚持延伸审判职能，对行政诉讼中反映出的行政瑕疵，定期向政府通报，并与区内多家行政执法单位建立沟通长效机制，通过组织行政执法人员旁听案件审理、与行政执法人员座谈等多种形式，共商规范执法行为、提高执法水平的措施，促进依法行政。

（四）强化执行工作，最大限度实现申请人的合法权益

全年执行各类执行案件1795件，执结1789件，清理执行积案1356件。在执行工作中，法院认真贯彻落实最高法院和市高级法院的部署，在区委的领导下，以超常规的工作力度，全力以赴开展清理执行积案活动和现案执行工作。紧紧依靠区委，建立起覆盖全区的执行工作领导协调机制和协作配合机制，并健全完善法院内部的监督管理机制，为破解“执行难”提供了坚强的组织和机制保障。严格落实以定承办人、定督办领导、定执行措施、定执行期限、定目标责任和重点案件包案为内容的“五定一包”清案责任制，确保执行积案得到有效清理。在依法采取查封、扣押、冻结、拍卖、变卖、划拨、拘留等司法强制措施的基础上，积极采用移送公安协查、公布拒执人员名单、财产申报等手段，最大限度地实现申请人的合法权益。对被执行人为市属国有企业、区属乡镇企业、村委会及村办企业的32件特殊主体案件和申请人为涉刑事附带民事赔偿、交通肇事赔偿、农民工工资等特困群体而被执行人确无履行能力的132件案件，严格按照清理执行积案工作要求，在区委、区政府和上级法院的大力支持下，通过挂牌督办、领导包案和积极开展司法救助等方式，全部执结。全年开展大规模执行活动9次。全院参与执行人员始终恪尽职守，放弃双休日，忘我地投入到执行工作中，以优质高效的工作成果，完成了清理执行积案任务和现案执行工作。

二、加强审判管理，努力确保司法公正

一年来，法院以加强审判管理为重点，更新管理思路，完善管理制度，创新管理方法，努力实现司法公正。

（一）强化案件评查，保障审判质量

一是坚持日常评查。审监庭采取抽查方式，对已审结案件进行全面审查，对二审改判和发回重审的全部案件进行重点审查，对差错问题，分析成因、明确责任、提出整改意见，并在全院范围内进行讲评，切实提升审判质量。全年共抽查各类案件3661件。二是拓宽评查主体。各审判庭设置专人每月对全部待归档案件开展自查，并建立裁判文书专人校核机制，发现问题及时纠正，有效减少案件瑕疵。三是拓展评查内容。制定并执行《庭审考核办法》，加大对庭审过程的检查监督力度。全年对43个庭审进行了评查，并就发现的问题及时督促整改，进一步规范了庭审程序。

（二）加强审限管理，提高审判效率

一是坚持审判流程管理制度。继续实行审限跟踪、审限预警、月结案情况通报等工作机制，加强对各审判庭案件审限情况的动态管理。对于临近法定审限的在审案件视情况分别发出催办通知和审限警示，各审判庭领导根据通知内容责成承办法官汇报原因、确定措施，确保审限内结案。同时，严格落实审限延长的审批制度，对于因案情复杂等情况需要延审的，承办法官须向庭长、主管院长逐级汇报，履行相应审批手续，加大对审限变动的控制力度。二是认真执行均衡结案办法。明确各审判庭每季度均衡结案指标，并采用月通报、季考核的方式加强检查监督，没有完成均衡结案指标的，院庭领导须向党组汇报具体情况及原因，对连续三个季度没有完成均衡结案指标的部门在评优时实行一票否决，确保全年均衡结案。

（三）完善保障机制，落实审判责任

一是强化制度建设。按照“精简、管用”和“稳定性与前瞻性”相结合的原则，积极推进制度修订，形成86项操作性、针对性、合理性较强的制度，确保每项工作和每个环节都有章可循、职责明确、责任到人、督办到位。二是坚持层级管理。进一步明确案件承办法官的审判责任、审判长的管理责任及院庭长的监督指导责任。认真落实院庭长办案制度，强化其亲自办案和旁听法官开庭职责，及时发现和纠正审判工作中存在的问题。三是严格审判责任。根据不同责任主体的责任性质、职责要求和履职状况，建立完善责任倒查机制和问责查究机制。经审委会研究确定为差错案件的，对相关责任部门和责任人进行处罚，进一步强化质量意识与责任意识。

三、落实便民、利民举措，努力践行司法为民

一年来，法院以满足人民群众的新要求和新期待为目标，认真践行司法为民。

（一）搭建工作平台，进一步推进司法公开

一是开展法院开放日活动。制定并执行《关于加强司法公开工作的实施意见》和《关于开展法院开放日活动的规定》，邀请群众走进法院，通过组织参观、旁听、座谈等形式，使其更为直观、深入地了解法院审判工作、队伍建设及基础设施建设情况。二是加强媒体宣传。开通门头沟法院国际互联网站，并在全市法院系统较早开展网络视频直播，全年对55个庭审过程进行了网络图文直播，通过电视、网络等媒体宣传报道近两千次，进一步增强了司法工作的透明度。认真做好刑事和商事裁判文书上网工作，通过互联网向社会公众展示裁判文书，主动接受社会监督，进一步落实审判公开。

（二）完善工作举措，进一步强化司法便民

一是成立审判事务管理办公室，为当事人提供导诉、查询案件、代收诉讼材料等“一站式”服务，保证当事人到法院有人接待、咨询问题有人回答、提交诉讼材料有人接收、诉讼活动有人引导，切实方便当事人诉讼。自6月1日运行以来，审管办共接待当事人10758人次，代收代转诉讼材料2768份。二是在全市法院率先启动司法信息动态查询系统。当事人通过拨打12368服务电话，就可以全面获取立案、开庭、审限变动等案件信息，社会公众还可通过拨打该电话查询法院未来三天的开庭公告，为群众提供了更加方便、快捷的诉讼服务。三是制发《民商事案件诉讼指引》和格式化诉讼文书样式。运用通俗易懂的语言对法律术语进行说明，弥补当事人诉讼能力上的缺失。对居住偏远、行动不便或有其他特殊困难的当事人，积极开展巡回审判，并采取预约开庭、上门开庭、假日开庭等有效措施，努力减轻当事人诉累。四是强化立案调解。当事人选择立案调解的案件数量同比增长78.7%、当日调解结案率为100%。适时引入诉前协调沟通机制，加大立案前的协调工作力度，使部分纠纷未经诉讼即得到有效化解。

（三）健全长效机制，进一步加强安保维稳工作

注重源头预防，严把立案审查关、案件质量关、服判息诉关，从源头上防止引发涉诉信访。加强矛盾排查，对查出的问题，实行矛盾化解责任制，专人办理，限期办结。坚持对初信初访快接待、快办理原则，努力提高对初信初访的化解成功率。积极参加全区领导接访活动，努力做好矛盾化解工作。对重大疑难信访案件，紧紧依靠党委领导、政府支持，综合运用法律教育、调解协调、情感感化、困难救助等多种方式，努力解决当事人合法、合情、合理的信访诉求，全力做好信访案件的化解稳控工作。修订《涉诉信访工作手册》，确保信访工作有序进行。全年，成功化解14件中央政法委、最高法院挂帐督办的信访案件和一批涉及上百位申请执行人的长期信访案件，并将市高级法院交办的22批42件“政法民声热线”案件全部办结，实现了信访工作“双零”指标。积极做好建国60周年国庆安保工作，克服审判任务繁重的困难，抽调12名干警参与社区安保巡逻和全区非法盗采打击工作，为我区“国庆平安行动”贡献力量。

四、加强队伍建设，努力提高司法能力

一年来，法院紧紧围绕“为大局服务、为人民司法”工作主题，努力建设一支政治坚定、业务精通、作风优良、公正廉洁的高素质队伍。

（一）加强思想建设，深入开展主题实践活动

按照区委的统一部署和上级法院的要求，扎实开展学习实践科学发展观活动、“听呼声、走百家、送服务”和“人民法官为人民”主题实践活动。党组深入调研、周密安排，全力抓好学习教育、征求意见、查摆问题、整改落实等工作。采取专家讲座、党课辅导、以案析理报告会、学习体会交流会等形式，不断加深干警对科学发展观的内涵和精神实质的理解和把握。组织干警深入农村、山区、社区、企业、机关征求意见和开展送法服务，进一步增强干警对区情、民情的了解，从群众需求中查找自身差距，明确改进方向。针对社会各界对法院工作的意见和建议，全院干警深入讨论，找出了影响和制约法院科学发展的突出问题，制定了涉及6个方面38项整改措施。目前38项整改措施已全部推进，41件惠民实事已全部办结。通过开展主题实践活动，全院干警的精神面貌焕然一新，大局意识、责任意识、服务意识进一步增强，司法为民的自觉性进一步提高，司法工作的群众满意度和社会认同度进一步提升。全年共收到当事人送来的锦旗48面，表扬信12封。

（二）加强能力建设，夯实司法工作基础

一是强化院庭班子建设。完善党组理论中心组学习和党组成员主持调研课题制度，全年共完成调研课题16个，在破解工作难题方面发挥了积极作用。坚持民主集中制，进一步增强党组的凝聚力、战斗力和应对复杂局面的能力。对部分中层干部开展轮岗交流，提高中层干部的综合素质和创新水平。选任7名中层后备干部，并建立党组成员定人培养工作机制，中层后备干部的履职素质不断提高。二是加强教育培训。以法律法规、形势政策、岗位技能为主要内容，以疑难案例研究、庭审观摩、法官论坛为主要方式，开展全员分类培训，注重教育的实效性，干警年人均培训228个学时。三是着重加强对青年干警的培养。首次实行优秀法官带教制，精心选荐政治素质高、业务能力强、工作作风过硬的优秀法官担任新录用人员指导教师，加强审判经验和优良司法作风的传承。安排青年干警到窗口部门和偏远法庭实习，使青年干警在锻炼中磨练意志、增长才干。四是继续加强调研和学术研讨工作。全年共完成调研课题16个，撰写论文37篇，进一步提高了法官运用法学理论研究问题、解决问题的能力。

（三）加强廉政建设，不断完善拒腐防变体系

一是加大教育力度。深入开展“警示教育月”

活动，通过组织廉政宣誓、观看警示教育片、撰写心得体会、发送廉政短信等措施，严格落实最高法院“五个严禁”的要求，切实增强干警的廉政意识。二是明确岗位责任。层层签订党风廉政建设责任书，细化各层级人员的党风廉政建设责任。全面梳理和深入排查各个岗位的廉政风险点，有针对性地确定防范措施，进一步加强对审判权、执行权和重点权力部门的监督。三是强化监督手段。建立兼职廉政监察员队伍，充分发挥自我监督的职能作用。及时处理当事人投诉，对于查证属实的，坚决追究责任，有效预防和及时处理违法违纪问题。

（四）加强外部监督，提高司法公信力

一是完善监督制度。高度重视人大监督和政协民主监督工作，修订《加强与人大、政协联络及办理交办事项工作的规定》，不断提高接受监督工作的主动性，并为人大代表、政协委员行使监督权创造更加便利的条件。全年共邀请市、区人大代表旁听案件、监督重大案件强制执行过程、座谈交流240余人次，办理区人大等部门转办的信访信件32件，进一步强化了人大代表对法院工作的监督力度。二是扩大监督主体。圆满完成新一届人民陪审员的选任工作，人民陪审员总数达47名，通过人民陪审员、特邀监督员广泛参与审判和执行活动，切实增强监督实效。与检察机关建立定期通报和联合调研工作机制，主动接受检察机关的法律监督。三是拓展监督形式。在全市首次尝试由三级法院共同走访人大代表的新举措，探索人大代表与网友互动式沟通交流的司法监督工作新模式，进一步提升了法院人大代表联络工作的实际效果。

各位代表，2009年，法院之所以能够较好地完成各项工作，离不开区委、区人大、区政府、区政协的领导、监督和支持，离不开全体人大代表和政协委员的关心和理解。在此，我代表区法院全体干警向大家表示衷心的感谢！

回顾过去的一年，法院工作虽然取得了一些成绩，但与新形势、新任务以及人民群众的要求和期待相比还有一定差距，主要表现在：司法理念教育还需进一步深化；工作作风还需进一步改进；司法能力还需进一步提高；审判管理和队伍建设相关机制还需进一步完善。这些问题，我们将在今后的工作中采取有效措施，切实加以解决。

2010年主要工作思路

2010年是全面贯彻落实党的十七届四中全会精神，推进“十一五”规划顺利实施的关键一年。法院将按照区委和上级法院的整体部署，以科学发展观统领全局工作，全面落实党的十七大和十七届四中全会精神，坚持“三个至上”指导思想，紧紧围绕建设“人文北京、科技北京、绿色北京”中心任务和全区中心工作，进一步加强审判、执行工作和队伍建设，更好地为大局服务、为人民司法。

一、着眼于服务全区工作大局，进一步发挥审判职能

继续做好审判和执行工作，主动为全区经济社会平稳发展提供有力司法保障。刑事审判要依法严厉打击各种刑事犯罪，深入贯彻宽严相济的刑事审判政策；民商事审判要妥善协调各种利益关系，强化调解工作，不断探索多元化纠纷解决机制，最大限度地实现案结事了；行政审判要在现行法律框架之内，探索化解行政争议的新机制，加强诉前、审前协调手段的运用，努力促进行政相对人与行政机关的和谐；执行工作要在巩固清积成果的基础上，进一步探索更加有效的工作机制，加大执行力度，努力实现执行工作的良性循环。

二、着眼于维护人民群众的合法权益，进一步完善便民、利民工作举措

继续落实司法为民的各项制度，进一步探索贴近实际的便民、利民举措。做好立案、审判、执行各环节的便民、利民工作；积极推进诉前、诉中、判后的法律释明工作，确保当事人打一个公正、明白、便捷、受尊重的官司；不断扩大司法公开范围。同时，进一步加强审判管理，不断完善案件质量评查标准和评查程序，努力提高审判质效，确保司法公正。

三、着眼于提高全院干警司法能力，进一步加强队伍建设

以教育活动为重点，深化理念认识。采取有效形式，引导干警牢固树立正确的司法理念，切实增进与人民群众的深厚感情。以能力培训为重点，提高业务素质。从实际需要出发，分层次、重实效地加强各类培训，全面增强干警司法能力。以树立宣传先进典型为重点，弘扬队伍主旋律。大力培养不同岗位业绩突出的工作模范，充分发挥典型模范的示范带动作用。以强化监督为重点，提升法院形象。严格落实各项制度规定，加强内部监督，筑牢拒腐防线；进一步完善接受人大代表及政协委员监督、改进工作和反馈意见的各项工作机制，主动接受外部监督。

各位代表，面对党和人民群众对司法工作的新要求、新期待，人民法院的责任将更为重大。在新的一年里，我们将紧紧依靠区委的领导，自觉接受人大的监督，积极争取区政府及社会各界的支持和市高级法院的指导，振奋精神，恪尽职守，以新的姿态迎接新的挑战，为促进全区经济发展、社会和谐稳定做出新的贡献。

北京市门头沟区人民检察院工作报告

——2010年1月7日在北京市门头沟区第十四届人民代表大会第五次会议上

门头沟区人民检察院检察长　许晓闽

各位代表：

现在，我代表门头沟区人民检察院向大会报告工作，请予审议。

2009年工作回顾

2009年，门头沟区检察院在区委、市检察院的领导下，在区人大及其常委会的监督下，在区政府、区政协及社会各界的支持下，高举中国特色社会主义伟大旗帜，全面贯彻党的十七大、十七届四中全会精神，深入贯彻落实科学发展观，紧紧围绕“保增长、保民生、保稳定”大局和建设现代化生态新区的中心工作，恪尽职守，在服务全区经济社会科学发展的同时，推动了全院各项工作的科学发展。

一、忠实履行法律监督职责

一年来，检察院认真实践“强化法律监督，维护公平正义”的检察工作主题，落实“加大工作力度，提高执法水平和办案质量”的总体要求，较好履行了各项职能。

依法打击刑事犯罪，维护全区社会稳定。按照区委、区人大常委会和市检察院的要求，依法履行审查逮捕、审查起诉职能，依法配合公安机关、人民法院，共同打击刑事犯罪。全年受理提请批准（决定）逮捕案件146件181人、移送审查起诉案件181件253人；批准（决定）逮捕129件161人，提起公诉170件243人。依法办理了多起具有较大社会影响的案件。

严肃查办职务犯罪，维护职务廉洁性。全年受理贪污贿赂案件线索8件8人，决定立案侦查6件6人，其中百万元以上大案4件4人。成功侦查终结高检院交办的某央企主要负责人受贿专案。集中精力办理市检察院交办的“6·18”专案，一举立案侦查6名犯罪嫌疑人，获得上级的表扬。密切关注国家机关工作人员渎职侵权犯罪线索，受理、初查线索6件。

全面加强诉讼监督，维护司法公正。以向区人大常委会报告开展刑事诉讼监督工作情况为契机，认真落实市人大常委会《关于加强人民检察院对诉讼活动的法律监督工作的决议》和区人大常委会要求，强化监督意识，提高监督能力，改进监督方式，全面加强了刑事诉讼监督工作。全年共提前介入引导侦查28件，追捕12人，追诉漏罪3起、漏犯19人。受理民事行政申诉案件18件，立案7件，提请抗诉1件。妥善处理群众举报及来信来访160件。有效监督看守所的监管、刑罚执行活动及监外执行活动。加强机制创新，推出了一些在全市具有“首创”意义的诉讼监督机制。如与区公安分局合作，在全市率先建立了《行政处罚案件法律监督制度》，并首次针对行政处罚案件启动立案监督程序，批准逮捕一名犯罪嫌疑人。

依法规范办案，确保办案质量。进一步加强执法规范化建设。健全完善专业化办案组、提前介入侦查、行刑衔接、讯问职务犯罪嫌疑人全程同步录音录像、侦防一体化等工作机制。严格执行高检院关于职务犯罪案件由上一级人民检察院审查决定逮捕的规定。坚持寓监督于支持配合之中的思路，在强化法律监督的同时，注重加强与公安机关、人民法院的协调配合，依法接受公安机关、人民法院的制约。全年无捕后无罪处理案件、诉后无罪判决案件。

二、服务大局，增强法律监督能力

一年来，按照区委和市检察院的总体要求，坚持从构建和谐社会首善之区的大局出发，围绕全区中心工作，严格依法行使检察权，在服务大局的过程中不断增强法律监督能力。

服务“保增长”，支持区域经济又好又快发展。找准检察职能服务经济社会发展大局的切入点，主动到石龙经济开发区等事关“保增长”大局的重点地区调研，建立联络检察官制度，开通咨询热线，提供法律服务。结合办案中发现的企业管理漏洞，制发检察建议，服务企业健康发展。

服务“保民生”，保障棚户区改造等重点民生工程。紧紧围绕涉及全区民生的重大项目，充分履行法律监督职责，切实发挥服务保障作用。主动加强与棚户区改造建设中心、拆迁工作办公室的联系，采取了五项专门服务保障措施。本着“既要维护群众利益、又要保证拆迁顺利进行”的原则，在依法对严重影响重大民生工程的犯罪活动行使检察权的同时，坚持多做释法说理、化解矛盾的工作，较好地实现了三个效果的统一。如对以暴力妨害西六环建设的岳某某、邢某某以妨害公务案成功公诉，法院依法作出有罪判决，岳、邢二人对此认罪服控；妥善办理了108国道改线工程拆迁中发生的被拆迁人打伤城管执法干部案；对棚户区改造中骗取二十余万元拆迁补偿款的三名犯罪嫌疑人及时批准逮捕，为办理涉及拆迁的案件树立了正确导向。

服务“保稳定”，顺利完成国庆60周年维稳任务。按照市、区要求，把做好国庆六十周年安保工作作为2009年的一件大事，采取制定《关于加强维护稳定工作的实施办法》，建立与公安机关的“涉维”、“涉藏”案件联动机制，层层签订《推进“平安北京建设”加强社会治安综合治理责任书》，选派多名干警担任维稳特派员等措施，积极参与维稳工作。国庆前夕，快速批准逮捕运输两万余枚雷管过境北京的四名犯罪嫌疑人，并据此提出加强我市爆炸物管理的对策建议，引起市委、区委重视。

依法打击破坏生态环境犯罪，支持现代化生态新区建设。围绕生态涵养发展区的功能定位，按照全区统一部署，依法加大打击各类破坏生态环境犯罪的力度。通过举办疑难案件诉前控辩演习、检察长直接办案、组织关键证人出庭作证、采取多媒体示证等措施，将全国首例倾倒污泥引发的重大环境污染事故案顺利公诉，得到当地群众拥护，引起社会广泛关注。针对非法盗采煤炭发生死亡事故后，因客观条件限制无法挖出盗采者尸体的情况，首次以间接证据规则对一起重大责任事故案提起公诉，震慑了非法盗采活动。

继续推进职务犯罪预防，积极参与社会治安综合治理。通过举办法制讲座、召开联席会议、加强宣传等方式，持续推进全区和京煤集团两大职务犯罪预防网络建设。深化与工商、税务、供电、林业等单位的联合预防，预防关口进一步前移。全年共举办预防职务犯罪讲座12次，受众2500余人。注意从办案中总结犯罪规律，发现犯罪新动向，积极提出综合治理建议，共发出检察建议17份。积极参与对群众反映强烈、影响我区发展和稳定问题的综合整治，维护了社会稳定。

三、主动化解矛盾，促进社会和谐

根据区委和市检察院的要求，门头沟区检察院始终坚持以人为本，树立中国特色社会主义法治理念，把化解矛盾、促进和谐作为执法办案的指导方针。

贯彻宽严相济的刑事政策，务求三个效果统一。在严厉打击严重刑事犯罪的同时，对主观恶性小、犯罪情节轻微的未成年人，轻微刑事案件中取得被害人谅解的犯罪嫌疑人、初犯、偶犯和过失犯，坚持慎捕慎诉。全年通过提前介入建议公安机关不提请批准逮捕8人，以犯罪情节轻微不予批准逮捕9人，以没有必要追究刑事责任决定不起诉6人。

创新工作，提高化解矛盾规范化水平。引入恢复性司法理念，在全市检察机关率先推出《民事申诉案件检察和解办法（试行）》，在坚持自愿、合法原则的基础上，明确了检察和解的程序、期限和效力。积极促成刑事和解，充分发挥相对不起诉作用，规范快速处理轻微刑事案件。总结形成“五诊十五步”控申工作法，进一步提高了说服、引导群众工作的能力，历史积案化解率达100%、初信初访化解率达90%以上，实现了无重大重复上访户、无群体性信访事件、无越级访的目标。

坚持以人为本，积极化解矛盾。在查清事实、分清责任的基础上，灵活运用法律和政策，抓住争议双方的主要矛盾因势利导，多做理顺情绪、化解矛盾的工作。全年共引导8件民事行政申诉案件当事人达成和解，和解案件总数、和解率在全市十八区县人民检察院中位居第一，所化解案件中无一反悔。我院检察官表现出的对人民群众的深厚感情和强烈的责任心，得到当事人的高度评价。

全面保障诉讼参与人合法权益。贯彻“教育、感化、挽救”方针，加强了对未成年犯罪嫌疑人的帮扶教育。加强与区人民法院的沟通协调，积极研讨适合未成年人特点的办案机制。深化检学共建，积极开展未成年人犯罪预防和法制教育。注重依法保障弱势群体的合法权益。如依法纠正一起残疾人涉嫌故意伤害案中错误的伤情鉴定结论，变“有罪”为“无罪”，避免了一起错案。

四、全面加强队伍建设

一年来，区检察院认真贯彻区委和市检察院关于加强队伍建设的要求，以班子建设为核心，以党建带队建，着力加强素质建设，不断提高队伍的政治素质和业务水平。

加强思想政治建设。认真组织干警学习党的十七届四中全会精神和全国政法工作会议精神，开展学习实践科学发展观活动，深化社会主义法治理念教育，开展了一系列有针对性的教育整改活动，增强了用科学发展观统领检察工作的自觉性。通过以案析理、正面引导、反面警示等方式，教育干警牢固树立理性、平和、文明、规范执法的新理念。通过讲党课、定期召开民主生活会、举办主题党日活动等形式，进一步加强理想信念教育。

加强领导班子建设。认真贯彻民主集中制原则，充分发挥院党组的领导核心作用。坚持理论中心组学习制度，创新学习方式，保证学习实效，提高领导班子领导检察工作科学发展的能力。加强检察委员会建设，规范议事程序，坚持定期学习，提高了对重大疑难案件的专业化决策水平。

狠抓队伍基本素质。坚持德才兼备、以德为先的用人标准，按照公开、平等、竞争、择优的原则，完成了新一轮中层干部选任上岗和一般干警双向选择工作，进一步优化了中层干部队伍结构，激发了队伍活力。以参加全市基层人民检察院建设考评为抓手，着力强化队伍的责任意识、创新意识、规范意识和敢于争先意识。

深化“学习型检察院”建设。围绕“以人为本、提高素质、打造专业检察队伍；强化监督，服务发展，创造一流工作业绩”，深化“学习型检察院”建设，建立了立体化、全方位学习体系，成为我区创建学习型机关先进单位。着眼检察工作长远发展需要，坚持邀请国内知名法学家和经验丰富的业务能手来院授课，进一步提高了干警的业务素质。坚持结集编印《调研文集》、《工作实例》，督促干警提高理性思考和总结能力。

强化内部监督制约。加强机制建设，认真开展刑事审判法律监督专项检查、直接立案侦查案件扣押冻结款物专项检查等内部执法检查活动，确保严格、公正、文明执法。集中开展检务督察活动，深化党风廉政责任制建设，保持对执法办案过程、制度执行、工作任务落实和检风检纪的全面监督，为公正执法提供了纪律保证，连续三年保持无干警违法违纪的记录。

改进内部管理，提高工作规范化水平。坚持靠制度管理，提高了管理科学化水平。继续量化工作任务，定期公示工作进展，确保制度落实。立足执法办案实践，有效改进考核评价机制，进一步激发了干警的责任感和积极性。坚持网络化办案，提高了综合保障水平。继续实行财务公开，做到了厉行节约。

五、自觉接受人大监督

区检察院在坚持党对检察机关绝对领导的同时，进一步增强人大意识，自觉接受人大及其常委会的监督。一年来，通过向区人大及其常委会报告工作、邀请代表视察指导、送阅信息资料等途径，为人大代表监督检察工作提供便利。积极办理人大代表建议和人大常委会交办事宜，对代表们提出的意见认真整改。利用“举报宣传周”、“检察开放日”等活动平台，坚持请进来与走出去相结合，有效深化检务公开，确保检察权在阳光下运行。

各位代表，一年来，门头沟区检察院之所以顺利完成各项检察任务，离不开区委、市检察院的正确领导，离不开区人大及其常委会的有效监督，离不开区政府和区政协的大力支持。对此，我谨代表全院干警表示崇高的敬意！

我们清醒地认识到，区检察院的工作距离党和人民的要求，还有差距。主要表现在：队伍总体的创新意识和执行能力还有待进一步强化，法律监督水平还需要进一步提高，对诉讼活动的法律监督还需要进一步加强。我们将采取有效措施，在新的一年里切实加以改进。

2010年工作思路

2010年，区检察院将在区委、市检察院的领导下，在区人大及其常委会的监督下，全面贯彻党的十七大、十七届四中全会精神，深入贯彻落实科学发展观，坚持社会主义法治理念，坚持党的事业至上、人民利益至上、宪法法律至上，牢固树立理性、平和、文明、规范执法的新理念，认真实践“强化法律监督，维护公平正义”检察工作主题，以提高法律监督能力为核心，以提高队伍素质为保障，全面加强和改进检察工作，维护社会公平正义，促进社会和谐稳定，为“人文北京、科技北京、绿色北京”建设和现代化生态新区建设提供强有力的法律监督环境。

一、正确履行法律监督职能，服务科学发展

紧紧围绕建设“人文北京、科技北京、绿色北京”的理念和建设现代化生态新区的总体部署，依法惩治各类刑事犯罪，积极查办和预防职务犯罪，不断强化对诉讼活动的监督，努力为我区经济社会发展创造良好的法律监督环境。

深入开展矛盾纠纷化解工作，服务和谐社会建设。贯彻落实好宽严相济的刑事政策，在依法严厉打击严重犯罪的同时，最大限度地增加和谐因素，最大限度地减少不和谐因素。进一步加强控告申诉、民事行政检察等工作，切实提高做群众工作的本领，把定纷止争、化解矛盾、促进和谐融入执法办案全过程。

依法打击各类刑事犯罪，维护我区安全稳定。依法履行批捕、起诉职能，突出打击重点，坚决打击危害国家安全和社会稳定、破坏社会主义市场经济秩序、危害人民群众人身财产安全的犯罪活动。服从服务于建设现代化生态新区的全局需要，依法严厉打击各类破坏环境资源能源的犯罪。围绕棚户区改造等全区重点工程，严格依法履行审查逮捕、审查起诉职责，既打击犯罪，又维护群众合法权益。加强与公安机关、人民法院的配合机制建设，及时调整打击重点，增强打击犯罪、维护稳定的合力。

加大职务犯罪侦查和预防工作力度，服务反腐败工作大局。按照十七届四中全会“加大查办违纪违法案件工作力度”的要求，统一执法思想，坚持以执法办案为中心，在保证案件质量的前提下，加大查办职务犯罪工作力度。在坚持突出查办大案要案的同时，不忽视小案的查办，特别是要严肃查办、优先查办那些侵害民生民利、人民群众反映强烈的案件。坚持结合办案搞预防，把预防寓于办案之中，更有针对性、更有效地开展职务犯罪预防工作。继续深化两大职务犯罪预防网络建设，加强与政府职能部门的联系，重视对重点行业、重点部门、重点工程的职务犯罪预防。

强化对诉讼活动的法律监督，维护司法公正。认真贯彻落实市人大常委会《关于加强人民检察院对诉讼活动的法律监督工作的决议》和区人大常委会要求，进一步强化对侦查活动、审判活动和刑罚执行及监管活动的监督，保障司法公正。研究建立有利于法律监督的工作机制，敢于监督、善于监督，依法监督、规范监督。继续坚持“寓监督于支持配合之中”，加强与公安机关、人民法院的沟通协调，提高法律监督的实效。

二、加强自身建设，努力实现检察工作科学发展

落实高检院、市检察院要求，着力强化法律监督，着力强化对自身执法的监督制约，着力强化队伍的素质建设，努力在服务科学发展的同时，实现全院各项工作科学发展。

提高思想政治水平。坚持把思想理论建设放在首位，积极开展创建学习型检察院和学习型党组织活动，带动思想理论建设。按照十七届四中全会关于加强党的建设的要求，采取切实措施加强机关党的建设，以党的建设带动和推进队伍建设和各项工作。全面落实市委、区委对检察工作的各项要求，切实增强干警的政治意识、大局意识、忧患意识和责任意识。

提高领导能力。始终把领导班子建设作为队伍建设的重中之重，坚持用班子建设带动队伍建设。坚持党组理论中心组学习制度，务求学习实效，切实增强班子领导检察工作的能力。加强检察委员会建设，充分发挥检察委员会讨论决定重大案件和其他重大问题的决策作用。

加强人才培养。坚持德才兼备、以德为先的用人标准，树立正确的用人导向。坚持严格要求、严格教育、严格管理、严格监督，切实从严管理干部。重视年轻干部党性修养和实践锻炼，加大培养选拔优秀年轻干部力度。通过组织业务培训、开展以案析理等方式，进一步加大教育培训力度，建设高素质专业化检察官队伍。教育引导干警恪守忠诚、公正、清廉、文明的检察职业道德。

切实强化自身监督。牢牢把握严格、公正、文明执法的基本要求，把对自身执法的监督制约放在与强化法律监督同等重要的位置，坚决防止监督权的滥用，既要避免监督不作为，又要避免乱作为，切实做到自身正、自身硬、自身净。全面加强内部监督制约机制建设，推行检务督察制度，保证各项执法活动严格依法、规范进行。进一步自觉接受公安机关、人民法院的制约，认真听取律师对人民检察院的意见，接受社会监督、舆论监督。

三、自觉接受区人大及其常委会的监督

在坚持党对检察机关绝对领导的前提下，进一步巩固人大意识和监督意识，进一步增强接受人大监督的自觉性。坚持定期向区人大及其常委会报告工作，主动接受人民群众监督。进一步深化“检务公开”，密切与人大代表和人民群众的联系，拓宽接受监督渠道，确保检务公开、透明、公正。

各位代表，新的一年里，我们将在区委和市检察院的领导下，在区人大及其常委会的监督下，认真贯彻落实本次大会决议，振奋精神，奋发进取，为“人文北京、科技北京、绿色北京”建设和现代化生态新区建设做出新贡献！

中国人民政治协商会议门头沟区第八届委员会常务委员会工作报告

——2010年1月4日在政协门头沟区第八届委员会第四次会议上

门头沟区政协主席　高连广

各位委员：

我受政协常委会委托，向大会报告工作，请予审议，并请列席的同志提出意见。

2009年工作回顾

2009年是新中国和人民政协成立60周年的庆典之年，是深入学习实践科学发展观和贯彻落实中共十七大和十七届三中全会精神的重要一年，是贯彻中央“保增长、保民生、保稳定”方针的关键之年。常委会在市政协的指导下，在区委的领导和区政府的大力支持下，紧紧围绕全区中心工作，突出团结民主主题，认真履行政治协商、民主监督、参政议政职能，为促进全区改革发展稳定作出了积极贡献。

一、围绕发展，发挥优势，积极建言献策

坚持服务于发展第一要务，充分发挥政协人才集聚，联系面广的优势，发挥委员主体作用、专委会基础作用、界别纽带作用，为加快区域经济社会发展提供智力支持和决策参考。

——以首都西南区域经济发展论坛为平台，推动地区经济向区域经济发展。成功承办了以“城乡一体，统筹发展”为主题的第三届首都西南区域经济发展论坛，编辑出版了《首都西南区域旅游休闲产业发展研究》和《第三届首都西南区域经济发展论坛文集》，为西南区域经济社会发展提供了有价值的参考；本着“论坛不是目的，促进发展才是初衷”的宗旨，将126篇论文，依据提案要素，编辑出版了《第三届首都西南区域经济发展论坛提案线索文集》，并将36个提案线索转化为市民主党派、市政协专委会和市政协委员提案；发挥主流媒体优势，广泛宣传论坛各项活动和我区经济社会发展取得的成就，展示了我区良好形象；联络各界专家学者近百名，为推动我区经济社会发展打下了良好的合作基础。

为推动区域发展，区政协与石景山区政协共同促成了龙泉镇政府与石景山区五里坨街道办事处的合作，举行了两地跨区域合作启动仪式。两区有关方面就资源利用、环境整治、市政建设、群众就业、社会稳定等领域进行深入合作达成了广泛共识，推动了跨区域务实合作。

——紧扣发展主题，增强协商议政、专项履职活动的针对性。八届三次会议期间，委员们围绕“保增长、保民生、保稳定”，认真协商议政，发表真知灼见。部分党派团体和委员分别在大会上，针对产业结构调整和生态建设、城乡建设管理和深化创卫成果、新农村建设和农民增收、社会事业发展和民生、生产安全和社会公共安全等问题作了发言，并提出149件提案、30条意见和建议；主席会和常委会专题视察了重点提案的落实和重点工程建设情况。有关专委会视察了企业生产经营状况和民俗旅游工作；各民主党派和团体积极发挥自身优势，围绕建设“人文北京、科技北京、绿色北京”、“保增长、保民生、保稳定”，积极献计出力。就城市建设、生态修复、文化文物、乡村旅游、新农村建设、企业发展、农民增收致富等问题进行了深入调研，完成调研报告 13 篇，并做了义诊、培训等多项公益事业。

——围绕发展，建言献策，存史资政工作取得新进展。继续深入挖掘“京西古道文化”。偕同京西古道文化发展协会共同召开了“第二届京西古道文化研讨会”，深入探讨古道保护开发利用途径；提出创建古村、古道文化产业聚集区的建议，促进了有关项目的申报；提出了关于尽快制定古道保护条例的建议，得到有关部门的重视，目前正在落实中；协助王平镇成立“京西古道文化协会”。以信息和议政的形式，提出了在棚户区改造过程中，加强文化、文物古迹保护的建议。征集资料 195 篇、78 万字；专辑资料成稿近 90 万字；编辑出版了《门头沟文史》第十七辑、《京西古军事遗址》专辑、《古今大台》专辑，为进一步保护和开发利用我区历史文化资源打下了坚实基础。

二、关注民生，维护稳定，促进社会和谐

坚持以人为本，关注民生，协助党委、政府做好协调关系、化解矛盾的工作，促进社会和谐稳定。

——在“保民生”方面，常委会听取了政府有关职能部门关于采空棚户区改造情况的通报，就加大采空棚户区改造工程宣传、拆迁政策落实、文物古迹保护、环保工作等方面提出了意见和建议；就山区农村生活能源问题，先后到河北固安、北京房山、延庆等地进行调研，并向有关部门提出了建议，同时，视察了山区农村生活能源建设工作；就群众就业问题，积极牵线搭桥，为委员兴业建厂，增加群众就业创造条件，先后有 3 家公司落户山区，解决了一些驻地群众就近就业；以提案、视察、特约监督、反映社情民意等形式，关注群众关心的其它民生问题。八届三次会议以来，各民主党派，工商联和人民团体提交直接关系民生的提案 38 件，报送有关民生的社情民意 13 条。视察了民政、市民教育、交通管理等工作，提出建议 48 条；52 名政协委员特约监督员积极参与党委、政府部门行风评议和民主监督工作，在民生工作方面发挥了重要监督作用。

——千方百计做好社会稳定工作。认真履行领导包村、干部驻村的各项职责，圆满完成了区委部署的国庆 60 周年社会稳定任务；动员广大委员，针对热点问题学习政策、广泛宣传、化解矛盾。在第十七次常委会上，结合门头沟区采空棚户区改造工程建设实际，学习了《北京市城市房屋拆迁管理条例》，并要求政协各参加单位和各界委员积极行动起来，围绕采空棚户区改造这一重点工程建设，多做理顺情绪、化解矛盾的工作，最大限度地调动积极因素，为棚户区改造工程顺利实施营造和谐稳定的环境；保持高度的政治敏感性，对重大事件反应迅速。乌鲁木齐发生的“7.5”严重的打砸抢烧暴力犯罪事件后，政协领导立即作了专题调研，与宗教人士、信教群众交换意见和看法，并对有关人士在促进社会稳定和谐、维护民族团结方面做出的贡献给予了充分肯定。相关专委会召开座谈会，要求委员以高度的政治责任感，多做促进民族团结、维护社会稳定的工作，积极为现代化生态新区建设创造良好的社会环境。

三、凝聚人心，汇集力量，突出团结民主主题

坚持团结民主主题，把团结各界、凝聚人心的工作摆在突出位置，促进政党和谐、政协内部和谐。

——拓宽参政议政渠道，促进民主和谐。充分发挥民主党派、工商联和人民团体在人民政协中的参政主体作用。常委会、政情通报会、专题调研、视察活动均邀请各民主党派、工商联和人民团体负责人参加，支持他们发表意见建议；常委会坚持“事前联系沟通，事中协商配合，事后及时反馈”的工作原则，工作安排预先通气，重要事项平等协商；注重发挥界别作用，开展特色活动，增进委员相互联系沟通，促进委员主体作用的发挥；利用新春和中秋茶话会、建国 60 周年座谈会等时机，邀请区委、区政府领导通报全区经济和社会发展情况，为党派、团体创造知情参政条件。

——搭建交流活动平台，增进团结友谊。举办委员风采演讲会，宣传委员事迹，展示委员形象，激发委员热情；与区委统战部共同组织了三胞亲属代表参观考察我区新农村建设工作，发挥政协组织大团结、大联合的作用；专委会结合工作特点，召开各类座谈会，围绕确定的主题，展开学习交流；加强区际、省市际学习交流。全年共组织 9 批 120 人次到市内外政协学习交流，接待市内外政协、党派团体考察调研 16 批 110 人次。

四、内强素质，外树形象，不断加强自身建设

坚持以思想建设为核心，以组织建设为基础，以制度建设为保障，以机关建设为支点，着力加强自身建设。

——抓理论学习，强化思想建设。坚持常委会学习制度，举办常委读书班，认真学习贯彻中共十七大和十七届三中、四中全会精神，集体协商议事水平进一步提高；以庆祝人民政协成立60周年为契机，通过召开座谈会等形式，认真学习胡锦涛总书记重要讲话精神，重温历史，展望未来，进一步坚定了正确的政治方向，增强了坚持共产党领导的多党合作和政治协商制度的自觉性；举办学习报告会，为委员订阅政协报刊和学习资料，使广大委员了解了世情和国情，开阔了眼界，增长了知识。

——抓委员述职，发挥主体作用。广大委员遵守和履行政协决议决定的组织意识、履职意识，责任意识明显增强，委员参加活动的积极性和参与率明显提高。同时我们还注重为委员排忧解难，解决他们工作和生活中的实际问题。

——抓机关建设，提高服务水平。深入开展学习实践科学发展观活动。在区委的领导和区委指导检查组的指导下，较好地完成了学习实践活动的各项任务，实现了预期目标；认真落实区委、区政府和区直机关工委有关文件精神，积极开展创建学习型机关活动，实现了工作与学习的良性循环，机关干部综合素质普遍提高，服务意识明显增强；建章立制，建立完善了机关工作管理制度和廉政风险防范制度，规范工作流程，保障了政协各项工作的有序开展。

各位委员，过去的一年，政协的各项工作取得了新的成绩，这是区委正确领导和市政协加强指导的结果，是区政府大力支持的结果，是各民主党派、人民团体通力合作的结果，是广大政协委员和机关干部共同努力的结果，是社会各界人士大力帮助的结果，在此，我代表政协常委会向关心、理解、支持、参与政协工作的同志们、朋友们致以崇高的敬意和衷心的感谢！

在肯定成绩的同时，我们也清醒地看到，与新形势新任务和人民政协肩负的责任相比，我们的工作还存在一些差距和不足。一是与党政部门的沟通有待进一步加强，以促进政协提案的办理和落实；二是调查研究的水平有待进一步提升，力求多提高质量的意见建议；三是政协机关建设有待进一步加强，切实提高为政协履行职能服务的水平。对此，我们一定要在今后的工作中认真加以改进。

2010年工作任务

2010年，是区八届政协任期的重要一年。区政协要在中共门头沟区委的领导下，深入贯彻落实科学发展观，认真学习中共十七大、十七届三中、四中全会和胡锦涛同志重要讲话精神，按照中共中央、市委、区委关于推动多党合作和人民政协事业发展的新部署，按照建设“人文北京、科技北京、绿色北京”和建设世界城市的新要求，努力开创政协事业新局面。

一、围绕党政中心工作，推动科学发展

围绕发展，做好全委会整体协商、常委会重点协商、议政会专题协商、专委会对口协商工作，及时形成《协商意见》供区委、区政府决策参考。针对有关问题，及时组织协商通报。发挥常委会重点监督的作用，适时听取区政府关于实施重点工程和为民办实事情况的通报、视察重点工程建设、听取提案办理工作情况的通报、听取纪检监察工作情况通报、对重点提案跟踪视察。围绕“保增长、保民生、保稳定”，开展调研，组织召开专题议政会。继续发挥提案在政协履职工作中的重要作用。调动政协委员、各民主党派、人民团体和各界人士的积极性，参加第四届首都西南区域经济发展论坛。

二、加强学习增进共识，夯实各界团结奋斗的共同思想基础

动员、组织广大委员深入学习中共十七届四中全会精神、胡锦涛总书记在庆祝人民政协成立60周年大会上的重要讲话和市、区委全会精神，积极引导政协参加单位和各界人士，不断增进对中国特色社会主义的政治认同和思想认同。坚持中国共产党对人民政协的领导，确保党的路线方针政策在人民政协得到全面贯彻落实，切实把思想和行动统一到中央关于人民政协工作的重大部署上来，统一到中央宏观调控决策和部署上来，统一到推动科学发展的要求上来，统一到建设“三个北京”上来，统一到区委十届诸次全会提出的任务目标上来；继续发扬人民政协“自我学习、自我教育、自我提高”的优良传统。把加强思想理论建设与巩固共同思想基础结合起来，把履行各项职责与服务党和国家工作大局结合起来，把继承优良传统与积极创新工作结合起来，把推进人民政协工作与加强人民政协自身建设结合起来，主动适应新形势新任务的要求；组织好常委读书班、研讨会、报告会等学习考察活动。

三、发挥统一战线的组织作用，促进和谐社会建设

积极宣传党的路线方针政策，释疑解惑、凝聚

共识，增强各界人士共同致力于我区经济建设与社会发展的责任感和使命感；坚持民主协商、求同存异的原则，把加强团结和发扬民主有机结合起来，进一步营造宽松和谐、平等议事、畅所欲言、活跃有序的政治氛围，为和谐社会建设提供更加广泛的群众基础；积极发挥政协组织沟通思想、协调关系、增进团结、凝聚力量的独特优势，认真搞好同各民主党派和无党派人士的合作共事，丰富民主党派、无党派人士参与全区经济社会建设的形式，提高参政议政实效。

加强党派自身建设的研讨与交流，多做沟通了解、阐释说明的工作。协助区委、区政府落实民族、宗教和侨务等政策，继续探索政协专委会与民主党派、工商联、人民团体联合开展活动的方式方法，努力增进各界人士在共同政治基础上的团结；办好新春和中秋联谊活动，积极采取座谈、调研、走访、慰问等方式，沟通情况，交换意见，最大限度地激发社会活力，切实维护全区安定和谐的政治局面；坚持“存史、资政、团结、育人”的宗旨，认真开展史料征集出版工作。

四、深入调研搞好视察考察，推进“三个北京”建设

深化对“三个北京”内涵的理解，把建设“三个北京”的要求与区内实际结合起来，就结构调整、统筹城乡、生态建设、企业发展等重要问题，开展视察、考察和调查研究，提高参政议政实效，为推动门头沟区经济更好更快发展建睿智之言，献务实之策。围绕区“十二五”规划的编制中所涉及的长远发展的问题，提出前瞻性、建设性意见，为区委、区政府提供决策参考。

五、关注和服务“三保”，反映社情民意

围绕“保增长、保民生、保稳定”工作大局，发挥政协的特点和优势，切实做好反映社情民意的各项工作。要不断增强工作的针对性，重点围绕全区经济和社会发展各阶段的重点、难点、热点问题，多建良言，多献实策；要提高工作的时效性，对于掌握的信息线索，做到及时调查、及时成稿、及时上报；要注重突出人民政协的特色性，把社情民意工作与政协的组织特色结合起来，反映其它渠道不易掌握、不易反映、难以得到的社会情况和群众意见；要加强信息员队伍建设，提高委员反映社情民意的能力。

六、加强自身建设，提高整体工作水平

加强常委会、专委会建设。进一步增强大局意识、责任意识、表率意识和创新意识，积极探索专门委员会工作新思路新方式，切实增强工作活力和成效；加强界别工作，探索开展界别活动的新方法、新途径，切实发挥政协界别作为扩大社会各界有序政治参与的重要渠道作用；加强政协委员队伍建设，强化委员学习培训，鼓励和引导广大委员深入实际、深入基层、深入群众，建功立业；加强政协理论实践研究与信息宣传工作。认真研究总结发挥委员作用的经验和做法。积极参加区县政协间交流；加强机关建设，为有效履行职能、顺利开展工作提供有力保障。

各位委员、同志们，团结凝聚力量，创新成就伟业。让我们更加紧密地团结在以胡锦涛为总书记的中共中央周围，在中共门头沟区委的领导下，解放思想，高举旗帜，开拓奋进，为开创政协工作新局面，促进全区经济社会又好又快发展作出新的更大的贡献。

政党 团体

中国共产党
北京市门头沟区委员会

概　况

年内，区委贯彻落实科学发展观，按照建设“人文北京、科技北京、绿色北京”的要求，召开区委十届八次全会、区委十届九次全会及23次常委会议，对产业结构调整、保障和改善民生、维护社会安全稳定等重要问题进行研究，制定保持经济社会平稳较快发展的对策措施，发挥人大、政府、政协职能，团结带领全区各级党组织和广大党员干部群众，完成了“保增长、保民生、保稳定”工作目标和国庆60周年服务保障任务，全区各项事业取得新的进展。

一、着力推动经济平稳较快发展

狠抓固定资产投资落实。制定重大项目落地责任制，建立项目督查考核机制，开通重大项目绿色审批通道。创新投融资机制，加强银政合作，发挥金融资金对重点工程建设的支持作用。推进土地一级开发，完成10亿元土地储备投资任务。生态环境、基础设施等重点建设工程进展顺利。全社会固定资产投资完成85.5亿元，同比增长20.4%，创历史最高水平。

大力推进产业结构调整。举办“旅游山会”系列促销推介活动，引进一批社会投资，发展旅游合作组织，培育新型旅游业态，提升旅游景区和服务设施品质，深化与中关村科技园区合作，加快石龙产业孵化中心建设，启动与西城区产业共建基地项目，关闭非煤矿山和煤矸石砖厂各3家，制定赛阳水泥厂退出方案，节能减排工作进展顺利，万元GDP能耗同比下降2.8%。据统计，年内实现旅游收入4.7亿元，同比增长15.8%；石龙经济开发区实现工业总产值34.1亿元，同比增长28.9%。全区产业结构调整步入良性发展轨道。

积极组织财政收入。加强税源涵养和税收管理，强化税源动态监控，确保应收尽收。优化招商投资环境，帮扶企业发展，建立区领导联系重点企业、政府与企业定期会商等制度，设立企业发展扶持基金，拓宽企业融资渠道。完成财政一般预算收入9.3亿元，扭转了财政收入下降趋势。

年内，实现地区生产总值74.8亿元，同比增长2.2%；社会消费品零售额21.7亿元，同比增长16.4%；城镇居民人均可支配收入23345元，同比增长8%；农民人均纯收入11475元，同比增长11.6%；城镇登记失业率4.33%。

二、完成国庆服务保障任务

确保社会安全稳定。推进“平安北京”和“六个体系”建设，启动国庆安保战时运行机制，深化“护城河”工程和“平安边界”创建活动。加大领导干部接访力度，完善领导包案制度，强化矛盾纠纷排查化解工作。发挥治安志愿者、治安巡防队、安全稳定特派员等队伍的作用，加强重点人管控。严厉打击违法犯罪，有效预防和减少刑事发案。保持打击非法盗采力度，严格落实安全生产责任制，启动突发公共卫生事件应急预案，加强对甲型H1N1流感疫情防控。实现“大事不出、小事减少、管理严格、秩序良好”的目标。

加强城乡环境建设。推进城乡环境整治重点工程，开展城市秩序整治行动，完成门城地区夜景照明升级改造、主要大街景观布置工作，城乡面貌显著改善。全面启动创建国家生态区工作，3个镇、10个村分别通过了市级环境优美镇、生态村考核验收。

组织各项庆祝活动。开展“爱祖国、爱北京、爱家乡”等一系列主题教育活动，开展“迎国庆、讲文明、树新风”活动，组织各类志愿服务，通过了创建北京市学习型城市先进区评估验收，市民文明素质得到大幅提升。策划国庆游园、歌咏比赛、文艺演出等群众性国庆主题文化活动，高质量完成群众游行、太平鼓表演、联欢晚会表演、焰火燃放等任务。

三、推进以改善民生为重点的社会建设

推进各项民生工程。加大公共财政投入，解决住房、教育、医疗等涉及群众切身利益的民生问题。落实市委、市政府提出的用三年时间基本完成采空棚户区改造安置房建设的要求，安置房建设加快推进。抓好“名校办分校”工作，首师大附中永定分校投入使用，实施校舍抗震加固工程，办学条件进一步改善。加强医疗卫生服务基础设施建设，实施区医院急诊综合楼等一批重点医疗卫生设施改造、建设工程。推进山区五级客运站建设，山区交通条件进一步改善。年初确定的60件为民办实事工程全面完成，“五无”目标继续保持动态清零。

解决就业和社会保障问题。加大就业补贴、税收减免、贷款贴息等政策优惠力度，促进企业稳定就业、增加就业，鼓励个人自谋职业、自主创业和灵活就业。开发公益性就业岗位，努力做好城乡就业困难人员帮扶工作。实现了城乡养老保险制度全覆盖，完成城乡低保调标工作，农村低保对象中无劳动能力的重残人员全部享受城市低保标准。完善医疗救助制度，新型农村合作医疗保障水平不断提高。开展社会捐助、慈善救助和灾害救助，社会救助体系不断完善。

创新社会管理体制。落实社会建设“1+4”文件精神，加强社会管理和服务，成立区社会建设管理机构。推进社区服务站建设，建立社区服务站专职工作者队伍。研究构建“枢纽型”社会组织工作体系。完成第七届社区居委会换届选举。

四、加快推进城乡经济社会发展一体化进程

促进农民增收。开展低收入农户增收帮扶工作，实行党政机关与低收入村、低收入户结对帮扶，实现了低收入农户人均纯收入比上一年增长10%的目标。建立农村公共工程农民参与机制，支持农民参与新农村基础设施建设。加强农民技能培训，搭建就业信息服务平台，促进农村劳动力转移就业。落实粮食直补、生态作物补贴、农机具购置补贴、山区生态林补偿等政策，农民收入持续增长。

推动农村产业结构优化升级。创新沟域经济发展模式，加大投入力度，引进社会资本，促进农业与旅游业、文化创意产业融合。发展绿色种植、养殖业，食用菌栽培、肉鸡养殖、蜂产品加工等产业初步形成。推进特色果品基地建设，樱桃、京白梨、薄皮核桃等唯一性果品种植规模进一步扩大，农业标准化水平不断提高。

推进农村基础设施建设。完成“五项基础设施”和“三起来”等工程年度建设任务，农村群众生产生活条件进一步改善。实施燃气下乡工程，推广使用清洁型煤，探索太阳能、户用沼气等农村新能源综合利用模式。

深化农村综合改革。扶持农民专业合作组织建设，新发展农民专业合作社44家。在20个村开展集体经济产权制度改革，在2个镇进行集体林权制度改革试点，搭建了农村土地流转信息平台。

五、以学习实践活动为统领大力加强党的建设

开展深入学习实践科学发展观活动。完成区内第一批学习实践活动，各级领导干部结合领导干部作风建设年活动的有关要求，带头转变领导作风和工作作风，破解工作中的难点问题，解决了一批影响和制约科学发展的突出问题和广大群众普遍关注的民生问题，进一步完善了保障和促进科学发展的体制机制。民主测评中，区级班子群众满意率和较满意率达到100%。

有序推进领导班子和干部队伍建设。落实干部人事制度改革的各项制度，坚持拟提拔处级干部人选区委常委会票决、拟调整党政正职征求区委委员、候补委员意见和新提拔干部征求区纪委意见等制度，建立健全领导班子和领导干部综合考核评价体系，改革处级非领导职务管理方式。开展行政机构改革工作，根据新体制需要同步调整党组织设置。做好干部调整、提拔、交流工作，领导班子结构进一步优化。完善干部教育培训模式，继续开展境外培训。加强后备干部队伍建设，选派处级后备干部到重点岗位实践锻炼。建立与西藏对口支援单位干部挂职锻炼长效机制。对镇领导班子和领导干部进行了届中考察。配合市委做好局级后备干部、处级优秀年轻干部调整工作。

推进基层党建工作创新。加强社会领域党建，探索组建社区党委工作，建立非公企业党建“三级共建”工作机制，开展在农民专业合作社建立党组织工作。推进党内基层民主，实行镇党代表任期制，强化代表在参与决策、推动工作、加强监督中的主体地位。深化农村“两委”任期承诺制，健全村干部绩效考评体系。在部分党组织中实行党组织书记直选，全面推行“三推一选”，完成社区党组织班子换届选举。加强党员教育管理，加大党组织书记培训力度，完成农村党员干部远程教育终端站点建设，实现农村基层党组织全覆盖。

加强党风廉政建设。贯彻落实党风廉政建设责任制，逐级签订责任书，形成一级抓一级、层层抓落实的党风廉政建设工作格局。加强廉政风险防范，在85个单位开展了廉政风险防范管理工作。推动惩防体系向农村延伸，全面推进农村“三资”管理中心建设，政府投资项目资金监管率达到100%，95%的村实行账款双托管。完善监督机制，健全纪检监察派驻机构工作制度，规范巡视工作流程。强化对采空棚户区改造工程、帮扶企业专项资金使用的监督检查。深化民主评议政风行风活动，开展立项效能监察，纠正损害群众利益的不正之风。

注重加强常委会自身建设。区委常委会成员参加学习实践科学发展观活动，针对产业结构调整、统筹城乡发展等问题，开展调查研究，围绕正确处理生态涵养与发展的关系，形成了推动新一轮科学发展的共识，提高了领导科学发展的能力。贯彻民主集中制原则，进一步完善常委会研究重要问题、重大事项程序，坚持重大问题集体讨论、集体决定，不断提高科学、民主、依法决策水平。召开两次民主生活会，结合征求到的意见、建议，常委会成员开展批评与自我批评，增进了了解，加强了团结。

单位名称：中国共产党北京市门头沟区委员会
地　　址：北京市门头沟区新桥大街36号
电　　话：69842176
邮　　编：102300

（李忠义）

【开展学习实践科学发展观活动】 3月10日，召开开展深入学习实践科学发展观活动动员大会。区党政机关，区人大和政协机关，区法院、检察院和人民团体机关，区直属事业单位，乡镇、街道机关，以及作为试点单位的大峪街道和妙峰山镇辖区内的农村、社区、“两新”组织参加了第一批学习实践活动，围绕“坚持解放思想、推动科学发展、建设生态新区”的主题和“党员干部受教育、科学发展上水平、人民群众得实惠”的要求，落实学习调研、分析检查、整改落实等环节的统一部署，圆满完成解放思想大讨论、专题民主生活会等各项规定动作，取得了预期效果。8月14日，召开第一批深入学习实践科学发展观活动总结大会。10月22日，召开第二批深入学习实践科学发展观活动动员会。

（李忠义）

【领导调研、检查工作】 3月18日，市委书记刘淇围绕“扩内需、保增长、促发展”到区内调研，实地察看了北京精雕科技有限公司、航空四院等企业发展情况以及采空棚户区、西六环良乡一寨口段项目等工程建设情况。5月15日，市委副书记王安顺同志到区内调研，实地察看新农村建设、棚户区改造、企业发展、社会稳定等相关情况，听取了区经济社会建设情况的汇报。7月2日，市委常委、市委教育工委书记赵凤桐到区内检查指导工作，实地查看了区中等职业学校校舍抗震加固工程和军响中心小学教师集体宿舍改造工程建设情况，听取了区相关工作总体情况的介绍。

（李忠义）

【党和国家领导人到区参加植树活动】 4月5日，胡锦涛、吴邦国、温家宝、贾庆林、习近平、李克强、贺国强、周永康等20余位党和国家领导人，到永定河森林公园参加首都义务植树活动。市领导刘淇、郭金龙、杜德印、阳安江、王安顺等，区领导伊欣欣、刘云广等同志陪同植树。

（李忠义）

【拉萨代表团到区内参观考察】 4月25日，拉萨市党政代表团到区内参观考察，区领导伊欣欣、刘云广、郭光磊、罗斌、张冰、陈国才与西藏自治区党委常委、拉萨市委书记秦宜智，拉萨市委副书记、秘书长雷桂龙，拉萨市委副书记、北京援藏干部领队扬月等进行了座谈。

（李忠义）

【区委十届八次、九次全会召开】 7月10日，区委十届八次全体（扩大）会议召开，伊欣欣代表区委常委会作了题为《振奋精神坚定信心再接再厉全力以赴完成保增长、保民生、保稳定任务》的报告。12月29日，区委十届九次全体（扩大）会议召开，会上伊欣欣代表区委常委会作了题为《深入贯彻落实十七届四中全会精神努力开创现代化生态新区建设新局面》的工作报告。

（李忠义）

【中国国民党荣誉主席连战到区参观】 7月27日，中国国民党荣誉主席连战在国台办、市台办主要领导及区领导伊欣欣、陈国才等同志陪同下，游览了潭柘寺，了解了潭柘寺的历史渊源和文化典故，观看了武僧表演，并为潭柘寺题字留念。

（李忠义）

【六环路通车仪式在区举行】 9月12日，市委书记刘淇，市委副书记、市长郭金龙，交通运输部副部长冯正霖，市有关领导吉林、李士祥、黄卫，区领导伊欣欣、刘云广、罗斌、陈国才等出席北京市六环路完工通车暨全线贯通仪式。

（李忠义）

【完成国庆服务保障工作】 按照“隆重、喜庆、节俭、祥和”的总要求，开展社会维稳、环境整治工作，落实国庆群众游行、联欢晚会表演、焰火燃放等各项任务，并举办了一系列区内庆祝活动。庆祝活动当日，区内共有114名群众参加了第17方阵总队“新农村建设”方阵的游行活动。太平鼓参加了国庆群众游行和联欢晚会表演活动。10月13日，区内召开庆祝国庆新中国成立60周年活动总结大会。

（李忠义）

组织工作

【概况】 年内，在区委的领导下，全区组织工作围绕中心工作大局，坚持“三服务、两满意”，全力推进改革创新，为推动全区科学发展选干部、配班子，建队伍、聚人才，抓基层、打基础，各项工作都取得了新的进展和成效，较好地完成了各项任务。

以“坚持解放思想，推动科学发展，建设生态新区”为主题，开展学习实践科学发展观活动，广大党员干部建设现代化生态新区的自觉性进一步增强。按照中央及市委的总体部署，区委制定了《关于在全区党员中开展深入学习实践科学发展观活动的实施意见》，确定了“坚持解放思想、推动科学发展、建设生态新区”的活动主题，明确了通过实施“四个工程”，破解“四个难题”，实现“四个提升”的活动目标。全区两批学习实践活动共有924个党组织、30246名党员参加。区四套班子成员带头参加集中学习，带头开展调研，带头做专题报告，全区各单位共举办各级集中学习班、研讨班2073个，组织专题辅导报告1178场。开展低收入农户增收帮扶工作，组织78家单位党组织与160个村党支部结成了帮扶对子，进一步细化帮扶工作目标和措施，实现了低收入农户人均纯收入同比增长10%的目标。各级党组织查找、梳理问题2089个并加以解决，已解决影响和制约科学发展的突出问题和群众反映强烈的突出问题1368个。

全力以赴抓作风促发展，优化班子配备，强化服务指导，领导班子和干部队伍推动科学发展的水平进一步提升。开展领导干部作风建设年活动，按照市委要求，制定了《关于开展弘扬北京奥运精神、加强领导干部作风建设年活动的实施方案》和《加强领导干部作风建设年考核办法》，营造“抓作风、强党建、促发展”的氛围，以抓思想政治建设和作风建设促进全区科学发展。加大培养锻炼优秀年轻干部力度，配合市委做好局级后备干部、处级优秀年轻干部调整工作，制定了《关于后备干部培养、管理、使用的意见》，全年共选派41名后备干部到区信访办、区委巡视组、区采空棚户区改造等重点岗位实践锻炼，并建立了与西藏对口支援单位干部挂职锻炼长效机制。围绕干部人事制度改革，进一步完善促进科学发展的领导班子和领导干部评价机制，建立了多个维度综合考核评价体系，实现多种考核办法综合评价，相互印证。健全干部管理机制，年内，对拟提拔处级干部人选实行区委常委会票决60人次。坚持开展“一报告两评议”工作，在区委十届九次全会上对全年的干部选拔任用工作和当年新选拔任用的31名处级党政主要领导干部进行了民主评议。在《京西时报》上开辟“阳光组工”专栏，促进群众在干部工作中的知情权、参与权、选择权、监督权的落实，产生了较好的社会反响。

更加重视抓基层打基础，大力加强基层党建工作，基层党组织的战斗堡垒作用和共产党员的先锋模范作用得到进一步发挥。进一步深化“三级联创”工作，将党的基层组织建设、低收入农户增收、采空棚户区改造工程及农村实用人才培养纳入农村“两委”任期承诺的重要内容，完善了“党委主导、群众参与、基层导向”的村干部绩效考评体系，实现了群众对村干部考核比重占到60%以上。不断加强社会领域党建工作，做好社区换届选举工作，实现了连选连任的党支部书记79名，占书记总数的82.3%，在15个社区党组织中探索开展了直选工作；探索组建了社区党委工作，建立了非公有制企业党建“三级共建”工作机制，在总结农村“两委”任期承诺制的基础上，全面推行社区“两委”任期承诺制。召开全区机关党建工作会议，推进学习型、服务型机关建设。发挥组织优势，动员广大党员在国庆服务保障和推动采空棚户区改造等中心工作中发挥先锋模范作用，下发了《关于动员全区各级党组织和广大党员干部做好迎接新中国成立60周年各项工作的通知》和《关于在采空棚户区改造过程中发挥各级党组织和党员干部作用的通知》。加强党员教育服务管理，举办了农村党组织书记培训班，完成了农村党员干部现代远程教育177个行政村终端站点建设，实现了100%覆盖。基层党组织的凝聚力、战斗力和创造力进一步增强。

打造适应现代化生态新区建设要求的高素质人才队伍，人才发展环境进一步优化。全面学习贯彻各级人才工作会议精神，召开了人才工作和党员干部教育培训工作领导小组会议，研究通过了《2009年度人才工作要点》和《2009年度党员干部教育培训工作意见》。制定了《门头沟区委组织部与西城区委组织部2009－2013年人才培养携手计划协议书》。贯彻落实《党政人才素质提升工程》，全年共举办处级干部进修班和中青年干部培训班5期，157余名处级干部和后备干部参加培训。围绕学习贯彻十七届四中全会精神，分三批开展了对全区副处级以上的领导干部800余人集中培训。

开展“讲党性、重品行、作表率”活动，抓好自身建设，组织部门和组工干部的良好形象进一步树立。结合开展学习实践科学发展观活动和领导干部作风建设年活动，拓展“讲党性、重品行、作表率”活动，制定下发《中共门头沟区委组织部关于在全区组织系统开展弘扬北京奥运精神、加强领导干部作风建设年活动暨“讲党性、重品行、作表率”深化拓展年活动的实施方案》。开展“组织部长下基层活动”，坚持带头到基层开展调研、开展谈心谈话、主动参加信访接待和开展低收入农户增收帮扶工作。围绕构建“四位一体”组工阵地，着力加强信息建设，改版《组工简报》和《组工信息》为《门头沟组工动态》。

单位名称：中国共产党北京市门头沟区委员会组织部
地　　址：北京市门头沟区新桥大街36号
电　　话：69842546
邮　　编：102300

（高仁海）

【民主日活动】　1月4日，区委召开2009年第一次农村民主日活动工作部署会。区领导郭光磊、张冰、贾文勤出席。2月10日，召开了全区2009年第一次民主日活动总结会，市民政局基层政权处处长李建国，区领导张冰出席并讲话。

（白璐）

【“三级联创”活动】　1月7日，市农村党的基层组织建设领导小组办公室组成考核评估小组，对区2008年农村党的建设“三级联创”活动的开展情况进行了考核评估。5月7日，按照市农村基层组织建设工作会议精神，制定下发了《门头沟区2009年“三级联创”工作安排》。11月9日至10日，市农村实用人才考核评估第四组对区2009年度农村实用人才工作进行考核评估。共检查了2个镇党委，选取4个村的9个农户进行了入户访谈，到北京花露蝴蝶养殖示范实训基地进行了实地考察。

（白璐）

【领导调研】　1月14日，市委组织部副巡视员、人才处处长张幼林带队对区人才工作进行检查调研，了解区人才工作和人才队伍建设情况，查阅了区人才工作的制度性文件，并对区2009年人才工作提出了指导性意见。张冰作了汇报。

（王　祎）

【编写与时俱进的30年】　1月15日，区委组织部、区党建研究会共同编写完成了《门头沟区党的组织工作与时俱进的30年》一书。全书分为总论、干部工作篇、组织工作篇、人才工作篇和自身建设篇，共5篇22章，32万余字。编写过程历时1年，先后查阅文史档案1000余卷，各类文件6500余份。

（王增和）

【召开与时俱进30年座谈会】　1月15日，区委组织部、区党建研究会召开了“学习贯彻胡锦涛总书记”12·18“讲话精神——门头沟区党的组织工作与时俱进的30年”座谈会。市党建研究所所长、市党建研究会秘书长刘道福，区领导郭光磊，门头沟区党建创新专家咨询组成员，改革开放30年历任区委组织部部长，党建研究会秘书，党建指导组成员及全区各领域党组织负责人代表等出席了会议。

（王增和）

【民主测评数据采集分析】　2月5日至25日，对全区处级领导班子和处级干部的年度民主测评工作进行数据采集和分析，并形成分析报告。

（赵雪峰）

【镇领导班子届中考察】　2月20

日，召开了门头沟区镇领导班子届中考察动员部署会，区领导郭光磊、张冰和各镇主要领导参加会议。5月11日至15日，镇届中考察组分别向各镇主要领导反馈了考察情况。镇届中考察工作圆满完成。

（张 峰）

【领导干部作风建设年活动】 2月26日，召开了区作风建设工作座谈会，区领导伊欣欣、郭光磊、王智慧、张冰、陈国才，以及区卫生局、区农委等18个单位主要领导参加了会议。会上传达了市委开展作风建设年活动的通知精神，对区内开展弘扬北京奥运精神、加强领导干部作风建设年活动的实施方案进行座谈，征求修改意见。16日，召开了“作风建设年”活动指导检查工作会。会上，下发了《深入学习实践科学发展观开展弘扬北京奥运精神加强领导干部作风建设年获得检查指导工作意见》，对指导检查工作进行了具体部署和安排。

（赵雪峰）

【局级领导年度考核】 2月26日，按照市委组织部通知要求，经区委研究，完成了区内局级领导年度考核工作。评出优秀等次建议人选7名，称职等次建议人选26名；嘉奖建议人选5名。

（张 峰）

【清理党员领导干部个人事项】 3月1日至24日，根据中共北京市委组织部要求，对三年执行《〈关于党员领导干部报告个人有关事项的规定〉实施办法》情况进行了清理。

（赵雪峰）

【学习实践科学发展观活动】 3月10日至8月14日，门头沟区第一批学习实践活动开展，全区党政机关，区人大和政协机关，区法院、检察院和人民团体机关，区直属事业单位，乡镇、街道等90家单位参加了第一批学习实践活动。其中大峪街道和妙峰山镇辖区内的农村、社区以及“两新”组织作为试点单位参加了学习实践活动。共涉及9个工委、19个党委、13个党总支、330个党支部、11582名党员。10月22日，全区第二批学习实践活动正式启动，共有15个党委、15个党总支、523个党支部，18664名党员参加。

（白 璐）

【社区“两委”换届】 3月20日，召开了社区换届选举工作会。区领导郭光磊、张冰、贾文勤出席会议。会议由韩生辉主持。截至4月30日，全区4个街道、6个镇的99个社区中，除3个社区因拆迁不进行换届外，其余96个社区全部进行了换届选举。共276人当选新一届社区党支部成员。7月15日至17日，全区社区“两委”主要负责人培训班在国土资源西峰寺培训中心举行。

（白 璐）

【开展学习实践活动】 3月20日，按照区委统一安排，区委组织部机关学习实践科学发展观活动启动。5月31日，召开了部机关党员民主生活会和部领导班子专题民主生活会，对贯彻落实科学发展观情况进行总结，查找了不适应、不符合科学发展观要求的思想观念，以及影响和制约组织工作科学发展的突出问题。在此基础上，形成了“中共门头沟区委组织部领导班子分析检查报告”7月底，根据市、区委总体部署和要求，在分析评议的基础上，形成了“中共门头沟区委组织部领导班子整改落实方案”，召开了活动总结会，并组织部分区委管理的处级单位主管党务工作副书记、部分组织人事干部、部分基层党组织书记及部机关党员干部进行了满意度测评。满意率达100%。

（白 璐）

【政工职评工作】 3月25日，召开区思想政治工作专业职称评定工作年度总结会，传达了《关于做好2009年全市企事业单位政工职评工作的通知》精神，对区2009年政工职评工作进行部署，并对通过评审的7名政工人员进行任职资格确认。9月21日至10月15日，完成2010年度政工职评培训考试申报工作，共39人申报。其中申报中级职称的32人，申报初级职称的7人；行政单位申报34人，事业单位申报5人。

（王 祎）

【区级届中考察工作】 3月31日，按照市委关于区县届中考察的有关要求，区委召开常委会，完成了区四套班子成员自我评价，区四套班子主要负责人对本班子其他成员他评。4月1日，召开全区领导干部大会。区委、区人大、区政府、区政协、法院、检察院、纪委主要领导以及其他相关单位、党派主要负责人、工商联和无党派人士代表共186人参加了会议。会上，市委届中考察组组长韩恩慈同志传达市委关于届中考察工作相关要求；区领导伊欣欣作届中考察动员；伊欣欣、刘云广分别代表区委、区政府领导班子述职述廉，并做个人述职述廉。与会人员对区委、政府领导班子以及四套班子成员、检法两长和区级后备领导人才进行了民主测评。3日，召开民意调查大会。会议由张冰主持，市委届中考察组副组长王明兰对民意调查工作进行说明，部分党代表、人大代表、政协委员和基层群众代表共200人参加了会议，填写了民意调查问卷。下午，在区应急指挥中心会议室，召开了区情及经济社会发展情况汇报会。区财政局、劳动局、旅游局等10个单位主要负责人向市委考察组介绍了区域发展特点。7日至16日，协助市委考察组组织区领导和相关单位主要负责人共116人进行个别谈话，发出谈话预告、谈话要点116份。5月6日，韩恩慈、王明兰及组员分别向伊欣欣、刘云广、李慷云、高连广等区领导反馈了区届中考察情况。

（张　峰）

【党员咨询服务电话开通】 4月1日，区“12371”党员咨询服务电话正式开通。

（白　璐）

【“党员电教播放月”活动】 4月1日至30日，开展了“学习实践科学发展观——党员电教播放月”活动。

（白　璐）

【党风廉政建设】 4月6日至10日，根据区委工作安排，对2009年党风廉政建设和反腐败牵头工作进行了任务分解，并将责任落实到人。

（赵雪峰）

【召开人才和党员干教工作会】 4月13日，召开了2009年度人才和党员干部教育培训工作领导小组会。区领导郭光磊、张冰、陈国才及领导小组成员单位主要领导参加会议。会议听取了2008年度工作总结，审议通过了2009年度人才工作要点和干教工作意见。

（王　祎）

【整治用人不正之风工作】 4月29日，制订下发了《中共门头沟区委组织部2009年深入整治用人上不正之风工作安排》，对2009年深入整治用人上不正之风工作做了具体安排。

（赵雪峰）

【部内调研立项工作】 截至4月底，共确定了年度调研课题23个。其中部内个人调研18个、区重点调研课题5个。

（王增和）

【党建工作】 4月底，根据全区中心工作和区委党建工作领导小组自身职责，纪委、综合区委办、区委组织部等单位全年工作要点，起草完成了《区委党的建设工作领导小组2009年工作要点》。6月16日，参加市委农工委、《北京农村经济》编辑部共同举办的《京郊党建》有奖征文活动，荣获一等奖1篇，二等奖2篇，三等奖3篇。8月28日，区委召开全区机关党的建设工作会。区领导郭光磊、陈志强、王智慧、张冰等出席了会议。11月底，在组织学习了中央、市区委有关会议精神和相关文件的基础上，分领域召开了农村、社区、机关、国有企业、非公有制企业党建工作研讨会，组织起草了《关于贯彻落实党的十七届四中全会精神，进一步加强全区党的建设的实施意见（征求意见稿）》，并分别征求了区委各部门、各工委党委书记、区委委员、候补委员的意见建议。12月29日，区委十届九次全体（扩大）会议讨论通过了《关于贯彻落实党的十七届四中全会精神，加强和改进新形势下全区党的建设的实施意见》。

（王增和）

【尼木县干部挂职工作】 5月9日，区领导伊欣欣、李慷云、郭光磊、张冰等参加了拉萨市尼木县挂职干部欢迎晚宴。11日至15日，采取课堂讲授与课后讨论相结合的形式，组织25名拉萨市尼木县挂职干部，进行了为期1周8个专题的集中培训，为挂职干部提高理论水平奠定了基础。18日，按照“对口挂职、职务对等”的原则，安排25名尼木县挂职干部分别到区人事局、旅游局、龙泉镇等20个单位进行挂职锻炼。7月28日，召开2009年拉萨市尼木县干部到门头沟区挂职工作总结大会。张冰出席会议。会上总结了2009年拉萨市尼木县干部到区内挂职工作情况，挂职干部和挂职接收单位代表分别作总结发言。挂职工作结束。

（张　峰）

【处级干部体检】 5月18日至25日，全区582名处级干部在区医院体检中心进行了健康体检。

（王　祎）

【京西发展博士论坛】 5月26日，启动了“京西发展博士论坛”。市委组织部人才处副处长姜琳娅，区领导郭光磊、付兆庚、张冰、陈国才等，区属各单位主要领导及到区挂职的博士、博士后参加了仪式。以“社会经济转型期门头沟区核心竞争力探索”为主题，举办了首期论坛。

（王　祎）

【开辟“阳光组工”专栏】 5月27日，在区《京西时报》上开辟了区委组织部“阳光组工”专栏，全年累计刊登专栏35期。

（赵雪峰）

【优秀人才项目申报工作】 5月，完成了“2009年度北京优秀人才培养资助项目申报”工作，全区共申报个人项目9个，涉及BCDE四个大类。

（王 祎）

【高级公共管理人才培训】 6月3日至9日，按照“1+1”培训模式设定，举办了“门头沟区2009年第二期高级公共管理人才境内培训班”暨“门头沟区赴清华大学－依法行政、提升领导能力高级研修班”，18名学员在清华大学参加了为期一周的境内培训。7月12日至8月1日，举办了“2009年第二期高级公共管理人才境外培训班”，暨门头沟区赴新加坡－依法行政、提升领导能力高级研修班。经过21天的培训，18名学员完成了培训任务。

（王 祎）

【非领导职务晋升】 6月1日，召开了全区晋升处级非领导职务动员部署会。会后，各单位进行了组织推荐，共推荐调研员人选25人，副调研员人选36人，经初步审核59人符合条件。4日，区委第62次常委会议研究通过了《关于党政机关晋升处级非领导职务的意见》、《关于2009年党政机关晋升处级非领导职务的实施方案》。10日，区委委员、候补委员从23名符合晋升调研员资格条件的人选中差额推荐产生了10名拟晋升调研员考察人选。15日至29日，对拟晋升人选进行了民主推荐、组织考察。共有1267人参加民主推荐、民主测评工作，进行个别谈话800余人次。8月4日，区委十届67次常委会决定，全区10名同志晋升调研员，36名同志晋升副调研员。

（张 峰）

【副处级后备干部挂职】 6月11日，区第五批副处级后备干部到区信访办挂职，进行为期3个月的挂职锻炼。

（张 峰）

【“共产党员献爱心”活动】 6月17日，区委组织部、宣传部和区慈善协会召开了“共产党员献爱心”捐献活动动员部署会。张冰及全区各工委、党委（组）主管领导参加了会议。7月10日，区“共产党员献爱心”捐献活动结束。区慈善协会累计接受来自全区16957名党员、3346名群众捐赠善款578149.6元。

（白 璐）

【局级后备干部集中调整】 6月23日，按照市委要求，在全区范围内组织开展对局级正职后备干部人选、局级副职后备干部人选、法检“两长”后备干部人选、区人大、区政协领导班子非中共后备干部人选、35岁左右及以下正处级优秀年轻干部人选、32岁以下副处级优秀年轻干部人选个人自荐和社会举荐工作。召开全区民主推荐大会，发出民主推荐表171套，收回171套，全部有效。在民主推荐的基础上，区委常委会根据自荐报名、社会举荐以及各类人选的能力素质和现实表现情况，研究提出了各项推荐人选名单并报市委组织部。

（张 峰）

【“组织部长下基层”活动】 6月26日，按照市委组织部有关要求，制定了《贯彻落实“万名组织部长下基层”活动实施方案》，明确了区委组织部6名部务会成员的具体任务及安排。

（张 峰）

【“七一”主题党日活动】 7月1日，开展纪念建党88周年暨“向党报告，向人民报告”主题党日活动。

（白 璐）

【调整党组织设置】 7月3日，区委十届65次常委会研究决定，撤销中共北京市门头沟区委党校委员会，成立中共北京市门头沟区委党校校务委员会；成立中共北京市门头沟区文学艺术界联合会党组。

（张 峰）

【区域海外人才结构分析】 7月14日至30日，按照市委组织部相关要求，在全区行政、事业、企业单位开展了区域海外人才结构分析。区内共有留学回国工作人员7名，其中北京石龙经济开发区管理委员会2名、北京捷达假期国际旅行社1名、区教委2名、区统计局2名、区旅游局1名，全部为硕士学位。

（王 祎）

【试用期干部考察】 8月4日，区委十届67次常委会决定，区内13名同志试用期满，经组织考察，按期转正。12月3日，区委十届73次常委会讨论决定，区内20名同志试用期满，经组织考察，按期转正。

（张 峰）

【离休干部医疗待遇工作】 8月10日至24日，根据市委要求，对全区抗日战争时期参加革命工作的处级及以下离休干部进行查访统计。经市委组织部批准，区内81名离休干部享受副司局级医疗待遇。

（张　峰）

【区级副职后备干部考察】　8月26日，召开全区领导干部大会对区级副职后备干部和优秀处级年轻干部进行民主测评。市委考察组组长、昌平区委常委、宣传部部长戴维，市委考察组副组长、房山区委组织部常务副部长马成彪及其他4名考察组成员出席会议，区四大部门领导、全区各单位党政正职共181人参加会议。戴维就考察工作提出具体要求，伊欣欣就配合考察组做好考察工作讲话。参会人员以无记名投票方式对副职后备干部、优秀正处年轻干部和治理拉票行为情况进行民主测评。26日至31日，组织区党政领导班子成员、区人大、政协班子正职、法检两长、部分中层党政正职共49人参加集中谈话。9月1日至7日，协助市委考察组分赴考察对象所在的25个单位进行考察。共组织考察对象所在单位中层以上干部652人参加民主测评，341人参加个别谈话。11日，组织24名考察对象与考察组进行集体面谈。集体面谈中，考察组向考察对象本人反馈了相关考察情况。

（张　峰）

【因私出国境报备工作】　8月底，对区报备人员进行了调整。新增报备人员23人，撤销报备人员5人。

（赵雪峰）

【“国庆平安行动”特派员培训】　9月7日，举办了门头沟区“国庆平安行动”安全稳定特派员培训会。国庆期间，区委从77家单位（不含采空棚户区改造中心）选派了269名安全稳定特派员，承包社区（村）安全稳定工作。

（白　璐）

【国庆慰问】　年内，按照市委要求，为做好国庆节前走访慰问老干部、老工人、老党员工作，对全区建国前参加工作的老干部、老工人、老党员进行筛查统计。全区共有“三老”人员600人。其中老干部242人、老工人18人、老党员340人。9月27日，区委召开门头沟区纪念新中国成立60周年老干部、老工人、老党员代表座谈会。27日至30日，区领导郭光磊、张冰慰问保定市在区内挂职干部、援藏干部家属、建国前老干部、老党员、老工人、退休干部等共614人次。

（张　峰）

【干部培训】　10月12日，区2009年处级干部秋季培训班、中青年干部培训班和新任处级干部培训班在区委党校开班。部分处级领导干部和处级后备干部以及2008年以来新任处级领导干部共62人参加培训。19日至20日，区内举办十七届四中全会精神一把手培训班。区四大部门领导、全区基层单位党政一把手、区委理论讲师团成员共154人参加培训。重点学习了“新形势、新任务、新思路、新举措”和“党建科学化问题”两个专题讲座，并结合学习内容和工作实际进行了分组讨论和成果交流。10月19日至11月4日，举办区非党政正职处级干部及组工干部轮训班，分三期对全区非党政正职处级干部及组工干部共计616人进行了轮训。11月15日至23日，2009年第二期处级干部进修班赴深圳龙岗区委党校异地教学，参观考察了深圳龙岗区先进的办学模式和经营管理理念。22日至30日，2009年第二期中青年干部培训班赴江西井冈山革命老区参观学习。

（王　祎）

【人才京郊行活动】　10月28日，第二批人才京郊行活动进入双向选择阶段，5名专家到区卫生局（区医院）、教委（区老师进修学校）、文联、工商联、龙泉镇进行为期一年的挂职工作。12月2日，第一批人才京郊行总结暨第二批人才京郊行活动启动大会召开。第一批、第二批挂职博士及其挂职单位主管领导参加会议。

（王　祎）

【处级后备干部调整工作】　11月3日，召开全区2009年处级后备干部集中调整工作部署会，全区共推荐后备干部人选497名，其中正职后备人选121名，副职后备人选311名，正副科级年轻干部65人。15日、22日在区委党校对新推荐的处级后备人选进行了笔试和能力素质测试。根据笔试和能力素质测试等情况确定处级正职后备干部人选120人，处级副职后备干部282人，正副科级年轻干部40人。

（张　峰）

【党内统计工作】　12月10日，召开全区党内统计工作总结部署会，张冰出席会议并讲话。会上传达了市委组织部2009年党内统计工作部署会的精神，并对区2008年的党内统计工作进行总结，安排部署了2009年的党内统计工作。

（白　璐）

【村“两委”换届】　12月11日，区委召开区村“两委”换届选举工作动员部署会。市委第二巡回检查组副组长张晓辉及市委第二巡回检查组成员，区领导郭光磊、张冰等出席会议。区委学习实践活动巡回检查组组长，区村“两委”换届选举工作领导小组成员，区直机关工委常务副书记，各镇党委书记、副书记、组宣纪办公室主任参加会议。17日，副市长夏占义到妙峰山镇水峪嘴村调研指导村“两委”换届选举工作，市委组织部、市委农工委、市民政局相关领导一同参加调研。区领导伊欣欣、张冰、贾文勤及有关部门同志陪同调研。夏占义对区内各项工作予以肯定，并就做好下一步工作提出要求。21日，区委召开村“两委”换届选举工作会。区领导伊欣欣、张冰、陈国才、聂文玉及区委学习实践活动巡回检查组组长、副组长，区村“两委”换届选举工作领导小组成员单位负责人，各镇党委书记、副书记参加了会议。24日，市委学习实践活动第二巡回检查组组长陈文占、副组长张晓辉及检查组全体成员到斋堂镇就学习实践活动及村“两委”换届选举工作进行调研指导。张冰陪同调研。

（白　璐）

【公务员和退休干部统计工作】 12月18日，召开2009年度公务员统计、退休干部统计工作部署会。会议总结了上年度统计工作，部署了2009年度统计工作。

（张　峰）

【低收入农户增收帮扶工作】 12月22日，区委召开了低收入农户增收帮扶工作总结暨指导村“两委”换届选举培训会。区领导郭光磊、张冰、陈国才、区委第二批学习实践活动巡回检查组组长和参加低收入农户增收帮扶单位的主管领导参加了会议。

（白　璐）

【农村党员干部现代远程教育】 12月23日，北京市农村党员干部现代远程教育平台正式开通运行。当日，区内170个村党组织分别组织党员干部通过设置在各村的农村党员干部现代远程教育终端站点观看了《走进远程教育》专题片。

（白　璐）

【递补区委委员】 12月29日，中共北京市门头沟区第十届委员会召开第九次全会，表决通过了石军、白连富2名同志为中共北京市门头沟区第十届委员会委员。

（张　峰）

【开展“一报告两评议”工作】 12月29日，在中共北京市门头沟区第十届委员会第九次全会扩大会上，张冰做了2009年度干部选拔任用工作报告。30名区委委员、3名区委候补委员和112名各单位党政正职对2009年度干部选拔任用工作情况和新选拔任用干部情况进行民主评议。30名区委委员、3名区委候补委员采取无记名方式填写《中共北京市门头沟区委员会委员评价处级党政领导班子表》，对全区68个处级领导班子2009年度思想政治建设、执政能力建设、工作实绩、党风廉政建设等情况进行评价。

（张　峰）

【科学调配干部】 年内，区委共调整干部221人次，主要分五种情况：到龄改任非领导职务24人；机构改革更名59人；交流69人次；4. 提拔处级干部67人；领导职务中正职9人；免职2人。

（张　峰）

宣传工作

【概况】 年内，全区宣传思想工作围绕庆祝新中国成立60周年，以中国特色社会主义理论体系为指导，以服务于区委区政府中心工作为宗旨，以深入学习实践科学发展观活动为动力，以多种教育形式和阵地为载体，开展各项工作。

不断加强和改进理论武装工作。一是深入开展理论学习。起草并以区委名义下发《关于进一步加强和改进区委、党委（党组）、农村和社区党支部中心组学习的实施意见》。二是打造理论精品。开展社会主义核心价值体系建设调研，完成《关于落实党的十七届四中全会精神加强社会主义核心价值体系建设的思想状况调研与对策》调研报告。三是拓展理论宣传教育阵地。在《京西时报》创办《理论月刊》。四是不断强化舆情信息工作。制定下发《进一步加强和改进舆情信息工作的方案》，明确责任分工和管理机制，健全完善舆情信息员队伍。五是开展反腐倡廉宣传教育大格局工作。制定《门头沟区2009年不断完善反腐倡廉宣传教育工作格局的实施方案》，召开全区反腐倡廉宣传教育大格局工作会，组织开展廉政文化活动。

不断加强和改进社会宣传工作。一是组织市级重大活动。组织区内干部群众参加首都各界“爱国歌曲大家唱”大型演唱会、“北京市百姓宣讲团”宣讲、国庆群众游行联欢等系列活动。二是开展区级重大活动。开展“爱祖国、爱北京、爱家乡”系列主题教育实践活动。策划群众性迎国庆主题文化活动，举办“为祖国欢庆”社区居民才艺大赛、“为祖国放歌”群众歌咏比赛、“为祖国祝福”欢乐基层百场文艺演出、“为祖国起舞”广场新秧歌汇演等活动和以“相约永定河畔，体验文化古韵”为主题的第三届“中国·北京永定河文化节”。三是抓好迎国庆宣传环境布置。在区内主要大街、重点路口悬挂横幅标语1000余条，插挂国旗1万余面、彩旗5万余面、灯杆旗8240面、灯笼500余盏，摆放鲜花50万盆，更换宣传橱窗和黑板报800余块。

不断加强和改进新闻宣传工作。一是围绕中心，形成强势，对内宣传实践“三个服务”。围绕服务区委区政府重要会议、重大决策部署的贯彻落实，服务全区中心工作、重点工作，服务全区人民的生产生活，全年区电视台播出新闻3296条，制作完成各类专题节目463部（期），《京西时报》发刊96期。新闻《生态治理除旧貌，京西老区展新颜》获北京市广播电视奖二等奖和北京新闻奖二等奖，《门头沟百名干部下基层保平安奥运》获北京日报记者站好新闻二等奖和首都综治好新闻三等奖。二是把握机遇，突出亮点，对外宣传树立三个形象。围绕区委、区政府贯彻中央及市委一系列重要精神和重大决策部署所采取的一系列新思路、新举措，《前线》杂志等媒体刊登区委书记伊欣欣《建设学习型城市提高地区核心竞争力》、《坚持解放思想建设现代化生态新区》的署名文章。《北京观察》、《前线》、《经济日报》、《参考消息》、刊发了相关报道。围绕区落实新功能、培育新产业、建设新农村、打造新城市、构建和谐社会以及党的建设等方面重点工作、重要成就，在中央、市属主要媒体刊发了《门头沟启动审批绿色通道》、《门头沟党员给两千余低收入农户“摘帽”》、《廉租房里的新房客》、《门头沟采空棚户区开始全面改造》、《门头沟打造京西百公里休闲走廊》、《门头沟5年引进创新21项生态技术》等一批新闻稿件。三是完善新闻宣传工作机制，推动新闻宣传工作科学发展。坚持大编委会和新闻通气会制度，继续巩固完善新闻发言人制度，进一步健全以区新闻发布工作领导小组办公室为主导、以全区二级单位并33个采访点新闻发言人队伍为支撑的新闻发布工作格局，并全面加强了新闻发布口径库建设、三级新闻发言人队伍建设和三级采访点线建设；进一步强化了与市委宣传部、市外宣办、市网管办等上级新闻管理部门的沟通协调机制，强化了与中央、市属主流媒体的沟通会商机制，有效应对了对突发事件的舆论引导工作。四是产业并重，自身建设得到不断强化。正式开播门头沟电视台综合频道，完成《京西时报》一周双刊版面设置，建立北京门头沟新闻网。

单位名称：中国共产党北京市门头沟区委员会宣传部
地　　址：北京市门头沟区新桥大街36号
电　　话：69842184
邮　　编：102300

（王　媛）

【综合频道开播】 1月1日，门头沟电视台综合频道正式开播，新频道增添了“生活日报”、“天天剧场”、“经典剧场”等栏（节）目，成为年度全区第一件完成的为民办实事工程。

（刘　学）

【区两会新闻发布活动】 1月，在区第十四届人民代表大会第四次会议、政协门头沟区第八届委员会第三次会议召开期间，组织新华社、北京日报、北京青年报、京华时报、新京报、北京电视台、北京人民广播电台、千龙网等媒体记者对刘云广进行访谈，连续刊发了《门头沟开始本市最大棚户区改造》、《门头沟将成北京最有魅力的现代化山城》、《门头沟47个村建阳光浴室》等报道，引起社会关注。区电视台、京西时报对“两会”开闭幕式、会议进程进行了综合性报道和跟踪采访报道，反映了区“两会”盛况和人大代表、政协委员参政议政、建言献策的情况。区一台一报联动开设了“代表心声”、“聚焦两会”、“代表委员风采”等栏（节）目，开辟了“贯彻全会精神、推动科学发展”、“落实全会精神、建设生态新区”等主题系列报道，进行持续性精神解读和成就报道。会议期间，区电视台《门头沟新闻》从15分钟延长至30分钟，京西时报制作了4期16个版的人大和政协专刊，共刊发照片近百张，刊登文字近10万字。

（刘　学）

【召开年度新闻媒体座谈会】 1月，分别举办中央媒体记者站领导座谈会、市属媒体主要领导座谈会以及中央市属媒体编辑记者座谈会。人民日报、北京日报、北京电视台等40余家新闻媒体单位分别应邀出席。会上，区领导向与会媒体介绍了建设现代化生态新区、实践科学发展的情况，以及2008年新闻宣传工作情况。

（刘　学）

【“文化三下乡”活动报道】 1月至2月，区电视台、京西时报连续报道区领导及区有关部门春节慰问送温暖活动以及全区组织的科技、文化、卫生、消费下乡活动。北京晚报、京郊日报、千龙网等媒体刊发了《门头沟1000万元助城乡困难群众越冬过节》、《门头沟唱响18档民间戏》、《京郊山区过大年，数百年“燕歌大戏”赏三天》等新闻报道。

（刘　学）

【第十九届文化艺术节】　元旦、春节期间，举办“如歌三十年，京西构和谐”第十九届文化艺术节。共开展十七届三中全会精神大讲堂、“喜迎新年，共建和谐”农村文化大集、“腾飞门头沟，欢乐过大年”——门头沟区春节慰问文艺晚会、“潭柘歌星”歌手大赛、“正月里唱大戏”京西山乡戏曲大巡演、“新风报春贺三农”主题春联征集等6项区级重点活动、500余场基层特色活动，受益群众近15万人次。

（琚小红）

【新闻舆论调控工作】　2月至12月，协调区内有关部门，依托突发公共事件应急预案、三级新闻发言人队伍和突发公共事件新闻发布应急工作机制，在上级主管部门的帮助下，及时稳妥地完成了非法盗采、重点工程拆迁中暴力抗法事件以及环境治理等10余起较大、重大突发公共事件的舆论调控工作。

（刘　学）

【举行旅游“山会”新闻发布会】

3月5日，配合区旅游局开展了“‘与春天同行’北京市首届旅游山会”活动新闻发布会，组织新华社、北京日报、北京晚报、北京电视台等近10家中央、市属新闻媒体进行新闻采访，刊播了《首届旅游山会门头沟开锣》《门头沟举办山会系列活动》等一批稿件，对活动目的意义、时间内容等予以报道。

（刘　学）

【春季造林新闻宣传】　3月至4月，配合春季造林工作和建设“明星林”等活动，分别召开新闻发布会。20余家中央市属主流新闻媒体分别以《门头沟义务植树26.7万株》、《明星结伴植树门头沟》等为题，对全区落实生态涵养发展功能定位，开展春季植树造林等工作进行报道。

（刘　学）

【宣传学习实践科学发展观活动】

3月至12月，围绕区深入学习实践科学发展观活动，区电视台、京西时报在新闻节目和主要版面持续开设了“深入学习实践科学发展观”专栏，利用重点时段，重点版面报道了学习实践活动的进展情况、活动动态、典型事例和经验成果等。重点开设了“新起点、新目标、新举措”、“来自重点工程的报道”、“连民心、办实事、促和谐”等专题新闻栏目，对实践活动进行持续报道。此外，区电视台在每天新闻节目中，利用口播的形式对区委学习实践活动意见加强宣传解读，制作了学习实践活动的片花进行滚动播出，并每天刊播主题宣传口号，进一步增强了学习实践活动的影响力和感染力；京西时报通过组织9期评论员文章，加强宣传指导。适时邀请北京日报、北京电视台等媒体采访采风，刊播了《门头沟启动八千低收入农户脱贫工程》、《承诺是金取信于民》、《门头沟村干部工资与村民考评意见挂钩》等一大批新闻报道，其中《门头沟党员给两千余低收入农户“摘帽”》一文被中宣部新闻局在699期新闻阅评中给予高度评价。

（刘　学）

【新闻发布活动】　4月9日，与潭柘寺风景区联合策划举办潭柘寺首届玉兰节新闻发布活动，13日，与妙峰山镇合作策划举办妙峰山“平西情报交通联络站”开馆新闻发布活动，5月，与区农委联合举办“门头沟最美乡村评选活动”新闻发布会，7月15日，与雁翅镇合作策划七彩雁翅美如画摄影大赛新闻发布活动，31日，举办“首都非公经济参与门头沟区创建国家生态区工作”新闻发布活动，9月3日，与军庄镇联合策划举办第十二届京白梨采摘节新闻发布活动。上述新闻策划与发布活动，共邀请中央市属主流媒体100余家次，记者100余人次，报道篇幅达200余篇。

（刘　学）

【平西情报交通联络站展馆开馆】

4月13日，平西情报交通联络站展馆在妙峰山镇涧沟村联络站旧址正式开馆。展馆采用史实图片展、历史实物展、数字影厅、情景模拟等多种形式，集中展示了抗日战争及解放战争期间联络站在情报接送、物资转运、人员护送等方面的革命事迹，再现了晋察冀社会部北平前哨——平西情报交通联络站的那段历史。原晋察冀社会部老领导任远、市国家安全局相关领导出席了开馆仪式。

（琚小红）

【北京演艺人协会基地落成】　4月28日，北京演艺人协会京西斋堂川基地项目在柏峪村正式启动，北京演艺人协会旗下王姬、汪洋等50余名演艺届明星参加了仪式。按照规划，该基地将成为北京演艺界明星致力于生态环境和古村落保护宣传的一个长期根据地。

（琚小红）

【举办新闻发布活动】 4月29日，举办“扩内需、保增长、促发展”主题新闻发布活动。北京日报、北京人民广播电台、北京电视台、北京晚报、北京青年报、北京晨报、法制晚报、千龙网等8家市属主流媒体记者组成的采访团，就区内“扩内需、保增长、促发展”工作的政策措施、主要成就、典型企业进行了集中采访。区发改委、区工业局、石龙经济开发区等单位分别介绍了区扩内需、保增长的主要政策措施以及采取各种措施帮扶企业发展取得的初步成效。媒体记者还实地采访了石龙经济开发区内的两家园区企业——北京精雕科技有限公司和北京富根智能电表有限公司。8家媒体分别以《门头沟启动“绿色通道”助企业保增长》、《门头沟石龙经济开发区投资8100万元改造设施》等为题，大版面、大篇幅地进行了报道。

（刘 学）

【诗歌散文征集活动】 4月至6月，推出“绿色京西画样美”主题诗歌散文征集活动。征集到作品526篇。6月26日，在区广电中心演播大厅联合举办了“绿色京西画样美——门头沟区庆祝建党88周年暨新中国成立60周年主题诗文朗诵会”。晚会精心选取了4首诗歌、6篇散文，以“山水之美”、“人文之美”、“新城之美”、“百姓之美”4个篇章进行编排。

（琚小红）

【老照片有奖征集活动】 4月至8月，推出“走过60年”老照片有奖征集活动，征集到反映全区60年来特别是改革开放以来的各方面老照片2409幅。9月24日，活动组委会精选出其中的352幅珍贵照片，在区博物馆举办展览。在展览照片基础上，编辑出版了《走过六十年——北京市门头沟区庆祝新中国成立六十周年老照片展》画册。

（琚小红）

【北京周末社区大讲堂】 4月，在全区启动了“以人为本，传承文明，构建和谐，科学发展”为主题的“2009·北京周末社区大讲堂”。至10月底结束，共举办讲座60余场，听众近万人次。

（琚小红）

【迎国庆期间新闻宣传】 5月至10月，围绕庆祝新中国成立60周年新闻宣传工作，区电视台、京西时报在主要时段、重要版面开设了“献给祖国的一份厚礼”、“身边60年”、“祝福我的祖国”、“红色记忆”、“沧桑巨变60年，科学发展谱新篇”等专栏和专题报道，并对“如诗如画门头沟”大型主题国画展、“走过60年”老照片主题征集活动、“红色老区，绿色家乡，金色教育”主题系列活动、“为祖国祝福”百场文艺演出等庆祝新中国成立60周年的各项活动及时进行了动态性报道。此外，区电视台还制播了8集系列电视专题片《身边的60年》。利用“天天剧场”等宣传阵地，开设“爱国影片影视剧展播月”。京西时报利用副刊版面，从8月下旬开始连续刊发庆祝新中国成立60周年的各类文章，弘扬爱国精神。

（刘 学）

【新闻网正式开通】 6月，新闻网正式开通，为该网作为京西时报的网络版，隶属于门头沟区新闻中心运营管理。网站内分要文、经济、文化、社会、旅游、理论、生活、人物、专题、社区等多个版块，并包括了新闻知识、京西时报记者介绍、通讯员介绍等内容。

（刘 学）

【采空棚户区新闻宣传工作】 6月至12月，围绕采空棚户区改造建设工作，区委宣传部牵头对棚户区改造宣传工作进行了部署，明确了宣传重点和形式内容等工作任务。区电视台、京西时报联动，在新闻节目和主要版面开设“采空棚户区改造”专栏，利用重点时段，重点版面报道改造工作的进展情况、典型事例和经验成果等。同时，区一台一报充分发挥宣传指导和舆论引导作用，通过专版、专题等形式，及时对改造工作中涉及拆迁、安置、补偿等相关政策加强了宣传解读。在对外宣传方面，与区棚改办联合策划了2次新闻发布活动，配合区棚改办协调组织了2次新闻采访活动。邀请了新华社、经济日报、工人日报、中国青年报、北京日报、北京电视台、北京晚报、北京晨报、北京青年报、新京报、京华时报、法制晚报、北京人民广播电台、千龙网等20余家中央市属媒体进行采访报道。刊播了《门头沟采空棚户区改旧房换新居》、《产权共有模式，帮助低收入者购房》、《棚户区提前搬迁居民领导补偿款》、《门头沟棚户区改造2010新建50万平米安置房》、《门头沟又一处棚户区安置房开工》、《棚户区改造房明年万户入住》、《本市最大棚户区今天开始改造》《门头沟启动采空棚户区改造》、《门头沟7万棚户区居民三年住新楼》、《希望在这片土地升起－记北京门头沟采空棚户区改造》等大量新闻报道。

（刘 学）

【第三届中国·北京永定河文化节】 7月17日，在中山公园音乐堂上演的“碧水·乡情”——大型原创民俗风情声乐作品《永定河组歌》音乐会，拉开了以“相约永定河畔，体验文化古韵”为主题的第三届中国·北京永定河文化节帷幕。艺术节历时2个月。期间举办了“永定河之歌”合唱节、永定河文化大讲堂等9项涵盖文艺、旅游、展览、讲座等方面的活动。人民日报、新华社、光明日报、经济日报、中央人民广播电台、北京日报、北京电视台、北京人民广播电台等20余家中央、市属媒体予以宣传报道。

（琚小红）

【健全区三级新闻发布机制】 7月，区新闻发布工作领导小组办公室制发了《关于进一步做好新闻发言人设立、新闻发布口径库建设和采访点线建设工作的通知》。通知要求全区各单位要进一步强化全区三级新闻发言人网络建设，全面加强新闻发布口径库建设，进一步加强新闻采访点线建设。按照规定要求，全区各单位分别开展了新闻发言人的确定、新闻发布口径库、采访点线建设等工作。进一步健全了以区新闻发布工作领导小组办公室为主导、以全区二级单位并33个采访点新闻发言人队伍为支撑的新闻发布工作格局，初步建立起了三级新闻发言人队伍、三级口径库和三级采访点线

（刘 学）

【对外新闻宣传】 7月至10月，分别邀请光明日报、经济日报、中央人民广播电台、农民日报、中国日报、北京日报、北京电视台、北京人民广播电台、京郊日报等30余家中央市属主流媒体，围绕区内庆祝新中国成立60周年各项庆典活动，刊播了《门头沟多彩文化活动迎国庆》、《门头沟区数万群众学红歌唱红歌》、《门头沟五十米国画长卷亮相军博》、《门头沟倾情打造永定河文化名片》等重点报道，并在北京日报刊发了《第三届中国·北京永定河文化节开幕式暨“碧水乡情”——永定河组歌音乐会举办》、《如诗如画门头沟——大型书画美术摄影展登陆军博》两个专版，共在报纸、电视、广播、杂志、网络等5类中央、市属主流媒体刊发落实科学发展观专题专版新闻稿件200余篇次。

（刘 学）

【大型美术书法摄影展】 8月7日，在中国人民革命军事博物馆举办“如诗如画门头沟”——北京市门头沟区庆祝新中国成立60周年大型美术书法摄影展。展览以2008年为迎接北京奥运和庆祝建区50周年而组织创作的50米国画长卷《如诗如画门头沟》为主体，同时展出15位国画名家创作的《灵山初雪》、《山灵水灵》、《戒台闲在》、《春到潭柘寺》等近30幅描绘区内秀美山水的国画作品，13位书法名家为门头沟创作的十余幅书法作品，以及35幅浓缩着门头沟区独特古村落文化的摄影作品。中国文联党组副书记、副主席李牧、中国人民解放军美术书法研究院副院长、中国人民解放军书法创作院院长李铎、全国政协常委、中国美术家协会副主席、北京美术家协会主席、北京画院院长王明明、中共北京市委宣传部副部长陈冬、北京市文联党组书记、常务副主席朱明德、北京美术家协会驻会副主席、秘书长贺成才等领导出席了展览开展仪式，并为展览剪彩。

（琚小红）

【百姓宣讲活动】 8月20日，庆祝新中国成立60周年北京市百姓宣讲团报告会在区龙泉宾馆举行。此活动由北京市委宣传部、市委讲师团主办，以庆祝新中国成立60周年为主题，以百姓讲百姓身边事为主要形式。区内推荐的外来务工人员代表入选宣讲团一分团，在全市宣讲30余场。区内宣讲活动自8月17日至20日共设8场，听众1000余人次。

（单 玥）

【《区委中心组学习》创刊】 8月，配合全区中心组的学习和建设，创办《区委中心组学习》简讯。简讯设有《理论动态》、《文章摘编》、《学习简讯》等栏目，通过通报区委中心组的学习情况与成果、发布最新理论成果和重大理论动态，指导全区各级中心组学习。年内发刊3期。

（单 玥）

【第三届门头沟合唱节】 9月15日，“为祖国放歌”——门头沟区庆祝新中国成立60周年群众歌咏比赛暨第三届门头沟合唱节启动。合唱节按照机关组、社区组、农村组等分类，共有54支队伍参赛、近万名群众登台为祖国放歌。

（琚小红）

【《京西时报》创办《理论月刊》专版】 9月23日，《京西时报》创办《理论月刊》专版，内设“理论学习”、“科学实践”等7

个栏目，年内共出刊4期。

（单　玥）

【筹拍《魅力门头沟》纪录片】 9月，与中国教育电视台合作，筹拍《魅力门头沟》记录片。主要拍摄过程历时近10天，共拍摄了灵山、百花山、妙峰山、潭柘寺、戒台寺、珍珠湖、爨底下、琉璃渠、灵水村、马栏村、博物馆、区政府、滨河世纪广场、石龙经济开发区等全区主要景点景区和主要建筑、公园等，为整体记录片的后期制作打下基础。

（刘　学）

【开展调研】 9月至11月，运用座谈、问卷调查、实地考察等多种手段，开展社会主义核心价值体系建设调研。该调研课题为市委宣传部和区委确定的重点调研课题。通过调研撰写完成《关于落实党的十七届四中全会精神加强社会主义核心价值体系建设的思想状况调研与对策》调研报告，为全区社会主义核心价值体系建设工作提供了科学的指导依据和思路。

（单　玥）

【举办培训班】 10月19日至20日，在区广电中心举办区委中心组及全区党政主要领导学习贯彻十七届四中全会精神培训班。培训班安排两个讲座和一次分组讨论，中央党校科研部博士生导师和原中央党校党建部主任分别作了辅导报告。150余名参训人员围绕对全会精神的学习理解进行了分组讨论，5名学员在培训班结业式上作了重点发言。

（单　玥）

【重点党报党刊发行工作】 11月12日，召开2010年度重点党报党刊发行工作动员会，全区各镇党委、工委及区委直属机关单位负责同志参加会议。会上对发行工作的资金保障和组织落实进行了要求和部署。截至年底，全区全面完成2010年度重点党报党刊发行工作任务。

（刘　学）

【举办生态建设研讨会新闻发布活动】 12月5日，邀请新华社北京分社、光明日报、经济日报、北京日报、北京人民广播电台等10余家中央、市属新闻媒体出席2009门头沟生态建设研讨会新闻发布会。与会媒体分别以《门头沟开建国家生态修复示范基地》、《门头沟5年引进创新21项生态技术》、《门头沟12亿元修复废弃矿山》等为题，分别报道了门头沟区近年生态修复和生态建设的成果和经验，并对区内经济社会发展的亮点、生态修复和生态建设的成就进行了报道。

（刘　学）

【编制《规划》】 12月17日，市委宣传部副部长陈冬、改革办主任龙晓雯、市发改委产业发展处付处长王青、北京市文化创意产业促进中心副主任吴锡俊等一行，到区内听取《门头沟斋堂古村落古道文化创意产业集聚区规划》项目初稿汇报。该规划由投资北京国际有限公司组织的专家团队具体实施完成。

（琚小红）

【策划新闻宣传】 12月，围绕区学习型城市创建验收工作，在光明日报刊发了《北京门头沟区创建区域特色学习型社会教育模式》的报道，京郊日报刊发了《门头沟群众学习向上蔚然成风》的大幅报道和《让学习成为发展的引擎》专版文章。此外，区电视台、京西时报全年开设了“创建学习型城市”的专栏和专版，采取综合报道、跟踪报道、动态报道、专题访谈等多种形式，刊播了区内大量学习型城市创建工作的做法和经验报道

（刘　学）

【开展文化庆祝活动】 年内，以平西情报交通联络站展馆开展仪式为启动标志，全区共推出成就性宣传教育活动、群众性迎国庆文化活动和第三届中国北京永定河文化节等三大类，新中国成立60周年成就大宣讲、“为祖国欢庆”社区居民才艺大赛、“为祖国祝福”欢乐基层百场文艺演出、“为祖国起舞”广场新秧歌汇演、“银幕上看祖国”国庆观影等35余项系列文化庆祝活动。

（琚小红）

【理论宣讲】 年内，区委理论讲师团围绕学习实践科学发展观活动、庆祝新中国成立60周年和学习贯彻十七届四中全会精神，到全区各镇、办事处及各工委开展了三轮大宣讲活动，宣讲场次达到百余场，直接听众达到8000余人次。

（单　玥）

统一战线工作

【概况】 年内，区委统战部在区委的领导和市委统战部的指导下，以邓小平理论和“三个代表”重要思想为指导，学习实践科学发展观，围绕保增长、保民生、保稳定和“人文北京、科技北京、绿色北京”建设，调动统一战线成员的积极性和创造性，凝聚力量，推动各领域统战工作不断发

展，为建设现代化生态新区提供力量支持。

坚持和完善多党合作的政治制度，加强民主党派建设。组织召开民主协商会、座谈会及情况通报会10次，分别就政府工作报告、棚户区改造以及教育、卫生等情况，与党外人士进行协商和通报，促进决策的科学化、民主化。

着眼于维护社会政治稳定，做好民族宗教工作。做好基督教专项治理工作，组建工作组到镇、村，对35个游离聚会点进行合并、治理转化，全部纳入三自爱国组织管理。由于治理工作成效明显，在全市基督教专项治理工作经验交流会上做了典型发言，得到市区领导的肯定。

应对金融危机，推动非公有制经济持续健康发展。发挥工商联作用，为民营企业应对金融危机提供帮助和服务。抽调人员到民营企业走访调研，帮助企业探索战胜危机走出困境的对策。向全区非公经济人士发出“树信心、保增长、促就业”倡议书，成立门头沟区非公有制企业发展顾问团，召开劳动政策宣讲会，举办“强服务、促发展、保增长”政策宣讲座谈会。

做好对台工作，确保对台工作方针政策的落实。完成国民党荣誉主席连战到潭柘寺参观游览接待任务。组织代表队参加北京市台办、市台资企业协会联合举办的第四届北京“台商杯”球类比赛，区代表队荣获乒乓球团体赛第五名。

发挥统一战线人才荟萃、智力密集的优势，引导统战成员积极投身经济社会服务。农工党门头沟总支与九三学社门头沟支社分别到潭柘寺镇王坡村及斋堂镇火村开展了送医下乡、健康咨询和法律咨询活动，受到了当地老百姓的欢迎。

学习实践科学发展观，加强统战部门自身建设。根据区委统一部署，从3月至8月，统战部开展了学习实践科学发展观活动，严格按照学习调研、检查分析、整改落实三个阶段的部署和要求，紧扣“转变发展观念，创新统战方式，凝聚智慧力量，服务科学发展”主题，坚持把学习提高认识、解决问题促进工作、加强领导抓好落实、突出实践注重实效贯穿始终，切实做到两手抓、两不误、两促进，确保学习实践活动取得了实效。

单位名称：中国共产党北京市门头沟区统一战线工作部
地　　址：北京市门头沟区新桥大街36号
电　　话：69842327
邮　　编：102300

（刘素芬）

【参观改革开放三十年成就展】 1月15日，组织民主党派人士50余人，参观在区博物馆展出的《京西巨变——门头沟改革开放三十年成就展》。

（刘素芬）

【举办各界人士新春茶话会】 1月16日，举行全区各界人士新春茶话会。高连广、罗斌等四大部门领导和曾任四大部门领导的老同志出席了会议。200余名区政协委员、民主党派、人民团体代表及各族各界人士参加。罗斌致新春贺辞。

（刘素芬）

【慰问党外各界代表人士】 1月19日，区领导张冰、贾文勤、侯建华走访慰问了民主党派、民族宗教、台属等各界代表人士，送去了党和政府的温暖和关怀。

（刘素芬）

【领导调研】 3月5日，市委统战部副部长周伯琦到区基督教城子教堂、王平村中心教堂进行了调研。侯建华陪同调研。5月22日，在市委统战部常务副部长闵克、副部长李卫东的带领下，市各民主党派、工商联负责人及无党派人士到王平镇考察调研新农村建设情况。侯建华陪同考察。9月9日，民盟北京市委副主委朱尔澄到东辛房小学，就该校开展中华传统美德教育情况进行调研，并向全校教师送去了慰问品。

（刘素芬）

【举办报告会】 3月19日，区委统战部、区政协联合举办了当前宏观经济形势报告会。部分政协委员、民主党派人士、非公经济人士参加报告会。国家统计局总经济师从正确认识金融危机、增强发展信心等方面做报告。6月11日，统战部、区政协联合举办国际形势报告会，国防大学少将教官程文华讲解了当前的国际形势及朝鲜局势。

（刘素芬）

【基督教堂举行开工奠基仪式】 3月24日，基督教门头沟堂举行了开工奠基仪式，贾文勤在开工仪式上发表讲话。教堂建成后，会解决区基督教没有教堂，聚会点分散管理难度大的问题。

（刘素芬）

【举行庆祝建国60周年书画笔会】 3月27日，统战系统庆祝建国60周年书画笔会潭柘紫石艺术书画院举行。区内十余名知名书画家现场创作了一批优秀作品，王坡村村民60余人观看了书画家的创作过程。

（刘素芬）

【开展送医下乡活动】 3月27日，区医院内科、外科、B超科、骨科、中医科的民主党派医疗专家带着仪器设备到潭柘寺镇王坡村，接待和诊治病人300余人次。

（刘素芬）

【民主党派活动中心揭牌】 5月27日，区领导郭光磊、侯建华为区民主党派活动中心揭牌。各民主党派负责人参加了揭牌仪式。新改建成的民主党派活动中心，拥有200平方米的办公用房，是民主党派集办公、活动为一体的综合活动中心。

（刘素芬）

【召开致公党成立大会】 5月27日，致公党北京市委主委李昭玲，区领导伊欣欣、郭光磊、贾文勤、侯建华出席了致公党北京市门头沟区支部成立大会，其他民主党派负责人出席会议。

（刘素芬）

【台湾媒体参观采访】 6月30日，国台办新闻局副局长范丽青、市台办副主任王兰栋等领导带领8家台湾媒体到斋堂镇川底下村参观采访。侯建华陪同前往。

（刘素芬）

【召开座谈会】 9月25日，门头沟区庆祝新中国建立六十周年暨政协成立六十周年座谈会在龙泉宾馆剧场召开，区四大部门领导伊欣欣、刘云广、李慷云、高连广、郭光磊等参加会议，观看了中国人民政协第一届第一次会议及开国大典影像资料，与民主党派代表进行了座谈。

（刘素芬）

【京西太平鼓表演队到台湾演出】 11月2日至11日，市台办组织第九届京味文化之旅赴宝岛台湾进行演出交流，区京西太平鼓表演队28名队员参加了此次活动。

（刘素芬）

【参与新农村建设启动仪式】 11月14日，新农村建设启动仪式在王平镇东马各庄村举行，民建北京市委常务副主委任学良、秘书长李申红等相关领导出席了仪式。民建北京市委与东马各庄村签订了新农村建设帮扶协议，为该村捐建图书室一个，举办健康知识大讲堂，并现场为村民进行义诊，为困难村民送去了面粉、食油等生活物资。

（刘素芬）

【致公党助残献爱心】 11月29日，致公党北京市委妇委会、致公党门头沟支部、农大支部组织到区残联，为残联温馨家园图书馆捐赠了6300余册图书和100个环保袋、20副扑克牌。参观残疾人职业康复培训及残疾人的作品后，相关人员进行了座谈。李昭玲、贾文勤等市区领导参加此次活动。

（刘素芬）

【举办民主党派新成员培训班】 12月3日，为40余名加入民主党派的新成员参加了培训。民盟北京市委副主委朱尔澄就如何履行参政党职能，做好参政议政工作做了讲解。侯建华对党派新成员提出了希望。

（刘素芬）

纪检监察工作

【概况】 年内，全区党风廉政建设和反腐败工作在市纪委和区委、区政府的领导下，坚持标本兼治、综合治理、惩防并举、注重预防的方针，严格执行党风廉政建设责任制，推进惩治和预防腐败体系建设，求真务实、改革创新，各项工作取得了一定成效。

围绕“保增长、保民生、保稳定”工作开展监督检查。加强对扩大内需、促进经济增长政策部署执行情况与责任体系落实情况的监督检查，开展了对绿色审批通道运行效能以及对门城采空棚户区改造等民生工程建设情况的监督检查，强化资金监管，确保重大项目安全落地。会同有关部门加大对变更容积率、违法占地行为的专项清理和治理力度。加强对迎接新中国成立60周年维稳工作、城市环境整治和甲型H1N1流感防控工作落实情况的监督检查，严明纪律，确保政令畅通。不断推进效能监察和纠风专项治理工作，深化民主评议政风行风活动，拓展社会监督渠道，实现了政风行风网络热线子系统对接，以评促建，发展环境得到进一步优化。

反腐倡廉宣传教育深入开展。坚持把反腐倡廉宣传教育融入学习实践科学发展观活动中。以党员领导干部为重点，采取讲党课、参观北京市反腐倡廉警示教育基地等方式，开展党性党风党纪教育。将反腐倡廉教育纳入中青年干部培训、处级干部进修、公务员任职培训中，加强党性修养、作风建设和风险防控教育。开展廉政公益广告展播，举办第二届“讲文明、扬清风、促和谐”廉政文艺汇演。开展“小金库”专项治理工作，多方位制止奢侈浪费，弘扬党的优良作风，党员干部廉洁自律意识进一步提高。

党内监督机制建设进一步加

强。扎实推进直接派驻纪检监察机构工作，突出重点对象、重点内容和关键环节，加强对驻在部门权力运行的监督。健全和完善巡视制度，先后完成了对9个镇的届中考察和2个街道办事处的巡视工作。推进廉政风险防范管理，通过举办区级廉政风险防范管理工作培训班、编印《知识读本》和《资料汇编》等方式，实现对廉政风险防范管理工作的科学指导。全区85个单位和部门，共排查廉政风险点11989个，制定防控措施7564个，廉政风险防范管理第二年度的工作任务基本完成。进一步加大源头预防腐败工作力度，继续开展对工程建设招投标、政府采购、干部人事制度等工作的专项检查。坚持直派、巡视、廉政风险防范管理工作紧密衔接，实现自律与他律、内部监督与外部监督的有机结合，不断推进党内监督机制建设。

推进农村基层党风廉政建设。落实市委关于进一步加强农村基层党风廉政建设的实施意见，以“依法履职、勤政廉政”为主题，开展了农村“两委”干部系统教育培训。创新农村集体“三资”管理体制，全区100%的镇建立起了农村会计服务中心、集体资产和经济合同监管中心及重大经济事项招投标委托服务中心；95%的村实行账、款双托管，支农专项资金全部纳入会计服务中心进行监管。以推进农村党风廉政建设向基层延伸为重点。加强农村干部任期和离任经济责任专项审计。查处涉农违纪违法案件，保障新农村建设顺利进行。

惩治腐败取得新成效。做好纪检监察信访举报工作，健全完善区、镇、村三级信访信息网络，坚持直查快办、督办协办，信访案源主渠道作用进一步增强。不断完善办案工作协调机制，形成办案工作合力，严肃查处违纪违法案件。实行案件统一审理。年内，全区共立案查处各类违纪违法案件17件，处分党员、监察对象17人，为国家和集体挽回经济损失218万元。同时，协助市纪委和司法机关，对区内重大违纪违法案件开展调查工作，较好地发挥了惩治腐败在反腐倡廉中的治本作用。

单位名称：中共门头沟区纪律检查委员会
地　　址：北京市门头沟区新桥大街36号
电　　话：69843066
邮　　编：102300

（黄文静）

【市领导调研】 1月7日，市监察局副局长杨小兵到区内调研，王智慧陪同调研。市监察局领导对全局工作给予肯定并提出建议。6月26日，市委常委、纪委书记马志鹏到区内调研。首先到潭柘寺镇、北京石龙经济开发区考察新农村建设和企业应对金融危机等情况，随后听取了门头沟区关于纪检监察机关建设工作汇报。马志鹏肯定了门头沟区在纪检监察组织建设、经济社会发展、城乡面貌改善等方面取得的成绩，尤其对积极应对经济危机、围绕“三保”发挥纪检监察职能、为经济建设保驾护航给予高度评价。

（李鹏举）

【廉政风险防范管理】 1月，编辑并向全区处级单位下发《门头沟区推进廉政风险防范管理工作资料汇编》和《廉政风险防范管理知识读本》，内容包括廉政风险防范管理基础知识、整体工作思路、试点工作经验、风险查找表格及领导讲话等。

（李鹏举）

【农村民主日督查】 1月，从全区抽调27名处级干部组成9个督查组对农村民主日活动进行督查指导。督查组对各村公开内容、活动组织、公开形式、民主制度进行检查，并制定活动方案和突发情况应急预案，对各镇包村干部、“两委”干部、村民代表、民主理财小组、民主监督小组成员进行培训。

（李鹏举）

【区领导调研】 2月1日，伊欣欣到区纪委调研。在听取区纪委2009年工作思路汇报后指出，全区纪检监察工作要贯彻中纪委三次全会、市纪委十届五次全会暨全市党风廉政建设工作会议精神，坚持以党风廉政建设责任制为抓手，结合实际，突出工作重点，细化目标任务，完善考核体系，全面加强反腐倡廉建设，确保区“三个零增长”目标的实现，为全区经济社会持续健康发展提供保证。3月31日，伊欣欣到区纪委调研，在听取2009年门头沟区党风廉政建设和反腐败工作主要任务分工汇报后，指出：全区纪检监察工作要针对薄弱环节加大监督检查力度。一是要加大对农村的监督检查力度，推进农村党风廉政和反腐败制度建设，逐年完善，形成用制度管人、管权的农村“两委”干部权力运行机制。二是要加大对国企的监督检查力度，以维护职工、群众的权益为重点，加强调研，建立健全对国企高管的约束机制，督促国企增加高管薪酬的透明度，增强公众的监督力度。4月23日，王智慧到雁翅镇调研学习实践科学发展观活动进展情况。听取相关汇报并进行实地检查后指出：要着眼于“服务、监督、规范”，严格程序，强化管理，加强“三个中心”建设。同时，要做好“两个结合”，即：将廉政风险防范管理与全镇行政管理、党的建设相结合，以观念和工作方法的转变，推进学习实践科学发展观和作风建设年工作。5月14日，王智慧到斋堂镇调研。听取相关工作汇报后要求：要按照科学发展观的要求，稳步推进“三个中心”建设和廉政风险防范管理工作；在推进“三个中心”建设中重心下移，服务于发展农村基层民主、服务于发展农村经济、服务于村民自治；要注重风险分析和评估，有效制定防范措施，加强预防腐败长效机制建设。20日，王智慧到清水镇调研，在听取清水镇工作汇报后提出要求。

（李鹏举）

【召开清理达标表彰活动工作会】 2月10日，召开清理规范评比达标表彰活动工作会，下发《门头沟区关于进一步清理规范党委、人大、政协和法院、检察院系统评比达标表彰活动的实施方案》，并对全区49个部门、单位进行培训。

（李鹏举）

【党风廉政建设工作】 2月13日，召开全区党风廉政建设工作会议。区四大部门领导、市纪委副书记隋秀梅、全区基层单位党政一把手和纪检书记等参加会议。会议由刘云广主持，郭光磊传达了第十七届中央纪委第三次全体会议和中共北京市第十届纪律检查委员会第五次全体会议暨全市党风廉政建设工作会议精神，王智慧作了题为《扎实推进惩治和预防腐败体系建设，为加快建设现代化生态新区提供坚强保证》的工作报告。隋秀梅对门头沟区2008年党风廉政建设和反腐败工作取得的成绩给予了肯定，并提出工作建议。伊欣欣也就全区党风廉政建设工作提出了明确要求。会上，区委、区纪委分别与基层单位代表签订了《党风廉政建设责任书》和《纪检监察工作责任书》。

（李鹏举）

【警示教育】 3月10日，区纪委组织60余名处级后备干部和中青年干部培训班学员，到市反腐倡廉警示教育基地接受警示教育。

（李鹏举）

【市纪委检查】 3月12日，市扩大内需促进经济增长政策落实项目检查组到区内检查。检查组由市纪委驻市文化局纪检组组长崔国红带队，刘云广、罗斌、王智慧等区领导参加了汇报会。检查组对区内相关工作的落实情况给予肯定。并要求全区要进一步健全监督体系，发挥相关部门的职能作用，形成监督合力，确保扩大内需促进经济增长政策得到有效落实。10月29日，市农村党风廉政建设工作联合检查组由市检查组组长、市纪委执法室主任宋铁健带队，对门头沟区进行农村党风廉政建设工作专项检查。刘云广、郭光磊、王智慧等区领导陪同检查。宋铁健对门头沟区开展农村党风廉政建设工作情况给予肯定，并对下一步工作提出了要求。

（李鹏举）

【开办勤政廉政教育培训】 3月24日，全区农村“两委”干部勤政廉政系列教育培训开班，王智慧作开班动员。市纪委案件检查一室主任田明海围绕“找准定位依法履行职责”主题，面向全区各镇党委书记、纪委书记和各村党支部书记等210人进行了培训。

（李鹏举）

【学习市委十届六次全会精神】 4月30日，召开区纪委机关全体会议传达并学习中共北京市委十届六次全会精神。王智慧要求，要围绕保增长、保民生、保稳定，整合纠风、投诉等部门的力量，进一步加大监督检查工作力度，全力保障区域经济社会又好又快发展；要以推进廉政风险防范管理工作的系统化、规范化建设为重点，完善惩治和预防腐败体系，更加科学有效地防治腐败；要继续解放思想，忠实履行职责，将做好本职工作作为落实全会精神的核心和落脚点，推进纪检监察干部讲党性、重品行、作表率活动的开展。

（李鹏举）

【召开执法监察工作会】 5月15日，召开2009年执法监察工作会。对年度执法监察工作进行了安排部署，王智慧就进一步做好执法监察工作提出要求：要以提高工作的有效性和系统性为目标，进一步熟悉政府及其部门的职能、职责和相关法律法规，不断提高执法监察的能力。执法监察工作要加强与直派纪检组的沟通，形成监督合力，不断加大监督的深度和广度，为区域经济社会又好又快发展发挥保障作用。

（李鹏举）

【开展厉行节约工作】 5月18日，召开厉行节约工作联席会。王智慧、陈国才等区领导参加了会议。明确了联席会构成、责任和牵头单位任务分工，并就落实“两办通知”和全区《关于厉行节约八条规定的任务分解方案》工作进行安排部署。王智慧就做好厉行节约工作提出了要求。

（李鹏举）

【任前廉政教育】 5月19日，对23名新任处级领导干部进行任前廉政教育。包括四个方面：以《党章》、《中国共产党纪律处分条例》和《领导干部廉洁自律工作文件汇编》等为主要内容的法规测试、新任职领导干部廉政座谈会、观看警示教育片以及区纪委书记为新任职的处级领导干部讲授勤政廉政专题教育课。

（李鹏举）

【召开推进“三个中心”工作会】 6月11日，王智慧主持召开推进“三个中心”建设工作会，并提出四点要求。

（李鹏举）

【廉政风险防范管理工作】 6月16日，召开推进廉政风险防范管理工作研讨会，听取直派纪检监察组推进驻在部门廉政风险防范管理工作情况汇报，围绕区纪委监察局建立廉政风险防范管理工作协调机制等相关事项进行讨论。王智慧强调了建立廉政风险防范管理长效机制的重要意义，并就区纪委各室组工作提出了要求。8月27日，召开廉政风险防范管理工作推进会。区领导伊欣欣、王智慧参加会议，14家区级重点联系单位就开展廉政风险防范管理工作情况进行了汇报。

（李鹏举）

【学习实践科学发展观活动】 7月22日，召开纪委监察局学习实践科学发展观第三阶段转段会。总结回顾了第二阶段学习实践活动，对第三阶段学习实践活动进行了安排部署。区委第三指导组对区纪委监察局学习实践活动给予肯定，并对做好整改工作进一步提出了要求。

（李鹏举）

【党风廉政责任制专项检查】 11月11日，召开贯彻落实党风廉政责任制专项检查工作会。王智慧出席会议，全区相关单位负责人参加会议。会议就全区党风廉政建设责任制专项检查工作进行了整体部署。27日，伊欣欣带领区党风廉政责任制检查组到区发改委进行专项检查。伊欣欣对区发改委党风廉政建设工作给予肯定，对落实党风廉政建设责任制工作提出要求。

（李鹏举）

【召开区纪委全会】 12月22日，召开中共门头沟区第十届纪律检查委员会第五次全体会议。会议由区纪委书记赵潮英主持。会上总结回顾了2009年全区纪检监察工作，听取并审议了题为《认真学习贯彻党的十七届四中全会精神加快推进惩治和预防腐败体系建设》的工作报告，通过了《中共门头沟区第十届纪律检查委员会第五次全体委员会决议》。

（李鹏举）

政策研究工作

【概况】 年内，区委研究室围绕全区中心工作，开展调查研究，在提高调查研究的质量、服务科学决策上下功夫，做好重要文稿的起草工作，自身建设进一步加强，各项工作取得新进展。

全年确定并完成了经济发展、新农村建设、社会建设、生态建设、政府自身建设、党的建设六大课题体系78个重点调研课题和十个专项课题。承办了《关于促进低收入农户增收问题研究》、《关于发展壮大农村集体经济问题研究》、《关于农村集体经济产权制度改革问题研究》等区重点调研课题。起草了区委十届八次、九次全会报告等重要文稿20余篇，约18万字，编辑书刊文稿约215万字。推进调研成果转化，编发内部刊物《决策研究》51期和《决策内参》24期。编印了《门头沟区产业发展与布局调整研究》、《统筹新城区、浅山区、深山区发展问题研究》、《2008年门头沟区优秀调研成果汇编》和《门头沟区学习实践科学发展观活动专项调研成果汇编》。

单位名称：中国共产党北京市门头沟区委研究室
地　　址：北京市门头沟区新桥大街36号
电　　话：69842694
邮　　编：102300

（杨　澍）

【参与《简报》工作】 1月，按照区委工作部署，根据区人大有关要求，从全区抽调10余人与研究室全体工作人员组成区人大十四届四次会议秘书处简报组。通过专访、参加代表小组讨论，共撰写、编印会议《简报》43期，及时报道了大会进程。

（杨　澍）

【参与课题调研工作】 年初，由伊欣欣主持，区委研究室、区农委牵头组成课题组承办的《门头沟区促进低收入农户增收对策研究》被列为2009年区重点调研课题，同时经市调查研究协调联席会审定确定为2009年市关注课题之一，课题组到各镇，通过调查、走访、座谈等方式，了解低收入村、低收入农户增收制约因素，提出了促进低收入村、低收入农户增收的意见和建议。形成的调研成果转化为区委、区政府重要决策，将抓好低收入农户增收帮扶工作作为重点工作写入区委十届八次、九次全会报告、区政府工作报告，并成为《区委、区政府深入学习实践科学发展观活动整改落实方案》一项整改措施。调研报告得到市委常委牛有成的批示，认为“思路清楚，针对性强，对促进山区农民增收具有典型意义”。年初，由刘云广主持，区委研究室、区农委承办的“发展壮大农村集体经济对策研究”被确定为区重点课题，通过对全区9个镇进行全面调查分析，基本摸清了全区农村集体经济发展现状，以及存在的制约因素和问题。形成的调研报告从转变思想观念，明确集体经济产业发展方向，加快推进集体经济产权改革、加大集体经济发展政策引导等方面，提出了壮大农村集体经济的对策。并将此课题的总报告和13篇分报告，汇编成书，并列入了《门头沟区深入学习实践科学发展观活动专项调研成果汇编之二》。年内，研究室承办的“关于农村集体经济产权制度改革问题研究”被列为区重点课题，在对区农村集体经济产权制度改革的现状及制约因素进行调研分析的基础上，提出了产权制度改革的基本思路，并从强化宣传引导、加强资产管理、界定资产产权等七个方面提出了推进农村集体经济产权制度改革的对策措施。该调研成果在市委农工委、市农委《京郊调研》第二十一期刊登。

（杨　澍）

【完成网站建设工作】　年初，建设完成了“门头沟区政策研究网”，网页设立了《领导讲话》、《调查研究》等十个栏目，基本完成了内部文件资料共享平台的建设，基本实现了办公室与各成员之间在文件资料方面的实时共享。

（杨　澍）

【创建学习型机关】　年初，开展机关组织文化建设，贯彻落实“尊重人、理解人、关心人、成就人”的机关工作理念和“博学善思、求实创新”的研究室精神，开展创建学习型机关活动，被区建设学习型城市工作领导小组评为“门头沟区创建学习型机关先进单位”。

（杨　澍）

【区农村劳动力就业需求调查】　4月，与区农委联合承办了区农村劳动力就业需求的调查，向全区9个镇发放了劳动力需求调查统计表，并召开了座谈会。形成的调研报告提出建立面向农村的就业服务长效机制、制定鼓励农村劳动力外出就业的优惠政策、开展有针对性的农村劳动力的培训、拓宽农村劳动力转移就业的渠道、建立面向农村弱势群体的就业援助制度等建议。该调研成果在市委农工委、市农委《京郊调研》第九期刊登。

（杨　澍）

【起草报告】　6月，起草的区委十届八次全会报告、12月起草的九次全会报告分别是2009年度中期和年底统领全区各项工作的指导性文件。

（杨　澍）

【举办调查研究工作培训班】　9月，举办了为期两天的基层调研工作培训班，全区30个部门主管调研工作的领导与专、兼职人员近50余人参加了培训。邀请市委研究室领导授课，做了《城乡一体化发展中的土地创新》、《门头沟生态涵养区和产业转型》报告，同时组织参训人员到昌平区香堂村和昌平区生态园实地参观新农村建设情况。

（杨　澍）

【起草领导讲话】　年内，起草了伊欣欣等区主要领导《在全区党风廉政建设工作会议上的讲话》、《在全区2009年农村工作会议上的讲话》、《在全区组织、宣传、统战工作会议上的讲话》、《在庆祝新中国成立60周年活动总结大会暨第三季度经济形势分析会上的讲话》、《在开展深入学习实践科学发展观活动暨领导干部作风建设年活动动员大会上的讲话》、《在门头沟区第一批学习实践科学发展观活动总结会上的讲话》、《在全区第二批深入学习实践科学发展观活动动员大会上的讲话》、《门头沟区农村党风廉政建设工作情况汇报》等重要文稿。

（杨　澍）

【协助市委完成调研课题】　年内，协助市政府研究室开展了《关于绿色生态公益岗位就业情况调查》、《关于镇域经济发展情况的调查》。协助完成第三届西南五区论坛主题报告研究，组织协调完成了《首都西南区域旅游休闲产业发展研究总报告》，协助完成论坛专题片制作。

（杨　澍）

【开展廉政风险防范管理工作】　年内，在机关党员干部中开展了签订2009年度党风廉政建设责任制目标管理承诺书工作，并以岗位为重点，围绕制度建设、工作流程、落实制度、履行岗位职责查找出7类21处风险点，根据查找到的风险点修订9项制度，出台3项制度，建立4个长效机制。

（杨　澍）

【科学发展观专项调研】　年内，在第一批深入学习实践科学发展观活动中，研究室作为区委学习实践活动领导小组办公室内设机构材料组的牵头单位承担了学习实践活动期间区委主要领导讲话、专题报告及十项课题的选题和课题的组织实施工作，并汇集区产业发展布局对策研究报告、关于发展壮大农村集体经济对策研究报告、关于统筹城乡一体化对策研究、关于优化发展环境建设服务型政府对策研究报告等专项调研及全区局处级领导干部的科学发展观调研成果，编印了《门头沟区学习实践科学发展观活动专题调研成果汇编》系列丛书。

（杨　澍）

【成立调研课题组】　年内，“构建城乡经济社会发展一体化新格局对策研究”被列为区学习实践活动的十个重点调研课题之一，并成立了由郭光磊为组长，翟云峰、贾文勤为副组长，区委办公室、区委研究室、区发展改革委、区农委等14个单位主要领导为成员的调研课题组。历时3月有余，“构建城乡经济社会发展一体化新格局”调研课题组完成主调研报告1篇、分报告10篇、学习考察报告3篇、成果转化意见12篇。

（杨　澍）

老干部工作

【概况】　年内，老干部工作在市局的指导下，在区委、区政府及区委组织部的领导，贯彻市、区第二十二次老干部工作会精神，本着以人为本，细致服务的原则，全面做好离退休老干部工作。抓好落实老干部各项待遇。围绕贯彻落实科学发展观这一主题，发挥和调动广大老干部在首都繁荣发展稳定和全区经济社会建设方面的积极性，为加快建设现代化生态新区发挥作用。为迎接中华人民共和国成立60周年举办了画展；组织支部书记及全区离退休老干部分别到军庄镇、北京展览馆参观。

单位名称：中国共产党北京市门头沟区委员会老干部局
地　　址：北京市门头沟区剧场东街12号
电　　话：69843726
邮　　编：102300

（白文庆）

【看望慰问活动】　1月13日，张冰分别慰问了抗战时期的伤残离休干部和已故离休干部遗孀。15日，市农委副主任陈涛慰问了原门头沟区区委书记陈士林，离休干部梁怀庆。春节前走访慰问离退休干部270人，异地离休干部5人，长期卧床10人，遗属14户。共发放慰问品、慰问金13万余元。“七一”前夕，张冰到区医院，看望了住院的离休干部。她代表区委、区政府向他们表示慰问并送上慰问金。

（白文庆）

【春节团拜会】　1月21日，举办了离休干部党支部书记、原处级老干部、理论研究组成员参加了新春团拜会。郭光磊介绍了全区经济发展情况，并希望老干部们支持门头沟区各项事业的发展。最后代表区委、区政府给老干部们拜年。

（白文庆）

【庆祝“三八”妇女节】　3月3日，组织全区女离休干部及局机关女职工，到顺义区庆祝节日。期间，参观了北京现代汽车制造厂、首钢冷轧厂。

（白文庆）

【检查社区经费使用情况】　3月中旬，区委组织部、区委老干部局、街道工委、区财政局联合检查组，对全区有离休干部的4个街道、6个乡镇的服务管理经费使用情况进行了为期3天的检查和调研。在听取4个街道的汇报后，检查了经费使用账目，并召开6个镇主管领导和工作人员会议，汇报其经费使用情况。

（白文庆）

【召开协调会】　4月9日，由区委组织部、老干部局、财政局、卫生局、人力资源和社会保障局联合召开进一步做好离休干部“两项待遇”落实工作协调会，并就老干部关心的政治、生活等方面问题进行了座谈。一是解决落实企业离休干部医疗补贴发放工作；二是解决离休干部医药费报销周期；三是加强老干部医疗服务“五优先、一免”落实工作。12月30日，召开由区卫生局、财政局、国资委、老干部局参加的协调会，对国资委改制企业给予财政支持，老干部医疗、局职医保及上门服务等相关问题进行了沟通协商。

（白文庆）

【组织老干部游艺会、运动会】　4月28日，组织全区老干部参加了春季游艺会。10月26日，举办老干部运动会，全区40余个单位的160余名离退休老干部参加了全部比赛。

（白文庆）

【参观学习】 4月29日，组织离休党支部书记到军庄镇孟悟村生态园参观学习。镇领导介绍了全镇经济发展情况。一是继续发展绿色生态农业，不断拓宽相关旅游项目；二是利用交通便利的地域优势，吸引外资和游客，增加收入；三是发展养老服务业。10月20日，组织40余名离退休老干部到北京展览馆．参观“辉煌60年——中华人民共和国成立60周年成就展”。

（白文庆）

【体检、健康疗养】 5月5日至7日，对全区离退休干部分三批进行健康体检。此次除以往常规检查外，还特别增加了血液粘稠度等项目的检查。7月27日至30日，组织全区离退休干部及家属，赴密云市委干部培训中心进行健康疗养。并观看了《世界经济危机对我国的影响》录像，了解了当前国内的经济形势。

（白文庆）

【领导调研】 5月26日，张冰到局内就农村帮扶工作，深入学习实践科学发展观活动等情况进行调研，并提出意见。6月3日，市农工委老干部处处长陈立玺到局就老干部、党支部建设等工作进行调研。人大、教委、卫生局党支部书记，汇报了各自党支部的发展建设情况。陈立玺肯定了全区老干部党支部建设所取得的成绩，并提出新要求。

（白文庆）

【参加歌咏比赛】 9月10日，在市委组织部、市老干部局举办的全市离退休老干部和老干部工作者“祖国在我心中’歌咏比赛中，区离退休老干部代表队获得了歌咏比赛最高奖项——“艺术成就奖”。

（白文庆）

【举办书画展】 9月21日，《颂祖国——庆祝建国六十周年门头沟区老年书画展》在区博物馆举行。区领导高连广、陈志强及平谷、大兴、石景山等区老领导、老年书画研究会的同志到场祝贺。

（白文庆）

【捐赠保健品】 10月28日，上海一度生物技术有限公司，向全区离退休老干部捐赠了价值20余万元的保健杯和保健衣。仪式上，上海一度生物技术有限公司总经理、区安全生产监督管理局及局领导，向老干部代表发放了负离子水杯和负离子内衣。

（白文庆）

【举办培训班】 12月3日，对全区老干部支部书记、活动队长进行了培训。期间，学习了社科院常务副院长王伟光主讲的《关于党的十七届四中全会精神》辅导报告并进行了讨论。

（白文庆）

信访工作

【概况】 年内，信访工作在区委、区政府的领导和市信访办指导以及全区各单位大力支持和共同努力下，坚持以“三个代表”重要思想和科学发展观为指导，贯彻落实党的十七大，十七届三中、四中全会精神和中央及市、区委关于信访工作的一系列决策部署，站位于“保增长、保民生、保稳定”大局，结合“平安国庆”行动，进一步完善各项工作机制，扎实开展矛盾纠纷控制化解工作，及时、妥善化解了大量矛盾纠纷，维护了全区社会稳定，全区信访形势保持了良好态势，实现了“初信初访化解率达到90%、重信重访化解率达到80%、历史积案化解率达到70%”及“无重大重复上访户、无信访群体性事件、敏感时期无非正常上访”的工作目标，为新中国成立六十周年做出贡献。年内，区信访办共受理群众来信来访1437批（件）次，同比下降26.5%。受理群众来信677件，同比上升2%，其中联名信32件1337人次，同比件次下降44.8%、人次下降63.9%；市长信箱邮件314件，同比上升67.9%。接待群众来访530件760批4199人次，同比件次下降36.3%、批次下降41.1%、人次下降3.3%，其中群众到区集体访112件165批3237人次，同比件次上升7.7%、批次下降12.7%、人次上升22.4%。1月至12月，发生群众到市越级集体访7件13批239人次，同比件次上升1.3倍、批次上升3.3倍、人次上升11倍；发生到重点地区集体访1件1批5人次。

单位名称：中国共产党门头沟区委门头沟区人民政府信访办公室
地　　址：北京市门头沟区新桥大街36号
电　　话：69842720
邮　　编：102300

（王勇伟）

【矛盾纠纷排查工作】 年内，全区共召开矛盾排查会14次，排查各类矛盾纠纷149件；同时，按照市联席会议工作部署，分别于1月、7月在全区范围内开展了第一次、第二次人民内部矛盾纠纷大排查大调处工作，先后排查各类矛盾113件，确定区级重点矛盾20件，镇街群体性矛盾78件。

（王勇伟）

【信访主要活动】 2月3日，陈清到区信访办就信访工作进行调研并座谈。区信访办领导班子围绕“认真总结大接访工作经验，固化奥运之年信访工作成果，深化和完善信访工作机制，畅通政府与群众沟通互动的渠道”等方面进行了汇报。广电中心书记就与信访部门加强沟通、密切配合，拓宽信访宣传渠道等方面作了发言。陈清提出“认真做好三项工作；突出一个活动、两个突破；强化机制建设”三点工作意见。5月13日，市信访办一行3人到区内进行调研。主要围绕“贯彻中央及市委关于加强信访工作文件精神；矛盾排查化解、信访办理工作；加强信访干部队伍建设及探索信访工作规律、创新举措”等方面开展。区信访办领导班子陪同调研，就门头沟区贯彻中央和市委文件精神、创新工作、扎实开展矛盾纠纷排查调处工作及重点信访问题和工作建议等情况进行了汇报。15日，市委副书记王安顺到大峪街道永新社区调研“连民心恳谈室”工作。伊欣欣、刘云广、罗斌等区领导陪同调研。王安顺查看了大峪街道永新社区连民心恳谈室建设情况，翻阅了相关工作记录，并就基层党支部学习实践科学发展观及社区和谐建设等情况与基层社区干部进行了交流；同时，对基层社区建立连民心恳谈室，化解社会矛盾、维护社会稳定等工作给予肯定。7月1日，市委研究室副主任王文水等一行5人到区内就连民心恳谈室工作机制建设进行调研。调研中，调研组一行分别到妙峰山镇水峪嘴村、大峪街道永新社区与上述镇（街）、村（居）领导进行座谈，并听取了基层矛盾调处及连民心恳谈室工作机制建设及运行等情况汇报。同时，实地查看了村（居）连民心恳谈室。在听取了基层村（居）连民心恳谈室工作情况汇报后，调研组对门头沟区探索新时期基层信访工作的新思路、新方法和新机制及取得的成效给予肯定。8月25日，市“平安北京”建设督查组信访督导组第十组到区内开展信访督导工作。伊欣欣与督导组成员进行了座谈和交流。付兆庚、韩生辉及区信访办领导参加座谈。10月21日，由房山区总工会主席李忠任组长的市“平安北京”建设督查组信访督导组第十组一行3人结束了在区内的信访工作督导任务并召开督导意见反馈工作会。会上，督导组对门头沟区的工作给予了肯定。同时，还就在“属地管理，分级负责”的基础上，强化镇街信访工作，压实责任，把问题解决在基层；加强沟通协调力度，推动历史遗留问题的解决；推进重大决策信访风险评估工作的开展，从源头上减少信访问题等方面提出了建议。11月4日，区人大领导聂文玉带领区人大内司委委员和部分区人大代表一行6人到大峪办事处、龙泉镇就《北京市信访条例》的贯彻落实整改情况进行了跟踪检查。检查组就学习、贯彻、宣传《北京市信访条例》，矛盾纠纷排查化解工作，信访工作长效机制建设等方面听取了两个单位一把手的汇报，检查了信访工作相关档案材料并视察了龙泉镇社会矛盾调处大厅。通过检查，检查组对《北京市信访条例》贯彻落实整改情况表示非常满意，并对信访工作给予了肯定。

（王勇伟）

【召开信访工作会议】 2月27日，召开2009年政法维稳暨信访工作大会。区领导伊欣欣、刘云广、高连广、陈清等；全区各委、办、局及各镇、街道主要领导及综治工作、信访工作主管领导；政法各单位科级以上干部和部分干警参加了会议。会议由刘云广主持。会上，区公安分局局长、区信访办主任分别通报了社会治安和信访工作形势；区国资委、永定镇主要领导先后作了表态发言；伊欣欣、刘云广、韩生辉分别与区建委、龙泉镇、大峪办事处主要领导签订了《推进“平安北京建设”，加强社会治安综合治理责任书》。韩生辉对2009年全区政法、维稳和信访工作进行了部署。伊欣欣提出要求。4月9日，召开“依法信访，共筑和谐”宣传周活动动员会。市委组织部派驻区信访办挂职锻炼干部、市台办秘书处处长彭文柱及各镇、办事处，相关委办局主管信访工作的领导参加了会议。会上，区信访办副主任宣读了《门头沟区2009年信访宣传工作要点》、《门头沟区“依法信访，共筑和谐”宣传周活动方案》，并对宣传周工作做了具体安排。30日，召开全区维护社会稳定领导小组扩大会议。会议由韩生辉主持。伊欣欣、陈志强、王二安等区领导出席会议；区京煤集团，区维稳领导小组成员单位、各镇街和重点单位的主要领导参加了会议。会上，信访工作先进单位妙峰山镇、大台街道、区卫生局做了典型发言。2009年新增区级重点矛盾6个责任单位汇报了重点矛盾化解进展情况。韩生辉总结了第一季度全区维稳、信访工作，分析了做好维稳、信访工作的形势和问题，部署了加强维稳、信访工作机制建设的任务。伊欣欣讲话。7月

28日，召开维稳工作会。伊欣欣、李慷云、罗斌等区领导出席会议，龙泉镇、大峪办事处、供销社、国资委、劳动保障局等20个重点矛盾纠纷责任单位一把手参加会议。会议由韩生辉主持。会议分别听取了区信访办关于2009年上半年领导包案及下半年重点矛盾排查情况汇报和国资委、龙泉镇等4个单位关于重点矛盾纠纷化解工作情况汇报，并研究确定了下半年全区重点矛盾纠纷和领导包案工作。伊欣欣就全区矛盾纠纷排查化解及领导包案工作提出“认真落实包案制度、明确工作目标和任务、完善预警和应急工作机制”等工作要求。8月21日，区委、区政府召开维护稳定暨信访工作会议。区领导伊欣欣、刘云广、郭光磊、陈志强等及全区各镇街、委、办、局党政主要领导参加了会议。会议由刘云广主持。会上，郭光磊传达了周永康在全国维护稳定暨信访工作第二次电视电话会议上的讲话精神；韩生辉部署了国庆期间全区维稳、信访工作；伊欣欣传达了市委书记刘淇在北京市维护稳定暨信访工作第三次电视电话会议上的讲话精神。9月9日，召开镇（街）级重点矛盾及重点人化解工作汇报会。全区17个相关责任单位的信访工作主管领导参加了会议，市信访督导组出席并听取了汇报。会上强调了“落实责任，严格包案；突出重点，落实属地责任；强化督办，积极协调”等工作要求。17日，召开国庆安保和维稳工作汇报会。区领导伊欣欣、付兆庚、韩生辉，公安分局、信访办主要领导以及各镇街党（工）委书记参加了会议。韩生辉传达了北京市国庆期间信访工作战前动员会议精神；公安分局通报了当前全区治安形势和安保工作情况；区信访办通报了近期全区矛盾排查化解情况；区维稳办汇报了近期全区维护稳定工作情况。伊欣欣肯定了各单位、各镇街国庆安保和维稳工作成效，并提出了要求。12月24日，召开2009年全区相关单位（委办局）信访工作总结汇报会，共21个委办局的信访工作主管领导参加了会议。会上，各单位对全年来信访排查调处工作进行了总结和汇报，并对2010年信访工作提出了工作思路和措施。

（王勇伟）

【信访培训工作】　3月26日，举办信访干部培训班。全区各镇街，部分委办局主管信访工作的领导及具体工作人员共计66个单位120人参加了培训。陈清出席会议并作了题为《认清形势，加强学习，不断提高化解矛盾纠纷的能力和水平》的动员讲话；市信访办副主任刘树年应邀进行辅导授课。4月29日，举办信访业务培训班。全区各镇街，部分委办局主管信访工作的领导及具体工作人员共计60个单位120人参加了培训。区法制办行政复议科就“信访与行政复议、诉讼的关系”进行了授课；区信访办四个内设科室负责人分别就办信，接访，排查督办，信息、调研、宣传等信访相关业务进行了系统培训。

（王勇伟）

【信访宣传工作】　4月18日，举行“依法信访共筑和谐”主题宣传日活动。市信访办副巡视员吴京典，市人民建议征集办公室主任杨殿亮对宣传日活动现场进行巡视；区领导韩生辉出席区影剧院主会场宣传活动；市委组织部派驻区信访办挂职锻炼干部、市台办秘书处处长彭文柱，区信访办领导及全体人员，区法制办，司法局，公安分局等单位相关领导和工作人员参加了宣传日活动。此次宣传活动，全区共设置宣传站点292个，通过悬挂横幅、展示宣传图板、散发宣传资料、滚动播放《<北京市信访条例>解读》宣传片，接受群众咨询、表演秧歌等形式，开展宣传活动。宣传日活动现场吸引了数万名群众，共发放信访宣传材料、宣传品3万余份。

（王勇伟）

【信访理论调研工作】　12月17日，召开“门头沟区2009年度信访工作理论研讨会”。全区各镇、街及重点委、办、局26个单位主管信访工作的领导及信访工作人员40余人参加了会议。区信访办副主任作了2009年全区信访理论调研总结，对2009年全区信访理论研讨工作的主要特点进行了总体分析，同时就做好2010年全区信访理论调研工作提出工作意见。

（王勇伟）

【信访领导工作】　年内，区委、区政府先后召开全区信访及稳定工作会议10余次，及时传达贯彻中央、市有关会议精神，分析信访形势，安排部署全区维稳工作任务。区委常委会、区政府常务会每季度定期听取全区重点矛盾纠纷控制化解工作情况汇报，及时确立工作重点，明确工作措施，提出工作要求。区信访工作领导小组和联席会每月召开一次专题会议，定期研究部署全区各阶段信访工作。

（王勇伟）

【区级领导信访接待日】　年内，总结大接访工作经验，完善信访工作机制，形成了《关于进一步完善党政领导干部接待群众来访制度的实施意见》，组织协调，确保区领导接访工作顺利开展。区领导先后71人次参与了信访接待日工作，共接待群众来访129件235批1781人次，接待后解决问题130批；控制化解越级集体访89批。

（王勇伟）

【领导包案】　年内，区委、区政府进一步加大了各级领导包案化解矛盾工作力度，排查确定区级重点矛盾20件、镇（街）级重点矛盾78件，并确立了“9月底前区级重点矛盾化解率达到40%、镇（街）级重点矛盾化解率达到80%”的工作要求。区联席会按照“主要问题、包案区领导、属地责任单位包案领导、主办单位及问题性质”逐案建立了重点矛盾化解工作台帐，严格实行了区、镇（街）两级领导包案制度，做到层层包案，一包到底。截至12月31日，20件区级重点矛盾化解15件，化解率为75%；78件镇（街）级重点矛盾化解73件，化解率为93.6%。

（王勇伟）

【社会矛盾调处机制建设】　年内，采取会议部署、印发工作意见、到镇、街实地督查指导、召开总结交流会等多种措施，进一步完善和强化了区、镇（街）、社会矛盾调处中心和村（居）“连民心恳谈室”、村民小组（楼门排院）调处小组及信访信息员队伍五级网络建设。全年，全区各镇（街）矛盾调处中心共受理群众信访问题1051批（件）2090人次，调处化解各类社会矛盾756件，控制越级访145批；各村（居）“连民心恳谈室”共接待群众来访4406批（件）8064人次，化解各类矛盾纠纷3690件，控制越级访309批。

（王勇伟）

【信访事项督办协调工作】　年内，区信访办制定了《信访事项督办规定》，针对领导包案件、领导接待日批示件、市转督办件及区、镇（街）重点矛盾，采取电话督办、下访督办、发函督办、协调会督办等多种形式，对信访案件及时跟进，全面跟踪，确保信访事项“件件有着落、事事有回音”，确保按期结案；同时，按照“合理诉求解决到位”和“案结事了”的工作原则，建立了多部门协调处理制度，确保问题解决到位。全年先后组织召开信访问题协调会近200次，协调解决信访问题100余件，维护了群众合法权益和社会稳定。

（王勇伟）

【网上信访】　年内，推进全国信访信息系统、北京市信访综合办公系统建设，做好“网上信访”和“市长信箱”的登记、处理以及网络之间的转送、交办、答复群众等项工作。全年，共承办市长信箱电子邮件314件，占来信总量677件的46.4%；承办北京市信访综合办公系统群众来信314件。

（王勇伟）

【人民建议征集工作】　年内，配合市委市政府人民建议征集办公室做好人民建议征集工作，多次安排建议人参加市、区有关会议，围绕市建议办确定的征集工作重点议题建言献策。全年向全区征集各类建议20余条，为政府决策民主化、科学化提供了参考和服务。

（王勇伟）

保密工作

【概况】　年内，区国家保密局在区委领导下，在区委办公室的管理和市国家保密局的指导下，落实科学发展观，贯彻党和国家关于保密工作的方针政策、法律法规及中央、市委、区委领导关于加强保密工作的指示，落实区委保密委员会的保密工作意见，以《保密法》为依据，围绕工作大局，履行工作职责，推动了保密工作开展，为区和谐社会的构建发挥了保障作用。一是重点开展保密安全检查工作。将保密检查工作作为推动保密工作顺利开展的有效手段，并做到三个结合，即：把有计划的全面检查和对重点单位的抽查相结合，把日常检查和关键时点的检查相结合，把听取汇报和实地检查相结合。二是根据实际情况开展保密知识培训。加强对领导干部保密教育的针对性和实效性，对主管保密工作的领导、保密员、机要员、网络管理人员划片分区进行保密知识和技能培训。到各基层单位进行保密教育培训，在基层单位的全体学习大会上讲解保密知识，进行保密技能演示，提高保密教育的实效性。三是组织开展签订保密承诺书工作。按照市保密局的统一部署，在全区党政机关开展了签订保密承诺书工作。保密承诺书签订人员包括区级领导、各单位领导干部、保密干部、机要干部等，进一步明确和落实了保密责任和义务。四是抓好国家教育考试的保密监督工作。配合区教育考试指导中心等有关部门，参与区2009年度各种国家教育考试的保密管理，制定保密工作预案，加强对试卷保密工作的监督检查。五是做好保密法制宣传教育工作。继续做好“五五”普法保密法制宣传教育工作，调动各种宣传资源，加大宣传力度。六是做好政府机构改革中的保密工作。对撤并单位明确提出了保密要求和保密纪律，要求其完成好涉密载体清理、归档、销毁和涉密办公自动化设备移交、报废等工作；对新组建单位要求其及时建立保密工作机构，明确保密责任，制定相应保密制度，确定保密要害部门部位，做好日常保密工作。

单位名称：北京市门头沟区国家保密局
地　　址：北京市门头沟区新桥大街36号
电　　话：69842465
邮　　编：102300

（韦平亮）

【开展网络与信息安全检查工作】　4月，联合区信息办对区教委、区统计局等6家重点单位开展网络与信息安全检查。

（韦平亮）

【召开保密工作部署会】　6月9日，组织召开区保密承诺书签订及保密大检查工作部署会。

（韦平亮）

【邀请市保密局专家授课】　6月19日，邀请市保密局专家到区周末大课堂活动上讲解保密知识。

（韦平亮）

【开展保密工作大检查】　6月，组织开展了全区保密大检查工作。重点检查了计算机的使用管理和移动存储介质的使用管理情况。9月，组织开展了国庆期间筹备活动的安全保密检查，检查了区委宣传部、区文委、团区委等6家单位。10月，检查了各镇、各街道办事处的保密工作。年内，区国家保密局在高考、中考、成人高考和高自考等考务活动中，对区招办保密室和考场进行巡视检查，实地检查了保密室、考场的硬件设施安全保密情况和保密制度执行情况。

（韦平亮）

【培训工作】　8月14日，区国家保密局在区委理论学习中心组上邀请市保密局领导对区级领导和党政机关各单位一把手讲解当前的保密形势和涉密案例，播放了保密警示教育片。

（韦平亮）

党校工作

【概况】　年内，党校在区委、区政府的领导下，在市委党校的指导和区有关部门的支持和关心下，以邓小平理论和“三个代表”重要思想为指导，贯彻落实科学发展观，以服务全区社会经济发展，提高党政干部和公务员队伍整体素质为目标；以党员干部培训和规范学历教育为重点；以提高学校干部队伍和教师队伍素质为基本要求；推进教育教学改革和科研工作，切实加强党的建设、精神文明建设和民主法制建设。全年主要工作包括以下内容：一是党校和组织部、宣传部、人力社保局等部门联合举办了周末大课堂、处级干部培训班、中青年干部培训班、学习实践科学发展观活动封闭培训班、拉萨市尼木县挂职干部集中培训班等培训工作。二是加强基层党校建设，完成了19所二级基层党校，262所三级基层党校2007年至2008年度的验收工作。三是发挥党校理论阵地作用，发行《理论与实践》刊物4期，1000余册。区委理论讲师团下基层分别围绕科学发展观、庆祝新中国成立60年和党的十七届四中全会精神等内容进行宣讲，取得良好效果。四是进一步规范学历教育，党校现有研究生班、本科班、大专班三个层次的学历班534名学员。五是完成学习实践科学发展观活动。六是完成增收帮扶工作，增加被帮扶村贫困户收入。

单位名称：中国共产党北京市门头沟区委党校
地　　址：北京市门头沟区新桥大街54号
电　　话：69842635
邮　　编：102300

（阙华锋）

【周末大课堂】　1月至4月，完成了2008年至2009年度的9讲周末大课堂组织协调工作。6月至年底共完成17期。全年参训领导干部约3900人次。年度周末大课堂在吸收前两年办班经验的基础上，在课程设置上围绕全区的中心工作，对区内实际具有更强的指导意义；邀请的专家层次较高，权威性较强；在课程设置上也结合当前经济社会热点。

（阙华锋）

【慰问活动】　2月，党校常务副校长等4人，代表党校全体人员走访了党校14位离退休人员，为他们带去了新春佳节的问候和节日的礼品。

（阙华锋）

【理论宣讲】　3月至12月，区委理论教师团围绕科学发展观、庆祝新中国成立60年和党的十七届四中全会精神等内容，到机关委办局、乡镇、街道及社区、农村、企业等基层单位进行宣讲，8

人共讲 79 场，听众超过 8300 人次。其中，“科学发展观” 4 人共讲 46 场，听众 5200 余人，“庆祝新中国成立 60 周年” 4 人共讲 15 场，听众 1600 余人，“党的十七届四中全会精神” 2 人共讲 18 场，听众近 1400 人。

（阙华锋）

【学习实践科学发展观活动】 3 月起，参加门头沟区第一批学习实践科学发展观活动。结合工作实际，围绕“坚持改革创新，推动科学发展，突出党校特色，服务生态新区”这一主题，完成了学习实践科学发展观的学习调研、分析评议、解决问题和整改落实四个阶段的各项规定动作。

（阙华锋）

【基层党校建设】 4 月至 6 月，完成对 19 所二级基层党校，262 所三级基层党校 2007 年度至 2008 年度对基层党校检查验收工作，评选了 4 个基层党校示范单位，在基层党校工作总结会上，表彰了 2008 年“百花杯”优秀党课和基层党校优秀教师。

（阙华锋）

【《理论与实践》刊物出版发行工作】 截至年底，党校共发行《理论与实践》11 期，近 50 万字，刊物内容包括：理论园地、热点关注、观点荟萃、领导方法与艺术、基层视角、他山之石、益智园、培训工作等八个栏目。《理论与实践》刊物在各级领导和社会各单位的高度重视与支持下，全年共出版 4 期，发行 1000 余册，刊登文章 81 篇，其中由本区各单位领导撰写的文章 39 篇，党校领导和教师撰写的文章 8 篇。

（阙华锋）

【培训工作】 年内，分别与区委组织部、人力社保局、区深入学习实践科学发展观活动领导小组共同举办了不同层次人员参加的培训班，包括：2 期处级干部培训班、2 期青年干部培训班、1 期新任处级干部培训班、1 期深入学习实践科学发展观活动封闭培训班、1 期科级公务员任职培训班、1 期拉萨市尼木县挂职干部集中培训班、3 期学习贯彻十七届四中全会精神轮训班、1 期公务员初任培训班和 26 期周末大课堂等共 9 类 38 期干部培训班，培训学员 5000 余人次，各班次培训时间累计 47 周。培训工作的突出特点是培训时间跨度长、培训规模大、管理力度强、教学方式众多。在培训中，制定了严格的考勤管理制度；为学员制作发放了规范、精致的教学计划；在开班前对学员进行了严格的理论测试；注重结合培训内容为学员配备自学参考书籍；大规模聘请了中央级、国家级专家、教授授课；不断尝试实行合班上课，高效利用资源和资金；运用了“参观北京市反腐倡廉警示教育基地”这种体验式教学和“法院听庭”的情景教学模式；采取“走出去”，实施异地教学培训，并要求班级进行异地教学成果汇报；走出课堂，强化区情教育，开展了生态建设和非公经济考察；在班级间开展文体比赛活动等等。

（阙华锋）

【献爱心活动】 年内，全体教职员工响应北京市 2009 年度“送温暖、献爱心”捐助活动，共捐款 1400 余元。

（阙华锋）

【学历教育】 年内，共有大专班、本科班、研究生班 3 个层次 7 个教学班，534 名学员。录取市委党校行政管理本科 54 人；在职研究生 62 人。年内，2006 级和 2007 级共有 377 名学员通过三年的学习完成了大专、本科、在职研究生所有课程，考试合格，顺利毕业。

（阙华锋）

【增收帮扶工作】 年内，党校负责雁翅镇珠窝村、龙泉镇滑石道村、王平镇东马各庄村低收入农户增收帮扶工作。根据调查，建立了校全体党员与珠窝村低收入农户“一对一”结对帮扶联系的工作机制，并制定党员与低收入农户的联系表，把每一户低收入户的帮扶工作明确到人。截至年底，珠窝村共安排低收入户就业岗位 10 个，其中养山就业岗位 2 个、打扫厕所岗位 5 个、保洁员岗位 3 个。现已成立北京荣凤桂霞种植专业合作社，发展 3 户农家乐。年底脱贫 13 户，其中包括 5 户低保户及 8 户安排就业岗位户，超额完成原定脱贫 4 户、贫困户减少 10% 的目标。

（阙华锋）

直属机关工委工作

【概况】 年内，区直机关工委坚持以邓小平理论和“三个代表”重要思想为指导，贯彻落实党的十七大、十七届三中、四中全会精神，围绕全区工作大局和区委、区政府的中心任务，开展学习实践科学发展观，进一步解放思想，夯实党组织基础，推进党建工作创新；加强党风廉政建设，推进反腐倡廉工作深入开展，改进机关干部工作作风，全面做好机关服务工作；活跃机关文化生活，推进学习型机关建设，树立全民学习的良好氛围，为建设现代化生态新区提供思想政治和组织保障。

单位名称：中共北京市门头沟区委直属机关工作委员会
地　　址：北京市门头沟区新桥大街36号
电　　话：69843115
邮　　编：102300

（李　红）

【春节游艺活动】　1月，机关干部近700人参加迎新春游艺活动，活动内容有象棋、乒乓球、拔河、套圈、摄影、趣味排球、跳棋等项目。

（李　红）

【为民办实事】　春节期间，慰问患病、住院及生活困难职工20人次。6月8日，组织机关科以下干部140余人进行体检。

（李　红）

【庆“三八”活动】　3月4日，区直机关工会近200名女同志在区教委举办欢庆“三八”茶话联谊会。

（李　红）

【创建学习型机关】　3月23日，召开2009年党建工作会暨第一批创建学习型机关授牌仪式，所属63个单位中的16个单位获得第一批创建学习型先进单位。

（李　红）

【培训工作】　4月至6月，举办入党积极分子培训，35个单位185人参加；提高基层党组织工作水平，组织党务干部240余人进行培训；与区红十字会联合举办自救知识培训，120余人参加并取得合格证书。

（李　红）

【工会工作】　6月10日，区直机关工会召开第二次代表大会第三次会议，30余名代表参加了会议。会上，区直机关工会主席作了《围绕中心，服务职工，开创机关工会工作新局面》的工作报告，并对以后的工作提出了新的要求。

（李　红）

【自身建设】　6月，陈国才听取机关工委上半年工作汇报、研究部署了下半年重点工作任务。7月，机关工委全体人员落实科学发展学习活动，赴河北乐亭开展了“缅怀李大钊，永做好党员”的党日活动。

（李　红）

【庆“八一”活动】　7月，利用机关网站，庆八一建军节；为机关八月生日的复转军人发送贺卡；组织复转军人50人到卢沟桥参观中国人民抗日战争纪念馆等活动。

（李　红）

【廉政教育活动】　8月7日，组织所属66个单位举办第二届“扬清风、促和谐”文艺演出，通过15个节目70余人以舞蹈、合唱、诗朗诵、京剧、快板、小品等多种表演形式，宣传了“以廉为荣、以贪为耻、树政府形象、做文明市民、促和谐发展”的廉政精神。

（李　红）

【“迎国庆60华诞，讲文明树新风”系列活动】　年内，组织机关干部200余人到区博物馆参观《京西巨变－门头沟改革开放30年成就展》。组织400余人在区体育馆参加北京市首届旅游山会活动开幕式。组织所属45个参赛队180人参加了全长96公里的永定河穿越赛。组织120余人冒雨参加在中山音乐堂举办的第三届中国北京永定河文化节暨“碧水乡情”—永定河组歌音乐会。组织参加北京市区（县）直属机关篮球赛暨“良乡高教园区杯”篮球邀请赛并获得了冠军。组织所属11个单位“为祖国放歌”庆祝新中国成立60周年群众歌咏比赛。

（李　红）

【基层党组织建设】　年内，强化基层党组织建设，根据《中国共产党章程》和《中国共产党党和国家机关基层组织工作条例》，批复成立机关党委、党总支、党支部换届选举和委员补选的文件23件。对所属66个单位中的12个单位进行了党费收缴、使用和管理情况的检查工作。

（李　红）

【捐款活动】　年内，机关组织所属66个单位参加“博爱在京城”“京城手拉手、重建新家园”、“莫拉克”台风灾害、“共产党员献爱心捐献”“送温暖、献爱心”等捐款活动，全年共捐款566815余元。

（李　红）

【党员教育】　年内，组织110余人参加区政协举办的《中朝形势》国际形势报告会。组织150人听取“北京市百姓宣讲团”报告会。组织所属66个单位800余人在区影剧院《学习贯彻十七届四中全会精神》辅导报告会。

（李　红）

社会工委

【概况】　门头沟区委社会工作委

员会（简称区委社会工委），是负责本区社会建设工作的区委派出机构，列入区委机构序列；门头沟区社会建设工作办公室（简称区社会办）是负责区社会建设工作的区政府工作部门，与区委社会工委合署办公。

年内，区委社会工委、区社会办坚持以邓小平理论和“三个代表”重要思想为指导，以科学发展观统领全局，贯彻落实十七届四中全会精神，围绕区委、区政府的中心工作，以“保增长、保民生、促和谐”为目标，开展工作。根据市委、市政府要求，成立了全区社会建设工作领导机构及社会建设工作机构，召开了全区社会建设大会。按照区委统一部署，在完成好本单位科学发展观教育活动的基础上，指导街道社区、“两新”组织、社会领域开展第二批科学发展观教育活动。完成了2009年区政府蓝皮书中，涉及承办任务2类16项，其中，为民办实事项目10项，区政府其他重点工作任务6项。根据全市统一部署，完成了社区党支部和社区居委会换届选举和社区服务站工作人员的招录工作。对全区758名社区工作者进行了分类培训。根据北京市社会建设工作领导小组办公室《关于推进社区规范化建设试点工作的实施方案》精神，确定6个规范化建设试点社区。会同区发改委等单位就社区用房规范化试点建设项目工作进行了前期准备，市、区财政投资679万元对6个试点社区进行改造。开展和谐社区创建工作。按照“八个好”的评估标准，完成了全区14个和谐社区、7个达标社区的创建工作。开展了学习型街道、学习型社区创建工作，有1个街道、8个社区达到区级学习型先进单位。修定了《门头沟区社区管理文件与制度汇编》，印制了《门头沟区社区居民会议手册》，下发到社区干部手中。为了贯彻市社会建设1+4文件精神，提高社区工作者工资待遇，社会办对全区社区干部进行了分析，对工资增长需要资金进行了测算，经政府常务会议和区委常委会研究决定，调整了社区专职工作者工资待遇。根据“老积极分子”反映待遇低的问题，结合实际情况，报请区政府批准，从2009年开始，区财政每年设立专项资金，用于慰问退离居委会老积极分子。

单位名称：中国共产党北京市门头沟区委员会社会工作委员会
北京市门头沟区社会建设工作办公室
地　　址：北京市门头沟区新桥大街36号
电　　话：69844023
邮　　编：102300

（王宝云　张美英）

【创建学习型社区工作】 3月4日，区委社会工委在大峪街道峪园社区召开了创建学习型街道社区工作现场会。区教委、4个街道主管学习型社区创建的领导、工作人员及15个创建社区的主要领导参加了会议。10月14日，由区委社会工委牵头，在城子广场社区召开了“门头沟区创建学习型街道、社区先进单位评估工作会”。各街道办事处主管领导、教育专干及10个迎评单位的社区书记出席了会议。

（王宝云　张美英）

【和谐（达标）社区创建工作】 3月17日，召开了创建工作的街道、镇居民科长会议，会上区社会办宣读了2009年社会办创建和谐和达标社区工作实施方案，对2009年创建的23个社区进行确定，其中：和谐社区14个、达标社区9个，预计总投资94万元。11月25日，贾文勤到大峪街道办事处，参加了和谐（达标）社区评估验收工作。听取了大峪街道办事处主任关于一年来大峪街道办事处创建和谐（达标）社区的工作汇报，观看了大峪街道6个创建和谐（达标）社区的多媒体汇报。

（王宝云　张美英）

【学习实践科学发展观活动】 3月18日，区委社会工委召开了深入学习实践科学发展观动员会。区委社会工委全体党员干部、区学习实践科学发展观检查组成员参加了动员会。动员会上，传达了中共北京市门头沟区委《关于深入学习实践科学发展观，开展弘扬北京奥运精神、加强领导干部作风建设年活动的实施方案》、《关于在全区党员中开展深入学习实践科学发展观活动的实施意见》、《开展第一批深入学习实践科学发展观活动实施方案》三个文件，传达了伊欣欣在区学习实践科学发展观动员大会上的讲话精神，部署了实施方案。区委社会工委书记、区社会办主任做了“深入学习实践科学发展观，稳步推进社会建设”的动员报告。3月26日、27日，区委社会工委全体党员干部，在西峰宾馆进行了为期两天的封闭式学习。学习了《毛泽东邓小平江泽民论科学发展观》、《科学发展观重要论述摘编》和《温家宝同志在全国省部级以上关于科学发展观的专题动员讲话》，社会工委书记做了“以马克思主义哲学观点解读科学发展观”专题讲座。5月22日，根据区委关于学习实践科学发展观的总体要求，区委社会工委组织全体党员干部召开第二阶段学习动员会。会上，对第一阶段的学习进行了总结，布置了第二阶段学习要求。7月20日，根据区委关于学习实践科学发展观的总体要求，区委社会工委组织全体党员干部召开第三阶段学习动员会。会上，对第二阶段的学习情况进行了总结，并根据第二检查指导组“关于做好整改落实阶段各项工作的具体部署”，针对该阶段重点抓好四项工作和完成12个流程动作，布置了第三阶段的学习任务。

（王宝云　张美英）

【社区换届选举工作】　3月20日，区委召开了门头沟区2009年社区换届选举工作动员会。区社会建设领导小组成员单位、区社区换届选举工作领导小组成员单位、各街道办事处、有关镇领导及全区社区干部参加了会议。会议由韩生辉主持。会上，区委社会工委书记部署了2009年社区党组织和社区居委会换届选举工作。郭光磊对2009年社区换届选举工作提出了要求。2月17日至4月15日，进行了第七届社区居委会选举试点工作。通过宣传动员、分层培训、推举产生了社区选举委员会、进行选民登记、划分居民小组，选举居民代表产生、自荐报名自我展示、提名产生正式候选人，召开选举大会等工作程序，选举产生了新一届居委会成员，社区居委会选举试点工作结束。3月31日，召开了各街道工委、有关镇党委主管社区党组织选举工作的领导及有关科室负责人会议，听取了前一阶段社区党组织选举工作进展情况，分析了选举工作中存在的困难和问题，就下一阶段工作进行了部署。4月21日，区领导伊欣欣、韩生辉、陈国才检查社区党组织换届选举工作，听取了区委社会工委书记有关选举情况的介绍，询问了社区党组织换届选举工作的程序、选举方式及存在的问题等情况，并参加了大峪街道南路二社区党支部换届选举大会。5月21日，区委社会工委在区社区培训中心召开了区社区选举工作汇报会。区领导韩生辉及各街道、镇的有关领导参加了会议。会上，社会工委书记介绍了“两委”班子选举工作的总体进展情况。4个街道6个镇的领导分别就各自社区选举工作的情况进行了汇报，并针对选举工作中遇到的棚户区拆迁、班子成员年龄老化以及书记、主任“一肩挑”等问题进行了交流。6月20日，区第七届社区选举投票日，区领导伊欣欣、刘云广、李慷云、高连广、郭光磊分别带队到大峪街道峪园社区、增产路社区，永定镇永兴社区，城子街道蓝龙家园社区，龙泉镇龙泉务社区，峪新社区，东辛房街道矿建街西社区、矿建街社区，王平镇河北社区，大台街道黄土台社区，观摩了5个社区居民代表选举的全过程和5个社区的户代表选举工作。区领导陈志强、王二安、付兆庚等参加了观摩指导。

（王宝云　张美英）

【社会工委、社会办成立仪式】　3月20日，区委、区政府在龙泉宾馆举行区委社会工委、区社会办成立揭牌仪式。区社会建设领导小组成员单位、各街道办事处及镇有关领导、全区社区干部参加了会议。会议由韩生辉主持。区编办主任宣读了北京市编办“关于成立中共北京市门头沟区委社会工作委员会、北京市门头沟区社会建设工作办公室的函”，宣布了区委关于“中共北京市门头沟区委社会工作委员会和门头沟区社会建设工作办公室领导人员任命的决定”。郭光磊到会并讲话。

（王宝云　张美英）

【部署廉政风险防范工作】　3月26日，区委社会工委组织全体党员学习了区纪委《关于在全区推进廉政风险防范管理工作的实施意见（试行）》等文件精神，结合2009年工作重点，研究制定了《区委社会工委廉政风险防范目标管理工作的实施方案》、考核办法和实施细则。《方案》对廉政风险防范工作进行了安排，分为全面启动、组织实施、总结验收三个阶段。时间从3月1日至11月30日结束，历时9个月。《考核办法》分为七项十七条。考核的原则是领导、群众参与原则；公开、公平、公正原则；过程、结果相结合原则；自查、重点抽查、年终检查相结合原则；注重实效原则。

（王宝云　张美英）

【培训工作】　4月14日，区委社会工委举办了全区四个街道、六个镇的副处级以上领导及包社区干部150余人参加的社区换届选举工作培训。培训班上，区社会办副主任结合选举的实际情况，依据《第七届社区居委会选举工作手册》，按照选举工作流程及时间安排，从宣传动员、组织培训、选举委员会的产生、选民登记、居民小组划分，小组长、居民代表的产生、提名产生候选人、投票选举等程序进行了讲解，区委社会工委书记提出工作要求。7月15日至17日，区委组织部、区委社会工委举办了“社区‘两委’主要负责人培训班”。全区

99个社区的党组织书记、居委会主任参加了培训。贾文勤参加了培训班并提出了要求。培训班上，市委社会工委党建处、市民政局基层政权处、区纪律检查委员会宣教室、区综治办等单位领导分别结合机关进行了专题辅导和培训。会上还对社区“两委”任期承诺工作进行了安排。10月10日至11日，组织大峪、城子、东辛房、大台四个街道办事处37名处级以上领导干部学习了《中共中央关于加强了改进新形势下党的建设若干重要问题的决定》和胡锦涛总书记在党的十七届四中全会上的重要讲话精神。培训班上邀请了市社会办副主任赵小卫就推进社会建设进行了专题讲座。14日至16日，举办了市、区两次招录的148名社区工作者上岗培训班。在开班动员会上，区委社会工委书记作了动员报告。贾文勤在培训结业班上，向招录的社区工作者提出四点希望。11月26日至12月3日，举办了全区489名“两委”副职以下社区工作者培训班。截止到12月3日，全区758名社区工作者全部参加了培训。

（王宝云　张美英）

【规范化社区建设试点工作】 5月6日，贾文勤主持召开了规范化试点社区建设协调会。会上主要针对如何尽快解决京煤集团、区教委等4家单位的房屋产权等相关问题进行了探讨。确定了大峪街道永新社区、向阳东里社区，新桥西区社区、东辛房街道北涧沟社区、城子街道新老宿舍社区、大台街道桃园社区等6个社区为社区用房规范化试点建设项目单位，拟新建扩建面积2382平方米，项目总投资为679万元。

（王宝云　张美英）

【“五四”精神进社区宣传活动】 5月15日，在新桥西区社区开展了“五四”精神进社区宣传教育活动，通过宣传展板向社区近千名居民展示了宋庆龄、李大钊等8位文化名人的生平事迹。陈志强以及区“四进社区”活动领导小组成员单位的相关领导参加了此项活动。

（王宝云　张美英）

【签定协议书】 7月8日，区社会办、人事局组织用人单位在区社区服务中心与北京市统一招录的到区社区工作37名高校毕业生大学生村官签定协议书。

（王宝云　张美英）

【公开招录社区工作者工作】 7月19日，区委社会工委、区社会办和区人事局在区服务中心联合举办了“2009年门头沟区公开招录社区服务站工作者现场会”。4个街道办事处、6个镇的有关工作人员参加了招录工作。共发放入场票946张，经审核，报名合格人员805人，计划招录99人，比例为1：8.1。7月26日，区社会办组织参加公开招录社区工作者考生在大峪中学进行笔试。共设考场27个，参考人数762人。8月13日，区社会办与区人事局在大峪中学组织了公开招录社区工作者面试工作。通过报名、资格审查、笔试等环节的考核筛选，有279人进入面试，共设考场7个。区领导韩生辉，贾文勤到面试现场进行了巡视并看望了考场工作人员。经过体检、政审最终录用社区工作者111名。

（王宝云　张美英）

【调研拆迁工作】 7月21日，贾文勤到东辛房街道调研石泉砖厂地块拆迁工作。她要求办事处高度重视拆迁工作，全员投入，进一步加强拆迁政策宣传；要继续坚持处级领导包社区、科级干部包片的工作制度，深入基层，逐户了解情况，及时反映问题，加强信息反馈，做好群众工作。

（王宝云　张美英）

【群众歌咏比赛】 9月15日，组织社区群众举办了“为祖国放歌”庆祝新中国成立60周年群众歌咏比赛，共有12支社区群众阶段参赛。

（王宝云　张美英）

【区首家社区党委成立】 10月26日，区首家社区党委在大峪街道峪园社区成立，各街道工委副书记、组织部部长、峪园社区全体党员参加了成立大会。张冰到会授牌并讲话。

（王宝云　张美英）

【社团工作】 11月11日，由社会工委牵头，联合区民政局社团办在区社区服务中心召开了社团工作研讨交流会。13日，成立了由民政局局长为组长，副局长、社工委副书记为副组长，相关单位主管领导为成员的评估领导小组，制定了《门头沟区社会团体工作评估标准》。对门头沟区社团组织评估工作进行了部署。

（王宝云　张美英）

【走访调研】 11月20日、23日，贾文勤到大峪街道永新社区、德露苑社区，城子街道新老宿舍社区、向阳社区、广场社区调研市、区公开招考和取得助理社会工作师资格证的社区工作者的工作、学习等情况。

（王宝云　张美英）

【社区用房建设协调会】 11月

30 日，贾文勤主持召开社区用房建设协调会。会议主要针对 2009 年区内 6 个社区用房规范化建设试点以及 2010 年全区社区办公用房规范化建设规划等工作情况进行通报与务虚探讨。区社会办对 2009 年社区规范化建设试点的办公用房标准、市区投资情况和具体工作进展情况进行汇报，并对 2010 年全区社区办公用房规范化建设的总体任务进行了介绍。会上，区发改委、规划局、建委等 12 家单位分别提出了各自的意见和建议。

（王宝云　张美英）

【赴石景山区考察学习】　12 月 4 日，区社会办组织各街道、有关镇社区用房规范化建设工作的主管领导和负责人员共 14 人，到石景山区八宝山街道三山园社区考察学习规范化建设社区试点先进经验。在石景山区社会办的陪同下，参观了三山园社区规范化建设试点办公用房的建设布局，居委会主任介绍了服务办公大厅、居委会、党支部用房的分配和人员使用情况，同时观看了居委会残疾人温馨家园。

（王宝云　张美英）

民主党派与工商联

民进门头沟区直属支部委员会

【概况】　中国民主促进会北京市门头沟区总支部委员会现有会员 52 人，分设中等职业学校支部、进修学校支部、新桥路中学支部。其中北京市政协委员 1 人，区政协委员 7 人。年内，在民进市委的领导下，在区委统战部的支持下，在区内兄弟党派的协作下，总支坚持以区委区政府的中心工作为中心，坚持共产党的领导，参政议政，全力为社会服务，取得良好的效果。

单位名称：中国民主促进会北京市门头沟区总支部委员会
地　　址：北京市门头沟区新桥大街 36 号
中国共产党北京市门头沟区统一战线工作部
电　　话：69842327
邮　　编：102300

（郑华军）

【调研成果】　2 月 26 日，总支召开了调研撰写组会议，聘请了顾问，拟定调研题目。调研组进行了一系列的实地调研和访谈。总支调研撰写小组召开了多次研讨会议，4 次修改稿件。最后形成调研成果：《关于发展门头沟区文化创意产业的调研报告》门头沟区总支调研，交统战部；《发展门头沟区文化创意产业，打造“京西文化走廊”》门头沟区总支与民进市委联合调研，选入“西南区域经济发展论坛论文集”；《门头沟区永定河流域生态承载力评价及沟域经济相关性研究》门头沟区总支参与北京农学院调研课题。

（郑华军）

【建国 60 周年笔会、送医下乡】　3 月，总支提议，统战部、农工民主党参与的“庆祝中华人民共和国建国 60 周年笔会、送医下乡”活动在潭柘寺镇的王坡村“紫石书画院”举行。统战部副部长，区内书法家、画家、民进会员、农工民会员等参加了活动。书画家和当地村民及书画家开展书画学习交流活动，现场进行书画交流，赠书画作品。与当地村民及书画家进行工作交流。30 余位村民前来就诊。

（郑华军）

【在区政协会议上发言】　年内，总支委员在政协大会上代表民进门头沟总支作了大会发言，题为《在山区种植山野菜前景广阔》，得到区委区政府的重视。

（郑华军）

【参政议政】　年内，总支副主委撰写的信息《关于理顺管理体制，加快农村学前教育建设步伐的建议》被民进北京市委评为 2008 年优秀信息；其撰写的提案《关于提高山区教师师资水平的建议》获民进北京市委 2008 年优秀推荐提案，另一篇提案《关于在中小学配备家庭教育指导师，有效开展家庭教育指导的建议》获得北京市政协优秀提案奖。

（郑华军）

【《京西河山颂》在军博展出】 年内，总支主委与另两位画家主创的50米山水长卷《京西河山颂》在中国军事博物馆展出。市文联党组书记朱明德、北京画院院长王明明等领导和著名画家、书法家参加开幕式，观看了展览。

（郑华军）

【参加北京文化产业发展论坛】 年内，总支主委、副主委等代表总支参加了由北京奥运经济研究会和北京联合大学共同主办，在北京联合大学举行的《2009北京文化论坛——北京文化产业发展》，总支委员代表在大会上作了发言，题目是《发展门头沟区文化创意产业，打造“京西文化走廊”》。

（郑华军）

农工门头沟总支委员会

【概况】 年内，农工门头沟总支在农工市委和区委统战部的领导下，坚持以科学发展观为指导，学习贯彻中国共产党的各项方针政策和农工中央、市委的会议精神，围绕区委、区政府中心工作，组织农工党员参加社会调研、反映社情民意、开展社会服务，切实履行参政议政职能，努力为全区经济社会发展做好服务。年内新发展党员10名，现有正式党员58名。

单位名称：中国农工民主党北京市门头沟区总支委员会

地　　址：北京市门头沟区新桥大街36号

中国共产党北京市门头沟区统一战线工作部

电　　话：69842327

邮　　编：102300

（高小兰）

【参加送医下乡活动】 3月27日，区卫生局与民主党派联合举办以“庆祝建国60周年送医下乡”为主题的义诊活动，农工门头沟总支参加了此次活动，从事临床医疗的党员为村民诊治、咨询80余人次，免费进行B超和心电图检查60余人次。

（高小兰）

【参加苛萝坨义诊活动】 4月26日，农工区医院支部与中共区医院内科支部联合，组织党员参加为苛萝坨村民义诊、咨询活动。服务群众120余人。

（高小兰）

【参加何各庄村义诊活动】 6月27日，农工区医院支部参加中共区医院内科支部组织到何各庄为村民义诊、咨询活动。服务群众130余人。

（高小兰）

【组织学习全会精神】 7月16日，召开支委扩大会议，主要内容是学习区委十届八次全会精神，并明确了下半年主要工作任务，一是要围绕全区中心工作做好自己本职工作；二是要围绕全区优化发展环境做好调研工作；三是要发挥党派职能做好参政议政工作；四是要组织支部党员学习贯彻十届八次全会精神。

（高小兰）

【农工市委领导指导工作】 7月24日，农工市委主委应邀到区内指导工作，区政协领导侯建华参加了座谈。在座谈会上，侯建华介绍了全区统战工作情况及近期党派建设工作思路，市委主委对全区统战工作给予了肯定，并对总支拟成立工委的请示表示支持。

（高小兰）

【参加宣传服务活动】 7月27日和12月1日，农工门头沟总支参加了区人口计生委和区委统战部联合组织的以“生殖健康进军营·优质服务暖人心”为主题的宣传服务活动，分别到驻区部队营地为172名官兵做健康咨询及常见病的诊疗，受到官兵的欢迎。

（高小兰）

【组织新老党员座谈会】 8月4日，农工门头沟总支在党派活动中心举行了新老党员座谈会，参加会议的还有区委统战部领导。会上，新老党员做了自我介绍，总支主委分析了组织建设情况及对申请成立工委事宜的具体工作部署，并对各支部发展新党员提出了明确要求。最后，侯建华对农工党在门头沟区经济社会发展中所做出的贡献给予了肯定，并对新党员在如何发挥作用和履行参政议政职能方面提出了希望。

（高小兰）

【组织活动】 8月5日，农工门头沟总支组织党员到下苇甸基地开展以“学习新农村建设”为主题的采摘活动。

（高小兰）

【参加乒乓球比赛】 10月25日，农工中医院支部代表门头沟区台办参加第四届北京“台商杯”球类比赛，并获得了“台商杯”乒乓球团体比赛第五名。

（高小兰）

人民团体

门头沟区总工会

【概况】 年内，全区共有基层组织583个，涵盖单位706个，专职工会干部92人，兼职1456人，共计会员35077人。在区委和市总工会的领导下，在区政府和各部门的支持下，全区各级工会坚持以邓小平理论和“三个代表”重要思想为指导，全面落实科学发展观，贯彻党的十七届三中、四中全会，中国工会十五大，市总工会十二大，区委十届七次、八次全委会，区委工会工作会议精神，围绕全区工作大局和区工会八次代表大会所确定的目标和任务，各项工作稳步推进，重点工作取得实效，筹备为实现“保增长、保民生、保稳定”目标和全区经济社会又好又快的发展做出了贡献。

单位名称：北京市门头沟区总工会
地　　址：北京市门头沟区新桥大街34号
电　　话：69843871
邮　　编：102300

（任正新）

【送温暖工作】 1月5日，召开2009年两节送温暖活动工作会议。6日，为全区638名困难职工发放了慰问品。据统计，“两节”送温暖、“三八”助单亲、“五一”关爱劳模、“金秋助学”、“珍贝助学”等活动共筹集资金242.56万元，走访慰问1977人。

（隗合欣　雷震宇）

【召开联席会议】 1月22日，刘云广主持召开了2008年度区政府与区总工会联席会议。会上听取了区总工会关于2007年度联席会议议题落实情况汇报，并就区总工会提出的《关于将门头沟区总工会在职人员经费纳入区财政预算的建议》议题进行了研究。会议决定：从1月1日起，区总工会机关参公人员个人部分的经费纳入区财政预算，原定额补助资金12万元不再拨付，具体经费预算等事项由区总工会上报区政府常务会审定。4月1日，经区第十四届人民政府第30次常务会议研究通过。

（任正新）

【学习实践科学发展观活动】 3月至8月，区总工会全员参与了深入学习实践科学发展观活动，提出“创新工作方式，建设服务型工会”的发展思路。完成了学习调研、分析检查、整改落实三个阶段十一个环节工作，共征集到5个方面14条建议，形成调研报告4份。总工会领导班子群众满意率和比较满意率达到100%。

（任正新）

【参与区棚改拆迁工作】 3月，区委区政府抽调区总工会主要领导负责区棚改拆迁工作，另外两名同志也相继到拆迁办工作，为完成石泉砖厂地块第一批拆迁任务做出了贡献。

（任正新）

【安康杯竞赛活动】 3月，与区安监局、卫生局、商务局联合下发了《关于2009年安康杯竞赛活动的通知》（门工发【2009】11号），全区共有144个基层企事业，10017人参加了“安康杯竞赛”。4月，与区安监局、卫生监督所、劳动和社会保障局、京煤集团、石龙工业区等有关单位在影剧院门前进行职业健康宣传，共发放宣传品1000余份。6月，参加安全生产月宣传活动，共发放《工会法》、《工会劳动安全保护、职业健康》图册等宣传品2000余份。为纪念“安康杯”活动10周年和迎接新中国成立60周年活动，与国资委工会联合举办了“迎国庆，保增长，促发展”安康杯知识竞赛活动，共印发试卷600份，收回600份，回收率100%。

（隗合欣　雷震宇）

【法律服务】 4月起，区总工会联手北京海铖铭泰咨询有限公司，推出职工劳动法律帮扶活动，凡遇有相关劳动法律事务纠纷的企业工会和职工，均可于每月5日、15日、25日（遇节假日顺延至第一个工作日）到区总工会进行咨询并得到相关服务。具体服务内容包括：劳动法律免费咨询服务；劳动争议代书、代理服务、劳动争议调解等相关劳动法律服务工作。

（隗合欣　雷震宇）

【举办慰问演出大会】 4月29日，联合区委宣传部、文委、广电中心在影剧院举办区庆“五一”慰问演出大会。区领导伊欣欣、刘云广、李慷云、高连广、郭光磊等及区经济技术创新工程领导小组成员单位、区群团组织和主办方领导，全区各基层工会干部、职工代表以及各条战线的劳动模范代表、先进集体、先进个人共900余人参加大会。会上表彰了2009年首都劳动奖章获得者、首都优秀女职工创新标兵、全国工人先锋号获奖单位及北京市工人先锋号获奖单位区劳动和社会保障局职业技术学校。区四大部门主要领导为获奖的先进集体和先进个人颁奖，张冰代表区四大部门向全区广大干部职工和劳动模范致以节日的慰问，任继明代表区总工会做“五一”致词。会议过程中，区文化馆和工人俱乐部的演职人员为大家奉献了文艺演出。

（隗合欣 雷震宇）

【劳模管理】 5月1日，在区总工会、卫生局的共同努力下，“劳模就医优先”制度开始执行，全区所有市级以上劳模到全区二级（含二级）以上医疗机构就医时，凭“劳模证”可以享受优先挂号、优先就诊、优先化验、优先检查、优先交费、优先取药等服务；到一级医院和社区卫生服务中心就医时，凭“劳模证”除可以享受上述六项优先外，还可以享受首诊服务。

（隗合欣 雷震宇）

【主题教育活动】 5月4日、5日，按市总工会统一部署，在各基层工会的配合下，区总工会分两场组织1000名职工观看了电影《铁人》。8月26日，与区委宣传部共同组织了260人的合唱队，参加了中央、市委等9部委组织的“爱国歌曲大家唱”大型演唱会。年内，区总工会金辉艺术团共参与市区重大庆祝活动8次，到基层宣传演出23场，在市第七届职工艺术节活动中，1人获得民族唱法优秀歌手奖。

（王 鹏）

【财务工作】 5月12日，区总工会召开财务工作会，全区直属基层工会主席、财会人员170余人参加了会议。会上总结了2008年财务工作，制定了2009年经费上解奖励办法，同时下达了2009年经费上解指标；12月9日，与区财政局联合举办了新《工会会计制度》培训班，全区直属基层工会主席、财会人员和经审干部200余人参加了会议。会上对《工会会计制度》、《工会预算管理办法》、《基层工会收支管理办法》作了讲解，任继明就全面做好新制度贯彻落实提出了明确要求。

（郭 燕）

【职工互助保障工作】 5月12日，召开职工互助保障工作会，全区代办点工会主席、经办人员160余人参加了会议。会上总结了2008年职工互助保障工作，对2009年工作提出了明确要求，两个先进代办点作了经验介绍，中国职工保险互助会北京办事处领导对与会人员进行了业务培训。年内，新增会员1445人，互助保障金额共计255758.4元，同比增长20.6%，其中重大疾病互助保障金额42390元，女工特殊疾病互助保障金额55188元，住院医疗互助保障金额87544.4元，意外伤害互助保障金额70636元。各类保障共赔付78人次，赔付金额169628.67元。

（郭 燕）

【三级服务体系建设】 5月13日和9月15日，王北平就工会三级服务体系建设情况两次到区内调研，根据区实际情况提出具体标准和要求，李建军、任继明等相关领导及部分街道、镇工会主席参加调研。7月，区职工服务（帮扶）中心业务由部室代管改为独立部门，配备了专职负责人，并按规定招聘了4名大学生工会助理员。8月，区委召开《建立街道、镇工会服务站工作会议》，区委组织部、社工委、农工委、人事局、总工会联合下发了《门头沟区建立街道、镇工会服务站的实施方案》。至9月底，全区4个街道、9个镇全部建立了工会服务站，按规定和程序招聘了工会助理员。截至12月31日，已完成660个单位、3.1万名工会会员信息采集工作，分别完成总数的95%、90%，超过市总工会下达的80%的采集指标，同时为420个单位的2.4万名会员办理了京卡·互助服务卡，实行对会员的实名制管理，提供互助保障以及各种免费和优惠服务。年底，通过京卡·互助服务卡救助了大峪街道办事处工会会员首例受灾职工，解决3000元救助金。

（雷震宇）

【召开工作会】 5月22日，区委召开了工会工作会议，区四大部门主要领导，全区处级单位党政主要领导、主管工会工作领导，区总工会八届委员会委员、经费审查委员会委员、女工委员会委员，区总工会直属基层工会主席、工会干部、工会助理员和部分二级工会主席360余人参加会议。市总工会副主席王玉英、区领导伊欣欣分别讲话，罗斌主持会议，张冰作了工作报告。会上下发的《中共门头沟区委关于加强和改进工会工作的意见》，成为指导全区新时期工会工作科学发展的纲领性文件。

（任正新）

【教育培训工作】 6月2日至3日，区总工会举办2009年工会干部培训班，市总干部学院教授、市总工会法律部部长分别对新时期民主管理工作、科学发展观统领下的工会工作、新时期企业工会如何定位进行授课。全区各基层单位工会主席、工会干部和区总工会机关人员共150余人参加了培训。8月25日，召开八届二次委员（扩大）会，会议邀请了总工会政研室主任周玉忠就市总“1+6”重点工作实施方案的推出背景和主要精神进行了解读。区总工会八届委员会委员、经审委员、女工委员和直属基层工会主席100余人参加了会议。8月和11月，举办了首期非公企业职工通用能力培训班和家政服务培训班，分别培训43人和60人。

（王　鹏）

【厂务公开工作自检自查】 10月13日，区各级厂务公开协调小组按照年初工作意见要求，通过现场查看、听取汇报、民主测评等方式，对所属企、事业单位厂务公开工作进行自检自查。截止到11月，全区8个委局所属66家国有集体及其国有集体控股企业，114家教育卫生事业单位推行了厂务公开民主管理制度，30家非公企业开展了民主管理、厂务公开工作。

（王　鹏）

【区职工综合活动中心建成】 12月29日，区委十届九次全委（扩大）会议在区职工综合活动中心三层会议室召开，该中心为3层框架结构，建筑面积2078平方米，内设职工文化活动室、帮扶中心、培训中心、职工书屋和多功能会议大厅。

（任正新）

【职工之家建设】 年内，通过验收合格的北京市模范职工之家1个，模范职工小家2个，北京市“双爱双评”活动先进企业1个。

（王　鹏）

共青团
门头沟区委员会

【概况】 年内，在区委领导和团市委的指导下，全区共青团工作坚持以邓小平理论和“三个代表”重要思想为指导，学习实践科学发展观，全面贯彻落实党的十七大、十七届四中全会和团的十六大、十六届二中全会精神，以“突出一个重点、推进四大行动、强化两项建设”为全年工作主线，围绕首都国庆60周年庆祝活动，完成首都国庆60周年群众游行门头沟大队工作任务；围绕党政中心工作，推进志愿服务行动、就业创业行动、青年文化行动和权益维护行动；围绕共青团基础工作，强化青少年思想政治建设和共青团基层组织建设，发挥共青团组织青年、引导青年、服务青年和维护青少年合法权益四项职能，团结带领全区团员青年为服务保障首都国庆60周年庆祝活动和扎实推进现代化生态新区建设做出了贡献。

单位名称：中国共产主义青年团北京市门头沟区委员会

地　　址：北京市门头沟区新桥大街36号

电　　话：69842938

邮　　编：102300

（赵　健　解　洋）

【十二届六次全委（扩大）会议】 1月13日，召开共青团门头沟区委十二届六次全委（扩大）会议。会议回顾了2008年全区共青团的各项工作，分析了共青团工作面临的新形势和新机遇，部署了2009年全区共青团工作的目标和任务，并对2008年度全区共青团系统信息工作先进集体和优秀个人进行了表彰。区领导张冰出席会议并讲话，李建军出席会议。各基层单位主管共青团工作领导、团干部等120余人参加会议。

（赵　健　解　洋）

【举办“乡村青年文化节”】 “两节”期间，团区委联合区有关部门，举办了区第12届乡村青年文化节。组织开展“送图书下乡　助青年成才”活动，为龙泉镇和潭柘寺镇2家青年中心配送图书300余册，分别在妙峰山镇水峪嘴村、永定镇贵石村新建青年图书阅览室，各配送图书500余册；在妙峰山镇水峪嘴村开展“青年健康使者火炬行动”，为当地群众进行免费体检，共接待就诊咨询群众300余人次，发放常用药品600盒。同时，指导各基层团组织开展各类文化活动30余次。

（赵　健　解　洋）

【权益维护行动】 2月12日，在城子街道广场社区成立区第三所“12355北京市青少年星光自护学校”，邀请市12355青少年服务台志愿者、区消防支队官兵等在寒暑假期间开设实践教学课程，提高青少年紧急避险、伤害预防等方面的能力。加强区未委会和预防青少年违法犯罪工作协调委员会机构建设，做好委员和联络员调整工作，完善未成年人保护工作联动机制，创办《门头沟区未成年人保护及预防青少年违法犯罪工作简报》。邀请关心青少年事务的人大代表、政协委员参加“八个一”面对面活动，主动接受督查。从公检法司等部门聘请领导干部和业务骨干担任各中小学法制校长，全区43所中小学校法制校长配备率实现100%。成立青少年维权律师团，举办青少年维权律师论坛，发挥律师在青少年权益维护工作中的作用。加强刑满释放、解除劳教青少年的技能培训和就业指导，培训50人次。建立256名社区闲散青少年管理档案，招募社会志愿者与其结成帮扶对子。区领导韩生辉在全市未成年人保护工作会上作为区县代表作“分级管理、个案帮扶”工作经验介绍。

（赵　健　解　洋）

【志愿服务行动】　3月5日，召开志愿者协会第一届理事会第三次（扩大）会议，总结2008年度工作，部署2009年工作，同时发布了“欢乐陪伴”社区扶老志愿服务等6个服务项目，并在北京星座新桥商厦责任有限公司、北京京西实惠美容美发中心试点成立“京西志愿驿站”。区领导张冰，团市委事业部副部长、北京志愿者协会副秘书长王立华出席会议，区志愿者协会理事，工作人员及志愿者代表90余人参加了会议。建成北京共青团系统首家区县级志愿者协会网站——门头沟区志愿者协会网站。加强志愿者队伍建设，从奥运会志愿者等志愿者队伍中吸纳服务热情高、综合能力强的骨干志愿者担任项目负责人、志愿者服务队队长、信息宣传员等职务。开展形式多样的志愿服务活动，扶老助残志愿者到清颐敬老院、空巢老人家里开展关爱服务；环境保护志愿者到中门寺山区、滨河世纪广场等地捡拾白色垃圾，开展环境整治；文化传播志愿者到社区开展摄影征集、文化传唱等活动；生态建设志愿者到社区开展节能知识宣传，倡导低碳生活方式；禁毒防艾志愿者参与禁毒踏查、艾滋病防治知识宣传，5名志愿者代表参加首都防艾志愿者活动周，受到胡锦涛总书记慰问。开展国庆60周年城市志愿服务活动，9月4日至10月8日，启动区体育馆、潭柘寺景区、新桥路中学和月季园社区4个城市志愿服务站点，上岗志愿者600余人次，为市民、游客提供信息咨询、语言翻译、应急救助及特色服务1万余人次。

（赵　健　解　洋）

【青年文化行动】　3月22日，联合区旅游局、绿化办、北京外企服务集团团委、北京外企人力资源服务有限公司在潭柘寺镇天门山国家森林公园举行绿染西山——门头沟区第9届“京西植树生态游”活动启动仪式。团市委副书记于庆丰，北京外企服务集团党委副书记刘振兴、副总经理贾希为、王晓平，区领导翟云峰及区内相关单位领导出席了仪式，并与来自全区的青联委员、团员青年、志愿者以及社会各界人士近1000人一起参加了植树活动。5月23日至24日，团区委联合区羽毛球协会在区体育馆举办门头沟区首届“羽协杯”羽毛球比赛暨“联通杯”青年羽毛球混合团体赛，共有42支代表队200余名运动员报名参加青年组混合团体赛，50名运动员报名参加中年组男、女单打比赛。区领导张冰及区羽毛球协会各位副主席出席了开幕式。经过为期2天的比赛，产生青年混合团体赛8强和中年组男、女单打冠军、亚军和季军。另外还举办了“绿色北京　生态新区”青年摄影比赛。

（赵　健　解　洋）

【青少年思想政治教育】　3月27日，召开全区共青团系统学习实践科学发展观活动动员大会，为全区基层团干部作题为“坚持科学发展，凝聚青春力量，争做和谐先锋”的专题报告；邀请区科学发展观第二指导组组长作学习实践科学发展观活动辅导报告；开展“科学发展观大讨论”，组织基层团干部就如何以科学发展观为指导推进共青团工作等问题进行讨论。举办“传承五四精神，推动共青团工作科学发展”青年论坛，传达胡锦涛总书记等中央领导“五四”重要讲话精神，组织基层团干部畅谈认识与思考；围绕新中国成立60周年，举办“青春旋律”——庆‘五四’、迎‘十一’青年红歌赛、“辉煌60年”——国情、市情、区情青年知识竞赛等活动，组织团员青年参观“辉煌六十年——中华人民共和国成立60周年成就展”、“京西巨变——门头沟改革开放三十年成就展”和“走过60年——门头沟区庆祝新中国成立60周年老照片展”等展览。关注区内团员青年对热点问题、重大事件的认识态度，引导青年网络舆情，开展“共青团组织如何有效引领团员青年在网络舆情中辨是非、表立场、树旗帜”主题研讨会，并撰写《关于青年网络舆论引导工作的思考》调研报告，引导团员青年在网络舆情中站对立场、站稳立场、站住立场，树立政治意识和大局意识。

（赵　健　解　洋）

【纪念“五四”运动90周年】

5月4日，举办“永恒青春”——“五四”运动90周年纪念晚会。晚会以“永恒青春”为主题，按照“五四”以来的历史阶段为脉络，共分为“青春启航”“青春礼赞”“青春飞扬”3部分，通过诗朗诵、话剧、合唱、独唱、手语表演唱、舞蹈等形式，回顾了各历史时期青年运动的光辉历程。区领导伊欣欣、李慷云、高连广等莅临晚会现场；张冰出席晚会并讲话；团市委青农部部长李伟以及团区委历届老领导也出席了晚会。（赵健解洋）

【“六一”庆祝活动】 5月27日，团区委联合区教委在区影剧院举行门头沟区庆祝“六一”国际儿童节文艺汇演。区领导李建军、张冰、侯建华等和小朋友们一起观看演出，庆祝节日。

（赵健解洋）

【国庆60周年群众游行工作】 6月24日，区内召开国庆60周年群众游行工作部署会，区领导郭光磊、陈志强、张冰和区国庆60周年群众游行工作领导小组成员单位领导参加了会议。7月7日，群众游行门头沟大队166名队员及后备队员的报名、体能测试和政审工作。7月14日，群众游行门头沟大队开训动员大会，张冰参会并讲话，全体队员在斋堂军训基地开始为期半个月的集中训练。7月19日，陈志强前往斋堂军训基地，群众游行队员及工作人员。7月30日至8月14日，全体队员完成华北电力大学总队合练、良乡机场第三分指合练、沙河机场第三分指合练和沙河机场总指合练等4次合练任务。8月28日，区领导郭光磊前往华北电力大学慰问即将参加天安门广场第一次演练的全体队员和工作人员。8月29日至9月18日，国庆60周年群众游行门头沟大队全体队员随总队在天安门广场完成首都国庆庆典3次演练任务。9月23日，张冰慰问参加游行全体队员和工作人员，并送上中秋祝福和节日礼物。30日，全体队员举行出征誓师仪式。张冰为队员送行，并给予鼓励。10月1日，国庆60周年群众游行门头沟大队154名队员变换四色花板，舞动太平鼓走过天安门，完成首都国庆60周年群众游行第17方阵总队“新农村建设”方阵2个横排面中队及太平鼓表演中队的工作任务。15日，团区委组织召开总结会，全面总结国庆60周年群众游行工作。167名队员获得“国庆游行纪念证书”；34名工作人员荣获“国庆群众游行先进个人”，团区委等4家单位荣获群众游行优秀组织单位奖，区武装部荣获支持贡献单位奖，2名教练荣获专家纪念奖，团区委荣获创新成果奖。

（赵健解洋）

【就业创业行动】 年内，为青年提供就业服务。开展社区青年就业需求调查，针对性开展技能培训，帮助社区闲散青少年掌握一技之长。不断深化农村青年现代化素质培训工程，依托区、镇、村三级培训体系，指导各镇团委采取“独立办、联合办、参与办”相结合的形式，开展农村青年现代化素质培训。全年共举办各类培训班46期，培训农村青年2000余人次，共编印《门头沟青年创业信息专刊》4期2000余份，为青年提供政策咨询、技术指导等各类信息服务，拓宽青年就业渠道。同时，引导和帮助青年自主创业。2月27日，挂牌成立门头沟共青团创业青年夜校，举办创业知识讲座，进一步提升区青年创业者的综合素质和创业能力。联合区人力资源和社会保障局、区农委等相关部门，出台“门头沟区大学生村官创业扶持资金”管理办法，引导大学生村官投身创业实践。

（赵健解洋）

【区青联工作】 年内，区青联坚持“团结”和“发展”两大主题，组织青联委员参加门头沟区第9届“京西植树生态游”、参观“辉煌六十年——中华人民共和国成立60周年成就展”、进行健康体检等系列活动。通过短信慰问等方式，在节假日和委员生日向各位委员送去祝福，以人文关怀凝聚各位委员。

（赵健解洋）

【捐资助学】 年内，依托希望工程门头沟区工作站，不断深化“希望工程”工作。动员全区各中小学团队干部、班主任老师到2174名在校贫困生家中实地走访，掌握贫困生家庭实际情况，探索建立分级捐助管理模式，做好贫困生分级工作；严格实施“爱心基金”“学子阳光助学金”“希望之星（1+1）奖学金”等资助项目，全年共发放各类奖学金、助学金28万余元，资助贫困学生504名；撰写的《公益项目日常管理与实施探索》调研报告在2009年度工作站专题研讨活动中被评为二等奖。1月13日，团区委领导陪同区领导张冰、李建军，慰问了两名贫困学生，为他们送去助学金及书包、书籍等学习用品。

（赵健解洋）

【基层组织建设工作】 年内，探索新形势下团建工作。在社区，深化社区团建联系人制度；在农村，北京潭柘紫石文化产品开发经济合作组织被团中央设为农村青年经济合作组织团建试点单位，妙峰山镇被团市委设为乡镇团组织格局创新试点单位；加大企业团建力度，成立石龙工业区团工委，北京南丁格尔科技发展有限公司团支部等一批非公企业团组织相继成立。加强团干部和团员队伍建设。创新推出“青年讲坛”，采取围绕一个主题，团干部轮流主讲的方式，锻炼团干部的思维和表达能力，全年围绕“共青团信息工作交流”、“让志愿服务成为一种常态”“‘家电下乡’对拉动农村内需的影响分析”“共青团组织如何有效引领团员青年在网络舆情中辩是非、表立场、树旗帜”等主题，举办“青年讲坛”4期；举办区2009年基层团干部培训班，首次采取与专业培训机构合作的方式，邀请著名教授通过集体讲授、案例分析、活动体验、学习研讨、教学片分享等方式，使培训更有针对性、科学性和系统性；举办“青年干部的成长之路”2009年青年精英论坛，近60名团干部采取小品、情景剧、诗歌朗诵等形式充分展示了学习成果；完成全区青年人才数据库更新工作，共有1290名青年人才纳入数据库，实现了青年人才的动态管理。进一步强化“推优入党”工作，2009年各级团组织共向党组织推优192人，92人被确定为党员发展对象。

（赵健 解洋）

【对外宣传工作】 年内，联合《北京日报》《志愿者》《京西时报》以及区电视台等新闻媒体，对全区共青团工作尤其是国庆60周年群众游行及城市志愿服务活动进行跟踪采访和系列报道。先后编辑出版了《走过天安门》《微笑京西》《青春门头沟——激扬2009》画册等刊物，制作了《走过天安门——首都国庆60周年群众游行门头沟大队工作纪实》《青春激扬——2009年度门头沟共青团工作回顾》短片。加强宣传阵地建设，建成并完善区志愿者协会网站、门头沟共青团网站。全年向团市委上报信息450余条，采用率在全市郊区系统名列第二，团区委被评为2009年度北京共青团信息工作先进单位。

（赵健 解洋）

【调研工作】 年内，团区委班子带头下基层调研，掌握第一手情况，撰写了《关于门头沟区基层团组织建设的调查与思考》等8篇调研报告。在全区共青团系统成立6个调研小组，到基层调查研究，并完成了《关于门头沟区兼职团干部工作状况的调查与思考》等6篇调研报告。

（赵健 解洋）

门头沟区妇女联合会

【概况】 年内，在区委、区政府的领导和市妇联的指导下，围绕区“现代化生态新区”建设总体目标，落实市十二次和区九次妇代会精神，使妇女工作取得新成绩、实现新进展，即：在夯实基础、培训队伍、提高妇联干部思想和工作水平上有新进展；在突出主题带动、提升妇女综合素质方面有新进展；在增强服务妇女意识、促进和谐社会建设作用的发挥上有新进展，实现妇联组织强基固本、妇联干部能力提升、妇女事业科学发展的目标，发挥了妇联组织在“枢纽型”社会组织建设中的作用。

单位名称：北京市门头沟区妇女联合会
地　　址：北京市门头沟区新桥大街36号
电　　话：69842568
邮　　编：102300

（杨杰）

【慰问活动】 1月20日，区领导张冰及区妇联主席等到清水镇李家庄村、斋堂镇东胡林村、雁翅镇田庄村和东辛房街道看望和慰问部分创业中的贫困妇女家庭和老妇救会主任，为她们送去慰问金和慰问品。

（杨杰）

【加强对“妇”字号基地管理】 2月，制定《门头沟区农村“双学双比”示范基地管理办法》，加强“双学双比”示范基地的规范管理。年内，对56个“妇”字号基地进行了检查验收。

（杨杰）

【组织联谊活动】 3月2日，组织区女领导干部到房山区参加了三区女领导干部“‘庆三八’共商互融和谐发展”联谊会。区领导张冰、贾文勤及正处级女领导干部参加，到房山区韩村河和“京之源”都市农业休闲驿站等地进行参观学习。

（杨杰）

【开展维权周活动】 3月3日，与司法局联合开展“维权周”宣传活动，现场解答婚姻、继承、抚养等各类法律问题，共发放各类宣传材料2000余份。

（杨杰）

【举办女性大讲堂】 3月4日，围绕“新生活·新女性”主题，开办了2009年度现代知识女性大讲堂。年内共举办女性健康、礼仪知识讲座和女性创业就业心理引导以及实用技能培训共13讲，千余名妇女受益。

（杨　杰）

【组织报告团巡回演讲】　3月6日，组织“巾帼自主创业事迹报告团”，区四大部门领导为报告团成员佩戴授带并颁发证书。年内，报告团深入到农村和社区巡回演讲15场，近2000人听取了事迹报告。

（杨　杰）

【开展“三八”妇女节庆祝活动】　3月6日，开展了“庆三八、巾帼服务风采展示节”，区四大部门领导为荣获全国“三八”红旗集体和“巾帼文明岗”及五好文明家庭颁发了奖牌，为评选出的200户学习型家庭代表颁发了证书和购书卡。全区妇联系统先进集体和个人代表表演了自创的小品、诗朗诵、蝶翅画制作、蝴蝶放飞等文艺节目。会上下发了《关于命名刘润华等家庭为学习型家庭的决定》。

（杨　杰）

【召开女干部座谈会】　3月6日，组织正处级女领导干部召开“奉行服务理念，做好人民公仆”主题座谈会。女领导干部结合自身工作实际，就妇女参政议政的经验和体会进行交流，区领导郭光磊、张冰出席座谈会并讲话。

（杨　杰）

【社区妇联换届选举工作】　3月7日，制定并下发了《关于社区妇联换届选举工作的意见》，实现了社区妇联换届选举工作与社区“两委”换届工作同步进行。新当选的96名社区妇联主席为副职以上干部。

（杨　杰）

【举办“三八”联谊会】　3月8日，联合区工商联、区统战部举办“共商　共融　共促发展”区女企业家庆“三八”联谊会。部分女企业家和委办局女领导参加会议，进行了交流。区领导张冰参加活动并讲话。

（杨　杰）

【“十一五”妇女儿童发展规划中期评估】　3月26日，市妇儿工委对18个区县实施妇女儿童规划进展情况进行中期评估督导。督导组听取了罗斌和妇儿工委成员单位区教委、区卫生局领导对实施规划情况的汇报，实地考察了婚姻登记处、妇幼保健院及新桥路中学，重点考察了区婚前医学检查率、妇女儿童卫生保健、教育资源配置等重点领域指标落实情况。督导组对全区规划落实情况给予认可，并提出了意见和建议。

（杨　杰）

【学习实践科学发展观活动】　4月，开展了以“为妇女发展服务，让妇女群众满意，推动妇女事业健康科学发展”为主题的学习实践科学发展观活动。组织两场报告会，召开5场不同形式的座谈会，并到基层开展调研，形成了3篇调研报告。为解决妇女实际问题，提出了围绕“一个中心”、完善“三项机制”、深化“七项措施”的工作思路，实现了开展学习实践活动与全区妇女事业发展“两手抓、两不误、两促进”的目标要求。学习实践活动得到了区委指导检查组的肯定，群众满意率100%。按照区委学习实践活动“回头看”工作的有关要求，提出了8项整改目标、18个整改项目和46项具体措施，基本实现了预期的目标任务。截至年内，整改方案提出的18个整改项目已全部启动，近三分之二的具体措施已经得到落实。

（杨　杰）

【收听、收看基本国策专题讲座】　4月9日，与区委组织部联合通知并组织农村党员干部群众收听、收看全国人大副委员长、全国妇联主席陈至立关于男女平等基本国策的专题讲座。九个镇妇联就专题讲座分别组织了座谈讨论。

（杨　杰）

【开展扶助贫困妇女和单身母亲工作】　4月15日，对创业中的贫困妇女和单亲贫困母亲进行了调查，为10名单亲贫困母亲每人300元补助款。

（杨　杰）

【开展春风送暖活动】　4月15日，与市、区科委联手开展了“春风送暖农家女”慰问活动，引进农大3号节粮型小型蛋鸡3万只，聘请专家指导养鸡技术，为山区农家女致富提供服务。

（杨　杰）

【百万家庭数字生活技能大赛】　4月18日，联合区科协、区信息办开展“喜迎国庆六十年·数字生活谱新篇－2009门头沟百万家庭数字生活技能大赛”，全区60多个家庭参加区家庭大赛，1个家庭参加市家庭大赛决赛，获优秀奖，区获得优秀组织工作奖。

（杨　杰）

【组织培训工作】　4月20日至23日，组织8名创业女性参加了由北京市妇联“巾帼建功”活动协调小组、“双学双比”竞赛活动协调小组在北京农职学院培训中心联合举办的为期4天的妇女培训班，学习了有关政策及农村企业发展管理等知识。5月13日，针对农村妇女需求，聘请农校专家到清水镇洪水口村和小龙门村举办了民俗礼仪接待、蛋鸡的防病治病和薄皮核桃种植技术培训班，100余名妇女参加了培训，并就技术问题进行了咨询。12月2日至3日，举办社区妇联主席培训班，针对社区换届选举新任职情况，邀请市妇联副主席尹玲珍、李彦梅专题讲解了妇联工作职责及权益维护工作，区妇联副主席及科长分别介绍了全区妇联工作。镇、街道和社区120余名妇联干部参加。区领导张冰、贾文勤参加了培训班动员并讲话。

（杨　杰）

【开展学习型家庭创建工作】 4月26日，结合近年全区开展学习型家庭创建工作实际，区妇联特制定《关于进一步深入开展学习型家庭创建工作的意见》。年内，配合全区学习型先进区创建工作检查验收，整理了近三年有关学习型家庭创建工作档案，收到较好效果。

（杨　杰）

【组织家庭知识讲座】 5月8日，与区学习型城市建设办公室共同开展组织学习型家庭专题知识讲座，北京市创建学习型城市指导委员会委员、门头沟区创建学习型城市专家指导组特约顾问费元鸿教授做了关于《创建学习型家庭知识报告》，全区200户学习型家庭、8户首都和谐家庭代表和妇联干部参加了学习。

（杨　杰）

【开展四进社区活动】 5月16日，联合区文明办、区科协等十家单位开展文化、科技、法律、卫生知识宣传四进社区活动，发送科技和巾帼先进事迹方面的图书千余册。

（杨　杰）

【组织乒乓球比赛】 5月23日，联合区体育局组织女子乒乓球爱好者参加北京市“和谐杯”比赛，荣获团体第五名，并获得优秀组织奖。

（杨　杰）

【数字生活特色活动】 5月27日，与区科协、区信息办联合组织“喜迎国庆六十年、数字生活谱新篇”主题特色活动，区领导陈志强参加，区第五届“百万家庭数字生活技能大赛”领导小组成员单位领导和部分妇联干部参加主题特色活动仪式，并参观了永定镇侯庄子村家庭上网工程开展情况。

（杨　杰）

【扶助创业贫困妇女】 5月，通过调研，向市妇联申报5名农村创业中的贫困妇女发展情况，为每人争取扶助款5000元。

（杨　杰）

【“十一五”妇儿规划指标座谈会】 6月25日，区妇委儿工委召开“十一五”妇女儿童规划指标征求意见座谈会，卫生局、劳动局、教委等重点领域单位参加。妇儿工委办公室对“十一五”妇女儿童规划各项指标做了说明。各成员单位结合实际情况分别对部分指标提出了意见和建议。

（杨　杰）

【“十一五”家庭教育中期评估】 6月，完成了“十一五”家庭教育中期评估工作。

（杨　杰）

【典型宣传】 7月，联合区文明办组织对全国五好文明家庭董淑香、区女企业家杨兴淑先进事迹专题片的制作，并通过新闻媒体进行宣传。

（杨　杰）

【“六一”暨家庭道德宣传实践月活动】 6月至7月，组织“非凡宝宝”风采展示系列活动；开展“边学边玩、好开始”2009年家庭教育公益讲座；与工人子弟学校联合举办了一场“关爱残疾孩子，发展特殊教育”文艺演出活动。

（杨　杰）

【举办百姓身边事报告会】 8月17日，与宣传部共同在区妇女儿童活动中心举办区首场北京市百姓讲师团报告会，宣传首都改革开放三十年取得的成就，全区近百名妇女听取了报告。

（杨　杰）

【组织“全国双百”投票活动】 8月，组织300名妇联干部参加了“100位为新中国成立做出突出贡献的英雄模范人物和100位新中国成立以来感动中国人物”的评选投票活动。参加了首都“十大道德漠范”和“英雄模范人物”评选工作。

（杨　杰）

【开展换阅工作】 8月，开展了妇女干部岗位读书活动和组织大众读书会换阅工作，全区各级妇联组织征订各类书刊达5万元左右。

（杨　杰）

【开展家庭教育研究工作】 9月，开展“十一五”家庭教育课题——“家庭教育工作中对儿童社会公德和诚信品质的培养”的研究会，总结了家庭教育工作中的好经验好做法，全区家教协会成员单位领导参加会议。

（杨　杰）

【组织参观学习活动】 11月24日，组织女党支部书记、女村长和妇联干部30人，到通州海玲编织社、怀柔劳模山庄和民俗旅游第一家考察学习。

（杨　杰）

【举办农家女致富“擂台赛”】 12月15日，举办第九届农家女致富擂台赛，市妇联发展部部长刘玲、区领导翟云峰、区“双学双比”协调领导小组成员、各级妇联干部及妇女代表近100人参加了活动。全区各镇15位选手上台打擂。评出一等奖3名、二等奖5名，三等奖7名。

（杨　杰）

【为社区配备书籍和光盘】 年内，协调儿基会为全区6个社区德育中心配备了《弟子规》、《百家姓》、《千字文》等书籍及家庭教育光盘，定期开展家庭教育活动。

（杨　杰）

【开展维稳信访工作】 年内，坚持妇联领导信访接待日制度，并推出每月2次律师咨询服务，全年共受理来信4件次、来电37次、接待来访34件50余人次，全部结案。

（杨　杰）

【扶助困难妇女儿童】 年内，开展“春风行动”为8户贫困学生进行捐资助学。在“两节”和母亲节期间，对老妇救会主任、单亲贫困母亲、残疾儿童等弱势群体近百人进行了救助。“六一”期间，对新星幼儿园和福利院的小朋友进行了慰问。

（杨　杰）

【组织募捐活动】 年内，组织爱心女能人、基层妇联干部群众为市妇女儿童基金会的“暖流行动”募捐资金3万余元，援助贫困母亲。组织机关干部参加了为灾区献爱心及党员爱心捐献活动。

（杨　杰）

【开展调查研究】 年内，开展调研，完成了《探索妇联组织在“枢纽型”社会组织中发挥作用》、《家庭教育工作中儿童社会公德和诚信品质的培养》等九个课题。

（杨　杰）

门头沟区
科学技术协会

【概述】 年内，围绕市科协、区委、区政府的中心工作任务，全面落实科学发展观，以提高区公民科学素质为目标，开展科技周、科普之春、科技交流月、百万家庭数字生活技能大赛、青少年科技创新大赛等科普活动；加强科普宣传工作，实施科普惠农兴村和科普益民计划。各项活动的开展，取得了良好的社会效益，区科协获得首都“迎奥运、讲文明、树新风”先进单位，门头沟区创建学习型机关先进单位，区科技馆获北京市科协颁发的“科技馆活动进校园”2007－2009年度特别贡献奖。科技馆在北京市科协青少年科技活动年度考评中，荣获“北京市十佳活动单位”荣誉称号。

单位名称：北京市门头沟区科学技术协会
地　　址：北京市门头沟区新桥大街40号
电　　话：69843535
邮　　编：102300

（马进英）

【举办“科技冬令营”活动】 1月，组织大峪辖区内的50余名学生、社区干部及科普志愿者参观体验中国电影博物馆，开展“科技一日冬令营”暨走进艺术殿堂，探求电影奥秘的主题实践活动。

（刘立新）

【开展第十一届农村科普之春】 1月至4月，根据市科协的文件精神，开展了第十一届科普之春活动，大力实施农民素质教育工程，落实新型农民三年培养计划，聘请专家为农民进行实用技术培训10次，培训农民约350人。

（王　娟）

【加强“一站、一栏、一员”建设】 1月至4月，加强“一站、一栏、一员”科普设施建设，新建科普画廊10个，结合新农村建设特点，制作了170余块农村节电、节水小常识、农药污染的危害、农村沼气的使用及生态农业等宣传展板，对农村已建成的原有17座科普画廊进行了维护、保养和内容更换。

（王　娟）

【举办“科技动手做”活动】 寒假期间，举办“四脚竞速机器人”组装比赛。向阳楼和新桥西街社区50余名学生参加了实践活动。

（刘立新）

【开展三下乡活动】 2月，组织开展“三下乡”科普宣传活动，向农村发放和赠送科普挂图、光盘600余张，农业技术丛书、家庭系列图书2300余册，科普法和农业科普宣传册2000余份。

（王 娟）

【举办“绿色大课堂”进社区活动】 3月，举办“绿色大课堂”讲座。科普志愿者为新桥西区社区居民讲授了一年四季适合在居室栽种什么花卉，怎样栽种、施肥、浇水、采集花种等一系列种养方面的知识。

（刘立新）

【举办“家庭数字生活技能大赛”】 3月至6月，根据市科协、市信息办、市妇联关于联合开展“2009年北京百万家庭数字生活技能大赛”的通知精神，区科协作为牵头单位，组织开展了“2009门头沟区百万家庭数字生活技能大赛活动”。组织全区公众参与网上知识竞赛、数码摄影比赛、科技巡展进社区、数字科普大讲堂等主题特色活动，并选出优秀家庭代表队参加北京市决赛。门头沟区参加网上科普知识答题2404名，数码摄影比赛作品473幅，与上一年相比数量明显增加，门头沟区荣获北京市组织工作一等奖。

（王 娟）

【举办青少年科技创新大赛】 3月至10月，区内共有15所学校参加了第29届北京青少年科技创新大赛门头沟区预赛，近3000名学生参加了科学论文、发明创造、科学幻想绘画、科技实践活动等多项活动，涌现了一批青少年科技创新成果。市区两级比赛共有93名同学获奖，其中市级一等奖2名；二等奖7名。1名教师荣获优秀科技教师。

（王 娟）

【走进科普场馆开展科学探究】 4月，组织大峪二小的30名学生到区科技馆，首次与教育专家设计开发的“力与机械”—青少年科技教育活动资源包接触，开展科学探究活动。

（刘立新）

【举办科技周活动】 5月16日至22日，举办了以“携手建设创新型国家”为主题、以“坚持科学发展，建设科技北京”为副主题的门头沟区2009年北京科技周。共开展了41项活动，其中区级重点活动17项，基层活动24项，通过开展科技周开幕式、健康快乐京西行、水务科技游览、慰问科技、科普工作者电影专场、循环经济学习交流、社区环保科技制作展评等活动，掀起科普活动高潮。

（王 娟）

【举办中小学生科幻画展】 5月，举办中小学生科幻画创作展，50余名学生的60余幅作品参加了展示，200余名学生观摩了展览。

（刘立新）

【开展社区环保科技制作展评】 5月至8月，开展社区环保科技制作展评活动，社区居民利用废旧物品亲自创意动手制作，体现节能环保的主题。共征集的作品42件，大峪街道新桥西区孙天祥用废旧易拉罐制作的钢精饰《梅兰竹菊》荣获一等奖，同时评出二等奖2名，三等奖3名，优秀奖20名。

（王 娟）

【组织科普考察】 6月，组织科普联席会及区科协所属学（协）会成员参观生态教育基地——江西水土保持科技园。

（王 娟）

【举办“科普读书日”活动】 6月，组织“科普读书日”活动，通过读书、征文等形式，开展学习交流。

（刘立新）

【举办普及天文知识活动】 7月，组织社区青少年及科普工作者近50人观看日全食天文奇观。

（刘立新）

【举办科技奥运回顾展】 8月，组织举办“动感体育全民健身暨科技奥运回顾展”。展览为期1个月。

（刘立新）

【举办科技成就图片展】 9月，组织举办“为伟大祖国骄傲暨庆祝新中国成立60周年科技成就图片展”，展期2个月。

（刘立新）

【科普日上街宣传】 9月18日，联合学协会、街道、局科协及驻区部队的科普工作者100余人开展了全国科普日科普上街宣传活动。以悬挂横幅、发放宣传材料、宣传咨询义诊、展板展示等多种形式，向广大公众宣传节约能源资源安全健康的科学知识。此次科普上街宣传展出展板30余块，发放宣传资料7000余份，医疗咨询、量血压300人次。

（王 娟）

【举办登山比赛】 10月28日，在水峪嘴村京西古道举办了2009门头沟区科技人员登山比赛。区领导陈志强为比赛开始鸣枪，科协所属学会、协会、街道科协、镇科协的20支代表队参加了比赛。教育学会1队、中医院1队、教育学会2队、斋堂镇科协、大峪街道科协、水产学会夺得前六名。

（王　娟）

【举办电脑知识培训活动】 10月，为落实《北京市提高全民信息能力行动纲要》，围绕“以人为本、信息惠民、共建科技北京”的主题，组织开办了普及电脑知识培训班。首批新桥西区和向阳楼社区的30余名居民参加了培训。

（刘立新）

【举办科技交流学术月】 10月至12月，开展了科技交流学术月活动。组织广大科技工作者开展了“科技人员建议征集评选活动”。共征集到《建议》46篇，评出一等奖2篇、二等奖4篇、三等奖8篇、纪念奖32篇。

（王　娟）

【组织科普报告进军营活动】 11月9日，聘请国防大学博士生导师朱梅生少将为62351部队进行国防知识讲座。

（王　娟）

【科普作品征集评选活动】 11月，组织开展的“走进科普场馆体验身边科技”暨庆祝新中国成立六十周年科普作品征集评选活动揭晓。此为区科技馆首次开展以科普场馆为原创素材的科普活动。经过专家评审，评选出文章类一等奖1名，二等奖2名，三等奖3名，鼓励奖若干名；照片类一等奖1名，二等奖4名，三等奖4名，鼓励奖若干名。

（刘立新）

【举办“科学家进校园”活动】 12月3日，组织“大手拉小手——科学家进校园”活动，中国地震局地球物理研究所研究员、中科院中国遥感卫星地面站研究员、中国科学院国家天文台研究员分别在新桥路中学、城子小学、大峪一小为师生做了科普报告。

（王　娟）

【召开科普志愿者工作会】 12月，召开2009年科普志愿者工作总结研讨会，2009年度优秀科普志愿者代表作了履职典型发言；对年度内做出突出成绩的优秀科普志愿者进行了表彰。与会人员围绕区科技馆2010年科普工作思路就如何做好科普志愿服务工作进行了研讨。

（刘立新）

【召开科普信息工作会】 12月，召开2009年科普信息宣传工作总结会，总结一年科普信息宣传工作主要特点。一是数量多；二是质量高；三是途径宽；四是重点突出；五是参与面广；六是成效显著。

（刘立新）

【编辑出版《2009年建议汇编》】 12月，将2009年科技人员建议编辑成册，出版了《2009年门头沟区科技人员建议汇编》。

（王　娟）

【开展“社区科普益民”活动】 年内，4个社区、9个个人获得市科协、市财政局“社区科普益民”工作表彰奖励。通过了2008年北京市社区科普益民计划检查验收工作，完成了2010年“社区科普益民”计划申报推荐工作。

（王　娟）

【开展“科普惠农兴村”活动】 年内，4个涉农单位、5个个人获得市科协、市财政“科普惠农兴村”工作表彰奖励。通过了2008年北京市科普惠农兴村计划检查验收工作，完成了2010年“科普惠农兴村计划”申报推荐工作。

（王　娟）

【聘用科普志愿者】 年内，区科技馆再次面向社会聘用12名科普志愿者。范围涉及科技、文化、艺术、社会、法律、环保、医学、军事等领域，为全馆有效开展科普活动提供支持和保障。

（刘立新）

【举办“科技技能课”实践活动】 年内，组织大峪一小、大峪二小及周边学校近千名学生开展青少年“科技技能课”实践活动。

（刘立新）

【科技艺术培训成果】 年内，科技艺术培训成果显著。书画培训班4名学生分别被首师大科德学院、清华同方学院、北京八大处高中美术特长班、西城区实用美术学校。争取培训班学生参加《双龙杯》为全国少儿书画大赛，6幅美术作品、5幅书法作品获决赛资格。

（刘立新）

【编辑出版发行科普读物】 年内，编辑出版了《京西科普》期刊6期，印刷《科普知识进家庭系列丛书》4250册。

（王　娟）

【帮扶工作】 年内，区科协通过了解帮扶村情况，组织医务专家下乡义诊；聘请专家到扶贫村实地考察谋求发展项目；组织镇村干部外出学习考察；聘请专家进行实用技术培训等措施，做到真帮实扶。

（王　娟）

门头沟区残疾人联合会

【概况】　年内，在区委、区政府的领导和北京市残联的指导下，全区各级残联组织团结一致，开拓创新，主要业务领域工作全面推进，重点工作取得突破，基层残疾人组织得到加强，为构建和谐社会，促进门头沟区经济社会协调发展发挥了作用。完成各项业务工作的年度目标任务，残疾人基本状况得到明显改善。助残日活动、第二代残疾人证换发、康复达标区创建、无障碍进残疾人家庭等一系列重大活动和重点工作顺利进行，各项业务工作取得新进展，全面完成了年初制定的各项工作计划。建立残疾人温馨家园、发展残疾人职业康复劳动项目，打造品牌形成特色。被国家信访局、中国残疾人联合会评为全国残疾人信访工作先进集体。

单位名称：北京市门头沟区残疾人联合会
地　　址：北京市门头沟区新桥大街58号
电　　话：69859231
邮　　编：102300

（潘明明）

【扶贫解困工作】　年内，为3185名贫困残疾人发放定期困补金额500余万元；为88名贫困残疾人发放临时救助款8.25万元。全年各级领导共走访慰问残疾人4093名，各项慰问金和物折合人民币225万元，实现了困难残疾人全覆盖。全年共投入9435380元，使2253名残疾人享受“三项困难补助”、1034名残疾人享受无固定性收入重残无业人员生活补助、1286名残疾人享受无业医疗保险、3717名残疾人享受无业养老保险、202名困难残疾人子女和残疾人高中生大学生享受扶残助学补助、266户农村困难残疾人家庭落实了危旧房改造。

（潘明明）

【就业工作】　年内，全区新安置残疾人就业168人。进行职业咨询104人次，求职登记99人，介绍成功人数16人；举办职业指导讲座3次；职业指导89人次；对10名有就业愿望和就业能力的听力、肢体残疾人进行了职业能力评估。扶持360余户残疾人开展个体经营、发展种养殖业，促进残疾人就业。培训盲人按摩师7人，扶持2名盲人按摩师实现了就业。

（潘明明）

【教育培训工作】　年内，创建残疾人职业技能培训工作室，建立两个残疾人手工艺作品展卖店，为促进残疾人职业技能培训、促进残疾人就业搭建了平台，实现培训残疾人5000人次，销售收入6万元。开展0－18岁残疾儿童少年受教育情况调查，共有254名0－18岁残疾儿童少年；学龄残疾儿童少年193名，其中155名随班就读或入培智中心学校学习。

（潘明明）

【康复工作】　年内，完成北京市社区残疾人康复达标区创建工作。对全区持证残疾人进行康复需求调查，组织康复医生到社区（村）100余名残疾人家庭中，开展康复进家庭活动，开展0－16岁残疾儿童少年康复救助服务，使152名残疾儿童少年受益，其中25名0－7岁的残疾儿童可以享受到每月500元的康复补贴，127名8－16岁残疾儿童少年可以享受每年1000元的康复补贴。免费发放包括260辆轮椅、80个助听器、500个闪光热水壶、80个坐便器等在内的2200件残疾人辅助用品用具；为15名肢体残疾人装配了假肢，完成白内障复明手术。

（潘明明）

【基层组织建设工作】　年内，完善了区、街镇、社区村三级残疾人组织网络，使基层组织建设明显加强，街镇实现了机构、职责、人员单列，配齐了专兼职理事长和专职残疾人协管员；符合条件的社区（村）全部建立了残疾人协会，174名残疾人专职委员全部持证上岗，举办4期残疾人专职委员培训班并进行了考核。

（潘明明）

【换发第二代残疾人证工作】　年内，开展换证相关工作，提出“方便残疾人，保证见面率”的换证原则，组织了一支“下基层换证队伍”，以街镇为单位，换证工作人员到社区、村对全区13个街镇近1.2万名残疾人，现场集中进行“一条龙”式换证工作，共换发二代证1.2万人，新办二代证5000余人，换证率达到95%。

（潘明明）

【无障碍工作】　年内，区残联与区规划部门配合，发挥无障碍监督职能；开展“无障碍推动日”活动。推进无障碍设施进残疾人家庭工作，逐户对400户残疾人家庭进行了入户调查、设计与施工，为7个街镇残疾人服务机构配备了无障碍专用车。

（潘明明）

【温馨家园建设工作】 年内，完成13个市级示范残疾人温馨家园、9个残疾人职业康复劳动站的创建工作，有500余名智力和稳定期精神残疾人以职业劳动的方式开展康复训练，并取得一定的效果。

（潘明明）

【建国60周年庆祝活动】 年内，区残疾人职业技能培训工作室的残疾人用1000余朵的丝网玫瑰花，扎制了两块长2.4米、宽1.2米的五星红旗和国庆六十周年标志；举办了以“迎国庆、竞技能、展风采、促和谐”为主题的残疾人职业技能比赛；举办了“庆祖国诞辰60周年——歌唱祖国红歌会暨第七届残疾人卡拉OK比赛”。

（潘明明）

【残保金审核工作】 年内，区残联主动与区地税部门研究协商，在实现“一门式”审核的基础上进一步提高审核代征工作的服务水平、服务质量，主动为用人单位服务，为残保金的审核代征工作打下了基础。实现审核率85.6%，审核金额2206万元，入库率超过100%，按比例安排残疾人就业1456人，为218家用人单位发放岗位补贴467.8万元。

（潘明明）

【宣传工作】 年内，继续在《京西时报》开办“京西残疾人”专栏，继续办好区残联网站。新闻媒体刊播残疾人工作的新闻50余条，在中国残联、市残联、区残联和区政府网站共刊发新闻170余条。印发《工作动态》24期、《情况简报》40期，制作反映温馨家园建设、康复工作的宣传片2部。为全区残工委各成员单位、各街镇、协会、专职委员定阅《中国残疾人》、《三月风》、《挚友》等“一报三刊”，对指导基层残疾人工作发挥了作用。区残联荣获2009年中国残联“两刊”（《中国残疾人》、《三月风》）发行先进单位。

（潘明明）

【文体工作】 年内，举办残疾人象棋比赛、残疾人卡拉OK比赛，开展残疾人轮椅柔力球、乒乓球训练。残疾人轮椅柔力球队参加区全民健身项目表演赛并获得特殊贡献奖。荣获第三届北京市“和谐杯”暨2009年残疾人乒乓球比赛优秀组织奖。组队参加市残联举办的儿童趣味运动会、市残联“第七届残疾人文艺汇演”以及市残联第三届残疾人工作者运动会，获得广播体操团体二等奖，组队参加了“北京市第二十三届残疾人棋牌”赛，并获远郊区县组团体第三名。

（潘明明）

【信访维权工作】 年内，接待来访群众反映问题17件、25人次，信件3封，初访12批，15人次，重复访5批，10人次，已按期全部办结。开展干部大接访活动，共接待残疾人来访百余件，维护了残疾人的合法权益。

（潘明明）

门头沟区
工商业联合会

【概况】 年内，在区委、区政府的领导下，在市工商联的指导下，坚持以邓小平理论、“三个代表”重要思想和科学发展观为指导，围绕区委、区政府中心工作，发挥职能作用，不断加大服务力度，开展调研工作，完成了全年工作计划。应对金融危机，做好政策引领工作，组织召开企业家座谈会、政策宣讲会等活动15次；创新服务，帮助会员企业解决生产经营中的困难和问题60余件次，帮助9家会员企业协调贷款342万元；先后三次组织会员企业赴海南、湖南、广西进行学习考察；做好招商引资工作，协调海淀区、宣武区工商联，组织22家非公企业对妙峰山景区沟域经济和区新农村建设情况进行了实地考察；先后3次组织13家非公企业赴涿鹿县进行了考察交流，5家涉农会员企业与该县相关企业达成了投资合作意向。同时，先后两次接待涿鹿县商贸考察团到区内进行经济考察。不断加大宣传力度，全年编辑印发《工商联通讯》7期，通过《京西时报》、《京郊日报》、《工商时报》、区有线电视台等媒体，宣传报道会员企业30余篇；开展非公经济“迎国庆文明行”活动，组织11家会员企业开展环保、医学、法律、礼仪、美容等方面的咨询服务活动，组织4家会员企业到大峪街道和龙泉镇两家“温馨家园”为残疾人美发、检修电脑，组织50名会员企业员工和工商联机关干部参观了辉煌六十年——中华人民共和国成立60年成就展。开展金融危机对非公经济影响现状的问卷调查工作，完成100份调查问卷和《关于金融危机对我区非公经济影响状况的调研报告》。

单位名称：北京市门头沟区工商业联合会
地　　址：北京市门头沟区新桥大街56号

电　　话：69842495　69846630
邮　　编：102300

（任全孝）

【召开招商工作总结座谈会】 1月16日，区工商联、商务局召开政企携手共建门头沟现代化生态新区活动总结座谈会。总结了2008年共建活动及招商引资工作情况，研究制定了2009年招商引资工作意见。市工商联秘书长等领导出席会议。

（任全孝）

【设立企业发展大讲堂】 1月19日，与工商银行门头沟支行联手设立“中小企业发展大讲堂”。第一讲请中国政策科学研究会文化专业委员会副主任田园为近百名企业家做了《金融分析与把握自己》专题讲座；第二讲由工商银行负责同志介绍了工商银行的相关政策、贷款品种和产品，并与企业家进行了交流互动。

（任全孝）

【召开座谈会、政策宣讲会】 2月12日，召开坚定信心共谋发展企业家座谈会，学习座谈了刘云广在《门头沟区第十四届人民政府第三次全体会议上的讲话》精神。26日，召开劳动政策宣讲会，邀请区人力资源和社会保障局领导、区残联领导为40余家会员企业进行了劳动政策宣讲。3月5日，与区妇联、区商联会举办共商共融共促发展——门头沟区女企业家庆三八联谊会，区有关委、办、局、金融部门和女企业家代表共80人参加了联谊会。张冰出席会议。4月9日，举办强服务、促发展、保增长为企业送政策宣讲座谈会，工商分局发放了促进经济增长支持企业发展若干意见，区人力资源和社会保障局发放了安置再就业企业奖励政策等，并就相关政策进行了座谈。

（任全孝）

【召开执委会、主席会议】 2月12日，召开八届七次主席会议，讨论通过了区工商联八届五次执委会工作报告（审议稿），通报了驻会领导班子成员工作分工调整情况。20日，召开八届五次执委会，传达了区人大、政协会议精神；审议通过了区工商联八届五次执委会工作报告；增替补八届副主席1名、常委2名、执委10名。市工商联副主席李燕平等领导出席会议。9月8日，召开八届八次主席会议，通报了区工商联1月至8月工作情况，研究讨论了区政协大会发言问题。12月11日，召开八届九次主席会议，通报了区委组织部关于区工商联主席变动情况的决定，通过了区工商联《关于大力扶持我区镇村非公经济发展的建议》的区政协大会发言。

（任全孝）

【成立非公企业创业发展顾问团】 2月27日，成立非公企业创业发展顾问团。由北京恒坤投资集团有限公司总裁董蒙为区农村、社区、大学生村官、镇街团干部及创业人员100余人做了《创业模式与公司成长》的讲座。

（任全孝）

【学习实践科学发展观活动】 3月至8月，机关开展了学习实践科学发展观活动。活动期间，党组成员撰写调研报告5篇，班子调研报告1篇，编发《学习与交流》53期，上报活动《信息》21期。在全面总结和客观分析近年来落实科学发展观方面所取得主要成绩和存在突出问题的基础上，形成了领导班子贯彻落实科学发展观分析检查报告；创新宣传工作、加强会员队伍建设等方面10项具体整改措施。

（任全孝）

【开展绿色北京建设行动】 7月31日，在区工商联协调下，区政府与市工商联共同举办“首都非公经济参与绿色北京建设行动”暨“首都非公经济参与门头沟区创建国家生态区工作”启动仪式。全国工商联副主席孙安民等领导出席启动仪式，区领导刘云广致词，副市长程红讲话，首都300余名非公代表人士向全市非公企业发出了参与绿色北京建设行动和门头沟区创建国家生态区工作的倡议。仪式结束后，与会首都企业家分组对区东山贡梨园、琨樱谷生态山庄等企业进行参观考察。按照“绿色北京”建设行动安排，对会员企业参与生态建设情况进行调研，走访了部分镇村和20余家涉农企业、合作社，开展了关于生态型企业发展状况问卷调查，召开了生态型企业座谈会，考察了延庆县北京德青源农业科技股份公司和怀柔区北京御食园有限公司两家大型涉农非公企业。完成了《关于我区非公企业参与生态建设情况的调研报告》。

（任全孝）

【举办企业经理人培训班】 8月6日，与区经信委、商务局联合举办企业经理人培训班。北京中担投资信用担保有限公司、工商行北京中关村支行就企业融资问题进行了讲解，商务局解读了当前国家对企业出口、开拓国际市场等方面的扶持政策，区经信委介绍了区内出台的帮扶企业应对国际金融危机的实施意见。

（任全孝）

【评优推荐工作】 年内，推荐7家会员企业被市工商联、市人力资源和社会保障局、市总工会授予“北京市就业与社会保障先进民营企业”称号；20家会员企业被评为北京市工商联系统精神文明单位和精神文明单位标兵；推荐2名执委增补为区政协委员。

（任全孝）

门头沟区文联

【概况】 年内，在区委、区政府的领导下，在市文联的支持和指导下，区文联贯彻落实科学发展观，以十七大精神为统领，围绕区中心工作，发挥“联络、协调、服务和管理”职能作用，团结全区文艺工作者，推动全区文学艺术普及、创作工作，各项工作有序开展，着力宣传新中国成立60年以来的辉煌成就，赢得了社会各界普遍肯定。

主要工作有：学习落实科学发展观、加强机关党组织建设、召开三次文代会、庆祝新中国成立60周年系列活动、《百花山文艺》期刊等。截止到年底，已经有13个协会、学会，会员800余人。

单位名称：北京市门头沟区文学艺术界联合会
地　　址：北京市门头沟区新桥大街23号
电　　话：69824090
邮　　编：102300

（叶金玉）

【举行春节团拜会】 1月18日，举行“腾飞门头沟欢乐过大年”门头沟区2009春节团拜会，北京市文联党组书记朱明德、党组副书记王德新出席团拜会。19日，组织各协会、学会会员在城子百花大厅举行文联2009年春节团拜会。会上各协会会员代表表演了节目。

（叶金玉）

【学习落实科学发展观活动】 3月，按照中央、市委、区委的统一部署，以“围绕中心，突出特色、共建和谐文化”为主题，深入学习实践科学发展观，共经历学习调研、分析检查、整改落实等3个阶段。在区委指导检查组的指导下加强领导、全员参与，以“深入基层，开展调研”、“多方交流，展示风采”、“立足实践，发挥优势”三项措施，做好“文艺惠民”工程，达到了预期的学习实践效果。3月24日，音协“和谐之声”艺术团应北京市示范性普通高中、中小学艺术教育特色校、全国第一个“宏志班”创办校崇文区广渠门中学邀请，到广渠门中学进行文化交流。26日，作家协会5位作家组成专门的评选小组，为由区委宣传部、文明办公室、文学联会、新闻中心在全区联合开展的农村群众性精神文明创建活动成果征文活动评奖。3月，先后推荐中国音乐家协会全国钢琴考级委员会高级评委、北京音乐家协会钢琴基础教育分会副会长，和首都师范大学中国诗歌研究中心文艺学专业博士生，为区委党校处级干部进修班举办文艺讲座，提升处级领导干部的艺术修养，为建设“人文北京”提供人才支持。3月至4月，先后到雁翅镇田庄村和苇水村、斋堂镇沿河城村和向阳口村、马致远故里——王平镇韭园村、龙泉镇向阳小区、潭柘寺公园、京西古道斜河涧至韭园部分、“爨底下、琉璃渠、灵水”三大历史文化名村、所属协会学会和艺术家们中间，以实地考察、座谈、调查问卷等方式开展文艺需求调研活动。4月1日，门头沟区文联书法家协会副秘书长、到雁翅镇田庄村装扮“文化墙”和“文化走廊”，5月4日，邀请中国国家博物馆研究员、北京市文联民间文艺家协会民俗委员会副主任为妙峰山镇古岸农庄进行节庆文化活动策划。7月15日至8月28日，由区委宣传部、旅游局、文联、雁翅镇人民政府共同主办，区摄影家协会、区电视台、《京西时报》、门头沟论坛协办，北京灵之秀茶文化有限公司赞助的“七彩雁翅美如画·灵之秀”杯摄影大赛在雁翅镇黄岩沟开幕。市文联摄影家协会常务副主席王越出席开幕式。陈志强出席开幕式并致辞。8月12日，区领导在中国人民解放军总后勤部物资油料研究所举行“书画家进军营”笔会活动。市文联党组书记朱明德，北京美术家协会驻会副主席贺成才，北京美术家协会副主席李耀林，北京书法家协会副主席龙开胜等8名书画家，以及区领导陈志强参加活动。60余幅书画作品赠给官兵。8月，戏剧家协会副主席李志民报名参加了由北京电视台主办，国家京剧院、北京京剧院、中国戏曲学院、北京戏曲艺术职业学院和北京市京剧昆曲振兴协会等单位协办的《国粹生香——2009北京京剧票友段位评授季》最高段位五段评授大赛，荣获北京电视台“国粹生香”京剧票友最高段位五段证书和“2009全国十大京剧票友之星”称号。9月11日，由王平镇人民政府主办，区文联、区文联摄影家协会、北京京西古道文化发展协会共同协办的王平镇首届“四季·王平”旅游摄影节暨摄影大赛启动仪式在王平湿地外景区举行。参赛时间为2009年9月11日至2010年5月31日。12日，区文联邀请北京摄影家协会驻会副主席兼秘书长王越，为“七彩雁翅美如画·灵之秀”杯摄影大赛评奖。陈志强全程参加。评委会按照大赛的评奖标准共评选出：特等奖1幅（组），一等奖3幅（组），二等奖6幅（组），三等奖10幅（组），优秀奖50幅（组）。23日，中国楹联教育基地在区育新学校举行授名仪式。10月22日，作家协会和摄影家协会分别组成评审专家组，为门头沟区精神文明建设委员会举办迎国庆“文明北京·生态新区大家谈”系列活动。进行评奖。作家协会评审专家组共评出征文一等奖2名、二等奖4名、三等奖6名、优秀奖10名，优秀短信5条；摄影家协会共评出一等奖3名、二等奖5名、三等奖10名。29日，民间艺术家协会参加在中国人民革命军事博物馆举行的中国第十二届根石美术精品展。王海鹰根艺作品《天路》荣获中国第十二届根石美术刘开渠根艺金奖，李尚荣根艺作品《岁月不饶人》荣获根艺铜奖。11月4日，由中国楹联学会主办，区文委、文联协办的中国楹联学会成立二十五周年庆典大会在区博物馆举行。

（叶金玉）

【庆祝新中国成立60周年】 4月29日至5月6日，组织民间艺术家协会参加了在北海公园阐福寺举办的北京市第十二届根石艺术优秀作品展，民间艺术家协会、门头沟区根艺研究会组织参展会员24名，参展作品34件，8人的作品荣获首都根艺金奖。5月28日，音协“和谐之声”艺术团参加在香港新界元朗大会堂举办的纪念新中国成立60周年和改革开放三十周年活动“夕阳秀－第九届艺术节”大赛，并作为门头沟第一支参加国家级比赛的群众性文艺组织，最终荣获合唱大赛最高奖项“牡丹花”金奖，以及精神文明奖、最佳组织奖和最佳指挥奖。8月7日，由中共区委宣传部、文联合会、旅游局联合主办的“如诗如画门头沟”——门头沟区庆祝新中国成立60周年大型书画摄影展，在中国人民革命军事博物馆书画厅开展。中国文联党组副书记、副主席李牧，中国人民解放军美术书法研究院副院长、书法创作院院长李铎，全国政协常委、中国美术家协会副主席、市委宣传部副部长陈冬，市文联党组书记、朱明德，区领导伊欣欣、李慷云、高连广等出席并参观了展览。伊欣欣宣布展览开展，并与各位领导为展览剪彩。共展示52位艺术家的73件作品，此活动将持续至8月16日结束。9月7日至9日由区文委、文联共同主办，区文化馆、戏剧家协会共同承办的“庆祝新中国成立60周年京剧演出周”活动在影剧院举行。演出《贵妃醉酒》、《金玉奴——洞房花烛夜》、《苏三起解》、《赤桑镇》、《坐宫》等5个剧目。全区各行各业的3000余人次观众观看了演出。17日，在潭柘寺镇赵家台村举行“庆祝新中国成立60周年”书画笔会。区文联美术家协会和书法家协会10余名书画家参加了活动。现场创作40余幅书画作品，赠给潭柘寺镇人民政府。同日，在城子百花妙峰厅举行“笔墨赞京西丹青颂中华”书画笔会。区文联书法家协会、文联美术家协会的10余名会员参加活动，现场创作20余幅的“庆祝新中国成立60周年”系列书画作品。25日，组织协会、学会会员200余名参观“走过60年——门头沟区庆祝新中国成立60周年老照片展”。29日，民间艺术家协会在门头沟区妙峰山镇古岸农庄举行“庆祝新中国成立60周年”民间艺术展。共展出根雕、毛猴、麦秸画、蝴蝶画等20余种300余件民间工艺品。9月，由北区文联、北京永定河文化研究会、北京顺鼎文化传播公司共同出版了门头沟区第五套文化丛书，包括《楹联撮要》、《门头沟民俗实用研究》、《京西山区民俗》、《北京山区文化寻珍》、《北京古村落记忆——门头沟》。

（叶金玉）

【八省市自治区文联调研】 5月20日，由市文联党组副书记王德新带队的华北东北八省、市、自治区文联20余名代表，到中国历史文化名村爨底下参观调研。

（叶金玉）

【古岸农庄研发基地揭牌】 5月28日，民间艺术家协会古岸农庄研发基地揭牌仪式在古岸农庄举行。

（叶金玉）

【京西古道文化发展协会成立】 6月18日，京西古道文化发展协会在王平镇举行揭牌成立仪式。翟云峰、杲建忠出席揭牌仪式。

（叶金玉）

【开办“市民大讲堂”】 6月，北京永定河文化研究会与门头沟图书馆合作开办“市民大讲堂”，系统宣传了永定河文化。全年讲座达30余场。

（赵 欣）

【“民俗实用研究”课题结题】 9月，北京永定河文化研究会完成了北京学基地的“民俗实用研究”课题，写出了《门头沟民俗保护实用前景——门头沟传统民俗实用研究结题报告》，并与有关论文18篇一起，编辑出版了《门头沟民俗实用研究》。编辑出版了《京西山区民俗》。

（赵　欣）

【聘请关序担任艺术总监】　10月27日，音乐家协会“和谐之声”艺术团在区文化馆召开全体会员大会，聘请中国合唱协会常务理事、国家一级指挥关序先生担任艺术总监。

（叶金玉）

【召开永定河文化研究会理事会】　11月28日，北京永定河文化研究会召开第二届理事大会，进行换届工作。全体理事参加。陈志强等领导出席大会。会议通过了第一届理事会工作报告、监事会工作报告和新修订的章程；选举产生了新一届领导班子。

（赵　欣）

【召开第三次文代会】　12月18日，门头沟文学艺术界联合会第三次代表大会召开。区领导伊欣欣、刘云广、陈志强、赵爱娟、侯建华，市文联党组副书记王德新等参加会议。会上通过了区文联第二届理事会工作报告和新修订的文联章程；选举产生了新一届文联领导班子。

（叶金玉）

【《百花山文艺》期刊】　年内，共出版杂志6期和《庆祝新中国成立六十周年专刊》及《绿色京西画样美》、《京西巨变》专刊2期。

（叶金玉）

门头沟区红十字会

【概况】　年内，门头沟区红十字会（简称区红会）以学习实践科学发展观活动为契机，以改善民生、促进和谐为目标，以改革创新为动力，围绕区委区政府的中心工作，加强红十字会组织创新、赈济救助、应急救援、志愿服务和文化传播等五大体系建设，以救护培训、红十字志愿服务等工作为载体，开展了“迎国庆讲文明树新风”系列活动。筹办实施了“少儿大病救助基金”，大力开展助困工作，加强突发事件的救助，完成了各项工作任务。开展了“博爱在京城”募捐活动，共募集善款130余万元。在北京市红十字会的支援下，在“两节”、“七一”和“重阳节”等慰问以及用于遭受火灾、交通事故、食物中毒、大病等特困人群的救助款物逾百万元。全年共举办卫生救护培训班56期，1826人获得初级急救员证书；举办自救互救复训班9期，210名学员参训；组织普及健康知识讲座333期，普及培训16835人。区红会分别荣获北京市红十字会系统2009年度“博爱在京城”募捐组织发动特殊贡献奖、落实市政府“办实事”项目突出贡献三等奖和门头沟区“先进增收帮扶工作队”荣誉称号。

单位名称：北京市门头沟区红十字会
地　　址：北京市门头沟区大峪南路6号
电　　话：69843746　69844406
邮　　编：102300

（刘　强）

【市区“两节送温暖”活动】　年初，市红十字会系统2009年“两节”期间“送温暖、献爱心、促和谐”活动启动仪式在王平镇举行。市红十字会常务副会长韩陆，副会长孙硕鹏，区领导陈志强出席了启动仪式，并向困难群众发放了慰问金及粮油、棉衣、棉被等慰问物品。两节期间，区红会系统开展了“送温暖、献爱心、促和谐”活动。在有关单位的共同组织下，共发放30余万元慰问款物，其中慰问款22.66万元，衣被、米面油等救助物资价值9万余元，为全区1700户困难群众送去了红十字的关爱，惠及贫困群众5000余人。区领导陈志强、罗斌、王智慧、李建军和区红会工作人员先后走访慰问了大峪、东辛房、王平、雁翅、军庄的部分困难群众及大病患者。

（刘　强）

【召开五届五次理事会议】　1月12日，召开了区红十字会五届五次理事（扩大）会议，审议通过了《关于李全云同志任职的提议》、《关于更换和增补理事、常务理事的报告》、《门头沟区红十字会2008年度工作报告》和《门头沟区红十字会2008年度募捐款收支情况报告》等。张冰出席会议并提出具体要求。

（刘　强）

【举办健康知识讲座】　1月18日，区红会在新桥路中学举办了健康知识讲座，100余名在职和退休教师参加。区医院内科专家重点讲授了有关心血管疾病以及其他常见内科急症的防治与急救知识，并以你问我答的方式与教师们进行交流。

（刘　强）

【举办培训班】　2月17日、18日，区红会和区残联联合举办了区温馨家园、职康站初级急救员培训班。区残联所属各职康站、13个镇街残联协管员和残联机关工作人员共80余人参加了培训。培训班上，向学员讲授了红十字运动的起源、基本原则、国际人道法和中国红十字会事业发展等内容，讲解了心肺复苏和止血、包扎、固定、搬运等现场救护技术，并对学员进行了现场操作指导。经过考试，67名学员拿到了北京市红十字会初级救护员合格证书。12月中旬，在祥龙公交一分公司针对司售人员举办了自救互救培训班，121名司售人员通过了理论学习和实际操作考核，取得了初级急救员证书。12月23日至24日，举办了国际红十字运动基本知识培训班。各镇、街红十字会、各红十字工委主管领导、秘书长、专干，以及部分理事和在红十字社区服务站、博爱超市等方面做出贡献的基层红十字工作者等70余人参加了培训。原中国红十字会总会张希林处长就红十字运动的起源与发展、组织机构与职责、标志的由来与发展、中国红十字事业等方面进行了授课。

（刘　强）

【博爱助学】 2月20日，为大峪中学分校的20名特优特困学生每人发放救助款800元，共计1.6万元。此款系北京春兴阁咨询服务有限公司定向捐款。

（刘　强）

【成立国资委工委】 2月24日，成立了区红十字会国资委工作委员会。至此，全区9镇、4街和卫生、教育、区直机关、国资委共17个基层红十字会组织，基本覆盖区内城乡群众和各行各业。

（刘　强）

【学习实践活动】 3月至8月，开展了为期半年的学习实践科学发展观活动。按照区委文件要求，努力实现“规定动作达标准、自选动作有特色、整体工作上水平”的工作目标，结合红会机关自身建设和领导干部作风建设年活动，在区委学习实践活动第二指导检查组的指导下，查找问题，分析原因，通过向各基层红会和服务对象征集，梳理归纳了7项28条整改措施，明确了整改方向。

（刘　强）

【召开募捐动员大会】 4月9日，召开了2009年“博爱在京城”募捐动员暨表彰大会。全区各部门、各单位领导100余人参加了会议。会上，全面总结了2008年募捐救助工作，对27个先进单位和个人分别进行了表彰，并提出区红会2009年要以“少儿大病救助”为重点，开展以“博爱在京城”为主题的专项救助工作。陈志强出席会议并提出要求。

（刘　强）

【宣传活动】 5月8日，与龙泉镇、大峪街道、卫生局、团区委等单位联合举办纪念“五．八”世界红十字日宣传活动。区领导陈志强、李建军与红十字志愿者一起向过往行人发放宣传材料。其他各基层红十字会组织也设立了宣传分站。此次宣传活动共发放劝募书、红十字会法、红十字知识100问、预防甲型H1N1流感等宣传材料10余种近2万余份，为200余人义务测量血压。6月14日，与区献血办到斋堂镇川底下村开展了无偿献血日宣传活动。9月11日，在区影剧院广场前举办了世界急救日宣传活动。由大峪、东辛房、城子办事处和龙泉镇抽调20名应急救援队员统一着装，为现场群众演示止血、包扎、固定、搬运四大技术和心肺复苏术，近300名过往群众参与。陈志强、李建军到现场为过往群众发放相关的急救知识材料；12月1日，与区防治艾滋病工作委员会其他成员单位在区体育馆前开展了“遏制艾滋、履行承诺”大型主题宣传活动。

（刘　强）

【建立少儿大病救助基金】 5月，区红会少儿大病救助工作正式启动。少儿大病救助基金救助对象为具有门头沟区正式户籍，年龄在18周岁以下患有白血病、血友病、再生障碍性贫血、肾衰竭、恶性肿瘤五类大病，在享受新型农村合作医疗或城镇“一老一小”医疗保险以及有关部门救助后，生活仍然特别困难的少儿。6月1日，举行了救助金发放仪式，向第一批符合救助条件的15名大病患儿发放了7.5万元救助金，李建军出席发放仪式并讲话。

（刘　强）

【慰问活动】 “国际护士节”前夕，拨付慰问款1.5万元，会同区卫生局对区内30位优秀护理工作者进行了表彰慰问。“全国助残日”前夕，拨付救助款1万元，对区龙泉医院的精神残疾患者进行了慰问，并向社会各界呼吁关注精神健康。“七一”前夕，拨救助专款6万余元，会同区委组织部慰问了区内311户贫困老党员。国庆前夕，向全区13个镇、街发放米面15吨，油750桶，惠及困难家庭750户，并慰问因患癌症、白血病、恶性肿瘤等疾病致贫的困难家庭10户，发放救助款1.5万元。“重阳节”前夕，拨付慰问款5万元对全区316户90岁以上的老人进行慰问，向他们发放棉被及水果。同时，在贾文勤的带领下看望慰问了5位百岁老人，并送上鲜花和蛋糕；“世界艾滋病日”前夕，对区内6名艾滋病患者进行了走访慰问。

（刘 强）

【检查指导社区工作】 7月1日、2日，对大峪街道德露苑、峪园南里、大台街道黄土台、军庄镇西杨坨村四个红十字社区服务站的日常服务工作进行了检查，并为他们送去了防暑药品和预防甲型H1N1宣传资料。9月15日，到城子街道检查、指导基层红会工作，并到所辖市场社区居委会和蓝龙家园社区居委会调研。

（刘 强）

【挪威红十字会到区内考察】 11月10日，挪威红十字会秘书长博格·布兰德（BorgeBrende）先生一行7人到区内考察气候变化对北京地区所造成的影响情况。挪威红十字会代表团首先听取了北京市红十字会工作开展情况及门头沟概况，并与总会、市、区三级红十字会领导进行了座谈交流。代表团一行还到潭柘寺镇北村进行考察，并到两户农民家庭中，与村民座谈。

（刘 强）

【学习贯彻总会“九大”会议精神】 11月26日，召开了全系统专兼职干部会议，专题学习贯彻中国红十字会第九次全国会员代表大会会议精神。会上，重点学习了国务院副总理回良玉代表党中央、国务院在“九大”开幕式上的重要讲话精神，特别是对回副总理关于中国红十字会三个功能的定位进行了学习讨论。

（刘 强）

【召开年终总结表彰会】 12月23日，召开了2009年度门头沟区红十字系统总结表彰大会。会上总结了2009年的工作，公布了2010年的工作计划，并对17个基层先进个人进行了表彰。陈志强出席会议并讲话。

（刘 强）

【帮扶工作】 年内，在全区开展的“帮扶”工作中，区红会到帮扶对象斋堂张家村和永定镇四道桥村、龙泉镇石巷村，开展主题党日和慰问活动，为他们送去米面油等慰问品和慰问金。针对龙泉镇石巷村三个低收入户均为身患重大疾病致困的具体情况，出资3000元为帮扶户入股本村蘑菇股份合作社，变输血为造血。

（刘 强）

【对外交流工作】 年内，先后与朝阳、石景山、顺义等11个区县红会进行走访交流，在学习实践科学发展观、募捐救助、救护培训、志愿服务等问题上相互学习借鉴。此外，还与内蒙古自治区的乌海市、鄂尔多斯市红十字会建立了友好合作关系。

（刘 强）

【特困家庭获得救助】 年内，共接到74份救助申请，其中除了部分因遭遇意外火灾和交通事故外，更多的是因患白血病、癌症、心脏病、尿毒症等大病住院致使家庭陷入困境而申请救助，区红会累计为这些特困家庭支付救助款19.2万元。

（刘 强）

【宣传工作】 年内，在区电视台播发红十字活动信息15条45次，在《京郊日报》、《京西时报》和《中国红十字报》、《北京红十字报》、区政府网站等报刊刊登信息50余篇，印发《工作动态》12期。

（刘 强）

政权 政协

北京市门头沟区人民代表大会常务委员会

【概况】 北京市门头沟区人民代表大会常务委会（简称区人大），机构设有内务司法工作委员会、财政经济工作委员会、城乡建设环保工作委员会、教科文卫工作委员会、农村工作委员会、代表联络工作室（市代表联络工作处）、办公室（研究室），办公室设信访接待科和文秘信息科。截至年底，共有代表162名，常委会委员25名。

年内，区人大常委会在区委的领导下，坚持以邓小平理论和“三个代表”重要思想为指导，贯彻落实科学发展观，围绕建设“人文北京、科技北京、绿色北京”工作大局和加快推进现代化生态新区建设，履行宪法法律赋予的职责，执行区十四届人大四次会议决议，完善科学工作方式，提高工作质量和实效。年内，常委会共举行12次会议，听取和审议“一府两院”5项工作报告，7项计划和预算报告，1项代表议案办理报告；检查4个方面法律法规贯彻实施情况，听取和审议1项执法检查报告；跟踪审查3项落实常委会审议意见报告；任免国家工作人员97人次；就批准国家生态区建设规划、采空棚户区改造融资贷款、2008年财政决算和补选区人大代表、举行区人代会等5项重大事项做出决定决议。

单位名称：北京市门头沟区人大常委会

地　　址：北京市门头沟区新桥大街36号

电　　话：69842136

【区第十四届人大四次会议】 1月6日至9日，区第十四届人民代表大会第四次会议于龙泉会堂召开。会议决定和批准了《门头沟区人民政府工作报告》、《关于门头沟区2008年国民经济和社会发展计划执行情况和2009年国民经济和社会发展计划的报告》、《关于门头沟区2008年财政预算执行情况和2009年财政预算的报告》、《门头沟区人大常委会工作报告》、《门头沟区人民法院工作报告》、《门头沟区人民检察院工作报告》等六项决议；经人代会决定通过了北京市门头沟区第十四届人民代表大会第四次会议补选办法；补选任继明、李梦林、连春国为门头沟区第十四届人民代表大会常务委员会委员；听取了北京市门头沟区第十四届人民代表大会常务委员会代表资格审查委员会关于代表变动情况的报告；听取了北京市门头沟区第十四届人民代表大会第四次会议议案审查委员会关于代表议案的审查报告。

（安文娴）

【十四届人大常委会会议】 1月21日，召开门头沟区第十四届人大常委会第二十五次会议。区人大常委会主任李慷云，副主任何震芳、赵爱娟、聂文玉、谭杰、王建昌等22位常委会组成人员出席会议。聂文玉主持会议。区人大各委室负责人列席会议。会议进行了两项议程：一、进行了人事任免事项。二、传达了北京市第十三届人民代表大会第二次会议精神。会后，常委会组成人员围绕进一步加强和改进人大工作进行了座谈。3月25日，门头沟区第十四届人大常委会第二十六次会议。22位常委会成员出席会议。谭杰主持会议。区检察院、区人大各委室、区政府办公室、区人事局负责人列席会议。会议进行了三项议程：一、通报了区人大常委会2009年工作要点。

二、听取了区人大代表联络室主任所作的《关于区十四届人大四次会议代表建议交办情况的报告》。4月28日，门头沟区第十四届人大常委会第二十七次会议。22位常委会组成人员出席会议。李慷云主持会议。区领导罗斌、张冰、翟云峰及区法院、区人大各委室、区政府办公室等单位负责人，以及4位市、区人大代表列席会议。

会议进行了三项议程：一、听取了翟云峰所作的区政府《关于落实市、区农村工作会议精神的情况通报》。二、初步审议了罗斌所作的区政府《关于采空棚户区改造融资贷款问题的报告》。三、进行了人事任免事项。5月27日，门头沟区第十四届人大常委会第二十八次会议。22位常委会成员出席会议。王建昌主持会议。罗斌及区法院、检察院、区人大各委室、等单位负责人，以及4位市、区人大代表列席会议。会议进行了两项议程：一、听取和审议了罗斌作的《关于编制和实施北京市门头沟区国家生态区建设规划的报告》。二、根据刘云广的提请，听取和审议了罗斌所作的《门头沟区采空棚户区改造项目融资贷款问题的报告》。6月25日，门头沟区第十四届人大常委会第二十九次会议。23位常委会组成人员出席会议。李慷云主持会议。贾文勤及区法院、检察院，区人大各委室区领导等单位负责人，以及2位区人大代表列席会议。会议进行了四项议程：一、听取了贾文勤作的区政府《关于2008年财政决算的报告》。二、听取了区财政局局长受区政府委托作的区政府《关于2008年市级专项资金安排使用情况的报告》。三、听取了区审计局局长受区政府委托所作的区政府《关于2008年预算执行和其他财政收支情况的审计工作报告》。四、进行了人事任命事项。8月4日，门头沟区第十四届人大常委会举行第三十次会议。22位常委会组成人员出席会议。区领导刘云广，罗斌、付兆庚，区法院院长、区检察院等单位负责人，以及各代表团团长及部分市、区人大代表列席会议。会议进行了两项议程：一、讨论了区政府《2009年上半年国民经济和社会发展计划执行情况的报告》和区政府《2009年上半年财政预算执行情况的报告》。二、进行了人事任免事项。8月19日，门头沟区第十四届人大常委会第三十一次会议。23位常委会组成人员出席会议，聂文玉主持会议。区法院、检察院，区人大各委室等单位负责人，以及6位区人大代表列席会议。会议进行了两项议程：一、听取和审议了区农村委主任受区政府委托所作的区政府《关于2008年度农民就业增收情况的报告》，听取了区人大农村工作委员会对该报告的初审意见。二、听取和审议了区检察院院长许晓闽所作的区检察院《关于开展刑事诉讼监督工作情况的报告》，听取了区人大内务司法工作委员会对该报告的初审意见。9月16日，门头沟区第十四届人大常委会第三十二次会议。李慷云主持会议，20名常委会组成人员出席了会议。区领导李建军，区法院、区检察院等单位的主要领导，以及6位人大代表列席会议。会议进行了五项议程：一、听取和审议了李建军代表区人民政府作的《门头沟区人民政府关于加强公共卫生体系建设情况的报告》，听取了区人大教科文卫工作委员会对该报告的初审意见。二、听取和审议了区人大常委会执法检查组《关于义务教育法执法检查情况的报告》。三、听取了区财政局局长代表区政府作的《门头区人民政府关于2009年市区完善财政管理体制增加财力安排方案的报告》。四、讨论通过了《门头沟区人大常委会关于加强人大常委会行使监督职权情况向社会公开的办法（试行）》。五、会议进行了人事任免。10月22日至23日，门头沟区第十四届人大常委会第三十三次会议。21名常委会组成人员出席了会议。区领导付兆庚，区法院、检察院、区人大各委室等单位主要领导，以及9位人大代表列席会议。会议进行了三项议程：一、听取和审议了区农村委主任受区政府委托作的《门头沟区人民政府关于解决农村地区能源问题议案办理情况的报告》和区人大农村工作委员会对该报告的初审意见。二、听取了付兆庚代表区人民政府作的《门头区人民政府关于依法行政工作情况的报告》和区人大内务司法委对政府该项工作的调研报告。三、讨论通过了《北京市门头沟区人大常委会关于在驻军选区补选区十四届人大代表的决定》。11月25日，门头沟区第十四届人大常委会第三十四次会议，王建昌主持会议。23名常委会组成人员出席了会议。区法院、检察院等单位主要负责人列席会议。会议进行了七项议程：一、听取了区政府办公室副主任受区政府委托作的《门头沟区人民政府关于2009年为民办实事进展情况的报告》和区人大代表联络室副主任就各代表团对区政府为民办实事进行视察情况的汇报。二、听取了区政府办公室副主任受区政府委托作的《门头沟区人民政府关于区十四届人大四次会议代表建议、批评和意见办理情况的报告》，听取和审议了区人大代表联络室主任作的《关于区十四届人大四次会议代表“建议、批评和意见”办理情况的报告》。三、书面审查了《门头沟区人民政府关于<北京市信访条例>贯彻实施报告审议意见整改落实情况的报告》、《门头沟区人民政府关于<“十一五”规划纲要>实施情况中期评估报告审议意见落实情况的报告》和《门头沟区人民政府关于落实区人大常委会对食品卫生与食品安全方面法律法规实施情况审议意见的报告》，听取了区人大内司委主任作的《关于检查区政府落实<北京市信访条例>工作报告的审议意见落实情况的报告》、区人大财经委主任作的《关于检查区政府<“十一五”规划纲要实施情况中期评估报告>的审议意见落实情况的报告》和区人大教科文卫委主任作的《关于检查区政府关于食品卫生与食品安全方面法律法规实施情况报告的审议意见落实情况的报告》。四、听取了区人大常委会代表资格审查委员会关于补选王华刚、李庆广为区十四届人大代表的审查报告，依法确认了补选代表当选资格。五、进行了人事任免。六、讨论通过了《门头沟区人大常委会关于召开门头沟区第十四届人民代表大会第五次会议的决定》、《门头沟区人大常委会关于区十四届人大五次会议列席范围的决定》。七、讨论了门头沟区人大常委会在区十四届人大五次会议上的工作报告（征求意见稿）。12月21日，门头沟区第十四届人大常委会第三十五次会议。何震芳主持会议。20名常委会组成人员出席了会议。区领导罗斌、张冰，区法院、区检察院领导、区人大各委室、政府办、人事局主要负责人列席会议。会议进行了四项议程：一、进行了人事任免。二、讨论通过了《门头沟区人大常委会在区十四届人大五次会议上的工作报告（征求意见稿）》，决定将该报告提交门头沟区第十四届人民代表大会第五次会议代表会前活动讨论。三、讨论通过了关于召开门头沟区第十四届人民代表大会第五次会议的有关事项。四、进行了第四季度法制讲座，学习了《突发事件应对法》的有关规定。

（安文娴）

【市领导调研】 3月25日，市人大常委会信访办主任闫景联带领接访处、综合处一行6人，就涉法涉诉信访及涉农信访工作到区内调研。区人大相关委室、信访办、检察院、农委等相关领导参加了调研活动。7月30日，市人大民宗侨办主任席文启一行5人，到妙峰山镇陇驾庄少数民族村调研，听取了陇驾庄村领导的工作汇报并视察了千亩盖柿基地和旅游景点。聂文玉陪同调研。8月6日，市人大研究室副主任李正斌应邀指导区人大宣传工作，并与区人大办公室相关同志进行了座谈，对区人大如何做好宣传工作进行了的指导。谭杰参加了座谈。

（安文娴）

【以实际行动，捐赠救灾】 5月15日，机关开展以“京什手拉手重建新家园”为主题的捐款活动共捐款1810元。6月20日，开展“共产党献爱心”捐款活动，共捐款1810元。8月20日，机关就台湾“莫拉克”台风灾害为台湾同胞捐款3420元。11月24日，开展“送温暖、献爱心”活动为灾区、贫困地区捐款3140元。

（安文娴）

北京市门头沟区人民政府

【概况】 年内，区政府在市委、市政府和区委的领导下，团结全区人民，坚持以科学发展观为统领，按照“保增长、保民生、保稳定”的要求，全力促进经济增长，抓国庆服务保障工作，解决民生问题，实现了区十四届人大四次会议确定的各项工作目标，全区经济社会发展迈上新台阶。经济运行全面企稳回升，实现地区生产总值70.5亿元，比上年增长8%。财政一般预算收入完成9.2亿元。全社会固定资产投资完成85亿元，增长19.4%，达到历年最高水平。实现社会消费品零售额21.4亿元，同比增长15%。人民生活质量稳步提高，城镇居民人均可支配收入23340元，同比增长8%，农民人均纯收入11450元，同比增长11.4%。城镇登记失业率为4.33%。60件为群众办的实事项目全面完成。生态环境迈上新水平，空气质量优良率达到71.3%，为历史最好水平。万元GDP能耗下降7.6%。

林木覆盖率达到82.72%，较上年提高0.85个百分点。

单位名称：北京市门头沟区人民政府
地　　址：北京市门头沟区新桥大街36号
电　　话：69844858
邮　　编：102300

（孙国玉　聂淑芳）

【市领导调研】　1月23日，副市长程红与市政府副秘书长及市区领导申建军、马中璞、伊欣欣、刘云广、贾文勤到妙峰山镇慰问少数民族贫困户，并送去了慰问品和慰问金。同时检查了潭柘寺的旅游接待和节日安全工作。3月11日，副市长夏占义与市、区有关领导安钢、王孝东、伊欣欣、刘云广、翟云峰实地调研并了解了冯村集体经济体制改革创新情况、樱桃沟一村一品特色产业发展情况、绿纯蜂业合作社蜂产品产业化经营情况及西石古岩村垃圾分类处理情况。5月20日，市政府副秘书长率市政府专项督查组到区内现场办公，与区领导刘云广、罗斌以及市、区相关部门的领导实地检查了区再生水厂工地、石门营经济适用房工地、石门营搬迁房拆迁现场、首师大附中工地；听取了区扩大内需重大项目审批及落地总体情况的汇报；就重大项目落地过程存在的问题和与会市区相关部门进行了认真研究并提出了具体解决意见。6月30日，副市长陈刚出席区采空棚户区改造工程石门营地块安置房项目奠基开工仪式。陈刚代表市委市政府对采空棚户区改造工程的顺利开工表示祝贺，并提出要求。

（孙国玉　肖　健）

【采空棚户区工作】　2月4日，市建委、市发改委、市规划委、市财政局、市国土局有关领导就“调整门头沟采空棚户区改造计划”工作到区内现场办公，重点就总体立项、资金安排、资金平衡等节点问题与区相关领导及部门交换了意见。27日，采空棚户区改造一期工程举行奠基开工典礼，市建委副主任冀岩，区领导伊欣欣、刘云广、高连广等出席典礼，并为工程奠基。伊欣欣宣布区采空棚户区改造一期工程正式开工。4月13日，刘云广主持召开采空棚户区改造工程专题会，进一步明确了石门营、东龙门“两个地块”的开工时间，并提出要求。9月8日，刘云广主持召开采空棚户区建设工程推进专题会，听取了棚改中心、拆迁办及永定、龙泉两镇最新工作进展情况，并就存在的问题进行了研究。12月3日，区领导刘云广、北京联通总经理及区有关单位领导出席采空棚户区通信服务项目签约仪式。8日，举行采空棚户区改造项目石泉砖厂地块安置房工程奠基开工典礼。市住建委副主任王成国、区领导罗斌、付兆庚、聂文玉、姚忠阳出席了开工典礼。罗斌宣布石泉砖厂地块安置房工程正式开工；姚忠阳主持典礼。市、区领导和与会人员共同为采空棚户区改造工程石泉地块安置房项目培土奠基。

（孙国玉）

【区政府全体（扩大）会】　2月6日，召开区政府第三次全体（扩大）会议，区领导伊欣欣、刘云广、罗斌、陈清、陈国才等出席会议；罗斌介绍了区政府2009年目标管理任务书，主管副区长分别与有关部门签订责任书。

（于　彤　王　杨）

【召开安全工作紧急会议】　2月10日，区内召开安全工作紧急会议，区领导伊欣欣、刘云广、陈志强、陈清、罗斌、等出席会议；刘云广通报了央视配楼火灾情况，并传达了市领导的讲话。并要求全区上下要落实市领导讲话精神，全区动员，开展安全大检查。贯彻落实市委、市政府安全工作要求，切实提高对安全工作的认识；全区动员，突出重点，立即开展全区安全生产检查周行动；加强领导，明确责任，强化安全工作责任以实际行动迎接60年大庆，保证全区安全稳定。

（肖　健）

【举办旅游合作洽谈】　3月19日，区领导刘云广、陈志强与涞水县领导田庆柱、于舒心等就两地旅游合作进行洽谈。刘云广对涞水县在护林防火、社会维稳等方面对区内的支持和协助表示感谢，并指出区内与涞水县在旅游等方面有良好的合作前景，希望两地在未来框架性旅游合作协议的基础上，在投资合作、劳动力转移就业等方面进一步加强合作，谋求共同发展。

（肖　健）

【召开一季度经济分析会】　4月16日，区内召开2009年第一季度经济分析会，区领导伊欣欣、刘云广、李慷云、高连广、郭光磊、等出席会议；罗斌主持会议。区发改委通报了一季度经济运行情况；政府办、财政局分别宣读了《2009年经济增长指标任务分解通知》、《涵养地区税源加强税务管理工作意见》；棚改办、市政管委、工程中心分别作了表态发言。

（肖　健）

【全民健身体育节开幕】　5月16

日，区全民健身体育节启动仪式暨全民健身项目表演赛。此次表演赛共分操类和秧歌类两大项，全区46个机关和社区的近千名健身爱好者参加了活动。共有28个表演项目分别获得操类和秧歌类的一、二、三等奖；大峪办事处、城子办事处、东辛房办事处、大台办事处和清水镇、龙泉镇、劳动保障局获得优秀组织奖；残联获得特殊贡献奖；另有8个表演项目分别获得优秀表演奖、编排奖和创新奖。

（孙国玉）

【雨情自动监测系统建成】 5月18日，区雨情水情自动监测系统如期建成，该系统覆盖全区各镇及重点险村的雨量遥测点18处，由中心站、雨情遥测站、中继站及通信信道组成，可掌握全区范围内降雨情况，特别是重点区域的实时雨量数据。与人工雨量测报相比，能够第一时间自动获取降雨情况，并对测量数据进行分析、纠错和汇总，便于实时查询；在防汛指挥平台上能够多重显示动态实时雨量、水位图形，标出过程线、柱状图等信息。

（肖 健）

【召开甲型H1N1防控会议】 5月25日，召开防控甲型H1N1工作会议，区领导刘云广、李建军出席会议。刘云广提出要求。

（刘 畅）

【高考检查】 6月7日，刘云广到大峪中学、育园高中两个考点，通过监控设备察看了考场、考务工作室及备用考场，要求学校和考务人员认真负责，以更高、更严、更细的标准做好考试管理、考试服务工作，尤其是做好高考期间甲型H1N1流感的防控，确保高考顺利有序进行。

（孙国玉）

【召开环境建设动员大会】 6月11日，召开迎接新中国成立60周年环境建设暨全面启动创建国家生态区工作动员大会，区领导伊欣欣、刘云广、李慷云、高连广、郭光磊等出席会议；何震芳宣读了区人大常委会关于批准《北京市门头沟区国家生态区建设规划》的决定；罗斌作了全面创建国家生态区、以优美环境迎接新中国成立60周年环境建设的工作报告；陈志强作了深入开展“迎国庆、讲文明、树新风”活动，为庆祝新中国成立60周年、创建国家生态区营造良好社会环境的工作报告；环保、市政、城管、大峪、斋堂等部门和镇街作了大会发言。

（孙国玉）

【召开安全生产三项行动推进会】 7月17日，召开深入开展“安全生产三项行动”推进大会，区领导刘云广、罗斌、付兆庚、李建军、贾文勤出席会议，并听取了安监局、市政管委、建委、公安分局、斋堂镇关于2009年上半年安全生产工作情况的汇报。

（肖 健）

【开展市政道路工程检查】 8月20日，刘云广带队实地察看了门支路、高家园路、西苑路、108国道改线隧道等工程，听取了市政管委和公路分局的工作汇报。刘云广对各部门、单位主动工作给予肯定，并做指示。

（刘 畅）

【召开政府机构改革动员会】 8月26日，召开政府机构改革动员会，区领导刘云广、罗斌、付兆庚、张冰出席会议。会上宣布了区政府机构改革工作方案，并对机构改革组织实施工作进行了部署。

（肖 健）

【西六环拆迁协议签订仪式】 8月27日，与首发集团签订了西六环路拆迁协议。刘云广指出：西六环门头沟段拆迁面积近30万平方米，创下区历年单项工程拆迁之最，为西六环路的顺利推进提供了有力保障。门头沟区正处于实现跨越式发展的关键时期，希望双方能以此次合作为契机，进一步拓宽合作领域，实现互利双赢，共同发展。

（刘 畅）

【与尼木县领导座谈】 10月23日，区领导刘云广、郭光磊、王智慧、张冰、陈国才、李建军与尼木县党政代表团举行座谈。会上双方分别介绍了地区整体情况，并就司法监督、社会安全维稳及财政专项等方面问题进行了交流。区领导对尼木县在经济社会发展等方面取得的成绩表示赞赏，并表示将继续在人才、信息、技术、物资等方面对尼木县给予扶持和帮助。

（刘 畅）

【召开工作专题研究会】 11月24日，区政府召开2010年工作专题研究会。区领导刘云广、罗斌、付兆庚、翟云峰、贾文勤听取了“2010年重点工程、固定资产投资安排及体制改革任务安排”和区政府2009年目标任务书项目调整情况以及2010年新农村建设项目安排等工作的汇报，就其中的项目安排进行了研究并提出了具体意见。

（肖 健）

【信息工作】 年内，市政府《昨日市情》采用《门头沟信息》82条，获市领导批示4条；被市政府评为信息工作先进单位。《昨日区情》出刊235期，获区领导批示7条，办结率100%；下发《门头沟政务》6期、《区情摘要》235期。

（孙国玉）

【督察工作】 年内，完成督办市区领导批示件和交办件670余件，办结率98%，办复率100%；起草专项督察报告13篇，对区政府蓝皮书中确定的任务和大接访的批示件等进行了600余件次的全程督办；发出督查通知单400余件次，电话督办1600余次。

（赵金亮）

【秘书工作】 年内，组织召开政府常务会29次，各类专题会议65次；制发公文400余件；已办理批示件收文1850余件，其中区文1000余件，市文850余件；处理传阅件：330余件，其中国务院文件102件；中央文件45件，市委文件125件；处理各类信件：1200余件，办理批示件转文：2300余件；制发区政府公文及会议纪要272件；完成《政府工作报告》及各类会议文字材料65万余字。

（聂淑芳 于 彤）

【提案建议与便民电话工作】 年内，办理人大代表和委员提案、建议共计246件，办复率100%。全年共接听便民电话1.5万余人次，接收和办理市电话网络派单955件，办复率100%。

（王 杨 杨 昊）

【应急管理工作】 年内，共报告各类突发公共事件27起（其中自然灾害6起，事故灾难18起，公共卫生事件3起，社会安全事件0起），均为一般级别，共造成13人死亡，经济损失2589万元。全区共制订各级预案322个，组织各类区级演练91次。建立了区域风险管理体系，全区共评估出各类风险194项，对于141项可控风险严格制定控制预案和整改方案，开展应急知识的宣传教育87次，发放宣传品100余万份。

（王 蓁）

【信息化工作】 年内，完成公安、安监等部门的图像信息资源整合，与全区93个单位签订《网络与信息安全责任书》；完成6次网站与内网安全检查，清理登记340台对讲机；完成5项信息化重点任务的建设；审核全区各单位提交的购置设备申请171件，节约财政资金481万。

（贺 虹）

【外事工作】 年内，落实政策规定，严格因公出访管理审批工作，压缩出国境团组数和人数，全年因公出国（境）审批39团72人，实际出行37团70人；围绕生态建设，与芬兰相关组织和专家针对性开展互访和交流，并达成初步合作计划。

（武凤娟）

法制工作

【概况】 年内，法制办在区委、区政府的领导下，贯彻《国务院关于加强市县政府依法行政的决定》和《北京市人民政府贯彻落实国务院关于加强市县政府依法行政决定的意见》，起草了加强依法行政工作实施意见等文件，完成了规范性文件清理工作，制定了政府重大行政决策程序规定、开展行政处罚执法案卷评查，依法受理行政复议和信访复查复核案件，加强规范性文件的起草和审核工作，推进了法治政府建设。

单位名称：北京市门头沟区人民政府法制办公室
地　　址：北京市门头沟区新桥大街36号
电　　话：69843642
邮　　编：102300

（徐 静）

【起草推进依法行政工作文件】 年初，根据《2009年区政府目标任务书》的要求，起草了《门头沟区人民政府加强依法行政工作实施意见》和《门头沟区落实〈北京市行政执法责任追究办法〉实施细则》，由区政府下发全区，指导全区推进依法行政工作开展。

（徐 静）

【清理行政规范性文件】 3月，组织完成规范性文件清理。清理规范性文件77件，其中保留50件，废止和宣布失效27件，清理结果由区政府印发全区并对外公布。

（徐 静）

【起草重大行政决策程序规定】 8月，完成《门头沟区人民政府重大行政决策程序规定》的起草工作，规范了政府重大决策作出、执行、修改以及保障等程序。

（徐 静）

【行政处罚案卷评查】 10月，组织全区行政处罚执法案卷评查，抽查了18个行政执法部门的28本案卷，其中20卷被评为优秀卷，占71.4%，8卷被评为合格卷，占28.6%。

（徐 静）

【行政复议案件审理】 年内，受理行政复议案件7件，其中撤销1件、终止1件、维持5件。接待群众有关行政复议方面的咨询40余人次。

（徐 静）

【信访复查复核受理】 年内，受理信访复查申请29件，办结29件，其中21件予以维持，3件要求被申请人重新作出信访答复，5件引入仲裁或司法途径解决。接待群众来访80余人次。

（徐 静）

【行政处罚情况统计】 年内，全区具有行政处罚权的部门共计作出行政处罚决定10.9万起，罚没金额1813万元，较2008年下降18.88%。

（徐 静）

【党风廉政建设】 年内，制定了《区法制办开展廉政风险防范目标管理工作实施细则》和《区法制办廉政风险防范目标管理工作考核办法》，加强反腐倡廉宣传教育，廉洁自律开展各项工作。

（徐 静）

人事管理

【概况】 年内，区人力资源和社会保障局（编办）在区委、区政府的领导和市局的指导下，以学习实践科学发展观活动为契机，履行工作职能，促进人事人才和社会保障工作，为全区经济建设和社会发展服务，各项工作进展顺利，成效显著。

单位名称：北京市门头沟区人力资源和社会保障局

地　　址：北京市门头沟区新桥大街36号

电　　话：69843717

邮　　编：102300

（李劲松）

【专家管理工作】 元旦和春节期间，上门走访慰问了8名贡献突出或年龄较大的享受政府特殊津贴专家及特级教师。组织20名享受政府特殊津贴专家、特级教师及工作在一线的高级专家、中青年专家观看了慰问演出。6月中旬，组织20名高级专业技术人员赴桂林进行疗养。

（李劲松）

【退休人员管理和服务工作】 年内，举办了第六届机关、事业单位退休职工象棋比赛。组织70名退休老同志赴广西进行短期疗养。组织40余名退休老同志到北展剧场观看了春节前慰问演出。春节前夕，组织慰问卫生、环卫、教育等系统的34户退休困难职工。

（李劲松）

【大学生“村官”队伍建设】 年内，2006届91名大学生“村官”中有16人考取公务员、20人考取事业单位、26人进入企业单位、16人成为社区工作者、2人留村续聘、4人开展自主创业、已经实现再就业的共83人，再就业率达到91.2%。完成2009年选聘大学生“村官”95人的任务。完成第三次新农村电子商务网培训，使全区的177个行政村已经全部实现了电子商务人才培养。选拔100名大学生“村官”作为技术代表参加了中关村园区与门头沟区政府共建的“生态商城”项目，为全区各村镇搭建100个信息发布网站。出版大学生“村官”信息专刊6期，向各级媒体、工作刊物发布登载区内大学生“村官”事迹20余篇。4月，中央电视台的新闻联播、北京电视台的北京新闻、前线杂志分别报道了全区大学生“村官”服务新农村建设的事迹。大学生“村官”王郝乾因其创业事迹被“中国城乡统筹和农村社会事业发展战略课题组”聘请为特邀研究员，成为全国唯一的一名大学生“村官”研究员。

（李劲松）

【军转干部安置工作】 年内，按时完成了13名军队转业干部的安置工作任务，安置率100%。根据全市统一部署，及时升级军队转业干部信息管理系统，调整8名自主择业军转干部退役金。八一节前后，对自主择业转业干部进行了慰问。

（李劲松）

【职称备案工作】 截止到年底，全区党政机关、企业、事业单位共有专业技术人员7305名，其中：正高级22人，副高级555人，中级3102人，助理级2709人，员级581人，未评聘336人。

（李劲松）

【补充事业单位工作人员工作】 年内，组织完成84家事业单位招聘278名工作人员工作，其中：卫生系统社区卫生服务中心共招聘应届毕业生14名、社会人员16名，卫生系统其他单位招聘应届毕业生58名；教育系统招聘应届毕业生131名；其他事业单位招聘应届毕业生53名，年底合同到期村官6名。经过体检、考察，最终对171人进行了公示，办理了录用手续并签订了聘用合同。

（李劲松）

【干部培训工作】 年内，完成一期初任培训，有68人参加。公务员任职培训，有35人参加。电子政务培训，有1004人参加。突发事件应对法培训，有150人参加。完成全区公务员72学时培训任务，搭建了公务员自主学习的平台。举办交流考察2次。累计培训公务员2000余人（次）。

（李劲松）

【公开招录公务员工作】 年内，共有1400余人报考61个职位。有56人通过招考进入公务员队伍，其中84名村官参加了12个职位的竞争。

（李劲松）

【公务员年度考核工作】 年内，出台了公务员年度考核办法，要求各单位根据年度考核结果，科学合理拉开督查考核奖金分配，增强了考核公信度和透明度。全年共评选出优秀公务员333人，称职1249人，基本称职1人，三等功137人。

（李劲松）

【公务员竞争上岗工作】 年内，按照门组发（2007）27号文件关于科级干部选拔任用工作暂行规定，不断加大全区科级干部竞争上岗工作检查督促力度，规范操作程序。共有22家单位依据公开、平等、竞争、择优的原则，开展中层干部竞争上岗工作，52人通过竞岗晋升了职务和职级。

（李劲松）

【面试考官培训工作】 年内，根据市人事局《2009年考试录用公务员工作实施方案》中关于面试考官实行资格证制度的有关规定。年内，近110人参加了两期公务员面试考官培训。

（李劲松）

【公务员信息库管理工作】 年内，根据市人事局《关于做好公务员管理信息系统建设工作的通知》的要求，结合实际开展了对数据库中机构、人员信息的修改与更新工作，并对相关数据进行充实和补录，使数据库信息与全区公务员实际情况保持一致，实现了对信息库的动态管理，发挥了信息库的作用。

（李劲松）

【更新数据库】 年内，完成高中级专业技术人员数据库审核更新工作，核实各单位上报的数据，准确核对高、中级入库人数。库内有高级510人，中级2919人。

（李劲松）

【绩效督查考核工作】 年内，督考工作中，运用“指标强制分布法”、《蓝皮书重点任务》目标分解法、强化领导干部述职的范围等方法、把全区78个被考核单位分为五类，分别考核、按照比例确定考核等次，对党政机关（含双管单位）共计78个单位进行考核。通过考核，全区78个被考核单位共制定考核目标2366项（其中区委部门195项，区政府系列2171项），其中完成2341项、调整22项、延期3项，无未完成目标。评选优秀单位28个。

（李劲松）

【引智工作】 年内，根据门头沟“生态立区”战略，发布《门头沟区引进外埠高级人才专业目录》，共申报外埠高级人才引进11人次、已审批通过9人次、申报教育系统户籍入京32人，目前已审批通过29人。

（李劲松）

【应届高校毕业生就业工作】 年内，落实应届高校毕业生就业374人，（其中北京生源197人、非北京生源177人），为历年来之最。其中为机关、事业、企业单位引进毕业生233人；选聘大学生“村官”95人；选聘社区工作者46人。

（李劲松）

【机构编制工作】 年内，完成《门头沟区政府机构改革方案》，形成了全区政府机构改革1+2+5+8文件。召开全区政府机构改革工作动员大会，对全区政府机构改革工作进行了动员和部署。新组建机构和改革中调整机构正式对外挂牌，启用新印章并以新机构的名义开展工作。配合组织人事部门参照公务员法管理工作，对党校、档案史志局、老干部活动站“三定”规定进行重新核定。

（李劲松）

【人才服务中心工作】 年内，完成各类执业资格、职称和相关人事考试4670人（次）。全程按上级要求完成，监考员监考规范，责任事故发生率为“0”。完成会计中级考前培训79人，经济法培训21人，公务员科级领导任职培训38人，人才派遣驾驶员专项培训110人。派遣公司新签派遣员工560人，为派遣人员办理医保、保险补缴等服务项目2242人次。接收档案967份，转出306份。社会保险共办理增员246人次，减员243人次，人才中心现参保人员共计487人。新居住证26个、续签19个、随往人员变更2个，聘用单位和居住地址变更4个，工作居住证业务办理共计53个。

（李劲松）

【下属单位情况】

单位名称：北京市门头沟区人才服务中心
地　　址：北京市门头沟区新桥大街51号
电　　话：69824394
邮　　编：102300

（李劲松）

劳动和社会保障

【概况】　年内，按照区委、区政府和市人力资源和社会保障局对人力资源和社会保障工作的总体部署，以邓小平理论和“三个代表”重要思想为指导，全面落实科学发展观，努力构建和谐社会，围绕区“十一五”时期的战略目标和任务，进一步强化基础管理，转变政府职能，加强劳动保障，促进城乡劳动者就业，维护劳动关系双方的合法权益，完成了各项工作。根据门头沟区人民政府机构改革方案，按照区委、区政府的统一部署，9月18日，门头沟区人力资源和社会保障局正式挂牌。2009年4月，门头沟区劳动保障局职业技术学校被北京市总工会评为2008年度工人先锋号。

单位名称：北京市门头沟区劳动和社会保障局
地　　址：北京市门头沟区新桥南大街13号
电　　话：69842953
邮　　编：102300

（李　硕）

【失业保险金调整和发放工作】1月1日起，根据市劳动保障局《关于调整失业保险金发放标准的通知》精神，对正在领取失业保险金的失业人员按每人每月增加60元的标准上调。调整后，1358名失业人员将按新的标准享受失业保险金。

（李　硕）

【待遇费用调整工作】　1月1日起，对符合条件的353个单位的4.44万名退休（含退职人员）、退养人员进行了基本养老金的调增。此次调整共调增881.49万元，人均调增200元。保证基本养老金于1月15日足额发放到退休人员手中。1月1日起，根据市劳动保障局文件精神，区劳动保障局对享受伤残津贴和供养直系亲属的工伤保险定期待遇进行了调整。此次共调整享受工伤保险定期待遇的单位101个，4477人次，调增加金额65.15万元。其中：伤残津贴11.22万元，供养亲属抚恤金53.93万元。年内，按照全市统一部署，对全区2008年12月31日前由工伤保险基金支付待遇的完全丧失劳动能力工伤人员生活护理费待遇进行了调整。共调整享受护理费待遇单位42个，233人次，月调增金额3.37万元。同时，在8月将补发2009年7月调整金额3.31万元。

（李　硕）

【调整个人存档失业保险率】　1月1日起，为进一步减轻群众负担，市劳动保障局发出《关于调整个人委托存档人员缴纳失业保险费有关问题的通知》，将市区个人委托存档人员缴纳失业保险费率由现行的2%调整为1.2%。下调了0.8%。

（李　硕）

【召开离退休老干部座谈会】　1月9日，召开离退休老干部座谈会，局领导班子成员对局离退休干部参表达了新春的问候。

（李　硕）

【召开劳动保障统计年报会】　1月12日，召开了劳动保障统计年报会，总结了全年的劳动保障统计工作，并表彰了2008年区劳动保障统计工作先进个人。区属各企业劳资人员参加了会议。市劳动关系处副处长出席了会议并为企业劳资人员全面的讲解了《劳动合同法实施条例》。

（李　硕）

【市领导慰问】　1月13日，市劳服中心党委书记孙宝岐、基金监督处处长张秀云，对北京八方达客运公司河滩分公司进行了慰问，慰问中了解了企业的经营、劳动合同签订、社会保险参保等情况，并送去了慰问金。随后，慰问了区内的优秀农民工，并送去慰问金和生活用品。

（李　硕）

【就业援助周】　1月15日，开展了以“就业援助你我他，真情相助渡难关”为主题的就业援助周政策宣传、咨询活动。活动中有上千名职工、群众和城乡劳动力进行了政策咨询，发放宣传材料1.5万余份。

（李　硕）

【举行退休职工春节联欢】　1月16日，退休职工春节联欢会在退休职工活动站举行。联欢会上演出了由退休职工自编、自演、自导的节目，筷子舞、腰鼓、武功扇、电声乐合奏、男女生独唱、伞秧歌、迎春大鼓等。

（李　硕）

【开展专项行动】　2月9日，召开了“清理整顿人力资源市场秩序专项行动动员会”，对执法检查工作进行了部署，并分为四个执法小组对新桥大街、黑山大街、双峪路以及河滩地区等劳动用工密集的住宿餐饮业、批发零售业非法张贴的招工小广告进行了清理，针对全区存在的8家非法职介，区劳动监察大队在进行查处取缔。

（李　硕）

【开展安全检查】　2月11日，召开局机关内部安全生产会议。会上传达了区委、区政府安全生产会议精神，并责成局办公室制定安全大检查实施方案，对局内存在的安全隐患进行彻底的排查。办公室与各科负责人签订了《门头沟区劳动和社会保障局内保安全责任书》和《门头沟区劳动和社会保障局防火责任书》。

（李　硕）

【召开专题工作会】　2月11日，召开由就业、职介、劳服、培训、劳关、监察等科室参加的专题会议，对就业工作进行了分析，研究和部署了下一步的工作。8月21日，召开了中层以上干部参加的维稳工作专题会。会上传达了中共中央政治局常委周永康在全国维护稳定暨信访工作电视电话会议的讲话和市委书记刘淇在市维护稳定暨信访工作电视电话会议的讲话以及市局《关于加强人力资源和社会保障系统维稳工作切实维护首都社会和谐稳定的通知》文件精神，宣读了《门头沟区劳动和社会保障局“国庆平安行动”维稳工作方案》，会议要求各部门要从讲政治、讲大局的高度出发，切实做好各项维稳工作。10月14日，召开了关于做好2009年落实“无拖欠工资工作”责任制检查暨“规范一条街”工程互查验收工作会议。参加会议的有各街道、镇劳动保障监察机构负责人和统计人员。各街道、镇汇报了落实“无拖欠工资”目标责任书和“规范一条街”工作的进展情况。11月4日，组织召开了由13个街道社保所负责人参加的工作会。布置了认证工作，并要求各街道、乡镇紧紧抓住区卫生局、老龄委等部门即将开展为60岁以上领取福利养老金人员集中进行免费体检的机会，集中进行认证工作，对其他不能参加体检的人员，要服务上门，做好认证工作。20日，市职介中心在晨光饭店召开了继续推进数字化档案建设专题工作会。市职介中心主任刘小军及相关区县职介中心负责人参加了会议。崇文区、大兴区两个档案数字化程度较高的区县介绍了区数字化档案管理的做法及遇到的问题。会上重点讨论了建立数字化档案资金的筹集、档案分类、档案扫描等问题。

（李　硕）

【领导调研】　2月12日，贾文勤到劳动保障局调研就业工作，听取了区内当前就业工作现状分析和措施的汇报，要求要做好就业的监测和预警工作，加强领导、提高认识，及时上报就业开展情况，在特殊形势下一定把就业工作做好。5月19日，门头沟区“2009年民营企业招聘周”首场社区招聘会在龙泉雾社区举行，人力资源和社会保障部就业司司长于法鸣、市人力资源和社会保障局副巡视员任建新等领导视察了招聘会现场，并就区就业现状、金融危机对企业用工的影响以及大学生就业情况等问题进行了现场调研。7月13日，市劳动和社会保障学会会长王德修、秘书长张全福及部分劳动保障学会成员到北京精雕科技有限公司就金融危机影响下企业的生产经营状况进行了实地调研。王德修一行听取了企业领导人关于金融危机影响下企业生产经营状况的汇报，了解了该厂的生产、经营状况及下一步发展存在的各项问题，并到生产车间进行了实地查看。9月2日，区领导贾文勤就国庆维稳工作的开展情况到局内调研。听取了局长关于国庆期间维稳工作情况汇报后，提出具体要求。4日，区领导王智慧、贾文勤就基金安全工作到局内调研。王智慧、贾文勤等领导在听取了局长关于基金安全工作的专题汇报后，就继续做好基金安全工作提出了要求。11月5日，贾文勤对区内的就业工作进行了调研。听取了局领导关于2009年就业指标完成情况汇报后，提出具体要求。26日，区领导郭光磊到区人力资源和社会保障局检查了贯彻落实党风廉政建设责任制推进惩防体系任务完成情况。在听取了局领导所做的《关于2009年党风廉政建设工作情况的汇报》和《加强管理与监督维护社保基金安全完整》的汇报后，对局内年度党风廉政建设的开展情况给予肯定。汇报结束后，检查组成员还检查了关于党风廉政建设的各项材料，走访了劳动监察大队和公务员管理科，召开了相关人员座谈会，了解了各项工作的落实情况。

（李　硕）

【召开专项座谈会】　2月12日，召开了公费医疗纳入医保征求意见座谈会。区领导贾文勤、区财政局、卫生局以及教委负责人参加了会议。公费医疗办公室主任对现行的公费医疗政策执行当中存在的困难和问题进行了分析，将基本医疗保险政策进行了简单介绍。9日，会同区工商联、工商分局召开了非公企业座谈会，50余家非公企业参会。工作人员将各项促进就业优惠政策发放到企业经营者的手中，并对每一项优惠政策都进行了讲解，针对企业提出的种种问题，进行了解答。4月17日，举办了部分企业座谈会，北京天马轴承有限公司、北京人民华都矿山机械有限公司、北京新港干混砂浆建材公司等7家受到金融危机不同程度影响的企业劳资负责人参加了会议。局工作人员针对企业受到金融危机影响程度的不同，重点讲解了适用于当前形势的各项稳定就业、促进就业优惠政策，以及享受优惠政策的条件和具体操作步骤。28日，市社保中心内控监督部在门头沟区召开了部分区县内控工作人员参加的内控监督工作座谈会。市社保中心书记武润年、市社保中心内控监督部和海淀、丰台、石景山、房山、大兴等区县内控机构的领导和工作人员参加了座谈会。各区县对内控监督工作的基本情况作了汇报并对如何处理好监督与被监督的关系、如何做好全市内控工作提出了许多建设性建议。7月27日，举行庆"八一"复转军人座谈会。局内在职和离退休复转军人参加会议。局长向各位复转军人汇报了劳动保障工作现状，并带去了全体干部职工对复转军人节日的问候。各位复转军人为劳动保障事业取得更好的发展建言献策。

（李　硕）

【贯彻会议精神】　2月19日，召开局党组理论中心组学习扩大会议。会议的主题为"贯彻落实传达区党风廉政建设工作会议精神"，局领导以及各科负责人参加了会议，会上，首先全文传达了王智慧在区党风廉政建设工作会议上的报告《扎实推进惩治和预防腐败体系建设为加快建设现代化生态新区提供坚强保证》。区纪检监察组第一组组长传达了伊欣欣在区党风廉政建设工作会议上的报告。

（李　硕）

【宣传活动】　2月19日，开展以"进城务工，春风引路"为主题的宣传活动。到京务工人员集中的建筑工地介绍进城务工常识、维权注意事项、技能培训信息等，并公布了相关服务电话，发放"春风卡"等宣传资料1800余份。4月2日，会同区工会、工商联、企联等单位组织相关人员举行了"春暖行动"和"劳动合同宣传月"宣传日活动。贾文勤等领导参加宣传。龙泉镇、永定镇等地区设立了分会场。

（李　硕）

【组织现场招聘活动】　3月4日，西城区西长安街街道职业介绍所将西城地区北京安南保安服务有限公司等11家用人单位的500余个就业岗位信息送到区东辛房街道北涧沟社区，进行现场招聘。东辛房街道职业介绍所组织200余名城乡劳动力到社区现场应聘报名，74人当场达成就业意向。活动现场还设置了劳动政策宣传、咨询台，咨询人数达80余人，共发放宣传材料200余份。19日，与区残联共同组织了残疾人就业专场招聘会。76名残疾人与用人单位初步达成了供需意向。5月15日至22日，举行了以"为民营企业招聘员工搭桥，为高校毕业生农民工就业铺路"为主题的宣传活动。在"招聘周"期间，区劳动保障局职介中心将与龙泉镇、城子街道办事处等单位联手举办了四场招聘洽谈会，组织34家用人单位参会，提供保洁员、电工、印刷操作人员、房地产业务员、无纺布制造工、计算机维护等50余个工种435个就业岗位，参加招聘会的各类求职人员达到900余人，最终有146人与企业初步达成就业意向，现场发放市、区就业材料5800余份，并有41人与局职业技术学校签订了职业技能培训意向。在职业介绍服务中心大厅设立了政策咨询台和权益保障咨询台，对195人次的求职人员进行了就业政策指导和法律援助。年内，按照《门头沟区开展迎国庆就业援助进家入户专项活动方案》要求，职介中心联合区人才中心、大台街道、东辛房街道、大峪街道、龙泉镇在区内召升了5场招聘会。共组织未就业的困难高校毕业生及失业人员1900余人参加，70家单位提供了1400余个岗位供求职者挑选，最终有200余人初步与用人单位达成就业意向。活动现场还设立了政策咨询台，共发放宣传材料5000余份。

（李　硕）

【采取措施确保工资核实准确】　年内，区劳动保障局采取四项措施，为工资基数核定工作做好准备。1. 分工明确。将收缴业务7名工作人员，按照登记岗、申报岗定为一线人员，全力负责核定工作，账户岗人员定为二线人员，做好其他工作同时支援一线工作。2. 主动宣传。在医保大厅、社保大厅等对外窗口张贴相关文件和告知书，明确申报时间、流程及所需材料。3. 工作指导。编写并发放《企业采集软件系统使用说明书》、《缴费工资基数核定操作流程》，指导参保单位做好核定工作。4. 全员齐动。2月10日起，医保中心全体工作人员都是宣传员，不论参保单位办理何种业务，工作人员都把申报工作宣传到人，并将申报缴费工资基数基本信息等表格发到办事人员手中。

（李　硕）

【贯彻区维稳工作会议精神】 3月5日，区劳动保障局牵头召开了贯彻区维稳工作会议精神的联席会议。会上分析了国际金融危机对区经济社会的影响，以及由此引发的劳动关系问题，研究应对措施。区劳动保障局、建委，及区政府信访办、综治办、公安分局、邮政储蓄所负责人分别发言，交流各自应对金融危机，切实维护社会稳定的工作经验和做法。

（李　硕）

【召开劳动保障工作会议】 3月9日，召开2009年劳动保障工作会。会上总结了全区2008年度劳动保障工作，安排部署了2009年度劳动保障工作任务，区政府与各街道、镇政府签订了《2009年劳动保障目标责任书》。刘云广主持会议。贾文勤做了《认清形势统一思想全力做好劳动保障工作》的报告。罗斌代表区政府与各街道、镇政府签订了2009年劳动保障目标责任书。市劳动保障局副局长郭克利、区领导伊欣欣分别讲话。

（李　硕）

【培训工作】 3月13日，召开劳动保障监察执法文书培训会，市劳动保障局监察处领导对责令（限期）改正通知书等执法文书的制作、使用进行了讲解。同日，对特种作业考试的实操考官进行了年度岗前培训工作。课上介绍了在考核中应注意的事项、考核的技巧、评分的原则等问题。参加培训的27名考官表示一定会按照《北京市特种作业实操考官管理办法》的规定，本着公开、公平、公正的原则开展特种作业实操考核工作。20日，举办了城乡居民养老保险培训班。13个街道、镇主管城乡居民保险工作的领导、社保所所长及业务人员等60余人参加了培训。25日，举办了2009年首期职业介绍和职业指导业务培训讲座。宣武区劳动保障局职业介绍中心高级职业指导师与区劳动保障局职业介绍中心工作人员共同为区内13个街道（镇）职业介绍所的30名工作人员进行了业务指导培训。4月15日，结合“学习实践科学发展观”和“机关建设服务年”活动，举办了由全区13个街道、镇劳动保障监察执法人员和劳动保障协管员参加的劳动监察培训班。培训班重点就区建筑施工企业的劳动保障执法监察工作进行了部署，并讲解了《开工项目用工登记表》和劳动保障统计表的填写方法，分析了各街、镇2009年建筑工程项目分布情况。4月23日至5月22日共分四批派出教师20人次参加了市职工素质教育办公室组织的“首都职工素质教育师资培训班”，主要参与了“自我发展与团队管理”、“企业运营与发展”、“现代职业礼仪”和“职业生涯规划”等13门素质教育课程的教学研讨活动。5月15日，区劳动保障局特聘原东方歌舞团二胡演奏家高国武教授在区退休职工活动站为20余名退休人员传授二胡演奏技法。此次活动是免费培训，也是局内连续第三年对退休职工进行的义务培训活动。6月12日，召开依法行政专题讲座。局法制科法学博士为全局干部职工讲解了劳动法在中国七大法律部门中所处的地位、依法行政对劳动保障工作的重要性和做好劳动保障工作与行政复议、行政诉讼的关系等三个方面的内容。8月4日，举行了首期公务员电子政务培训的开班仪式，首批参加培训的78名公务员涉及全区31个单位，培训内容主要包括“电子政务”、“信息安全”、“信息技术”3个考试模块。根据市人事局《关于在北京市公务员中开展新一轮信息化与电子政务知识培训的通知》京人发【2008】28号文件精神，劳动保障局职业技术学校承担了全区公务员信息化与电子政务知识的培训和考核工作，计划培训人数878人。暑期开始，区劳动保障局职业技术学校在清水、斋堂、雁翅、潭柘寺等乡镇开办7期中式面点师培训班，培训学员235人。10月28日，对各镇、街社会保障事务所负责自谋职业（自主创业）、灵活就业社会保险补贴初审的业务经办人员召开了关于《北京市劳动力市场优惠政策子系统与社保医保系统业务》的培训会。11月11日，举办了职业指导培训补贴软件培训班，全区13个街道（镇）的25名相关负责人员参加了培训。12月30日，举行目标管理启动仪式暨培训会。全局中层以上干部和部分职工以及13个街道镇社保所的相关负责同志参加培训。启动仪式结束后，中国人民大学人力资源开发与管理研究中心的李刚博士针对目标管理的概念、目标的分解以及目标的考核进行了讲解。

（李　硕）

【学习科学发展观活动】 年内，组织广大党员干部职工开展了“学科学发展，畅所感所想”——撰写科学发展观心得体会活动。广大党员干部联系局内提出的“做好社会保障保民生、服务企业发展保就业、构建和谐劳动关系保稳定”三保主题，联系各自的工作特点和岗位职责，将集中学习与个人自学相结合、专题辅导与交流研讨相结合的学习成果和效果，通过文章表达和抒发出来。全局四个支部党团员、积极分子共撰写心得体会140余篇，局学习实践领导小组办公室从中选择了15份优秀学习心得体会，在局宣传栏——科学发展观学习园地中进行展览，供广大党员干部职工互相交流学习。3月16日，召开专题会议传达郭光磊在区学习实践科学发展观培训班上的讲话精神，并对局内如何开展学习实践科学发展观活动进行了研究和部署。4月16日至17日，开展了深入学习实践科学发展观书面答题活动。所有党员、积极分子以及团员青年参加了此次活动，共发放试卷149份，收回率100%。8月11日，召开了学习实践科学发展观活动总结大会。会议围绕全区“坚持解放思想，推动科学发展，建设生态新区”这个主题，以“做好社会保障保民生、服务企业发展保就业、构建和谐劳动关系保稳定”为实践载体，提出了学习实践科学发展观活动整改落实方案，并对学习实践科学发展观活动进行了全面总结，为保证整改措施能落实到位，局领导与各责任科室签订了学习实践科学发展观活动整改落实责任书，至此，劳动保障局的学习实践科学发展观活动结束。

（李　硕）

【劳动关系三方协调会】 3月18日，组织了由区总工会和企业联合会参加的劳动关系三方协调会。会上提出了工作思路。一是推动企业建立工资集体协商制度，促进企业协商机制建设。二是构筑以三方会议各方代表为主体的劳动争议隐患预警机要以三方会议各方代表为主体建立全区劳动争议隐患预警机制。三是建立应急预案制度，形成信息共享、案情互通事件联动的应急处置工作机制。

（李　硕）

【中层干部封闭学习】 3月25日，局党组组织中层干部封闭学习。各部门对劳动和社会保障工作所面临的形势进行了探讨，对工作中暴露出的问题进行了分析，对下一阶段的工作进行了安排和部署。

（李　硕）

【调研工作会】 4月9日，召开“学习实践活动调研课题问卷调查部署暨区领导对劳动和社会保障局调研工作会”，王智慧、贾文勤出席会议。区第五指导检查组、区劳动保障局的主要领导以及区教委、农委、社区工委以及13个街道、镇的主管领导参加会议。王智慧、贾文勤听取了《关于促进城乡居民就业对策研究的实施方案》和调查问卷的部署工作，并对当前劳动和社会保障工作进行了调研。

（李　硕）

【“博爱在京城”募捐】 4月15日，开展了“博爱在京城”募捐救助活动。全局干部群众共捐款6540元。

（李　硕）

【公费医疗管理办法出台】 4月24日，区2009年公费医疗管理办法正式出台，新办法将继续实行“两定”、“两线”、“两挂钩”的管理制度，同2008年政策相比，新的管理办法主要是进行了以下调整：一是调整了200元以上的检查、治疗项目的个人先行负担比例，由20%降为8%；二是调整了在治疗时使用标有“费用需由个人部分负担”的药品费用的个人先行负担比例，个人负担均调整为10%（不再区分中、西药和在职与退休人员）；三是调整了在检查、治疗项目中使用单项费用500元（含）以上的贵重医用材料个人先行负担比例，由个人负担由50%调整为30%。

（李　硕）

【清理社保沉淀基金】 5月7日，劳动保障局召开“清理社保沉淀基金专题会”，局领导班子全体成员及有关科室负责人和工作人员参加了会议。分析了区2003年至2007年社保沉淀基金形成的原因，探讨了各种清理的方式方法。

（李　硕）

【活动站】 5月11日至15日，区劳动保障局退休职工活动站老年台球队在北京市第24届老年斯诺克台球友谊赛中获团体亚军。16日，区劳动保障局退休职工活动站秧歌队在区全民健身体育节启动仪式暨门头沟区全民健身项目表演赛中，荣获秧歌类第一名，操类第一名。

（李　硕）

【劳动用工政策宣讲会】 5月20日，区劳动保障局联合区商业联合会召开了劳动合同暨劳动用工政策宣讲会。共有30余位企业代表参加会议。讲解了现行的各项促进就业政策和《劳动合同法》，并针对企业提出的问题，进行了解答。

（李　硕）

【医疗保险数据采集工作】 年内，全区需要二次数据采集比对的单位2222家，人数43459人。其中：基本医疗参保单位2152家，人数21630人。“一老一小”参保单位70家，人数21829人。6月9日，区劳动保障局医保中心召开了“二次采集信息”工作培训会。“二次采集信息”在百人以上的参保企业和街道、镇社会保障所及各学校、托幼机构均在此次培训之列，这些单位因为二次采集信息人数多，所以是此次工作中的重点和难点。

（李 硕）

【市相关部门到区内检查工作】 6月10日，市无拖欠工资工作督查组到门头沟区检查落实无拖欠工资工作，并到区医院急诊综合楼和中国航天科工集团第四研究院428工程工地进行了实地检查。24日，市社保基金专项治理工作组到区内检查社保基金专项治理工作落实情况，会上听取了区专项治理工作小组就社会保险基金专项治理工作总体进展情况的汇报，并进行了实地检查。12月15日，市人力社保局监察处王海副处长、海淀劳动监察大队队长及相关领导对区劳动监察工作进行考核，查看了日常巡查记录、行政处罚案卷及相关培训材料。副局长就局内坚持与区信访办、区建委、区公安分局保持联动协调机制和专项大检查等情况进行了介绍。会后检查组到龙泉镇实地检查了劳动监察工作开展情况并随机抽取了辖区内两家用人单位进行检察。16日，市局“数据质量年”互查小组来到区社保中心，对中心“数据质量年”活动的开展情况以及数据管理制度的建立健全、岗位设置、职责分工、系统程序的操作使用情况进行实地检查。通过查看原始业务单据、随机抽查业务数据、查阅制度建立等形式，互查小组对区社保中心的工作开展情况进行了一一检查，并做出了情况汇总，最终给予了肯定。

（李 硕）

【落实“国庆平安行动”工作会】 6月25日，召开了由全区13个街道、镇的主管领导、劳动保障监察机构负责人及协管员参加的“国庆平安行动”工作会。会上，各镇汇报了上半年落实“无拖欠工资”目标责任书的进展情况，区劳动监察大队负责人部署了对劳务派遣单位、高危行业的专项执法检查和下半年的重点工作。局领导对劳动监察工作提出了要求。

（李 硕）

【开展专项调查】 3月11日，组织全区13个街道、镇社保所的工作人员参加了全市失业人员抽样调查培训。调查将按月对新增单位失业人员、新增存档失业人员和当期实有失业人员按不同比例进行抽取，开展入户调查，为进一步研判区的就业形势提供准确依据。6月底，对全区24万人、10万户的城乡居民家庭进行就失业情况调查，通过建立《门头沟区城乡居民家庭管理服务台帐》，进一步了解城乡居民的就业和培训需求，掌握全区城乡劳动力就失业状况，从而做到底数清、情况实，为下一步制定和完善促进城乡劳动力就业政策、提升就业服务的针对性和时效性提供科学依据。从8月20日开始在全区范围内对人力资源和社会保障公共服务的机构、人员、收入、场所、设备及工作经费等情况展开调查。调查的对象是公共服务机构，即经区内编办正式批准的人力资源和社会行政部门及其下设的管理机构、工作机构，包括街道街道（乡镇）、社区（村）的人力资源和社会保障经办窗口（站点）。此次调查显示：全区人力资源和社会保障公共服务机构共有工作人员767人，其中劳动协管员203人；年人均经费支出2.59万元；办公计算机覆盖率60%，其中37%实现专网连接；办公场所面积2.04万平方米，其中公共服务场所面积占42%。

（李 硕）

【聘任兼职劳动仲裁员】 7月1日，聘任11名兼职劳动仲裁员。这11名兼职劳动仲裁员于下半年参与劳动争议案件的调处工作。

（李 硕）

【开展整治非法用工专项行动】 7月1日至31日，在全区范围内开展整治非法用工打击违法犯罪专项行动。把中小企业比较集中的乡镇作为重点检查区域，主要是对各类中小企业招用人员落实劳动合同签订、工资支付、社会保险登记缴费情况以及有无使用童工行为、女工和未成年工劳动保护等情况进行执法检查，重点检查对象是小砖窑厂、小煤矿、小矿山、小作坊等。

（李 硕）

【落实区委十届八次全会精神】 7月13日，召开全体干部职工大会传达贯彻区委十届八次全体（扩大）会议精神。会上传达了《中共北京市门头沟区第十届委员会第八次全体（扩大）会议决议》、《振奋精神坚定信心再接再厉全力以赴完成保增长、保民生、保稳定任务》《关于全区经济社会发展工作的报告》等报告，并就全力以赴抓好下半年各项劳动保障重点工作进行了部署。

(李 硕)

【召开形势分析会】 8月19日，组织召开了全区劳动保障工作形势分析会。各街镇主管领导和社保所所长参加了会议。主要业务科室负责人介绍了当前劳动保障工作的开展情况，对各项任务指标的进展状况进行了通报，分析了工作中存在的问题，并对下一步工作的开展进行了部署。

(李 硕)

【办理京卡·互助服务卡】 9月初，开始着手为全局工会会员办理京卡·互助服务卡。办理京卡·互助服务卡是市总工会为全市工会会员办的一件实事，京卡·互助服务卡为实名制会员服务卡，卡片办理成功后，持卡人可享受一份非工伤意外事故导致身故、非工伤意外事故导致伤残及火灾导致的家庭财产损失的互助保障服务，享受家政信息提供服务、婚姻介绍服务等各种免费、优惠服务。

(李 硕)

【就业援助进家入户专项活动】 9月10日，区内启动就业援助进家入户活动。此次专项活动从9月10日起至30日止，活动以“援助进家，政策到人，帮您就业”为主题，以帮助未就业的困难高校毕业生、零就业家庭成员和城乡就业困难人员实现就业以及帮助已经就业的就业困难人员和零就业家庭成员稳定就业为活动目标。

(李 硕)

【区人力资源和社会保障局挂牌】 9月18日，门头沟区人力资源和社会保障局正式挂牌。区领导罗斌出席挂牌仪式并讲话。杜斌英任新成立的门头沟区人力资源和社会保障局党组书记、局长。

(李 硕)

【定点医疗机构联审互查工作】 9月下旬，开始对一级及以下20家定点医疗机构2009年度的医疗保险管理工作进行检查，主要包括：门诊就医管理情况、住院就医管理情况、收费管理情况、信息系统及手册管理情况等内容。

(李 硕)

【社保经办业务互查工作组检查】 10月29日，市社保中心互查工作组到局内检查社保基金经办工作。工作组由市社保中心主管领导及相关区县收缴部门负责人组成。按照北京市人力资源和社会保障局《关于开展全市社保经办业务自查互查工作的通知》要求，局领导，要求社保中心执行市局文件精神，开展补填、补缴业务自查工作。

(李 硕)

【召开工作务虚会】 12月1日，召开了全区人力资源和社会保障工作务虚会。贾文勤参加会议。各街道（镇）主管社保所工作的主任（镇长）和社保所长参加了会议。会上分析了当前人力资源和社会保障工作中存在的问题，进一步明确了2010年工作思路。

(李 硕)

【完成五项保险工作】 年内，五项保险均超额完成。养老、失业、工伤、生育、医疗参保人数分别为67720、74455、78448、41856、148119人，同比增长7.88%、6.85%、11.4%、5.19%、2.92%；五项保险基金收缴分别为39794.39、3298.16、2593.19、973.19、21705.63万元，同比增加18.39%、14.2%、21.27%、16.78%、15.12%。

(李 硕)

【公费医疗情况】 年内，全区公费医疗实际支出5397.26万元，比2007年增加支出789.76万元，增幅17.14%。增加原因：1. 多项政策的出台加大了公费医疗支出。2. 由于区医疗设备、技术力量所限，患癌症、心、脑血管病等患者大部分转往上级医院或者专科医院手术、治疗，转出的患者费用高。3. 全市医疗技术的不断开展，新的治疗手段不断增加，各种支架、搭桥等介入治疗已经成为普遍治疗手段，每例费用均在5万元以上。4. 癌症患者用药昂贵。

(李 硕)

【签署服务协议】 年内，根据北京市医疗保险事务管理中心《关于2009年基本医疗保险定点医疗机构、工伤医疗机构、定点零售药店续签协议有关问题的通知》京医保发〔2009〕24号通知精神，区劳动保障局对辖区内的基本医疗保险定点医疗机构、定点零售药店进行了服务协议书的续签。全区26家定点医疗机构和3家定点零售药店的服务协议已经全部签署完毕，确保了区医疗保险制度健康持续发展。

(李 硕)

【审核全区定点医疗机构】 年内，对全区42家定点医疗机构进行了审核。经审：门城地区社区卫生服务中心及其下属11家社区卫生服务站个别项目与执业许可证不符，通过督促，已完成门城地区社区卫生服务中心及10家社区卫生服务站所有制形式及法人等项目的变更。门城地区社区卫生服务中心下属的东辛房街道龙门社区卫生服务站由于地区拆迁终止了医疗保险服务协议，其终止协议材料已按时上报。其他30定点医疗机构通过审核。

（李　硕）

【结友好协作单位】　年内，和河北省涿鹿县人事劳动和社会保障局结成友好协作单位。双方将促进两地间劳动力资源信息交流、加强劳动就业和社会保险、职业技能等方面的交流合作。

（李　硕）

【参加“红色歌曲大传唱”活动】　年内，与团区委组织的“青春放歌”——庆五四、迎国庆“红色歌曲大传唱”活动。获得了一等奖。

（李　硕）

机关事务管理

【概况】　年内，在区委、区政府的领导下，区机关后勤服务中心坚持以邓小平理论和“三个代表”重要思想为指导，全面贯彻科学发展观，学习十七届四中全会精神，开展深入学习实践科学发展观活动，用科学发展观统一思想、指导实践、推动工作，进一步改进工作作风，全面履行机关事务工作职责，落实党风廉政建设责任制和领导干部廉洁自律的各项规定。在履行和加强机关事务管理职能方面有了新突破，保障能力和服务水平有了新提高，为保障区直机关各项工作的运转发挥了作用。

单位名称：北京市门头沟区机关后勤服务中心

地　　址：北京市门头沟区新桥大街36号

电　　话：69839343

邮　　编：102300

（王淑荣）

【美化和绿化工作】　“春节、五一、十一”在主楼大门口前两侧及旗坛周围摆放了鲜花8500盆。春季，新栽黄杨5株，栽月季花30株，补栽银杏、刺梅、海棠等花木。对机关大院7600多平方绿化带按照市级园林式单位进行规划全面进行了补栽、修理、完善工作，并于5月一次性通过了园林式单位的评估验收。

（王淑荣）

【基建工作】　年内，加强基建工作。一是机关食堂在原有基础上加盖一层后，为购置安装可移动音视频设备，以满足不同情况下的需求。二是按照统一安排，区机关南楼五层会议室改为区四大部门常委会议室，为改善常委会议室办公条件，按照标准为会议室购置了会议桌椅及办公设备。三是自年初开始，建筑物的防雷检测标准一律按照全国统一的《防雷装置安全检测技术规范》执行。按照现代综合防雷技术规范的要求，对区直机关建筑物进行防雷改造。

（王淑荣）

【维修与保障工作】　年内，更换办公楼、会议室、公共走道等节能灯690只，更换维修各类日光灯、格栅灯50余套，春节前和十一前对大院照明系统作了全面检修和更换，更换专用灯具16套，重新铺设应急指挥中心和机关食堂后侧照明电缆230米。对办公楼23台全自动热水器全面清洁除垢和检修。

（王淑荣）

【车队工作】　年内，为确保建国60周年的交通安全，与驾驶员签订了2009年交通安全责任书，坚持每月至少一次的安全教育活动，传达上级领导和交通管理部门的指示精神，督促驾驶员严格遵守交通法规，严禁酒后驾车，确保行车安全，连续多年被区交通安全委员会评为先进单位。

（王淑荣）

【机关食堂工作】　年内，针对食堂就餐人员多的情况，中心领导对就餐人员进行调整，缓解了就餐拥挤现象。同时制定出相应管理措施，从改善就餐环境，提高饭菜质量和服务质量水平入手，不断提高为机关干部群众办实事的能力。

（王淑荣）

【安全保卫工作】　年内，累计召开各部、委、办、局的办公室主任会议3次，累计参加人数达100余人。针对重大节假日对机关大院内各单位开展安全大检查3次，参加人数40余人次，检查部、委、办27个。新添灭火器36具、报警器5个，食堂新添灭火器12具。

（王淑荣）

精神文明创建活动

【概况】　全区精神文明建设工作坚持以邓小平理论和“三个代表”重要思想为指导，贯彻落实科学发展观，以迎接庆祝新中国成立60周年为主线，以建设“人文北京、科技北京、绿色北京”为目标，以“贴近实际、贴近生活、贴近群众”为原则，以“迎国庆　讲文明　树新风”活动为载体，为建设现代化生态新区创造了良好的社会环境，提供有力的精神动力和智力支持。一是开展“迎国庆讲文明树新风”宣传教育活动，为全区创造良好的社会环境。共开展迎讲树系列活动近1600次，涌现出首都级迎讲树活动先进集体25个，先进个人50名，门头沟区获首都“迎讲树”活动优秀组织奖；实施“社区志愿服务行动计划”，开展科教、文体、法律、卫生“四进社区”活动；参与“首都十大道德模范”评选活动，向首都文明办申报4个类型7名候选人，其中2人被中央文明网评为“全国身边的好人”并被北京市委宣传部拍摄成专题片；进行未成年人思想道德建设创新案例征集工作，共有《盛世舞太平》等3个案例参加全市评选；在窗口行业中开展“创文明单位、树行业新风”活动，新桥星座商厦被评为区内首个首都级诚信经营示范店，双峪市场被评为首都级文明市场。二是开展各类精神文明创建活动。开展2009年首都级各类文明先进的评选推荐工作，共推荐首都级各类文明先进114个，新增和递补首都文明单位3个，文明社区4个，文明村9个，文明景区1个；完成了5个全国级文明先进的宣传材料征集上报工作，区2个村镇的典型事迹编入《创建的力量》一书；召开2009年“城乡统筹，文明先行”工作会，总结“城乡携手迎奥运，共建文明京郊行”活动成果，启动“城乡统筹，文明先行”活动，并在全市召开的“城乡统筹，文明先行”活动经验交流会上受到表彰；召开2009年军警民共建工作会，下发了《门头沟区2009年军警民共建工作实施意见》。协调市春风办，为清水中心小学捐助图书3000余册，捐助贫困生20余人1万余元。三是加强精神文明建设基础性工作，不断提升精神文明建设的水平。对新申报文明单位、文明社区、文明村的23个单位进行了实地检查和验收；开展了门头沟区百分考核工作的专项调研，在此基础上提出改进精神文明百分考核办法的调研报告，并由区文明委审议通过；开展传承奥运精神，提升门头沟区公民道德教育的课题研究，对全区精神文明建设进行总结，编印“传承奥运精神，建设文明北京”画册。

单位名称：北京市门头沟区精神文明建设委员会办公室
地　　址：北京市门头沟区新桥大街36号
电　　话：69843219
邮　　编：102300

（金　涛）

【诚信经营示范街（店）申报、揭牌】　1月7日，召开“创建诚信经营示范街（店）工作会”。与会人员学习了市委宣传部、首都文明办《关于做好首都诚信经营示范街（店）申报推荐工作的通知》，并对推荐区内首都诚信经营示范店进行了座谈。星座新桥商厦、京西晨光饭店和京西旅游门头沟百货商场列入申报企业候选推荐名单。4月15日，协调区“百城万店无假货”活动协调小组11家成员单位，为星座新桥商厦举行了揭牌仪式。年初，新桥星座商厦被首都“百城万店无假货”活动协调小组授予首批“首都诚信经营示范店”称号，成为区内第一家获此荣誉称号的商业单位。区“百城万店无假货”活动协调小组成员单位领导、区主要大型商业企业领导和星座新桥商厦员工50余人参加仪式，并为星座新桥商厦“首都诚信经营示范店”揭牌，商厦总经理作了表态发言，物美新隆店店长向全区商家发出了争创倡议。揭牌仪式后，各成员单位的领导对星座新桥商厦进行了实地考察。

（刘丽媛）

【开展春风行动】　1月13日，经区文明办协调，由市春风办携25台29英寸的彩色电视机来到清水镇黄安坨村，捐赠给全村65岁以上的老人。同时还为全村每户家庭准备了一幅春联、一个福字、一贴福鱼。市春风办、区文明办、清水镇领导参加了捐赠仪式。3月4日，市春风办开展捐助贫困家庭助学活动。区文明办，区春风办成员单位区民政局、工会、团区委、妇联相关领导及受助家庭学生家长参加发放仪式。此次活动共向区内31个家庭发放1.42万元助学金，款项全部来源于个人捐助，主要用于每个受捐助家庭学生的日常学习。

（刘丽媛）

【未成年人迎检、测评工作】　2月18日，召开“未成年人思想道德建设工作测评”迎检工作第二次动员会，区未成年人思想道德建设协调小组全体成员，区领导陈志强，首都文明办未成年人工作处处长周大庆参加会议，陈清主持会议。24日，由10名专家、学者组成的首都未成年人思想道德建设工作测评组，对区内未成年人思想道德建设工作进行全面测评。陈志强、赵爱娟出席了会议，区未成年人思想道德建设协调委员会成员单位的主要领导参加了汇报会。会上，陈志强代表区委、区政府作了题为《贯彻落实科学发展观全面加强和改进门头沟区未成年人思想道德建设》工作汇报，测评组进行了工作质询，并检查了区内未成年人思想道德建设工作档案。测评组分别对东辛房小学、育新学校、峪园社区进行了实地考评，并对100名中小学生和50名社区居民进行了问卷调查。

（刘丽媛）

【开展排队推动日活动】 3月11日，区内开展了“请跟我排－文明乘车、文明游园”排队引领活动。秩序文明引导队和环境文明引导队的文明志愿者们到公共场所，悬挂横幅，摆放板报，佩戴标识，在336、645、383、滨河世纪广场等区内主要车站首站台和公园门前，引领市民秩序排队、疏导游客文明游园，在发放宣传品的同时向市民和游客赠送旅游一卡通。9月11日，根据“2009年门头沟区迎国庆讲文明树新风”活动总体部署，在336、645路公交站台和双峪红绿灯交通路口集中开展了交通文明引导活动。陈志强参加了排队推动日活动，并在活动现场与志愿者们一同向遵守交通信号灯的行人和非机动车发放小国旗、印有“迎国庆讲文明树新风”字样的宣传品，向机动车驾驶员发放文明行车“十不承诺”宣传页和国庆车贴。活动中，向群众发放小国旗600面，车贴200个，印有“迎国庆 讲文明 树新风”字样宣传品500个，宣传材料1000份。

（刘丽媛）

【“我与文明有约”志愿活动】 4月18日，首都文明办宣教处处长奚立龙，区领导陈志强、赵爱娟、翟云峰、侯建华，主办单位区文明办，协办单位区旅游局、交通支队、市政园林绿化服务中心、八方达门头沟河滩分公司、潭柘寺公园等8个部门的负责人及区内文明游园引导队、秩序文明引导队、环境文明引导队和志愿服务队的100余名队员代表参加了启动仪式。启动仪式上，陈志强对“我与文明有约——踏青赏花文明游”主题实践·志愿服务活动进行了全面部署；志愿者代表宣读“志愿服务”倡议；环境文明引导员代表做出了“文明服务”承诺；秩序文明引导员代表宣读了“致乘客的一封信”。随后各支文明引导队上岗，区领导为公园里的鲜花绿植记挂了“文明提示”牌，并与志愿者一起向游客发放有关宣传品和宣传折页。

（刘丽媛）

【召开文明委工作会】 4月21日，召开2009年度精神文明建设委员会工作会。区领导伊欣欣、陈志强、罗斌、陈国才、侯建华、张勇和精神文明建设委员会全体委员出席了会议。会议由罗斌主持。会上审议并原则通过了2009年精神文明建设工作要点、2008年区级各类文明先进的审查报告和《门头沟区进一步加强和改进群众性精神文明创建工作的实施意见》、《关于取消门头沟区精神文明百分考核工作的请示》。伊欣欣讲话。

（刘丽媛）

【召开军（警）民共建工作会】 5月11日，召开2009年军（警）民共建工作会。区领导陈志强、王二安出席会议，区文明办、双拥办有关负责同志及全区驻区部队主管共建工作的领导40余人参加会议。会上，陈志强部署了2009年军（警）民共建工作；区文明办副主任部署了军（警）民共建评优工作和“迎国庆、庆八一、促和谐”军（警）民乒乓球比赛活动，参会部队领导对两项活动进行了讨论。

（刘丽媛）

【开展帮扶工作】 5月13日，区领导陈志强带领区文明办全体人员来到永定镇西辛称村和桥户营村开展低收入农户增收帮扶工作。永定镇党委副书记简要介绍了两个村的基本情况，西辛称村党支部书记汇报了针对低收入户情况村里制定的具体帮扶措施，桥户营村党支部书记汇报了全村的基本情况和以后的发展思路。会上，区文明办还明确了下一步帮扶工作重点。

（刘丽媛）

【开展“四进社区”活动】 5月15日，区文明办协调区“四进社区”活动领导小组11家成员单位，到大峪街道新桥西区社区开展了科教、文体、法律、卫生志愿服务活动，服务群众千余人次，陈志强出席并与各单位一同参加了服务活动。年内，为推动“四进社区”活动的开展，区内专门成立了由陈志强任组长的区“四进社区”活动领导小组，制定了《门头沟区2009年“四进社区”活动方案》，对“四进社区”活动进行了全面的部署。

（刘丽媛）

【开展“迎讲树”工作】 5月，区内围绕“有创意、有影响、有规模、民受益”的原则，开展了“迎国庆 讲文明 树新风”活动，并从抓宣传阵地，营造社会氛围；抓职能发挥，提升服务水平；抓志愿服务，创新时代精神；抓环境整治，改善城乡面貌和抓文化活动，打造特色文化五方面开展工作。区文明办部署了国庆期间开展的“我们的节日·中秋”主题活动和开展文明北京大家谈、大家看、大家评、大家写、大家传等系列活动的有关事宜。8月27日，区内召开两场“迎国庆讲文明树新风”活动专题工作会议。陈志强出席会议，各责任单位分别汇报了开展“迎国庆讲文明树新风”活动以来的有效做法、创新举措、典型事例和基本经验。12月18日，区内召开“迎国庆讲文明树新风”活动总结大会。首都文明办副局级巡视员张长江，区领导陈志强、赵爱娟、侯建华、区“迎讲树”协调小组各成员单位领导及获得首都“迎讲树”活动先进单位、先进个人的代表出席会议。会上，张长江代表首都文明办颁发了首都“迎奥运讲文明树新风”活动优秀组织奖奖牌。会议表彰了门头沟区荣获首都“迎国庆讲文明树新风”活动先进单位25个，先进个人50个。市区与会领导分别为获得表彰的先进单位、先进个人代表颁发了奖牌、证章和证书。

（刘丽媛）

【征文活动】　6月24日，举办“门头沟区农村群众性精神文明创建活动成果征文活动座谈会暨颁奖仪式”，20余名征文获奖作者和各镇的宣传干部参加了会议，区领导陈志强，区委宣传部、文明办、文联、《京西时报》的领导出席并为获奖作者颁奖。从4月初开始，区委宣传部、文明办、文联、新闻中心在全区、重点在各镇开展了农村群众性精神文明创建活动成果征文活动，共收到作品106篇，体裁包括经验事迹类材料、散文、诗歌、纪实文学等文体。全区共评选出入围作品31篇，其中一等奖2篇，二等奖4篇，三等奖6篇，优秀奖10篇，潭柘寺镇、永定镇、妙峰山镇、斋堂镇获此次活动组织奖。

（刘丽媛）

【检查军（警）民共建工作】　7月1日，首都军（警）民共建指导小组一行到区内检查指导军民共建工作。区文明办、武装部、教委主管领导及入选首都军（警）民共建标兵单位的62351部队和东辛房小学领导参加会议。付兆庚出席会议并讲话。会上，市区各位领导听取了62351部队政委和东辛房小学校长关于近年来开展共建工作的汇报，与会人员围绕“加强军民共建，促进科学发展”这一主题进行了座谈。年内，区新申报军（警）民共建标兵单位1对、先进单位2对、先进个人2个。

（刘丽媛）

【参加首都文明创建工作交流会】　7月7日，首都文明办召开首都“创文明单位，树行业新风”座谈会。全市荣获全国第二批文明单位、文明行业、文明村镇、文明社区、文明景区荣誉称号的近100个先进单位代表参加，区永定镇冯村作为全市唯一一个农村代表进行了大会发言，发言的题目是《学习实践科学发展观，推进城乡一体化发展，建设社会主义新农村》。

（刘丽媛）

【举行军（警）民共建乒乓球比赛】　7月19日，以“迎国庆、庆八一、促和谐”为主题，在新桥路中学体育馆举办了“共建杯”军（警）民乒乓球比赛，共有9支由驻区部队和地方共建对子组成的代表队参加了比赛。区领导陈志强、贾文勤、赵志安出席了开幕式，付兆庚主持了开幕仪式。主办单位为获得前六名的代表队颁发了奖杯、奖品，并为参赛队颁发了纪念品。

（刘丽媛）

【召开城乡统筹文明先行工作会】　7月21日，召开“城乡统筹，文明先行”活动工作会。对全区2006－2008年开展“城乡携手迎奥运，共建文明京郊行”活动情况进行总结，对2009年“城乡统筹，文明先行”工作进行安排部署，至此区内新一轮城乡结对共建活动正式全面启动。首都文明办创建处领导，区领导陈志强、付兆庚出席会议，全区首都级文明单位标兵、文明单位及结对村镇的主管领导近100人参加了会议。会议由付兆庚主持。会上，对在2008年“城乡携手迎奥运，共建文明京郊行”主题实践活动中的先进单位和先进个人进行了表彰。区教委、民政局、交通局就开展共建活动以来的活动特色、共建形式、人员参与、经费投入、互办实事等情况做了典型发言；区图书馆和潭柘寺镇北村，区邮政局与妙峰山镇水峪嘴村现场签订了2009年“城乡统筹，文明先行”共建活动协议书。

（刘丽媛）

【参加爱国歌曲大家唱演唱会】　8月26日，由中宣部、中央文明办、教育部、文化部、全国总工会、中国文联等10部委和中共北京市委、北京市人民政府共同主办，中共北京市委宣传部、首都精神文明办公室、北京市文化局和北京电视台承办的首都各界“爱国歌曲大家唱”大型演唱会，在北京工人体育馆举行。区内组织4支合唱团队，230名群众参加演唱会，并完成演唱团队和群众演员团队两项任务。参加“爱国歌曲大家唱”大型演唱会活动的准备工作历时1个月，成立了由陈志强为组长，区委宣传部、文明办、工会、文委组成的领导机构，召开了3次协调会，组织了多场排练、合练。

（刘丽媛）

【为军（警）民共建先进单位颁牌】 10月16日，区领导陈志强、王二安到62351部队和66446部队，向军地双方颁发了首都军（警）民共建标兵单位和先进单位奖牌，同时向先进个人颁发了荣誉证书。区文明办、武装部、双拥办相关领导及受到表彰的部队主官及地方单位的主要领导参加了颁牌仪式。全区共有首都级共建标兵单位9个，先进单位11个，占驻区部队总数的90%以上。

（刘丽媛）

【完成首都级文明先进验收工作】 11月16日至20日，区文明办协调区直机关工委、农工委、社会工委等相关部门对新申报首都级各类文明先进的26个单位、村、社区、景区进行了为期一周的检查验收。年内，新申报首都级各类文明先进的单位、村、社区、景区根据各自实际情况，围绕文明创建工作，开展创建活动。

（刘丽媛）

【结共建对子】 11月27日，国家审计署副审计长、机关党委书记余效明，带领审计署精神文明建设领导小组成员来到斋堂镇法城村，与法城村结成了共建对子。中央国家机关精神文明建设协调小组有关成员、首都文明办等领导也专程前来祝贺。区领导陈志强、贾文勤参加了签字仪式。活动中，中央、市、区领导听取了法城村在开展精神文明建设和生态环境建设等方面的工作汇报。国家审计署与法城交流后，签订了共建协议并向法城村赠送了电脑和图书。

（刘丽媛）

档案史志工作

【概况】 年内，档案史志局贯彻落实党的十七大、十七届四中全会精神，开展学习实践科学发展观活动，围绕全市、全区工作大局，完成了各项工作任务并获得“门头沟区创建学习型机关先进单位”、“首都精神文明先进单位”、“首都爱国卫生先进单位”等光荣称号。

全年共接待查档3689人次、调卷2107卷、复制2695页、出具证明772份。其中婚姻类911人次、知青类183人次、基建占地建房类1530人次，其他类1065人次。数据库建设：今年增加文件目录20个、案卷目录3个；扫描照片1200张，扫描文件15卷859页，并全面完成20万条的著录任务。对29个立档单位进行进馆前档案鉴定，共鉴定档案2506卷，其中文书档案1778卷、专题档案1071卷、基建档案529卷、会计档案47卷。接收归档文件218件、接收5个立档单位的实物、照片档案5本239张、证书1张、奖状3张；接收民政局婚登处1999－2002年的婚姻档案共495卷。案卷总排架长度为45.55米。完成对1978年至1979年65个单位的馆藏到期档案2104卷的鉴定工作。对革命历史档案进行了扫描抢救，涉及一个全宗15卷档案共859页。政府信息工作接待处累计接收49个单位移送的872份文件。全年接收新图书27种85册，整理图书资料214种407册。整理期刊24种239册。录入馆藏图书资料目录2754条。全年共出版《门头沟信息剪辑》12期，增加了对门头沟区重大活动和重点工作进行宣传的特别报道栏目，包括对区第十四届人民代表大会第四次会议简介、区政协第八届委员会第三次会议简介和政府工作报告等的报道，同时突出宣传了区内9个乡镇的工作成绩、工作动态、以及未来发展的展望等。根据“形成全民学习、终身学习的学习型社会，促进人的全面发展”的目标要求，围绕“教育是人力资源能力建设的基础，学习是提高人的能力的基本途径”这一主题，继续开展创建学习型机关活动。经过评估小组检查，档案史志局被评为门头沟区创建学习型机关先进单位。同年，档案史志局被评为北京市“首都文明单位”的光荣称号。

单位名称：北京市门头沟区档案史志局
地　　址：北京市门头沟区石龙北路31号
电　　话：60804795
邮　　编：102308

（侯彩虹）

【年鉴工作会】 2月13日，召开2009年全区年鉴工作会，表彰了2008年度门头沟区先进集体和先进个人。此次会议共有107个单位，130名年鉴工作主管领导及撰稿员参加了会议。

（陈　琛）

【召开《川底下村村志》研讨会】 2月25日，组织召开《川底下村志》研讨会。市地方志办公室领导、区档案史志局局长、局方志科工作人员、川底下村党支部成员及《川底下村村志》编辑部有关同志参加会议。

（付向东）

【将军之子捐书】 2月，已故桂林军分区副司令员赵清学之子赵洪到局内捐献其父所著《赵清学研究集》和《芳怨悠悠》。

（高丽敏）

【介入集体林权制度改革试点工作】 2月，参加了由区林业局牵头，区民政局、财政局、区农村合作经济管理站等十余家单位参与的门头沟区集体林权制度改革试点工作实施方案讨论会。门头沟区集体林权制度改革工作将从2009年2月开始主体改革试点工作，区档案史志局作为区林权改革领导小组成员单位之一，将按照职责要求，做好林权改革过程中涉及历史档案的查阅工作及归档的指导、检查工作，把"生态受保护、农民得实惠"的绿色变革中形成的材料留存完整。

（安宏清）

【召开影像档案资料座谈会】 2月27日，北京市最大的棚户区改造工程——门头沟区采空棚户区改造一期工程举行了开工奠基仪式。区采空棚户区改造工程得到了市区相关部门的高度重视，规划方案于2008年11月被市政府批准，计划投资92.6亿元，历时3年完成，工程的实施将彻底改善3.1万户8.5万人的居住条件和生活环境。该项目已列入了北京市2009年拟办的57件直接关系群众生活的实事中。随着采空棚户区改造工程的正式开始，档案史志局拟定了《门头沟区档案史志局关于采空棚户区改造工程影像资料征集的通知》。

（刘文英）

【举办拍摄专题培训】 3月11日，举办了"采空棚户区改造前原貌照片拍摄"的专题培训。涉及改造工程的3个办事处、2个镇的社区居委会干部和大学生村官56人参加了培训。

（刘文英）

【召开学习实践科学发展观活动动员会】 3月19日，召开了学习实践科学发展观动员大会，特别邀请区科学发展观第七检查指导组参加。会上，局党组书记、局长作了大会动员报告，宣读了《档案史志局学习实践科学发展观活动实施方案》。区委学习实践科学发展观教育活动直派指导检查组对档案史志局在学习实践科学发展观活动中积极投入的前期准备工作给予肯定，并提出了期望和要求。

（高丽敏）

【加强采空棚户区改造档案管理】 3月，区档案史志局、区采空棚户区改造建设中心下发了《关于加强采空棚户区改造档案管理的意见》。《意见》强调采空棚户区改造是全区瞩目的惠民工程，是一项造福全区人民的重大实事，做好棚户区改造的档案工作，对于提高效率、促进和谐、传承文明具有重要意义。《意见》中要求全区各有关单位，首先要建立健全完整的档案工作体系，指定专人负责采空棚户区改造的档案工作，健全规章制度，建立约束机制。其次要规范收集整理业务工作。采空棚户区改造的档案分为文书档案、基建档案、声像档案和会计档案。整理工作要按有关业务标准规范严格进行。《意见》还要求各有关单位加强依法监督和指导服务，区档案史志局将本辖区的采空棚户区改造档案管理工作列入行政执法检查重点，并定期到基层进行业务指导，同时做好业务培训。此外区档案局还为验收成员单位负责验收项目档案工作，并将验收合格的项目档案移交区档案馆。

（赵 阳）

【培训工作】 3月，邀请门头沟区新闻中心《京西时报》主编对机关全体工作人员进行了新闻写作培训。筥主编从新闻类稿件的写作题材、写作特点、如何给报刊投稿等问题进行了生动细致的讲解，效果良好。4月10日，组织区档案行政执法联络员培训，区各有关单位档案员共102人参加了培训。

（高丽敏 赵 阳）

【举办书法展览】 4月初，举办了题为"反腐倡廉弘扬正气爱岗敬业争创一流"的书法展览，全局党员及入党积极分子参加了此次活动。

（高丽敏）

【组织乡镇档案员参观学习】 4月16日，组织各镇档案员到丰台区花乡黄土岗村和白盆窑村参观学习民生档案的先进经验。

（赵 阳）

【市档案局领导调研】 4月27日，市档案局党组副书记、副局长姜之茂到区档案史志局（馆）调研。姜之茂针对郊区档案工作在落实科学发展观，服务和谐社会建设中的问题进行了专题报告。得到全区各镇、街道、机关等100多家单位部门120名基层档案工作者的好评和欢迎，收到良好效果。

（高丽敏）

【加强馆际交流】 4月，大兴区档案局一行10余人来到档案史志局，参观学习考察档案管理工作。他们参观了"翰墨兰台门头沟"大型展览、"档案特藏室"、档案库房、奥运档案展览以及"迎奥运书画展"，对档案史志局的档案管理工作给予了高度评价。

（闫锐伶）

【召开第二轮地方志编纂工作会】 5月26日，邀请曾参与第一轮修志的老领导原政协副主席赵鸷飞及部分编纂人员对第二轮地方志编纂工作的意见和建议进行了座谈。

（尚显英　付向东）

【捕捉信息，跟踪指导】 7月，档案史志局从《北京市门头沟区人民政府关于公布第二批区级非物质文化遗产名录的通知》中获取区7项区级非物质文化遗产名录。局业务指导人员与区文委等有关部门联系，并上门指导，要求将7项区级非物质文化遗产在申报过程中形成的材料全部归档、完整留存。

（安宏清）

【《川底下村志》正式出版】 7月，根据国务院《地方志工作条例》和北京市《北京市〈地方志工作条例〉实施办法》的精神，以及北京市地方志办公室的要求，正式出版了北京市第一部村志《川底下村志》。《川底下村志》以图文并茂的形式，记述了川底下村自然、经济、社会的历史与现状。该书近20万字，241幅照片。

（尚显英　付向东）

【扶贫义诊献爱心】 7月，联系地坛医院到门头沟区清水镇八亩堰村开展下乡义诊，送药慰问活动，为村里送去了20箱84消毒液，慰问了建国前老党员和贫困老党员，给他们送去了米、面和油。地坛医院共来了眼科、口腔科、耳鼻喉科、皮肤科、内科等16位专家，其中包括国家级教授丁敬秋女士，并携带了X光机、多普勒彩色超声机、超声心动图机、血糖检测仪、心电图机、血压计、眼底镜等先进医疗设备。

（康　健）

【举行《川底下村志》首发仪式】 8月26日，《川底下村志》首发式在局内举行。市地方志编委会副主任《北京志》主编段柄仁。对《川底下村志》的出版发行给予了肯定。《北京日报》《北京晚报》《千龙网》等9家媒体记者、《川底下村志》编辑部成员和档案史志局全体干部近百人参加了首发式。

（陈　琛）

【专题研究第二轮修志工作】 8月27日，区政府第四十三次常务会审议通过了《关于门头沟区第二轮地方志编纂工作实施方案的请示》。经研究，会议审议通过了《门头沟第二轮地方志书编纂工作实施方案》。会议同意成立编委会，以两办文件下发《实施方案》。

（程　浩）

【参观全市档案开发利用成果展览】 9月14日，区档案史志局全体干部职工参观了市档案局举办的“保存城市记忆，服务科学发展”为主题的全市档案开发利用成果展览。门头沟区共有160余册资料参展。其中：《门头沟古村落档案》、《散落京西的山地古村落》、《京西山地古村落》、《京西革命斗争史丛书》等画册、书籍，在开展当天就引起了国家档案局领导和市级领导的特别关注及参观群众的兴致。随后，档案史志局将这些书籍通过市局领导送与国家局领导和市级领导手中。

（刘文英）

【举办“喜迎建国60周年摄影作品展”】 9月，为纪念中华人民共和国成立60周年，举办“喜迎建国60周年摄影作品展”。共展出作品40余幅，其展览形式为：相关图文、数据、摄影作品。

（赵明利）

【举行区首届“档案馆日”启动仪式】 10月16日，区首届“档案馆日”启动仪式在区档案馆举行，主管档案工作的区领导李建军、区人大、区政协、教委、农委、法制办、司法局、民政局、永定镇的领导参加了启动仪式。200余名社会各界群众代表和全区档案员参加了此次活动。活动中，《翰墨兰台门头沟》、《喜迎建国60周年摄影作品展》、档案编研成果展、档案事业职能展，以及“门头沟区档案工作回顾（2006——2008）”宣传片得到了参观群众的一致好评。

（张增超）

【检查评估小组检查评估】 10月29日，区创建学习型机关检查评估小组到局内检查评估创建学习型机关工作情况。在审阅了档案史志局在创建学习型机关工作中形成的所有档案和资料，听取了局领导对创建学习型机关工作的汇报后，检查评估小组指出：档案史志局创建学习型机关的档案形式完美、内容丰富，从中印证了创建学习型机关工作的过程，内容也是严格按照市、区创建学习型机关评估体系去做的，原始性特别强，可见档案史志局创建学习型机关工作做得很有成效。

（闫锐伶）

【开展法制宣传活动】 12月4日，组织了以“加强法制宣传教育，服务经济社会发展”为主题的法制宣传活动。此次活动共发放《门头沟区英烈》、《探索前进》等各类书籍近千册。文字宣传材料和图书2000余份，制作1展板4块、横幅2条。

（赵 阳）

【学习刘义权先进事迹】 根据北京市档案局文件精神，12月9日，组织机关全体人员学习了刘义权同志先进事迹，并分组进行了“我怎样向刘义权同志学习的讨论”，将学习活动与工作相结合，将学习活动情况纳入局内全年工作总结。

（高丽敏）

【领导调研】 12月28日，姚忠阳到档案史志局调研指导工作。

（侯彩红）

【学习市领导讲话精神】 12月，局党组召开全局干部会议，会上，局领导向大家传达了市委书记刘淇在市委十届七次会议上做得的工作报告、国家档案局局长杨冬权在全国档案局长会议上的讲话以及国家档案局中央档案馆关于印发全国档案馆工作会议文件的通知。

（闫锐伶）

【举办“记忆留存”老照片展】 年内，档案史志局利用自身资源举办了“记忆留存”老照片展。展览共展出老照片130余幅，其中包括人文、政治、文化、城镇建设、城市建筑等方面的内容。老照片一部分为现有馆藏，其余为面向社会征集的老照片。

（张增超 申 凯）

【落实对低收入农户增收帮扶工作】 年内，根据《中共北京市门头沟区委深入学习实践科学发展观活动领导小组关于在深入学习实践科学发展观活动中开展低收入农户增收帮扶工作的实施方案》（门学组办发【2009】7号）文件精神，成立了档案史志局增收帮扶领导小组，在此次增收帮扶工作中，档案史志局主要承担清水镇八亩堰村、雁翅镇的河南台村及军庄镇的西杨陀村的帮扶工作，三个村涉及农户共154户，其中年收入在四千五百元以下的农户共58户，具体为：八亩堰村15户，河南台村43户，共58户。

（侯彩红）

【做好创建生态区的档案工作】 年内，按照《门头沟区国家生态区建设规划》的要求，档案史志局介入到生态区创建的档案工作中。作为门头沟区国家生态区创建专业工作组的成员单位，档案史志局主要负责与其他各有关单位一起对涉及生态区创建工作的方案、工作总结、工程项目的档案资料、新闻宣传、会议纪要、宣传稿件、摄像资料、电子资料进行收集、整理、建档工作。为此，区档案局与环保局、生态办等有关单位进行了沟通，落实工作任务，实现信息互补，为进一步开展国家生态区创建的档案工作奠定了基础。

（赵 阳）

【进行消防安全培训】 年内，为了进一步提高监控室人员的业务能力，熟练掌握消防监控设备操作程序，提高应对突发事件的应变能力，强化消防安全知识，邀请了北京市惠鑫泉工程有限责任公司工作人员到局内做现场指导培训。培训主要从报警系统、灭火系统、用电设备等方面进行全方位的讲解和操作演示，并带领消防监控工作人员进行实际操作和演练。全局共8名消防监控室工作人员参加了培训。

（赵明利）

【棚户区改造引发对原始资料的查证】 年内，自区政府发布的棚户区改造工程公告公示后，到区档案馆接待查阅个人基建档案的群众明显增加。针对这一特殊情况，档案馆采取应对措施，一方面，建立每日统计上报制度，根据查阅者利用档案效果记录，分析和掌握情况；另一方面，制定了“接待查阅工作应急预案”；同时及时抽调档案录入人员，增加到接待查阅工作中，加强档案调卷环节的安全管理，为接待服务工作提供安全保障。

（侯彩红）

政协北京市门头沟区委员会

【概况】 中国人民政治协商会议北京市门头沟区委员会（简称区政协）第八届委员会设有学习与文史委员会、提案委员会、经济科技委员会、教文卫体委员会、环境与人口资源委员会、社会法制与民族宗教委员会。办公机构设办公室、研究室、专委会工作一室、专委会工作二室、专委会工作三室、专委会工作四室，政协办公室下设文秘信息科、委员联络科。截至年底，第八届委员会共有委员198名，常委25名。主席高连广，副主席杲建忠、侯建华、安冬梅（女）、野京城、朱德友、孙善民，秘书长董辉。年内，常委会在市政协的指导下，在区委的领导和区政府的支持下，围绕全区中心工作，突出团结民主主题，切实履行政治协商、民主监督、参政议政职能，为促进全区改革发展稳定作出了贡献。以首都西南区域经济发展论坛为平台，推动地区经济向区域经济发展。承办了以"城乡一体，统筹发展"为主题的第三届首都西南区域经济发展论坛，编辑出版了《首都西南区域旅游休闲产业发展研究》和《第三届首都西南区域经济发展论坛文集》，将126篇论文，发挥主流媒体优势，宣传论坛各项活动和区内经济社会发展取得的成就；联络各界专家学者近百名，为推动区经济社会发展打下了合作基础。推动跨区域务实合作，区政协与石景山区政协共同促成了龙泉镇政府与石景山区五里坨街道办事处的合作，两区有关方面就资源利用、环境整治、市政建设、群众就业、社会稳定等领域进行合作达成了共识。八届三次会议期间，委员们协商议政，发表意见，并提出149件提案、30条意见和建议；主席会和常委会专题视察了重点提案的落实和重点工程建设情况。有关专委会视察了企业生产经营状况和民俗旅游工作；各民主党派和团体发挥自身优势，围绕建设"人文北京、科技北京、绿色北京"、"保增长、保民生、保稳定"，献计出力。就城市建设、生态修复、文化文物、乡村旅游、新农村建设、企业发展、农民增收致富等问题进行了调研，完成调研报告13篇。并做了义诊、培训等多项公益事业。继续挖掘"京西古道文化"。偕同京西古道文化发展协会共同召开了"第二届京西古道文化研讨会"，提出创建古村、古道文化产业聚集区的建议，促进了有关项目的申报；提出了关于尽快制定古道保护条例的建议，得到有关部门的重视；协助王平镇成立"京西古道文化协会"。以信息和议政的形式，提出了在棚户区改造过程中，加强文化、文物古迹保护的建议。征集资料195篇、78万字；专辑资料成稿近90万字；编辑出版了《门头沟文史》第十七辑、《京西古军事遗址》专辑、《古今大台》专辑，在"保民生"方面，常委会听取了政府有关职能部门关于采空棚户区改造情况的通报，就加大采空棚户区改造工程宣传、拆迁政策落实、文物古迹保护、环保工作等方面提出了意见和建议；就山区农村生活能源问题，先后到河北固安、北京房山、延庆等地进行调研，并向有关部门提出了建议，同时，视察了山区农村生活能源建设工作；就群众就业问题，牵线搭桥，为委员兴业建厂，增加群众就业创造条件，先后有3家公司落户山区，解决了一些驻地群众就近就业；以提案、视察、特约监督、反映社情民意等形式，关注群众关心的其它民生问题。八届三次会议以来，各民主党派，工商联和人民团体提交直接关系民生的提案38件，报送有关民生的社情民意13条。视察了民政、市民教育、交通管理等工作，提出建议48条；52名政协委员特约监督员参与党委、政府部门行风评议和民主监督工作，为民生工作发挥了重要监督作用。做好社会稳定工作。履行领导包村、干部驻村的各项职责，完成了区委部署的国庆60周年社会稳定任务；动员广大委员，针对热点问题学习政策、广泛宣传、化解矛盾，并要求政协各参加单位和各界委员，围绕采空棚户区改造这一重点工程建设，多做理顺情绪、化解矛盾的工作，最大限度地调动积极因素，为棚户区改造工程顺利实施营造和谐稳定的环境；保持高度的政治敏感性，对重大事件反应迅速。乌鲁木齐发生的"7.5"严重的打砸抢烧暴力犯罪事件后，政协领导立即作了专题调研，与宗教人士、信教群众交换意见和看法，并对有关人士在促进社会稳定和谐、维护民族团结方面做出的贡献给予了肯定。发挥民主党派、工商联和人民团体在人民政协中的参政主体作用。支持他们发表意见建议；常委会坚持"事前联系沟通，事中协商配合，事后及时反馈"的工作原则；注重发挥界别作用，开展特色活动，增进委员相互联系沟通，促进委员主体作用的发挥；利用茶话会、座谈会等时机，通报全区经济和社会发展情况，为党派、团体创造知情参政条件。搭建交流活动平台,增进团结友谊。举办委员风采演讲会,宣传委员事迹,展示委员形象,激发委员热情;专委会结合工作特点,召开各类座谈会,围绕确定的主题,展开学习交流;加强区际、省市际学习交流。全年共组织9批120人次到市内外政协学习交流,接待市内外政协、党派团体考察调研16批110人次。抓理论学习,强化思想建设;抓委员述职,发挥主体作用;抓机关建设,提高服务水平。开展学习实践科学发展观活动。

单位名称:中国人民政治协商会议北京市门头沟区委员会
地　　址:北京市门头沟区新桥大街36号
电　　话:69843038
邮　　编:102300

（安久亮）

【举办茶话会】 1月16日,区政协、区委统战部联合召开2009年新春茶话会。高连广主持,罗斌通报全区经济、政治、文化和社会发展情况。区四大部门领导、区级离退老领导应邀出席,区政协委员,各民主党派、人民团体、各族各界的代表人士,区委各工委,各镇、街道办事处领导参加了茶话会。北京希肯国际文化艺术集团董事长、民建中央文化委员会委员、民建市委企业家委员会副主任、民建门头沟支部副主委、区政协常委安庭组织艺术家们演出了文艺节目。

（安久亮）

【提案委员会工作】 2月12日,召开第1次提案工作会议。通报八届三次会议提案复审情况,研究、讨论了2009年提案委工作意见和重点提案等事项。20日,召开提案交办会。区委办公室副主任、政府办公室副主任,政协专委会一室主任及有关负责人和工作人员参加交办会。经过沟通、协商,八届三次会议立案的149件提案全部交办到分管部门,两办副主任分别在交办单上签字。区委办承办提案13件,区政府办承办提案136件。7月16日,市政协提案委员会专职副主任任英英应邀作提案工作讲座,80余名政协委员参加了讲座。10月22日,召开第2次工作会。通报2009年提案办理情况;学习讨论《政协北京市委员会关于进一步加强和改进提案工作的意见》;就如何扩大征集提案线索进行讨论。为2010年政协八届四次会议提案工作做好准备。11月24日,召开第3次工作会议。经过提案委委员讨论,会议通过了区政协常委会提案工作情况的报告(草案);推荐了2009年度优秀提案;通过了关于表彰2009年度优秀提案的决定(草案);对提案委2010年工作安排进行了研究。

（安久亮）

【常务委员会会议】 2月17日,召开第11次常委会会议。审议通过了政协门头沟区第八届委员会常务委员会2009年工作要点(草案);传达了市政协十一届二次会议精神;通报了承办第三届首都西南区域经济发展论坛筹备情况。会议还就学习胡锦涛总书记在纪念党的十一届三中全会召开30周年大会上的讲话作了部署和安排。5月15日,召开第五次议政会暨第12次常委会会议。会议听取了区政府采空棚户区改造情况通报会议就加大采空棚户区改造工程宣传、拆迁政策落实、文物古迹保护、环保工作、搬迁后居民区社区卫生、安保等方面提出了意见和建议。会议协商决定李翠凤任区政协专委会工作一室副主任;王秋香任区政协专委会工作一室副调研员;李翠凤任提案委员会副主任;会议同意胡庆芳、石培琴委员辞去区八届政协委员职务的请求。增补李翠凤(女)、王辉勤、李铮、顾慈阳、李跃华(女)、王建才、周小洁(女)为政协门头沟区第八届委员会委员。会议还通报了举办委员风采演讲会、专题听取区发改委关于三家店地区开发与建设情况通报、政协领导督办“关于大台地区发展”、“关于农村新能源问题”重点提案的情况。8月20日,召开第13次常委会会议,罗斌出席会议。会议学习了《北京市城市房屋拆迁管理条例》;听取了区政府办理政协提案情况通报;听取了第三届首都西南区域经济发展论坛筹备情况;会议协商决定王洪明任区政协专委会工作四室副主任。王洪明同志任教文卫体委员会、社会法制与民族宗教委员会副主任。11月26日,召开第14次常委会会议,会议学习了《中华人民共和国食品安全法》《中华人民共和国食品安全法实施条例》;会议协商决定:杨金坡任区政协专委会工作四室主任,区政协教文卫体委员会副主任、社会法制与民族宗教委员会副主任。会议增补吴洪庆(群众)、谢勇(中共党员)、王涛(中共党员)、孙树兰(女,中共党员)、祁明(民建成员)、杨德才(农工党员)、郭俊琴(女,致公党党员)、杨金坡(中共党员)为政协门头沟区第八届委员会委员。会议同意朱幼农辞去区政协第八届委员会委员职务。审议了政协八届四次会议工作事项,会议决定政协门头沟区第八届委员会第四次会议于2010年1月4日至6日在龙泉宾馆召开,会期3天。

12月24日，召开八届政协第六次议政会暨第15次常委会。罗斌出席会议。会议听取了区纪委2009年开展党风廉政建设情况的通报；听取并协商讨论了区政府2009年工作总结和2010年政府工作思路。会议协商决定：刘建生任区政协专委会工作一室主任、提案委员会副主任，增补刘建生、奚秀月为区政协第八届委员会委员。审议决定：因工作变动，李维兴不再担任政协门头沟区第八届委员会委员、常务委员职务。常委会建议区政府工作，一抓机遇，适应全市发展的新形势，按照“三个北京”和建设世界城市的新要求，乘势发展；二抓规划，做好区“十二·五”规划的编制工作，力争将“首都西部综合服务中心”列入北京市“十二·五”规划。三抓落实，政府工作报告提出的2010年工作任务，符合区实际和科学发展的要求，应落实。(草案)。

（安久亮）

【举办委员风采演讲会】 2月18日，召开了“委员风采”演讲预备会。相关委员及撰稿员参加了预备会。5月13日，委员风采演讲会在龙泉会议中心举行。高连广、赵志安、郭光磊、罗斌等领导出席会议。区委办、政府办有关领导及部分政协委员参加会议。9名委员的事迹在会上进行了演讲。郭光磊代表区委希望广大政协委员要向演讲的9名委员学习，落实委员的政治责任，履行委员职责，在“保增长、保发展、保稳定”工作中提出更好的建议，作出更大的贡献。

（安久亮）

【学习与文史委员会工作】 2月26日，召开学习与文史工作会议，全面研究安排2009年的工作任务。会议通报了区政协2009年的工作要点，提出了2009年的工作意见，并就文史资料工作中的资料征集、资料成书工作、召开京西古道研讨会、委员会的调研工作等有关问题作了说明。会议提出了门头沟棚户区改造区域内的文史资料的抢救建议，会议研究决定，将抢救性挖掘整理棚户区改造区域内的影像、文字资料作为2009年委员会的一项重要工作任务。3月4日，召开2009年文史撰稿员工作会。通报了《区政协2009年工作要点》；对2008年委员会工作进行了总结；提出了2009年文史工作的主要任务。4月23日，举办了文史资料宣传工作会，文史撰稿员、信息员60余人参加了会议。人民政协报副主编张宝川、“春秋周刊”主编刘康泰、总编室主任王相伟分别从新闻稿件的特点、机关文件与新闻稿件的衔接、写好报纸新闻稿件的方法等角度介绍了情况，阐释了有关政协宣传工作与新闻报道的关系及要求。7月30日，区政协学习与文史委员会与区委统战部共同组织三胞亲属代表，参观视察了王平镇韭园地区的新农村建设情况。

（安久亮）

【经济科技委员会工作】 3月3日，召开政协经济科技委员会工作会议，会议通报了2008年工作总结；讨论通过了2009年工作计划；传达了政协门头沟区第八届委员会常务委员会工作要点。4月9日，经济科技委员会听取了区国资委关于区企业生产经营状况情况。国资委从防止国有资产流失，强化产权监管机制；利用业绩考核、薪酬管理办法，建立国有企业负责人的考核管理机制以董事会建设为重点，完善企业法人治理结构三个方面通报了国资委近年来的工作；听取了鑫维康盐业公司和北京新时代天马轴承有限公司企业生产经营情况；实地视察了北京新时代天马轴承有限公司生产车间。委员们对国企改制的成果表给予了肯定，并提出建议。10月15日、16日，杲建忠带领经济科技委员会对墙体保温工作、沼气利用、型煤加工、液化气站建设等工作进行视察。委员们听取了区政府有关部门对山区能源工作的情况通报。并提出建议。12月3日，安冬梅主持召开区政协经济科技委员会2010年工作务虚会议。

（安久亮）

【教文卫体委员会工作】 3月4日，召开教文卫体委员会工作会议。侯建华、野京城、朱德友出席会议。专委会工作四室向委员们通报了《政协门头沟区第八届委员会常务委员会2009年工作要点》、专委会工作四室2008年工作总结和2009年工作思路等有关事项。委员们围绕政协常委会的工作部署展开了讨论，并就如何抓好专委会的活动、进一步发挥好委员的作用等方面提出了建设性的意见。8月5日，野京城带领委员视察了民俗旅游工作。委员到王平镇韭园、东马各庄两个村的民俗旅游接待户进行了实地考察，参观了马致远故居。区旅游局通报了全区民俗旅游发展情况。10月21日，召开2009年工作和2010年工作务虚会。11月20日，视察了对门头沟区市民教育工作。实地参观了区中等职业学校、成人教育中心。教委向委员们通报了近年来区内开展市民教育工作情况。委员们提出了建议。

（安久亮）

【环境与人口资源委员会工作】 3月4日，召开政协环境与人口资源委员会工作会。会议通报了2008年工作总结；讨论通过了2009年工作计划；传达了政协门头沟区第八届委员会常务委员会工作要点。7月22日，侯建华带领委员视察了区计生委工作。听取了计生委区计生情况通报并提出要求。12月3日，召开区政协环境与人口资源委员会2010年工作务虚会议。

（安久亮）

【社会法制与民族宗教委员会工作】 3月4日，召开社会法制与民族宗教委员会工作会议。会上通报了《政协门头沟区第八届委员会常务委员会2009年工作要点》。4月8日，侯建华、朱德友带领委员视察区民政工作。民政局通报了社会救助体系建设和社会救助工作情况。委员们到龙泉镇进村入户了解了农村低保户危房改造情况，视察了区儿童福利园和红叶爱心家园。委员们提出建议。10月15日，对区交通管理工作进行了视察。委员实地参观了一站式办公大厅、执法站、培训中心、应急指挥中心。听取了区交通局关于落实坚持科学发展，不断开创交通运输工作新局面的情况通报，委员们提出建议。10月21日，就2009年工作完成情况和2010年的工作设想召开座谈会。23日至30日，区政协、统战部、民族宗教侨务办公室等相关部门接待了西藏自治区尼木县各界人士代表团对京为期八天的访问交流。代表团由门头沟区援藏干部、西藏自治区尼木县委书记刘颖带队参观了雍和宫、潭柘寺、戒台寺等北京市及周边地区佛教胜地，与各寺庙管委会、僧团开展宗教管理、佛事活动交流；观看了升国旗仪式，参观天安门城楼等活动，并与尼木县代表团举行座谈会。高连广、侯建华出席座谈会，双方就佛教事务的管理、佛事活动的健康开展等问题进行了探讨。

（安久亮）

【召开信息工作会议】 3月5日，召开了政协信息工作会。区政协13个界别的信息员、部分撰稿员、专委会办公室近50人参加会议。研究室通报了区委常委会审议通过的《区政协2009年工作要点》和研究室的工作情况；对2008年政协信息工作进行了总结。

（安久亮）

【召开座谈会】 3月18日，召开界别召集人座谈会。会议明确了开展界别活动应注重的重点、界别活动的方式、方法和一些具体问题。27日，区政协专委会工作二室召开所联系的科技界、工商界、农业界界别活动召集人座谈会，就2009年界别活动工作的开展形式，活动主题等与界别活动召集人进行了沟通探讨。4月2日，区政协专委会工作一室组织召开中共、特邀、工会、共青团、妇女界别小组召集人工作会。9月25日，区政协、区委统战部召开各界庆祝新中国成立60周年暨人民政协成立60周年座谈会。伊欣欣、刘云广、李慷云、郭光磊、罗斌，政协领导和政协部分老领导出席座谈会，各民主党派、工商联、人民团体以及各族各界人士代表参加了会议。回顾了人民政协成立60周年的辉煌历史，观看了中国人民政治协商会议一届一次会议及开国大典影像资料；区委统战部，民盟、民建、民进、农工、致公、九三等民主党派负责人进行了座谈发言；伊欣欣在讲话中向全体政协委员及各族各界人士致以节日的祝贺，对区政协为全区经济社会发展做出的贡献给予了肯定，并要求：要充分发挥监督职能，在干部作风建设、党风廉政建设等方面，切实做好民主监督；要认真履行参政议政职能，积极献言献策，在构建和谐社会、促进民族团结、解决民生问题等方面进一步发挥作用，为建设现代化生态新区作出新的更大贡献。郭光磊就区政协做好当前工作提出了具体要求。

（安久亮）

【领导调研】 3月18日，高连广、杲建忠、侯建华到北京蜂珍科技开发有限公司进行调研。中国畜牧协会副会长、中国著名蜜蜂专家、蜂胶产业泰斗、北京华夏香山蜜蜂研究所所长、北京蜂珍科技开发有限公司董事长兼总经理陪同。区政协委员、北京蜂珍科技开发有限公司副总经理、助理研究员介绍了公司蜜蜂产业发展情况。高连广鼓励北京蜂珍科技开发有限公司在经济建设、生态建设、新农村建设和旅游发展中作出更大贡献。6月3日，高连广、孙善民就新能源建设到河北省固安县和北京房山区进行实地调研，在考察了北京诚田恒业煤矿设备有限公司、北京文新德隆炉业有限公司，了解了民用采暖炉生产、民用型煤制造机械以及各种形态的清洁生物质型煤后，高连广提出，新能源建设问题关系着新农村的建设，也关系着山区农民的生活。通过学习调研，借鉴先进经验，要向政府有关部门提出建议，争取让全区山区农民尽早使上新能源。7月8日，高连广、侯建华到北京金状元塑料模具有限公司调研。听取了区政协委员、北京金状元塑料模具有限公司总经理，介绍了由经营北京远洋芬奇美术用品工贸有限公司扩展到金状元塑料模具有限公司的情况。实地考察了位于506厂内的塑料模具车间，同民营企业职工进行交谈。对北京东方机电厂、妙峰山镇大力支持非公企业发展，赢得共同发展的工作给予肯定。并提出建议。7月13日，高连广、侯建华到城子清真寺进行了专题调研。询问了清真寺近期的工作情况，并就乌鲁木齐发生的“7.5”严重的打砸抢烧暴力犯罪事件交换了意见和看法。

（安久亮）

【举办形势报告会】 3月19日，区政协、区委统战部联合举办了《关于当前宏观经济形势报告会》。国家统计局姚景源总经济师从正确理解和把握刚刚闭幕的全国人大、政协两会精神；正确认识因美国金融次贷危机引发的世界范围的金融危机；正确认识中国国情，增强信心求发展等几个方面作了报告。政协委员及党派成员和机关干部、非公企业代表共100余人听取报告会。6月11日，区政协、区委统战部结合当前朝鲜半岛形势等国际热点问题举办了国际形势报告会，旨在使政协委员和与会人员对当前错综复杂的国际形势，特别是朝鲜的形势发展有明确认识，提高对国际形势发展的判断能力，为更好地参政议政奠定了基础。

（安久亮）

【指导学习实践活动】 4月8日，按照《门头沟区开展第一批深入学习实践科学发展观活动实施方案》，高连广分别到学习实践活动联系点区检察院、永定镇进行调研指导。区委学习实践科学发展观活动第三指导组组长索登艳一同参加调研活动。高连广对检察院、永定镇开展的学习实践活动给予了肯定，并提出希望。13日，高连广、杲建忠到龙泉镇就“学习实践科学发展观活动”和办理政协提案“关于加快三家店地区发展的建议”情况进行调研指导。并提出建议。13日至14日，侯建华到区工商联和区城建建筑公司进行工作调研。听取了两个单位负责人关于学习实践科学发展观活动和主要工作情况的介绍，对工作中取得的成绩和好的做法给予了肯定。到工商联调研时，实地察看北京鼎创源膜技术开发有限公司经营发展状况。20日，杲建忠到学习实践活动联系点区档案史志局进行调研指导。在肯定成绩的同时，对档案史志局下一步的学习实践科学发展观活动提出了具体要求。20日，侯建华到大台街道办事处进行调研。听取了街道办事处主要负责人关于学习实践科学发展观活动和“保增长、保民生、保稳定”工作情况的介绍，对工作中采取的做法、措施和取得的成绩给予了肯定。8月6日，区政协机关召开全体人员会议，对学习实践活动进行总结。区委指导组的领导出席会议。会议首先传达学习了市委组织部、宣传部关于贯彻中组发【2009】11号文件精神的通知，学习了中组部、中宣部等部委的通知及吴大观同志的事迹，并对政协机关进一步学习提出了要求。会议从开展学习实践活动的主要特点、学习实践活动取得的主要成效、巩固和学习实践活动成果的主要任务三个方面对区政协机关学习实践活动进行了总结。指导组对区政协机关学习实践活动给予了高度评价。

（安久亮）

【政协帮扶工作】 4月27日，高连广到政协帮扶村王平镇西石古岩村调研。了解该村两委班子建设情况，人口、低收入户及外来人口情况，土地承包和种植情况，产业结构调整情况和“保增长、保民生、保稳定”的工作安排和发展思路。实地察看了该村村容村貌、山场和村域段京西古道保护。高连广希望村委会按照区委、区政府的要求，实施镇村具体工作规划；组织好街坊路工程、绿化工程建设，增加社会性就业岗位；利用本村现有资源和优势，实施旅游项目的前期准备；多方努力尽快建成1000平方米商业用房，让低收入户入股，增加收入；对“落子”文化进行保护和利用。他表示，政协将积极牵线搭桥，献计献策，协助西石古岩村完成“调结构、上水平，保增长、保民生、保稳定”的任务。高连广带队到斋堂镇就斋堂镇的发展及帮扶工作进行调研，制定可行的规划。二是开展帮扶，力求取得实效。区政协与村两委班子联合召开会议，了解黄岭西村及西斋堂村的基本情况及帮扶家庭的情况，存在的困难，制定增收计划。帮扶支持蜜蜂养殖户2户，发展蜂群250群，年内每户收益3万元。三是整合社会资源，为帮扶群众办好事实事。区政协领导在节日期间走访慰问西斋堂村建国前老党员8名，每人发放600余元的慰问金及物品；为2户特困家庭的房屋进行危房改造，维修房屋4间。四是开展国庆维稳工作。按照区委、区政府认真做好建国60周年维稳工作要求，区政协与村委会干部一起了解情况，排查不安定因素，帮助制定维稳方案，保证了国庆期间两村安全。基本效果：西斋堂村2户低收入户年收入已达到年收入

4500元；黄岭西村22户低收入户已有8户达到年收入4500元，还有14户共计45人，2009年的人均收入3655元，已超过上一年同期水平。

（安久亮）

【承办首都西南区域经济发展论坛】 5月13日、14日，市农业研究中心、九三学社市委，拟参与第三届首都西南区域经济发展论坛的部分专家、教授到区内开展农村集体土地产权及生态涵养补偿机制等方面情况的调研。7月8日，民革市委、致公党市委部分专家学者为第三届首都西南区域经济发展论坛的论文撰写工作，到区内开展中小企业发展及生态涵养区发展方面的调研，共同为加强西南五区合作，打造西南区域发展建言献策。20日，致公党中央副主席杨邦杰、致公党中央参政议政部副巡视员孟繁义、致公党北京市委副主委谢朝华、致公党北京市委秘书长沈小红以及致公党部分专家学者一行18人，为做好第三届首都西南区域经济发展论坛论文的撰写工作，对妙峰山工矿废弃地进行了实地考察。8月29日，由丰台、石景山、门头沟、房山、大兴五区政协共同举办、门头沟区政协承办的第三届首都西南区域经济发展论坛在北京龙泉宾馆召开。市政协主席阳安江，市委常委、统战部部长牛有成，副市长夏占义在论坛上分别发表了重要讲话。伊欣欣致贺词。高连广主持论坛。市政协副主席沈宝昌，秘书长阎仲秋等领导；市各民主党派、市工商联、市科协、市妇联的负责人；市委研究室，市旅游局、水务局、国土资源局、路政局、农研中心等市有关部门领导；以及五区党委、政府的主要领导和有关职能局、有关乡镇的领导；五区政协主席、副主席、相关委室主任和部分政协委员以及来自社会各界的专家学者共计500余人出席论坛，有中央、市、区级各类媒体40余家80余名记者参与采编报道。第三届首都西南区域经济发展论坛，会聚了24位专家学者、政协委员的真知灼见，共征集论文126篇，其中有88篇收录《第三届首都西南区域经济发展论坛文集》，有36篇入选《第三届首都西南区域经济发展论坛提案线索文集》。9月24日，召开“论坛”成果转化工作会议。侯建华主持会议。五区政协提案委负责人参加了会议。会议介绍了“论坛”成果转化情况。区政协提案委就“论坛”论文转化为提案线索情况以及文集的编纂过程进行了详细介绍。按照提案线索涉及内容及区域进行整理并分类，多措并举使36件提案线索尽快加以落实：其中有16件提案线索属于西南五区范围的，通过召开五区政协提案委会议协商落实；有11件是专家学者反映五区发展的提案线索，均由门头沟区政协与各位专家学者发函商榷论文转化提案事宜；有9件是市属各民主党派人士撰写的论文转化为提案线索的，这一部分提案线索已与市政协提案委函商，在其大力支持协助下得到进一步落实。会上就进一步做好提案线索形成正式提案工作达成共识。

（安久亮）

【举办常委暑期读书班】 6月22日至26日，举办常委暑期读书班。杲建忠、侯建华分别作了开班动员和讲话。读书班上介绍了政协党组贯彻落实科学发展观情况，征求了常委会组成人员对政协党组关于贯彻落实科学发展观情况的分析检查报告（征求意见稿）的意见；通报了政协常委会2009年上半年工作；对做好下半年工作提出了要求，一要筹办好八届四次会议，确保会议成功。二要举办好第三届首都西南区域经济发展论坛。三要继续做好学习实践科学发展观活动。四要落实好各项工作任务。五要开展界别活动。学习了人民日报评论员文章《基本的政治制度重要的民主形式——论坚持和完善中国共产党领导的多党合作和政治协商制度》、刘淇书记在中共北京市委十届六次全会上的工作报告摘要、伊欣欣在区八届政协第三次会议闭幕式上的讲话、刘云广在门头沟区迎接新中国成立60周年环境建设暨全面启动创建国家生态区工作动员大会上的讲话等文件；与会常委会成员还集体参观了革命圣地西柏坡。

（安久亮）

【常委视察】 10月29日，政协常委会组成人员视察了区重点工程“双（塘涧）大（村）路”黎园岭隧道工程、斋堂地区的张家村食用菌大棚建设工地等。市路政局门头沟区分局介绍了年内路网工程建设情况；区发改委对2009年区重点工程建设情况进行了多媒体演示通报。区农委现场通报了全区沟域经济发展情况；斋堂镇党委介绍了食用菌大棚建设规模和煤窝地区沟域经济整体进展情况。常委们认为，区2009年重点工程建设，在工程投资、工程进度上取得了突破性进展。特别是在沟域经济发展和采空棚户区改造工程建设上成效显著。

（安久亮）

政法 军事

政 法

政法工作

【概况】 年内，区委政法委贯彻落实党的十七大、十七届三中全会精神，坚持以邓小平理论和“三个代表”重要思想为指导，深入贯彻落实科学发展观，深化“建设平安北京、服务科学发展”主题，以“平安北京”建设为载体，确保社会持续安全稳定，以服务发展为职责，促进地区经济平稳较快发展；以化解矛盾为重点，进一步加强信访工作；以思想作风建设为抓手，不断加强政法队伍建设，为门头沟区现代化生态新区建设提供有力保障，为新中国成立60周年创造良好的社会环境。完成国庆安保工作任务，确保了“3.14”、“4.25”、“6.4”等敏感期的平稳渡过，有效防范了“7.5”事件可能引发的不稳定因素。特别是针对国庆60周年安全保卫工作，建立了三级指挥协调组织体系，开展督查工作；建立安全稳定工作责任制，层层签订了责任书；开展六个专项行动，加强社会面防控工作；采取建立台帐、实名制管控等措施，强化对法轮功顽固分子等九类重点人的管控工作，通过多项措施，实现了“大事不出、小事减少、管理严格、秩序良好”的总体目标，维护了国庆期间区内社会大局的和谐稳定。做好人民内部矛盾纠纷排查化解工作。在全区范围内开展了三次矛盾纠纷大排查，加大了矛盾化解的工作力度。解决影响社会稳定的突出问题。妥善处置了一批农民工讨要工资、干群矛盾纠纷等突出问题；完成了“亿霖木业”善后处置和中央挂账涉法涉诉案等工作任务；实现了国庆期间全区群众到市以上越级集体访和非正常访“双零”指标。全力维护社会安全稳定。始终保持“严打”高压态势，严厉打击违法犯罪活动，加大社会面防控和打击破案工作力度。年内全区刑事案件发案同比下降5.1%，破案率同比提高8.6%，多发性侵财案件破案率同比上升1.5%。群众安全感满意度达到93.6%，高于全市平均水平。保持严厉打击高压态势，开展多种形式的警示教育活动，创建无邪教社区（村）263个，实现了创建率达到95%的工作目标。推进流动人口和出租房屋服务管理工作。组织开展基础调查工作，确保了流动人口和出租房屋信息的鲜活准确。以流动人口倒挂地区和聚集区为重点，开展清理整治专项行动。开展重点人、重点房排查管控工作，分级建立了管控台帐和管控措施。期间共排查出网上在逃犯10人，上访重点人员6人。大力加强政法队伍建设。开展了“听呼声、走百家、送服务”为民实践活动，解决了一批群众关注的突出问题，化解了一批矛盾纠纷，推出了一批便民利民惠民新举措。进一步加强政法干部培训，提高了工作能力和水平。全市政法系统第五次社会测评显示，公众对区政法系统工作的总体评价达到83.1分，高于全市总体评价的81.4分，位居全市第四位。

单位名称：中国共产党北京市门头沟区委政法委员会
地　　址：北京市门头沟区新桥大街36号
电　　话：69843158
邮　　编：102300

（杨　虹）

【召开工作会议】 2月27日，

召开区2009年政法维稳暨信访工作会议，会上总结了2008年维稳工作，分析了当前维稳形势，并对2009年全区政法、维稳和信访工作进行部署。6月19日，召开区“国庆平安行动”动员部署会，对开展“国庆平安行动”加强社会面控制工作进行了部署，下发了《门头沟区关于深入开展“国庆平安行动”的工作方案》。

（杨　虹）

【学习实践科学发展观活动】 3月19日，召开学习实践科学发展观活动动员大会。区委政法委副书记宣读《区委政法委学习实践科学发展观活动方案》。4月16日，召开学习实践科学发展观专题辅导报告会，综治办主任作了题为《提高执行力是贯彻落实科学发展观，做好政法维稳工作的有效途径》的专题辅导报告。5月13日，机关全体同志到“平西地下交通联络站遗址”开展革命传统教育活动，重温入党誓词。18日，开展“坚持解放思想，推动科学发展，建设生态新区”主题大讨论活动。22日，召开学习实践科学发展观第一阶段工作总结暨第二阶段动员部署会。6月26日，召开学习实践科学发展观领导班子分析检查报告评议座谈会。7月21日，召开学习实践科学发展观整改落实阶段动员会。8月11日，召开学习实践科学发展观活动群众满意度测评暨总结大会。

（杨　虹）

【维护稳定工作】 3月底，针对斋堂镇吕家村干群矛盾问题，区委政法委配合区纪委组成工作组，进驻斋堂镇开展化解工作。7月6日，区内正式启动“亿霖木业”案善后工作购林人登记站，从公安分局、检察院、法院各抽调一名工作人员负责登记站工作。至9月30日结束，区内共登记购林人97人，涉案款551.3144万元，未发生不稳定情况。

（杨　虹）

【法轮功防控工作】 4月15日，召开区防范处理邪教工作会议，部署相关工作。7月9日，召开“无邪教创建活动”专题会议，部署推进“无邪教创建活动”，明确指导思想和工作任务。9月15日至16日，区委610办公室组织全区13个镇街主管领导和具体工作人员及相关委办局领导参加专题培训班，对国庆安保工作进行再动员。28日，区委610办公室召开防插播工作部署会，对区内的防插播工作再次进行部署。

（杨　虹）

【确保重点工程顺利进行】 年内，处理到天安门、中南海等重点地区上访的重点人19起、28人次。4月中旬，对军庄村近百名村民以讨要占地补偿款为名，围堵六环路军庄段的情况，制定方案以公安为主对8名重点参与人进行谈话、对1名重点人实行治安拘留。5月底，对阻挠六环路侯庄子路段的一名重点人实行治安拘留。6月和8月，与公安、城管、市政、环保和龙泉镇、城子办事处密切配合、联合行动，确保了西六环三家店路段顺利施工。

（杨　虹）

【队伍建设】 7月3日，主持召开“听呼声、走百家、送服务”为民实践活动工作进展情况汇报会。9月16日，举办“推进作风建设、深化为民实践、争创人民满意”巡回宣讲门头沟专场报告会。12月30日，召开政法队伍建设工作经验交流会，政法各单位分别汇报了2009年队伍建设工作情况和2010年队伍建设工作重点，政法系统特邀监督员对2009年政法队伍建设工作提出了意见建议。

（杨　虹）

【化解农民工讨薪事件】 年内，与区信访、劳动、公安、建委等相关部门加强了横向联合，共同处理了六起较大规模的农民工讨要工资事件，共涉及农民工近600人、资金近815万元，保证了全区社会经济稳定运行。

（杨　虹）

社会治安综合治理工作

【概况】 区社会治安综合治理委员会办公室是区委、区政府解决社会治安问题的办事机构，承担着“打击、防范、教育、管理、建设、改造”6项主要工作任务。年内，围绕“平安北京”建设和“国庆平安行动”，借鉴奥运安保成功经验，强化安保工作体系建设，发挥群防群治队伍作用，加强社会面防范控制工作，夯实维稳工作基层基础，突出做好打击非法盗采和社会面清理整治工作，完成了国庆期间各项安全保卫工作，全面实现了“大事不出、小事减少、管理严格、秩序良好”的目标。区综治办被国庆社会治安和安全警卫指挥部评为了北京市国庆安保先进集体；被首都综治委评为“首都社会治安综合治理2005－2008年度先进集体”和“首都社会治安综合治理2009年度先进区县”；推荐上报的“连民心恳谈室”经验做法，被首都精神文明办评为了首都“四进社区”

十大典型活动。

单位名称：北京市门头沟区社会治安综合治理委员会办公室
地　　址：北京市门头沟区新桥大街56号
电　　话：69851674
邮　　编：102300

（薛小明）

【安全稳定监测点工作】 1月16日，制定《关于转发首都综治办〈关于在全市建立安全稳定监测点的工作方案〉的通知》。19日，在石龙工业区、龙泉镇梨园社区、永定镇上岸村等建立了14类20个监测点。分别于2月13日、5月10日和8月27日向首都综治办报送了区安全稳定监测报告。

（薛小明）

【区领导检查指导工作】 2月4日，区领导伊欣欣、陈国才到区委政法委、区综治办检查指导工作，伊欣欣强调要在流动人口服务管理、打击非法开采、清理低端物流业和强制拆除违法建设方面有所突破。5月7日，区领导付兆庚到区综治办进行调研，对开展2009年综治维稳工作提出具体要求。6月2日，区领导伊欣欣、韩生辉、陈国才带队，先后对永定镇石厂村、大峪街道新桥路社区、龙泉镇中门寺村安保工作进行检查。8月26日，区领导伊欣欣、陈国才就新中国成立60周年庆祝活动安保工作，到区委政法委、区综治办进行调研。9月9日，区领导伊欣欣、付兆庚、韩生辉、陈国才带队，先后对永定镇桥曹各庄村、大峪街道龙泉花园社区、大峪街道司法所安保工作进行实地检查。17日，区领导伊欣欣、付兆庚、韩生辉召开专题会议，听取公安分局、信访办、维稳办和各镇街国庆安保工作开展情况。20日，区领导韩生辉带队，区委政法委、区综治办工作人员分为三组，对门城地区流动人口管理、群防群治队伍部署和重点要害部位管控工作进行夜间突查。22日，区领导李慷云、罗斌听取区综治办关于迎建国60周年综合治理工作汇报，先后到区自来水厂、城子西宁路社区、滨河路公园进行检查。24日，区领导韩生辉带队，区委政法委、区综治办工作人员分为三组，对门城地区流动人口和出租房屋管理工作进行夜间抽查。27日，区领导伊欣欣、韩生辉听取区委政法委、综治办、流管办等部门国庆安保和维稳工作情况汇报。11月10日，区领导付兆庚到区综治办就打击非法盗采工作进行调研。

（薛小明）

【综治工作领导责任制】 2月27日，区领导伊欣欣、刘云广、韩生辉在区政法维稳暨信访工作会议上与全区各单位、各镇街主要领导和主管领导签订了《推进"平安北京建设"加强社会治安综合治理责任书》。5月，拟定《关于实行领导班子和领导干部安全稳定工作承包责任制的实施意见》，经区委常委会和区政府常务会审议同意，由区委办公室、区政府办公室联合发文。7月7日，建立区领导伊欣欣、刘云广、付兆庚、韩生辉社会治安综合治理工作实绩档案，报首都综治委备案。

（薛小明）

【社会面防控日报告】 2月28日至3月15日期间，每日向首都综治办报送《门头沟区"两会"安保社会面综合情况》。5月25日至6月10日期间，每日向首都综治办报送《门头沟区社会面安保工作情况》。9月1日至10月8日期间，每日向首都综治办报送《门头沟区国庆安保社会面安保工作情况》。

（薛小明）

【重点时期安保工作督查】 3月2日，市委政法委联合督查组到区内，就贯彻落实全市政法工作会议及全国"两会"安保工作情况进行检查，并到大峪街道向阳社区、永定镇石厂村进行实地检查。7月8日，市广播电影电视局领导王霞、宋春华带领"国庆平安行动"市委督查组，到区内就"国庆平安行动"进展情况进行督查，并到大峪街道新桥路社区、龙泉镇东辛房村进行实地检查。8月19日，王霞、宋春华带领"国庆平安行动"市委督查组，到区内就"国庆平安行动"进展情况进行督查，并到潭柘寺镇赵家台村、永定镇石厂村进行实地检查。9月12日，王霞、宋春华带领"国庆平安行动"市委督查组，到区内就"国庆平安行动"进展情况进行督查，并到大峪街道龙泉花园、永定镇曹各庄进行实地检查。20日，"国庆平安行动"市委督查组到区内，随机抽取检查大峪街道社区、门城地区小旅店、百货商场、滨河加油站和戒台寺景区安保工作情况。

（薛小明）

【调研工作成果】 4月，会同团区委形成调研报告《分级管理个案帮扶创新预防青少年违法犯罪工作机制》，《首都综治研究》2009年度第10期予以刊载，被首都综治委认定为年度综治工作开拓创新项目。同月，完成区重点调研课题《总结奥运安保经验加强社会治安综合治理工作》。10

月，完成首都综治委重点调研课题《门头沟区关于流动人口规模调控的调研报告》，被评为二等奖。

（薛小明）

【召开综治委流管委全会】　6月12日，召开区综治委、流管委全体（扩大）会议，区领导付兆庚、韩生辉参加了会议。会上传达了全市综治委流管委全会精神；通报了全区治安形势；向各成员单位、各镇街下达了《加强流动人口服务管理推进平安北京建设责任书》。韩生辉强调要抓好矛盾纠纷排查化解、"国庆平安行动"、治安防控体系建设、流动人口服务管理、基层基础建设和领导责任制建设等六项重点工作。

（薛小明）

【"国庆平安行动"动员部署】　6月19日，召开区"国庆平安行动"动员部署会。区领导伊欣欣、刘云广、李慷云、高连广、郭光磊、付兆庚、韩生辉参加会议。会上传达了首都社会治安综合治理表彰暨"国庆平安行动"动员部署大会精神；对开展"国庆平安行动"加强社会面控制工作进行了部署；公安分局、信访办、永定镇、大峪街道进行了大会发言；会上下发了《门头沟区关于深入开展"国庆平安行动"的工作方案》；伊欣欣从召开提高思想认识、加强维稳基础工作、化解社会矛盾和强化安全工作等方面提出具体要求。

（薛小明）

【居民小区科技创安】　7月，以居民小区技防设施建设、使用情况为重点，组织开展了为期14天的全面调查。国庆前夕，完成对18个社区、村技防设施的更新、升级和改造。年内，在19个社区、村中完成了技防设施安装工程。

（薛小明）

【打击非法盗采煤炭工作】　年内，协调有关职能部门，采取"炸熏口"与"清煤场"相结合、"查人"与"查车"相结合、常规行动和突击行动相结合等办法，组织开展了十一次大规模清理整治行动，分别于8月、11月开展了打击非法盗采六十日专项行动和年终会战行动，确保实现了非法盗采死亡"零指标"。在历次行动中，共出动工作人员1961人次，车辆353辆次；共炸毁煤熏口253个次，封堵93个次；收缴盗采工具327件；检查出租房屋1002户次，审查流动人口309人；检查车辆249辆，暂扣21辆。

（薛小明）

【培训工作】　9月7日，召开"国庆平安行动"安全稳定特派员培训会，区领导张冰、韩生辉及269名安全稳定特派员参加了培训会，强调要做到统一思想、统一调配、统一部署、统一标准和统一上岗。15日至16日，区综治办组织部分成员单位和各镇街主管领导及具体工作人员共41人，以"国庆平安行动"社会面控制工作为主题进行了集中培训。24日至25日，通过以会代训的形式，对全区359名治安巡防队员进行分批培训。12月20日至22日，区综治办组织各镇街综治流管工作人员共79人，参加了全国基层综治干部电视电话培训班。

（薛小明）

【外围治安查堵】　9月15日至10月10日，区综治办协调区武装部、公安分局抽调民兵77人，参与了张马路贝子口、高沿路沿河口、大镇路大村口、杜家庄治安检查点和芹峪口检查站全天候治安查堵工作。

（薛小明）

【召开国庆安保誓师大会】　9月22日，召开区国庆安保治安志愿者誓师大会，动员全区治安志愿者参与国庆安保工作。区领导付兆庚、韩生辉及400名治安志愿者、公安民警、巡防队员、保安代表参加了誓师大会。

（薛小明）

【成立综治委专项委员会】　11月17日，成立区综治委科技创安综合协调委员会，办公室设在公安分局。成立区综治委学校及周边治安综合治理工作协调委员会，办公室设在区教委。成立区综治委铁路护路联防工作协调委员会，办公室设在区综治办。成立区综治委矫正帮教工作协调委员会，办公室设在区司法局。12月30日，成立门头沟区综治委预防青少年违法犯罪工作协调委员会，办公室设在团区委。

（薛小明）

【铁路护路联防工作】　年内，加强铁路护路联防工作。一是组建区、镇街综治委铁路护路联防工作协调委员会及办公室，区、镇街、村居层层签订责任书，以铁路周边地区治安防范和低端产业整顿为重点，加大监督检查力度。二是强化站区控制、沿线巡逻、查危防爆、站内安保和道口安检工作，确保辖区内铁路沿线安全。三是开展沿线治安集中整治和回收站点清理整治行动，组织警力加大打击力度。四是以安全教育为重点，对沿线33个中小学校和48个村居开展宣传教育活动，发放警民联系卡100余份，发放宣传材料2000余份。

（薛小明）

【平安建设工作】 年内，成立区“平安北京”建设领导小组。拟定《关于贯彻落实“平安北京”建设的实施意见》经区委常委会、区政府常务会审议通过，由区委、区政府联合下发。研究制定《门头沟区“平安北京”建设督察工作的实施办法》、《门头沟区关于群防群治队伍实名管理的实施办法》、《门头沟区关于实施社会面等级防控工作的办法》、《门头沟区关于在社会面控制工作中实施网格巡控的办法》、《门头沟区关于签订平安边界协议书的实施办法》和《门头沟区关于在职党员和机关公务员参加村（社区）维护稳定志愿服务工作的实施办法》等配套制度。

（薛小明）

【国庆平安行动】 年内，建立区、镇街、村居三级安保工作组织体系，实施网格化巡控、社会面等级防控和督促检查等工作机制，组织开展集中排查、关爱化解、严打整治、安全隐患和城市秩序整治、出租房屋安全隐患整治和科技创安等六个专项行动，以小旅店、重点景区、露天大排档、出售刀具的商场超市等为重点，加强社会面清理整治工作，确保国庆期间全区社会平安稳定。

（薛小明）

【群防群治队伍建设】 年内，为治安巡防队伍，更新、配备了强光手电、雨伞及水杯等必要巡逻装备。壮大发展治安志愿者队伍，年内全区共登记治安志愿者近1.3万人，总量比奥运期间上升了17.5%，从统一穿着志愿者T恤，佩戴红袖标等标识，规范队伍整体形象，配发了雨伞和水杯。国庆前夕组建了一支500名的安全稳定信息员队伍，维护国庆期间安全稳定。

（薛小明）

【护城河工程和平安边界建设】 年内，主动与河北省涿鹿、涞水、怀来县进行联系，并与昌平、海淀、丰台、石景山、房山等兄弟区加强了平安边界创建工作，增强了社会治安防控工作协调配合。

（薛小明）

公安工作

【概况】 年内，门头沟分局继承发扬奥运安保精神，按照“整体防控、精确指导、精确打击”的工作思路，以“平安门头沟保平安国庆”为目标，以落实人、地、物、事、组织管控为重点，以打、防、管、控、整为手段，以队伍思想发动为保障，全警动员、精心组织、主动谋划、突出重点、明确责任、狠抓落实，取得了“一个确保、八个进一步提升”的佳绩。确保了国庆安全。通过制定细化64个工作方案和预案，做到了“组织、警力、措施、责任、检查”五到位。对479名各类重点人做到了底数清、情况清、责任清、措施清、动态清，并实施了有效控制。在“管住合法、遏制非法、打击犯罪”中，检查涉爆单位190家次，破获涉爆案件6起，处理违法犯罪人员20人，收缴废旧炮弹3枚、雷管16854支、导火索132米，销毁废旧雷管20064支。动态维稳效能进一步提升。年内，搜集获取各类影响社会稳定的信息1121件，依法取缔非法聚会点23个，查获外省市非法传教人员78人，收缴非法宣传品129册。排查重点群体访14批，处置群体访263批、5168人次，同比分别上升了52.9%、98.5%，依法处理违法人员41人。查处涉嫌诈骗拆迁款案件3起，挽回经济损失33.5万元。打击破案效能进一步提升。年内发生案件1144起，同比下降5.1%；破获刑事案件1096起，同比增加8.6%。其中，破获多发性侵财案件736起，同比增加1.5%；破获命案5起，破案率100%，拘留审查292人。治安整治效能进一步提升。开展社会面清理整治行动54次，查处治安案件7144起，行政拘留1315人。清查旅店、洗浴等重点场所697家次，审查住宿人员1029人，查获违法犯罪窝点5个，处理违法犯罪人员64人，发现消除各类隐患46件。整体防控效能进一步提升。通过巡逻抓获各类违法犯罪人员1074人，拘留审查152人，行政拘留922人。安全监管效能进一步提升。以“消隐患、保安全”为重点，对全区176个内部单位进行安全检查953家次，开展交通专项整治72次，查处交通违法行为7万余起，拘留非司机215人。全区发生一般以上交通事故49起，同比下降4%；死亡12人，同比下降14%。通过加强消防安全监管，排查消除重点火灾隐患12件。全区发生火灾66起，同比下降7%。队伍保障效能进一步提升。分局根据国庆安保工作需要，购置配发警用装备25个品种895件套，为实战单位配发警用车辆21辆，为一线执法单位配发执法记录仪100台。年内，分局6个集体、6名个人分别荣立集体、个人二等功，18个集体、62名个人荣立集体、个人三等功，354名个人荣获个人嘉奖。分局选拔出岗位能手152

人，业务骨干67人，市局系统标兵20人。

单位名称：北京市公安局门头沟分局
地　　址：北京市门头沟区新桥大街45号
电　　话：69842494　69857024
邮　　编：102300

（刘天军）

【安全保卫工作】　元旦、春节期间，开展了“压事故、保秩序、创平安”为工作目标的交通安全保卫工作。举办交通安全宣传教育课41场，发放交通安全宣传材料2.5万份、处罚交通违法行为2540起，交通罚款350350元。全区各景点接待游客18.5万人次，出动民警、街道干部、治保积极分子13009人次参加安全保卫工作，全区未发生各类重大治安及灾害事故。1月25日至26日，分局出动执勤民警170名，完成了潭柘寺、戒台寺群众烧香秩序和景区治安、交通秩序维护工作，确保了寺庙、景区和景区周边的节日安全。3月28日至4月6日，出动民警270余人次、其他安保力量5000人次，在区殡仪馆、天山陵园、万佛华侨陵园等处执行清明节群众祭扫安全保卫工作勤务。接待疏导祭扫群众30余万人、车辆4万余辆，确保了祭扫场所的安全和祭扫活动的顺利进行。4月11日至19日，出动民警32人次、车辆12辆次、协警及内保力量22人次，完成了由559名考生参考的2009年上半年北京市高等教育自学考试安保勤务。4月25日至5月9日，第十七届妙峰山春季庙会在妙峰山景区举行。门头沟分局抽调民警50余人、安检监管人员33人、专业安检保安员96人参加景区庙会入场安检工作，安检游客4100余人、安检物品3800余件，确保了景区安全和庙会活动的顺利进行。5月1日至3日，出动民警265人次、其他安保力量1668人次，完成节日期间各项安保勤务工作，疏导旅游景区人员6.6万人次，疏导车辆1680余台次。交通民警出动人员210人次、警车100余辆次，疏导道路上行驶的机动车辆1.1万余辆、游人3.4万余人。6月5日至8日，全国普通高等学校统一招生考试如期举行，出动民警58人次、保安员8人次、交通协管员20人次、内保干部10人次，完成了两个考点、43个考场、1274名考生参考的安全保卫工作勤务。期间出动执法人员15人次、12车次，走访检查周边工地10余家、取缔非法大排档10余处。9月12日，市委、市政府在三家店转体斜拉桥上举行六环路全线贯通仪式，市委书记刘淇、市长郭金龙等领导出席了仪式活动。分局领导带领60名民警执行了安全警卫工作勤务，完成了仪式活动安全保卫工作。10月1日，区内举办国庆焰火燃放活动，出动民警101人，其他安保力量300人，在晚20时至22时两个小时的勤务时段和20分钟的焰火燃放时间内，疏导群众1.5万余人、车辆4600余辆，完成了焰火燃放安全保卫工作勤务。10月1日至11日，出动民警700余人次，其他安保力量1486人次、警车80余辆次，在潭柘寺景区疏导游客36150人次、疏导车辆9385辆次、疏导外宾94人次、处置各类突发情况5起，完成国庆节期间景区安全保卫工作任务和全区交通安全保卫任务。10月17日、18日、24日、25日、31日、11月1日，为北京市成人高等学校招生统一考试日，门头沟分局出动民警52人次、保安员14人次、内保干部15人次，在全区4个考点、1处保密室执行安保工作勤务，确保了考务场所及2100余考生的考务安全。

（刘天军）

【开展大走访爱民实践活动】　元旦、春节期间，开展了“以走访慰问群众、解决群众诉求、化解矛盾纠纷、整治治安隐患”为主要内容的民警大走访爱民实践活动。累计发放各类宣传材料10万余份，邀请区人大代表、政协委员、警风监督员等各届人士110余名参加了各类座谈会，走访区内单位8个，走访慰问居民群众102人，走访慰问困难群众36人，征求各界对公安机关机关的意见、建议32条。

（刘天军）

【开展宣传活动】　1月10日，出动民警50余人，在门城6个派出所辖区设立宣传站，集中开展了以“防范电话及短信诈骗”为主题的“110”宣传日活动，发放各类宣传品数千份、解答群众咨询200余人次。19日，出动民警60余人，在全区设立14个宣传站，集中开展了烟花爆竹燃放安全宣传活动。悬挂横幅42条，张贴宣传标语126条，摆放宣传展板86块，发放烟花爆竹燃放安全宣传材料10万余份，直接宣传群众8万余人。4月9日，在绿岛家园社区广场举办了新《消防法》宣传暨“祝你平安”消防宣传进万家活动启动仪式；区领导陈清、门头沟分局、区消防支队、区团委、绿海物业、京煤集团，各镇、街道办事处及石龙工业区的领导参加了仪式活动。活动中，发放《消防法》、《家庭防火四十问》、《公民灭火逃生》等宣传材料5000余份，发放消防扑克牌1000余份；此外，还进行了消防器材、消防设备展示及扑救灭火演练活动。25日，设立15个宣传站，集中开展了养犬年检宣传日活动。区政府办，门头沟分局、工商分局、城管大队等单位的领导，公安民警及其他宣传工作人员200余人参加了宣传活动；发放宣传材料5万余份。11月6日，在北京精雕科技有限公司举办了主题为“人人参与消防共享平安生活”的第十九届“119”消防宣传活动。市公安消防总队副总队长骆原，区领导付兆庚，门头沟分局、区消防支队、各镇、街道办事处，派出所以及企事业单位的领导参加了活动。活动中，分别进行了领导讲话、消防科目演示、消防展板展示、消防知识互动、特种器材观摩及消防知识宣传等项目。发放《消防法》、《家庭防火四十问》、《家庭消防安全常识》等宣传材料2万余份，发放消防雨伞、电子秤、手提袋等消防宣传品500余份，解答群众咨询300余人次。12月4日，分局设立宣传站，集中开展了“12.4”法制宣传日活动。分局政委及参加宣传活动的各处室队所民警向群众发放禁毒、消防、防诈骗等宣传材料2000余份，解答群众咨询20余人次。12月28日，在区影剧院及全区设立13个宣传站，集中开展了烟花爆竹宣传咨询活动。悬挂横幅48条，摆放展板51块，发放《单位和个人燃放烟花爆竹的规定》、《致全区居民一封信》等5种宣传材料18万份，直接宣传群众13万余人。

（刘天军）

【领导慰问】 1月14日，市局副局长张卫华到妙峰山派出所、交通支队慰问民警，并送去了慰问金等慰问品。同日、22日，市局人口处副处长刘国周、市交管局政治处主任程健等领导分别到潭柘寺派出所、门头沟交通支队检查工作、慰问民警，并送去了慰问金等慰问品。24日，区领导伊欣欣、陈清、韩生辉、陈国才等到分局慰问民警；并送来了慰问金。随后，区领导一行看望慰问了消防支队全体官兵。

（刘天军）

【开展春节慰问活动】 春节期间，分局党委成员分别到原任分局长、政委、副分局长等家中及基层处室队所开展慰问活动；并送去了节日慰问品。1月21日至22日，局领导分别走访慰问了因公牺牲民警李荣宝及唐成文烈士的家属，并送去了慰问金和慰问品。

（刘天军）

【召开思想政治暨表彰奖励大会】 1月20日，召开“2009年度思想政治工作会议暨2008年度表彰奖励大会”，分局长、政委等党委成员；局属各单位双正职领导和立功受奖单位、民警代表90余人参加了会议。会上通报了2008年分局及所属单位、民警奖励情况，分局党委成员为荣获市级、区级表彰奖励的单位、民警颁发了奖状、奖章和证书。政委作了题为《立足新起点，应对新挑战，为分局工作又好又快发展立新功》的工作报告。分局长对2009年的工作强调了三点工作意见。

（刘天军）

【开展消防安全周大检查】 2月11日至17日，出动执法力量859人次，开展了为期1周的消防安全大检查。检查非煤矿山，危险化学物品、烟花爆竹仓库，建筑工地、商场、超市等公共聚集场所539家（次）；发现排查各类隐患164件，当场整改101件，限期整改63件。

（刘天军）

【查找发还被盗机动车】 2月12日，新桥家园发生一起机动车被盗案，门头沟分局接报后及时开展侦破工作。当得知该车在宣武区天宁寺附近出现时，办案人员即对该地区周边18个社区、110余名居民进行了走访，终于5月21日在北新桥将被盗车辆查获，并于当日将车辆发还失主。为此，失主将一面绣有“团结协作速出警、智勇双全速破案”的锦旗送到门头沟分局刑侦支队。

（刘天军）

【举行斋堂派出所新址揭牌仪式】 3月4日，举行斋堂派出所新址暨分局训练中心落成揭牌仪式，新址总建筑面积2686平方米。区领导韩生辉、陈清、市局人口处处长田运胜，分局长谢世龙，斋堂镇党委书记万钦，在揭牌仪式上讲了话，分别为斋堂派出所新址、分局训练中心揭了牌。斋堂镇党委、政府，驻镇单位村、居委会干部及派出所民警100余人参加了揭牌仪式活动。

（刘天军）

【落实监管场所专项整顿工作】 3月20日至5月4日，开展了历时一个半月的监管场所专项教育整顿工作。期间，分别召开了看守所、拘留所领导班子成员会，分析研究了监管工作环节中存在的问题和薄弱环节，建立完善了监所食品供应、人员进出监区、放风、提审、告裁等一系列规章制度和值班所长工作汇报、分级管理、网上巡查、三级谈话等12项具体工作措施，确保了监管场所的安全。

（刘天军）

【开展祭奠唐成文烈士活动】 4月3日，组织青年民警代表40余人，到八宝山革命烈士公墓，开展了祭奠唐成文烈士活动。民警们瞻仰了安放唐成文烈士骨灰的烈士墙，集体回忆了唐成文烈士的生前事迹，并宣示了誓言。

（刘天军）

【完成国家领导人植树警卫勤务】 4月5日，党和国家领导人胡锦涛、吴邦国、温家宝、贾庆林、李长春、习近平、李克强、贺国强、周永康等到永定镇森林公园开展义务植树活动，分局出动安保力量235名，协助有关部门完成了警卫工作勤务。

（刘天军）

【举办培训班】 4月14日，举办了治安管理规范化建设培训班；副分局长，分局治安支队、政治处、各派出所主管治安工作的副所长、治安民警、社区民警等120余人参加了培训。有关业务处民警分别就危险物品管理、犬类管理等治安管理业务工作进行了专题授课。5月26日，举办了出入境系统业务知识培训班；分局政委，局属14个派出所的领导，社区民警、内勤民警70余人参加了培训。政委做了开班动员讲话，有关部门民警采用多媒体幻灯片形式进行了境外人员管理业务知识授课。

（刘天军）

【救助外籍游客】 4月19日，5名德国籍和澳大利亚籍游客在本区斋堂镇黄草梁景区迷路走失。分局接报后紧急处警，经斋堂派出所会同地方人员连续14个小时的搜寻查找，终于将5名外籍游客成功救助下山。6月17日，7名外籍游客在黄草梁景区游玩时再次迷路，分局出警民警经连续6个小时的查找，终于在河北省麻黄峪地区将所有迷路人员寻回，并联系斋堂镇政府车辆将7名外籍游客送回北京市区。

（刘天军）

【捐款活动】 4月21日，开展了“博爱在京城捐款活动”，累计捐款83880元。

（刘天军）

【开展春季登山比赛活动】 4月23日，在妙峰山景区开展了2009年春季登山比赛活动，分局政委等领导及160余名民警参加。并评出了各组的前6名。

（刘天军）

【安全防范压发案工作】 5月1日至27日，安全防范压发案工作取得显著成效。期间，出动宣传工作力量535人次，设立宣传站点83个，播放多媒体宣传片76场次，发放宣传材料4.5万份，入户宣传1860户，直接宣传群众6万余人次，免费发放防盗报警器材1340件。月内，全区发生入室盗窃案件12起，同比减少8起，下降40%。

（刘天军）

【完成验收工作】 5月6日，分局提前3个月在全市率先完成了需要综合评估的8家剧毒物品单位安防地标验收工作，并全部取得了《北京市电子产品质量检测中心》出具的《安全技术防范系统工程检测检验报告》和《北京市劳动保护科学研究所劳动安全卫生评价中心》出据的《剧毒物品库安全防范评价验收报告》，为确保建国六十周年区内剧毒物品的管理安全打下了基础。

（刘天军）

【完成警用枪实弹射击考核】 5月18日至19日，完成了2009年警用枪实弹射击训练考核，参训民警660名，90%民警达到及格以上水平，75名民警考核成绩优秀。

（刘天军）

【开展夏季治安防控工作】 5月至6月，夏季治安防控工作中，分局出动各种宣传力量3530人次，设立宣传站点232个，发放安全防范宣传光盘1000张，发放各类宣传材料12万份，播放多媒体宣传片760余场次，入户宣传安全3800余户，直接宣传群众15万人次。全区立入室盗窃案件22起，下降35%。

（刘天军）

【开展警民互动主题实践活动】 6月12日，在区体育馆前举行了“爱祖国、爱首都、爱人民”主题实践活动启动仪式；区领导付兆庚，分局党委成员及30名民警代表和150名社区群众参加了仪式活动。活动中，摆放宣传展板30余块，发放各类安全宣传材料4500余份，解答群众咨询300余人次。此外，现场向群众展示了防爆服、防爆车、“八大件”等警用装备，达到了“平安北京、和谐门头沟”、警民实现互动的活动目的。

（刘天军）

【抓获爬楼盗窃犯罪嫌疑人】 6月12日，大峪向阳楼小区连续发生3起爬楼盗窃案。13日，分局巡逻民警通过高发案时段对重点高发案区域的布控蹲守，当场抓获一名正在实施爬楼盗窃作案的犯罪嫌疑人。经审查，涉案人木×××（男，20岁）供认了伙同阿×××（男，31岁）、吉×××（男，33岁）等6名四川彝族人先后在北京市朝阳区、昌平区、丰台区、门头沟区旅店住宿，并在居住地旅店周围小区爬楼盗窃作案多起的犯罪事实。

（刘天军）

【组织立功授奖民警健康休养】 6月15日至18日，分局组织立功授奖民警60余人，赴南戴河开展了健康休养活动。

（刘天军）

【开展消防实战演练活动】 6月23日，消防支队会同区内有关部门，在内蒙古第一重型机械北京研发中心举行了高层火灾大型消防实战演练活动。演练中，消防支队出动5部消防车、数十名官兵，分别在现场进行了切断电源、启动喷淋系统、启动排烟系统、启动消防水泵系统、现场组织疏散人员、现场内部搜救、排烟灭火等科目演练，达到了预期目的。

（刘天军）

【落实重点人监控督察工作】 7月13日，落实开展了对派出所国庆安保重点人的专项监控督察工作。累计走访基层社区8个，听取工作汇报12次，检查领导干部、民警18人，核查核对各类工作台帐36册。

（刘天军）

【开展治安管理规范化擂台比武】 7月18日，开展了治安管理规范化擂台赛比武活动。局属各单位及14个派出所的领导、15支代表队的民警计80余人参加了擂台赛比武活动。大峪派出所、三家店派出所、军庄派出所三支代表队获前三名。

（刘天军）

【破获涉嫌杀人抛尸案】 7月19日，经连续96小时的侦查工作，分局一举破获“7.05”杀人抛尸案，犯罪嫌疑人于××（男、37岁）被抓获。经审查，于××供述了5月16日在三家店油研所附近自己驾驶的面包车上与被害人刘×（女、29岁）发生争执，用车上的铁块击打刘×头部致其死亡，然后驾车至109国道118公里360米处，将刘×尸体掩埋的犯罪事实。

（刘天军）

【开展防盗抢演练活动】 7月20日至21日，分局针对“7.12”中国银行北京科大营业网点抢劫案件，专门组织刑侦、巡警、内保部门及派出所的民警40余人，开展了金融系统防盗抢演练活动，并达到了演练目的。8月20日，分局再次会同市局内保局、市邮政总公司、邮政储蓄门头沟支行、门头沟邮政局等单位在大峪邮政储蓄银行开展了“邮政金融2009年联合防抢演习”演练，市局内保局、门头沟分局、市邮政总公司、区邮政局、邮政银行门头沟支行及全市邮政系统十个郊区县局主管安全保卫工作的领导、保卫干部、保安员、安全员等120余人参加了现场观摩和演习、演练活动。

（刘天军）

【开展打防管控整统一行动】 8月20日至26日，开展了历时7天的打、防、管、控、整统一行动。出动民警746人次、协警力量625人次，清理出租房屋5467户、7612间，清理出租房屋院落183个，清查市场、旅店、歌厅、洗浴、农家乐等重点场所51家，审查流动人口17174人，登记出租房屋65户、101人，登记办理暂住证1099人，核查录入1922人，消除各类不安全隐患211起，查处各类违法犯罪人员102人、其中拘留审查13人、行政拘留89人。9月24日至25日，分局会同区政法委、综治办在社区服务中心举办了《门头沟区治安巡防队员培训班》，区委政法委和分局业务处室领导、治安巡防队员等380余人参加了培训。培训班上，有关部门的领导分别就处置邪教工作、维稳工作、流动人口及出租房屋清理整治工作、开展国庆平安行动、治安巡逻工作等进行了专题授课。10月20日至11月13日，分局举办了反恐处突小分队警务技能培训班，并完成了第一阶段的训练任务。期间，进行了综合体能、擒拿格斗、操枪技术、现场指挥、攻坚战术、综合应用射击等训练科目，全体队员的基本技能、单警作战能力及应对突发事件现场的处置能力都得到了明显提升。

（刘天军）

【完成警务支援工作】 8月至10月，抽调民警160人组成分局国庆60周年安保支援警力梯队，分两批对西城分局和特警总队进行对口支援。在国庆60周年庆祝大会、联欢晚会以及8月29日、30日，9月6日、12日、18日进行的国庆彩排演练安保勤务工作中，出动民警850人次，完成了国庆60周年警务支援工作。

（刘天军）

【完成老化物品管控工作】 9月10日，完成了对全区4家爆炸物品库、8家剧毒单位、4家枪支单位、5家放射源单位的停止生产、停止销售、停止使用、停止运输的“四停一封”管控工作；并落实人防、技防、犬防、物防等工作措施，对确保国庆60周年安全提出了具体要求。

（刘天军）

【开展快速集结演练活动】 9月11日，组织巡警支队、勤务指挥处等业务部门和门城地区派出所警力30余人、11个巡逻车组，开展了快速集结实兵演练活动，为确保国庆60周年勤务保障工作和应对突发事件打下了基础。

（刘天军）

【参加先进事迹报告会】 9月16日，副分局长带队参加了区政法委在龙泉会堂举办的北京市政法系统“推进作风建设、深化为民实践、争创人民满意”先进事迹巡回宣讲报告会。会上，分局月季园派出所代表区政法系统发言。

（刘天军）

【完成外宾来访警卫勤务】 10月14日，俄罗斯副总理卢科夫一行到潭柘寺景区参观游览，分局出动民警47人执行安全警卫工作勤务，确保了外宾参观游览的出行安全。

（刘天军）

【破获入室抢劫案】 10月18日，区西辛房62排4号发生一起入室抢劫案。分局接报后迅速开展侦破工作，于12月4日将涉案犯罪嫌疑人张×（男，40岁）抓获。审讯中，张×供认了钻窗入室、持木棍殴打事主、抢走两个女式挎包逃匿的作案事实。

（刘天军）

【查获非法买卖烟花爆竹案】 11月8日，在岳家坡一户居民家查获一起涉嫌非法买卖烟花爆竹案，涉案人李××（男，39岁）被行政拘留。当场查缴非法买卖的烟花爆竹74箱，涉案交易价值7600元。

（刘天军）

【召开领导干部任命大会】 11月11日，市局在门头沟分局召开领导干部任命大会，市委常委、市局党委书记、局长马振川，区领导刘云广，市局党委委员、副局长刘绍武等领导出席了大会。会上，市局政治部副主任王强宣读了市委关于孙连辉任门头沟分局政委，免去其巡特警总队副总队长职务的决定。马振川讲话。

（刘天军）

【参加市局乒乓球赛获佳绩】 11月27日，为期两天的北京市公安局第三届乒乓球比赛结束，来自全局54个单位的400余名运动员参加了比赛。门头沟分局办公室主任，工会副主席等7名民警组成的分局代表队在比赛中获得乙组团体第三名；在59名参赛选手中，办公室主任获得领导干部组单打第三名。

（刘天军）

【以案找人破获4起盗窃案】 11月29日，永定镇上岸村发生一起入室盗窃案，丢失电脑主机一台、手机一部。分局接报后开展侦破工作，经以案找人，于30日将犯罪嫌疑人安××（男，住上岸村）抓获，起获其盗窃所得手机10部、电脑主机一台。经审讯，安××除交待了“11.29”盗窃案外，还供述了另外三起入室盗窃案。

（刘天军）

【接种“甲流”疫苗】 12月1日，为做好监管场所“甲流”防范工作，分局联系区卫生局门城地区接种队为55名适宜接种的在押人员进行了“甲流”疫苗接种工作。

（刘天军）

【预审深挖收缴假币】 12月2日至14日，分局预审处在受理河南省光山县来京人员杨××等3人涉嫌持有假币案中，根据大峪派出所已经收缴假人民币5400元的案件线索，经预审深挖，再次促使杨××供述了其余假币的藏匿地点及其他上线的基本情况，并从其本市朝阳区暂住地起获收缴新版50元、100元面额同版号假人民币184张、9500元。涉嫌出售假币的犯罪嫌疑人徐××（男，41岁，河南光山县人）于18日被抓获归案。

（刘天军）

【打掉聚众斗殴作案团伙】 12月20日，月季园派出所、巡警支队、治安支队联合出警，在高家园地区一饭馆内打掉一涉嫌聚众斗殴的作案团伙，当场抓获涉案人员13人，收缴凶器仿真枪1把、砍刀等刀具5把。经审查，涉案人沈××、赵××等交待了其团伙成员与李×等十余人互殴、并将李×等人砍伤后到饭馆聚餐的案件事实。沈××等9人被行政拘留、另4人被责令具结悔过。

（刘天军）

【破获使用假支票诈骗案】 12月22日，分局队所结合，追踪侦查，成功破获了一起使用假支票进行诈骗的案件，涉案犯罪嫌疑人刘××（男，39岁）被抓获。经审查，刘××供认了11月30日使用31340元的假转账支票，在北京柘苑商贸有限公司订购并提走茅台酒3箱、五粮液酒1箱、玉溪烟2条等的作案事实。

（刘天军）

【破获一起重大诈骗案】 12月24日，分局重案队破获一起涉嫌诈骗250余万元的重大诈骗案件，涉案犯罪嫌疑人谢×（男，52岁，山东省烟台市人）被抓获。经审查，谢×供认了以给妙峰山担礼村投资2亿元人民币，用于该村建设和以前往香港解冻资金需事主提供费用为由，先后在区内三家店、新桥大街工商银行及崇文区等地多次诈骗事主李×人民币250余万元的作案事实。

（刘天军）

【举行潭柘寺消防中队揭牌仪式】 12月30日，消防支队潭柘寺中队落成暨执勤备战启动仪式在潭柘寺消防站新址举行。区领导付兆庚，市消防总队总队长赵子新，分局长鹿进宝等参加了揭牌启动仪式。付兆庚、赵子新、鹿进宝3位领导为潭柘寺消防站（中队）揭牌，并观看了新建营房和消防车辆器材。

（刘天军）

【扶贫帮困慰问低收入农户】 12月31日，副分局长、政治处主任等代表分局党委和全体民警，到帮扶点妙峰山镇丁家滩村慰问低收入农户家庭，并送去了180余份粮油物品。

（刘天军）

【开展烟花秩序维护工作】 12月31日，副分局长带领由消防、治安等部门领导组成的两个检查组；到三家店、永定烟花爆竹销售点，金福龙加油站，液化气站等禁放单位和东辛房、城子社区，检查了元旦前夜烟花爆竹燃放秩序维护工作。当晚，全区出动民警、社区街道干部、治安积极分子等协警力量3487人，在八类禁放点执行了烟花爆竹燃放秩序维护勤务，确保了节日安全。

（刘天军）

【开展落实防诈骗犯罪工作措施】 年内，持续开展落实了防诈骗犯罪工作措施。共争取政府资金26万元，印制悬挂宣传横幅1200余条，印制发放各类宣传材料32万份，入户宣传9730户，直接宣传群众36万人次；召开各类宣传会632个，张贴宣传标语970余条，发放购物袋、手提袋等宣传物品2.2万个，出黑板报570余块，出宣传栏660余个；在98个社区设置了电子屏幕显示屏滚动播放防范提示，设立宣传站点196个；在有线电视台播放防盗窃、防诈骗宣传光盘8次，滚动屏幕防诈骗宣传提示23次。另组织治安巡防队员185人、社区保安员29人，对区内的ATM自动取款机进行了监控；仅10月就成功避免群众受骗26次，避免群众经济损失21万元。11月20日，9名成功阻止电信诈骗案件的银行工作人员、保安员、巡防队员受到了分局表彰，共计颁发奖金2700元。11月，全区发生电信诈骗案5起；与月平均17.7起相比，下降72%；另成功劝阻电信诈骗案16起。12月1日至18日，又成功阻止了6起受骗群众汇款，避免群众损失8.85万元。

（刘天军）

检察工作

【概况】 年内，区人民检察院在区委、市检察院的领导下，全面贯彻党的十七大、十七届三中、四中全会精神，贯彻落实科学发展观，围绕“保增长、保民生、保稳定”大局和建设现代化生态新区的中心工作，实践“强化法律监督，维护公平正义”的检察工作主题和“加大工作力度，提高执法水平和办案质量”的总体要求，各项检察工作取得了新进展。

全年受理提请批准（决定）逮捕案件146件181人、移送审查起诉案件181件253人；批准（决定）逮捕129件161人，提起公诉170件243人。受理贪污贿赂案件线索8件8人，决定立案侦查6件6人，其中百万元以上大案4件4人。成功侦查终结高检院交办的某央企主要负责人受贿专案。办理市检察院交办的“6·18”专案，立案侦查6名犯罪嫌疑人。关注国家机关工作人员渎职侵权犯罪线索，受理、初查线索6件。

在加强诉讼监督，维护司法公正方面，全年共提前介入引导侦查28件，追捕12人，追诉漏罪3起、漏犯19人。受理民事行政申诉案件18件，立案7件，提请抗诉1件。处理群众举报及来信来访160件。加强机制创新，推出了若干在全市具有“首创”意义的诉讼监督机制。

在依法规范办案，确保办案质量方面，进一步加强执法规范化建设，健全完善专业化办案组、提前介入侦查、行刑衔接、讯问职务犯罪嫌疑人全程同步录音录像、侦防一体化等工作机制，全年无捕后无罪处理案件、诉后无罪判决案件。

在服务区域发展，增强监督能力方面，主动加强与棚户区改造建设中心、拆迁工作办公室的联系，采取了五项专门服务保障措施。一方面依法打击严重影响重点工程拆迁工作正常进行的犯罪活动，另一方面多做化解矛盾的工作，依法快速批准逮捕诈骗棚户区改造拆迁补偿款20余万元的案件。

在打击破坏生态环境犯罪，保障现代化生态新区建设方面，通过举办疑难案件诉前控辩演习、检察长直接办案、组织关键证人出庭作证、采取多媒体示证等措施，将全国首例倾倒污泥引发的重大环境污染事故案提起公诉，引起社会广泛关注。

在推进职务犯罪预防，参与社会治安综合治理方面，院通过举办法制讲座、召开联席会议、加强宣传等方式，持续推进门头沟区和京煤集团两大职务犯罪预防网络建设。全年共举办预防职务犯罪讲座12次，受众2500余人。注意从办案中总结犯罪规律，发现犯罪新动向，提出综合治理建议，共发出检察建议17份。

在贯彻宽严相济的刑事政策，提高化解矛盾水平方面，区检察院在严厉打击严重刑事犯罪的同时，坚持慎捕慎诉。全年通过提前介入建议公安机关不提请批准逮捕8人，以犯罪情节轻微不予批准逮捕9人，以没有必要追究刑事责任决定不起诉6人。在全市检察机关率先推出《民事申诉案件检察和解办法（试行）》，全年共引导7件申诉案件当事人达成和解，和解案件总数、和解率在全市十八区县人民检察院中位居第一，所化解案件中无一反悔。总结形成“五诊十五步”控申工作法，进一步提高了说服、引导群众的工作能力，历史积案化解率达100%、初信初访化解率达90%以上，实现了无重大重复上访户、无群体性信访事件、无越级访的目标。

在加强队伍建设、强化内部监督制约方面，通过以案析理、正面引导、反面警示等方式，教育干警牢固树立理性、平和、文明、规范执法的新理念，连续三年保持无干警违法违纪的记录。通过讲党课、定期召开民主生活会、举办主题党日活动等形式，进一步加强理想信念教育。按照公开、平等、竞争、择优的原则，完成了新一轮中层干部选任上岗和一般干警双向选择工作，进一步优化了中层干部队伍结构，激发了队伍活力。

在实践科学发展观，建设学习型检察院方面，建立了立体化、全方位学习体系，邀请法学理论专家和检察实务来院授课。与中国政法大学出版社合作，首次公开出版了该院调研文集——《检察实务与思考》，收录近三年来该院干警撰写的优质调研文章共计73篇。全年在国家级知名期刊上公开发表法学论文3篇。

单位名称：北京市门头沟区人民检察院
地　　址：北京市门头沟区新桥大街56号
电　　话：69842021
邮　　编：102300

（王　珏）

【追缴税款】 1月12日，在办理彭×偷税一案过程中依法追缴的税款517万余元返还给区地税局，依法上缴国库。地税局向院赠送了写有“依法办案讲大局，服务发展促和谐”的锦旗。

（王　珏）

【制定收监执行工作细则】 1月14日，区公检法司四部门召开联席会议，共同制定了《关于撤销缓刑、撤销假释、收监执行工作实施细则》。该细则就撤销缓刑、撤销假释、收监执行工作以及四部门的权利、义务及其相互衔接、制约等细节进行了明确规定。

（王　珏）

【召开民主生活会】 1月15日，召开了2008年度领导班子党员领导干部民主生活会，市检察院政治部干部处副处长张豫应邀参加了会议。会上，院检察长向班子成员介绍了此次民主生活会的主题和相关要求，并通报了此前向干警代表征求到的意见和建议。每名班子成员围绕会议主题分别进行了发言，并针对干警所提意见，提出了改进措施，并将及时向干警反馈建议落实情况。

（王　珏）

【领导调研】 1月22日，市检察官协会会长许海峰、常务副会长冯文生、区人大常委会主任，市人大农委委员、到院内调研。许海峰一行听取了该院2008年工作的简要汇报，指出要以科学发展观为指导，全面履行检察职能，特别是要紧密围绕如何有效打击和预防各类犯罪、加强诉讼监督工作、建立有效的矛盾纠纷化解机制等检察中心工作，开展好检察理论研究。3月25日，市检察院检察长慕平到院调研，并与院领导班子和中层干部座谈。在听取了院两年来业务工作和队伍建设的汇报之后，慕平对院工作给与肯定。

（王　珏）

【院领导慰问上访老户】 1月23日，副检察长带领控申处及相关处室干警到已息诉罢访的上访老户刘某、沙某家中进行慰问，并转达了市检察院检察长慕平的问候。

（王　珏）

【开展办公办案安全检查】 2月12日，全院进行了办公办案安全大检查，重点检查了消防设施、电器使用、车辆管理、值班制度执行、保密措施落实等各项安全工作情况。针对发现的问题，责成有关部门立即整改。

（王 珏）

【出台信访风险评估预警制度】 4月10日，制定出台《门头沟区人民检察院风险评估预警制度》，该制度明确规定了六个方面的内容：一是明确评估主体；二是扩大评估范围；三是科学划分风险评级；四是实施动态备案管理；五是预警举措增强可操作性；六是与考核挂钩，奖惩分明。

（王 珏）

【聘任特约监督员】 4月28日，召开特约监督员聘任会，市检察院办公室、区人大代表联络室负责人、市检察院特约监督员和该院班子成员参加会议。检察长向新聘的13名特约监督员颁发聘书。

（王 珏）

【完成重点课题调研任务】 4月，在市检察院2009年度重点调研课题招标活动中，院申报的《民事申诉案件检察和解的理论与实践》课题标书从参加竞标的99份标书中中标。这是该院首次独立承担市院重点课题。11月，课题被《中国司法》公开发表，是院首次在国家级期刊上发表论文。12月，该课题通过了市院结项审查。

（王 珏）

【院领导调研】 5月13日，检察长及有关班子成员到潭柘寺镇鲁家滩村和阳坡园村，与村干部座谈，并到村民家中，就低收入农户增收帮扶工作进行调研。

（王 珏）

【出台加强维稳工作实施办法】 5月14日，出台《门头沟区人民检察院关于加强维护稳定工作的实施办法》。该办法将《信访事项首办责任制实施细则》、《重大事件应急处理制度》、《信访责任追究办法》等制度纳入文件范畴，从工作重点、执法方式、组织领导、责任考核各方面系统规范了维稳制度，并以附件的形式建立风险评估预警制度，成为指导全院维稳工作的纲领性文件。

（王 珏）

【召开工作会议】 5月15日，院召开2009年信息、调研、宣传工作会议。院党组成员、各处室负责人及全院信息员、通讯员以及调研骨干参加了会议。会议总结了2008年度信息、调研、宣传工作，对2008年度信息、调研、宣传工作中成绩优异的处室和干警进行了奖励，并对2009年信息、调研、宣传工作进行了部署。

（王 珏）

【签订合作备忘录】 5月19日，与区采空棚户区改造建设中心举行合作备忘录签字仪式。检察长和棚户区改造建设中心主任代表双方签字。该院将对棚户区改造重大建设项目依法监督，提供服务保障。

（王 珏）

【召开研讨会】 5月26日，院公诉处与区人民法院少年庭、区公安分局、司法局、团区委就“未成年人刑事和解制度”举行了专题研讨。专题研讨以“诉讼审判阶段未成年人犯罪案件刑事和解制度的建立”为议题，就需要解决的一系列问题进行了探讨，同时与会各方还针对办案规则的起草发表了各自的意见。

（王 珏）

【检察长接待选民】 5月26日，院检察长以区人大代表身份，参加由京煤集团代表团组织的“人大代表、政协委员联系接待选民日”活动。参加活动的有部分区人大代表、政协委员及京煤集团总医院、西达房地产公司、昊泰房地产公司的选民共计30余人。

（王 珏）

【首次提出缓刑量刑建议】 6月2日，针对一起数额巨大的盗窃案件提出缓刑量刑建议，建议法院对案发人适用缓刑。是首次向法院提出相对确定的量刑建议，法院对该院指控的犯罪事实和提出的缓刑量刑建议全部予以支持和采纳。

（王 珏）

【举行疑难案件诉前控辩演习】 6月16日，就正在办理的一起重大环境污染事故案举行诉前控辩演习。演习以控辩双方辩论形式开展，通过双方发表基本观点、辩论焦点主旨发言、自由辩论、总结陈述四个环节，对已掌握的案件事实、证据及有关法律法规进行全面展示，对案件的焦点问题充分辩论，从而达到为实际办案服务的目的。市检察院副检察长方工，国家环保部法规司副司长别涛，中国政法大学刑事司法学院副院长王平，中国政法大学证据科学研究院副院长王进喜等共计30余人对演习进行了观摩、点评，并就案件事实、证据及有关法律法规的适用提出了意见和建议。

（王　珏）

【批准逮捕犯罪嫌疑人】　6月19日，侦查监督处以涉嫌非法经营罪依法批准逮捕犯罪嫌疑人程×。该案件是区首例非法生产、销售乙炔气并因乙炔气泄露导致加工点爆炸的案件。

（王　珏）

【宣传活动】　6月23日，在木城涧矿玉皇庙社区开展检民互动式举报宣传活动，宣传重点是党和国家反腐败方针政策，检察机关惩治和预防职务犯罪的职责、成效，保护举报人和奖励举报有功人员的有关规定以及人民检察院开通12309统一举报电话等最新情况。

（王　珏）

【举办拆迁问题法律讲座】　6月26日，副检察长带领侦监处、控申处、民行处干警到矿建街西社区，为当地群众做“维护群众利益、依法进行拆迁”的法律讲座。

（王　珏）

【自行制作院电视新闻】　7月2日，院技术处自行制作的电视新闻《门检新闻综述》第一期在院内部视频中试播。此是该院首次自行制作电视新闻，每月播出一期，摄制组成员由技术处工作人员及兼职播音、配音的检察官组成，通过前期镜头设计、拍摄、采访、解说词撰写、配音、后期剪辑等多个程序来实现，可以客观、动态地报道该院各项检察业务工作进展情况。

（王　珏）

【以和解方式促成调解执行】　7月2日，院民行处以促成当事人和解的方式息诉了两起连环债务纠纷引发的民事申诉案，促成了法院生效调解书的执行。此是院首次针对法院生效调解书促成当事人达成检察和解。

（王　珏）

【服务棚户区改造工作】　7月9日，院党组会议提出：采取五个“专”的措施，努为采空棚户区改造拆迁工作提供法律保障。即：成立专门领导小组，建立与棚户区改造建设中心的专门合作机制，派专人入驻棚户区改造拆迁工作办公室，建立专门的内部沟通协调机制，开展拆迁相关法律适用问题专题调研。

（王　珏）

【建立行政处罚案件监督制度】　7月21日，与门头沟公安分局会签了《行政处罚案件法律监督制度》，正式将公安机关的行政处罚案件纳入监督范围。22日，与门头沟公安分局以会签文件的形式全面建立了办理“涉疆”、“涉维”案件联动机制。该机制主要包括以下五方面：一是侦查监督部门负责提前介入“涉疆”、“涉维”刑事案件，引导侦查取证。二是在办理“涉维”案件过程中，应当尊重少数民族宗教信仰和使用本民族语言文字等权利。三是遇有“涉疆”、“涉维”案件，应依法从快处理。四是控告申诉部门与公安机关信访部门互相通报“涉疆”、“涉维”上访案件。五是监所部门与公安机关看守所相配合，全面掌握新疆籍和维吾尔族在押人员的思想动态，做好情绪疏导和思想教育工作。

（王　珏）

【召开附带民事诉讼调解研讨会】　8月19日，与区法院召开刑事附带民事诉讼案件调解工作研讨会，副检察长、副院长等人参加了会议，会议针对刑事附带民事诉讼案件调解工作存在的特点和困难进行了研讨，并达成3点。

（王　珏）

【人大常委会听取工作报告】　8月19日，区人大常委会第31次会议专题听取院检察长所作的《关于开展刑事诉讼监督工作情况的报告》。区法院、区公安分局、司法局等单位负责人和部分人大代表列席会议。人大常委会委员对院刑事诉讼监督工作给予肯定，并就进一步加强刑事诉讼监督工作提出了建议。

（王　珏）

【推行“五诊十五步”控申工作法】　8月20日，院控申处推行闻诊、问诊、会诊、疗诊、巡诊的“五诊十五步”工作方法，妥善化解信访矛盾。

（王　珏）

【首次立案监督公安行政处罚案件】　8月28日，院侦查监督处以涉嫌容留他人吸毒罪批准逮捕嫌疑人张宝贵。该案是通过对公安机关行政处罚案件的审查而发现的立案监督线索，公安机关在收到该院发出的《要求说明不立案理由通知书》后，于当日立案侦查并于次日抓获犯罪嫌疑人，后移送审查逮捕。

（王　珏）

【出台民事申诉检察和解办法】　9月17日，制定出台了《北京市门头沟区人民检察院民事申诉案件检察和解办法（试行）》。此办法是在市检察院重点课题调研活动中的一项研究成果，系北京市检察系统首项关于检察和解的工作规范。

（王　珏）

【与中国政法大学共建研究基地】　9月18日，与中国政法大学恢复性司法研究中心共建的研究基地成立签约仪式举行，中国政法大学刑事司法研究院院长、恢复性司法研究中心主任、市检察院法律政策研究室副主任、区政法委副书记以院党组成员参加了此次签约仪式。

（王　珏）

【举行国防知识讲座】　9月21日，团支部为增强青年干警的国家安全意识，了解国际国内形势，邀请国防大学教授做了题为“国家安全环境与安全战略”的知识讲座。

（王　珏）

【全国首例污泥污染环境案庭审】　9月22日至23日，由副检察长带队组成的6人公诉团出庭公诉全国首例污泥污染环境案，被告方6名律师出庭辩护。该案发生在门头沟区距永定河河道约五百米的上岸地区，五名犯罪嫌疑人向案发地倾倒未经无害化处理的污泥共约6000吨，是全国首例因违法倾倒、处置污泥而拟以“重大环境污染事故罪”提起公诉的案件。此案引起了社会关注，截至24日，通过google搜索关键字“门头沟污泥被告人”共搜索到相关信息632条，北京日报、北京晚报等十余家主流媒体对该案予以报道。

（王　珏）

【举行中层干部选任上岗】　10月15日至30日，进行了新一轮中层干部选任上岗及干警双向选择工作。通过选任上岗，共有38名干警走上中层领导干部岗位，比选任前增加6人。其中，全日制大学本科及以上学历中层干部由选任前的14名增加到17名；女性中层干部由选任前的7名增加到10名，中层干部知识、年龄、性别结构得到较大改善。通过双向选择，12名干警重新选择了工作岗位，占应选岗干警总数的22%。

（王　珏）

【联合签署文件】　11月25日，与区司法局联合签署了《关于民事行政检察工作与人民调解衔接的工作意见》，此意见建立了联合息诉机制、线索移送机制、信息交流机制、联席会议机制、交流学习机制。

（王　珏）

【公开出版调研文集】　11月，院调研文集《检察实务与思考》一书由中国政法大学出版社公开出版。此为该院首次结集干警撰写已出版的调研文章，经过甄选，共计收录文章73篇。

（王　珏）

【首次列席法院审委会会议】　12月15日，院主管公诉工作的副检察长列席门头沟区人民法院审判委员会会议。是院与区人民法院共同签署《关于检察长列席审判委员会会议的规定（试行）》之后，检察长首次列席法院审委会会议。会上，副检察长就被告人申某某涉嫌诈骗一案阐述意见，经讨论，审委会经决定采纳其意见。

（王　珏）

审判工作

【概况】　年内，法院在区委领导、区人大及其常委会监督、区政府及社会各界支持和市高级法院指导下，贯彻党的十七大和十七届三中、四中全会精神，贯彻落实科学发展观，坚持“三个至上”指导思想和“从严治院、公信立院、科技强院”工作方针，围绕“为大局服务、为人民司法”工作主题，以化解社会矛盾、促进社会和谐为主线，发挥审判职能作用，践行司法为民，全面加强队伍建设，为建设“人文北京、科技北京、绿色北京”和现代化生态新区做出了不懈努力。全年共审理各类案件5308件，审结执结5222件，同比分别上升15.84%和15.97%，均创历史新高，二审改判率、发回重审率在全市继续保持较低水平。同时，按照市高级法院的统一部署，清理执行积案1356件。依法打击刑事犯罪，营造安定有序的社会环境。全年审理各类刑事案件156件，审结154件，判处罪犯227人。依法严惩杀人、抢劫等严重暴力犯罪和盗窃、诈骗等多发性侵财犯罪，判处罪犯146人，维护人民群众生命健康和财产安全。试行刑事和解制度，加大刑事附带民事案件的赔偿调解工作力度，努力促使当事人修复被破坏的社会关系。化解民商事纠纷，促进经济社会和谐发展。全年审理各类民商事案件3310件，审结3247件，调撤率为59.59%。针对涉及拆迁补偿、劳动争议、土地承包等群体性纠纷不断增长的趋势，与区农委、人力资源和社会保障局、棚户区拆迁办公室建立沟通协调联动机制，成功审结了一批群体性民商事纠纷和300余件涉棚户区拆迁纠纷。妥善处理行政案件，保护行政相对人的合法权益，支持行政机关依法行政。全年审理各类行政案件47件，审结32件，对于矛盾突出的纠纷和群体性纠纷，加大协调工作力度，化解涉房屋拆迁、治安处罚、工伤认定等行政案件，促进了行政相对人与行政机关相互理解。强化执行工作，最大限度实现申请人的合法权益，依靠区委，建立起覆盖全区的执行工作领导协调机制和协作配合机制，全年执行各类执行案件1795件，执结1789件，清理执行积案1356件。加强立案、审判监督和涉诉信访工作，依法保障当事人的合法权益。深化司法为民举措，加强审判管理，努力确保司法公正。加强队伍建设，努力提高司法能力，为法院工作实现可持续发展提供有力保障。年内，法院审判及其他各项工作均取得新进展，获得了“人民满意的政法单位”光荣称号，并因学术研讨工作成绩突出，被最高人民法院授予“全国法院系统第21届学术讨论会组织工作先进奖”，并以总分第一的成绩在全国基层法院学术论文研讨中排名第一。

单位名称：北京市门头沟区人民法院
地　　址：北京市门头沟区滨河路74号
电　　话：61868189
邮　　编：102300

（吕彤儒）

【人大主任做批示】　3月2日，区人大主任李慷云在区人大内司委和区法院联合调研的《土地承包合同运行和管理中存在的问题》报告中做出批示，认为该调研报告有针对性和说服力，对当前贯彻落实党的十七届三中全会精神，做好“三农”工作，有计划、有步骤、有针对性地解决好农村土地承包管理过程中的相关问题，切实实现好、维护好、发展好农民的合法权益，促进农村和谐稳定，推进新农村建设具有积极意义。同时，指出该报告提出的建设性意见值得深入探讨和研究，对目前解决农村土地包中的矛盾和问题很有价值，并书面建议政府相关部门引起重视。

（吕彤儒）

【完善未成年人刑事和解制度】　5月31日，区法院与区司法局、公安分局、检察院和未成年人保护委员会等部门共同召开了区未成年人刑事和解制度研讨会并达成共识。

（吕彤儒）

【成立审判事务管理办公室】　5月，成立审判事务管理办公室。该办公室将集中处理分散在各部门的审判事务性工作，除市高院规定的八项职能外，还包括电子显示屏开庭公告的滚动播放、旁听手续办理、“12368”司法信息公益服务系统的日常管理等。

（吕彤儒）

【与村官展开交流】　6月，法院到辖区与近80名大学生村官开展交流，提供专项法律咨询服务。一是发放法律知识手册。针对大学生村官的工作实际，向大学生村官发放数十份农村土地承包法律知识汇编手册和宣传材料。二是进行专项法律咨询。法官与大学生村官开展面对面法律咨询活动，向大学生村官介绍土地承包纠纷案件的类型、特点，分析此类纠纷形成的原因并提出防范对策。三是开展司法需求调研。通过发放调查问卷、开展座谈会等形式征求大学生村官对法院民商事审判工作的意见和建议，了解大学生村官以及农民在日常工作、生活中的司法需求。

（吕彤儒）

【开展“送法到身边”活动】　6月初，法院开展以“送法到身边”为主题的法制宣传月活动。分为启动部署、全面实施和总结提升三个阶段，6月底结束。

（吕彤儒）

【接受司法监督工作】　7月，就主动接受检察机关司法监督与检察院进行了座谈。座谈会就法院进一步加强与区检察院的联动，主动接受司法监督达成以下共识：一是要树立主动接受监督的意识。二是检察院要继续加强对法院规范诉讼、执行活动的司法监督。三是法院与检察院要加强反渎职、反职务侵权、反贪污贿赂等情况的交流和沟通，建立定期通报和研究工作机制。

（吕彤儒）

【开展警示教育月活动】　8月，根据市高院的活动安排，法院部署警示教育月活动，并在四个方面确保警示教育月活动取得实效：一是教育活动人员要保证。二是教育活动内容要丰富。三是教育活动形式要灵活。四是教育活动成果要扎实。

（吕彤儒）

【高法指导廉政教育工作】　9月8日，法院邀请中纪委派驻最高人民法院纪检组副组长、监察室主任何昕就廉政教育工作视察指导。何昕分析了全国法院面临的反腐倡廉形势，提出法院违纪违法案件具有涉案人员岗位和部门相对集中，经济类、违法审判案件数量居多等特点。同时他结合人民法院当前面临的严峻形势，指出当前反腐倡廉工作必须坚持不懈地加强反腐倡廉教育，坚持不懈地加强反腐倡廉制度建设，坚持不懈地强化对强力行使的监督，坚持不懈地探索从源头治理腐败的措施，坚持不懈地查处违法违纪案件，坚持不懈地落实党风廉政建设责任制。

（吕彤儒）

【做好涉诉信访工作】 国庆前期，法院三项措施做好节前涉诉信访工作：一是重视预防新的涉诉信访案件产生。二是重视消除潜在的信访隐患。三是重视运用回访等手段巩固已取得的信访成果。

（吕彤儒）

【开展"12·4"普法宣传活动】

12月，法院开展"12.4"普法宣传系列活动：一是发挥庭审现场鲜活生动的特点，邀请群众旁听案件审理。二是设置"普法宣传台"，答疑解惑。三是组织优秀法官到山区，讲解法律知识。针对山区群众交通不便、信息渠道不畅通、法律获取途径缺乏等问题，法院准备了有关"所有权关系"、"相邻关系"、"婚姻家庭关系"和诉讼程序等法律常识展板，以及《农村党员干部学习手册》、《农村土地承包专题》等资料，到齐家庄、王平镇等地区普法，并向村民集中讲授《物权法》、《民事诉讼法》等常用法律知识。

（吕彤儒）

【加强对金融机构的服务指导】

年内，新收商事案件中企业经营和金融类纠纷呈现收案数量大幅攀升、案件类型多样化两大特点，采取三项措施加大对辖区企业和金融机构的服务和指导力度。一是帮助企业完善合同管理制度。二是以调解方式保障涉诉企业发展。三是通过司法建议等多种形式完善风险预警机制。

（吕彤儒）

【"三必须两坚持"规范】 年内，为从源头上预防和减少产生新的执行积案，提出"三必须两坚持"对终结此次执行程序案件细化操作规范。

（吕彤儒）

【贯彻落实"五个严禁"规定】

年内，总结四项措施贯彻落实"五个严禁"规定：1. 切实加强组织领导。将严格执行"五个严禁"规定作为全年的一项重点工作，研究制定措施，定期总结分析"五个严禁"规定的执行情况，加强与相关部门的沟通与协作，形成齐抓共管的工作局面。2. 组织学习宣传。结合学习相关文件及讲话，引导干警认识"五个严禁"规定的重要意义，增强干警执行"五个严禁"规定的自觉性。3. 努力强化监督检查。邀请人大代表、政协委员和特邀监督员对"五个严禁"规定执行情况进行监督和检查；向社会开通24小时自动接听的举报录音电话。4. 严肃查处违规行为。建立举报反馈机制，纪检监察部门对群众举报的违反"五个严禁"的行为，要做到有一件核查一件，查实一件处理一件，对违反"五个严禁"的行为，绝对不姑息、不迁就，严肃查处以警示他人

（吕彤儒）

【"80后"离婚案件三难点】 年内，发现"80后"离婚案件存在三大难点问题：一是调解和好难。二是财产分割难。三是子女抚养难。

（吕彤儒）

【建立四种协调机制】 年内，劳动社会保障部门进行联合调研，共同出台四项协调机制。一是工作信息互通机制。二是案件协调与研讨机制。三是建立群体性劳资纠纷工作联动机制。四是联合法制宣传工作机制。

（吕彤儒）

【下属单位情况】

斋堂人民法庭

地　　址：门头沟区斋堂大街10号

电　　话：69816645

邮　　编：102309

王平村人民法庭

地　　址：门头沟区王平大街9号

电　　话：61859615

邮　　编：102300

（吕彤儒）

司法行政

【概况】 局机关设行政科室7个，即：办公室、政工科、法律宣传科、法律援助工作指导科（"148"办公室）、公证律师管理科、基层工作科、法制科，共有机关公务员26人，事业编制工人5人；全额拨款事业单位1个，即法律援助中心，事业编制公务员管理干部3人；民办非企业团体1个，即区阳光矫正服务中心，工作人员5人。基层司法所13个，司法助理员39人。辖有自收自支的事业单位区公证处1个，公证员4人；律师事务所3个，律师28人，基层法律服务所5个，法律工作者26人。另设区委、区政府职能办公室2个，即区法制宣传教育领导小组办公室、区综治委矫正帮教工作协调委员会办公室。年内，开展各类法制宣传活动540余场次、举办法制讲座与培训活动340场次，受培训2.1万人次，发放各种宣传材料11万

余册（份）、全区群众普遍受到法制教育。全区 330 个调委会、1489 名调解员共调解民间纠纷 8273 件，成功 8269 件，成功率为 99.9%；防止矛盾激化 117 件涉及 2815 人，其中：防止民间纠纷引起自杀 4 件涉及 5 人；防止民间纠纷转化为刑事案件 96 件涉及 344 人；防止群体性上访 15 件涉及 2440 人；制止群体性械斗 2 件涉及 26 人。全年全区累计接收社区服刑人员 931 人，现有社区服刑人员 181 人，其中缓刑 71 人，假释 52 人，剥权 55 人，暂予监外执行 3 人；现有刑释解教人员 1327 人，其中刑满释放 1152 人，解除劳教 175 人。区"148"法律咨询服务窗口全年共接待各类涉法咨询 3731 件；区法律援助中心共办理各类法律援助案件 219 件，解决各类涉法纠纷 609 件，为当事人挽回经济损失或取得利益逾 300 万元；区华夏公证处共办理各类公证案件 1108 件，涉及标的总额 9234 万余元，接待群众来访 6100 余人；全区 232 个基层法律服务室共计调解民间纠纷 895 件，进行解答法律咨询、培训等 1100 次，涉及 3.11 万人；全区律师共担任法律顾问 45 家，办理各类诉讼案件 588 件，涉及标的总额 3127 万余元，接待来访、来电、来信咨询 3054 人次，解决法律纠纷 330 余件。

单位名称：北京市门头沟区司法局
地　　址：北京市门头沟区新桥大街 46 号
电　　话：69842353
邮　　编：102300

（史运德）

【召开矫正帮教工作座谈会】 1 月 7 日，区阳光社区矫正服务中心召开了社区矫正和帮教安置协作单位座谈会。座谈会邀请了区民政局、劳动和社会保障局、职业技术学校、龙泉医院、安置性就业企业等协作单位负责人及社区矫正社会志愿者为社区矫正和帮教安置工作建言献策。

（史运德）

【召开离退休老干部座谈会】 1 月 13 日，组织召开了离退休老干部座谈会，局长介绍了近期的司法行政工作情况，并一起回顾了建局二十七年的发展历程。

（史运德）

【发放《法律援助惠民服务户卡》】 2 月 18 日，在东辛房街道举办《法律援助惠民服务户卡》发放仪式暨老年人维权十要十不要专题讲座。

（史运德）

【召开全国"两会"安保动员会】 2 月 20 日，召开"两会"安保动员会。局党组提出具体排查要求：在"防"字上下功夫，严查不稳定因素，做好早期预防；将刑释解教人员、社区矫正对象中的重点人员列为重点防控对象，并在排查中对其进行不少于一次的走访。对排查出的问题要立即采取措施，及时控制事态。做好信息反馈工作，做好工作统计，确保"两会"的顺利召开。

（史运德）

【宣传活动】 2 月 26 日，在区影剧院前开展《北京市法律援助条例》大型宣传咨询活动。区领导陈清、区司法局领导班子成员以及区"工青妇残老"五大社团主管领导参加了宣传咨询活动。5 月 25 日，区委宣传部、法制宣传教育领导小组办公室、卫生局、司法局联合制发《门头沟区在全区甲型 H1N1 流感防控工作中加强法制宣传教育的通知》，以及《中华人民共和国传染病防治法》《中华人民共和国国境卫生检疫法》《中华人民共和国突发事件应对法》等相关法律法规并以北京市地方法规、规章为主要内容编印了《甲型 H1N1 流感防控法律知识问答》一书，通过基层司法所、基层法律服务室、法律宣传援助服务站等平台免费向群众发放。6 月 11 日，区法制宣传教育领导小组办公室、宣传部、司法局、农委、民政局联合制发通知，要求全区 9 镇于 6 月至 12 月，开展以"提高农民法律素质促进农村改革发展"为主题的大型法制宣传活动，为推进农村基层民主法制建设，保障和促进农村改革发展奠定法治基础。6 月 17 日，在《人民调解委员会组织条例》施行 20 周年之际，在大峪街道月季园二区开展"选择人民调解共享社会和谐"主题宣传活动。活动中，共计发放各种宣传材料 5000 余册，法律宣传环保袋 500 个，接待咨询 22 人次，受教育群众近万人。12 月 4 日，开展以"加强法制宣传教育服务经济社会发展"为主题的全国法制宣传日宣传活动，全区 46 个行政执法单位和各镇、街设立宣传点，以秧歌表演、法律咨询、发放法制宣传品、法律图书、送法进市场等形式开展宣传活动。据统计，此次高潮日活动，全区各单位共悬挂横幅 59 条，展出展板 327 块，发放各种法制宣传品及宣传材料 100 余种 10 万余册（份），解答法律咨询 200 余人次。

（史运德）

【学习实践科学发展观活动】 3 月 19 日，组织召开深入学习实践科学发展观动员大会，全面部署司法行政系统深入学习实践科学发展观活动。提出“牢记一个理念，夯实两个基础，发挥三大职能，健全四个体系，提升五个能力”的五项工作格局。

（史运德）

【对刑释解教人员普查与调研】 4月1日，组织各镇街司法所对刑释解教帮教安置人员普查与调研。调查发现，区大部分刑释解教人员年龄结构集中在16－35岁之间，文化素质偏低；部分刑释解教人员法制观念淡漠，自控性差，对于帮教安置工作存在较强的抵触情绪；大部分刑释解教人员经济收入较低，生活压力较大；刑释解教人员无稳定就业，无业及有临时性工作人员占多数。

（史运德）

【法律服务室建设工作】 4月2日，召开落实法律服务室建设工作会议，市司法局下达区77个法律服务室的建设任务，是全市1500个村和社区建立法律服务室重要内容。局内研究制定了《关于推广法律服务室建设的实施方案》，从法律服务室机构、人员、制度、职责、运行方式等方面细化了法律服务室的建设标准；明确了法律服务室建设步骤和各镇、街道法律服务室建设任务。截至7月，全区77个法律服务室建设任务全部完成。

（史运德）

【召开区法制宣传教育工作会】 4月10日，召开2009年度区法制宣传教育领导小组工作会，区领导陈志强、陈清、韩生辉、聂文玉、侯建华以及各成员单位的主要领导出席了会议。会上听取了小组办公室对2006年至2008年法制宣传教育工作情况汇报，聂文玉部署了2009年法律六进、重点对象普法教育、队伍建设、阵地建设等重点工作，韩生辉对《2009年门头沟“五五”普法工作评估指标》作了重点说明。陈志强与成员单位代表签订了2009年法制宣传教育工作责任书，并就2009年法制宣传教育工作做出指示。

（史运德）

【成立青少年法制宣传教育基地】 4月21日，在斋堂中小学革命传统教育基地成立区青少年法制宣传教育基地。利用每年春、秋两个季节的时间，以青少年法制大讲堂、观看法制系列宣传片、参观普法展览等形式，集中对到基地进行轮训的中小学生开展法制宣传教育，以实现德育教育和法制教育同步进行。

（史运德）

【召开党风廉政建设工作会】 4月30日，召开党风廉政建设工作会暨责任书签订仪式。局长与主管局领导、主管局领导与主管部门之间签订了年度《党风廉政建设责任书》，共有包括局领导、各科室、司法所、公证处、律所等30个部门、责任人签订了党风廉政责任书。

（史运德）

【开展法律“四进社区”活动】 5月15日，区领导陈志强带领10个委办局到新桥社区，开展了大规模的科教、文体、法律、卫生服务活动，向到场群众赠送了《北京市法律援助条例宣传手册》《法律援助便民手册》和印有法律援助标志的便民手提袋等宣传品共1100余份，现场为10余名低收入群众签发了《法律援助服务手册》。

（史运德）

【首发《法律援助服务手册》】 5月25日，在区东辛房街道首次发放《法律援助服务手册》。《手册》的内容包含了低收入家庭成员的姓名、年龄、身份证号、家庭住址、联系电话和所属镇街等详细信息，同时也列明了公民申请法律援助的事项范围和对象范围，标明了区法律援助中心、148法律热线、以及两家律师事务所涉法咨询的电话号码。低收入群众需要咨询涉法问题时，可以携带本人身份证以及本手册到区法律援助中心或承光、亚太律师事务所享受免费的法律解答。

（史运德）

【落实“国庆平安行动”部署】 6月26日，召开落实“国庆平安行动”部署会，成立以局长为组长、主管局长为副组长的司法局“国庆平安行动”领导小组；确定局“国庆平安行动”的两个阶段和工作重点，明确两个阶段需完成的15项主要任务，从对“两类人员”日常管控教育、重点人转化及矛盾纠纷排查调处等方面进行了全面部署。

（史运德）

【与区检察院合作法律援助工作】 8月11日，与区检察院共同签署了《刑事审查起诉活动中进一步加强法律援助工作会议纪要》，在北京市18个区县中首次明确规范了刑事审查起诉活动中的法律援助工作。11月25日，与检察院签署了《关于民事检察工作中与人民调解衔接的工作意见》。《意见》规定司法局与检察院通过建立“一项制度，四个机制”加强合作。

（史运德）

【社区矫正执法专项检查】 8月中旬，成立社区矫正执法专项检查组，对司法所社区矫正工作开展情况进行检查。检查组对全区13个司法所逐一入所检查,听取司法所所长关于社区矫正流程的汇报,针对检查中发现的问题,逐所发出检查建议书,提出整改意见并限期整改;检查结束后,对全区检查情况进行通报,提出切实转变观念增强执法意识、强化社区矫正制度执行力度、加强对社区服刑人员教育矫正针对性、提高对矫正过程中要素的敏感性、进一步强化责任分工、全面规范档案记录工作等六项针对性改进措施。

（史运德）

【召开严控阶段部署会】 9月11日，召开国庆安保战时严控阶段部署会，签订国庆安保责任书。司法所所长为第一责任人，依靠党委、政府，落实属地管理原则；依法、依规办事，管理、教育、帮扶与打击相结合，做好对社区服刑人员的管控；排查隐患，落实责任，确保本部门实现不发生所管对象在中央、北京市等党政军首脑机关闹事的事件、不发生所管对象在国庆现场、庆祝线路、国庆行车路线闹事的事件、不发生所管对象在重点商业繁华地区、旅游景区点以及娱乐服务场所等地制造有影响事件、所管对象不参与有影响群体性事件、所管对象不漏管、不脱管和不发生有影响案件“五个确保”的工作目标。

（史运德）

【开展协管员年度考核工作】 10月21日，区阳光社区矫正服务中心制发《关于开展2009年社区矫正协管员检查考核的通知》，开始对社区矫正协管员开展2009年度的考核工作，此次考核工作以民主测评及打分的方式对协管员的工作进行了综合评议。（史运德）

【下属司法所基本情况】

单位名称：门头沟区大峪街道司法所
地　　址：门头沟区大峪街道增产路46号
电　　话：69827922
邮　　编：102300

单位名称：门头沟区城子街道司法所
地　　址：门头沟区城子西街17号
电　　话：69827440
邮　　编：102300

单位名称：门头沟区东辛房街道司法所
地　　址：门头沟区东辛房大街50号
电　　话：69842867
邮　　编：102300

单位名称：门头沟区潭柘寺镇司法所
地　　址：门头沟区潭柘寺镇政府
电　　话：60860688
邮　　编：102308

单位名称：门头沟区永定镇司法所
地　　址：门头沟区永定镇政府
电　　话：69805494
邮　　编：102308

单位名称：门头沟区龙泉镇司法所
地　　址：门头沟区门头沟路21号
电　　话：69839436
邮　　编：102308

单位名称：门头沟区军庄镇司法所
地　　址：门头沟区军庄镇政府
电　　话：60810545
邮　　编：102300

单位名称：门头沟区妙峰山镇司法所
地　　址：门头沟区妙峰山镇政府
电　　话：61880021
邮　　编：102300

单位名称：门头沟区王平镇司法所
地　　址：门头沟区王平镇政府
电　　话：61859422
邮　　编：102301

单位名称：门头沟区雁翅镇司法所
地　　址：门头沟区雁翅镇政府
电　　话：61839750
邮　　编：102305

单位名称：门头沟区斋堂镇司法所
地　　址：门头沟区斋堂镇大街45号
电　　话：69816921
邮　　编：102309

单位名称：门头沟区清水镇司法所
地　　址：门头沟区清水镇政府
电　　话：60855224
邮　　编：102311

单位名称：门头沟区大台街道司法所
地　　址：门头沟区大台街道办事处
电　　话：61870462
邮　　编：102303

（史运德）

军　　事

人武部工作

【概况】　年内，区人武部党委在卫戍区党委和区委、区政府的领导下，坚持以邓小平理论和“三个代表”重要思想为指导，贯彻落实科学发展观，履行新时期新阶段我军历史使命，建设“特别忠诚、特别过硬”的卫戍警卫部队，完成了国防教育、民兵整组、军事训练、国庆安保和新兵征集等各项工作任务，人武部全面建设取得了新的发展进步。年内，区人武部被北京军区评为“学刊用刊先进单位”和“密码安全保密先进单位”，被卫戍区评为“新闻报道先进单位”，第九次被北京市和卫戍区评为“征兵工作先进单位”，连续10年被北京市和卫戍区评为“先进人武部”。

单位名称：中国人民解放军北京市门头沟区人武部
地　　址：北京市门头沟区中门寺街18号
电　　话：61892306
邮　　编：102300

（蒋文林　张家成）

【组织驻区部队投入精神文明建设】　年初，会同区文明办、双拥办在全区开展了军民共建首都精神文明建设活动，各驻区部队与所在村、社区、街道、居委会开展精神文明共建活动。9月24日，首都文明办对在精神文明建设活动中涌现出的先进单位和个人进行了表彰，驻区的62351部队被表彰为首都精神文明建设标兵单位、66446部队、海军第1206保障大队被表彰为首都精神文明建设先进单位。

（蒋文林　张家成）

【组织军政座谈会】　1月19日，区领导伊欣欣、刘云广及区四大部门其他领导带领各委、办、局主要领导与驻区23支部队军政主官在西峰山庄集会，军地70余人，就新形势下如何加强军民共建、如何巩固和发展全国双拥模范成果等话题展开讨论交流，伊欣欣讲话。

（蒋文林　张家成）

【开展“迎、讲、树”活动】　2月，组织驻区部队12支团以上部队300余人参加了区委宣传部组织的“迎国庆、讲文明、树新风”和“清洁城市，奉献驻地”活动，共打扫街道60余条，清理垃圾40余车，擦洗玻璃橱窗160余块。

（蒋文林　张家成）

【召开民兵工作会】　3月2日，召开2009年度民兵工作会议，会上对2008年度全区民兵工作进行总结，对2009年度民兵工作任务作出部署。会上对京煤集团武装部等7个先进基层武装部和11名优秀专武干部、10名军事训练先进个人分别进行了表彰奖励。伊欣欣、郭光磊、陈清、王二安、等领导出席会议。

（蒋文林　张家成）

【组织义务植树活动】　3月12日，区绿化办和区人武部组织驻区部队团以上单位40余名团职干部到永定镇卧龙岗村永定河大沙坑参加了区组织的四大部门领导义务植树活动。驻区部队共义务植树400余株，受到了区领导的高度评价。

（蒋文林　张家成）

【开展民兵整组工作】　3月，协调在区民防局召开2009年度民兵整组工作会，对2008年度民兵整组工作进行总结，对2009年度民兵整组工作任务作出部署，并进行了业务培训。4月，区人武部在城子办事处进行了民兵营连基层正规化建设现场观摩会，对民兵营连部和“青年民兵之家”建设进行了统一，从而规范了基层民兵组织，提升了民兵快速动员和遂行任务的能力。4月下旬，利用10天时间，组织15个镇（街道）和企（事）业单位基层武装部，就民兵整组、战备库室建设、正规化建设等工作进行了交叉检查。

（蒋文林　张家成）

【开展民兵军事训练工作】　5月中下旬，组织民兵应急分队进行高炮训练，110名民兵参加了为期20天的训练。

（蒋文林　张家成）

【参加防汛演习】　5月29日，区防汛办在三家店水闸举行防汛演习，区人武部根据防汛抢险救灾预案，组织驻区部队部分官兵和民兵全程参加了整个演习。此次演习，共出动部队官兵120人、民兵90人。

（蒋文林　张家成）

【组织“八一”走访慰问活动】　“八一”建军节前夕，区双拥办组织区四大部门领导对驻区部队逐一进行了走访慰问，为驻区16支团以上部队、4个营级单位、3个连级单位和2个深山哨所送去了20台液晶电视、11台电脑、6台DV等慰问品，价值35万余元。伊欣欣讲话。

（蒋文林 张家成）

【组织军事日活动】 9月8日，区四大班子领导40余人，到空军地空导弹兵第五师13团56营参加“军事日”活动，观看了该师全面建设专题汇报片及导弹作战指挥车、照射雷达、导弹竖起战斗操作演示、参观了3座标雷达阵地，与官兵进行了座谈，伊欣欣出席活动并讲话。

（蒋文林 张家成）

【国庆安保执勤工作】 9月11日至10月10日，区人武部挑选了77名民兵担负京西5处进京要道的防控检查执勤任务。制定了执勤方案和严格的规章制度，投入60余万元，对执勤民兵进行误工补助，并为每人上了保额为10万元的保险，配备了3套活动板房、2顶执勤帐蓬以及警棍、迷彩服等防暴执勤用品。国庆安保期间，区执勤民兵共检查进京人员5400余人、车辆620余台次，查缴管制刀具20把，确保了国庆期间京西的安全。

（蒋文林 张家成）

【组织慰问阅兵村活动】 9月29日，区领导伊欣欣、区武装部领导王二安、李庆广到沙河阅兵村，慰问了参加首都阅兵的卫戍区徒步方队官兵，并送去20万元慰问金。

（蒋文林 张家成）

【开展庆“双拥征文”活动】 10月初，区委宣传部、区双拥办、区人武部联合举办了“庆祝新中国成立60周年——我身边的故事”双拥征文活动，活动期间共收到征文作品53份，作品突出反映了新中国成立以来特别是改革开放30年来国家和军队建设的光辉历程、伟大成就和成功经验，总后油料研究所、61096部队、教师进修学校、62351部队、城子小学、河南街小学、区消防支队等单位分别荣获一、二、三等奖。

（蒋文林 张家成）

【组织国际国内形势报告会】 10月15日，利用召开2009年度征兵工作培训会的时机，邀请军事科学院教授、总参三部专家就国内的国防后备力量建设和当前国际国内形势给全区处以上干部作了报告，40余名处级干部聆听了报告会。

（蒋文林 张家成）

【组织“双拥成果巡回展”活动】 10月24日起，为宣传、总结和展示区双拥工作成果，区双拥办分别在驻区25个部队和门城地区主要街道举行双拥成果巡回展。此次展出共制作双拥宣传展板25块，图片500余幅，展示了全区双拥工作取得的成果，体现了“同呼吸、共命运、心连心”的新型军政军民关系。

（蒋文林 张家成）

【开展冬季征兵工作】 10月至12月，区人武部开展了一年一度的征兵工作。利用区电视台、气象局、《京西时报》、国防教育网、手机信息平台等载体宣传《兵役法》、《北京市征兵工作条例》，还抓好专武干部、体检人员和政审人员的培训工作，组织召开征兵工作领导小组会、征兵动员会、接兵部队协调会、研究定兵会和欢送新兵会，完成了区内116名新兵征集任务。

（蒋文林 张家成）

民防工作

【概况】 年内，区民防局在区委、区政府、市民防局的领导下，以党的十七大精神为指针，贯彻落实科学发展观，加快推进人民防空各项事业发展建设，围绕建设“生态北京、科技北京、绿色北京”的理念，“坚持解放思想、推动科技发展、建设生态新区”这一发展主题，以民防机关“准军事化”建设为载体，全力抓好人民防空“五大体系”建设，推进了民防事业的全面发展，完成各项工作任务，在全市民防系统“准军事化”检查工作中被评为优秀单位。参加“国庆平安60周年”安全保卫工作；完成市、区重点工程建设；组织制定人民防空应急管理各项方案预案；加强人防工程的建设与管理，开展行政执法检查等。收到基层群众送的锦旗5面，牌匾1块。

单位名称： 北京市门头沟区民防局
地　　址： 北京市门头沟区增峪路9号
电　　话： 69842436－813
邮　　编： 102300

【领导调研】 1月23日，刘云广到新建成的区民防宣传教育指挥中心视察。3月2日，王二安带领区国动委领导一行7人检查指导民防工作。4月10日，参加解放军防化指挥工程学院学习的全国30个省市、自治区的人防办主任及指挥干部60余人参观区人防指挥所。9月17日，市民防局局长李长栓到民防局考察。12月12日，北京军区国防教育处处长到区内调研。

【召开民防工作会】 2月11日，召开全区民防工作会。总结2008年工作，部署2009年工作任务。5月26日，召开人防工程防汛工作会，进行了动员部署，签订了《人防工程防汛责任书》。

【工作检查】 2月18日，罗斌带领应急办、安监局、建委等部门检查地下空间和在用人防工程安全。7月16日，付兆庚带队检查有限空间和在用人防工程安全。9月2日，为确保国庆60周年安全，市民防局局长李长栓带队检查国庆活动场所周边的人防工程防火、防爆安全。刘云广、罗斌陪同检查。12月13日，北京卫戍区国防动员委员会主任马平检查民防工作。

【安全管理】 2月18日，区民防局、安监局、公安分局、消防支队等部门组织开展“雷霆行动”，按照“六个必查”、“六个一律”、“六个凡是”的要求，对区人防工程进行了联合执法检查。5月26日，与区建委、区应急办等部门对全区地下空间进行了安全检查。

【宣传活动】 3月1日，“国际民防日”，由区政府主办，区民防局承办，区14家单位联合参加“关注民防，平安生活”为主题的社会宣传活动在黑山公园举办。4月15日，结合《中华人民共和国人民防空条例》颁布7周年宣传教育活动的开展，为斋堂镇各村及高铺驻军宣传法律法规及防灾减灾知识，发放宣传品及《农村避险应急手册》等7000份。5月12日，国内第一个“防灾减灾日”，开展了以“将预防付诸行动，让安全融入生活”为主题的宣传活动。

【开展应急演练】 3月4日，与区教委一起组织西辛房中学、龙门小学等分别以“安全伴我行，快乐共成长”和“防灾、避险、自救”为主题的应急演练教育培训。5月11日，联合区商委、区消防支队在石龙大厦举行了人员疏散演习。

【建立民防局党组】 3月5日，中共门头沟区组织部通知，建立中共北京市门头沟区民防局党组。党组书记：李志文。党组成员：谭天波、左利民。

【学习实践科学发展观活动】 3月16日，召开落实科学发展观动员大会，开展了以更新发展观念、转变发展方式，坚持不懈地走科学发展之路的学习实践科学发展观活动。多次组织机关党员到斋堂镇封闭学习。

【组织培训】 3月17日，与区应急办联合举办了领导干部公共安全应急知识培训班。组织学员们参观了滨河居住区民防宣传教育培训指挥中心展区，观看了火灾事故、交通事故、自然灾害等宣传教育短片，体验了防空警报与火灾烟雾逃生。邀请了北京市红十字会培训中心特聘急救导师作了题为“紧急避险与逃生”的讲座。全年共举办5期科、处级领导干部公共安全知识应急培训，862人次参加。8月19日，选派一名干部到青海省参加国家人防办组织的“国防知识培训”。12月2日，举办全区民防系统法制工作培训班。邀请区法制办同志讲授“民防行政执法人员应掌握的法律法规；行政执法程序、执法文书的制作等课程”。年内，选派11名机关干部外出参加指挥、通讯、信息等业务知识培训6次。

【工作交流】 4月18日，组织机关干部职工到太原人防办交流工作，并观摩了太原市“城市应急演练”。8月4日，河北人防办到区内交流工作，并参观了“088”工地。年内，多次组织干部职工到大兴、密云等12个区县进行工作交流。

【民防志愿者队伍建设】 5月11日，成立龙泉镇龙泉雾村、大峪街道办事处、大台办事处、建东社区共4支100人的基层民防志愿者救援队。团区委、民防局、应急办、武装部领导为志愿者队伍授旗，并邀请中国减灾协会教授为志愿者培训应急救援知识。

【国庆安保工作】 5月26日和6月10日两次召开“国庆平安行动——人防工程安全管理”工作部署会，与各镇、街道、相关部门和人防工程使用单位签定了《建国60周年人防工程安全管理责任书》。落实了管理（使用）单位直接责任，街道（镇）属地责任和主管部门的监管责任。会同区安监局等多部门进行联合检查，彻底消除安全隐患。对未用工程进行了修缮、加固，确保工程安全。采取封门上锁的办法，封堵洞口58个。国庆期间，区民防系统全体干部职工停休，对国庆游园、烟花燃放等地区周边500米内的人防工程进行重点监控，责任到人，全天候值守。民防应急指挥车和抢险队伍24小时待命。年内，民防应急指挥车担任应急通讯保障任务，参加国庆安保、应急救援等活动22次。

【重点工程】 5月31日，提前完成了区政府目标任务书为民办实事第35项的要求，早期隐患人防工程的治理任务。对10处2183.5平方米存在较大安全隐患的早期人防工程进行了回填、加固、改造。6月3日，市重点工程，“088工程”开工建设。10月，投资103万元，利用现有人防工程修建1500平方米民防战备应急物资库建成并投入使用。

【应急抢险】 6月3日，中门寺088工地发生山火，应急抢险救援大队四个分队的150名队员和100名民防志愿者第一时间到达火场投入战斗。经过5个小时的连续奋斗将山火扑灭。10月，完成对斋堂镇三户240平方米民房因早期土洞塌陷造成险患的处理。年内，汛期抢险10次，回填处理险患人防工程189平方米。

【宣教基地建设】 6月30日，区民防应急指挥宣教中心被区学习型机关领导小组命名为“门头沟区终身学习服务基地”。该中心由民防应急指挥体系、公共安全宣传教育展区、培训教室及物资储备库等部分组成，建筑面积1500平方米。

【扶贫工作】 8月，为扶贫村装修办公室、配备办公家具，及液晶电视等。年内，多次组织干部职工下乡扶贫，慰问52户贫困户。

【建立应急指挥宣教中心】 8月，投资20万元，建成斋堂镇人民防空应急指挥宣教培训中心。该中心建筑面积60平方米，实现了与民防局、应急办互联互通。具有应急指挥、宣传教育、培训功能。

【地面卫星接收站竣工验收】 12月10日，召开“北京市门头沟区地面卫星接收站工程”竣工验收会议，并通过验收。该工程具有通过卫星传输将区防空防灾指挥中心、应急指挥车的音频、视频双向传输的功能。

【捐资助学】 12月18日，同市民防局一起为清水中心小学捐赠床上用品等物资。

【行政执法】 年内，开展行政执法检查434处次，签发《人防工程检查记录单》162份，发放隐患整改通知单40份，停工整顿2处，行政处罚2起，罚款1.55万元，查处不合格人防工程1处，依法补建700平方米；依法新开工人防工程4处3.98万平方米，竣工5处6301平方米，依法收缴人防工程易地建设费340万元。

农　业

农 业 工 作

农业工作

【概况】　年内，全区农业工作在区委、区政府的领导下，贯彻落实科学发展观，按照“保增长、保民生、保稳定”的要求，以做好国庆服务保障工作为重点，推进生态建设，发展农村经济，切实解决民生问题，农村经济社会保持平稳较快发展。年内，农村经济总收入实现89.5亿元，同比增长10.4%。实现农林牧渔业总产值3.6亿元，同比增长15.8%。其中，农业产值6501.1万元，同比下降0.4%；林业产值1.5亿元，同比增长52.1%；牧业产值1.4亿元，同比下降2.2%；渔业产值58.8万元，同比下降36.5%。农民人均纯收入11475.2元，同比增长11.6%。低收入农户人均纯收入达到5278元，同比增长17.5%，低收入农户总量减少2666户。

农村生态环境建设取得明显成效。继续实施京津风沙源治理工程，治理面积3万亩；实施废弃矿山植被恢复工程，治理废弃矿山4887亩；推进镇村环境建设，环境整治成效明显。清水镇等3个镇被评为“北京郊区环境优美乡镇”，潭柘寺镇北村等10个村被评为“北京郊区生态村”，雁翅镇田庄村等4个村被评为“首都绿色村庄”，斋堂镇川底下村被评为“北京最美丽山村”。

都市型现代农业逐渐发展成型。重点沟域经济发展取得突破。加快了妙峰山沟域、爨柏沟域内资源整合步伐，实施了京西古道风景区、乡村旅游景区基础设施建设。军庄台湾农场、苛萝坨休闲观光园等休闲旅游发展业态初步形成。斋堂镇柏峪村、向阳口村被评为市级民俗旅游村，新发展市级民俗旅游户99户。新建10个标准化果园、提升改造果园10个。农业标准化生产得到加强，樱桃、京白梨、薄皮核桃等唯一性果品规模进一步扩大。新发展设施农业基地453亩。斋堂、永定、龙泉、清水食用菌基地建成投产，日产食用菌超过10吨。新建肉鸡大棚120栋。蜂产品、黄芩茶、蝴蝶画等特色农产品走向首都及全国市场。京白梨、京西白蜜获得原产地认证。推广无公害种植示范4万亩，“三品”认证面积达1.2万亩。开展农产品质量安全专项整治工作，严格实行农产品质量检测，强化动物疫病防控工作，确保全区没有出现动物疫情。

农村经济体制改革步伐加快。制定农村集体经济产权制度改革指导意见，推进农村集体经济产权体制改革，完成产权制度改革工作13个村。加强农民专业合作组织建设，新发展农民专业合作社49家，全区农民专业合作社总数达到192家。完善农村金融服务体系，参与成立市农业投资公司和农业保险公司，与中国扶贫基金会合作注册成立中和农信门头沟区分公司，开展小额信贷试点项目。政策性农业保险参保种类达15种。

农村基础设施进一步完善。完成潭柘寺、军庄等镇镇域规划编制任务，实施80个村庄规划编制工作。农村基础设施“五项工程”建设全面推进。全区街坊路建设基本完成。完成81个村街坊路绿化工程。完成42个村263公里老旧管网改造，5880户一户一表改造，9个村污水治理。建设公厕96座，改造农村户厕1700户。启动了乡镇垃圾减量化分类收集工作，探索农村新能源综合利用模式，启动液化气和清洁型煤下乡工程，开展送气下乡试点，建成清水平价型煤加工厂。

单位名称：中共门头沟区委农村工作委员会门头沟区农村工作委员会
地　　址：北京市门头沟区新桥大街36号
电　　话：69842358
邮　　编：102300

（高万庚）

【召开农村工作会】 2月20日，召开区2009年农村工作会。伊欣欣、刘云广、李慷云、高连广等区四大部门领导参加会议。翟云峰作了题为《不断深化农村改革大力促进农民增收加快形成城乡经济社会发展一体化格局》的工作报告。刘云广主持会议。郭光磊提出要求。伊欣欣讲话。会上对2008年度新农村建设先进集体和先进个人进行了表彰。

（高万庚）

【召开农民增收专题会议】 2月25日，组织召开了区团委、妇联、劳动和社会保障局等9个单位主管领导参加的关于解决农民增收问题专题会议。

（高万庚）

【推进“三个中心”建设】 2月，区委组织部、农委、监察局和经管站联合下发了《关于加强农村“三资”管理，推进“三个中心”建设的实施方案》（门组发【2009】4号）。3月1日“三个中心”建设全面推进。4月21日至23日，区纪委、农委、经管站对各镇落实《实施方案》及“三个中心”工作进展情况进行了检查。6月11日，召开推进农村“三个中心”建设工作情况汇报会。区农委、监察局、经管站及9个镇的主管领导参加了会议。经管站站长汇报了全区推进农村“三个中心”建设工作的总体情况。

（高万庚）

【农民食用菌技术培训】 3月2日，联合国绿色扶贫食用菌项目第二期培训班在北京农业职业学院开班。区农委、北京农业职业学院等部门负责人出席开班仪式，全区50名从事食用菌种植的农民参加了培训。

（高万庚）

【垃圾分类工作现场会在区召开】 3月17日，北京市农村地区垃圾分类工作现场会在区召开。市委农工委副书记、市新农办副主任高华、市市政管委副主任陈玲、市财政局、市环保局、市商务局及各郊区县委农工委、市政管委、乡镇领导、参加了会议。全体参会人员到王平镇东马各庄村、西马各庄村就农村生活垃圾源头分类工作进行实地走访调研。王平镇党委书记在会上介绍了王平镇在垃圾分类工作中的做法和经验。高华肯定了王平镇在垃圾分类工作建立的一套制度和做法。垃圾从源头上分类，资源上利用，无害化处理要在郊区农村地区大力推广。

（高万庚）

【学习实践科学发展观活动】 3月至8月。划分学习调研、分析检查、整改落实三个阶段。在活动中，制定了《深入学习实践科学发展观活动实施方案》，成立了领导小组。确定了以“坚持科学发展，服务新农村建设，推进形成城乡经济社会发展一体化新格局”的活动主题。3月25日至30日，组织两委班子全体成员和机关全体党员进行了集中学习培训和专题研讨。每名党员干部结合本职工作撰写出3000字的心得体会文章。开展调查研究，查找存在问题，向区有关委办局和镇村发放征求意见表60份；召开征求意见座谈会1次，受邀参加座谈人员为22人，征集到意见建议12条。6月10日，两委领导班子围绕学习实践活动的主题，召开了专题民主生活会。对存在的问题制定整改措施。在低收入农户增收方面，制定了门头沟区低收入农户增收帮扶的政策性意见，并形成了低收入农户增收政策菜单和台帐手册。在农村改革方面，制定了《门头沟区加快农村集体经济产权制度改革工作方案》。在农村能源建设方面：制定了《门头沟区农村生活用能综合解决方案》。

（高万庚）

【启动信息化示范村】 4月11日，区农委与中国移动通信集团北京有限公司西区分公司联合，在永定镇侯庄子村正式启动信息化示范村建设，近百户农户领到了农信机。

（高万庚）

【帮扶工作】 4月17日，召开低收入农户增收帮扶工作部署会。会上，翟云峰介绍了全区低收入农户的基本情况及推进低收入农户增收工作的主要原则、目标和政策措施。张冰对在深入学习实践科学发展观活动中开展低收入农户增收帮扶工作进行了部署。区政府主要领导与各镇签订了《2009年推进低收入农户增收工作责任书》，与区发改委、水务局等部门签订了《增收帮扶工作责任书》。区交通局、清水镇作了表态发言。郭光磊提出要求。伊欣欣讲话。市农委赵铁军处长及全区各委办局、各镇政府主要领导及部分村党支部书记参加会议。6月底，建立土地流转平台。与市农研中心联网，对全国发布区内农村土地流转供求信息。共发布流转信息60条，点击2583次。7月9日，召开低收入农户增收帮扶工作检查会。区农委主任、组织部副部长围绕全区低收入农户增收帮扶工作进行了汇报，雁翅镇党委书记汇报了镇内低收入农户增收帮扶工作情况。区财政局、区委党校代表帮扶单位汇报了单位开展帮扶工作的具体情况。伊欣欣讲话。郭光磊主持会议。会后，区领导到雁翅镇雁翅村、河南台村，对低收入农户增收帮扶工作进行了实地检查。年内，建立全区6544户低收入农户台帐，结合学习实践科学发展观活动安排78个党政机关、事业单位与低收入村结对，党员干部与结对村低收入农户开展一对一帮扶。政府购买的公益性就业岗位、乡镇企业新增就业岗位，优先安排低收入农户就业；政府对农民的各类直接补贴项目，向低收入农户倾斜，确保到2015年低收入农户人均纯收入比2008年翻一番。

（高万庚）

【“乡村旅游产品展示推介会”获奖】 4月23日至25日，在北京奥林匹克公园举办“北京市农村实用人才创业成果暨乡村旅游产品（手工艺品）展示推介会”。门头沟区荣获“北京市农村实用人才创业成果暨乡村旅游产品展示推介会”组织奖，手工艺品麦秸画“春夏秋冬”获得一等奖，核桃工艺品“双龙戏珠”、紫石砚“吉祥龙龟砚”获得二等奖，蝴蝶画“山君气象雄虎”、陶土“盼夫”获得三等奖。

（高万庚）

【开展劳动力就业需求调查】 4月30日，区委研究室、区农委按照农村劳动力1%比例，采取发放调查问卷的形式，进行开展农村劳动力就业需求抽样调查。向全区9个镇发放问卷550份，收回548份，回收率99.6%。

（高万庚）

【召开农村产权制度改革座谈会】 5月5日，区召开农村产权制度改革座谈会。听取各镇及有关部门的工作汇报，并就农村产权制度改革的重要意义、实施改革的形式、维护群众利益等内容进行了座谈研讨。伊欣欣讲话。郭光磊主持会议。

（高万庚）

【“最美丽的山村”评选活动】 5月7日，开展“2009门头沟最美丽的山村评选活动”。斋堂镇川底下村、王平镇韭园村、龙泉镇琉璃渠村、等10个村被评为优秀奖；军庄镇香峪村、清水镇燕家台村、潭柘寺镇赵家台村等7个村被评为提名奖。优秀奖奖励10万元，提名奖奖励5万元。

（高万庚）

【举行“北京樱桃季”启动仪式】 5月15日，由市委农工委、市农委、市园林绿化局等单位主办的“北京樱桃季”启动仪式在妙峰山镇樱桃沟村种植基地举行。市农委副主任康森、区有关领导等出席了仪式。仪式上，免费为市民提供2万份北京樱桃地图，为市民推荐150个北京樱桃种植园和10个樱桃采摘节，供市民休闲、采摘。

（高万庚）

【举行全民健身瑜伽季启动仪式】 6月6日，区农委、旅游局举行门头沟妙峰山高山玫瑰瑜伽基地启动仪式暨首届妙峰山玫瑰谷高山玫瑰瑜伽季开幕仪式。近400名来自全市瑜伽专业机构的瑜伽会员和瑜伽爱好者体验高山瑜伽，参与玫瑰采摘和农家乐等活动。

（高万庚）

【完成区农地流转信息网】 6月25日，“门头沟农地流转信息网”区级网站开发完成，网站完全符合全市统一建设规范要求，经测试调试工作后已在互联网上正式上线部署。

（高万庚）

【召开农产品加工流通座谈会】 7月22日，召开区农产品加工、流通座谈会。区内17个合作组织的负责人，北京农产品流通协会副秘书长王永利、北京农产品中央批发市场公司副总经理龚东参加了座谈会。会上，合作组织负责人分别介绍了各自的特色产品、经营状况、产值及带动农户情况等。

（高万庚）

【开展小额信贷试点】 7月30日，中国发达地区农村首次开展的低收入农户小额信贷试点工作在北京市正式启动。此项试点由中国扶贫基金会、市农委、区农委共同出资建立农户微型创业基金，按照“自主经营、自负盈亏、自我约束、自担风险、保本微利”的原则进行市场化运作，为门头沟地区农户开展微型创业提供无需抵押、无需担保的小额资金支持和技术援助，帮助农户发展产业、增加收入，改善生产生活条件，实现可持续发展。在试点中，中国扶贫基金会具体负责小额信贷项目的操作。区农委承担项目的外部协调和监督工作，负责监督小额信贷项目的进展和效果，评估项目贷款质量、贷款规模和总体贷款活动。市农委负责通过试点项目的政策环境研究、总结经验，并在试点成功后逐步推广到北京其他农村地区。市农村经济研究中心对项目进行跟踪研究。

（高万庚）

【聘请专业公司环境检查】 7月，区农委聘请北京东方通国际工程监理有限公司组成门头沟拉链环境检查小组，对全区9个镇177个村中的34个村的环境进行检查。对检查发现的问题限期整改，确保以优美整洁的环境迎接国庆60周年。

（高万庚）

【考察左权县生态庄园经济】 8月6日至7日，区农委主任带领区农委、山区各镇、经管站等主管领导考察了山西省左权县的生态庄园经济。考察组认为，“农民下平川、资金进深山”的方式，对门头沟区发展沟域经济具有重要的借鉴意义。

（高万庚）

【永定卫星队食用菌基地开业】 8月17日，举办了永定镇卫星队食用菌基地开业典礼。区农委主任、商务部国际技术交流中心等领导以及各镇主管农业副镇长、发展食用菌专业村党支部书记80余人参加了典礼仪式。卫星队食用菌基地一期投资3200万元，已建生产车间6000平方米、智能冷库车间8600平方米，有效栽培面积6.02万平方米，拥有自动生产线3条，每天可以生产菌瓶3万瓶，生产鲜菇8吨，年产值2800万元，可安排85家农民就业，带动150户农户从事食用菌种植，每户每年可创利2.5万元。

（高万庚）

【参展中国国际农产品交易会】 9月7日至13日，以“发展现代农业，建设和谐农村”为主题的第七届中国国际农产品交易会在吉林省长春市举办。门头沟大山鑫港核桃种植专业合作社、北京花露蝴蝶养殖专业合作社、绿纯金蜂业养殖专业合作社等8家合作社及企业代表参展。在产品展示区展出了纸皮核桃、玫瑰系列化妆品、黄芩茶、蜂产品系列、珍禽及珍禽蛋、蝶翅画等六大类50余种产品。7日，副市长夏占义、市农委主任王孝东视察门头沟展区。夏市长对区展出的农产品给予了高度评价并给予指导。交易会5天，总销售额45.2万元，发展意向代理商31家。区农委荣获第七届中国国际农产品交易会北京团最佳组织奖。八家企业获北京参展团畅销产品奖。

（高万庚）

【召开农村改革创新工作会】 9月18日，召开农村改革创新工作会议。郭光磊作了全区上半年农村改革创新工作进展情况及下半年工作安排的报告。清水镇洪水口村党支部书记介绍农村集体经济股份制改革情况；龙泉镇党委书记介绍农村社区股份制改革情况；王平镇党委书记介绍农村基层民主管理情况；雁翅镇党委书记介绍农村林权制度改革情况。市农委副主任陈涛介绍了全市农村产权制度改革情况。伊欣欣讲话。区领导王智慧、翟云峰参加会议。

（高万庚）

【放生水生生物维护水域生态】 11月9日，市渔政监督管理站、市河湖管理处、区农委、农业局联合在永定河畔举办了“依法放生水生生物、科学维护水域生态”主题宣传活动。全国劳模陈伦芬、王绍棠和全市40名渔政执法人员及50名志愿者向永定河投放草鱼、鲤鱼等鱼种1500尾，向群众发放《依法放生水生生物、科学维护水域生态》手册1000本。北京市渔政监督管理站发布了《关于依法放生水生生物的通告》。农业部全国渔政指挥中心正局级巡视员张明宇、市农业局副局长沙松平及区领导谭杰、翟云峰等参加活动。

（高万庚）

【降雪造成农业生产受损】 11月9日早9时至12日14时，全区普降大雪，降雪总量达到22.7毫米。强降雪使潭柘寺、斋堂、雁翅、清水等6个镇的设施农业生产受到了影响。3栋肉鸡大棚棚顶被雪压塌，棚内设施损坏。11个柴鸡大棚顶部坍塌360平方米，部分后墙坍塌，压死、冻死柴鸡200余只。9栋日光温室顶部坍塌，作物受冻。

（高万庚）

【召开污染源普查大会】 12月17日，召开第一次农业污染源普查总结大会，区农委、农发中心、园林绿化局、财政局及各镇主管领导出席。会上总结了全区农业污染源普查工作情况，表彰了3个镇级先进集体、4名普查指导员和18名优秀普查员。第一次农业污染源普查，从2008年1月开始，全区完成了130个农业源普查对象的入户普查、数据审核录入、样本抽测及分析归档等工作，2009年6月，通过市普查办的检查验收。

（高万庚）

【启动清洁能源下乡工程】 12月30日，区清洁能源下乡工程启动仪式在清水镇举行。区领导伊欣欣、李慷云、高连广、谭杰、翟云峰参加启动仪式。翟云峰对全区2009年农村能源建设工作进行总结，部署下一步重点工作。实地察看了上清水村液化气换瓶站点、清洁型煤销售网点和燕家台村节能房改造情况。年内，全区农村建成液化气换瓶站点9个，购置液化气钢瓶2.14万个、运输车辆20辆。建成清洁型煤加工厂1处、型煤销售网点7个。

（高万庚）

【沟域经济发展】 年内，全区已经编制完成15条沟域的基础设施建设可研报告，并报发改委立项。启动了爨柏、妙峰山等沟域基础设施建设，开展了煤窝沟设施农业和田寺沟农业基础设施建设。

（高万庚）

【涉农补贴政策落实情况】 年内，种植补贴面积12742亩，补贴资金26.2万元，受益农户5645户。良种补贴面积12210亩，补贴资金14.7万元，受益农户5130户。农资综合补贴面积12742亩，补贴资金57.3万元，受益农户5645户；生态作物补贴面积10740.3亩，其中冬小麦229.5亩、黄芩9982.8亩，紫花苜蓿528亩，共补贴资金37.7万元，惠及农户1275户；农机具购置补贴。购置补贴50件（套），受益农户50户，补贴资金120.6万元。山区生态林补偿机制资金。受益农民5662人，补贴资金2717.8万元；绿隔地区生态林占地补偿、养护补助资金。绿化隔离地区绿化建设工程涉及军庄、龙泉、永定和潭柘寺4个镇27个村，受益农民2272人，绿隔地区生态林占地补偿养护补助资金811.7万元。

（高万庚）

【民俗旅游资源得到整合】 年内，川底下民居文化休闲旅游沟域依托川底下、柏峪、双石头等村的“古村落文化旅游区”旅游接待设施不断完善、古村落修缮保护工作不断加强，部分水电路基础设施改造完成，环境整治工作效果明显。以黄岭西和青龙涧为依托的“精品特色农业园”园区农业标准化生产得到提升改造，园区从生产向生态、生活功能延伸。妙峰山沟域民俗旅游设施建设加快，仰山栖隐寺、滴水岩等庙宇主体修建基本完成，实施广化寺沟综合治理工程建设，京西古道风景区完成民俗文化馆、古道酒吧、民俗画院等建设。都市农业园区建设规模不断扩大，建设水平不断提升，完成玫瑰观光园基础配套和环境治理，实施樱桃沟水土保持治理工程、完善担礼村黄土洼京白梨基地建设。

（高万庚）

【农业科技水平不断提高】 年内，建成设施农业453亩，其中日光温室386亩，钢架大棚20亩，连栋温室31334平方米。煤窝沟设施农业建设推进了都市农业发展步伐，与北京树唐枫林农业科技有限公司合作，建设年生产能力500万棒食用菌菌棒生产厂，项目已经启动，与菌棒厂配套的130栋食用菌生产连栋温室正在施工之中。永定镇卫星队食用菌基地已开始菌棒和食用菌生产，产品于11月初在新发地农贸市场上市。清水镇食用菌基地又与北京蓝波绿农科技有限公司合作，从9月起日生产1.2万棒，正在培养阶段。

（高万庚）

【加大投入品的管理】 年内，全区农药连锁配送服务覆盖面积达75%以上，服务农户6000余户。在农药使用上，建立区、镇、村3级监管网络，全程监控农药的使用过程，并编制了《农药安全实用手册》。

（高万庚）

【推广无公害植保技术】 年内，全区果品、蔬菜基地安装太阳能杀虫灯800余盏，示范推广面积近4万亩，害虫虫口密度下降50%以上，农药平均使用量每亩减少40%－60%，有效控制了果蔬虫害的发生，大幅度减少化学农药施用量并降低果蔬农药残留。

（高万庚）

【加大农业执法力度】 年内，开展兽药、饲料市场专项整治，抽检合格率均达100%。加强农产品抽检抽测工作，尽可能将产品抽检覆盖全区的种养殖生产基地，抽检农产品样本263个，检测结果达到了100%的合格率。

（高万庚）

【农产品“三品”认证工作】 年内，全区36家农业生产基地产品获得39个有机、绿色和无公害认证，比上一年增加了7家，“三品”认证面积达1.2万亩。

（高万庚）

【农业保险】 年内，参保种类达到了15类，涵盖了全区大部分农产品，种植业参保3692亩，其中苹果1727亩、樱桃819亩。保费总额达到104万元，参保农户达到567户。

（高万庚）

【生态移民工程】 年内，实施险村搬迁，完成搬迁任务169户388人。斋堂镇沿河口村已办理完前期规划、土地等审批手续，开始进场施工。军庄镇21幢楼主体工程全部完工，7幢已达到入住条件。

（高万庚）

【低收入农户大幅减少】 年内，全区低收入农户同比减少了2798户，减少42.8%；年底，全区有低收入农户3878户，其中原有3746户，年内新增132户，占总农户数30216户的12.8%，同比减少9个百分点；全区低收入村已由上一年的51个减少到15个，占总村数比重由27.4%下降为8.1%。

（高万庚）

【成立“五加三”工程指挥部】 年内，区成立“五加三”工程总指挥部，对有关工作实行“六统一”，即：统一项目审批。由区发改委统一立项；统一资金安排。由区财政局统一核拨；统一工程进度。统一制定进度表，定期掌握各项工程进度；统一招标管理。各项工程一律按照“阳光工程”的要求实行招投标；统一核查验收。由区新农办统一组织验收；统一工程管护。由镇村建立台帐统一管护。

（高万庚）

【五项基础设施建设工程】 年内，街坊路建设完成9镇44个村，新建、维修面积20.56平方米。总投资1428.92万元。街坊路绿化，完成81个村庄草本植物的种植绿化工程，面积65万平方米。投资1000万元。完成老旧管网及一户一表改造工程，解决9个镇42个村7400户2.38万人的农民安全饮水问题。主要包括新打机井7眼，老旧管网改造263公里，一户一表改造5880户。总投资8427万元。完成6镇9个村污水治理工程，涉及常住727户2002人，旅游人口9800人。新建检查井450座，污水处理站13处，建设湿地2处，渗水井53座，铺设污水管线22437米。总投资2001万元。全区9镇177个行政村37个居委会66672户，实施垃圾源头分类。发放户用垃圾分类桶20万个，垃圾分类袋13.33万个，发放宣传材料66672份，配备保洁员469人，三轮车469人，建垃圾转运站5座，灰土处置场161个，堆肥场161个，采购密闭型垃圾压缩运输车12辆。总投资666.9万元。完成清水、斋堂、雁翅、王平4镇69个村公厕改造，建设公厕96座，总投资1218.2万元。完成农村户厕改造42个村1700户，总投资195.5万元。五项基础设施建设工程总投资达到14937.52万元。

（高万庚）

【“三个起来”工程】 年内，完成安装太阳能路灯2000盏。完成农民既有住宅节能保温改造11884户。启动液化气和清洁型煤下乡工程，在清水镇、斋堂镇、雁翅镇开展送气下乡试点，建设二级瓶装液化石油气供应站9个，满足1.9万户农户用气需求，建成清水清洁型煤加工厂和7个清洁型煤销售网点。建成太阳能公共浴室47处。新建农村节能住房565户，建设生态庭院户用沼气池529个。

（高万庚）

【乡村道路建设工程】 年内，完成修建乡村公路17条33.73公里，组织当地农民成立乡村公路养护队，道路养护172条444.158公里。完成乡村公路68条路297公里两侧的安保工程。总投资2932.33万元。

（高万庚）

【农村公益服务中心建设】 年内，完成了军庄镇农村公益服务中心试点工程，总投资50万元。

（高万庚）

【小城镇建设】 年内，对潭柘寺镇水厂路2.5公里实施绿化照明工程，总投资282.4万元；对斋堂镇文化广场进行改造，实施了道路铺装、水景及照明、景观绿化植物等工程，总投资210.5万元。

（高万庚）

【农民培训】 年内，全区共举办各类农业技术培训班440期，培训人员21104人。有1146人取得职业资格证书及上岗证书，安排就业2769人。

（高万庚）

【开办农民田间学校】 年内，新建龙泉雾村田间学校等9所农民田间学校，并统一标识、统一牌匾、统一制作和授牌。每所学校结合自身特点，开展了多种形式的培训、辅导活动，取得了较好成效。

（高万庚）

【农村合作组织建设】 年内，全区规范登记注册农民专业合作社192家，其中在镇、区备案的134家。市级示范合作社7家，区级示范合作社6家，区级规范合作社12家，区级达标合作社17家。扶持合作社44家，扶持资金390

万元，用于合作社基础设施建设和生产经营等。

（高万庚）

【农村产权制度改革】 年内，全区开展产权制度改革的村有20个，其中龙泉镇7个，永定、清水、斋堂、妙峰山、潭柘寺、军庄镇各2个，王平镇1个。截至年底，完成改革工作13个村。

（高万庚）

【党员教育管理工作】 年内，全系统24个党支部建立了党员集中教育卡，向党员下发参加集中教育活动记录本。双向承诺制工作全面完成。

（高万庚）

【创建学习型镇村评选活动】 年内，全区农村开展了创建学习型镇村活动。经区委农工委会同区建设学习型城市工作领导小组办公室评估验收，区建设学习型城市工作领导小组授予斋堂镇、龙泉镇、王平镇、潭柘寺镇为门头沟区创建学习型镇先进单位荣誉称号，授予清水镇洪水口村等62个村为创建学习型村先进单位。

（高万庚）

【签订党风廉政建设责任书】 年内，落实党风廉政责任制，区委农工委书记、农委主任与区林业局、农发中心、气象局、经管站党政一把手签订责任书；与区委农工委、区农委领导班子成员及相关人员签订责任书。各主管领导与各科室科长（主任），科长与科员之间签订了2009年党风廉政建设责任书，共签订责任书27份，其中处级15份，科级12份。

（高万庚）

【廉政风险防范管理工作】 年内，开展了推进廉政风险防范管理工作。成立廉政风险防范管理工作领导小组，制定了区委农工委，《关于开展廉政风险防范管理工作实施方案》《廉政风险防范管理实施细则》和《廉政风险防范管理工作考核办法》，把廉政风险防范管理工作落到实处。在排查“五类风险”方面，机关24名党员干部参与查找风险点，共计查找风险点132个。其中，思想道德风险49个，岗位职责29个，业务流程13个，制度机制9个，外部环境32个。制定防控措施187条。

（高万庚）

【开展强农惠农政策检查】 年内，按照《关于开展农村党风廉政建设责任制专项检查活动的通知》（门责办〔2009〕3号）的要求，对2008年以来种植补贴、生态作物补贴、农机具购置补贴、村级公益事业专项补助资金使用、山区生态林补偿机制资金等强农惠农政策落实情况进行了检查。

（高万庚）

【信访工作】 年内，共受理群众来信来访23件次。其中接待群众来访10件次，46人次。其中集体访2件，37人次；受理群众来信13件次。其中联名信2件次，104人次，群众来信来访全部办结，办结率100%。

（高万庚）

林　果　业

【概况】 年内，在区委、区政府的领导和市园林绿化局的支持下，区园林绿化局、区绿化办按照科学发展观的要求，落实区域功能定位，大力实施“生态立区、科技兴区、依法治区”发展战略，不断加大绿化美化工作力度。全年总投资1.923亿元，完成各种绿化重点工程11.62万亩，栽植各种乔灌木285.7万余株、地被植物70余万平方米。

单位名称：北京市门头沟区园林绿化局
地　　址：北京市门头沟区增产路28号
电　　话：69842575
邮　　编：102300

（白丽红）

【市领导调研湿地】 1月13日，市环保局副局长李小华一行4人对永定河门头沟段湿地保护情况进行了实地考察和调研。湿地有野生鸟类139种，其中水鸟51种，有2种国家Ⅰ级保护鸟类和8种国家Ⅱ级保护的珍稀鸟类。黑鹳、大鸨为国家Ⅰ级保护野生动物，大天鹅、鸳鸯等为国家Ⅱ级保护野生动物。植物资源共有高等植物94科、307属、527种，湿地植物有芦苇、香蒲、浮萍、莲、水葱、水莎草、菖蒲等20余种。新观测到植物野大豆等10余种。

（白丽红）

【召开集体林权制度改革会】 2月18日，区集体林权制度改革领导小组工作会在林业局召开，包括区宣传部、法制办、政策研究室、农委和发改委等13个成员单位主管领导参加了会议。会上讨论并研究了“门头沟区集体林权制度改革试点工作实施方案”。

（白丽红）

【义务植树工作】 4月5日，党和国家领导人胡锦涛、吴邦国、温家宝、贾庆林、习近平、李克强、贺国强、周永康等到永定河森林公园，同首都干部群众和少先队员代表一起的参加义务植树活动。

（白丽红）

【保护野生鸟类资源专项行动】 4月11日，门头沟森林公安处在龙泉镇赵家洼首钢义务植树区和圈门南山开展了“打击非法破坏野生鸟类资源违法犯罪专项行动”。共出动警力20人，车辆5台，破获利用粘网非法猎捕野生鸟类案件2起，抓获犯罪嫌疑人2人，共缴获粘网4片，架杆8根，收缴野生鸟类51只。

（白丽红）

【举办资源普查培训班】 5月14日，举办第六次资源普查培训班，各镇林业站、林场和有林单位相关负责人共60余人参加了培训。市林勘院的工作人员就调查中所涉及到的软件的运用、各项技术标准、调查档案的建立和外业调查设备的应用等问题进行了系统化的讲解。

（白丽红）

【开展绿化工作检查】 6月9日，市园林绿化局局长董瑞龙一行到区内检查春季绿化美化建设工作情况。参加检查的还有：市园林绿化局副局长史贵生、首绿办副主任甘敬、副巡视员张建民、区领导伊欣欣、18个区县的园林绿化部门相关领导。

（白丽红）

【樱桃获奖】 6月9日，区内3家樱桃园在景山公园举办的“2009中国·北京樱桃擂台赛”上获得3项大奖。其中，北京紫云山庄生态园选送的“早大果”获二等奖；水峪嘴生态农业观光、北京树梅溪采摘园选送的“红灯”分获三等奖；此次擂台赛全国共有86家樱桃园参加，共产生奖项30个。

（白丽红）

【退耕还林工作】 6月10日至12日，国家林业局综合核查组对区内2004年的2020.4亩退耕还林工作进行了检查。退耕还林保存面积、管护率和抚育率均达到100%。

（白丽红）

【首都绿化美化花园式社区验收】 9月23日，首都绿化委员会办公室调研员张建民带领工作人员检查、验收门头沟区2009年度首都绿化美化花园式社区的创建工作。大峪街道承泽苑社区和绮霞苑等7个社区各项工作均达到创建标准。

（白丽红）

【区园林绿化局揭牌】 9月27日，新组建的区园林绿化局正式成立。区领导郭光磊、翟云峰出席揭牌仪式。

（白丽红）

【森林防火实战演习】 10月19日，区森林防火指挥部举行森林防火实战演习，备战区重点森林防火期。市森林公安局、区森林防火指挥部和雁翅镇的相关负责人观摩了演习。

（白丽红）

【召开森林防火大会】 10月28日，召开2010年度森林防火大会，总结表彰了2009年的森林防火工作，并对2010年度森林防火工作进行了全面部署。出席大会的有：市园林绿化局副局长黄德峰、市森林公安局政委徐海峰、区领导刘云广及全区各委、办、局、街道办事处等共计150余人。

（白丽红）

【法制宣传日活动】 12月4日，区园林绿化局组织局法制办、森林公安处和林业站工作人员走上街头宣传森林防火法律知识，为群众提供法律咨询服务。此次宣传活动向市民发放森林防火、林木病虫害防治、保护野生动植物等宣传材料40余种，共计5万余份，发放DVD宣传光盘600余套。

（白丽红）

【下属单位情况】

单位名称：百花山林场
地　　址：清水镇张家铺村上
电　　话：61826184
邮　　编：102311

单位名称：小龙门林场
地　　址：清水镇小龙门村上
电　　话：51827665
邮　　编：102311

单位名称：清水苗圃
地　　址：清水镇上清水村上
电　　话：60855454
邮　　编：102311

单位名称：西胡林果园
地　　址：军响西胡林
电　　话：69816704
邮　　编：102309

单位名称：西峰寺森林公安派出所
地　　址：永定镇石门营环岛南侧108国道边
电　　话：69800648
邮　　编：102300

单位名称：百花山森林公安派出所
地　　址：清水镇上清水村上
电　　话：60855814
邮　　编：102311

单位名称：色树坟森林公安派出所
地　　址：王平镇色树坟村
电　　话：61859437
邮　　编：102300

单位名称：西峰寺林场
地　　址：永定镇上岸村南
电　　话：69802612
邮　　编：102300

单位名称：林业工作站
地　　址：体北路15号
电　　话：69804941
邮　　编：102300

（白丽红）

水资源开发利用

【概况】　年内，在区委区政府的领导下，坚持以科学发展观为统领，围绕全区经济建设和社会发展大局，坚决落实区委、区政府各项工作部署，按照发展数字化循环水务建设现代化生态新区的总体工作思路，全力实施了26项重点工程，为区域水务现代化进程和经济社会发展奠定了基础。

（一）实施供水工程，提高城乡居民饮水安全保障

在9个镇的42个村实施了老旧管网及一户一表改造工程，全面提升了上述地区的供水保障率，实现了农村地区用水分户计量；完成了农村安全供水改造工程，改善9个镇的109个村的供水条件；在城区实施一户一表改造工程，完成了入户水表换装8690户。

（二）注重“防”“迎”结合，确保全区安全度汛。

全年实施办实事防汛工程35项，解决2160余户近7000人的度汛安全问题。安全迎汛软件及技防措施建设进一步得到巩固，泥石流预警系统、雨水情自动测报系统、汛情视频监测系统等在汛期中发挥了重要作用。按照北京市提出的变“防汛”为“迎汛”的要求，在确保安全度汛的基础上，努力实现多蓄水的目标，年内建设了雨洪利用工程25处，每年可收集雨水40余万方。雨洪工程利用坑塘、沟道、路面等拦蓄雨水，为农业灌溉、城市景观等提供了水源，改善了环境。

（三）推进节能减排，强化创新和科技支撑能力

发展节水灌溉面积1500余亩，采取因地制宜的工程措施，在取电不便和坡高地陡的地区推广风光互补和分区分压灌溉系统，并结合不同作物灌溉需求和特点安装了高架微喷、滴箭、移动喷灌等设施；区再生水厂工程具备通水运行能力，“MBR＋A2O”的处理工艺确保出水水质达到再生水利用标准；新农村污水处理工程新建成8个民俗村的的污水处理设施；全区村镇污水处理运行管护工程，确保全区村镇污水处理设施正常运行。

（四）建设清洁流域，努力提升区域生态环境

年内，同时实施了农业综合开发、国家水土保持重点建设、清洁小流域综合治理、京津风沙源治理等工程，治理水土流失面积130平方公里。运用科学的水土保持治理措施，改善了项目区内的生产生活条件，建成了高山玫瑰坡地集雨保墒等精品特色农业示范区。依托财政支农项目扶持建设30余处特色农业项目，为农民增收创造条件。此外，永定河生态修复工程已开工建设。

（五）注重应急处置，逐步建立综合保障体系

在实施水务重点工程的同时，一并重视对水务突发事件的应急处置能力，突出机动抢险、预案管理、决策指挥等环节的建设，制定了水务应急处置预案、规范了抢险队伍建设、购置了水车、救生艇等应急设备。先后处置了除夕夜桃园社区应急供水、永定河营救被困群众、镇村抗旱等任务，完成了国庆60周年区域水务安全保障等工作。

单位名称：北京市门头沟区水务局
地　　址：北京市门头沟区双峪路39－1号
电　　话：69842049
邮　　编：102300

（董　博）

【开展廉政风险防范】　1月8日，开展廉政风险防范活动。共找出一类风险4个；二类风险5个；三类风险69个。并在评查界定风险点的基础上，对照具体风险及风险级别，进一步建立完善了12项制度。

（董　博）

【水利科技建议获表彰】　1月13日，区科技交流学术月总结暨学术交流会上，水利学会呈报的23篇“建议”全部获奖。其中：二等奖1篇、三等奖2篇、纪念奖20篇。

（董　博）

【学习实践科学发展观】　3月18日，召开深入学习实践科学发展观动员会，会上宣读了《门头沟区水务局深入学习实践科学发展观活动实施方案》，提出了具体工作要求。

（董　博）

【宣传工作】　3月22日，第十七届“世界水日”，区水务局以“落实科学发展观，节约保护水资源”为主题开展宣传活动。5月7日，市防汛抗旱指挥部联合区防汛抗旱指挥部举行了“北京市防灾减灾日安全迎汛活动周启动仪式”。此次活动的主题是“将预防付诸行动，让安全融于生活”。启动仪式由区防汛抗旱指挥部副总指挥翟云峰主持。市防汛抗旱指挥部副指挥、市水务局局长程静宣布“防灾减灾日安全迎汛活动周”开幕并讲话，区防汛抗旱指挥部总指挥、区领导刘云广向区防汛抗旱应急大队授旗。12月4日，按照区法制办《关于开展2009年“12·4”法制宣传日宣传活动通知》要求，在滨河世纪广场设立宣传点，开展法制宣传活动。

（董　博）

【领导调研】　4月9日，市水务局党组书记聂玉藻到区内调研，听取了2009年工作进展的汇报，重点了解了永定河生态修复工程进展情况。听取汇报后，聂玉藻对门头沟区水务工作给予肯定，并要求市水务局各部门要多到基层调研，实地了解情况，更好地为基层水务建设做好服务。5月26日，聂玉澡到区内调研樱桃沟清洁小流域建设情况并到龙凤岭水土保持科技示范园进行指导。6月3日，水利部水土保持司巡视员张学俭一行到区内调研，先后到妙峰山镇陈家庄村、桃园村和龙凤岭水土保持科技示范园开展了实地调研。26日，市政府副秘书长安刚、水利部水土保持司牛崇桓副司长、市水务局局长程静到龙凤岭调研，并在龙泉宾馆召开“水土保持监督管理能力建设启动会”确定门头沟等4个区县作为第一批水土保持监督管理能力建设试点区县。12月12日，聂玉澡等领导到岭角小流域调研并做出指示。

（董　博）

【培训工作】　4月至5月，以水资源月统月报；管水员职责和日常业务工作；农村安全饮水；有限空间作业安全管理为主要内容对全区9个镇的分会会长和管水员进行岗前业务培训，进一步提高了管水员履行职责能力。

（董　博）

【防汛演习】　5月7日，分别在三家店拦河闸进行了人工提闸演习，在妙峰山镇陈家庄村进行了群众避险转移演习。提闸演习是模拟在断电情况下进行人工提闸泄洪，参演官兵在接到命令后迅速赶赴闸门操作台进行人工手动提闸，5分钟后三家店拦河闸17孔闸顺利出水。在群众避险转移演习中，村内群众在接到预警信号后，按照避险转移预案迅速有组织的转移到指定地点。

（董　博）

【开展国庆安保工作】　5月10日，开展为期6个月的国庆安全保障专项工作。期间召开专题会议部署水务国庆安全保障工作；结合水务安全生产工作分别编制了安全迎汛、安全供水、水环境安全保障方案；按要求组织开展了高危行业和重点领域安全大检查、“雷霆行动”、有限空间作业安全生产检查、安全生产“三项行动”、国庆安全生产“护航”行动等一系列活动，实现了平安国庆的目标。

（董　博）

【发布公报】　5月12日，向社会发布《门头沟区水资源公报》。7月15日，向社会发布《2008年门头沟区水土保持公报》。

（董　博）

【召开防汛动员会】　5月31日，区防汛抗旱指挥部召开2009年安全迎汛工作动员会暨防汛抗旱指挥部（扩大）会议。会议由区防汛抗旱指挥部常务副总指挥罗斌主持。区防汛抗旱指挥部总指挥、刘云广部署汛期工作并与部分分指挥部现场签订了2009年安全迎汛责任书。

（董　博）

【降雨情况】　8月1日，降暴雨，最大雨量出现在大台，雨量点68.8毫米，最小雨量为军庄，雨量点8毫米。此次降雨全区平均雨量23.6毫米，年累计平均降雨量达到336.4毫米，比上一年同期减少161.8毫米。

（董　博）

【荣获光荣称号】　8月16日，第九批国家水利风景区“北京市门头沟区妙峰山水利风景区”通过评审正式批复。

（董　博）

【开展学习型机关创建】　9月28日，局党组召开创建学习型机关动员会。会议以“发扬奥运精神、创建学习型机关”为主题，以创建学习型机关、服务奥运经验交流为主要内容，并被区建设学习型城市工作领导小组评为创建学习型机关先进单位。

（董　博）

【市水务农建检查组检查】　11月18日，市农村水务建设检查组到区内检查。检查组实地查看了2009年年度各项农村水务工程建设情况，并进行了现场打分。

（董　博）

【工程建设】　年内，实施区老旧管网及一户一表改造工程，工程实施管网改造263公里，一户一表改造5880户。实施年农村污水治理工程，工程铺设污水收集管网22公里，建污水处理站13座，实施农业节水灌溉工程，工程在全区发展节水灌溉面积5269亩。

（董　博）

农村经济经营管理

【概况】　年内，在区委、区政府的领导下，坚持以邓小平理论为指导，坚持科学发展观，按照全区统一工作部署和区域划分规划，把农经工作重点放在转变思想观念、进行制度创新和工作方式改变，把农经服务工作渗透到农业、农村经济发展多个环节，确实解决农民了解农村政策难、权益维护难等实际问题，为建设社会主义新农村，围绕“三农问题”，完成了区委、区政府和市站交办的各项任务。

单位名称：北京市门头沟区农村合作经济经营管理站
地　　址：北京市门头沟区新桥大街56号
电　　话：69844255
邮　　编：102300

（王宇松）

【农村集体资产管理】　年内，完成全区镇、村两级集体经济组织（187个核算单位）的《产权证》年检工作，截至2008年年底，全区镇、村两级集体资产32亿元，其中村级集体资产29亿元，镇级集体资产3亿元。

（王宇松）

【财务辅导培训】　2月，利用2天时间，针对新财务软件的使用对各镇、村微机操作人员进行了培训，共计50余人次。年内，到9个镇培训镇、村财会人员500人。举办民主理财培训班2期，培训镇经管站站长、镇复审人员、村民主理财小组长138人。配合区财政局会计科对全区1000余名农村财务人员进行了会计继续教育。

（王宇松）

【农村收益分配统计】　3月开始，每月对农村经济收益分配进行统计，全区农村经济总收入达到89.5亿元，同比增长10.4%，人均劳动所得9645元，同比增长9.1%。

（王宇松）

【农村审计】　3月，对2008年度村级组织正常运转专项补助资金管理使用情况进行了年度审计，审计资金2885.25万元。办公费补贴91.95万元；农业税附加补贴6.8万元；公益事业专项补助资金2480万元。资金已全额拨付到各村，没有截留和挪用现象。

（王宇松）

【农村合同管理】　6月，按市农委要求，建成区农村土地流转信息平台，并与市农委网站联通，发布土地流转信息60余条。

（王宇松）

【农村管理信息化】　年内，农村管理信息化工作已初步实现四级网络传输，即村-镇-区-市四级，率先在全市范围内第一批实现四级传输。

（王宇松）

【财务管理工作】 年内，全区9个镇已全部建立"会计服务中心"，其中有6个镇是依托镇经管站，3个镇是依托财政科进行工作。

（王宇松）

【村干部任期和离任审计】 年内，完成村干部任期和离任经济责任审计60个村。其中离任审计6个，任期审计54个，审计金额140，656万元。

（王宇松）

【接待群众上访】 年内，合同科累计接待来电、来信、来访45起，60余人次。全都得到了解决。

（王宇松）

【农村经济体制改革】 年内，按时完成市站及区农委产权制度改革月报上报工作。协助站领导做好区产权制度改革指导工作，共有13个村进行了产权制度改革；还有13个村的产权改革工作在进行中。

（王宇松）

农业发展服务

【概况】 区农业发展服务中心，下属11个事、企业单位：区农科所、种子管理站、奶牛生产技术服务站、渔政管理站、种羊场、种猪场、家畜改良技术指导站、农机监管所、农具研究所、种植业服务中心、农机服务公司。区农发中心（简称）是区内农业种植、畜牧、水产、农业机械化管理服务的区政府职能部门。年内，在区委、区政府的领导下，全面贯彻落实科学发展观，按照北京市2009年农村工作会提出的"牢牢抓住发展这个中心环节，充分发挥农民的主体作用，大力发展郊区农村经济，加快推进城乡一体化进程，努力开创农村工作新局面"的总体要求，完成农业发展和服务工作，进一步加大"三农"服务力度，提高为"三农"服务的水平，完成了新农村建设、国庆服务保障等各项工作。年内，全区粮食作物种植面积46558亩，其中谷物种植面积17616亩，产量186.8万公斤，平均亩产106公斤；豆类作物种植面积15277亩，产量54.5万公斤，平均亩产35.6公斤；薯类作物种植面积1096亩，产量14.6万公斤，平均亩产133.2公斤；经济作物种植面积12568.6亩，产量492.6万公斤。全区养殖业基本情况：共出栏肉鸡360万只，存栏肉鸡30万只，蛋鸡生产存栏16万只，累计鸡蛋产量210吨；奶牛生产存栏700头，总产奶量2400吨；羊生产存栏1.8万只，出栏0.5万只；养猪生产存栏0.7万头，出栏0.5万头；养殖水面4370余亩，年总销量3.6万公斤。

单位名称：北京市门头沟区农业发展服务中心
地　　址：北京市门头沟区门头沟路29号
电　　话：69843135
邮　　编：102300

（李　晶）

【精神文明建设】 1月22日，中心党委组织系统干部职工开展"颂祖国、促和谐"主题新春联欢会，全系统160余人参加，"三八"妇女节，举办了"健康生活、扮靓人生"女子美容知识讲座，全系统50余名女职工参加，区职教中心老师主讲；学习实践活动期间，举办科学发展观板报展、制作"实践科学发展，高效服务三农"活动专题简报5期；重阳节前夕，组织离退休干部职工开展庆重阳活动；开展募捐活动，通过开展"共产党员献爱心"等活动，组织广大干部职工捐款7000余元；中心工会为124名工会会员办理了"京卡.互助服务卡"；春节前夕，中心各级领导干部走访本系统困难职工、离退休职工80人次。

（李　晶）

【学习实践科学发展观活动】 3月中旬至8月中旬，以"实践科学发展，高效服务三农"为主题，以全体党员、入党积极分子为主体，完成学习实践活动的学习调研、分析检查、整改落实三个阶段的工作任务，取得了较好的教育效果，在活动中，做到"五个结合"，即把学习实践活动与贯彻落实十七大精神相结合，与抓好领导干部作风年建设活动、党风廉政建设风险防范管理工作相结合，与加强各级党组织和党员队伍建设相结合，与单位的各项工作稳步发展相结合，与构建和谐单位相结合，推动各项工作科学发展。

（李　晶）

【农业普法宣传活动】　3月13日，结合“3·15”国际消费者权益日的契机，举办“强化农业监督执法、保障农产品质量安全”主题宣传活动，市农机监理总站执法科等领导参加，发放农业法律法规、农业技术等资料共计19种、5600余份，解答群众咨询30余人次。4月15日，在斋堂镇地区开展“放心农资下乡进村活动”，普及农资法律法规，传授基本识假辨假知识，发放《中华人民共和国农产品质量安全法》等法律法规和宣传资料20种、5600余份，解答群众咨询40余人次，推荐玉米、花生等优质农作物种子10余种。4月下旬，为全区农资生产经营场所发放农资生产经营场所公示栏51块，提示农资购买者使用安全农资，提高经营者的信誉度。

（李　晶）

【水源保护地农田节水项目】　6月6日，水源保护地农田节水项目通过市农业局专家组验收。该项目建立核桃、樱桃为主的果药综合节水技术示范区，示范区平均年节水126.03方/亩，年总节水39.07万方；推广区平均年节水86.46方/亩，年总节水140.06万方；示范区平均年增收252.26元/亩，年总增收78.2万元；推广区平均年增收141.73元/亩，年总增收229.61万元。

（李　晶）

【农业污染源普查工作】　年内，区农业污染源普查办公室通过对调查数据的整理和分析，编制完成了《门头沟区农业污染源普查技术报告》，于6月通过市污染源普查办公室的检查验收。

（李　晶）

【豚草防除工作】　年内，全区豚草人工防除面积为4000亩，重点防治地区为永定河沿岸等地段，6月，组织各镇开展豚草人工拔除工作，8月，针对残存和遗除的豚草再次进行拔除，豚草防除效果达到95%。

（李　晶）

【开展专题党日活动】　7月1日，组织开展“庆七一、颂祖国、谋发展、促和谐”专题党日活动，邀请区工会金辉职工艺术团进行了专场演出，纪念建党88周年，中心全体党员干部、职工160余人参加，区学习实践活动第九指导组领导莅临。

（李　晶）

【杂粮生产试验示范工作】　9月17日，区农发中心种子管理站、斋堂镇农业发展服务中心联合组织召开都市农业新品种“四百千万”展示工程杂粮品种秋季观摩活动，与会代表听取了关于“四百千万”展示工程实施情况汇报，现场观摩了引自山西、河北、河南等供种单位的杂粮作物展示试验，试验包括300个杂粮品种，重点考察了“张杂谷”等10余个长势较好的杂粮品种的实验情况。根据市种子管理站2009年都市农业专用品种“四百千万”展示工程项目部署，实施杂粮品种的引进、试验、示范、推广等项目，10月上旬，完成300个参试品种的收获工作，并根据田间记载及收获情况，初步筛选出“张杂谷”等生长性状较好、适合区内自然条件的耐旱型杂粮品种，2010年继续引进示范。

（李　晶）

【柴鸡产业化项目】　年内，由区农发中心牵头实施柴鸡产业化项目，项目内容为在潭柘寺镇平原村，军庄镇香峪村，妙峰山镇下苇甸村等地共建造8个标准化柴鸡养殖基地。农发中心新建改造鸡舍160间，建围网7000延米、保鲜库8个，引进鸡雏7万只，总体建设面积110370平方米，10月22日，该项目通过监理公司验收。

（李　晶）

【成立农民田间学校】　10月23日，农民田间学校在区种羊场正式挂牌成立，目的在于利用田间学校的培训优势，突出技能与实践相结合的教育特点，为农村培养实用人才。

（李　晶）

【农田灭鼠工作】　年内，按照市、区有关精神，完成了春、秋季农田灭鼠工作，其中农田4万亩，农业设施2000亩，畜牧养殖场5730亩，水产养殖场370亩，经评估防治效果达到92%。

（李　晶）

【渔业资源增殖放流工作】　年内，按照市农业局和市渔政总站的安排，结合区内实际，全年累计向珍珠湖水库、斋堂水库、三家店水闸、上苇甸水库和王平湿地等水域投放鲢鳙、草鱼和锦鲤等各类鱼种共计39万余尾。

（李　晶）

【京津风沙源治理工程】　年内，通过前期规划设计、具体面积落实、宣传培训以及监督验收等工作的全面实施，全部完成预定任务，包括：人工种草4000亩、草种基地400亩，出苗率、成活率均达到90%以上，符合规划设计要求；围栏封育工程0.5万亩；暖棚建设1.1万平方米；购买饲料机械40台。

（李　晶）

【农业服务工作】　年内，以“实践科学发展观，高效服务三农”为主题，进一步加大“三农”服务力度，努力破解难题，全力保增长、保稳定、保民生：一是种植业服务，下乡技术指导20余次，接待咨询700余人次，配送大田种子53615斤、蔬菜种子927袋；二是农药连锁配送，强化对9个农药连锁配送站的管理，严把进货渠道，配送农药9569斤，21个品种，服务农户达到8000户以上；三是养殖业生产服务，不断优化种羊品种，繁育优质种羊，为不同地区的养羊生产单位提供优质种羊；四是农机服务，到9个乡镇为拖拉机手办理检验手续，共检验车辆662辆，办理保险591份，对农机维修网点提供上门验照服务，为农机人员发放50部农机信息机。

（李　晶）

【农业执法检查工作】　年内，组织农业执法活动275次，组织联合执法31次，出动执法人员1133人次，出动执法车辆150余车次。一是种子和农业转基因生物安全监督执法：累计检查种子企业125家，检查品种数3000余种，开展农业转基因产品市场检查活动4次，共涉及78家生产企业，各类农业转基因生物产品品牌46个。二是农药和肥料监督执法：对全区22个农药经营单位发放“农资销售放心单位公示牌”，严把农药标签质量关，加强了全区蔬菜基地农药使用的监督检查力度。三是渔政监督执法：对超市、农贸市场、水产养殖场点的水产品质量进行监督检查，与水产养殖户签订《水产健康养殖承诺书》和《渔业安全生产责任书》，针对养殖场所和水产品批发市场进行鱼类药残检测工作，药残快速检测抽检覆盖率和合格率均达到了100%。四是农机执法：共检查车辆700台，纠正违章38起，为被检车辆粘贴荧光条1324条，与乡镇、村户层层签订农机安全生产责任书。

（李　晶）

【惠农补贴工作】　年内，发放各种政策补贴性农机具120台，共补贴资金110.6万元，受益农户120户；粮食直补补贴面积12742亩，共补贴资金26万元，受益农户5645户，生态补贴面积10740亩，共补贴资金37万元，惠及农户1275户。

（李　晶）

【农业科技培训】　年内，举办种养业农技培训30余期，受训人员5000余人次，发放宣传材料4000余份，培训内容涉及黄芩种植、蔬菜品种更新、柴鸡基地建设、农机技术等。

（李　晶）

【党风廉政和反腐败工作】　年内，中心党委多次召开党委会，研究部署工作，完善各项工作机制，共签订党风廉政建设责任书128份，利用理论学习中心组、党员学习日、机关干部学习日的有利契机，开展反腐倡廉宣传教育，开好民主生活会，推进党风廉政建设工作，按照《农发中心廉政风险防范管理工作实施方案》，成立了领导小组，抓住教育培训、风险点查找和实施细则制定三个重点环节，完成风险点查找工作，结合单位实际，制定了《农发中心廉政风险防范管理实施细则》，对三类风险制定了的防控措施。

（李　晶）

【共青团工作】　年内，农发中心共青团在中心党委和团区委的领导下，围绕党政中心工作，从实际出发，发挥了引领青年、服务青年、凝聚青年的作用，全年组织学习科学发展观、业务知识等20余期，组织团员参加“辉煌60年”国情、市情、区情知识竞赛等社会活动3次，推荐优秀团员5名，已发展成为预备党员3名。

（李　晶）

【下属单位情况】

单位名称：北京市门头沟区奶牛生产技术服务站
地　　址：北京市门头沟区门头沟路29号
电　　话：69844214
邮　　编：102300

单位名称：北京市门头沟区渔政管理站
地　　址：北京市门头沟区门头沟路29号
电　　话：69842625
邮　　编：102300

单位名称：北京市门头沟区农科所
地　　址：北京市门头沟区增产路28号
电　　话：69842105
邮　　编：102300

单位名称：北京市门头沟区种子管理站
地　　址：北京市门头沟区城子大街138号
电　　话：69867261

邮　　编：102300

单位名称：北京市门头沟区种业服务中心
地　　址：北京市门头沟区城子大街138号
电　　话：69861648
邮　　编：102300

单位名称：北京市门头沟区种羊场
地　　址：北京市门头沟区永定镇上岸村南
电　　话：60804215
邮　　编：102308

单位名称：北京市门头沟区种猪场
地　　址：北京市门头沟区永定镇上岸村南
电　　话：60804215
邮　　编：102308

单位名称：北京市门头沟区家畜改良技术指导站
地　　址：北京市门头沟区斋堂镇东斋堂村
电　　话：69816614
邮　　编：102309

单位名称：北京市门头沟区农机监管所
地　　址：北京市门头沟区石龙北路33号
电　　话：60801370
邮　　编：102300

单位名称：北京市门头沟区农具研究所
地　　址：北京市门头沟区永定镇上岸村南
电　　话：60804033
邮　　编：102308

单位名称：北京市门头沟区农机服务公司
地　　址：北京市门头沟区石龙北路33号
电　　话：69804974
邮　　编：102308

（李　晶）

工　业

区属工业

【概况】　年内，区经济和信息化委在区委、区政府的领导下，贯彻落实区委十届七次会议精神，按照区委、区政府的工作部署，遵循“生态涵养发展”的功能定位和区域分工的要求，集成政策优势，引导企业自主创新，促进以数控制造业、食品加工业为主的高新技术和都市工业加快发展。坚持以农民增收就业为主线，加快农村二、三产业的发展。围绕区都市工业发展方向，编制完成《门头沟区乡镇企业发展现状调查》。探索中小企业共性问题与个性问题的解决方式，编制完成《门头沟区中小企业发展研究》。结合新出台的市级企业技术中心认定办法，引导企业自主创新体系建设工作。按照区政府能源问题专题会议（【2009】3号）关于建设清洁型煤加工厂的要求。完成了新农村清洁煤加工厂加工基地的实施方案制定工作。根据市委、市政府关于应对国际金融危机对经济影响帮扶困难企业的各项指示精神，做好帮扶企业应对国际金融危机的工作。对全区企业在涉及资金短缺、市场开拓等方面给予帮助和支持。对全区38家企业的46个项目给予1576.9万元的资金支持（其中：国家、北京市1359万元，区帮扶企业专项资金217.9万元）。联合商务局、工商联，三部门举办了“门头沟区2009年企业经理人培训”。区内60余家工业和商业企业的经理参加了培训。完成了在区内市级高压线下隐患3处的认定、核查和消除工作；消除区级电力安全隐患4处，开展与供电公司、公安局联合打击窃电行动。完成60年国庆电力风险评估及排查等工作。完成一个电气化镇、20个电气化村的验收工作。抓好全区安全生产以及网络与信息安全保障工作，强化乡镇煤矿安全监管工作，制定并落实“三项行动”实施方案，区、镇煤矿企业防汛预案及演练、建国60周年安全保障方案等，为安全生产“护航”。依据北京市信息资源“共建共享，节约集约利用资源，减少重复建设，提高利用效率”实施原则，编制完成区电子政务发展规划、信息交换技术标准规范。

年内，全区工业规模以上企业共计108家，实现销售收入、总产值、增加值分别为65.9亿元、64.9亿元、31.4亿元，同比减少分别为10.8%、6.4%、8%。其中，中央、市属规模企业实现收入、产值、增加值分别为35.5亿元、35亿元、24亿元，同比减少分别为14.7%、13.5%、9.5%；区内规模工业企业实现收入、产值、增加值分别为30.4亿元、29.9亿元、7.4亿元，同比增长分别为4%、3.5%、5.3%。

单位名称：北京市门头沟区经济和信息化委员会
地　　址：北京市门头沟区新桥大街46号
电　　话：69842432
邮　　编：102300

（刘　扬　宋连生）

【帮扶企业发展】　年内，根据市委、市政府关于应对国际金融危机帮扶困难企业的各项指示精神，成立了帮扶企业领导小组，办公室设在区经信委，重点做好5项工作。一是拟定区帮扶企业措施和实施细则，从贷款贴息、市场开拓、贡献奖励等方面给予企业帮扶，年内，对精雕科技等17家企业的24个项目给予扶持，给予企业各类区级帮扶资金共计217.9万元。二是建立重点企业信息沟通机制。与区内28家重点规模工业企业（占区内规模工业经济总量的57%）建立了周报制度，每周上报经营情况以及存在困难等；与帮扶领导小组成员单位、乡镇、街道建立帮扶企业信息搜集和沟通协调机制，全程跟踪服务和协调督办，累计搜集整理28家重点企业涉及资金短缺、市场开拓等方面的73项困难问题，完成上报、解决37项企业困难、问题（未解决问题属于企业自身经营管理等非政府协调解决的问题）。三是发挥融资服务平台功能。组织召开对接会5次，向金融机构推荐有市场、有前景但资金紧张的企业19家，促成灵山矿泉与民生银行200万元担保贷款事宜。四是加大政策宣传力度。3月，连续召开5次座谈会宣传各项政策精神，并于8月6日，联合区商务委、工商联，组织区内60余家企业，举办了“门头沟区2009年企业经理人培训”。五是集成政策优势。引导精雕科技、城子金刚石等企业开展基地建设、生产线改造等项目，促进石龙经济技术开发区孵化器项目加快建设，组织各类扶持资金项目14项，其中7个项目累计获得国家、北京市级各类政策资金支持1159万元。年内，开展全区范围内的创业板后备企业调查，并向市金融局推荐北京立思辰科技股份有限公司，协调帮扶企业上市融资。9月17日，企业通过创业板发行审核委员会审查，成为国内首批通过创业板审查的七家企业之一，10月30日，正式在深交所挂牌上市融资，成为国内第一批28家创业板上市融资企业之一，发行股票募集资金4.46亿元。

（王　亮　刘　毅）

【电力“迎峰度夏”工作】　年内，制定了电力迎峰度夏工作方案，7月至9月，全区平均最大电力负荷13.6万千瓦，比2008年夏季增长19.3%。最大电力负荷16.24万千瓦出现在8月14日18:00时，比2008年夏季增长27.12%，迎峰度夏期间电网运行总体平稳，安全无事故。

（韩文军）

【国庆安全保障工作】　年内，制订了《国庆60周年电力安全保障工作方案》、《新中国成立60周年庆祝活动门头沟区电力安全保障工作方案》、《国庆电力检查方案》，组织区电力应急指挥部成员会议，加大电力应急检查力度，健全和完善电力安全保障机制，保障信息通畅。明确职责，相互配合。对于存在的安全隐患进行督促整改，加强监控，加强对重要用户的培训和设备检修，及时配备自备电源，作好应对突发事件的准备。9月27日至10月6日，组织500余人执行高压输电线路的护线值班，确保了区内的电力安全。得到了市发改委的表彰，被评为国庆60周年电力安全保障工作市级先进单位。为完成60周年国庆期间网络与信息安全保障任务，发放宣传册、宣传海报共计7000余份。对全区8家800M手台使用单位，700余台终端设备，50家单位340部对讲机加强管理。并严格遵守国庆期间应急值守规定保证网络及信息安全事件的应急响应处理。

（韩文军）

【机构改革】　年内，根据中共北京市委批准的《北京市门头沟区人民政府机构改革方案》（京办字【2009】28号），撤销原区工业局、区政府信息化办，设立北京市门头沟区经济和信息化委员会（简称区经济信息化委），于9月29日正式履职。负责本区工业、软件和信息服务业发展、推进信息化工作。将原工业局、区信息化工作办公室的职责、区发展改革委承担的研究全区工业行业发展的重大问题，协调制定工业发展规划的职责划入区经济信息化委，并增加软件行业管理职责。

（刘　扬）

【聘请信息化专家】　11月23日，正式聘请5位专家为区经济信息化工作的顾问，区领导付兆庚出席聘请仪式并讲话。受聘专家、区经济和信息化委全体人员参加了仪式。

（刘　扬）

【市局领导调研】　12月16日，市经济和信息化委员会主任朱炎一行16人到区内就经济和信息化发展情况进行调研，并参观了精雕科技、东西分析等区重点企业，并与区领导进行座谈，区领导刘云广、付兆庚、姚忠阳及区经信委等相关部门领导参加了座谈。

（王　亮）

【捐赠活动】　年内，全委23名干部职工向灾区和贫困地区5次捐款累计5640元。

（宋连生）

【农村电气化村镇建设】　年内，在市发改委的指导下，根据《首都新农村电气化镇建设标准》和新农村电气化镇建设验收办法及相关要求、标准，对区新农村电气化建设的一个镇（军庄镇）和20个电气化村（香峪村、担礼村、南港村、付家台村等）进行了验收，全部达标，得到了市发改委的确认。

（韩文军）

【惠民工程】 年内，为进一步巩固生态涵养发展区建设的成果，解决山区农民生活能源问题，在清水镇洪水峪村建成一座清洁型煤加工厂，由社会投资兴建，年产10万吨，投资2678万左右。该厂建成后向区内除永定镇、龙泉镇以外的7个镇的农民提供低于市场价的平价型煤。

（刘来庆）

【工业经济结构】 年内，资源型工业、现代制造业、高新技术产业、都市工业规模企业分别实现产值36.9亿元、13.4亿元、8.1亿元和5.7亿元，同比增长分别为－12%、11.3%、8.7%和－2.6%，占全区规模工业企业总产值的比重分别为56.9%、20.6%、12.5%、8.8%。

（王 亮）

【亿元规模企业】 年内，规模以上工业企业中，工业总产值超过亿元的企业共计10家，比上年增加一家，累计完成工业总产值45亿元，同比减少7.6%；实现销售收入45.4亿元,同比减少13.5%，分别占全区规模工业企业总产值和销售总收入的69.9%和69.4%。

（王 亮）

【促进乡镇企业发展】 年内，制定了《门头沟区促进和扶持乡镇企业发展办法》，对北京荣福盛业食品有限责任公司等14家发展前景好、增加农民就业和收入作用强的乡镇企业进行扶持，扶持资金共计200万元。

（刘 毅）

【政务信息资源共享】 年内，为推进区内的政务信息资源共享提供保障。初步梳理形成法人单位、自然人口、宏观经济等十三类，数据容量达1.5G的政务信息资源。完成一期13个委办局的资源共享需求调研，形成资源共享需求、共享资源采集指标体系，完成政务信息资源平台的功能开发建设和验收工作。

（闫 平）

【网络与信息安全体系建设】 年内，进一步完善区政务专网的纵向覆盖率，全区177个行政村都已光纤接入电子政务专网，全区形成纵连区、镇、村横跨委办局的区级政务专网框架。

（闫 平）

【建设信息化评价体系】 年内，根据各应用系统的不同特点，编制一套政府信息化评价的指标体系，利用该指标体系对区政府各部门及各委办局使用信息系统的应用情况进行综合评价。

（闫 平）

【基层信息化管理】 年内，会同区流管办对涉及流动人口管理工作站的村、社区信息化情况进行调研，涉及全区5个乡镇，3个街道办事处，共计32个村24个社区，梳理汇总了基层单位的信息化情况，逐步规范基层信息化管理工作。

（闫 平）

【区公务员门户建设稳步推进】 年内，建设完成面向区行政机关和事业单位的公务员门户系统，搭建面向政务工作的“一站式”办公平台，整合区内OA系统、邮件系统等一系列系统；实现了统一用户管理和单点登录；提供了政务信息、电子期刊等内容。

（闫 平）

【无线电管理】 年内，在区无线电频率台站清理整顿工作领导小组的领导下，开展无线电频率台站清理整顿工作，累计分批次办理了50家单位340部对讲机的执照。

（闫 平）

【区食品工业发展】 年内，食品工业实现销售收入近9000万元，同比增长12%，依据《门头沟区都市型工业发展五年规划》及区内实际，编制完成《门头沟区食品工业发展战略研究》。

（王 亮）

石龙开发区

【概况】 石龙开发区，1992年1月经市政府批准正式成立，是北京市最早成立的开发区之一，总规划面积1.5平方公里。2000年晋升为市级开发区。开发区按照产业集群化发展，资源集约化利用的思路进行建设，在招商引资工作中坚持选择入区企业高附加值、高辐射力的基本标准。截至年底，共引进注册企业8413家，入区建厂企业61家投资总额180亿元，集中了航天四院、内蒙一机、万辉双鹤、精雕科技、歌华有线、京西旅游等一大批国内外知名企业和上市公司，初步形成了集航天军工、数控装备、轻工机械和生物医药为一体的现代化科技园区。年内，完成税收18.87亿元；财政实得5.18亿元，占全区的61.4%；各项指标均比上一年有大幅提升。石龙开发区为入区企业提供了完备的“九通一平”基础设施和税务、邮政、电信、银行、工商、会展中心、物业服务等系列配套功能，不断优化区域的工作、生活和人才环境，同时努力为企业和职工提供了良好的生产环境。

单位名称：北京石龙经济开发区管理委员会
北京石龙经济开发区投资开发有限公司
地　　址：北京市门头沟区石龙南路6号
电　　话：69803404
邮　　编：102308

（亢　建）

【石龙大厦】 年内，根据市商务局节能改造政策，自2009年1月至7月完成大厦室内整体照明灯具改造项目，取得商务局补助资金十万元。2月13日至18日，根据《北京市商业零售经营单位安全生产规定》（第176号令）规定，大厦有关人员组织从业人员进行安全消防培训。全年并进行消防演练两次（5月11日、11月27日）。3月27日，与北京华万家物业管理有限公司签订了七层的房屋使用合同，使用期十年。4月底，饮食公司托管职工26人已全部退休。5月13日，新房产证办理完成，大厦总面积由原10418.2平方米增到11201.7平方米，其中新增营业面积732平方米。6月，大厦为确保甲型H1N1流感防控工作有效实施，特成立了防控小组，并制订了有效的防控工作方案。8月，配合区政府完成夜景照明升级改造工作。12月，根据避雷检测站要求安装总电源及外机浪涌保护器10组，解决大厦防雷设施问题。大厦获2009年度门头沟区消防先进单位。

（亢　建）

【成立党支部】 2月29日，北京石龙经济开发区投资开发有限公司党支部成立。

（亢　建）

【召开产业孵化中心复工动员会】 3月31日，北京石龙经济开发区产业孵化中心项目工程正式复工并召开专题动员大会。会议围绕复工后的施工进度、施工安全防范、施工材料、工程质量、人员合理化、人员思想安全来展开。

（亢　建）

【产业孵化争取银行贷款】 4月27日，产业孵化中心项目从北京银行取得了孵化中心三年期专项贷款6000万元，有效保证了产业孵化中心建设的资金需要。

（亢　建）

【召开2009年第三次股东会】 5月26日，北京石龙经济开发区投资开发有限公司召开2009年第三次股东会议暨第三次董事会和第一次监事会。会上就产业孵化中心有关事项形成决议。

（亢　建）

【与西城区企业家座谈】 6月2日，西城区国资委书记率西城区华荣集团董事长、西城区国有资产经营公司总经理等企业领导到石龙开发区就双方合作共建事宜进行了座谈。

（亢　建）

【领导调研】 6月5日，西城发改委主任带领西城发改委20人调研小组到北京石龙开发区产业孵化中心项目工地进行调研，区发改委主任主持了调研活动。8月28日，北京科学技术开发交流中心主任，带领“中心”7个项目部的负责人以及美国贸促会等单位领导22人到石龙开发区考察调研，就双方展开合作与交流的问题进行了探讨。

（亢　建）

【葡东物业中心】 7月，就葡东小区北部围栏墙部分损坏一事，经与区市政管委协商达成共识，由市政管委负责更换。共计更换围栏墙200米，7月底完成。8月，由物业出资在小区新建了投放鼠药的毒饵站。按照每楼1个的标准，共计新建毒饵站31个。8月底至9月初，针对葡东南区1号楼、2号楼供暖所存在的压力损失过大、回水管过细、回水不均衡等问题，进行了大面积的技术改造，改善了供暖效果。工程共计投资5万元。9月，经与区政法委综治办联系，由政法委综治办负责，对葡东小区监控系统进行部分更新改造，更换摄像头12个，对控制台进行改造，提高了监控效果。

（亢　建）

【龙园路7号院拆迁】 8月20日，为配合区政府征用龙园路7号院、10号院建立南城供暖中心的工作，石龙有限公司完成了必成公司和城隍庙的整体搬迁工作。

（亢　建）

【区县合作产业共建基地挂牌】 8月，西城－门头沟产业基地正式挂牌。北京石龙经济开发区在与西城区合作后产业定位将是：西城金融街的后台服务、总部经济、产业孵化。石龙开发区以石龙产业孵化项目为中心，结合开发区定制生产厂房二区工程和产业共建基地道路、综合管网、绿化等基础设施建设工程与西城区进行合作。

（亢　建）

【解决必成公司拖欠工资问题】 8月，石龙有限公司针对直属必成公司拖欠9个月职工工资、社会保险和工程款的实际情况，拿出一部分资金帮助必成公司补发职工工资，缴纳社会保险。鉴于必成公司已经到了无法继续经营的地步，经职工同意，与18人解除劳动合同并进行了补偿。

（亢　建）

【产业孵化中心贴息】 9月，经过多方联系运作，公司取得了市发改委对产业孵化中心的政府贴息资金872万元；10月15日取得市工业局固定资产贷款贴息164万元。

（亢　建）

地　方　煤　炭

【概况】 年内，区经信委地煤办以贯彻落实国家“安全生产年”和建国60周年安全保障各项工作为主线，采取有效措施，加大煤矿安全监管工作力度，总体上保障了全区煤矿安全稳定。全年煤矿安全生产工作主要归纳为：煤矿安全监管工作情况即煤矿安全生产控制指标；煤矿安全监管任务完成情况。煤矿安全监管采取的安全措施即强化两个主体责任的落实；强化规范管理基础管理工作；采取多种形式，加强煤矿安全检查；加强测绘控制管理，严格采掘程序管理；安全教育培训工作。煤矿安全监管工作存在的问题与不足即转变安全监管工作方式；转变安全监管检查方式；强化安全监管责任的落实。全年共生产煤炭11.09万吨，全区发生一起安全生产事故，死亡一人无突破区下达安全控制指标。

单位名称： 北京市门头沟区地方煤炭管理办公室
地　　址： 北京市门头沟区城子大街56号
电　　话： 69820603
邮　　编： 102300

（朱桂枚）

【安全教育培训】 4月至7月，组织安全教育培训班14期，培训煤矿管理人员640人；指导镇四级机构培训职工790余人；组织班组长培训90人次；组织职工考试729人。

（朱桂枚）

【煤矿安全监管】 年内，按国家、市、区政府要求，抓建国60周年安全保障工作方案的落实工作，保证了全区煤矿的安全稳定；安全生产执法、安全生产治理、安全生产宣传教育“三项行动”要求，推进区煤矿安全生产基础管理工作水平；完成了煤炭生产许可证和安全生产许可证的年检工作；完成了区政府和局交办的煤矿资源整合工作的初步方案和整合程序咨询资料搜集工作。

（朱桂枚）

【强化两个主体责任】 年内，区、镇、村、煤矿企业及驻矿督导员层层签定了安全监管和安全生产责任书。

（朱桂枚）

【强化规范管理】 年内，共制发33个煤矿规范性管理文件，为煤矿依规管理提供技术保障依据。

（朱桂枚）

【加强煤矿安全检查】 年内，加强煤矿安全检查。一是两节煤矿复工验收采取区四个部门联合复产验收，严把复产验收关；二是正常生产期间，组织3次区、镇、驻矿督导员联检；三是加强了对重点工程控制管理、密闭管理、防汛预案、应急演练预案、职业危害和个体防护等专项检查和技术指导，使区内煤矿管理水平逐年提高；四是通过国家、市、区组织聘请专家检查，进一步提高区执法队伍和煤矿企业管理人员的综合素质。截至11月底，共检查煤矿124矿次，下达执法文书84份，查出一般隐患462条，整改率达100%。

（朱桂枚）

【测绘控制采掘程序管理】 年内，加强测绘控制采掘程序。一是矿区及井口控制点坐标全部采用GPS卫星定位资料；二是6座煤矿按规定必备的14种图纸全部采用计算机SAD制图；三是采用煤矿向地煤办报送电子软件进行统一计算机管理；四是测绘科完成导线测量7千余米，贯通工程6个，制作矿图30幅；五是煤矿采掘工程、改造工程，实行了镇、区逐级审批制度，严格采掘工程控制管理。

（朱桂枚）

商贸　旅游

商　　贸

【概况】　年内，区商务系统在区委、区政府和市商务委领导下，在全区各部门及行业企业的支持下，贯彻落实党的十七大和十七届三中、四中全会精神，以科学发展观为指导，全力履行部门职责，大力落实"保增长、保民生、保稳定"工作要求，使各项行业建设发展工作不断推进。商业设施内外环境明显改观，服务水平、便利程度不断提高，逐步缩小与全市差距。消费品市场持续繁荣。实现社会消费品零售额21.6亿元，同比增长16.4%，城镇居民人均消费15953万元，同比增长7.2%。全力落实保增长任务目标，推出"倾情门头沟、快乐我消费"大型主题促销活动，42家重点企业热情参与，发放宣传材料3万余份。推进"家电下乡"、汽车以旧换新等惠民政策。对外交流不断增强。全年实际利用外资1281万美元，外贸出口总额3.8亿美元，审批加工贸易合同60份，合同总额达600万美元。利用国际招商舞台，组织20个优质项目参加厦门招商会、京港洽谈会等大型招商会。引导地区中小企业参与国际市场竞争，落实项目资金160余万元，缓解企业开拓国际市场压力，进一步拓宽创收渠道。

单位名称：北京市门头沟区商务委员会
地　　址：北京市门头沟区新桥大街36号
电　　话：69842571
邮　　编：102300

（孟　那）

商业流通

【主题促销活动】　1月16日，启动"家家户户备年货，欢欢喜喜过大年"春节促销活动，围绕统一活动主题，区内各大商场、超市、餐饮企业结合自身特点，推出年货一条街等不同形式的年货集中展卖活动。4月24日，由区委宣传部、商务委主办，区商联会、行业协会承办的"倾情门头沟、快乐我消费"大型主题促销活动在星座新桥商厦举行启动仪式，活动以"政府引导、行业组织、企业参与、务求实效"为指导思想。10月，商务委组织全区"洗衣行业迎国庆，夏日惊'洗'大酬宾"及"迎国庆，赏明月，惠百姓"大型主题促销活动，全力落实保增长目标任务完成。

（孟　那）

【家电下乡工作】　1月24日，联合区委宣传部、农委、财政、工商、质监等单位召开家电下乡工作会，建立联动机制，春节前启动试点销售。2月1日，区家电下乡工作全面启动。3月10日、21日、22日，联合工商、农委、质监等单位在斋堂镇、清水镇开展送家电进山、送服务到家的现场咨询销售活动，3次下乡活动累计销售商品共计40件，销售收入5.5万余元。9月16日，召开全区家电下乡销售网点新政策宣讲会，对销售网点工作人员进行业务培训。据统计，截至12月31日，已售出8类家电下乡产品4501件，累计共实现销售额904万元。

（孟　那）

【学习实践科学发展观】　3月18日，正式启动学习实践科学发展观活动，组织专题会议9次、封闭学习1次、主题讨论3次、报送信息10余篇、撰写调研报告、心得体会及读书笔记等材料百余篇、发放征集意见调查问卷80份，提出整改落实项目9个，完成学习调研、分析检查、整改落实三个阶段的各项任务。

（孟　那）

【完成粮食清仓查库工作】　4月13日至22日，按照全市粮食清仓查库工作统一部署，北京市粮食清仓查库第九普查组共18人入区检查，按照“有仓必到、有粮必查、有帐必核、查必彻底”的检查原则和检查要求，对区内的粮食库存进行检查，检查结果显示，区粮食库存数量真实，帐实相符，质量符合国家有关规定，储存安全，粮食补贴拨补情况良好，库贷对应，资金占用合理，库存管理较为规范。

（孟　那）

【汽车以旧换新工作】　8月24日，根据市政府统一部署，黄标车淘汰政策与汽车以旧换新政策对接施行，车主可在两项政策当中任选一种方式申领补贴。11月19日，罗斌主持召开全区汽车以旧换新工作协调会，听取商务委关于落实《北京市汽车以旧换新补贴资金管理暂行办法》实施方案的汇报，并提出具体工作要求。12月2日，商务委组织召开汽车以旧换新政策工作领导小组联席会议，全面部署汽车以旧换新工作。4日，商务委在军庄镇、妙峰山镇率先开展汽车以旧换新专题宣传活动，设计制作宣传展板150块、各类宣传单页1万余份，现场进行政策解答。8日，商务委牵头在区影剧院门前举行门头沟区汽车以旧换新启动仪式，区领导罗斌及成员单位主管领导参加活动。

（孟　那）

【更名商务委员会】　8月25日，根据《北京市门头沟区人民政府机构改革方案》通知精神，门头沟区商务局更名为门头沟区商务委员会。9月24日，区商务委正式举行挂牌仪式。

（孟　那）

【推进酒类流通备案登记工作】　9月1日至2日，到斋堂镇、清水镇的4个自然村，通过审核材料，备案登记、系统录入、现场制证工作，为深山区81户酒类经营者现场办理酒类流通备案登记证，发放宣传材料和标示牌各200份，加强酒类相关知识的宣传。

（孟　那）

【商业街区环境整治】　年内，落实全区迎国庆百日环境整治要求，以主要大街沿线为重点，在商户中开展“美丽国庆，从我做起”活动，会同有关单位进行拉网式排查，规范经营行为，纠正乱粘乱挂、店外经营等不良现象1000余起，使600余家商户经营环境改善。

（孟　那）

【落实安全生产规定】　年内，参与“国庆平安行动”，围绕人员密集场所监控、安全生产规定落实等方面，全面加大行业安全监督管理力度，组建210余人的行业安全志愿者队伍，累计检查企业330余户次，不合格项整改合格率100%，实现“平安商务”目标。

（孟　那）

【行业岗位服务技能提升】　年内，联合区商联会举办行业岗位服务技能大赛和行业服务明星推选工作，通过以赛代训方式，共有151人取得初级职业资格证书，15人取得中级职业资格证书，27人取得高级职业资格证书，2人获得全市服务行业服务明星称号，1人获得全市行业小能手荣誉称号。

（孟　那）

【加强全区盐务管理】　年内，全区实现碘盐销售2521吨，超过计划指标20个百分点，地区碘盐覆盖率、合格碘盐食用率分别达到95.8%和93.1%，各项指标均达到全市统一要求。

（孟　那）

【有形市场健康发展】　年内，黑山、三家店等2家社区菜市场完成建设和改造，新增经营摊位80余个，其中蔬菜、肉类、水果等群众生活必需品经营摊位40余个，解决就业200余人，有效缓解周围地区群众买菜难、购物不便利问题。

（孟　那）

【农村连锁商业稳步发展】　年内，山区农村连锁便民服务功能进一步提升，统一采购、网络订货等先进流通技术得到推广，新发展紧密型直营店40家，实现食品、日化用品配送率100%，年销售额保持1500万元以上，为农村地区食品安全提供有力保障。

（孟　那）

【回收站点整治得到新进展】　年内，商务委牵头开展对全区32家回收站点的综合治理，开展从业人员培训，签订依法管理责任书，为新型再生资源回收体系建设创造条件。

（孟　那）

【低收入农户增收帮扶工作】　年

内，商务委开展对口扶贫村帮扶工作，领导带队到帮扶村会商增收措施，慰问村干部、困难群众，引导企业帮助村集体发展经济，实现清水镇小龙门村35户、双涧子村18户低收入农户人均纯收入比2008年度增长10%以上工作目标。

（孟　那）

对外经贸

【参加外贸大集】 3月24日至31日，组织区内外贸企业北京中基贸发进出口有限公司参加由市商务委主办的“逛SOLANA蓝色港湾，赶外贸大集”活动，帮扶区内外贸出口企业开拓国内国外两个市场，应对国际金融危机带来的冲击。

（孟　那）

【开展业务培训】 5月20日，举办区内重点外贸企业业务培训班，向企业宣传市、区政府对外贸企业各项扶持政策，并承诺不断改进行政服务水平，提高工作效率。8月6日，联合工业局、工商联举办企业经理人培训，区内60余家工业和商业企业的经理参加培训，引导企业经营者开拓视野，了解并利用部分金融机构响应国家缓解中小企业“资金链”紧张的一系列政策而推出的产品和服务。

（孟　那）

【加强对外宣传】 年内，以《门头沟区投资指南》为推介载体，收集整理资源项目，更新项目册，组织区内20个优质项目参加厦门招商会、京港洽谈会等大型商贸洽谈活动。

（孟　那）

【举办外经贸企业座谈会】 年内，组织区内重点外资、外贸企业举办区2009年度外经贸企业座谈会。企业代表介绍及沟通应对金融危机措施，并对政府工作提出了意见建议。

（孟　那）

华洋百货

【概况】 年内，华洋百货总公司在区国资委，商业资产经营公司的领导下，以科学发展观为统领，按照全年的工作目标，依照商业资产经营公司“改革、提高、加强、清理”的工作思路，深化企业内部改革，探索企业发展新路，夯实鑫维康品牌，加入“京郊连锁网络采购平台”，提高鑫维康经营配送能力；寻求营造销售热点，拉动市场消费，克服了金融危机带来的影响。年内，鑫维康提升改造加盟店40家，实现了农村连锁加盟店202家，直营店、梯次配送中心各一家，完成配送指标687万元，实现农村富余人员就业606人。推进学习型企业建设，增强职工思想道德文化水平；开展深入学习实践科学发展观活动，推动企业科学发展。继续加大安全工作力度，营造和谐企业环境，保证了建国60周年大庆平安。截止到年底，主营业务收入：参股企业完成1736.64万元，同比减少24.56%；国有企业完成154.63万元，同比减少0.35%。上缴税金：国有企业完成25.89万元，同比减少8.61%；参股企业完成36.54万元，比上年同期的40.93万元减少4.39万元，减少10.73%。实现了全年工作目标。

单位名称：北京市华洋百货总公司
地　　址：北京市门头沟区城子东街1号
电　　话：69843413
邮　　编：102300

（李　磊）

【召开工作会议】 1月16日，召开2009年工作会议，公司一把手主持会议，各企业主要领导及会计人员参加。会上，总结了2008年工作，提出了2009年的指导思想和工作目标。7月21日，公司召开2009年上半年工作会议，对上半年的工作进行了总结、分析，确定了下半年的几项重点工作：一、继续开拓鑫维康市场，提高应对金融危机的能力；二、做好新盛百货商场拆除后的善后工作，使其能干净退出市场；三、加强党建工作，开展好科学发展观活动；四、构建和谐、稳定的企业环境，确保建国60年大庆平安。

（李　磊）

【签订责任书】 2月6日，公司一把手与所属各企业主要负责人、公司班子成员签订经营目标责任书、安全工作目标责任书及党风廉政建设工作目标责任书。并将责任层层分解，逐级落实。

（李　磊）

【学习培训】 3月3日，华源峰建材市场召开2009年安全知识培训班。培训班邀请区消防处、区安监局相关领导前来授课，华源峰全体职工及商户参加了培训班。年内，公司所属会计人员分别参加了区国资委、区财政局组织的财务分析讲座、国有资产管理系统培训、工会财务会计培训。

（李　磊）

【放心粮油进千乡活动】 3月10

日，由区商务局主办，京粮集团、古船企业和华洋百货总公司所属北京京西鑫维康商贸有限责任公司承办的大型活动——放心粮油进斋堂活动在斋堂镇举行。市商务局副局长李薇薇出席活动并讲话。

（李　磊）

【召开订货会】　4月16日，北京京西鑫维康商贸有限责任公司召开“五一”暨春节商品订货会。订货会为期3天，商品2000余种，参加商户150余人，订货会销售额达28万元。9月10日，北京京西鑫维康商贸有限责任公司召开“十一”两节商品订货会，销售额达40万元。

（李　磊）

【防火演练】　4月20日和9月10日，华源峰商贸有限责任公司为增强全员防火意识，提高消防技能，以“保建国60年大庆平安”为主题，组织市场50余人进行了消防演练活动。区消防处、安监局及商业资产经营公司领导前来指导。

（李　磊）

【拆迁工作】　4月，按照区政府黑山地区危房拆迁改造的总体要求，确定新盛百货商场拆除。根据《劳动合同法》12名职工按政策与企业提前解除了合同，3名职工进行了妥善安置。

（李　磊）

【机构人员变动】　7月20日，北京华洋四海新鑫副食品市场中心整建制划入北京京西鑫维康商贸有限责任公司。

（李　磊）

【安全保卫工作】　9月22日，以“保60年大庆平安”为主题，召开国庆期间安全大会，会议由公司一把手主持，各所属企业一把手及安全主管参加。会上主要领导强调了安全的重要性，要求精心布置工作，健全各项制度、方案、预案，责任到人。坚持“预防为主，防治结合”的工作方针，加强检查排查力度，特别是对重点单位、重点部门、重点人员的排查，不走过场，把隐患消灭在萌芽中，真正做到“有布置、有检查、有落实”，确保了60年大庆平安。年内，公司共召开安全专题会议8次，请消防局领导进行安全讲座1次，组织消防演练2次，进行安全大检查20次，确保了全年安全无事故。

（李　磊）

【市、区领导视察工作】　11月4日，市落实学习实践科学发展观活动巡视组组长陈文占在区领导郭光磊的陪同下到北京京西鑫维康商贸有限责任公司视察工作。

（李　磊）

【开展科学发展观活动】　11月，华洋百货总公司党总支所属4个支部，54名党员参加了深入学习实践科学发展观活动。5日，公司党总支书记向全体党员进行了全面动员。12日，所属各支部班子成员参加了区国资委举办的学习党的十七届四中全会精神培训班。20日，各支部班子成员参加了区商业资产经营公司党委组织的书记讲党课活动。在学习实践科学发展观活动中共组织学习、召开会议21次。北京京西鑫维康商贸有限责任公司党支部在此次活动中被定为区国资委系统学习实践科学发展观活动教学点。

（李　磊）

【召开放心粮油进千乡推介会】　12月24日，北京京西鑫维康商贸有限责任公司与京粮集团等多个品牌企业联合举办“放心粮油年货进千乡”商品推介会。区商务委主任出席推介会并讲话，京粮集团总经理到会。140余家鑫维康加盟店店主参加了推介会，订购货物80余万元。

（李　磊）

【爱心捐献】　年内，公司开展“送温暖、献爱心”活动，走访慰问困难职工、劳模和离退休职工20人，送去慰问品、慰问金4500余元；在“共产党员献爱心”捐献活动中，共捐款890元。

（李　磊）

【防控H1N1流感】　年内，公司要求对H1N1流感实行每日流感上报制度。组织职工50余人接种了防控H1N1流感预苗，以保证职工的身体安全。

（李　磊）

【维修锅炉】　年内，公司投入资金39万元，对所属供暖锅炉及附属设备进行了维修改造，改造后效果明显。

（李　磊）

京门良实

【概况】　年内，在区委区政府、市粮食局及区国资委的领导下，带领公司干部职工，围绕“坚持科学发展，创新管理方式，构建和谐良实”这一主题，进一步解放思想，开拓创新，落实各项工作目标，狠抓储备粮管理体系建设，完成储备粮布局调整；重点整合优势资源，抓好仓储改扩建工程、资产经营开发、粮油贸易做大做强；坚持以人为本，做好涉及民生重点项目，各项工作取得了突破性进展。年内，商品销售额完成18430万元，同比增加2116万元，增长13%。储备粮安全存储量12.01万吨，同比增加1.48万吨。缴税总额完成131.2万元，同比减少6.7万元。军粮供应完成2395吨，同比增加174吨。按期完成全年供应任务。全年实现利润5万元，同比增长4万元。完成区国资委年初下达的综合利润指标。

单位名称： 北京市京门良实国有资产经营管理公司
地　　址： 北京市门头沟区增产路24号
电　　话： 69842491
邮　　编： 102300

（张希瑶）

【退耕还林补助粮供应工作】 2008年12月30日至2009年1月14日，区2008年度（第一轮）退耕还林补助粮供应工作完成，2009年9月23日至30日，区2009年度（第二轮）退耕还林补助粮供应工作完成。公司在全年两次退耕还林工作中，与区商务局、林业局联系沟通，召开工作专题会议，对供应工作进行周密部署，严格供应手续，各供应点安排到户。全年共供应退耕还林补助粮3815吨（折原粮），其中，特等大米1435吨，特一粉1125吨，按期完成全年供应任务。

（张希瑶）

【培训工作】 1月5日，根据市粮食局关于储备粮专卡管理的要求，组织各承储单位仓储主管领导、技术骨干人员培训班，贯彻学习市局新修订的有关文件精神和具体管理办法，对储粮专卡、单据的填写逐项进行现场实际操练，以及粮情检查登记备案项目的系统培训，促进储备粮规范化管理水平的提高。11月5日，区商务委和公司共同组织举办全区粮食仓储业务管理培训班，主要对市储备粮储存工作规范化管理“千分制”的评价体系、稻谷储藏技术研究及提高绿色储粮技术应用水平进行授课，同时对主要粮食品种新国标进行培训，重点从新旧国标之间的差异对小麦、稻谷、玉米、大米等新国标和粮食容重的测量方法进行讲解。

（张希瑶）

【召开工作会议】 1月18日，召开2009年工作会议，会上全面总结了2008年工作，提出2009年工作的指导思想和工作目标。同时对各企业法人进行了审计考核兑现，并签订了工作目标责任书和安全责任书。

（张希瑶）

【部署2009年仓储工作】 3月12日，确定2009年仓储工作重点：一是加强储备粮规范化管理和质量管理；二是强化科学管理，推广绿色储粮新技术；三是继续做好“一符四无”检查评比工作，抓好并落实好各项岗位责任制；四是加大学习教育力度；五是执行落实政策，规范成品粮应急储备管理，做好退耕还林补助粮供应和军粮保障工作。

（张希瑶）

【召开党建工作会议】 3月16日，公司党委召开党建工作会议，贯彻落实区委、区国资委党委关于扎实推进反腐倡廉建设，加强社会综合治理精神。会上，签订了2009年党风廉政责任书和“平安北京”责任书，确保企业安全稳定。

（张希瑶）

【完成粮食清仓查库工作】 3月30日至4月18日，按照市区粮食局的统一部署，制定落实全国粮食清仓查库工作实施方案，经企业自查和市区两级普查，公司各类库存粮食数量真实、质量良好、储存安全，账账相符，账实相符，完成全国粮食清仓查库工作。

（张希瑶）

【防控甲型H1N1流感】 6月30日，召开布置防控甲型流感疫情工作会议。一是公司成立了流感疫情防控工作领导小组；二是制定和建立企业防控甲型流感工作方案和应对预案，确保防控措施、人员落实到位；三是加强企业内部的防控宣传工作；四是配合属地政府，做好疫情防控工作，切实做到早发现，早报告，早隔离，早治疗。

（张希瑶）

【石门营粮库实现压仓装粮】 6月，三栋平房仓全面竣工。新建平房仓共投资2192万元，总建筑面积8000余平方米，总设计仓容2.8万吨，并顺利通过有关部门的验收。新建仓安装了先进的绿色充氮气调储粮系统设备，为公司提供新的科学保粮技术支持。7月底，完成第一次入库1.77万吨玉米、小麦任务，11月，完成1.31万吨小麦入库任务，新增市储备粮3.1万吨，使新建仓产生了效益。石门营粮库是继三家店粮库后建成的第二个规范化粮库。

（张希瑶）

【质量管理体系复评换证审核】 8月18日至19日，华夏认证中心对公司质量管理体系进行了复评换证审核。对公司管理层、相关部门的职能及公司质量管理体系文件和有效运行情况进行了审核，公司各项工作手续完备、资料完整、工作流程严谨，体系运行规范，通过复评换证审核。

（张希瑶）

【储备粮集并工作】 年内，根据区政府棚户区改造关于石门营粮库拆迁工作的有关精神，为保证拆迁移库工作按期完成。从11月1日至20日，共完成移库市储备玉米7991吨，小麦3247吨。至30日前，石门营按时完成移库和搬家工作。

（张希瑶）

【学习实践科学发展观活动】 10月至2010年2月，公司党委开展学习实践科学发展观活动。公司党委共6个支部，131名党员参加活动，围绕"坚持科学发展，创新管理方式，建立现代和谐企业"的活动主题，开展形式多样的主题活动，按时完成各阶段的工作任务，达到了"党员干部受教育，科学发展上水平，人民群众得实惠"。

（张希瑶）

【斋堂改扩工程全部竣工】 11月20日，斋堂地仓粮库改扩建工程全部竣工，并通过区有关部门的验收。新建平房仓2栋和辅助设施，总建设面积7995平方米，总设计仓容3.4万吨，总投资2200万元。从12月开始压仓装粮。

（张希瑶）

【防汛工作】 年内，召开安全防汛工作会议，会上要求：一是预案到位，突出重点，对现有的防汛预案进行补充完善，形成切实可行、完整的预案防范体系；二是防汛物资、抢险队伍到位，做好必要的防汛物资准备工作；三是排查整改到位，抓好重点单位、部位的防汛工作，重点对危旧房屋、职工住房进行梳理，做好底数清，情况明，发现问题，及时采取措施，解除危险隐患；四是工作措施到位，加快在建的石门营收储库、斋堂地仓粮库改扩建建设，落实度汛措施，确保安全度汛。

（张希瑶）

【储备粮夏季安全管理】 年内，公司就储备粮安全度汛工作采取措施：一是加强安全检查工作，严格储备粮管理责任制的落实；二是执行北京市储备粮储存工作规范化评比细则，推进规范化管理水平；三是加强科学保粮，不断提高仓储管理的核心竞争力。同时，加强员工的培训，提高专业素质。

（张希瑶）

【军粮供应工作】 年内，为保证区内部队粮食供应任务，宏远利军军粮供应站为部队办实事，及时组织货源，保质保量满足部队需求，及时与部队沟通联系，年内军粮供应完成2395吨，实现销售收入249万元，保证部队用粮需求。

（张希瑶）

京西善和医药

【概况】 北京京西善和医药有限公司，创立于1956年，是门头沟区发展历史最悠久、规模最大的药品专业经营公司，公司下设一个药品配送中心，担负着全区300余家医院、卫生院、社区医疗站、工矿企业卫生所、部队医疗机构等的药品供应工作；7家零售药店均分布在人口相对密集区域，体现了公司方便百姓、服务大众的一贯经营思想。年内，在全球金融危机的背景下，公司经营班子带领全体干部员工，围绕全区"扩内需、保增长"工作中心，发掘自身行业、技术优势，致力于业务经营的扩大和经济效益的增长，同时，企业竭尽全力为社会尽责、为政府分忧，在甲型H1N1型流感疫情防治等工作中发挥了作用，取得了经济效益和社会效益的突出成绩。全年实现销售收入8909万元，完成计划的111.37%，同比增长15.41%；实现利润114.25万元，完成计划的139.62%，同比增长44.38%；上缴税金159万元，创造了企业有史以来最好的经济效益。

单位名称：北京京西善和医药有限公司
地　　址：北京市门头沟区新桥大街76号
电　　话：69844644
邮　　编：102300

（阴丽生）

【甲型H1N1型流感防治工作】 5月起，公司投入到了甲型H1N1型流感疫情防治工作中，在货源紧缺的情况下，组织购进，保证了卫生系统、学校、幼儿园、军队等重点单位的优先供应，每日及时上报区政府相关药品、器具、消毒液等储备、供应情况，在此期间，相关疫情品种销售近500笔，160余万元，其中，仅口罩等用品就达93万元。

（阴丽生）

【健康检查】 10月，公司组织全体员工进行了年度健康检查，经检查，直接接触药品岗位的人员全部符合从药人员健康检查标准要求，《药品经营质量管理规范》规定：药品经营企业每年应组织直接接触药品的人员进行健康检查，发现患有精神病、传染病和其他可能污染药品疾病的人员，应及时调离直接接触药品的工作岗位。

（阴丽生）

【学习实践科学发展观活动】 年内，公司党支部围绕上级党委的部署和要求，开展了学习实践科学发展观活动。12 月 1 日，区国资委党委、商业经营公司党委负责同志到公司，对党支部学习贯彻科学发展观活动开展情况进行全面考察，公司党支部分别介绍了企业现状、党组织的建设和在企业各项工作中发挥的作用，并就公司经营面临的最大问题以及活动中对员工提出问题的逐一落实情况等进行了汇报。随后，检查组抽查了党员学习笔记，参观学习园地，并与党员进行了座谈。

（阴丽生）

【保障药品供应】 年内，公司坚持以保障矿务局医院、区医院、中医院的药品供应为重点，公司业务部门对每家重点医院均实行了有专门业务人员蹲点服务，有业务副总分管负责，有总经理定期上门走访的客户关系维系制度，做到了定品种、定回款、定开票额，按月严格考核。全年共销售 5000 万元，占批发总销售额的 65%。

（阴丽生）

【配合社区医疗的完善和建设】 年内，公司借助市政府完善社区医疗有关政策的支持，在配合区社区医疗建设工作中，针对全区 49 家社区医疗中心、站点的特点，建立了以 9 个中心为重点的信息、档案系统，制定了配送、供应、服务、走访计划，全年完成社区医疗药品二级配送 1.58 万件，其他品种药品供应近 400 万元。

（阴丽生）

【行业资质重新认定】 年内，公司相继通过了市、区药监部门对公司《药品经营企业质量管理规范》进行了重新认证和《药品经营许可证》的评审换发。

（阴丽生）

商业网点

【概况】 年内，商业网点规划建设管理处深入学习实践科学发展观，坚持把工作的重点放在提高单位经济效益、高质量完成商务委委托的各项执法工作、提升商业联合会和行业协会的社会认知度上，按照制定的工作目标，履行各项工作职责，严抓各项制度建设，落实工作措施，进一步提高了单位经济效益，构建了和谐的工作氛围。

人事编制隶属商业网点管理处的区商业联合会和区饮食服务修理旅店业行业协会完成了各项工作目标。

经济效益是商业网点管理处的工作重点，全年收入为 129.9 万元，比上一年增长了 12.37%，经济收入的稳步增长保证了其他各项工作的正常运转。

单位名称：北京市门头沟区商业网点规划建设管理处
地　　址：北京市门头沟区门头沟路 4 号
电　　话：69843984
邮　　编：102300

（张建英）

【举办促销活动】 年内，以“倾情门头沟、快乐我消费”为主题，进行整体宣传推介，带领餐饮、商场、超市、美容美发等行业积极参与，分别推出各种形式的促销活动。

（张建英）

【举办岗位服务技能竞赛】 年内，根据《北京市商业、服务业开展提升员工岗位服务技能系列活动实施方案》的要求，会同相关部门举办了岗位服务技能竞赛系列活动，为企业员工之间切磋技艺、相互促进，搭建了交流的平台。此次竞赛有 27 名员工获得国家劳动部门颁发的高级证书。

（张建英）

【举办主题宣讲会】 年内，联合区劳动局等单位共同举办了《劳动合同法》及在金融危机情况下政府扶持企业资金政策主题宣讲会，全区重点企业的近 40 家会员单位的领导听取了讲座。

（张建英）

【成立洗染行业专业委员会】 年内，区饮食服务修理旅店行业协会洗染专业委员会成立，全区共有 10 家较为规范的洗染企业负责人参加了会议，讨论并通过了《洗染专业委员会章程》，选举出了第一届专业委员会主任、副主任。

（张建英）

【执法、普法同步进行】 年内，在执法过程中坚持执法、普法同步进行，向群众做好宣传。全年执法检查 1608 家，查处违法经营案件 9 起，罚没私盐 578 公斤，生猪产品 25 公斤，收缴罚没款 1178 元。

（张建英）

【维修商业用房】 年内，投入资金对三家店商业用房和双峪路口商业用房进行维修，针对出租房屋出现的问题，做了防水及管道更换等方面的处理，保证了商业用房的安全。

（张建英）

【帮扶贫困村】 年内，对帮扶对象梁家铺和黄安两村进行走访，了解低收入农户的生活状况，帮助解决一些实际困难，为两村购置了办公用品。

（张建英）

【献爱心工作】 年内，组织全体工作人员向灾区捐款2000余元，奉献爱心。

（张建英）

供销合作社

【概况】 区供销合作社是集体所有制合作经济组织。现有7个基层供销社（清水供销社、斋堂供销社、雁翅供销社、妙峰山供销社、军庄供销社、永定供销社、潭柘寺供销社）和3个直属单位（贸易大楼、生产日杂公司和物资回收公司），截至年底，有在职职工216人。营业总收入3241.3万元，同比减少1746.5万元；费用总额1158.2万元，同比增加102.1万元；营业收入净额740.9万元，同比减少69.2万元；营业外收入400.6万元，同比增加232万元；利润总额-85.6万元，同比减亏57.2万元；纳税总额93.8万元，同比减少33.6万元；累计亏损2860.6万元；资产负债率99.04%，同比下降了0.15%。全员工资增加475305元，比上年同期增加10.08%；在岗职工工资增加484095元，比上年同期增加12.6%，实现工资连年增长目标。年内，荣获区商务工作先进单位称号；荣获区内保处安全保卫工作先进集体；荣获区2008年度企业财务会计决算工作先进单位。

单位名称：北京市门头沟区供销合作社

地　　址：北京市门头沟区城子大街30号

电　　话：69842992

邮　　编：102300

（苏卫国）

【领导慰问】 1月15日，组织部国资委领导走访慰问回收公司党支部书记。

（苏卫国）

【完成两节烟花鞭炮供应】 元旦、春节期间，生产日杂公司完成烟花鞭炮销售收入190万元，未出现任何安全事故。

（苏卫国）

【检查烟花鞭炮库】 2月11日，国资委领导检查了日杂公司烟花鞭炮库房。

（苏卫国）

【签订责任书】 3月26日，召开了党风廉政建设工作会，签订了2009年安全生产、治安保卫、消防安全、交通安全和党风廉政建设责任书。

（苏卫国）

【全面部署防汛工作】 6月1日，召开基层领导干部大会，部署防汛工作，并制定工作预案。

（苏卫国）

【发生火灾处理有关责任人】 6月19日，日杂公司烟花鞭炮仓库，因电线老化引发火灾，对有关责任人进行处理。

（苏卫国）

【防控甲型H1N1流感】 6月30日，召开领导干部会，全面部署防控甲型H1N1流感工作。

（苏卫国）

【擒获入室盗窃犯罪嫌疑人】 7月25日，发生盗窃分子进入办公室行窃，被值班人员当场擒获。

（苏卫国）

【慰问复转军人】 8月1日，购买了纪念品慰问复转军人。

（苏卫国）

【领导班子调整】 9月9日，经区国资委党委决定，韩长英任党委副书记、纪委书记，主持供销合作社全面工作，增补王顺达、师春更、赵志新为党委委员。

（苏卫国）

【走访慰问】 9月27日至29日，党委班子成员走访慰问了老干部、老党员4人，送去慰问金2500元；看望慰问了4名劳动模范，送去慰问金3300元。

（苏卫国）

【参观老照片展览】 10月15日，组织20人到区博物馆参观门头沟区60年老照片展览。

（苏卫国）

【开展学习实践科学发展观活动】 10月29日，参加国资委动员会；11月4日，召开系统动员会；12日，党委委员、基层书记10人参加了国资委培训班；16日、17日，举行领导干部封闭学习；27日国资委到社听取工作汇报；12月9日，召开推进会总结第一阶段工作，部署第二阶段工作，29日区督导组到社听取工作汇报。

(苏卫国)

【发展新党员2名】 12月15日，贸易大楼党支部发展新党员2名。

(苏卫国)

【部署两节维稳工作】 12月29日，召开基层党政一把手会议，部署2010年元旦春节安全维稳工作。

(苏卫国)

【拓展灵泰药店】 年内，斋堂供销社在农村药店出现连年萎缩的情况下，拓展门城灵泰药店，目前已发展到11家。

(苏卫国)

【贸易大楼营业稳中有升】 年内，完成商品零售额2153万元，各项营业收入215.54万元，上交税金22.31万元，利润亏损24.58万元。投资23万元对基础设施进行改造。引进自主经营商户15家，年租金收入200余万元。

(苏卫国)

【加强再建再生资源网络建设】 年内，实现营业收入80万元，增幅达60%。全年交易量超过3万吨，交易额6000万元。资产负债率连续2年控制在85%，亏损控制在10万元以内，减亏在30%以上。企业自筹资金107万元，新建15个收购亭，初步形成覆盖门城地区40%的地域。

(苏卫国)

【完善巩固农资连锁店】 年内，巩固农资连锁店已建店点，做好服务，全年完成销售50万元。

(苏卫国)

【开展捐款活动】 年内，“博爱在京城”捐款5000元。开展“党员献爱心”和“京什手拉手，重建新家园”活动，共捐款1940元。

(苏卫国)

【安全保卫工作】 年内，投入安全保卫资金达30余万元，开展大小安全检查300余次。

(苏卫国)

【下属单位情况】

单位名称：清水供销社
地　　址：门头沟区上清水村
电　　话：60855209

单位名称：斋堂供销社
地　　址：门头沟区城子大街30号
电　　话：69845044

单位名称：雁翅供销社
地　　址：门头沟区雁翅镇雁翅村
电　　话：61830203

单位名称：妙峰山供销社
地　　址：门头沟区妙峰山镇陇驾庄村
电　　话：61881642

单位名称：军庄供销社
地　　址：门头沟区军庄镇军庄村
电　　话：60811522

单位名称：永定供销社
地　　址：门头沟区永定镇何各庄村
电　　话：69803491

单位名称：潭柘寺供销社
地　　址：门头沟区潭柘寺镇鲁家滩村
电　　话：60862409

单位名称：贸易大楼
地　　址：门头沟区新桥大街2号
电　　话：69842971

单位名称：生产日杂公司
地　　址：门头沟区城子大街30号
电　　话：69842417

单位名称：物资回收公司
地　　址：门头沟区桥西街58号
电　　话：69842685

(苏卫国)

物资供应

【概况】 区物资总公司下属5个公司。年内，物资总公司坚持以科学发展观为指导，按照区国资委及京门国有商业资产经营公司的要求部署，继续以“增收、安全、和谐、创新”八字方针为工作目标，坚持狠抓主营业务不放松以提高经营效益；坚持狠抓营业外收入不放松以提高资产运营质量；坚持狠抓安全稳定不放松以加强企业管理为重点，通过不懈努力，取得了较好成效。

主要经济指标完成情况：税后主营业务销售完成827万元，营业外纯收入125万元，两者合计完成952万元，完成年计划的119%，分别超额完成了全年800万元的销售指标和120万元营业外收入的指标，实现利润－20万元，同比减少13万元，占年下达亏损指标的57.14%，减亏42.86%，创物资总公司亏损指标考核历史新低。

单位名称：北京市门头沟区物资总公司
地　　址：北京市门头沟区城子大街154号
电　　话：69842845

邮　　编：102300

（石建芳）

【做好重点工程的改建、翻建工作】　年初，基层单位灵发贸易公司在配合区政府道路改造工程后，针对沿街闲置场地改建问题与总公司共同研究制定了将道路拓宽后沿街建造商业用房的方案。年内，整体工程252平方米商业用房完工。此项工程为职工提供了新的工作环境，减少了拆迁给企业带来的负面影响。

（石建芳）

【党建工作会】　年内，为庆祝建党88周年，物资总公司全体党员干部参加了京门商业公司党委召开的纪念会，有3名同志受到表彰，评为优秀共产党员。总公司"七一"召开了党建工作会，围绕当前经济形势和面临的任务，就"如何进一步增强责任意识、服务意识、创新意识和自律意识"不断转变工作作风进行了再教育。

（石建芳）

【党建工作】　年内，按照京门商业公司党委的要求，把建立学习型企业，注重党员和领导干部的学习修养放到了突出的位置。下半年，学习科学发展观活动全面展开，总公司严格按照国资委和京门商业公司党委的部署制定了活动方案，组织党员干部学习了中央十七届四中全会"关于加强和改进新形势下党的建设若干重大问题的决定"和"科学发展观重要论述摘编"，取得一定成效。

（石建芳）

【加强内部成本控制】　年内，从教育职工自身做起，从点滴做起，提高主人翁精神和节约意识，努力降低成本。在管理费上严格控制，本着花小钱、办大事、办好事、办实事的原则，采取一系列措施，在节流工作取得较好效果。

（石建芳）

【解决危房改造问题】　年内，危旧房改造工作交由政府部门进行拆迁，总公司所属单位木材公司家属院共居住26户，房屋年久失修，墙体破旧，自来水管老化，院内脏乱差。此次彻底解决了26户危旧房改造困难。

（石建芳）

【安全工作】　年内，总公司结合企业自身的实际情况，对系统内的安全保卫工作提出新的要求，贯彻落实上级主管部门及安监部门的工作安排部署。通过召开安全会议、宣传活动、督促检查等形式，加大安全生产宣传和监督检查力度，基层单位每月对本单位的安全工作进行自查，总公司每月对全系统进行一至两次的安全复查，在节假日以及"雷霆行动"期间，总公司专门派出检查组，对各单位进行排查。重点检查防火、防盗、防汛和出租房屋的管理工作及重点部位、重点岗位的安全管理制度和岗位责任制的落实情况，年内，没有发生安全责任事故。

（石建芳）

【搞好资产经营】　年内，总公司协同基层各单位继续把增加营业外收入作为工作重点。化轻、机电、建材、租赁几个基层公司纷纷采取多种形式，吸引承租，企业闲置资产已得到较好利用，包括总公司机关在内的营业外收入125万元，超额完成了全年120万元营业外收入的计划，增收4.17%。

（石建芳）

【下属单位情况】

单位名称：北京市门头沟区化轻公司
地　　址：北京市门头沟区城子大街154号
电　　话：69845294
邮　　编：102300

单位名称：北京市门头沟区机电设备公司
地　　址：北京市门头沟区城子大街154号
电　　话：69841892
邮　　编：102300

单位名称：北京建筑建业设备租赁公司
地　　址：北京市门头沟区增产路6号
电　　话：69843428
邮　　编：102300

单位名称：北京市门头沟区木材公司
地　　址：北京市石景山区南宫木材公司
电　　话：61802066
邮　　编：100042

单位名称：北京灵发贸易公司
地　　址：北京市门头沟区门头沟路66号
电　　话：69842511
邮　　编：102300

（石建芳）

旅　　游

【概况】　年内，区旅游局围绕“做大、做强旅游产业”的宗旨，加强旅游设施建设，突出旅游特色品牌，重点发展生态休闲游、乡村体验游、历史文化游和康体休闲游，全年旅游接待395万人次，旅游收入4.68亿元，比上一年同期分别增长8.3%和15.8%。

单位名称：北京市门头沟区旅游局

地　　址：北京市门头沟区新桥大街56号

电　　话：69834170

邮　　编：102300

（李冬华）

【黄金周情况】　春节黄金周，接待游客18.5万人次，实现旅游收入1800万元，比上一年同期分别增长26.0%和29.5%，其中，民俗旅游接待游客8万人次，实现旅游收入610万元，比上一年同期分别增长28.2%和32.4%；“五一”黄金周，接待游客25万人次，实现旅游收入2300万元，比上一年同期分别增长36%和39%，其中，民俗接待游客12万人次，实现旅游收入1000万元，比上一年同期分别增长37%和39%；“十一”黄金周，接待游客28万人次，实现旅游收入3200万元，比上一年同期分别增长27%和39%，其中，民俗旅游接待游客15.5万人次，实现旅游收入1300万元，比上一年同期分别增长29%和33%。

（李冬华）

【春节旅游活动信息发布会】　1月11日，2009年门头沟春节旅游活动信息发布会在潭柘寺景区举行。翟云峰及相关领导出席发布会。来自天津的近百余名新闻记者及旅行社管理人员应邀参加。发布会上，翟云峰重点介绍了区内的旅游概况、景区分布、特色活动及旅游开发合作项目。其中，以“新年游京西欢喜过大年”为主题的春节活动和以潭戒两寺为代表的寺庙旅游活动受到天津朋友的关注。

（李冬华）

【北京市首届旅游山会】　3月5日，“与春天同行”文艺演出拉开了北京市首届旅游山会的序幕。此届山会本着“以山约友、以山会友、以山聚友”的活动理念，根据区内一年四季的景色变化，分别组织开展了主题为“山之春、山之夏、山之秋、山之冬”的四季特色旅游活动。

（李冬华）

【参加东西部合作投资洽谈会】　4月6日至8日，区旅游局参加了在西安举办的第十三届中国东西部合作与投资贸易洽谈会。会上，门头沟区的展台和宣传资料吸引了国内各旅游业内人士的关注。会议期间共发放潭柘寺、妙峰山、百花山等景区旅游宣传折页及《旅游山会》、《门头沟区旅游一册通》、《门头沟区旅游地图》等宣传资料2000余份，推动了区旅游产业的发展。

（李冬华）

【潭柘寺玉兰节】　4月9日，潭柘寺首届玉兰节开幕。开幕式上，潭柘寺武僧团正式宣告成立，并首次为游客表演武术。开幕式当天，还进行了包括皇帝进香表演、潭柘寺禅茶茶艺表演和民俗歌舞表演等在内的多项大型文艺表演。同时，开展了“潭柘寺主题书法、摄影互动评选”活动。活动期间，已有400余年树龄的“二乔玉兰”和紫玉兰、朱砂玉兰、白玉兰、黄玉兰等众多品种的玉兰相继开放。此届玉兰节受到了市区各级领导的重视，市旅游局、市文物局和门头沟区政府等多个部门的100余位领导出席了开幕式。

（李冬华）

【参加唐山旅游博览会】　4月10日至12日，组织区内主要景区、宾馆等10余家旅游企业参加了在唐山国际会展中心举行的第五届“2009环渤海16港口城市及北京（16+1）旅游博览会”。博览会上，以“旅游山会”为主要特色共设两个展台，通过发放宣传材料、现场咨询、推介的方式，全面展示旅游资源，吸引了大量业内人士及参会游客。期间，共发放包括《门头沟旅游一图通》在内的各类宣传资料4万余份，受到了当地媒体和电视台的关注。

（李冬华）

【举办妙峰山春季庙会】　4月25日，以“金顶祈福纳吉祥宏扬妙峰福文化”为主题的妙峰山第十七届传统庙会在妙峰山景区开幕。活动期间，有五虎少林、中幡、高跷、秧歌、文场、小车、旱船等近百余档传统民间花会朝顶进香、酬山赛会，进行民间文艺表演交流，演员身着古装、扮脸谱、用地道的香会语言展现明清香会盘道、打知、换帖、叫门、参驾等内容，同时还有施粥布茶、舍馒头、舍缘豆等传统民俗活动，再现明清时期庙会的历史风貌。期间，开展了旅游商品展卖、妙峰山庙会今昔图文展、撞吉祥钟敲太平鼓及带福还家、"妙峰山杯"摄影大赛等众多活动。活动持续至5月9日结束。

（李冬华）

【"代马依风走京西"活动】 5月17日，"代马依风走京西"古道大型徒步行走活动在妙峰山镇水峪嘴村启动。此次活动以京西古道为主题背景，马帮助阵，社会各界户外运动爱好者以自愿报名、专家指导等多种形式，完成古道行走活动。行走过程涉及走近古道、古道拾遗、道听途说、村落风采、古道环保行、地质摇篮、昔日古道"老照片"征集、京西古道网站/博客跟踪报道等内容。同时，开展了"代马依风走京西"摄影书画作品展、《京西古道》系列丛书出版、《京西古道——代马依风走京西》大型记录片等后续活动。

（李冬华）

【妙峰山玫瑰谷之约】 6月15日，以"让世界知道我爱你"为主题的妙峰山玫瑰谷之约活动在妙峰山景区玫瑰园举行。近百对夫妇、情侣簇拥着6对身着婚纱、礼服的新人，在玫瑰花前许下诺言。活动期间，游客还可在园中自采玫瑰，晾干泡茶，也可向当地的花农讨教自制玫瑰酱等玫瑰食品的多种做法，体验玫瑰采摘的乐趣。此次活动设有玫瑰展区，展示玫瑰酱、玫瑰精油、玫瑰黄芩茶、玫瑰饼等各种玫瑰产品。活动持续至6月底结束。

（李冬华）

【参加中国西部旅游产业博览会】 6月19日至21日，参加了在重庆举办的以"多彩西部"为主题的"第一届中国西部旅游产业博览会"。博览会期间，大力推介门头沟区特色旅游项目，介绍消夏休闲游、消夏避暑游、消夏民俗游等系列特色品牌旅游，受到了参观者的高度关注。期间，共发放《门头沟旅游－图通》2000余册及包括潭柘寺、妙峰山、百花山等各大景区在内的各类宣传资料1500余册，收到了良好的宣传效果。

（李冬华）

【北京首届永定河穿越赛】 7月4日，为期两天的2009年北京首届永定河穿越赛举行。此次活动以"穿越母亲河"为主题，以富有门头沟区永定河流域特色的民俗、民间文化为主线，赛程贯穿龙泉雾、军庄、陈家庄、陇驾庄、斜河涧、水峪嘴、丁家滩、下苇甸、色树坟、王平镇、落坡岭水库、沿河城等多处地区，涵盖了区众多古村落和风景名胜区，全程96公里。北京大学、清华大学、中国科学院和多威马拉松俱乐部、北京山地运动队等单位组织的60支代表队共300名运动员参加了专业组的比赛，区机关、企业、事业单位干部职工近250人参加了群众组的比赛。

（李冬华）

【灵山风情节】 7月4日至9月17日，在灵山风景区举办第十届灵山风情节。风情节期间，举办歌舞之夜活动，为游客献上《美丽的哈拉玛》、《采花》等经典藏族民歌。同时，游客还能品尝到人参果粥，酥油粑、酥油茶、青稞酒、奶茶、烤野兔、羊肉串、烤全羊等独特的藏族饮食。锅庄热舞、《雪域高原送吉祥》大型歌舞表演、"北京之巅送清爽"等活动也是此次风情节的重要内容。

（李冬华）

【潭柘寺禅茶文化节】 7月7日至9月，举办潭柘寺首届禅茶文化节。开幕式上，开展了潭柘寺禅茶茶艺展示、古筝、琵琶古乐演奏及禅茶品赏等活动。文化节期间，推出体现佛教"正、清、和、雅"传统思想的潭柘寺禅茶和体现素斋文化的潭柘寺素饼，同时，还进行了潭柘寺传统的皇帝进香表演和潭柘寺武僧团的精彩武术表演。

（李冬华）

【西峰寺休闲旅游文化节】 8月8日至10月8日，西峰寺休闲旅游文化节在常宽、朱桦等众多乐队歌手的歌声中正式举办。活动期间，向游客展示了农家小院、农家饭菜、乡间茶馆、农家酒吧、山野垂钓和古桥古道等特色内容，同时，还举办了"啤酒节"活动。

（李冬华）

【京白梨采摘节】 9月3日，区第十二届京白梨采摘节开幕。开幕式当天，除了传统的威风锣鼓表演，还开展了旅游推介活动，对"京白梨"等众多名特优果品进行了重点推介，并提供了众多金秋采摘游可选线路。20余家旅行社及众多媒体参与了推介活动。

（李冬华）

【参加北京国际旅游节】 10月23日，组织区内主要旅游景区参加了以"欢欣鼓舞，相聚北京"为主题的第十一届北京国际旅游节。活动期间，在鸟巢前设置的门头沟区咨询展台吸引了大量游客，活动首日发放景区宣传折页3.1万余份，接待咨询人员近万人次。

（李冬华）

【举办围棋邀请赛】 11月29日，市第十二届“京柯杯”局级干部围棋邀请赛在龙泉宾馆举行。刘云广宣布围棋大赛正式开始。大赛受到了中央机关部门及国家企业等领导的高度重视，包括中宣部、文化部和北京市18个区县在内的60名选手参加了比赛。比赛分甲、乙两组，分别由实力选手和围棋爱好者组成。赛后，北京市原政协副主席李获生，区领导王智慧、翟云峰为获奖选手颁奖，并合影留念。

（李冬华）

【增收帮扶工作】 年内，围绕“坚持科学发展旅游促进增收”的主题，成立了帮扶工作组，制定了工作职责，建立了定期例会制度，并联系村开展调查研究，制定切实可行的帮扶工作方案。建立了低收入农户联系表，明确帮扶科室和人员，建立帮扶台帐。局党支部分别与帮扶对象永定镇栗元庄村和白庄子村结对，党员与结对村的低收入农户开展一对一帮扶，做到处级领导包6户，科级领导和支部委员包8户，一般党员包4户，实现了全面覆盖。同时，在帮扶村开展了两期民俗旅游接待户业务知识培训，并带领帮扶对象村“两委”成员及大学生村官到朝阳区崔各庄乡进行参观学习。中秋、十一节前，对两个村的贫困户进行了走访慰问。

（李冬华）

【旅游宣传促销工作】 年内，通过中央、市级、区级近百家宣传媒体进行宣传报道，发布旅游活动信息400余条，报刊类信息300余条；录制市、区级新闻、广播类节目1200余分钟。通过网络平台报送信息200余条，其中向市、区级信息中心报送政务类、资讯类信息150余条。同时，组织参加各类旅游交流博览会10余场，发放各类旅游宣传材料21万余份。

（李冬华）

【旅游调研规划工作】 年内，开展了多项旅游调研及规划编制工作。与策划公司合作完成了柏峪、洪水口一村一品策划；与北京神州新记录规划设计院合作编写完成了区煤矿及非煤矿山关停调整中旅游业发展规划，并经市局审核完毕；与北京神州新记录规划设计院合作编写完成了《北京市生态涵养区旅游项目推进规划》初稿。其中《门头沟区煤矿及非煤矿山关停调整中旅游业发展规划》在北京市2007－2009年旅游规划评选中获一等奖。

（李冬华）

【旅游市场监管工作】 年内，共出动检查人员308人次，开展各类联合执法检查行动34次，检查企业范围覆盖率达到100%。同时，建立安全隐患台帐，全年共发现、登记、消除各类安全隐患33个，整改率达到100%。

（李冬华）

【民俗旅游创建工作】 年内，新创建市级民俗旅游村3个，市级民俗旅游户51户。同时，对旅游从业人员进行了八种特色业态标准辅导，对区内现有民俗旅游经营户进行了梳理、选拔，完成了对基本符合创建标准的57个民俗旅游经营户的上报工作。

（李冬华）

【旅游基础设施建设工作】 年内，完成了爨柏线、妙峰山旅游带标识系统建设；潭柘寺景区1号停车场改造、服务中心改造、路椅、景区监控系统等建设；戒台寺景区服务中心建设；妙峰山标识牌及环境综合治理；十八潭景区道路，标识牌等工程建设；灵山景区警告标识、餐厅会议室建设；百花山标识建设及厕所建设；爨柏景区标识及咨询站建设。同时在灵山、黄草梁、铁坨山建设完成了42处野外应急救援指示灯杆。

（李冬华）

【旅游咨询服务工作】 年内，由市旅游局投资建设的区旅游咨询服务总站建设完成，并于5月1日正式投入使用。咨询服务工作继续保持和发扬“以人为本，优质服务”的工作作风，全年共接待上门咨询游客5.3万余人次，电话咨询6 2万余人次，发放各类宣传资料20余万份，为游客出行提供了便利。同时，发展和建设了妙峰山、雁翅、斋堂、苛萝坨等7个旅游服务咨询中心，各个中心结合所处地域和自身特点发挥咨询服务作用。

（李冬华）

【培训工作】 年内，举办安全培训、农家乐培训、旅游从业人员岗位培训、甲型H1N1流感疫情防控知识培训、景区讲解员培训、消防演习和旅游项目申报系统培训等各类培训班7期，培训各类人员共计2000余人次。同时，组织开展公务员政治理论培训、业务培训、专业技术培训等培训工作，实现处级领导干部人均培训362学时，科级以下公务员人均培训150学时。

（李冬华）

【党风廉政建设工作】 年内，成立了廉政风险防范管理工作领导小组，制定了《门头沟区旅游局廉政风险防范管理工作实施方案》和《实施细则》，提出了《门头沟区旅游局廉政风险防范管理工作考核办法》。完善和修改了党风廉政建设、精神文明、组、宣、纪、行政执法等工作意见、办法、规定共计21件，拟定了“党风廉政建设责任书”和“勤政廉洁责任书”两个责任书文本，全局25名干部职工全部签定了责任书。签订责任书和知晓率均达到了100%。同时，贯彻“五个亲自”和“三个抓好”工作要求，并根据“三重一大”制度要求，先后制定了《党组重大决策征求意见制度》、《党组会议事规则》和《专项工程大额资金管理制度》等规章，做到了严格落实。

（李冬华）

【科学发展观】 年内，把握科学发展观学习实践活动的总体要求和总体目标，结合工作实际，围绕“坚持解放思想，推动科学发展，创建北京旅游示范区”三个主题，提出“四新”要求，即在统一思想上取得新提高、在解决突出问题上取得新突破、在改进工作作风上取得新成效、在党员干部队伍建设上取得新进展。同时，贯彻落实坚持解放思想、突出实践特色、贯彻群众路线、正面教育为主、坚持分类指导五条主要原则，分学习调研、分析检查和整改落实三个阶段，通过解放思想讨论、召开领导班子专题民主生活会、形成领导班子分析检查报告、制定整改落实方案和集中解决突出问题等六个环节将学习实践活动落到实处。

（李冬华）

综合经济管理

发展改革工作

【概况】 区发展和改革委员会负责全区国民经济和社会发展统筹协调、经济体制改革综合协调的区政府工作部门。现设有办公室、规划发展科、经济体制改革科、基础设施产业发展科、经济社会发展科、固定资产投资科、物价管理科、法规稽查科、区域经济合作办公室9个科室。区物价检查所、区价格认证中心、政府采购中心和企业发展服务中心是区发展和改革委员会直属事业单位。年内全区经济整体运行质量稳步提高，地区生产总值70.5亿元，同比增长8%。完成全社会固定资产投资85.5亿元，增长20.4%。实现财政收入9.3亿元，增长4.3%，完成计划122.7%。城镇居民人均可支配收入23345元，农民人均纯收入11475元，分别增长8%和11.6%。

单位名称：北京市门头沟区发展和改革委员会

地　　址：北京市门头沟区新桥南大街甲28号

电　　话：69842187

邮　　编：102300

（刘　捷）

【京津风沙源治理】 年内，注重明确各部门职责，按国家技术标准和质量要求组织施工，坚持六个统一，五个落实。加强资金管理，实行报账制，做到专项专户管理，专款专用；实行监理制，对施工质量、建设工期和建设资金使用等方面实行全过程监理；实行公示制，层层签订责任书，落实责任；实行合同制，建设项目的设计、施工、设备材料和种苗采购以及工程监理、建后管护等各个环节都要依法签订合同。工程竣工后，由区生态办会同有关部门进行验收。截止到2008年12月，封山育林8万亩，人工造林0.8万亩，爆破造林0.36万亩，人工种草0.2万亩，围栏封育2万亩，草种基地0.1万亩，暖棚建设1万平方米，饲料机械96台的任务已全部完成。

（刘　捷）

【区领导调研】 3月5日，伊欣欣到区发展改革委检查工作，并做了指示。9月27日，区监察局有关领导到招商投资服务大厅进行节前视察调研，视察了大厅的监控系统和防火等安全问题，并与大厅工作人员座谈，就近半年工作情况进行沟通交流。

（刘　捷）

【市领导调研】 5月6日，市发展改革委投资处副处长杨秀玲到区内对采空棚户区改造工程进行调研，实际勘察了工程现场，并就项目情况进行沟通。13日，市发展改革委区县处和阿特金斯公司到区内调研，听取斋堂镇介绍斋堂镇情况和发展思路，并实地勘察现场，启动斋堂镇概念性规划编制工作。9月18日，市发展改革委主任张工到区内调研，勘察了再生水厂和石门营经济适用房工程现场，并听取区经济发展和投资完成情况的汇报。

（刘　捷）

【绿色审批通道】 年内，制定投资建设项目绿色审批通道实施办法，放宽绿通项目准入标准，全区纳入市绿色审批通道的项目达22项，总投资176亿元，年度计划投资60亿元，开工11项，投资21.7亿元，完成全区投资的31.4%，；区级绿色通道项目7项，总投资2亿元，年底前全部开工。

（刘　捷）

【信息化平台建设】　年内，为加强政府投资监管，自主开发了2009年目标任务系统，将政府目标任务书涉及的全区重点工程等工作任务的项目名称、区级责任领导、责任单位、完成时限、工作措施、可验证事实材料全部于政府专网进行公示，各责任单位按照任务进度按时更新进展情况，系统可即时自行生成进度汇总材料，区领导还可以随时对某个项目进行督查催办。

（刘　捷）

【完善重点工程储备库】　年内，为进一步加强政府投资项目的前期管理和储备工作，发挥发展改革委宏观经济调控的作用，变被动审批为主动服务，将项目的酝酿、提出、策划、申报、储备作为一项日常工作，建设单位随时上报入库项目，发展改革委及时初审反馈，实现双方良性互动，进一步推进了工作，做到规划一批、储备一批，建设一批的项目管理目标。

（刘　捷）

【依法开展价格监督检查】　年内，出动720人次对全区39个监测调查点的390个品种进行价格监测，向市发展改革委报送监测数据报表2500余份。同时完成涉农收费检查、春季教育收费检查等12项专项行动，检查经营单位1175户，受理价格投诉39件，答复群众价格咨询25人次，办结率100%。

（刘　捷）

工商行政管理

【概况】　年内，以学习和实践科学发展观活动为主线，以“平安国庆”为中心，以推进建设现代化生态新区为目标，完成了“平安国庆”保障工作，推进工商职责履行到位，确保辖区市场经济秩序稳定。

以“平安国庆”为中心工作，确保区市场经济秩序井然有序。针对特定时期任务，确定了11个市场秩序风险点，制定评估报告和控制方案，确保防控工作万无一失。共出动执法人员2273人次，检查各类经营主体5113户次，规范经营行为500户次，行政指导370户次，查处违法案件132起，罚没款46.96万元，没收电脑设备6套，查扣卫星电视接收天线32个和卫星接收机49台，查扣不合格塑料袋40万个。

强化市场监管，确保市场秩序稳定。截至11月，全区共有市场主体24846户，比年初22801户增长8.97%，其中，内资、私营企业和个体工商户均以每月1%左右的速度递增，分别比年初增长8.66%、7.02%和8.7%，农民专业合作社比年初增长22%。棚户区改造工程覆盖区城镇一半以上，由于措施到位，年检验照未受任何影响。年检率94.2%，验照率91.66%，同比增长2%和0.39%。做好商品、食品质量安全监管工作，抽测食品样品1329个，合格率96.5%；抽测商品样品13类共135组，合格率57%，并及时对不合格食品、商品进行了区域下架和立案处理。分局的食品流通行政许可工作正式开始，已核准57户。全区流通领域食品经营户共1925户。分局结合地区实际，通过组织座谈和上门走访畅通分局与群众的沟通渠道。共接待消费者投诉73件，申诉80件，举报95件，信访5件，代表提案2件，做到有诉必查，有访必接，提案必复，共为消费者挽回经济损失14.17万元。年内，共实施各类行政指导2763次，办理一般程序案件145件，同比持平，罚没款53.7万元，同比减少61.2%。违法案件的情节及危害程度等呈现明显下降趋势。

分局强化服务理念，提高公共服务水平，促进区域经济又好又快发展。分局通过开展对廉政和监管风险点的查找，确定了106个风险点和108个防控措施。从细节上对干部的工作和作风进行了有效约束。通过电话回访、调查问卷等方式测评政风行风，满意率94.2%，基本满意率5.8%。年内，分局以支持地区农民专业合作组织的发展为重点，开展了以玫瑰花、黄芩种植和肉鸡养殖三种产业为重点的规范合同文本工作。现已规范并推行了《玫瑰花及其制品购销合同》文本，完成了《北京市肉鸡放养合同》、《北京市黄芩收购合同》的制定工作。分局编印《门头沟区实施商标战略指导手册》，撰写《关于门头沟区商标发展状况的调查及加快实施商标战略的建议》、《关于实施商标战略促进经济发展的工作意见》等，研究制定了以商标战略服务地区经济发展的思路：开展培训，先后对王平、妙峰山、潭柘寺3个镇300余人进行了商标知识培训，对企业进行指导并发放了《商标战略建议书》600份；推荐了区内7件注册商标参加北京市著名商标的评选认定。

分局各项工作受到市局、区委、区政府肯定，多个集体和个人被评为先进。1人荣获北京市工商系统二等功，分局共有18人荣获首都工商系统三等功，65名同志获得嘉奖。斋堂工商所被评为北京市先进工商所，企业监督科、商标广告科和信息档案中心荣获系统内先进集体。

单位名称： 北京市工商行政管理局门头沟分局
地　　址： 北京市门头沟区滨河路70号
电　　话： 69869749
邮　　编： 102300

（田俊鹏　王红玉）

【开展烟花爆竹监管】 1月4日，开展烟花爆竹专项检查，重点检查烟花爆竹销售网点的主体资格、经营场所、进货渠道、商品规格、品种、商标等方面。经查，各销售网点100%达到证照亮挂经营，进货台账记录齐全、内容清楚，所售烟花爆竹均为市准许销售的正规品标商品，符合燃放安全标准。

（田俊鹏　王红玉）

【取缔一无证照熟食加工点】 1月5日，查获一非法生产加工熟肉制品的“窝点”。经查，当事人无任何生产加工证照，涉嫌无证照非法食品生产加工行为。执法人员立即责令其停止违法经营活动，当场封存加工熟食原材料20吨。

（田俊鹏　王红玉）

【开展酒类市场专项整治】 1月14日，联合牛栏山、金六福、京酒等厂家专业鉴定人员，开展流通环节酒类市场专项整治行动。主要以酒类流通源头为重点，针对销费量较大的批发市场和大型综合超市进行清查。经查，双峪、河滩酒类批发市场和小白羊等大型综合超市酒类经营秩序良好，暂未发现无证无照、制售假冒伪劣酒类商品等违法经营活动。

（田俊鹏　王红玉）

【宣传活动】 1月19日，与区烟花办、监察局、公安分局等部门联合开展了“依法文明安全燃放、喜迎建国六十周年”宣传活动。全区13个镇、办事处分别在镇政府、街道、社区居委会设立分会场进行宣传咨询。此次活动，共悬挂横幅42条，摆放黑板报、展板86块，书写标语126条，发放各种宣传品共计10万余份，受教育人数约8万余人，达到宣传群众、发动群众、教育群众的目的。9月21日，到育园中学宣传打击传销法律知识。分局经济检查科科长向同学们讲解了什么是传销、传销的特征及如何防范。同时，执法干部向师生们发放各类打传宣传材料1000余份。通过此次宣传活动，增强了在校学生对传销的免疫能力，降低了其受到传销伤害的可能性。10月14日，在斋堂镇爨柏旅游景区爨底下村开展了《食品安全、消费维权进山区、进农村、进景区》现场宣传、咨询服务活动。活动现场，工商干部向群众现场演示食品检测过程。同时，发放宣传材料200份。

（田俊鹏　王红玉）

【“巡、验”结合，提高验照进度】 2月1日至3日，王平工商所结合辖区监管工作实际，连续3天由所长、副所长带队，兵分两路到辖区每一个村镇办事处、个体工商户经营点进行到位巡查、监管，了解、掌握其经营情况并进行上门验照及验照宣传。王平所走访45个自然村，巡查个体工商户120余户，上门验照12户，发放验照通知66份。

（田俊鹏　王红玉）

【区委区政府考核】 2月16日，区委区政府督查考核小组对区工商分局2008年度目标管理落实情况进行督查考核。在听取了分局领导汇报，察看了各类文件资料、档案材料后，考核小组对分局2008年工作给予了肯定，并提出了建议。

（田俊鹏　王红玉）

【开展印刷企业安全检查】 2月24日，会同区公安分局、文委对区印刷企业经营场所进行安全检查，重点检查4户印刷企业。分局要求各企业要切实做好安全生产工作。

（田俊鹏　王红玉）

【停办采空棚户区营业执照】 2月27日，对辖区拆迁区域停办《营业执照》。随着区内采空棚户区改造工作的启动，大量拆迁棚户区内居民到工商所申请办理《营业执照》，个体工商户登记数量由平常每天的10户激增到40余户。分局领导立即向区政府做书面汇报，强调此种反常现象对全区整体城镇建设带来的诸多潜在隐患。接区长答复后，分局立即停办该区域《营业执照》，确保了辖区经济秩序的稳定。

（田俊鹏　王红玉）

【召开案件研讨会】　3月4日，召开案件研讨会，就维护注册商标专用权、医疗机构发布固定形式印刷品广告等问题进行探讨。结合分局调查的区中医医院城子门诊部未经审批擅自发布固定形式印刷品广告案及新出现的被医疗机构普遍采用的广告发布形式的合法性、合理性以及发布者的主体资格、资质等情况进行探讨。

（田俊鹏　王红玉）

【加大旅游市场检查力度】　3月8日，对辖区潭柘寺、戒台寺、妙峰山等重点旅游风景区及景区周边商店、饭店、农家乐经营情况、食品索证索票制度建立情况进行全面检查。为保证“两会”期间区旅游市场经济秩序，分局坚持“安全第一，预防为主”的方针，加大执法力度，制定相关应急预案，做到人员在岗、联络畅通、装备完好、快速接报、快速反应、快速处置，确保景区经济秩序良好。

（田俊鹏　王红玉）

【开展“扫黄打非”专项行动】　3月10日，会同区文委、公安分局对区门城、永定地区经营图书、音像制品经营户进行重点执法检查。此次共检查图书、音像制品经营户10户，发现问题4户，主要问题是涉嫌销售盗版图书、非法出版物。检查中暂扣盗版图书、非法出版物100余册。

（田俊鹏　王红玉）

【“保春耕”农资市场专项检查】　3月12日，与区农发中心联合开展农资市场专项检查。执法人员对区门城、永定地区5个较大规模农资经营单位的证照、商品的进货来源、进货票据、台帐登记情况逐一进行检查，并提示经营单位要严格进货渠道，严格落实“两证、两票、一卡、一书”和进货公示制度；同时还向经营单位发放了“农资供货商主体资格检查制度”的相关宣传材料。

（田俊鹏　王红玉）

【3.15宣传进社区】　3月13日，会同区消费者协会到新桥社区举办《新桥社区3.15食品药品消费安全知识培训》。执法干部向65位社区居民讲解、分析食品安全和消费维权的具体案例，现场发放材料2000余份。

（田俊鹏　王红玉）

【科学发展观活动】　3月17日，召开学习科学发展观实施动员大会。会上，区科学发展观活动指导检查组组长介绍了指导检查组的工作职责，并针对分局开展科学发展观活动提出了具体要求和建议。4月1日至3日，分局党组围绕“真心读书思考、集中交流讨论、提高思想认识、促进工作发展”的主题，组织处级以上党员干部进行集中学习，对全面落实学习实践活动进行研讨。年内，为确保学习实践科学发展观活动取得成效，提出了“改进监管方式，促进机制创新，提高服务水平，推动经济发展”的活动主题。“改进监管方式”：即按照“四个统一”监管模式的要求，改进监管方式，切实做到监管与发展、监管与服务、监管与维权、监管与执法相统一；“促进机制创新”即着眼全局、着眼长远，确立规范性、长效性管理机制，用科学、先进、合理的工作机制促进工作可持续发展；“提高服务水平”即尽心尽力当好经济发展的促进者、消费者权益的维护者、市场主体的服务者；“推动经济发展”是以人为本、改善民生的根本途径，也是工商监管的最终目的。

（田俊鹏　王红玉）

【设立“流动年检窗口”】　3月18日，永定工商所按照“提高效率强化服务便捷年检”的工作方针在石龙经济开发区管委会设立了“流动年检窗口”，集中为企业办理年检手续。当天，现场集中为57户企业办理了年检手续。

（田俊鹏　王红玉）

【领导调研】　3月31日，分局领导陪同北京市工商学会有关领导到定点帮扶对象潭柘寺镇赵家台村进行调研。市区两级学会细致了解赵家台村的发展概况，实地考察了农家乐、老村落、紫石砚加工厂等，并与镇、村参会领导就村内发展前景进行了探讨。5月19日，市局局长张志宽到局内进行调研。在听取分局局长对上半年工作情况的汇报后，指出：一要继续把队伍建设工作做扎实，要加强干部之间的沟通、团队之间的交流，增强干部的大局意识、整体荣誉感，提高队伍凝聚力；二要从职能出发，从工商角度出发，继续扎实做好基础工作，强化服务，加强各项基础工作的落实，以提升总体水平，为下半年经济复苏发展奠定基础；三要强化专业化培训，提高干部综合素质，提高应用能力。

（田俊鹏　王红玉）

【工商开放日】　4月22日，门城工商所迎来一群特殊客人，他们参观了门城所在企业年检、个体验照、登记、12315举报投诉等方面的工作流程。分局改变以往“工商开放日”的活动形式，把活动现场从少数人参加的会场转移到群众都能看见的对外办事大厅，增加了活动的互动性和实效性，达到了让百姓“走进工商、了解工商、监督工商、支持工商”的良好效果。11月5日，召开以“合同扶农”为主题的年度第二次工商开放日活动。活动邀请人大、政协、公安、法院等相关部门领导、企业代表共50人。一是宣传介绍合同示范文本；二是就区内合同工作开展情况、存在不足及今后合同工作的思路同与会代表进行座谈。活动中，发放《风险防范管理工作民主评议表》、《合同风险防范指导手册》和《实施商标战略指导手册》各36本。

（田俊鹏　王红玉）

【检查疫情防控工作】　5月8日，市工商局食品安全专员到局内检查甲型H1N1流感防控工作。在听取分局对甲型H1N1流感防控工作情况汇报后，市局食品安全专员对分局工作给予肯定，并要求分局将边远山区食品安全工作作为防控重点，同时要进一步加强防控工作，落实市局防控文件。

（田俊鹏　王红玉）

【清理非煤矿山】　5月8日，联合区安监局、区国土局、区电管站就群众举报的北京天利采石厂、原北京嘟噜峪石灰厂私接电源进行石料破碎问题展开调查。联合执法队要求原北京嘟噜峪石灰厂限期拆除破碎设备，停止破碎工作，在5月30日前完成尾矿处理工作，并达到区安监局对矿山关闭的验收标准。随后执法队对北京天利采石厂做出相同处理。此次联合执法，现场拆除供电变压器2部。

（田俊鹏　王红玉）

【开展全员专业化培训】　5月11日，开始进行年度专业化脱产培训，培训以：打基础，抓培训，强素质，提高干部综合水平；保经济，保民生，保稳定，学习实践科学发展观为主题，组织分局全员分三批进行。培训涵盖科学发展观、专业执法、综合素质等各方面内容。

（田俊鹏　王红玉）

【召开风险控制工作会】　5月13日，召开“新中国成立60周年庆祝活动期间市场秩序风险控制工作会”，传达并部署北京市工商局57号文件精神。会议确定围绕“确保主体合法、经营规范、竞争有序、秩序良好”的工作目标，排查分析辖区内的市场秩序风险隐患，确定控制风险点，并组织专门力量对风险点逐一整治和监控，做到在规定时限内有效消除和防控。

（田俊鹏　王红玉）

【规范养殖收购合同】　5月21日，召开肉鸡放养购销合同座谈会，辖区养殖经营户代表参加会议。会上，分局合同科科长针对经营户在养殖和销售过程中出现的合同问题进行讲述，重点介绍规范合同的使用和签订对活跃农村发展，富裕农户经济，实现买卖双方责权相互公平、平等的实际意义。参会代表也纷纷献言献策，确保购销合同推广。

（田俊鹏　王红玉）

【规范玫瑰花种植合同】　6月5日，就妙峰山涧沟村特色农产品玫瑰花的生产、加工、销售活动中合同签约有关问题召开座谈会。会上，在听取该村在经济合同中出现的问题后，分局合同科科长结合涧沟村经济合作社与妙峰谷香园食品厂签订的玫瑰花销售合同进行分析，并讲解合同订立中应注意的问题。主管局长指出分局将发挥合同监管的职能作用，帮助当地农民把好合同签约关口，减少农民经济损失。

（田俊鹏　王红玉）

【办公楼基建改造正式开工】　6月20日，区工商分局办公楼基建改造工程经过前期论证、设计、招标后正式开工。工程承建单位为北京六建集团第十九分公司。分局各科室暂搬迁至永定工商所、门城工商所、执法队等地办公。

（田俊鹏　王红玉）

【打造地区名牌商标】　6月20日，主管局长带队到北京灵之秀茶文化有限公司及由其牵头组建的北京灵之秀大村黄芪种植合作社进行调研。工商干部与企业领导、合作社农民代表就企业和合作社经营模式及商标发展战略等问题进行研讨。结合工商职能工商干部提出了做强做大灵之秀品牌，打造地区名牌商标的建议，得到企业认可。

（田俊鹏　王红玉）

【网上工商工作站正式开通】　6月30日，举行“网上工商工作站”启动仪式。网上工商工作站是工商部门利用现有网络资源，建立的与社区交流互动的新平台，使社区群众足不出户就能够通过网络与工商部门沟通情况，进行投诉、举报。该站由食品安全、社区动态、提示与预警、办事指导等5个模块组成。该站的成立进一步延伸了工商工作的触角，有利于更好地发挥工商职能作用。

（田俊鹏　王红玉）

【开展食品流通许可受理】　7月

1日，区工商分局食品流通许可工作正式展开。分局在登记大厅设置许可受理窗口和专职受理人员，开展咨询受理工作。主管局长到食品流通许可窗口视察人员部署、资料文件、设备配置等相关工作的落实情况。分局食品科设计《食品流通许可工作流程图》，细化明确许可流程，确保食品流通许可工作开展。

（田俊鹏　王红玉）

【打造品牌工商工作站】　7月7日，到斋堂工商所对创建“京西爨下”工作站品牌服务工作进行指导。要创建“京西爨下”工作站品牌服务，就要立足工商职能的有效整合与发挥，以服务新农村建设，促进农村发展、农民增收为目标，依托工商工作站，开展好“政策扶农”、“红盾护农”、“权益保农”、“合同帮农”、“商标护农”和“服务兴农”等形式多样的服务活动。

（田俊鹏　王红玉）

【到挂钩帮扶村调研】　7月21日，赴黄塔村、上清水村开展科学发展观联系帮扶调研活动。分局以落实科学发展观为契机，同有关部门协调沟通为上清水村开办集贸市场，让贫困户尽快摆脱贫困，并逐步带领全村农民走上小康路。

（田俊鹏　王红玉）

【查非法销售卫星电视设施】　7月23日，据举报突击检查一违法销售卫星电视设施商店。经查，该店内有尚未销售的卫星电视设施，当事人既不能提供相关证明手续，也无法提供产品相关证明文件及说明书，属非法销售卫星电视设施。依据相关法律法规，分局责令当事人立即停止销售，扣留其卫星电视设施：接收天线27个、高频头32个、解码器44个。

（田俊鹏　王红玉）

【查扣不合格塑料袋】　8月10日，依据举报线索，联合区公安分局查处一囤放不合格塑料袋仓库窝点。在不足5平方米的小屋内，囤积了大量不合格塑料袋。执法人员当即开展现场调查取证、制作现场询问笔录，当场暂扣不合格塑料袋35包，40万个，价值2万余元。

（田俊鹏　王红玉）

【开展基层派驻工作】　8月17日，选派一批业务骨干到斋堂工商所学习、指导工作，拉开了基层派驻工作的序幕。派驻工作有助于科所人员沟通交流、互动学习。同时，派驻人员对工商所进行实地业务指导，促进“规范化工商所”和“标兵工商所”的创建。

（田俊鹏　王红玉）

【督查国庆市场秩序风险点】　9月2日至3日，通过“查、听、看、评”的方式，对各工商所落实国庆风险控制方案和风险点防控情况进行督导检查。一查：抽查工商所辖区内重点大街或重点区域的市场主体，依据监管重点进行检查。二听：听取工商所所长工作汇报。三看：查看工商所在落实风险控制工作方面的相关文件、方案、措施等。四评：由各业务科通报检查结果，并对检查地区市场秩序控制情况进行评价。此次共抽查经营主体69户，存在问题的13户，问题率19%。

（田俊鹏　王红玉）

【消费维权绿色通道】　9月9日，向辖区包括物美超市在内的9家企业颁发消费维权绿色通道牌匾。消费维权绿色通道是工商部门结合日常监管情况，据企业经营规模、信誉度及处理投诉能力等综合情况，在大型商场、超市和市场中开设，由企业选拔专职投诉调解员，在工商部门指导下自行调解消费纠纷。消费维权绿色通道的设立，促进了工商部门与监管对象的交流合作，有利于对监管对象的规范监管，提升商家的责任意识，完善商家自身建设，便于消费者快速解决消费纠纷。

（田俊鹏　王红玉）

【开展国庆文艺汇演】　9月，分局参加市、区级各类迎国庆文艺演出活动。女声小合唱在市局“迎、讲、树”歌咏比赛和区内的文艺汇演中，分别荣获三等奖和优秀奖。群口快板《红盾照我万里行》代表首都工商系统参加了国庆阅兵仪式上“依法治国”方阵的誓师大会暨联欢汇演，使首都工商的良好精神风貌得以全方位展示。

（田俊鹏　王红玉）

【全市工商系统“比武练兵”】

10月下旬至11月中旬，参加了全市工商系统的“岗位大练兵、专业大比武”活动。在1项综合类、8项专业类全部比赛中，分局综合类大比武优秀率100%，位居全市前列，在专业比武中，企监、消保、经检部门获得了较好的集体成绩，3名干部荣获分局级标兵荣誉。

（田俊鹏　王红玉）

【加强易制毒化学品安全管理】

12月14日，联合公安、安监等单位开展易制毒化学品企业专项检查。执法人员到企业开展实地核查，查找、堵塞易制毒化学品管理漏洞。在检查同时要求企业在满足生产、经营的基础上从严审批，把好各自关口，坚决防止易制毒化学品流入非法渠道。

（田俊鹏　王红玉）

【办公楼基建改造工程完工】 12月15日，分局机关办公楼的基建改造工程完工。期间，门所、永定所和执法队为分局分散办公提供办公场地、食堂等后勤保障。基建办成员各单位组织开展和参与研究设计、合同洽谈、驻场监督、部门协调、物品存放、定制家具等各项工作，监察部门多次组织离退休职工、干部代表等现场监督、查验施工情况，保证了工程的顺利开展。

（田俊鹏　王红玉）

【完善假日应急指挥机制】 年内，根据“小长假”的出现和“平安国庆”的需要，探索节假日应急指挥机制，制定了《节假日期间应急指挥机制的运行方案》。即在节假日期间，打破机关与基层的人员界限，对所有执法力量进行全局统筹。

（田俊鹏　王红玉）

【加强“两会”市场监管】 年内，采取各项措施，落实责任到人，确保两会期间市场供应充足有序，社会稳定。一是开展“两会两节”流通环节食品安全保障专项行动；二是强化应急处置和消费维权工作；三是强化安全生产检查力度，防范重大事故发生。

（田俊鹏　王红玉）

【打击传销规范直销活动】 年内，针对传销违法活动的新形式和新特点，与石景山、海淀、丰台、房山西部五区工商分局共同联手建立“打击传销规范直销联防联动合作机制”。一是以打击传销、规范直销、监控新兴业态为核心，以维护西部区域经济秩序和社会稳定为目标，加强西部区域打传监管力量，加大综合治理力度。二是建立健全打、防、控、管长效机制，使信息渠道更加丰富畅通，信息来源更加及时准确，信息处置更加快捷有效。三是信息互补，资源共享，协同作战、快速反应，并扩展了联席会议机制、案件协办线索移转机制、区域联防联动机制，努力营造规范有序的市场竞争环境。

（田俊鹏　王红玉）

【动产抵押破解融资困局】 年内，多项措施加大动产抵押力度，扩展融资渠道，帮助辖区中小企业应对金融危机。一是扩大宣传，提高融资意识。二是深入调研，解决企业融资难题。三是严格登记，拓展融资渠道。年内，共办理企业动产抵押登记3户，抵押物主价值41095万元，为企业融资41020万元。

（田俊鹏　王红玉）

【国庆市场秩序保障】 年内，立足工商职能，采取多项措施加强风险点控制，确保国庆60周年庆祝活动期间首都市场秩序的安全、稳定、和谐。一是深入彻查，做到底数清、情况明。二是“定点、定责、定人”确保防控有力。明确各个风险点位的责任人、责任及行之有效的防控措施，保证风险点的有效消除和控制。三是实施分类控制、分级处置、挂销账管理等多方式治理风险点。强化巡查密度，加强联合执法，集中调度监管资源或协调相关部门力量等方法，全力以赴消除市场秩序风险问题隐患。

（田俊鹏　王红玉）

【开展食品安全整治】 年内，开展流通领域食品安全专项整治，让市民吃上放心食品。一、对违法添加溴酸钾的面包开展专项整治。二、对饮用水开展专项整治，重点摸清辖区内经营水站的数量，经营桶装水的品牌，相关进货渠道及进货票据的完备、台账的按时登记等情况，清除潜在食品安全隐患。三、开展打击违法添加非食用物质和滥用食品添加剂专项整治，整顿食品中滥用食品添加剂的行为。四、对鲜肉食品进行专项整治。五、对辖区茶叶食品市场开展检查抽检工作。重点检查大型综合超市的茶叶专柜和茶叶专卖店等经销单位，以绿茶、铁观音、普洱茶等为重点品种。

（田俊鹏　王红玉）

【“扶”“防”“打”强化合同监管】 年内，通过“扶”、“防”、“打”结合，做好合同监管工作。一、“扶”，即帮扶或服务。分局立足部门监管职能来促进企业发展，帮扶企业渡过难关，全面加强合同管理，推进订单农业发展，确保农民增收、农业企业增效。二、“防”，也就是规范。宣传推行合同示范文本工作；加强对合同订立和履行的规范，规范企业的合同管理行为。三、“打”，就是打击合同违法行为。对于社会影响恶劣的合同违法案件要坚决打击，以净化市场交易环境，维护市场交易安全。

（田俊鹏　王红玉）

【开展风险防范管理】 年内，采取多种举措推进风险防范管理工作。一是领导带头，率先垂范。领导班子从自身做起，围绕“三重一大”和分局重点、中心工作，对照各自业务职责和党风廉政职责，开展查找风险点工作。二是发挥典型引路机制作用。分局着重抓住军庄工商所和企监科两个试点部门，从岗位职责入手查找风险点。三是启动联席会和研讨会机制。召开联席会和研讨会，使各单位抓住了工作核心，明确查找、理清思路。四是履行领导小组指导、监督职责。领导小组成员单位多次到各部门指导查找风险点的方式方法，明确个人对照岗位职责、执行制度的实际，查找分析评估自身在思想道德、岗位职责和外部环境方面的廉政风险点。

（田俊鹏　王红玉）

【做好“家电下乡”维权工作】

年内，采取多项举措做好“家电下乡”维权工作：一、加强宣传指导。分局联合区商务局对辖区两家家电下乡销售网点，进行相关政策、法规的宣传。二、加大监管力度。针对农村配送、送货下乡等特点，切实加大对彩电、冰箱（含冰柜）、洗衣机、手机、电脑、空调、热水器（含太阳能、燃气、电力类）、微波炉等家电下乡产品的监管力度。三、畅通举报途径。发挥12315消费者申诉举报网络和社区工商工作站的作用，畅通农民消费者申诉举报渠道，妥善解决好家电下乡工作中的消费纠纷。

（田俊鹏　王红玉）

【推进商标战略】　年内，采取多举措推进商标战略实施：一、加大开展注册商标和创品牌宣传力度，提高企业和全社会商标法律意识。采取走访、座谈、开展宣传周活动等多种形式向经营者、消费者宣传商标法规知识，发放宣传材料3000余份。二、主动服务，重点指导，积极引导企业实施商标品牌战略。多次与政府职能部门及辖区涉农经济组织进行座谈，了解其经营状况及发展中存在的问题，为其出谋划策，指导其注册及争创著名商标，现区内拥有各类注册商标3959件。三、加强商标执法，完善与商标权利人联合打假机制，加大对著名商标、名牌产品的保护力度。先后与桂林三金药业股份有限公司、上海冠生园（集团）有限公司、北京糖业烟酒公司及多家知名企业联合打假。四、深化商标授权经营制度，创市民放心购物环境。通过对辖区大型商场进行走访和摸底调查，确定重点培养对象，加强对企业的政策指导，帮助企业建立和完善商标授权经营制度。区新桥星座商厦成为全市首批获得“首都诚信经营示范店”称号的33家单位之一。

（田俊鹏　王红玉）

【弘扬山区工商文化】　年内，以首都西部最边远、最艰苦的斋堂工商所为典型，不断挖掘和充实首都工商“两甘”精神文化内涵，确立了具有普遍认同感和人文色彩的山区工商文化理念。即“以所为家的团队精神，以苦为乐的奉献精神，以山为伴的乐观精神，以边为岗的敬业精神”的斋堂精神。结合创建“规范化标兵工商所”活动，建立了科室轮流驻所一周的机制，即机关干部在基层指导、督导工作的同时，要与山区一线干部同吃、同住、同进山、同工作。

（田俊鹏　王红玉）

【“三个结合”抓廉政教育】　年内，坚持“三个结合”抓好党风廉政教育工作，进一步促使广大干部认真遵守廉洁自律各项规定，打牢廉洁从政的思想基础。一是结合学习实践科学发展活动，抓好党风党纪教育。把开展学习实践科学发展观活动与促进党员干部讲党性、重品行、作表率紧密结合起来，切实加强理想信念和党纪条规教育。二是结合廉政风险查找工作，抓好经常性教育和提示性教育。把推广廉政风险防范管理与反腐倡廉宣传教育结合起来，将查找风险点的过程作为加强反腐倡廉教育的重要手段。三是结合公务员封闭培训工作，抓好警示教育。把加强对公务员的培训工作与强化干部的警示教育结合起来，做到警钟长鸣，防微杜渐。

（田俊鹏　王红玉）

【下属单位情况】

单位名称：门城工商所
地　　址：新桥南大街47号
电　　话：69824369
邮　　编：102300

单位名称：永定工商所
地　　址：石龙南路甲12号
电　　话：69802735
邮　　编：102308

单位名称：军庄工商所
地　　址：军庄镇
电　　话：60811024
邮　　编：102300

单位名称：王平工商所
地　　址：王平大街东路7号
电　　话：61859467
邮　　编：102301

单位名称：斋堂工商所
地　　址：斋堂大街23号
电　　话：69816374
邮　　编：102309

（田俊鹏　王红玉）

统 计 工 作

【概况】 年内，区统计局、经济社会调查队贯彻科学发展观，落实市局总队和区委区政府各项工作部署，围绕“工作质量年”要求，继续按照“坚持一个根本，立足两个提升，加强三项建设”的工作思路，高质量完成全年各项任务，有效提升了统计服务科学发展和统计自身科学发展的水平。

深入开展学习实践科学发展观活动。以“坚持科学统计，服务科学发展，构建现代统计体系”为活动主题，建立了长效学习制度和领导干部定点联系调研制度，领导班子成员深入基层开展调研，形成了多篇调研报告；通过座谈会、问卷调查等多种形式汇集民意，查找领导班子和党员干部工作中存在的问题，制定了整改措施，基本实现了干部受教育、发展上水平、群众得实惠的目标要求，全体干部职工科学发展的意识进一步增强，机关工作作风进一步改进。

完成第二次全国经济普查登记阶段、数据处理阶段各项工作。组织1256名普查人员高质量完成1.6万张普查报表、60万笔普查数据的登记、录入、审核工作，摸清了全区第二、第三产业的发展规模、结构和部署，以及能源和水资源消耗情况，查实了全区GDP总量和结构。代表北京市接受国务院经普办的数据质量抽查，得到了检查组的高度评价。

强化统计分析研究，服务党政领导决策需求。开展金融危机形势下区域经济运行短频监测，定期测算全区地区生产总值增长目标涉及的四类重点指标完成情况，先后推出《经济增长任务指标监测专报》16期，及时准确地反映区域经济发展动态。加强区域经济社会发展比较研究，完成《生态涵养发展区比较研究》专题报告，开展新阶段门头沟区经济发展方式转变研究。

优化统计服务产品，发挥统计信息咨询职能。编印统计资料《数字回响六十年》，通过文字、图表等形式，介绍新中国成立六十年来全区经济社会领域发生的巨大变化和辉煌成就。印制《综合经济发展数据速读》专刊，为两会代表委员参政议政提供重要参考。年内，区委《门头沟区信息》刊物采用局队统计信息分析76篇，采用量在全区各单位中位居第一，市局总队统计信息内网采用局队信息200篇，采用量在18个区县中位居第一。

完善内部机构设置，大力提升科室工作专业化水平。完善局队“一体化”建设，以“16+X”模式优化局队内部科室职能设置，组建能源监测科，实现能源统计由分专业统计向整体评价监测转变；成立服务业科，提高服务业统计的专业性、实效性和准确性；成立数据中心，强化政府统计数据资源的整合开发和部门统计工作。

单位名称：北京市门头沟区统计局、北京市门头沟区经济社会调查队
地　　址：北京市门头沟区新桥大街85号
电　　话：69842503
邮　　编：102300

（曾　琪）

【专项调查】 1月4日，局队启动农民工监测调查，了解全区农民工数量、流向、结构、就业、收支、生活、社会保障及创业等情况。12日，完成公众对城市环境保护满意率调查工作。2月27日，完成统计信息系统建设调查。4月29日，完成全区农作物春播面积统计工作。5月18日，完成居民投资消费意向和家电下乡调查。6月1日，完成全区房地产开发费用构成情况调查。8日，完成甲型H1N1流感对城镇居民生活影响调查。调查结果显示，全区9成以上居民认为甲型H1N1流感对日常生活影响不大。10日，完成“高考房”营销情况监测工作，及时掌握全区“高考房”消费对住宿业营销状况的影响。24日，到全区夏粮主产村开展夏粮产量调研工作。9月15日，完成全国第二次组织工作满意度调查。23日，完成对全区部分城镇居民家庭开展的投资状况、投资心态、出行医疗及教育情况专题调查。10月21日，完成区房地产开发费用构成情况调查。22日，开展全区基本药物价格调整药品销售监测工作，全面掌握新的价格变动对全区医药零售业的影响。28日，与区委组织部联合召开非公企业人才资源状况抽样调查工作部署会，30余家企业的统计人员参加了会议。11月14月，完成区群众安全感调查。12月1日，完成区统计信息化基本情况调研工作。21日，完成城镇居民家庭用水情况调查。

（曾　琪）

【印刷出版统计资料】 1月4日，局队向两会代表赠送《数字见证三十年》，该资料包括人口资源环境、综合经济、产业发展、社会事业、人民生活五个部分，展示了改革开放以来区域经济社会发展取得的巨大成就。9月30日，局队完成《数字回响六十年》编印工作，全面介绍建国六十年来门头沟区各领域发生的巨大变化和取得的辉煌成就。10月19日，编印出版《门头沟区统计年鉴——2009》。

（曾 琪）

【领导调研】 1月12日，市局副巡视员杨万强出席局队2008年度述职述廉会，听取局队领导班子进行述职述廉汇报。15日，市局副局长、市经普办常务副主任顾兖州到区内调研经济普查工作，听取区经普办的工作汇报，并对下阶段全区经济普查工作提出明确要求。2月7日，国家统计局北京调查总队副总队长邢志宏到区内检查指导经济普查工作，听取区经济普查工作情况的汇报，到城子街道普查办进行现场指导和调研。3月25日，国家统计局北京调查总队副总队长刁满庆到局队调研统计文化建设情况，听取情况汇报及2009年统计文化建设计划。4月13日，区领导伊欣欣到局队调研，了解区内固定资产投资、房地产开发、农村低收入群体、税收完成进度、金融资金存贷差等方面的情况，要求局队加强区域发展重点统计指标研究。5月6日，市经济社会调查总队总队长刘亚平到局队调研人事管理、人才培养和后备干部培养工作。12日，国家统计局统计资料管理中心主任翟艳到局队调研政府信息公开工作。19日，市局副局长于秀琴到局队调研统计网站建设及信息发布工作。22日，张冰到局队调研干部管理和人才队伍建设工作。6月25日至30日，国家统计局普查中心主任杨宽宽到区内开展经济普查事后质量抽查工作。7月23日，国家统计局北京调查总队副总队长邵建民到区内检查“三农”统计基础工作，并就全区农村经济发展状况、基层统计工作等进行调研。11月3日至5日，杨万强率市局、总队巡查组对门头沟区政府统计工作进行巡查。10日，李慷云听取局队三农统计工作情况专题汇报，了解区新农村建设统计监测评价指标体系的设计思路，并对如何提高三农统计监测评价质量提出要求。12月4日，杨万强参加局队新《统计法》集中宣传活动。28日，市统计局副局长王红到局队调研门头沟区党政群机关绩效管理公众评价调查工作。

（曾 琪）

【加强基层基础工作】 1月20日至21日，召开社区居委会主任统计工作座谈会。6月30日，局队到区商务局进行调研，双方就金融危机对全区消费领域的影响进行交流，并对加强全区限上商业单位的跟踪调查、明确商业统计数据发布要求和建立数据交流共享制度等内容进行会商。7月28日，对石龙经济开发区企业统计人员开展统计基础工作培训，加强驻开发区企业的统计基础工作。

（曾 琪）

【统计文化建设】 2月18日，在北京市第三届统计系统文化艺术节文艺汇演中，局队编创的节目“音画剧《因为有你》”荣获一等奖。26日，召开局队第三届文化艺术节总结研讨会。5月4日，开展“传承五四精神、弘扬爱国情怀、奉献新区建设”主题团日活动，组织青年团员参观中国统计资料馆，了解统计事业的历史变迁，激发青年职工对统计工作的热情和责任感。

（曾 琪）

【第二次全国农业普查】 2月19日，出版《门头沟区第二次全国农业普查数据分析汇编》一书。

（曾 琪）

【获奖情况】 2月28日，局队被区档案史志局评为2008年门头沟区年鉴工作先进集体。30日，被北京市爱国卫生运动委员会评为市级爱国卫生先进单位。3月31日，被区建设学习型城市工作领导小组评为门头沟区创建学习型机关先进单位。4月上旬，获北京市政府统计系统第三届文化艺术节经济普查及统计法规知识竞赛一等奖。获北京市政府统计系统第三届文化艺术节迎奥运知识竞赛三等奖。30日，获团区委举办的门头沟区“青春旋律”青年红歌赛三等奖。5月18日，连续第四年被区政府评为绩效督查考核优秀单位。12月30日，在2009年度北京市统计系统网站工作评比中，获得“网络信息优秀奖”。

（曾 琪）

【创建学习型机关】 3月4日，学习型机关创建验收。23日，被评为全区首批创建学习型机关先进单位，全区近10家机关单位先后到局队学习创建经验。8月3日，《京西时报》专题介绍局队学习型机关创建工作经验。

（曾 琪）

【学习实践科学发展观活动】 3

月19日，召开学习实践科学发展观动员大会。4月5日至6日，组织领导班子成员、党支部成员和党小组组长进行科学发展观封闭学习，深入学习研讨科学发展观理论内涵及实践要求。下旬，以“一文、一策、一答题”活动为载体，开展深入学习实践科学发展观解放思想全员大讨论活动。30日，召开深入学习实践科学发展观专题报告会，局长以《学习实践科学发展观：经济学与统计学视角》为题作专题报告。5月27日，召开深入学习实践科学发展观第一阶段学习实践活动成果总结会暨分析检查阶段动员大会。7月16日，召开深入学习实践科学发展观分析检查阶段总结会暨整改落实阶段工作动员会。8月11日，召开深入学习实践科学发展观总结大会。

（曾　琪）

【发布统计公报】　3月20日，局队发布《门头沟区2008年国民经济和社会发展统计公报》，该公报包括“综合经济”、“生态环境、能源消耗及安全生产”、“行业发展”、“社会事业”、“人民生活”五个部分，系统描述了2008年全区经济社会运行特点及各个领域取得的成就。6月10日，发布2008年门头沟区妇女儿童发展监测报告。

（曾　琪）

【加强统计服务】　3月25日，启动重点企业运营情况快速应急调查工作，针对全区高新技术工业、现代制造业、煤炭业等行业的重点企业生产经营状况进行调查。4月27日，启动重点工程项目投资跟踪监测工作，及时掌握全区重点工程项目信息。6月1日，发布第1期《经济增长任务指标监测专报》，对全区经济增长指标和任务完成情况进行全面监测并及时反映保增长过程中出现的新情况、新问题。23日，局长在区政府经济形势部门分析会上汇报区域经济发展监测情况。

（曾　琪）

【第二次全国经济普查】　4月9日，区各镇街经普办开展经普档案整理、归档和装箱工作。5月14日至18日，市经济普查事后质量抽查组到城子街道办事处七棵树东街社区和向阳社区开展经济普查事后质量抽查工作。6月25日至30日，国家统计局普查中心主任杨宽宽到区内开展经济普查事后质量抽查工作。11月20日，启动第二次全国经济普查门头沟区经济普查年鉴编撰工作。

（曾　琪）

【DMS系统运行】　4月28日，完成基本单位与部门统计综合管理系统DMS一季度数据填报工作，该系统囊括全区32家机关单位九大类220个指标，重点反映全区经济社会发展建设水平。7月10日，召开DMS系统应用工作半年会，总结上半年DMS系统的应用情况，部署下半年相关工作。

（曾　琪）

【统计法律法规宣传】　5月5日，领导班子召开专题会议，集体学习《统计违法违纪行为处分规定》，结合当前经济形势和统计工作实际对学习内容进行讨论。21日，成立《统计违法违纪行为处分规定》学习宣传活动领导小组。6月17日，《京西时报》全文刊载《统计违法违纪行为处分规定》及统计局负责人答记者问的相关内容。26日，国家统计局政策法规司副司长刘恒应邀参加区“周末大课堂”活动，为处级领导干部做《统计违法违纪行为处分规定》专题报告。10月13日，在区招商投资服务大厅向统计调查对象集中发放《统计法》宣传读本和《统计法律知识问题解答》。15日，组织全体业务人员进行新《统计法》学习培训。20日，组织专职执法人员集中学习新《统计法》。11月19日，召开贯彻落实新《统计法》宣传工作部门联席会，与区人大内司委、法制办、司法局等单位主要领导，研讨确定门头沟区新《统计法》宣传月工作计划。12月4日，与各镇统计所、司法所联合开展“12·4”普法宣传日统计法制宣传工作，重点宣传新《统计法》，共发放宣传品近8000份。

（曾　琪）

【统计队伍建设】　5月14日，召开统计所新招录人员实习总结汇报会。8月初，完成全区统计人才能力素质模型开发工作。4日，召开农村统计基层基础工作研讨会暨统计所长培训会。6日，召开统计新人入职培训会，通过统计领导传经验、主管科长讲业务、办公室主任谈制度、观看统计文化建设录像等方式对新招录人员进行入职教育。9月15日，举办统计所人员能力素质模型应用培训班，全区9个统计所36名工作人员参加了培训。10月22日至23日，邀请上海天律信息公司专家对局队机关专业人员进行为期两天的马克威统计软件应用培训。

（曾　琪）

【统计沙龙活动】　5月26日，组织“感受中西文化，畅谈今日统计”统计文化沙龙，赴法留学同志作主题报告，青年们围绕沙龙主题展开集体讨论。12 月 30 日，组织开展“我的 10 统计”沙龙活动，局队青年就 2010 年个人工作规划进行交流和讨论。

（曾　琪）

【重点课题研究】　5 月 31 日，完成区重点课题《新阶段门头沟区经济发展方式转变研究》。12 月 30 日，完成局队重点课题《门头沟区在生态涵养发展区中发展水平的比较研究》。

（曾　琪）

【第二次全国 R&D 资源清查】　5 月，成立门头沟区第二次全国 R&D 资源清查领导小组及办公室，局长担任领导小组组长，由领导小组牵头单位和成员单位委派人员担任小组成员。8 月 16 日，部署第二次全国 R&D 资源清查前期工作。9 月 8 日，召开摸底工作布置会，向各镇统计所布置 R&D 资源清查摸底工作。14 日，开通门头沟区第二次全国 R&D 资源清查网上专栏。

（曾　琪）

【研发移动数据采集平台】　6 月初，完成消费品价格移动数据采集系统自主研发工作，该系统由手机终端系统和互联网集成服务系统两部分组成，具有明显的实效性。4 日，市局总队消费价格处到局队调研消费品零售价格移动数据采集系统应用情况。

（曾　琪）

【党建工作】　7 月 1 日，召开支部大会，正式接收 4 名优秀积极分子加入中国共产党。10 月 9 日，领导班子召开专题会议学习中共十七届四中全会精神。

（曾　琪）

【召开半年统计工作会】　7 月 24 日至 26 日，组织召开局队半年工作会，学习市统计局局长苏辉的讲话和国家统计局北京调查总队支队长潘璠工作报告，总结上半年工作完成情况，明确下半年重点任务，各科室负责人及全体统计所所长参加了会议。

（曾　琪）

【统计执法检查】　8 月 28 日，完成对 202 家调查单位的统计执法检查，完成原计划的 101%。其中，常规执法 80 家，督导检查 122 家。11 月 26 日，完成全年执法检查任务，对全部违法单位送达了《行政处罚决定书》，结合新《统计法》对违法企业进行了法制宣传教育。

（曾　琪）

【完善局队工作制度】　8 月 31 日，完成局队各项工作制度的废、改、立工作，形成了包括 42 项行政管理规定的《局队机关内部行政管理制度汇编》和 10 项统计业务规定的《局队统计业务制度汇编》两套汇总制度，系统规范局队各项工作。

（曾　琪）

【第二次全国人口普查】　9 月 2 日，召开第六次人口普查工作座谈会，12 月 21 日，区常务会专题研究门头沟区第六次全国人口普查相关事项。

（曾　琪）

【统计从业资格考试】　9 月 20 日，完成 2009 年统计从业资格考试组织工作，全区报考人数比上年增加 50.2%，是近几年来人数最多的一年。12 月 6 日，完成 2009 年统计从业资格认定工作，为全区 184 名考试合格人员办理了统计从业资格证书。

（曾　琪）

质量技术监督

【概况】 年内，在市局和区委、区政府的领导下，坚持以党的十七大精神为指导，深入贯彻落实科学发展观，依法履行职责、发挥作用，为庆祝建国60周年做好服务保障工作。全年共完成行政执法活动1185起，办理案件80起，其中立案处罚58起、现场处罚22起，罚没款13.89万元；办理代码9375套，制卡2474张，其中办理新注册单位代码证书1735套；办理行政许可登记110项。法制宣传工作中，制定“五五”普法宣传教育计划、组织开展“3·15”、“5·20”、安全生产月、质量月等宣传咨询活动；对行政执法人员进行培训考核；召开重点私营企业走访座谈会；加强对涉案物品的监管工作；对非法加工生产的不合格食品和部分包装物进行公开销毁；召开区食品质量安全工作会；对食品生产许可证企业进行市级监督抽查，食品生产企业100%取得生产许可证；加强对食品生产加工小作坊监管工作；开展食品添加剂使用备案工作；对高风险食品进行监督检查；开展工业产品、食品生产许可证年度审查工作；召开煤炭质量工作会议；对锅炉房使用的散煤进行监督抽样；对不合格煤炭使用单位依法进行立案处理；计量监督管理工作中，检查18家加油站；检查一级以上医疗卫生单位13家；检查集贸市场和大中型超市25家；推进四表首检工作；标准化监督管理工作中，按时完成了农产品农药残留及重金属监督抽查工作，对18个市级农业标准化生产示范基地种植的54种水果、蔬菜进行抽检，抽样覆盖率、样品合格率均达到了100%。全年政府信息网公开58条，局域网站公开信息88条；上报信息128条。

单位名称：北京市门头沟区质量技术监督局
地　　址：北京市门头沟区新桥大街60号
电　　话：69848704
邮　　编：102300

（王树成）

【召开各类会议情况】 1月9日，召开计量监督管理和检测工作总结会，会上各单位分别总结了2008年工作，找出存在的差距和不足，并对2009年的工作进行了安排和部署。14日，召开了区食品添加剂专项整治暨2009年食品质量安全工作会。向参会的所有食品生产企业及食品生产小作坊，传达了市质监局关于春节期间打击违法添加非食用物质和滥用食品添加剂专项整治方案。15日，召开食品安全三级网络工作座谈会，邀请全区9个乡镇4个办事处的主管领导到会，总结座谈2008年食品质量安全，奥运期间食品安全工作及落实食品质量安全三级网络建设工作。2月25日，召开了食品法规和执行标准落实宣贯会，向参会的50余家食品生产企业宣贯了标准化法律、法规和北京市企业产品标准管理办法及国家质检总局《关于加强食品企业使用旧版本标识包装材料管理的通知》的通知，还向食品企业传达并讲解了相关肉制品和饮用天然矿泉等新标准公告，并向企业发送了相关文件。3月12日，召开定量包装商品生产、销售企业整治专项会议。区定量包装生产和销售企业共52家单位负责人参加了会议。25日，召开了全区锅炉使用单位的专项安全工作会。26日，组织召开了9家较大型商场、超市等销售企业管理人员标准化法律、法规宣贯会。12月22日，举办了《起重机械使用管理规则》的宣贯大会，对起重机械使用管理规则进行了讲解，共有起重机械使用单位40家66人参加，发放会议宣传材料122份。

（王树成）

【检查工作】 1月12日，联合区卫生监督所、龙泉镇、三家店派出所三家单位对区食品加工点进行联合大检查活动，并端掉了一无证照豆制品黑加工点。13日，对双峪农副产品市场、永兴瑞农副产品市场等集贸市场进行检查和检验，共检查单位6家，检查、检验再用计量器具445台件出动执法、检验人员84人次。16日，对清水镇和京煤集团所属煤炭生产企业开展为期2天的检查，重点检查每台生产企业在用瓦斯计、风速表、粉尘测量仪等计量器具受检情况。18日，对区特种设备冬季安全使用情况进行了夜间专项检查工作，共检查单位3家，出动执法人员12人次，检查设备14台/部。2月25日，加大“两会”前夕食品生产领域无证查处力度，对北京溢香斋酿造厂生产的酱油、食醋产品进行严格检查。3月24日，对北京大中家用电器连锁销售有限公司门头沟第一分公司和门城物美超市等销售的国家公布的电冰箱、电动洗衣机、储水式电热水器、空调、电磁炉等必须在产品上明示能效标识的产品进行检查，特别对“家电下乡特别标识”的电器产品，进行了检查。检查结果均符合家电下乡要求。3月31日至4月1日，开展了辖区内食品添加剂专项整治样品采集工作。4月10日，开展打击违法添加非食用物质和滥用食品添加剂专项整治行动。6月3日，对区物美、京客隆、华顺、星座4家超市中经销的食品、日用品、服装、百货等200余种商品条码依法进行监督检查，执法人员使用专用仪器对所经销的各类商品条码通过检查，发现有3家超市中经销化妆品、电器、日用品等商品条码涉嫌冒用和未注册等问题并进行处理。22日，与妙峰山镇农林科共同到妙峰山镇涧沟村经济合作社，针对农业标准化基地建设情况进行了检查指导。7月15日，到北京玫瑰谷香露有限公司检查指导工作。8月18日，按照市局“关于开展建材产品质量专项整治工作”和“清洁居室专项执法检查”工作的部署，进行了专项执法检查活动。9月17日至18日，根据12365群众举报，先后对东辛房和永定镇四道桥两地两家无食品生产资质的“生产窝点”分别进行查处。25日，根据12365举报中心群众举报，对区一家生产白酒企业进行了突击检查。经查，该企业在未取得生产许可证的情况下擅自生产白酒。11月3日，依据国家质检总局令第76号《商品条码管理办法》，对北京永兴飞龙商贸有限公司等两家超市销售的商品条码进行监督检查，执法人员使用条码检验仪器检查了60余种商品。经检查发现，化妆品、菜刀、睫毛夹等3类5种商品条码涉嫌存在问题，执法人员现场进行了抽样，并送市条码检验中心检验。5日至6日，分别与妙峰山镇和雁翅镇主管农业的部门领导，共同到妙峰山镇涧沟村玫瑰花农业标准化生产示范区及雁翅镇大村口子沟核桃农业标准化生产示范区检查指导工作，指导完成国家农业标准化示范区项目目标考核评价指标落实工作，以及文字汇报、验收等材料准备工作情况，迎接近期市质监局对第六批国家级农业标准化示范区的检查工作。

（王树成）

【召开工作座谈会】 1月13日，组织召开了实施企业产品标准属地管理工作座谈会，6家单位参加了会议。

（王树成）

【样品抽检工作】 1月19日，按照市局标准化管理第一季度抽查计划，对区“北京碧琨种植中心”生产的8个品种的蔬菜进行了农药残留及有害金属抽样检测。4月23日至24日，局执法人员对区雁翅镇泗家水村香椿基地、北京田庄香椿种植专业合作社、北京碧琨种植中心分别进行了二季度抽样工作，共抽取样品5个。6月23日，组织执法人员对区内长期煤炭使用单位的锅炉房进行了煤炭监督抽查，执法人员按DB11/097－2004《低硫散煤及制品》地方标准现场抽样，并及时进行送样检验。9月14日至15日，对北京东山名庐生态农业开发有限公司、区军庄镇孟悟村经济合作社和北京碧琨种植中心进行了第三季度抽样工作。11月2日至15日，对辖区内煤炭使用单位开展了煤炭质量市级监督抽查工作，共抽取了包括北京石龙经济开发区市政管理处、北京京煤集团有限责任公司门头沟物业管理分公司等30家供暖用煤单位的30个煤炭样。

（王树成）

【召开专项整治工作会议】 2月18日、19日，开展了对辖区内相关食品生产企业市级监督抽查及添加剂使用情况的检查工作，共抽查了14家企业的17个样品，并送市局指定检验机构检验。3月15日，“两会”期间共监察单位29家，出动执法人员67人/次，检查各类设备140台/套，切实保障了“两会”期间区特种设备的安全运行工作。

（王树成）

【开展各类宣传活动】 2月19日，召开眼镜制配行业专项宣传活动，共10家眼镜制配单位负责人参加了宣贯培训。3月15日，在区街道设立咨询服务台，开展宣传咨询和维权服务活动，现场向广大消费者宣传普及食品安全和消费常识，现场开展了产品质量、计量、标准化、生产许可等业务咨询，免费发放相关法律法规知识宣传册，指导消费者安全消费。17日，组织执法人员到妙峰山镇，开展农资打假下乡宣传活动，共发放宣传品500余份，解答群众咨询50余件。18日，与城子办事处桥东街社区开展“关注民生、计量惠民”暨“服务计量进社区”宣传活动，为社区群众校验血压计35台件，为群众称体重50余人次，测量血压30余人次，接待群众咨询30人次。5月20日，在开展“5.20世界计量日”宣传活动，向广大消费者宣传国家有关的法律法规和计量知识，共发放计量宣传材料600余份，宣传图片60余张，为过往群众称体重160余人次，测量血压75人次，接待群众咨询25人次。6月12日，联合区教委开展特种设备安全进校园活动，在学生范围内宣传普及特种设备安全知识，活动共展出宣传标语1条、特种设备安全知识张贴画6张、发放安全知识材料近1000余份。14日，举办了“2009年门头沟区安全生产月”宣传活动。此次活动中，共接待70余人次的咨询，发出《特种设备安全知识》宣传单500份，《特种设备安全监察条例》150册，《特种设备安全使用服务指南》146册，并且还粘贴了宣传图画4张。25日，联合石龙工业区管委会开展特种设备安全进企业活动，在企业各层级范围内宣传普及特种设备安全知识，并与企业领导进行了座谈。12月4日是第九个“12.4”全国法制宣传日，以“加强法制宣传教育，服务社会经济发展”为主题，结合实际开展了一系列法制宣传活动。

（王树成）

【党风廉政建设】 2月20日，召开党风廉政建设工作会议暨行风教育会议，会议由局长主持。4月10日，组织全局50余名党员干部到北京市反腐倡廉警示教育基地，进行了一次别开生面的警示教育。5月15日，召开会议传达学习贯彻市委十届六次全会精神。

（王树成）

【召开工作部署会】 3月10日，召开了“家电下乡”专项工作会议，结合区实际，部署制定了家电下乡管理工作方案，成立了以主管局长为组长的家电下乡工作领导小组。17日，召开了区锅炉能效普查工作部署会，会上对锅炉能效普查工作进行了全面的部署。6月24日至26日，召开能源计量节能减排监管工作会。8月19日、20日、21日，根据市局整体工作部署，分别召开辖区内汽车维修企业和医疗卫生单位计量器具普查专项会议，50余家单位负责人参加了会议，会议向与会者宣传了《京质监计发〔2009〕53号通知精神》，下发了“关于开展汽车维修企业和医疗卫生单位在用计量器具备案工作的通知”。9月23日，召开了“迎国庆保安全暨《食品安全法》培训工作布置会”，全区70余家食品生产企业及食品加工小作坊参加了会议。12月28日，召开2009年度工作总结大会，总结了2009年度各项工作，提出了2010年局工作总体思路和目标，对2010年工作进行了全面部署。

（王树成）

【学习实践科学发展观活动】 3月18日，召开深入学习实践科学发展观活动动员大会，局长做了主题为“实践科学发展观、大力提升质监水平、为生态新区建设服务”动员讲话，区委指导检查组组长等5位同志到会指导，副局长宣读了“实施方案”，局全体干部职工70人参加了会议。25日，参加了区委组织的开展深入学习实践科学发展观活动辅导讲座。北京大学教授做了题为《关于科学发展观五大背景分析》的报告，报告深刻分析了科学发展观产生的历史背景、原因、地位、意义，30名执法人员参加了报告会。4月21日，局全体党员干部参加集中学习，参加了科学发展观活动系列辅导讲座。区委科学发展观第八督察组聘请了国防大学战略教研部教授就《当前国际战略形势和我国安全环境》进行了讲解。5月11日，参加了由区学习实践活动第八小组组织的辅导讲座活动，邀请中央党校教授作深入学习科学发展观专题辅导讲座，6月3日，局领导班子围绕“提升监管水平，服务科学发展”这一主题，召开了专题民主生活会，区委学习实践活动第八指导检查组一行五人参加了会议。

（王树成）

【培训工作】 3月20日，进行了第一期行政执法人员培训，对行政执法人员进行了10项相关的法制业务培训，全局32名行政执法人员参加了培训。4月15日至17日，举办了锅炉安全管理人员培训班，此次培训共有102家单位，111名管理人员参加。18日至19日，举办了水质化验员培训班，对辖区内锅炉水处理人员进行新《水规》和相关新标准的宣贯，参加此次培训的共有70余家单位，86人参加。27日至28日，进行了为期两天的起重机械操作员培训班活动，40家单位派出相关人员共57人参加。5月18日至23日，举办了三类燃煤司炉工培训班。此次培训主要以锅炉的结构、运行、实际操作、常见故障为授课内容，针对锅炉在实际运行中出现的常见事故和注意事项做了重点的讲解和辅导。6月5日，邀请北京市特种设备检测中心专家，针对三类燃煤、三类燃油气司炉操作知识进行了专门辅导。

（王树成）

【特种设备监察工作】 3月21日至5月15日，在全区范围内开展以管道元件的阀门、膨胀节、管子、高压管件为重点，对管道元件制造单位进行全面排查工作。4月2日，结合市局下达的公园、文化广场的单位名单，组织人员对辖区5个公园及文化广场进行了排查。共计排查设备4部、出动10/人次。5月14日，区自动扶梯使用单位进行了安全检查。共检查单位6家，检查率达到了100%，自动扶梯24部，出动执法人员19人次，下达特种设备监察指令书1份（已整改）。7月13日、14日，联合区安监局、永定镇开展特种设备有限空间专项安全监察工作。9月15日，分别对潭柘寺、双龙峡，灵山旅游景区使用的游乐设施进行了检查。此次共检查特种设备6台/件，出动执法10人/次。被检查单位使用的设备均进行了年度检验，管理制度齐全，相关人员进行了岗位培训，取得了特种设备作业证书，各项记录符合相关要求。17日20时至18日凌晨1时55分，对区天龙燃气有限公司、燕龙液化气供应站、兰龙合成燃料公司以及龙泉宾馆共4家单位开展了“十一”前夜间突击、蹲守检查工作。11月3日、4日对区液化石油气充装单位开展了冬季安全检查工作。在此次检查工作中，共检查单位4家，出动人员12人次，未发现违规违章等问题。11月15日起，对全区供暖单位逐家开始进行冬季供暖锅炉设备安全监察工作，并同时向各使用单位下发了“关于做好2009年冬季供暖期间锅炉设备安全工作”的通知，重点对供暖单位“落实、两有证、一检验、一检查、一预案”工作要求的落实情况进行监督检查。

（王树成）

【罚没工作】 4月2日，由主管副局长带队，将近日罚没的欧威丰润牌木地板82包，运往市质量技术监督局指定地点进行保管，并办理了相关登记手续。

（王树成）

【食品监管工作】 4月9日，联合市质量技术监督局稽查大队，成功端掉辖区内一桶装水灌装黑窝点。25日至30日，针对天气逐渐变暖及食品在节日市场供应量的加大情况，加强肉制品、饮用水等高风险食品生产企业及小作坊的监管力度，到企业对其整个生产流程、质量控制情况、原料把关及成品检验环节进行了执法检查。4月28日至5月6日，区质监局开展了食品安全专项检查工作。执法人员重点对饮用水、肉制品等高风险类食品生产企业进行了检查。6月2日，对北京天赐绿园豆腐房、北京芝颐府香油坊等6家证照齐全的生产小作坊加工点进行了日常监督执法检查。对2家不符合食品卫生条件的糕点生产加工点，责令进行停产整治。12月30日、31日，分组对辖区食品生产企业开展了节前食品安全专项检查。执法人员先后检查了辖区肉制品、乳制品、白酒等多家食品生产企业。

（王树成）

【工业产品监管工作】 4月12日，对区机动车检测从业人员进行了上岗考核工作。全区共有35人参加了此次考核。

（王树成）

【开展计量检查】 4月14日，开展医疗卫生计量器具专项检查活动。29日，开展“迎五一，保平安”计量器具专项检查活动，对门城物美超市等5家大型超市，检查在用计量器具50台件，定量包装商品4种4批次40件，检查加油站3家，检查加油机16台，加油枪48条。6月11日至12日，对区眼镜制配行业开展为期2天的专项检查，共检查10家眼镜制配单位，检查在用计量器具35台件，均在检验周期内。7月7日，会同区商务局、区工商分局对北京过信好望农副产品市场有限公司计价秤统配统管工作进行考核验收。15日，对辖区内煤矿企业矿用计量器具开展专项监督检查，共检查矿用计量器具28台件，所检查器件都在规定检验周期之内，受检率达100%。9月2日至4日，对辖区内煤矿企业在用计器具开展专项检查，重点检查煤炭生产企业在用瓦斯计、风速表、粉尘测量仪等计量器具受检情况，共检查单位7家，检查在用计量器具355台件。

（王树成）

【帮扶工作】 4月23日，局帮扶工作队到帮扶村对口单位妙峰山镇与镇领导见面座谈了解情况，并听取了镇领导的村情介绍，工作队与帮扶村两委班子制定帮扶方案，确保帮扶目标的完成。28日、29日，到陈家庄、黄公村与村领导进行了座谈，研究确定了两村目前及以后几年的发展思路和实施措施。6月9日，局长及党组成员、科以上领导到两个扶贫村进行实地调研，同时，还送去了10张桌椅五台微机，用以改善村委会办公条件。

（王树成）

【共青团工作】 5月4日，局领导，带领局团支部团员青年，开展了特色团日活动——户外登山，得到全局团员青年的响应和参与。

（王树成）

【卫生防病工作】 5月16日、17日、分两批组织全局干部职工收看了《紧急行动：防控甲型

H1N1 流感》专题片。并组织开展了“开展爱国卫生运动，预防甲型 H1N1 流感”为主题的卫生防病活动。9 月 18 日，在辖区范围内开展了迎国庆环境卫生大扫除活动。出动人员 75 人，清扫面积 1500 平方米。10 月 30 日，召开卫生局、教育局系统关于做好“手持式测量人体温度的红外温度计”的专题会议。

（王树成）

【党务工作】 6 月 15 日，局党总支部成立大会召开，全体党员共 40 人出席了大会，区直机关工委领导出席了大会。区直机关工委副书记在会上宣读了机关党委关于同意质监局成立党总支委员会的批复，会议通过无记名投票，选举产生了党总支成员七人。在“七一”期间开展一系列活动，纪念中国共产党成立 88 周年。7 月 2 日，召开了全局党员大会，庆祝中国共产党 88 周岁生日。7 日，组织全局党员到位于区马栏的冀热察挺进军司令部遗址陈列馆进行参观，接受红色教育。10 月 13 日，召开全体干部党员大会，传达和学习党的十七届四中全会精神，总结经验，巩固学习实践成果。

（王树成）

【市局领导调研】 7 月 1 日，市质量技术监督局局长姚娉带队到区调研小作坊食品加工点质量监管工作，市局质量监督执法处的领导参加了此次调研。10 月 29 日，市质监局副局长喻红一行，到区质监局进行计量、质检、特种设备检测技术机构现状及明年的工作设想进行了考察调研，同时对工作在一线的干部职工进行了慰问。

（王树成）

【组织机构代码工作】 9 月 1 日起，由组织机构代码办公室负责制作区内的 IC 卡，可在三个工作日内完成代码证书及 IC 卡的制作工作。

（王树成）

【志愿者认证援助试点工作】 9 月 24 日，在市质量技术监督局志愿者企业认证援助试点工作启动仪式大会上，门头沟区质监局与顺义质监局承担了质监系统志愿者企业认证援助试点工作。区内有 3 家企业作为试点企业、6 名志愿者参加了大会，会上市局领导向志愿者颁发了志愿者证书，志愿者与试点企业签订了认证援助合作协议书。

（王树成）

【国庆保障工作】 9 月 30 日夜至 10 月 1 日夜，及时赶赴焰火燃放点，昼夜开展烟花产品现场验收工作。

（王树成）

【创建学习型机关】 12 月 16 日，区机关工委“创建学习型机关”评估小组对质监局“创建学习型机关”工作进行了验收检查。评估小组听取了区质监局主管负责人的汇报，肯定了在创建学习型机关中的工作和一些创新的作法并通过验收。

（王树成）

审 计 局

【概况】 年内，在区委、区政府和市审计局的领导下，贯彻十七大和十七届三中全会精神，以科学发展观为统领，坚持“依法审计、服务大局、围绕中心、突出重点、求真务实”的工作方针，按照“规范审计行为，完善工作机制，提高审计水平”的总体要求，围绕全区经济发展大局，围绕关系群众切身利益的重大事项，发挥保障国家经济社会健康运行的“免疫系统”功能，完成各项工作任务。

单位名称：北京市门头沟区审计局
地　　址：北京市门头沟区滨河路 72 号
电　　话：69842121
邮　　编：102300

（王　双）

【营造和谐机关】 年内，组织各级活动，营造和谐机关。召开外地进京大学生座谈会。鼓励大学生，为审计工作贡献自己力量。鼓励先进，局党组组织 2008 年绩效考核排名前 10 名同志和奥运先进志愿者到怀柔参观学习。1 月 8 日，审计局党支部召开党员发展大会，三名年轻同志成为预备党员。12 日，局党组看望了离休干部。21 日，局党支部、工会、团支部联合举办了迎新春“猜灯谜”游艺活动。6 月 18 日，召开了民主生活会，局领导班子要求中层领导干部和部分群众代表对“分析检查报告”进行了评议，大家一致认为分析报告对问题查找比较全面客观，原因分析透彻，发展思路清晰；同时，参会人员围绕审计质量建设，干部队伍建设等方面提出了意见和建议。

（王　双）

【区领导调研】　2月4日，李慷云到局内调研。肯定了审计工作，并分析了当前审计工作所面临的形势和任务，提出希望和要求。4月22日，区常务会议第十四届32次会议纪要，通过了区审计局《2009年审计项目计划》。5月26日，贾文勤到局内了解关于2008年预算执行审计报告送审稿的有关情况。6月4日，何震芳带领区人大财经委及区人大代表一行13人到局内就2008年度预算执行审计情况进行调研。25日，区第十四届人大常委会第二十九次会议审议通过了2008年度预算执行审计工作报告。

（王　双）

【学习科学发展观活动】　3月中旬，全面开展学习实践科学发展活动，经过学习调研、分析检查、整改落实3个阶段。历时近半年的学习实践科学发展观活动。达到了预期目标。学习之初成立了领导小组和工作机构，召开了党员动员大会，研究制定了实施方案，组织了学习培训班，全体党员学习了规定的必读书目，组织收看专题讲座。开展了解放思想大讨论和建言献策活动，局领导带队开展调研，撰写了5篇调研报告；通过座谈会、调查问卷等形式，征求群众意见。共征集各方面意见和建议12条。制定了整改落实方案，根据存在的问题以及解决问题的轻重缓急和难易程度，明确整改落实目标和时限要求，研究制定具体整改的具体措施，明确了分管领导、分管部门。《整改落实方案》制定后，在局域网上进行了公布，接受党员、群众的监督。

（王　双）

【审计工作】　年内，完成28项审计项目，涉及审计及延伸审计单位162个，提交审计报告、意见函79份、审计信息及专报51份，被上级机关和有关部门采用42篇次，区委书记及区长批示4份。向各单位提出审计建议17条，均被采纳。

（王　双）

【审计管理工作】　年内，加强了对审计理论和发展规划的研究，制定《2009年至2012年审计工作发展规划》，完善了全面质量管理办法，起草了《经济责任审计工作指引》，修改完善了《审计工作绩效考核办法》。开展了2008年度优秀审计项目评比工作。采取“走出去”“请进来”的方法，局长带队，到西城区审计局进行了投资审计的学习与交流。组织了第四十二届城近郊区协作会，针对如何开展绩效审计进行了研讨。

（王　双）

【加强审计工作的整体性】　年内，加强审计工作整体性。一是树立“一盘棋”思想，在预算执行审计、棚户区改造跟踪审计等重点项目上，全局统一调配人员，确保任务按时完成；二是加强与区政府、区财政局、及兄弟区县之间的交流与沟通；三是注重审计成果的利用，定期召开工作进度汇报会，强化局内部沟通，强化对项目管理和控制，避免重复和交叉审计。

（王　双）

【加强审计队伍建设】　年内，进一步加强审计队伍建设，提高依法审计能力。一是采取“以审代训”等方式，选派审计业务骨干参加市审计局重点项目的审计；选派年轻同志参加审计署中级计算机培训。二是筑牢廉政防线。制发《审计局反腐倡廉工作意见》，组织干部职工收听、收看模范人物先进事迹报告会、参观反腐败图片展览；坚持局领导带队到基层单位的走访制度。向被审计单位发放廉政反馈表等形式，加强监督检查；健全审计执法过错追究制度，在全局范围内开展廉政问题大讨论，树立反腐倡廉、警钟长鸣的意识。三是强化机关后勤管理，签订保密责任书，加强办公区卫生清洁和“甲流”的防范工作。

（王　双）

药品监督管理

【概况】 年内，药监分局在市药品监督局和区委区政府的领导下，以确保辖区人民用药安全为核心任务，加大对高风险品种的专项查处力度，开展了假药糖脂宁胶囊、仿冒拜唐苹、假冒“人血白蛋白”、在保健食品中违法添加非申报成分、对五种无证经营药品违法行为的“打黑”专项整治等28项专项检查。完成药品抽验322件，合格率97.8%；完成医疗器械抽样14批次，合格率100%；完成化妆品抽样30批次，合格率100%；完成保健食品抽样10批次，合格率90%。年内，立案15起，处罚10起，撤案2起，3起正在调查中。罚款金额47548.47元，没收物品折合人民币66088.58元，没收违法所得2357.35元。接举报投诉23件，核实23件，办结23件。协（核）查市局交办和外埠药监部门协查案件23件。开展甲型H1N1流感防控，对药品经营企业开展流感药械物资储备调查，检查涉药单位314家，每日统计上报企业的口罩、体温计供应情况，抽验流感药品13件，未检验出不合格药品。在国庆60周年药品安全保障工作中，完成了全市统一的“忠诚行动”应急演练，开展国庆市场巡查，加大对国道沿线、景区周边等地的检查频次，实施零报告日报，选派干部作为“药品安全特派员”常驻农村维护稳定。年内，举办药械经营企业工作会、换证工作会、药品质量管理人员继续教育、保健食品经营企业培训班、医疗器械不良事件监测联络员培训班等各类培训11班次。组织安全用药宣传进社区11次、进军营1次、进机关1次、进学校1次，在《京西时报》刊发“药监走近你我他”宣传专栏24期。在区电视台制作播出公益广告3部。清理了28个社区的过期药品回收箱，回收过期药品415公斤，连同近两年来在违法案件中查处的1.89吨假劣药品集中进行了无害化处理。自行制作宣传短片《保健食品-掀起你的盖头来》。通过了区创建学习型机关领导小组的验收。自主制片《躬行》参加全市党员电教工作纪录片评选。自主制片《爱到深处是责任，行至无私见党性》获得区直机关工委党风廉政建设最佳专题片奖。“吴某等生产销售假药案”得到北京电视台“大家说法”、“经济法眼”等栏目的跟踪报导。全年编发《门头沟药监信息》167期，比2008年增长23%，其中被《中国食品药品监管》、《首都医药》、《药监动态》、《京西时报》、《区情摘要》等报刊媒体采用190篇次，同比增长38%。在国家级、市级刊物发表调研报告或论文8篇。年内，共受理各类行政许可246件、行政服务1件、行政咨询600余件。以“现场检查员随机抽取”为内部防控手段，以不定期邀请药品特约监督员现场督察为外部防控措施，加强内外部监督。

单位名称：北京市药品监督管理局门头沟分局
地　　址：北京市门头沟区滨河路87号
电　　话：69848954
邮　　编：102300

（冯　蕾）

【专项检查】 1月，开展含可待因复方口服溶液专项检查，共出动检查人员120人次，重点检查该类企业经营含可待因复方口服溶液的品种、来源及流向，核查不同品种的销售数量以及凭处方销售情况，对不经营该类药品的企业排查其经营品种，抽查进货票据。开展打击在保健食品中违法添加非申报成分的专项整治行动，与辖区两家生产企业进行座谈，宣传专项整治精神，对90家经营企业开展专项整治内容及保健食品法律法规的培训。开展盐酸克仑特罗经营情况专项检查，对盐酸克仑特罗生产企业近两年原料药采购、使用、制剂生产、销售流向等情况，对具有蛋白同化制剂、肽类激素药品批发资格的药品批发企业盐酸克仑特罗制剂的来源、销售流向、销售渠道是否合法等内容进行了检查，未发现违法违规行为。2月，开展非药品冒充药品专项行动，在各单位自查上报的基础上进行现场检查，对41家药品经营单位经营的164种涉嫌非药品冒充药品的产品进行逐条录入登记并上报。12日，开展对黑龙江乌苏里江制药有限公司佳木斯分公司生产的双黄连注射液专项检查，共检查99家单位，涉及辖区所有一级以上医疗机构（20家）、药品批发企业（1家）及一级以下医疗机构（78家）。其中11家医疗机构有该产品库存511支，现场予以查封扣押。19日，开展“舒血宁注射液”专项检查，共检查169家单位，涉及辖区一级以上医疗机构

12家、药品批发企业1家、零售药店8家、一级以下医疗机构148家，未发现经营、使用上述产品的情况。5日，对助听验配类的医疗器械经营企业进行日常监督检查，结果显示，辖区助听器验配人员均经过专业培训并具有相应的资质，所经营的产品进货渠道合法，产品质量及售后跟踪都能有所保障，经营比较规范。截止到3月15日，对35家经营企业（约占经营企业总数的30%）进行了保健食品非法添加专项整治现场检查。6月17日至8月5日，分三阶段对辖区4家化学药制剂生产企业使用的原料药开展专项检查，未发现非法购进和使用原料药生产药品的行为。8月，联合区卫生监督所对辖区龙门地区展开了打击“黑诊所”、“黑药店”专项整治行动，依法查封扣押了现场存放的药品及输液器、注射器四十余种，价值人民币数千元。28日，会同六部门对经营计划生育药械的药店和保健用品店进行了专项检查，由贾文勤带队。9月3日，联合区公安分局和卫生监督所对永定地区的“黑药店”、“黑诊所”进行了突击检查，当场取缔“黑诊所”2家，查封扣押药品99种，折合人民币2383.19元。是月，开展特殊药品专项检查，共检查特殊药品使用单位19家次，特殊药品批发企业3家次，监督检查覆盖率达100%。开展预防流感中药饮片专项检查和抽验，共检查中药饮片使用单位16家。开展速瘦纤佳丽牌减肥胶囊保健食品专项检查，对112家保健食品经营单位下发相关文件，对其中重点28家单位进行现场检查，未发现企业经营该类保健食品。国庆节前，对9家一级医院、26家村卫生室和个体诊所的医疗器械使用情况进行了节前专项监督检查。分成7个组对旅游景点、城乡结合部、外来人口聚居区等重点区域的医疗机构、药品零售企业及网点进行了检查。将甲型H1N1流感防控药品作为重点，对进货渠道、供货方资质、票据的合法性及追溯性、验收记录、销售凭证等方面进行了全面检查。9月10日至25日，开展保健食品安全监督检查工作，共检查33家重点单位。11月，对1家含麻黄碱复方制剂的生产企业进行了监督检查。对疫苗供应单位及部分接种点进行了专项监督检查。未发现通过非法渠道购进甲型H1N1流感疫苗情况，整个运输、储存、接种过程能在冷链系统中运转，疫苗供应单位设有冷库、接种单位有冰箱、冰包、冰排等冷链设备，能按照要求对冷链运转情况及温度进行定时监测。

（冯　蕾）

【通过区绩效督查考核检查】 2月11日，通过了区绩效考核检查组的检查。考核邀请了辖区40名企业、医疗机构代表参加。会上，检查组成员及企业、医疗机构代表听取了2008年药监分局目标管理工作报告，阅读并填写了检查组下发的测评表。检查组召开各类代表参加的座谈会，对药监分局的工作进行评议，查看了2008年分局目标管理各项工作的资料，对药监分局工作给予了肯定。

（冯　蕾）

【取缔非法诊所】 2月13日，联合卫生、公安部门取缔一非法诊所，依法查封了其非法使用的药械。

（冯　蕾）

【社会宣传活动】 2月24日，组织全局职工赴66256部队进行药品安全知识宣传活动，发放宣传册2000余份、各类药品安全宣传品500余件。3月3日，与区残联共同组织了“爱耳日”上街宣传活动，向路人发放各种安全用药宣传材料1000余份，分局自制的印有安全用药常识的扑克牌100余副以及环保购物袋等，接待咨询数十人次。5日，联合城子西街社区居委会在城子社区组织了以“安全用药进社区，回收过期药品，保护生态环境”为主题的宣传活动，社区居民及过往群众100余人参加。共回收过期药品80余公斤，发放安全用药知识宣传手册500余份。12日，到新桥社区以专题讲座为主要形式，配合发放宣传小册子以及解答疑问，向社区居民介绍了药监局的主要职能，讲解了“三品一械”法律法规基本知识和发现问题如何举报，清理了过期药品回收箱。15日，在星座商场门口开展了用药安全知识宣传活动，接待咨询100余人次，发放宣传材料1500份。26日，在冯村路口开展“关爱公众健康严厉打击黑药店、黑诊所”宣传日活动，发放用药安全知识及打击黑药店、黑诊所相关宣传材料700余份，现场接受群众咨询100余人次，并对过期药品回收箱进行了清理。5月，与东辛房街道办事处联合组织的以“药品安全”为主题的系列宣传活动启动仪式在北涧沟社区举行，分局“法制宣传讲师团”部分成员和社区居民代表80余人参加。此次系列活动安排了法律知识讲座、有奖知识答卷、社区知识竞赛、文艺表演、过期药品回收、法制宣传材料发放和法律咨询等。6月5日，到王平镇小学开展“三品一械”法律法规基础知识以及用药安全常识宣传活动，发放宣传书籍700余册。8月，将80余张保健食品宣传光盘（社区版）——

《保健食品——掀起你的盖头来》及800余份调查问卷发放到药品三级社会监督员的手中，该片主要讲解群众对保健食品认识的误区和常见的推销陷阱等真实案例，结合违法广告实例进行剖析，将保健食品基本常识贯穿其中。9月24日，在斋堂镇杨家村和沿河口村同时举办“安全用药进乡村”宣传活动，设立咨询台2个，发放用药安全书籍等宣传材料300余册，解答群众咨询40余人次。11月，与王平镇政府联合对王平地区20名药品信息员进行了安全用药知识培训，从三品一械基本知识、安全用药、识假辨假和共同维护药品安全环境四个方面进行了讲解，就身边发生的真实事例交流了经验。11月19日，到东辛房社区举办了安全用药知识竞赛，分局及办事处领导和药品协管员、信息员代表60余人参加。

（冯　蕾）

【学习型机关建设】　3月2日，通过了区学习型机关创建考核验收小组的考核验收。23日，被评为首批门头沟区创建学习型机关先进单位。

（冯　蕾）

【召开宣传工作会】　3月10日，召开2009年宣传工作会，对2008年的宣传工作进行了总结，分析和点评了政务信息工作，并对2008年信息工作先进科室及个人进行了表彰。

（冯　蕾）

【开展监督网续聘工作】　3月13日，召开2009年度药品三级社会监督网续聘工作会，辖区13个街镇的药品协管员代表领取了聘书并且进行了座谈。

（冯　蕾）

【开展学习实践活动】　3月18日，召开学习实践科学发展观活动动员部署大会。4月13日，召开深入学习实践科学发展观专题学习报告会，分局党组书记解读了对科学发展观的理解和通过学习科学发展观对科技创新的认识，并就如何将学习践行科学发展观与三品一械监管工作相结合，对分局工作提出了新的要求，并组织全体职工观看了《深入学习实践科学发展观活动必读书目导读》视频学习材料。14日，开展深入学习实践科学发展观书面答题活动。20日，开展深入学习实践科学发展观“解放思想大讨论”活动。5月5日，召开以学习实践科学发展观为主题的党员专题组织生活会。6日，分局副局长到斋堂镇杨家村和沿河口村进行调研，了解村基本情况，同斋堂镇开展帮扶座谈。7日，开展“我为科学发展献一策”主题党日活动。16日，召开领导班子分析检查报告评议座谈会，征求和听取各方意见，区药品社会三级监督网、企业、民主党派、基层单位代表及局内党员干部共计32人参加，测评结果显示参会人员对分局的分析检查报告满意率达100%。6月，召开深入学习实践科学发展观活动领导班子专题民主生活会。8月10日，召开学习实践科学发展观活动总结大会。

（冯　蕾）

【召开药品零售企业工作会】　3月19日，召开药品零售企业工作会，辖区药品零售企业的法定代表人、企业负责人、质量负责人等70余人参加。会上将年内药品监管工作要点告知企业，使企业了解当前药品安全形势，促使企业加强各方面管理，进一步规范其经营行为。对2009年面临GSP换证的企业提前进行了告知，要求其做好人员、制度等基础工作的准备。

（冯　蕾）

【签订党风廉政建设责任书】　3月23日，举行签订2009年党风廉政建设责任书仪式。分为分局领导班子成员、中层干部和基层干部三个层面，逐级签订、层层落实。

（冯　蕾）

【启动廉政风险防范管理工作】　3月25日，召开“廉政风险管理工作动员暨培训大会”，正式启动廉政风险防范管理工作。制定出“一二三四”四项总体规划，即“一个目标、两级推进、三年任务、四个结合”。

（冯　蕾）

【召开药监工作会】　3月31日，召开2009年全区药监工作会，区领导贾文勤、市药品监督管理局副局长袁林、区监察局副局长出席，药械生产经营单位、医疗机构代表以及三级监督网人员参加。分局局长做工作报告，总结了2008年全区药品监管工作情况，分析了当前形势和药监工作面临的问题，明确了2009年工作重点，公布了区2008年药品质量公告，对辖区2008年案件查处、专项监督检查、“三品一械”抽验等工作情况进行了通报。

（冯　蕾）

【开展涉案单位巡查】　3月，对发生过“三品一械”违法案件的单位开展巡查，重点检查其经营使用的“三品一械”购进票据、供货方资质、产品资质等，确保“三品一械”质量。

（冯　蕾）

【取缔非法宣传】 4月9日，根据群众举报，药监分局赶赴现场制止了一起违法宣传医疗器械行为。

（冯 蕾）

【开展特色党日活动】 4月14日，组织开展义务植树特色党日活动。全体党员到潭柘寺镇南辛房村，按照每人每年植树1棵的标准，共新植柏树32棵，并对上一年种植的32棵树木进行了浇水、剪枝等养护工作。

（冯 蕾）

【GMP再认证情况】 4月27日至29日，经过市药品监督管理局药品GMP认证专家组的检查，综合评定认为：北京双吉制药有限公司生产的产品符合药品GMP认证检查评定标准。

（冯 蕾）

【开展甲型H1N1流感防控】 4月30日，成立防控工作小组，召集全体职工部署防控工作，取消“五一”休假，分组开展疫情防控大巡查，自即日起实施零报告。“五一”期间分成3个检查组，对药品经营、使用单位组织开展市场巡查。对二级以上医疗机构及部分用药量较大的一级医疗机构抗病毒药品的储备情况进行了调查。调查显示，目前辖区二级以上医疗机构没有“甲型H1N1流感诊疗方案（2009版）”中列出的“奥司他韦（达菲）”、“扎那米韦”两种药品。储存的抗病毒药品有：双黄莲制剂、银黄类制剂及其他类抗病毒药共35种。6月，开展了抗流感药品专项抽验，未检验出不合格抗流感药品。7月16日，召开药品生产企业甲型H1N1流感防控暨药品生产质量安全工作会，与企业法定代表人签订了“门头沟区三品一械生产经营单位防控甲型H1N1流感责任书”。23日，召开落实医疗器械生产企业防控甲型H1N1流感工作会，进一步部署防控工作，12家15人以上医疗器械生产企业的负责人参加。7月，对分局内部防控甲型H1N1流感工作进行了自查。28日，药监分局主管领导和有关科室负责人到北京中北博健科贸有限公司走访、调研，了解甲型H1N1流感防控医疗器械的生产情况，检查企业落实甲型H1N1流感防控工作。8月，开展预防流感中药饮片专项抽验。

（冯 蕾）

【完成医疗器械生产企业调查】 4月，完成了对医疗器械生产企业基本情况的调查工作。调查显示，辖区现有《医疗器械生产企业许可证》15个，《第一类医疗器械生产企业登记表》23个。现有有效医疗器械注册证54个，其中三类产品注册证5个（包括1个重点监控品种），二类产品注册证27个（包括重点监控品种3个），一类产品注册证22个。过期或其他原因在办理的注册证3个。由于各种原因停产企业4家。

（冯 蕾）

【取缔非法收购药品】 5月18日，接到群众举报有人在辖区高价回收药品。分局稽查人员立即赶到现场，对非法收购药品的行为依法予以取缔。

（冯 蕾）

【对行政相对人开展培训】 5月20日，举办“医疗器械不良事件监测联络员培训班”，社区卫生服务中心及一级以上医疗机构的医疗器械不良事件监测联络员共31人参加。同日，举办“药品不良反应监测”培训班，一级以上医疗机构、社区卫生服务中心及卫生院的药剂科主任及药品不良反应监测网络具体工作人员共35人参加。6月，自行制作了《保健食品专题培训》教育短片，获得保健食品经营企业的认同和好评。7月16日，配合北京医药行业协会对持有《药品质量管理人员资格证书》的药品质量管理员、药品验收员、药品保管员、药品养护员四类人员共150余人进行了继续教育培训。是月，分别举行第二期和第三期医疗机构器械质量安全培训班，29家私营诊所（厂矿医务室、个体诊所等）、26家社区卫生服务站、67家村卫生室的122名医务人员参加。自5月20日至7月底，分四批对辖区249家医疗机构负责人或药剂科主任开展了药品不良反应监测工作培训，实现了对医疗机构的全面覆盖。8月，为保健食品经营企业开展专题培训。9月4日，召开《药品经营许可证》换证工作培训会，79家药品经营企业负责人、质量负责人参加。12月，召开非药品冒充药品专项整治工作培训会，80余家药品经营企业代表参加，会上，向企业代表通报了此次专项整治的对象，就非药品冒充药品的危害对企业进行了培训。

（冯 蕾）

【完成避孕套生产企业调查】 5月，完成辖区天然胶乳避孕套生产企业情况调查工作，内容涉及受托方名称、受托方地址、注册证号、执行标准、品牌名称、检验能力等项目。

（冯 蕾）

【取缔无证行医窝点】 6月2日，药监分局依据群众提供的线索，对位于三家店和城子两个无证行医窝点依法进行了取缔，现场没收程某、杨某违法使用的药品、输液器、注射器，并在其租住处张贴了《违法使用药品、医疗器械、保健食品行为告知书》。

（冯　蕾）

【监督销毁被召回医疗器械】　6月，对辖区某医疗器械经营公司主动召回存在安全隐患的法国进口“一次性使用经外周插管的中心静脉导管”（ENDOCATH PICC）1440套销毁过程进行了现场监督。

（冯　蕾）

【邀请监督员监督现场验收】　6月，邀请两名药品社会监督员全程监督一次GSP验收过程。检查完毕进行末次会议讨论时，两位特约监督员与企业人员进行了单独座谈，从咨询受理到筹建验收和经营许可验收等各环节，重点了解了药监分局依法行政和廉洁从政及服务水平等方面的情况。

（冯　蕾）

【开展医疗器械经营企业筛查】　6月，针对无法查找或联系不到的医疗器械经营企业进行了筛查。通过查找长期联系不到的企业档案及各种相关信息，通过电话一一确认，再根据查找到的信息前往企业注册地址现场检查，询问申办时的租赁企业负责人或房主，进行照片和记录取证。与工商部门联系确定企业是否已在工商部门注销或吊销后，按照规定上报市局市场处进行公示。

（冯　蕾）

【召开医疗器械经营企业工作会】　7月17日，召开医疗器械经营企业工作会，对换证工作和甲流防控进行了布置。近百家医疗器械经营企业负责人参加。

（冯　蕾）

【举办纪检监察工作交流会】　7月，北京市药监局2009年上半年远郊区县纪检监察工作交流会在局内召开，主题是廉政风险防范管理工作的实施情况研讨，驻市药监局纪检组长带领市局监察处全体同志参加。

（冯　蕾）

【荣获典型案件优秀奖】　7月，北京市药品监督管理局召开全系统稽查工作2008年度总结表彰大会，对稽查执法工作中做出突出成绩的10个分局进行表彰，药监门头沟分局获得“2008年度典型案件优秀奖”。大会对执法工作中涌现出的10个典型案件进行了通报表扬，其中包括药监门头沟分局主办的“北京久敬堂大药房门城店从不具有药品经营资格的企业或个人购进药品案”和“吴某等生产销售假药案”，分局7名稽查人员受到表彰。

（冯　蕾）

【向区人大汇报工作】　8月28日，区人大召开听取区政府行政执法部门依法行政工作情况汇报会，药监分局调研员汇报了近三年来的依法行政工作，分析了辖区市场存在的问题和以后的工作思路。代表们听取了汇报。

（冯　蕾）

【领导视察】　9月8日，市药品监督管理局副局长袁林带领迎国庆安全工作第三检查组到药监分局检查，对分局近期安全工作给与肯定。

（冯　蕾）

【集中销毁假劣药品】　9月9日，对近两年来办理的“三品一械”违法案件中查处的假劣药械进行集中无害化处理，药品特约监督员、生产企业、经营企业代表全程见证了销毁过程。

（冯　蕾）

【向区政府常务会汇报工作】　9月9日，分局在区政府常务会上就药品安全监管及执法监督情况的议题做了工作汇报。

（冯　蕾）

【组建不良事件监测联络员队伍】　9月，对市药品监督管理局推行医疗器械不良事件监测联络员工作进行部署，在辖区6家二级以上非营利性医疗机构建立医疗器械不良事件监测联络员队伍。

（冯　蕾）

【收到企业锦旗】　10月12日，一家药品经营企业给药监分局送来一面写有“为企业排忧解难、做人民满意公仆”的锦旗，以表示对市场监督工作的认可及感谢。26日，药品稽查办公室收到某医疗机构赠送的写有“文明执法，秉公办案”的锦旗。

（冯　蕾）

【通过ISO9000复评审】　10月19日，药监分局ISO9000质量管理体系以无不符合项的成绩再次通过北京市方圆标志认证集团有限公司评审组的复评审。

（冯　蕾）

【召开2010年务虚会】　10月28日，召开2010年工作务虚会，学习讨论了市局务虚会精神，对2009年工作情况进行总结回顾，讨论研究和整体谋划了2010年工作。

（冯　蕾）

【完成制氧设备使用调查】 10月，完成辖区一级以上医疗机构医用分子筛制氧设备使用情况调查工作。

（冯　蕾）

【药检所通过资质认定复评审】 11月27日，市质量技术监督局评审组对区药品检验所进行了实验室资质认定复评审及扩项的现场评审，认为门头沟区药检所已具备所申请的65项（含扩项）检验检测能力，管理体系符合实验室资质认定的相关要求，技术能力达到认定标准。

（冯　蕾）

【签订易制毒化学品责任书】 11月，与辖区麻黄碱复方制剂生产企业签订《易制毒化学品生产企业管理责任书》，进一步规范易制毒化学品生产企业的生产行为。

（冯　蕾）

【生物医药落户本区】 12月11日至13日，北京华尔盾生物技术有限公司通过了国家食品药品监督管理局组织的药品GMP认证，标志着第一家科技创新型生物制品生产企业落户本区。

（冯　蕾）

【向区委常委汇报工作】 12月23日，区委第七十六次常委会议上就药品安全监管及执法监督情况做了工作汇报。区领导伊欣欣等询问了农村药品供应网点建设、山区医疗机构用药监管、重大案件查处、打黑专项行动等热点问题，对药监分局的汇报内容及就以上工作的现场阐述表示满意并做出指示。

（冯　蕾）

【召开监督网总结表彰会】 12月，召开2009年药品三级社会监督网总结表彰大会，总结了监督网一年的工作，对监督员的工作进行分析和点评，对表现突出的个人和镇、办事处给予表彰，将2010年的工作设想进行了通报。会后对药品三级监督网人员开展了团队体验式培训。

（冯　蕾）

【下属单位情况】
单位名称：北京市门头沟区药品检验所
地　　址：北京市门头沟区大峪南路6号
电　　话：69832041
邮　　编：102300

单位名称：北京市门头沟区药品稽查办公室
地　　址：北京市门头沟区滨河路87号
电　　话：69828800
邮　　编：102300

（冯　蕾）

财税 金融 保险

财 税

财 政

【概况】 年内，在区委、区政府的领导下，在北京市财政局的支持下，全区财政部门以邓小平理论和“三个代表”重要思想为指导，贯彻落实科学发展观，围绕“保增长、保民生、保稳定”中心任务，建立健全各项保障机制，促进区域经济社会协调发展。全区一般预算收入预计完成92,000万元，完成年度预算的122.7%，加上市对区县体制返还、定额补助及转移支付补助收入等214,426万元，市追加专项收入80,949万元，上年结转年内使用收入7,100万元，一般预算总收入预计394,475万元。一般预算支出预计完成365,000万元，比上年增长35.1%，加上解支出600万元，一般预算总支出预计365,600万元。一般预算收支相抵，预计转入预算稳定调节基金5,000万元，结余23,875万元。

单位名称：北京市门头沟区财政局

地　　址：北京市门头沟区滨河路56号

电　　话：69844680

邮　　编：102300

（吕　娜）

【黄标车淘汰工作】 1月12日至31日，区黄标车淘汰鼓励资金发放工作开始，由财政局、环保局、交通支队和商务局共同组成发放窗口，设于区招商投资服务大厅。鼓励标准分两个阶段执行，第一阶段从2008年9月27日至2009年6月30日，在此期间淘汰的，鼓励资金最高2.5万元/辆，最低800元/辆；第二阶段从7月1日至12月31日，在此期间淘汰的，鼓励资金最高2.2万元/辆，最低500元/辆。截至2月22日，共计办理淘汰黄标车手续158辆，发放奖励资金149.05万元。截止到6月底，区黄标车淘汰鼓励资金申领发放联合服务窗口共计办理补助淘汰黄标车手续1667件，其中转出手续1063件，报废手续604件，已拨付黄标车淘汰补助资金1342.45万元。

（孙立军　贾生智）

【两节慰问】 1月15日，财政局帮扶工作队，到雁翅镇付家台村慰问老党员、贫困户，送去粮、油和慰问金。20日，组织全区财会人员联谊会，向35位贫困财会工作者发放慰问金。

（连春玲　张惠琴）

【市财政局慰问】 1月16日，北京市财政局纪检组长边瑶一行，到王平镇慰问基层困难财政财务人员和生活困难户，送去粮、油、棉衣、和慰问金；

（连春玲）

【落实家电下乡工作】 1月23日，启动门头沟区家电下乡工作。2月25日，门头沟区完成首批已销商品补贴资金的审核工作，及时为3位购买家电下乡产品的农民发放了补贴资金513.89元。年内，门头沟区各级财政部门已全面开通家电下乡补贴网络，在农村商业银行开设家电下乡补贴资金专户，到位补贴资金340万。5月，门头沟区完成已销商品补贴资金备案242笔，审核通过并发放补贴230户，发放补贴资金48271.47元。

（孙立军）

【保障困难群众欢度春节】 1

月，采取举措，保障困难群众欢度春节。一是为困难群众、优抚对象及建国前入党老党员，共18299人发放一次性生活补贴264.528万元；二是为6468户城市低保对象和1588户农村低保对象发放两节慰问金378.24万元；三是提高城乡最低生活保障标准，自1月1日起，城市最低生活保障标准由390元/人提高至410元/人；农村低保标准由170元/人提高至200元/人；四是城乡低保对象和生活困难补助对象冬季燃煤自采暖救助金标准由200元/户提高至300元/户。

（陈羽佳）

【政府采购完成情况】 1月至10月，政府采购完成项目预算总金额26512.99万元，实际采购金额为23432.85万元，完成全年经济增长任务的97.64%；分别较去年同期增长33.04%和9.42%；节约资金3080.14万元，节约率为22.25%。11月，财政投资评审中心接受委托项目83项（含分包工程）共171个工程。报审工程69项，总报审额7335.79万元；审定6355.13万元，审减980.66万元；小额工程委托设计项目8项；另根据报审图纸、实际踏勘情况独立编制预算6项。

（荆 旭 孙 庞）

【稳步推进集中财务软件工作】 2月，进一步扩大集中财务软件管理试点范围，将区工会、石龙管理委员会、公共事业服务中心和广电中心4家单位及2008年试点单位大峪街道办事处以外的12家镇街纳入集中财务软件单位的第四批试点范围，至此，全区实施集中财务软件管理单位已达81家，13个镇街全部实施集中财务软件管理。

（王卫华）

【建立乡村医生待遇保障机制】 2月，出资建立乡村医生待遇保障机制。一是对综合考核合格受聘于村委会的乡村医生给予800元/月的经费补助，全区已聘用上岗乡村医生182名，补助经费由财政全额负担；二是对曾经从事乡医工作，符合相关条件的乡村医生纳入新型农村社会养老保险范畴，趸缴保费由个人负担20%，财政补助80%，全区共有343名乡医参保并缴费，财政补助资金1102万元。

（许学志）

【政府采购情况】 截止2月底，完成政府采购金额2445.66万元，比政府采购预算节省资金63.42万元，资金节约率为9.72%，比2008年同期采购金额增加75.93万元。其中货物类采购金额为1913.28万元，占整体采购资金的78.23%；公开招标采购金额为1830.21万元，占总体采购金额的74.8%。

（荆 旭）

【启动区汽车摩托车下乡工作】 3月1日至12月31日为汽车下乡政策的实施时间，历时10个月；摩托车下乡政策的实施时间为2009年2月1日至2013年1月31日，历时4年。区内各镇财政部门已开设汽车及家电下乡补贴专用资金账户，部分乡镇财政部门开始受理农民的补贴申请，在农民提出申请的15个工作日内，补贴资金将一次性拨付到其在北京农村商业银行的个人账户或其粮食直补专用存折中。目前全区已办理汽车下乡审核11户，申请补贴38960元，已拨补到位2户，补贴资金6530元。

（孙立军）

【学习实践科学发展观活动】 3月19日，召开深入学习实践科学发展观活动动员大会。会议部署了学习实践科学发展观活动实施方案和加强领导干部作风建设年活动实施方案。党组书记、局长做了动员讲话。区委指导检查组组长对下一阶段活动的开展提出指导意见。3月30日至4月3日，对科级以上干部进行为期5天的科学发展观集中学习培训活动。一是集中培训与自学相结合；二是培训与财政工作相结合；三是学习培训与深入调研相结合；四是集中培训与科室学习相结合。

（白晓芳）

【学习型机关通过验收】 3月23日，区财政创建学习型机关工作通过区建设学习型城市工作领导小组评估验收，被授予“门头沟区创建学习型机关先进单位”荣誉称号，自评报告作为创建典型材料在机关工委系统下发。《京西时报》第290期第6版专题介绍了创建经验。

（白晓芳）

【教育收费检查】 3月24日、25日，与区发改委等7家联席会成员单位联合对8所学校春季教育收费进行了检查。主要检查了已取消收费项目的执行情况，并对农村学校的农民子女上级补助等情况进行了调研。

（王志勇）

【财政评审工作完成情况】 3月，财政投资评审中心接受各类报审工程13项（含分包工程）共26个工程，总报审额2207万元；审定1986万元，审减221万元，审减率10.01%。

（孙 庞）

【率先试行小额资金工程设计】 3月，作为北京市首例试行小额资金工程设计工作，征求各方意见、多次实践调研，完善小额资金工程管理体系：一、出台《门头沟区小额资金工程项目管理办法》，对投资额100万元（不含100万元）以下的工程，实行统一定点设计；二、规范施工图纸设计，首批确定京西设计院、北京筑福建筑事务公司、门头沟区建筑设计、三家工程图纸设计专业机构，并签订“小额资金工程服务协议”。为评审工作提供准确详实的基础资料，扭转当前报审图纸不规范，严重影响评审效率、影响支出进度等棘手问题；三、制订“小额资金工程设计委托程序”，明确财政部门、项目单位、设计中介的权责关系，初步形成三方齐抓共管，各负其责的小额资金工程设计委托工作体系。

（孙 庞）

【区领导调研】 4月17日，伊欣欣到局内调研，在肯定财政工作的同时提出具体要求。6月9日，刘云广到局内进行调研，听取了财政局关于学习实践科学发展观情况、2009年完善财政管理体制增加财力安排使用意见、完善区与镇街财政管理体制的方案以及涵养财源保财政收入增长工作落实情况的汇报。刘云广对财政局工作给予肯定的同时，与财政干部一起分析2009年财政收入形势以及完成财政收入增长目标可能遇到的问题和困难，并对财政工作提出要求。7月1日，伊欣欣到局内调研，听取上半年收入完成情况和公务卡改革进展情况的汇报，对“门头沟区确保财政收入增长10%工作领导组办公室”狠抓财政收入采取的各项措施给予肯定，并提出要求。

（李 鹏 林克江）

【支持保障重点工程建设】 4月，采取措施调动资金，保障全区重点工程的建设：一是开展年内年度重点工程资金测算工作，严格审核项目明细，保障重点工程的顺利开展。二是与各工程项目单位负责人建立畅通的联络机制，及时沟通协调，解决问题。三是监督工程项目进展情况，并要求各单位定期上报资金支出情况，及下一步完成计划。四是明确重点工程的当前状况，为预测工程的开展打下了坚实的基础。五是预测工程的发展趋势，保障工程的顺利进行。

（李 庚）

【落实老年人保障及优待政策】 4月，落实各项老年人保障及优待政策：一是拨付资金4010万元，为全区16664名老人发放福利养老金；二是拨付资金6735万元，将9998名无医疗保障老人纳入大病医疗保险体系；三是拨付资金41.29万元，为全区386名90周岁以上的老年人发放高龄津贴；四是完善农村五保供养制度，拨付资金52.4万元为210名农村五保对象提供574元/月的生活补贴；五是为空巢家庭的老人安装救助门铃700个，拨付资金3.5万元；六是为20408名65周岁以上的老年人办理了《北京市老年人优待卡》，在乘车、医疗卫生、社区服务等方面享受相应的优待项目和服务。

（张秀君）

【统筹城乡社保体系建设】 4月，采取措施，统筹城乡社保体系建设：一是城乡无社会保障老年居民养老保障制度，年满60周岁不享受社会养老保障待遇的人员，按月发放200元/月福利养老金；二是城乡居民养老保险制度，对达到法定退休年龄的参保人员，财政给予280元/月的基础养老金补贴；三是高龄老人津贴制度，年满90周岁的老人，享受高龄津贴100元/月，满100周岁200元/月；四是城乡无丧葬补助居民丧葬补贴办法，对未享受本市丧葬补助费待遇的城市无业人员及农村居民，去世后发放丧葬费补贴5000元/人；五是就业补贴政策，城乡就业困难人员就业可享受岗位补贴3000元/年和按照社平工资核定的社会保险补贴。

（张利平）

【绩效考评工作】 4月，从八方面做好绩效考评工作：一是扩大考评范围。二是大力推动部门开展自评工作。确定教委系统为首次进行部门自评单位；三是征求多方对考评项目的要求，扩大考评内容。四是以“成本－效益分析法”为基础，以专家评价、公众问卷、抽查调查等形式，采取现场和非现场考评相结合的方式实施考评工作；五是注重社会效益和生态效益考评，突出资金使用的实效，满足公共利益和可持续发展的需要；六是促进绩效评结果与部门预算工作相结合；七是制定绩效考评工作手册，指导中介及项目单位开展工作；八是组织支出科室、中介机构座谈会。

（董瑞英）

【会计电算化考试结束】 4月，门头沟区2009年会计从业资格电算化考试结束。参加会计从业资格考试的考生共计1631人，其中参加会计电算化考试的考生1336人。

（王卫华）

【代理记账机构年检】 4月至5月，对19家审批代理记账机构进行年检。此次年检合格单位10家，1家取消，8家联系不上，未能参加年检。

（周　军）

【保障防控流感资金】 5月，采取措施，保障防控甲型H1N1流感资金：一是成立由一把手任组长的应急资金保障小组，制定防控资金保障方案，确定联络员，随时沟通情况；二是建立资金拨付绿色通道，明确经区政府批准的防控资金，保证在一个工作日内办完手续，并将“拨款单”送达区金库。三是主动到卫生部门了解疫情发展状况，以及区内防控物资和救治设备的储备情况。

（许学志）

【加大“三农”投入】 5月，采取措施，加大“三农”资金投入。一是投入300余万元专项资金支持全区9个镇51个村的污水处理设施和运行管护工程；二是投入农村安全供水改造工程540多万元，建设水泵房、蓄水池，消毒房等安全饮水设备；三是投入600万元支持潭柘寺等18处沟道雨洪利用工程；四是支持全区防汛工程1400万元，修建防洪墙4500多米、护坡2万多平方米、排洪沟3600米、沟道整治1000米、安全警示标志81块、泥石流监控3处等汛期安全设施建设和防汛物资设备购置；五是支持全区灭鼠和豚草防除工作30万元，购置饵料3.5吨，开展鼠情防疫监测和技术培训，除豚草4000亩；六是投入80万元支持农村经济信息平台建设和农村村干部任期审计；七是投入130万元对全区80株古树名木进行复壮和保护；八是为保障山区泥石流易发区的169户388人搬迁提供专项资金1100万元；九是支持门头沟区肉鸡大棚和养殖专业合作社基础设施建设240余万。

（连春玲）

【支持生态新区建设】 5月，投入资金1484万元，探索建设生态新区的模式。一是与芬兰国际中心合作，共同制定《门头沟区生态城整体发展规划》；二是对生态修复一期示范工程的稳定性和长期性进行监测。三是对生态修复科技示范基地生态基础设施建设进行研究。

（张桂玲）

【应用集中账务系统】 6月10日、11日，分别对棚户区改造中心、老龄委以及劳动局、体育局、环卫中心、水务局、林业局、农发中心下属的29户二级预算单位进行软件培训和实际建账操作。年内，区应用集中账务系统的一级预算单位72户，二级预算单位达39户，涵盖了除卫生、教育及民政系统以外全部预算单位。

（王亚杰）

【主题党日活动】 6月30日，召开庆祝建党88周年表彰大会暨“我为科学发展献一策”主题党日活动。会上表彰了2008年3个先进党支部和18名优秀共产党员。3名新党员在党旗下进行了入党宣誓仪式。开展了“我为科学发展献一策”主题交流活动。党组书记、局长作了总结发言。

（白晓芳）

【开展廉政风险防范管理】 6月，开展廉政风险防范管理工作，共查出“三重一大”制度执行方面潜在的风险点6个；科室“制度机制”方面潜在的风险点46个、“外部环境”方面潜在的风险点23个、“业务流程”方面潜在的风险点43个，并依此制定了有效防控措施。

（雷雪梅）

【招商引资企业税收情况】 上半年，区招商引资纳税企业3359户，纳税总额93984.80万元，同比减少28.00%，占全区纳税总额的58.28%，创造财政收入28873.10万元，同比减少15.31%，占全区财政收入63.86%。

（鲍秀珍）

【规范土地储备管理】 上半年，为规范土地储备管理行为、加强资金监管，财政局出台了《北京市门头沟区土地储备项目专项资金管理办法（试行）》。

（张鹏鹏）

【车辆管理系统试运行】 7月，与珠海政采软件技术公司合作开发的政府采购车辆管理系统试运行。各预算单位以及各科室专管员通过该系统可以查询该单位车辆的明细信息，车辆费用的各项发生额，购车和大修手续等，形成实时变动的动态管理系统。目前政府采购办已对全区125家独立核算预算单位进行了分别培训。

（宋　宇）

【支持采空棚户区改造工程】 7月，采空棚户区改造工程石门营地块安置房建设工程开工，财政局在对拆迁资金进行管理的过程中，到区棚改中心和永定镇，了解拆迁工作进展及资金需求，遵循急事急办、特事特办的原则，开通资金审批、支付绿色通道，保证资金安全、准确、及时到位。

截止目前，已累计安排资金4.77亿元。同时，出台《门头沟区采空棚户区改造项目资金管理办法》。

（崔 颖）

【汽车以旧换新工作启动】 8月24日起区招商服务大厅黄标车淘汰联合窗口正式受理汽车以旧换新申请。

（孙立军）

【改善农村居民生活质量】 8月，财政局加大对108、109国道两侧及景区沿线部分村庄的既有村民住宅节能保温改造工作。分别为墙体保温改造和外门窗保温改造，共涉及9个镇59个村12924户，建筑面积1033920平方米，项目预计总投资为20310万元，其中区财政负担17762.2万元。

（荆凤云）

【市领导调研】 9月16日，市财政局纪检组长边瑶等一行就门头沟区2009年财政收入完成情况、新财政体制落实情况、采空棚户区改造情况进行了调研。并实地查看了采空棚户区工程进展情况进行调研，并提出具体要求。

（李 鹏）

【评审工作完成情况】 10月，财政投资评审中心接受委托项目70项（含分包工程）共144个工程。报审工程58项，总报审额6517.94万元；审定5640.50万元，审减877.44万元。

（孙 庞）

【粮食直补工作】 10月，区9个镇、103个行政村、5293个种粮农户的粮食直补资金发放工作结束。全区共发放粮食直补资金981826.24元。增加粮食直补资金31487.88元。

（乔永民）

【支持强农惠农建设】 10月，出台措施支持强农惠农建设：一是支持斋堂等8镇69村59.96万平方米的街坊路工程建设；二是在雁翅等6镇、竭石等9村新建污水处理站13座，铺设污水管线2.2万米，日可处理污水500吨，解决了727户2002人污水处理问题；三是在全区9个镇42个村新打水源井7眼，实施老旧管网改造263公里，一户一表改造5880户，解决2.38万农户安全饮水问题；四是对清水等4镇的96座公厕以及全区1700个农户的户厕进行改造，改善农村基础设施和环境卫生；五是加强对农村的垃圾处理，增加垃圾密闭处理设施、购置垃圾分类及垃圾运输设备，进一步促进农村环境的综合治理。“五项工程”建设，财政局已安排1.83亿元资金。

（连春玲）

【加强政府信息公开】 10月，落实举措，加强政府信息公开：一是建立政府信息公开管理长期机制。二是指定专人负责政府信息公开工作。三是修改财政局发文稿纸，将发文流程和政府信息发布保密审查工作程序相结合。四是优化配置，完善政府信息公开查阅场所，明确公开电话，指定电脑等必备办公设施，刻制了政府信息公开专用章和复印章。

（梁媛媛）

【落实区人大决算报告审议意见】 11月，采取措施，落实区人大决算报告审议意见：一是积极涵养和建设税源，努力增加财政收入。二是加快推进采空棚户区改造建设，全力做好资金保障工作；三是加强项目资金管理，规范资金使用，提高资金效益；四是优化财政支出结构，压缩因公出国（境）经费、车辆购置及运行费、公务接待费三项经费预算支出，厉行节约，集中财力保障各项重点工作顺利实施；五是继续推进财政支出绩效评价工作，扩大考评范围，完善考评内容，促进绩效评价工作为预算管理服务。

（蒋晶晶）

【区领导慰问】 12月31日，伊欣欣、刘云广、罗斌及相关区领导到财政局慰问财政干部职工，刘云广对2009年财政工作给予了肯定，并提出要求。

（王亚楠）

【加大低收入村帮扶力度】 12月，投入120万元资金，支持雁翅镇低收入村淤白村玫瑰园农业项目建设。通过实施整修梯田、修建田间步道、栽植玫瑰花、新建蓄水池、四旁绿化美化等项工程建设，为39个低收入农民提供了就业机会。

（连春玲）

【采取措施确保年内完成收入】 年内，采取措施，确保完成财政收入：一是对重点税源企业，建立“区领导包户”的直接责任制度，确保重点税源不流失；二是对组收单位，强化收入任务分解和落实，确保收入任务顺利完成；三是组收单位强化税源分析和排查，依法加强收入征管，确保应收尽收；四是对其他单位，制定协税护税激励机制，调动协税护税积极性；五是加大招商引资力度，引进优势项目，培育新财源。

（蒋晶晶）

【支持校舍加固工作】 年内，区教委2008年对门头沟区学校校舍进行了一次全面的抗震安全排查，制定出校舍抗震加固计划，资金总额约为1.1亿元，计划三年完成，资金由市区财政共同承担，区级资金3000万元已先期足额到位。

（王 尧）

【保障区重点工程项目资金】 年内，区农村优抚社救对象翻建危房维修工作涉及全区9个镇共721户，工程总款2775.6万元；永定河流域山区河道生态修复治理工程，工程款总投资17207万元。

（张 帅）

【财政收支完成情况】 年内，区财政收入完成92666万元，完成年初预算的123.6%，比上年增长4.3%，其中：共享税收67860万元；固定税收17115万元；非税收入7691万元。全年财政支出完成372472万元，完成年初预算的201.3%，比上年增长37.9%。

（李 鹏）

【财政支出体现民生重点】 年内，财政局支出从6方面体现民生重点：一是支持以基础教育为重点的教育事业发展，确保“三个增长”，提升区域教育水平；二是增加社会保障事业投入，保障各项济困帮扶政策落实到位；三是支持以社区卫生服务、疾病预防控制为重点的公共卫生体制改革；四是加强就业、再就业资金支持力度，促进再就业问题的解决；五是加大便民工程、济困工程、民心工程的投入，解决百姓实际困难，维护社会稳定；六是延续奥运精神和成果，增加对文化、体育及广播等事业的投入，推动精神文明建设。

（梁媛媛）

【打造“六型”财政】 年内，着力打造“六型”财政：即：“学习型”财政；“服务型”财政；“高效型”财政；“和谐型”财政；“创新型”财政；“廉洁型”机关。

（梁媛媛）

【支持教育事业发展】 年内，提出“六抓”，支持全区教育工作：一抓义务教育硬件建设，二抓各类学校办学达标建设，三抓校舍抗震加固工程全面启动，提高中小学校校舍的抗震能力；四抓教师绩效工资改革，五抓学前教育资金投入，六抓职业教育学校综合维修，全面提升职业教育办学水平。

（王 尧）

【规范非招标采购工作】 年内，进一步规范非招标采购工作，出台《门头沟区政府采购非招标采购方式管理暂行办法》。

（董大鹏）

国家税务

【概况】 门头沟国税局实有干部、职工279人，内设12个科室、1个直属机构（稽查局：内设6个科）、6个税务所，3个事业单位，所辖纳税企业12710户。年内，门头沟区国家税务局克服区域经济狭小及金融危机等不利因素，贯彻组收政策，认真落实各项税收工作部署，强化税收征管，加强税源分析与预测，完成了税收收入任务。全年累计完成税收收入163155万元，完成市局年度计划162582万元的100.4%。区级税收累计完成23505万元，完成区级年度计划23500万元的100.02%。

单位名称：北京市门头沟区国家税务局
地 址：北京市门头沟区新桥南大街39号
电 话：69850099
邮 编：102300

（贾志龙）

【成立新的税务稽查机构】 1月7日，召开全体新老稽查人员参加的“回顾十年促进步、展望未来铸辉煌”暨新稽查机构成立大会。新稽查机构内设综合科、综合选案科、案件审理科、案件执行科、检查一科、检查二科6个科室。

（贾志龙）

【强化重点税源管理】 1月19日，组织召开了2009年重点税源企业财务人员培训会。

（贾志龙）

【召开工作会议】 1月20日，召开了2009年工作会议，全体中层以上干部参加了会议。局党组书记、局长作了题为《坚定信心科学创新稳步推动门头沟国税事业不断发展》的工作报告，传达了北京市国家税务局工作会议精神，回顾总结了2008年工作，并对2009年工作进行了部署。

（贾志龙）

【市、区领导调研、慰问】 1月21日，北京市国税局副巡视员赵国斌等人到局内进行节前慰问。2月2日，市国税局副局长张占英、副巡视员张志伟，就基建工作进行调研。市局领导对局内能够全面落实市局各项规章制度给予了较高评价，到新址现场进行视察，并提出要求。4月23日，与地方税务局联合举办了纳税信用A级企业大会，区领导罗斌参加了大会。6月30日，市国税局副局长饶立新到局内进行工作调研。对局内在组收工作中所做出的努力表示了肯定，并提出要求。7月22日，区人大常委会主任李慷云以及区人大财经委和办公室的有关领导到局内进行调研。座谈会上，李慷云对局内在组收工作中所做出的努力给予肯定。并提出了希望。11月17日，市局张占英副局长就综合业务办公用房及市局数据备份中心的基建情况进行工作调研。12月31日，伊欣欣、刘云广等区领导到局内进行节前慰问。局长就2009年税收收入完成情况、征管工作开展、稽查工作动态等方面的工作开展情况进行了简要汇报。听取汇报后，区领导对局内2009年工作给予了肯定，并提出要求。

（贾志龙）

【深入企业调研】 3月4日、5日，局党组以及相关业务科所领导，针对目前金融危机及税收政策变化等因素带来的影响，分别到重庆海尔北京分公司和北京昊华能源有限公司等重点税源企业进行调研。询问了企业的经营状况、收入增减因素和面临的困难等，力争做到科学把握税收形势，全力突出组收工作，强化税收收入工作的主动权。5月6日，局党组书记、局长带领主管副局长以及各相关科室负责人到北京美廉美连锁商业有限公司走访调研，并与美廉美公司的有关领导进行了座谈。

（贾志龙）

【召开党风廉政工作会】 3月18日，召开了2009年党风廉政建设工作会议。同时2008年度目标管理考核召开了表彰大会。

（贾志龙）

【加强队伍建设】 3月19日，召开了学习实践科学发展观动员大会。局党组、全体中层干部、党员、离退休干部等共100余人参加了动员大会。4月1日，5个管理所的52名税务干部参加了培训选拔考试。选拔出的6名骨干人员将代表门头沟国税局参加市局组织的纳税评估培训班，并作为局内的“小教员”对所有管理员进行培训辅导。6月1日，区国家税务局科级领导干部专门业务培训班在长沙税务干部学院正式开班。局党组书记、局长参加仪式并发表讲话。学院党委书记及学生工作部处长出席了开班仪式。7月27日，召开学习实践科学发展观活动领导小组专题工作会议，讨论、审议《门头沟区国家税务局学习实践科学发展观活动整改落实方案》。8月7日，召开了学习实践科学发展观总结大会。局党组全体成员、各位调研员、全体中层干部、党员等共100余人参加了总结大会。区委和市国税局指导检查组的两位组长在听取了总结汇报后对局内学习实践科学发展观活动给予了肯定，并提出要求。

（贾志龙）

【税收宣传月启动】 4月2日，在办税服务大厅举行“北京市国家税务局标识及卡通形象中标作品暨第18个税收宣传月启动仪式”，局党组全体领导、相关业务科室、所、中心负责人、管理员代表、纳税人代表等参加了启动仪式。

（贾志龙）

【召开座谈会】 4月22日，组织召开了2009年特邀社会监察员座谈会，11名纳税人代表参加。7月31日，组织召开了青年税务干部职业生涯规划座谈会。局内19名大学毕业生和研究生参加了座谈。

（贾志龙）

【发票宣传月活动】 9月1日，在办税服务厅举行第三个发票宣传月启动仪式，党组领导、各单位负责人、部分税务干部以及纳税人代表共计50余人参加了仪式。

（贾志龙）

【加强廉政建设】 9月4日，邀请北京市国家税务局的法律总顾问到局内进行“规范执法，预防职务犯罪”专题讲座。党组领导、各科室所负责人以及税收工作一线的税务干部共计170余人参加了讲座。9日，组织干部50余人，到大兴反腐倡廉教育基地进行参观学习。

（贾志龙）

【成立新的职能科室】 9月27日，经批准正式成立纳税服务科（纳税服务中心）、教育科。

（贾志龙）

【宣传税收知识】 12月4日，围绕“加强法制宣传教育，服务经济社会发展”的活动主题，开展“12.4法制宣传日”宣传活动。

（贾志龙）

【下属单位情况】

单位名称：门头沟国税局第一税务所
地　　址：门头沟区石龙工业区雅安路9号
电　　话：60803707

邮　　编：102300

单位名称：门头沟国税局第二税务所
地　　址：门头沟区石龙工业区雅安路9号
电　　话：60803723
邮　　编：102300

单位名称：门头沟国税局第三税务所
地　　址：门头沟区石龙工业区雅安路9号
电　　话：60803719
邮　　编：102300

单位名称：门头沟国税局第四税务所
地　　址：门头沟区斋堂大街50号
电　　话：69816731
邮　　编：102309

单位名称：门头沟国税局第五税务所
地　　址：门头沟区石龙南路25号
电　　话：69806941
邮　　编：102300

单位名称：门头沟国税局第六税务所
地　　址：门头沟区石龙工业区雅安路9号
电　　话：60803717
邮　　编：102300

单位名称：门头沟国税局稽查局综合选案科
地　　址：门头沟区石龙南路25号
电　　话：69803310
邮　　编：102300

单位名称：门头沟国税局稽查局综合选案科
地　　址：门头沟区石龙南路25号
电　　话：60803007
邮　　编：102300

单位名称：门头沟国税局稽查局检查一科
地　　址：门头沟区石龙南路25号
电　　话：69802513
邮　　编：102300

单位名称：门头沟国税局稽查局检查二科
地　　址：门头沟区石龙南路25号
电　　话：69804296
邮　　编：102300

单位名称：门头沟国税局稽查局案件审理科
地　　址：门头沟区石龙南路25号
电　　话：69804072
邮　　编：102300

单位名称：门头沟国税局稽查局案件执行科
地　　址：门头沟区石龙南路25号
电　　话：69803235
邮　　编：102300

单位名称：门头沟国税局票证中心
地　　址：门头沟区石龙工业区雅安路9号
电　　话：60803709
邮　　编：102300

（贾志龙）

地方税务

【概况】　年内，（一）税收规模创历史新高。2009年，门头沟区地方税务局共组织各项税费收入16.01亿元，同比增收1.49亿元，增长10.24%，完成市局年度计划15.8亿元的101.34%。一般预算收入入库12.37亿元，同比增收1.3亿元，增长11.73%，完成年度计划12亿元的102.71%。提前完成了市局下达的各项税费收入和一般预算收入计划。同比增收近1.5个亿，收入规模首次突破了16亿。（二）税收征管规范高效。税源户为17258户，比年初增加2007户，增长13%。登记率、平均申报率、平均入库率均高于市局要求的标准。全年共清理欠税135万元，完成可追缴欠税820万元的16.5%。完成2008年度税务档案扫描工作，验收抽查130卷档案，完整率、准确率均达100%。（三）纳税服务进一步加强。1. 征求意见监督服务。2. 加强沟通促进服务。3. 落实措施优化服务。年内，门头沟地税局第一税务所被中华全国总工会授予“工人先锋号”荣誉称号。（四）依法治税进一步推进。1. 税政职能进一步发挥。年内，个税申报率为99.3%，正确率为99.1%，累计完成个人所得税收入3.51亿元，同比增收1.81亿元，增长106.7%，首次超越企业所得税。年内，土地增值税入库1.6个亿，同比增长1个亿，为全年税收任务的完成打下坚实的基础。2. 执法监督进一步开展。出台了《门头沟地税局税收执法监督员工作规范》，建立了执法检查通报制度。3. 纳税评估进一步强化。年内，全局累计完成纳税评估1337户、评估补税1046万元、移交税务稽查132户。4. 稽查力度进一步加大。稽查局共稽查纳税户108户，组织收入1684万元，同比增长618万元。（五）队伍建设进一步提高。1. 加强了班子、作风建设。2. 加强了队伍素质建设。3. 加强了党风廉政建设。4. 加强了行政效能建设。5. 加强了后勤保障建设。2009 年，门头沟地税局被评为“北京市爱国卫生先进单位”。职工之家被北京市总工会评为“模范职工之家”。“北京市绿化花园式单位”。

单位名称：北京市门头沟区地方税务局
地　　址：北京市门头沟区滨河路52号
电　　话：69848224
邮　　编：102300

（齐　振）

【召开重点纳税人座谈会】 2月9日，召开“市级重点纳税人网上直报平台培训暨重点户纳税人座谈会”，33 家市级重点税源企业代表参加了会议。会上就市级重点纳税人网上直报平台有关工作为重点税源企业代表做了培训。副局长向重点税源企业代表作了《地税税收形势和 2009 年主要工作》的报告，介绍了当前税收工作面临的形势，对税收增减收因素和 2009 年主要工作作了简要说明。税政科室就近期税收政策变化和纳税企业应注意的有关事项作了讲解。

（齐　振）

【召开年度工作会】 2 月 10 日，召开了 2009 年工作会议，会上，放映了该局自主拍摄编辑的工作记录片——《难忘 2008》，传达了 2009 年北京市地方工作会议和收入计划分配会议精神，局长做了题为《求真务实优化环境开创门头沟地税科学发展新局面》的 2009 年工作报告。并就全局 2008 年税收完成情况和 2009 年税收计划编制及任务分解进行了说明。局长分别与税务所签署了《门头沟区地方税务局 2009 年度税收计划指标责任书》。区领导罗斌在会上讲话并提出了希望。

（齐　振）

【培训工作】 2 月 23 日，为 30 户房地产企业举办专场培训。培训内容涉及全市耕地占用税实施细则，房地产开发企业转让合同、出售房屋涉及相关印花税、城镇土地使用税、契税政策，房地产企业土地增值税清算审核实施办法等。培训结束后，征纳双方就房地产企业涉税问题进行了交流。

（齐　振）

【召开党风廉政建设暨表彰会】 2 月 26 日，召开 2009 年党风廉政建设暨表彰工作大会。会上传达了市、区党风廉政建设会议精神，作了 2009 年党风廉政建设工作报告，签订了《党风廉政建设责任书》，宣读了对 2008 年北京奥运会、残奥会先进集体和个人，立功、嘉奖和“岗位标兵”人员的表彰决定，并颁发了证书和奖牌。

（齐　振）

【开展实践科学发展观活动】 3 月 19 日，召开“深入学习实践科学发展观”暨“加强领导干部作风建设，推进优化地税发展环境，确保税收增长年”活动动员部署大会。区委指导检查组、局党组班子成员出席会议，全体干部职工参加会议。会上，宣读了动员报告，宣布了《门头沟地税局开展“深入学习实践科学发展观”活动实施方案》和《门头沟地税局开展“加强领导干部作风建设，推进优化地税发展环境，确保税收增长年”活动方案》。局长结合国际、国内经济形势、局内面临的税收工作形势及干部队伍建设形势，针对“两项活动”的不同阶段，强调了具体的落实工作。并提出意见。最后，区委指导检查组组长介绍了指导检查组的三项职责，提出了三点建议。8 月 5 日，召开了“深入学习实践科学发展观”活动总结大会，区委第八指导检查组、局领导班子成员以及全局 16 个党支部、138 名党员参加了会议。局长全面总结了局内开展学习实践科学发展观活动的情况。区地税局学习实践活动体现出了“坚持人民性、把握规律性、强化实践性”的工作思路，体现出了“深、细、实、快”的工作特点。整个活动中，落实了 3 个阶段 11 个环节的工作；同时，以科学发展观为指导，开展了各项税收服务和帮扶工作，完成了各项任务。区委第八指导检查组组长对区地税局学习实践活动给予了肯定，并对以后的各项工作提出了希望。

（齐　振）

【税法宣传活动】 4 月 16 日，举办了以“走进‘温馨家园’，走进新农村，感悟税收·发展·民生”为主题的宣传活动。市局领导出席了活动。活动中向纳税人发放了税法宣传的政策资料，30 多位纳税人代表到区残联参观了“温馨家园”的建设和使用，到妙峰山镇樱桃沟村游览了新农村的新面貌。28 日，与区电视台携手开展了税法宣传活动，就住宅商品房交易的纳税问题接受了访谈。节目中，4 位干部分别对门头沟区近几年房屋交易市场和缴税情况、房屋交易过程中涉及的税种、各种优惠政策、办理手续需要携带的材料以及房屋赠予等老百姓最关心的热点问题进行了分析解答。

（齐　振）

【召开特邀监督员座谈会】 4月16日，召开了特邀监督员座谈会。会上，通报了2008年纪检监察工作和2009年工作安排，特邀监督员介绍了2008年各自监督工作的情况，并提出了意见和建议。

（齐　振）

【召开联席会议】 4月22日，与检察院召开了2009年度第一次联席工作会议。会上，纪检组长介绍了局内2008党风廉政建设工作及2009年工作设想，对廉政风险防范管理工作开展情况做了说明。反贪局长对局内党风廉政建设工作给予了评价，同时介绍了当前职务犯罪的新情况、新问题。双方达成共识。携手合力共同开展好预防职务犯罪工作。

（齐　振）

【纳税信用A级企业授牌大会】 4月23日，与国税局联合召开2009年至2010年纳税信用A级企业授牌大会。区领导罗斌出席，国、地税干部代表及53家纳税信用A级企业代表参加了会议。大会宣读了纳税信用A级企业代表在会上发言，向全区纳税人发出依法诚信纳税的倡议。

（齐　振）

【走访民营企业】 5月20日，区国、地税两局领导带领有关部门人员联合走访了民营重点企业美廉美连锁商业有限公司，了解了企业的经营情况和存在的困难，介绍了企业适用的税收优惠政策，并向企业赠送了税收政策资料。

（齐　振）

【实行文件打印外包】 6月8日，与立思辰科技股份有限公司举行“建立效能型政府机关推进地税局科学发展文件打印外包”签约仪式。

（齐　振）

【领导调研】 6月12日，市局党组书记、局长王晓明到局内调研。首先到纳税服务大厅和永定税务所，看望慰问工作在一线各个岗位上的税务干部。询问了保持三项国家级先进荣誉称号的一所纳税服务大厅的工作情况。随后，听取了基层税务所长的工作汇报，着重了解了基层对组收工作和队伍建设方面的意见和建议，并提出了工作要求。

（齐　振）

【组织重点税源企业集体约谈】 6月12日，组织召开了由67户重点税源企业参加的集体约谈会。一是结合各重点税源企业生产经营特点，就新征管法和企业所得税法中涉及的政策变化进行了讲解和实例分析。二是发放《纳税人自查情况报告提纲》和《纳税情况自查报告表》，现场对企业进行辅导，简化评估工作流程，提高评估工作效率。三是通过解答纳税人咨询，与企业进行沟通，了解企业存在的问题和遇到的困难，为进一步落实帮扶举措、推进评估工作奠定了基础。

（齐　振）

【稽查局办公楼竣工启用】 6月15日，区地税局稽查局办公楼重新挂牌启用，开始办公。

（齐　振）

【多部门研讨“保增长”举措】 6月16日，与区财政、国税、工商等部门联合召开的2009年“确保财政收入增长10%”工作落实情况交流会。会上，四部门分别通报了该单位落实全市“确保财政收入增长10%”工作部署会议精神的具体措施和“保增长”工作进展情况。共同讨论了关于加强通、涵养税源等方面的工作建议，确定了下一步的具体举措。

（齐　振）

【举办预防职务犯罪图片教育展】 6月19日，对全局干部进行了预防职务犯罪图片教育，通过在各办公区设置展板，展示贪污受贿、挪用公款、玩忽职守、滥用职权、徇私舞弊等职务犯罪行为的案件实录和教训。

（齐　振）

【电子考勤试运行】 6月23日，举办了第二季度全员业务培训，由税政管理一科业务骨干主讲，主要内容传达市局关于2009年下岗再就业减免税的最新政策和个人所得税习题精讲。并开始试用自行研发的教育培训电子考勤系统。通过电子考勤系统将人员出勤情况和部门出勤率现场公示。

（齐　振）

【举行“七一”表彰大会】 6月30日，举行了纪念建党88周年暨“七一”表彰大会。10名新党员在党旗下进行了入党宣誓，全体老党员重温了入党誓词，大会对2个“优秀党支部”和23名“优秀党员”进行了表彰。

（齐　振）

【辅导房地产企业自查土增税】 7月2日，组织13户已经提交土地增值税清算报告的房地产企业召开了土地增值税自查工作会。会上针对当前清算报告中存在的，包括居住、商住未分开，没有合理分摊开发费用，隐瞒了视同销售情况，利息计算不能提供金融机构有关项目贷款证明等方面的主要问题进行说明，针对土地增值税的计算中有关收入确认与扣除成本、费用等问题进行了的政策培训，并向房地产企业发放了《土地增值税清算自查表》。

（齐　振）

【召开纳税服务交流研讨会】　7月7日，市地税局纳税服务中心组织海淀、朝阳、崇文、顺义、门头沟等9个区县局的征收管理科负责人，就《北京市地方税务局纳税人诉求管理暂行办法》（征求意见稿）进行交流研讨。各区县局以为纳税人服务为出发点，遵循维护纳税人合法权益的原则，就《办法》的岗位职责、权限划分、工作流程、操作步骤等内容展开了讨论。

（齐　振）

【启用内部视频会议系统】　7月8日，正式启用局机关、稽查局、石龙办公区、山区税务所四位一体的电视电话会议系统，干部们在各自办公区的会议室就可以通过视频会议系统参加全局会议和培训，听取会议内容，参与会议讨论，与主会场和各分会场进行沟通交流。

（齐　振）

【团员青年学法律活动】　7月28日，局团总支组织团员青年到区法院，开展了以“走近法院——团员青年学法律”为主题的教育活动。先后参观了法院的大审判庭以及办公场所，并观看了法警的格斗演练，随后，与法官进行了座谈。

（齐　振）

【落实系统半年工作会议精神】
8月5日，召开全体干部大会，进一步贯彻落实市局半年工作会议精神，部署下半年重点工作。会议传达了市领导在我市半年经济形势分析会上的讲话精神和总局纳税服务工作会议精神，局长代表党组作了题为“强化组收，优化环境，转变作风，全力完成全年各项工作任务”的半年工作报告，全面部署了落实系统半年工作会的具体措施，提出具体要求。

（齐　振）

【区领导检查残保金代征工作】
8月13日，贾文勤到申报大厅残保“审核－代征”“一门式”服务窗口检查、指导审核代征工作情况。听取了局内和区残联对当前工作情况的汇报，针对残保金审核率偏低的问题与两部门人员进行了分析和探讨，并提出要求。

（齐　振）

【“做国家利益的忠诚卫士”主题活动】　9月7日，召开了“做国家利益的忠诚卫士”主题教育周活动动员暨集中学习大会。副局长传达了市局党组的通知精神，党组书记、局长做了讲话，对广大干部提出了要求。

（齐　振）

【打造生态办公区】　年内，在办公区建设中，致力于营造人文、绿色的办公环境，着力打造石龙办公区生态文化园。年内，注重平面与立体绿化相结合、树木与花卉相结合、植物与景观相结合、景观与文化相结合，力求四季常青，三季开花，秋有硕果，2008年，被评为“北京市绿化美化花园式单位”。

（齐　振）

【开展TAX861网站在线答疑】
9月15日，税政、征管、法制等业务部门负责人与主管局领导做客TAX861网站，就纳税人和网民关心的税收热点问题进行了在线答疑。同时对该区经济发展特点、纳税服务措施向广大纳税人和网民进行了介绍。

（齐　振）

【科级后备干部选拔】　9月19日，在民主推荐的基础上，对经民主推荐入围人选，进行了竞争选拔的笔试。此次选拔工作体现了公开、公平、竞争、择优。

（齐　振）

【全力保障国庆安全】　9月28日，下发了《做好国庆期间安全保卫工作的通知》。同时，制定了《安全大检查明细表》。由局领导带队，对保安监控室、干部值班室、纳税服务大厅、信息机房、财务室、发票库房、档案库房、施工工地等29处重点部位，结合消防安全、食品安全、交通安全、等8个检查项目，进行了安全大检查。

（齐　振）

【开展信息化与电子政务培训】
11月17日，开展了首批信息化和电子政务的培训。全局227名干部分五批参加了培训，培训内容涉及电子政务、信息安全、信息技术等。

（齐　振）

【领导慰问】　12月31日，区领导伊欣欣、刘云广、罗斌慰问了门头沟局的干部职工。局长就该局2009年各项工作向区领导做了简要汇报。区领导对局内一年来的工作给予了肯定，并提出希望。

（齐　振）

金　融

工商银行

【概况】 年内，工商银行门头沟支行根据总、分行工作部署，以加快有效发展为主线，改进机制，把控风险，强化营销，全面开展各项工作，经过全行上下共同努力，经营水平、经营绩效等方面有了较大发展，经营结构发生变化。全年人民币各项存款比年初增长21.43%，各项贷款指标有了不同幅度的提高。制定了《门头沟支行2009年党风廉政建设和案件防范工作意见》，并召开专题会议对全年工作进行部署，纳入相关人员的绩效考核。制定了《门头沟支行2009年案件防范工作安排》《各专业年度案件防范工作计划要点提示》，明确各专业部室案件防范工作计划应包括的内容。明确各级领导干部责任，逐级签订责任书。修订《支行反洗钱领导小组章程》及《反洗钱工作小组职责》，加强反洗钱工作。围绕着全行的改革发展中心任务，强化行内人力资源管理，完成辖内员工绩效考评工作。做好老员工离退休服务和管理工作。借重要节、假日之机开展出游、联谊活动，并对老干部、病、困老同志进行慰问关怀。制定下发了《门头沟支行服务工作指导意见》，重新修订了《门头沟支行服务专项考核办法》。组织开展“服务就是发展、服务就是效益”主题教育活动、“如何提升服务品质”主题征文活动、“我为科学发展献一策”活动，以及“共铸理想信念共促和谐发展”感言征集活动。

单位名称：中国工商银行股份有限公司北京门头沟支行
地　　址：北京市门头沟区新桥大街16号
电　　话：69844429
邮　　编：102300

（贺　卉）

【联谊活动】 1月，与区工商联、中小企业举办“中小企业发展大讲堂”活动。

（贺　卉）

【网点升格】 5月，完成了黑山储蓄所、城子街储蓄所升格为网点支行工作。

（贺　卉）

【党日活动】 7月，离退休党支部组织党员开展“传统与发展”主题党日活动，纪念中国共产党成立88周年。

（贺　卉）

【知识竞答】 9月，组织开展“爱祖国、爱工行”知识竞赛答题活动。

（贺　卉）

【签署协议】 10月，与区内部分企业签署公务卡业务相关协议，办理多张公务卡。

（贺　卉）

【营销竞赛】 11月，开展各项对公产品及品牌金短途营销竞赛活动，取得良好效果。

（贺　卉）

【提升服务品质】 年内，开展服务研讨会，编写服务宣讲提纲，并到一线网点就服务管理水平提升进行主题宣讲 活动。

（贺　卉）

建设银行

【概况】 年内，建行门头沟支行抓住“加快发展”这一工作主线，围绕“创造经济增加值”这一中心，实现储备项目贷款尽早投放，推动中间业务发展，作好对公负债业务、个人业务、国际业务，提高支行风险控制水平、客户服务水平、基础管理水平、企业文化建设水平，各项经营工作取得显著成效，对公存款全年计划完成率162.26%，个人存款全年计划完成率447.01%。支行依托政府合作、集团客户和保障性住房三个平台：公司及机构业务成功营销全区供热改造项目和门头沟区采空棚户区改造工程，并争办到了石泉砖厂地块的代发拆迁款，实现了重点项目大额资金的体内循环。个人银行业务依托重点项目，存款业务超额完成分行下达的各项任务，存款新增额和增长率均列地区同业首位。个人住房贷款实现11年无不良记录。中间业务领域，实现对公中间业务、产品全国网银代发业务、百易安业务零的突破。实施风险监控，加强信贷管理。落实贷后管理各项要求，加强对公预警客户跟踪管理，个人贷款档案加大检查频率，签订《会计负责人目标责任书》，制定《2009年业务技能、服务管理劳动竞赛活动方案》，使网点风险防范、会计核算和服务质量进一步提升。加大安全保密检查力度，加强各种安防演练。新桥支行被评为分行“平安示范网点”，支行营业网点两次成功堵截电话、短信诈骗案件，避免了客户资金损失，受到客户好评，并得到门头沟区公安机关的表彰。支行通过开展主题学习教育培训、召开全体党员干部座谈会、干部读书学习交流等活动，培育良好文化氛围，荣获2009年度总行级学习型组织先进单位。

单位名称：中国建设银行股份有限公司北京门头沟支行
地　　址：北京市门头沟区双峪路22号
电　　话：69832674
邮　　编：102300

（田　颖）

【发放采空棚户区拆迁款存折】 7月18日，门头沟支行行长到门头沟区采空棚户区拆迁办公室视察业务进展情况，并代表建行门头沟支行为第一名收到拆迁补偿款的客户发放储蓄存折。

（田　颖）

【开展反腐倡廉警示教育】 9月，门头沟支行开展反腐倡廉警示教育活动，组织全体干部员工分批到北京市大兴团和监狱反腐倡廉警示教育基地参观警示教育展、观看警示教育片、听职务犯罪服刑人员现场说法。

（田　颖）

【举行银企合作协议签字仪式】 12月11日，建行北京市分行与北京京煤集团有限责任公司在北京签署《战略合作协议》，会上行长和京煤集团董事长代表双方签署了《银企战略合作协议》，北京市分行副行长和京煤集团总经理代表双方签署了《银企战略合作协议》。

（田　颖）

【学习型先进单位授牌仪式】 12月18日，中国建设银行股份有限公司北京市分行工会主任代表中国建设银行股份有限公司总、分行工会授予门头沟支行“总行级学习型先进单位”荣誉，并颁发了奖牌。

（田　颖）

【开展ISO9000质量管理体系贯标】 年内，支行开展ISO9000质量管理体系贯标活动，通过成立以支行一把手为组长的贯标领导小组、与各部门负责人签订《ISO9000质量管理体系运行责任书》、在每个部门设一名内审员、开展培训、宣传活动，为贯标工作进一步开展打下了良好基础。

（田　颖）

农村商业银行

【概况】 年内，农商行门头沟支行认真贯彻落实总行工作的各项要求，在新一届领导班子的领导下，严格按照“防范风险、规范经营、扎实工作、按规矩办事”的指导思想和工作方针，结合实际情况，坚持经营与管理并重的原则，以更扎实的工作和更有效的措施，完成了各项工作。全年人民币各项存款余额409923万元，较年初增加112053万元，增长37.6%，完成全年计划的203.7%；各项贷款余额（含贴现）113913万元，其中涉农贷款余额34079万元；实现利润2750万元；上缴税款330万元。

单位名称：北京农村商业银行门头沟支行
地　　址：北京市门头沟区滨河路115号滨河大厦
电　　话：69835548
邮　　编：102300

（王　茉）

【安全检查】 年初，总行副行长对门头沟支行安全保卫工作进行检查。通过对相关预案、责任制的制定情况、监控录像、消防设施及器材配置的检查，对支行安全保卫工作给予了肯定。

（王　茉）

【学习科学发展观情况】 3月26日，召开深入学习实践科学发展观活动动员大会。4月7日，支行党委组织党员集中观看了科学发展观理论学习辅导光盘。13日，举办深入学习实践科学发展观活动专题党课，党委书记作了题为《深入学习实践科学发展观以科学发展观统领各项工作》的党课报告。5月18日，在辖区内永定支行举办了“学习科学发展观，我为农商行建言献策”为主题的演讲比赛，地区支行领导及各党支部书记观看了演讲比赛并担任评委，此次活动共有30人参加。25日，召开党委成员学习实践科学发展观民主生活会，党委书记围绕“坚持科学发展观，推动全面健康和谐、又快又好发展”这一主题作了发言。6月22日，组织召开了地区支行学习实践科学发展观分析检查报告群众评议座谈会。8月23日，召开深入学习实践科学发展观活动总结大会，党委书记做了总结。

（王　茉）

【召开专业会议】 4月7日，召开了2009年信贷专业会，会议指出年内的工作重点是按规矩办事，要求信贷人员做到贷前尽职调查，认真审核借款人准贷资格、借款用途的真实性，及时做好贷后跟踪检查工作，加强贷款资金的监督管理，增强全员的合规意识与风险防范意识。7月20日，召开全行“会计基础工作合规建设工程”启动大会，共计101人参加，会上对岗位大练兵、会计风险排查整改和会计达标工作提出了具体的工作要求。

（王　茉）

【召开座谈会】　4月8日，支行党委成员与区委领导就农商行发展、支持“三农”、加强银政合作问题进行座谈，区领导伊欣欣、郭光磊、陈国才到门头沟支行参加座谈。10月20日，召开了新入行大学生座谈会。支行领导班子成员、人力资源部、综合管理部经理等16人参加了座谈会。11名大学生就银行体制建设、管理模式、营销手段、创新方法、业务设置等问题与行长进行了交流和座谈。30日，组织开展“重阳节”座谈会，共计80余人参加。座谈会上，行长代表行领导班子成员向为农商行做出贡献的老前辈致以节日的问候和感谢。

（王　茉）

【召开安全保卫培训会】　5月24日组织召开安全保卫培训会。总行安全保卫处和门头沟支行行长助理出席了此次培训会。培训会上门头沟交通队和门头沟分局内保处警官讲解安全保卫知识。

（王　茉）

【爱国主义教育活动】　7月4日，组织全行79名党员到平谷京都大峡谷鱼子山抗日战争纪念馆进行“追忆革命先烈重温入党誓词”爱国主义教育活动。

（王　茉）

【开展突发事件演练】　7月26日，支行组织各非管辖支行行长、安全保卫负责人和安全保卫干部共计50余人，在斋堂支行进行防火、防抢突发事件应急处理演练。公安分局内保处、总行安全保卫部领导应邀参加并对此次演练进行讲评。

（王　茉）

【我与祖国共成长歌咏比赛】　10月17日，总行在海淀剧院举办了“我与祖国共成长——庆祝国庆、行庆职工歌咏比赛”，支行党委选派的代表队在此次比赛中获三等奖。

（王　茉）

【涉农业务调研】　10月27日，中国人民银行营业管理部副主任、总行副行长一行到支行对涉农业务进行专题调研，对门头沟支行在支持当地社会主义新农村建设、支持中小涉农企业以及发展农户经济所做的工作给予了肯定。

（王　茉）

【开展献爱心捐款活动】　年内，组织捐款活动2次，全体员工共捐款8310元。

（王　茉）

保　险

财产保险

【概况】　年内，门头沟支公司在分公司党委、总经理室的领导下，全体员工团结在支公司领导班子的周围，克服了业务规模逐年增大，门头沟地区经济匮乏，业务无新的增长点，北京保险市场竞争主体不断增加等诸多不利因素，坚持以发展为第一要务，围绕“促发展、保效益、防风险”的经营方针，解放思想，坚定发展信心，创新发展思路，提高发展效益，完成了全年任务指标，公司继续保持了稳健发展。

单位名称：中国人民财产保险股份有限公司北京市门头沟支公司
地　　址：北京市门头沟新桥大街18号
电　　话：69843284
邮　　编：102300

（张　志）

【专项审计工作】　10月23日至27日，总公司广东监察审计中心，到公司对综合管理中的资金管理、保险单证、印章管理等项工作，开展了内控专项审计工作，审计结果，认为公司的内控管理制度健全，管理规范有效。

（张　志）

【开展财务巡查工作】 11月11日，分公司财务中心到公司进行财务巡查工作，对反映公司业务发展的凭证、账簿等进行了财务检查，巡查结果，认为公司财务基础工作符合规范要求，建立了财务制度，较好的防范了经营风险。

（张 志）

【主要经营业绩】 年内，公司实现签单保费收入8216万元，较上年同期增长21.76%，完成年计划的107.9%，超额完成全年计划指标。其中车险保费7817万元，同比增长24.23%，商业险5755万元，同比增长35.58%，交强险2062万元，同比增加0.7%；非车险保费398万元，同比减少12.33%。综合赔付率，综合赔付成本5943万元，综合赔付率82.14%，同比增加19.64个百分点。车险综合赔付率83.94%，其中商业险综合赔付率100.52%，交强险综合赔付率45.51%。非车险综合赔付率44.88%。

（张 志）

【修订完善内控制度】 年内，公司制定了“见费出单”工作的财务、业务、远程出单等几项新规定，即《营业室工作职责与流程》、《营业室单证管理》、《公司网上银行结算管理办法》等规定。

（张 志）

【做好农业保险工作】 年内，在开办果树保险大枣、樱桃、豆类使承保项目达到12个，种植业承保3893亩、同比增长10%，养殖业2580头，比去年同期有所减少，全年收取保费135万元，赔款支出120万元，全年出险60余次。

（张 志）

人寿保险

【概况】 年内，按照分公司党委、总经理室制定的工作指导思想和经营目标，结合实际制定了以持续发展为主题，加强渠道开拓；以提高效益为中心，统一思想；以深化改革为动力；以强化内控为保证，完成了分公司下达的各项经营指标。截止到12月末完成保费指标10181.50万元，其中团体业务部完成保费5615.70万元，健康险保费收入78万元，意外险保费收入67.10万元，银行保险业务保费4787.40万元，团体趸交保费536.20万元；营销区部完成保费4565.80万元（首期新单1068.60万元，趸交保费211.70万元，短险219.90万元，续期3277.30万元）。公司连续13年被首都精神文明建设委员会授予“首都精神文明单位”荣誉称号。

单位名称：中国人寿保险股份有限公司北京市门头沟支公司
地　　址：北京市门头沟区滨河路64号
电　　话：69841705
邮　　编：102300

（刘 瑜）

【成立理财团队】 1月，门头沟团体部成立理财团队，部门自2008年底开始招募新人，截止到1月底所招募新人90%通过代理人证考试并全部上岗进行销售。

（刘 瑜）

【领导视察】 2月11日，分公司团体部总经理到门头沟团体部视察工作，公司经理向分公司领导作团体部工作报告。3月24日，分公司分管团体业务总经理到门头沟团体视察工作。

（刘 瑜）

【演讲比赛】 2月23日至25日，客户服务部，营销区部人员参加了分公司组织的“我与中国人寿”杯演讲比赛。

（刘 瑜）

【新营业厅投入使用】 3月2日，装修改造后的营业厅正式投入使用。

（刘 瑜）

【参加经营分析会】 3月7日，团体部总经理参加团险渠道阶段经营分析会（郊区），会上就团险渠道开门红业务竞赛情况进行了分析总结。

（刘 瑜）

【录入外包工作】 3月11日，门头沟客服业务主管和柜员参加了分公司组织的新单录入外包操作系统培训，4月6日，新单录入外包工作在客服柜员面全面启动，结束了客服柜面CBPS8版新单业务自已录入的历史。

（刘 瑜）

【团体部主题夕会】 3月25日，团体部召开（工行、农行、理财、团体）联合夕会，会议专题时间邀请了客户服务部兼职讲师为团体部员工讲解投保单填写规则，会上政令宣达时间进行了理财及中介客户经理违规违纪行为处罚的相关文件的宣导。

（刘 瑜）

【“国寿鹤卡”推广】 4月21日，公司开展国寿鹤卡发放推广工作，“国寿鹤卡”发放工作正式启动。

（刘　瑜）

【收展团队编入区部管理】 4月，门头沟收展团队正式划归第九营销区部管理，门头沟收展团队全年完成110万期交保费，超额完成预定全年目标。

（刘　瑜）

【团体部召开联合大晨会】 5月11日，团体部召开联合大晨会，会上宣布门头沟团体部下设的理财一部、二部正式成立，任命理财一部及二部部门经理及处经理和组经理，会上团体部总经理讲话。

（刘　瑜）

【慰问退休老干部】 6月2日，公司综合人员陪同分公司人力资源部到退休老干部家中进行慰问。

（刘　瑜）

【拓展训练】 8月，团体部组织部门全体员工参加拓展训练，培养员工之间团结合作的团队精神。

（刘　瑜）

【两康停售】 三季度，两康停售竞赛期间，区部联系制作金箔保单，为两康竞赛成功助力。

（刘　瑜）

【转保工作】 10月1日，国家开始实施新《保险法》，营销区部安排对附加险重新转投保的宣传和推广工作。

（刘　瑜）

【学习职代会工作报告】 10月15日，门头沟客户服务部夕会时间学习分公司总经理在北京市分公司第二届职代会上工作报告和张言主任在北京市分公司第二届职工代表大会上的讲话，通过学习讨论，贯彻落实，对公司建设提出了的意见和建议。

（刘　瑜）

【晨操、晨会设计大赛】 11月21日，客户服务部7名员工代表门头沟客户服务部参加北京市分公司举办的“晨操、晨会设计大赛”，并获得两个项目的双料优秀奖，取得了参加总公司“晨操、晨会设计大赛”的参赛资格。

（刘　瑜）

【保全免填单】 12月1日，客户服务部正式推行保全免填单业务受理工作。

（刘　瑜）

【新保险法知识考核】 12月，公司各部门员工参加总公司新《保险法》知识在线考试，全体员工全部以优异的成绩通知考试。

（刘　瑜）

【“保险先进村”称号】 年内，下清水村、西达么村、赵家台村、东斋堂村，荣获2009年中国人寿北京市分公司“保险先进村”荣誉称号。

（刘　瑜）

【区部召开业务说明会】 年内，区部组织召开各种形式的说明会，为营销伙伴搭建展业平台，并宣传公司，做好服务。一季度区部召开各种形式的说明会62场，到场客户849位，现场意向400万。二季度召开贺卡发布会为主的各种形式的说明会79场，到场11017位客户，现场意向215万。全年平均每1.5天召开一场说明会。

（刘　瑜）

【营销员继续教育工作】 年内，保监会要求持证人员必须参加继续教育，顺利开通网上继续教育学习，学完36个小时，95%以上人员拿到了继续教育证书。

（刘　瑜）

【增员工作】 年内，九区部重视增员工作，固定安排每周五为区部的“增员日”，在下半年参加了甘家口人才招聘会，多次到八角社区、首钢、北工大等地招聘，同时还投资在528网站进行招聘，建立日常网站招聘制度。

（刘　瑜）

城 乡 建 设

规 划 管 理

【概况】 北京市规划委员会门头沟分局是北京市规划委员会的派出机构，其主要职责是：在市规划委的领导下，按照规定权限，负责组织实施该行政区域内的规划编制、规划审批和规划监督工作。下设办公室、综合业务科（全程代理）、规划科（建设用地管理科）、建设工程管理科、市政交通工程管理科、门头沟区规划监察执法队、档案信息中心（北京市门头沟区城市建设档案信息中心）。行政编制20人，执法编制8人，事业编制6人。年内，以建设社会主义和谐社会的要求和科学发展观为指导，贯彻落实科学发展观，坚持依法行政，廉洁从政，保证全区各项规划的实施。

单位名称：北京市规划委员会门头沟分局

地　　址：北京市门头沟区新桥大街51号

电　　话：69843398

邮　　编：102300

（胡国成）

【召开村庄规划预审会】 1月16日，会同区农委组织召开了田庄、房良、雁翅、贾沟、北村村庄规划预审会。会议听取了规划编制单位关于村庄规划情况的汇报，与会各方对村庄规划成果予以肯定，并结合各自工作对村庄产业发展、村庄安全、村庄市政及公共服务设施配套等方面提出了建设性的意见和建议。

（胡国成）

【组织专项检查】 2月16日至27日，对全区范围内所有的施工暂设工程进行了专项检查。在专项检查过程中发现14个单位没有为施工暂设工程办理相关的审批手续，总建设面积为10038.5平方米。对情节严重者作出了行政处罚，对情节轻微者要求其限期整改。

（胡国成）

【核发规划许可证】 2月18日，核发了黑山社区菜市场项目建设工程规划许可证。黑山社区菜市场工程是区内的重点民生工程。分局多次现场办公，与建设单位、设计人员共同优化设计方案。仅用了2个工作日就办理了项目的建设工程规划许可证。4月16日，核发了西六环寨口矿回迁房用地取得建设用地规划许可证，该项目总用地面积96035.84平方米，受理时间和办结时间都有具体的规定期限。18日，核发了中铁三局集团第四工程有限公司西六环路拆迁定向安置房项目用地的建设用地规划许可证，该项目总用地面积8768.32平方米（包括建设用地5766.99平方米，代征绿化用地3001.33平方米）。6月4日，核发了西六环寨口矿定向安置房建设项目一期工程的建设工程规划许可证。该项目一期工程包括6栋高层住宅楼，总建筑面积36165.18平方米，其中住宅32829.54平方米。5日，办结了区采空棚户区改造石门营定向安置房项目用地B地块的建设用地规划许可证。9日，办结了A地块定向安置房项目的建设用地规划许可证。至此，石门营定向安置房项目已全部取得建设用地规划许可证。该项目总用地面积68.06公顷，其中建设用地42.97公顷。8月26日，核发了东辛秤等村综合改造项目土地一级开发项目建设用地规划许可证。该项目总用地面积约为83.5公顷，其中包括A地块约19.6公顷，B地块约32.1公顷，C地块约31.8公顷。

（胡国成）

【召开新民居改造工程工作会】2月23日，会同区农委，组织有文委，建委，各镇政府以及各参编单位参加的工作会议针对为改善门头沟区国道两侧村庄村民居住质量，美化国道周边景观环境，解决村民传统的以煤供暖为主的取暖方式问题，进行具体安排。会议传达了区领导对此项工作的相关要求，同时就该工程的目的、原则、调研内容以及工作进度安排等方面进行了阐述及部署。参会的各委办局及各镇政府也提出了建议和意见。

（胡国成）

【召开棚户区改造问题研究会】3月2日，会同市规划委基础二处、市规划院、区采空棚户区改造建设中心、市政管委、水务局、供电公司、市输电公司等部门对采空棚户区改造异地安置涉及的石门营、中门寺两地块道路市政问题进行研究讨论，原则同意了市规划院交通所初步形成的石门营地区路网调整思路，并提出了进一步的修改完善意见。4日，会同区采空棚户区改造建设中心组织总参通信总站、北京军区、市规划院、市市政设计院、区武装部等部门参加会议就采空棚户区改造异地安置涉及的石门营地块军事电缆迁移及路由等问题进行研究协调。会上，对现状情况与问题、交通市政配套、重要节点关系、总体布局等多方面对石门营地块经济适用房涉及的相关工作进行了分析，提出了有关军事电缆迁移和如何合理安置问题。部队方面表示支持此项区政府重要工程，就相关重点内容进行了讨论，会后进行实地勘察，取得了相对一致的意见。

（胡国成）

【领导调研】 5月7日，区领导伊欣欣到局内调研，听取了规划分局近期有关工作情况的汇报后给予肯定，并提出具体要求。

（胡国成）

【审查通过项目设计方案】 6月2日，审查通过西六环寨口矿定向安置房项目设计方案，核发了规划意见复函。该项目建筑规模11万平方米；控高32米；容积率1.4；安排1126户回迁户。10月18日，审查通过门头沟采空棚户区改造石门营定向安置房建设项目为棚户区改造项目建设一期工程A地块和石门营村村民住宅设计方案。11月3日，审查通过B地块的设计方案。此次审查通过的A地块的设计方案总建筑规模50.7万平方米，其中住宅30.1万平方米，安排户数4778户；石门营村村民住宅设计方案总建筑规模9.2万平方米，其中住宅8.14万平方米，安排户数964户；B地块的设计方案总建筑规模37.7万平方米，其中住宅34.11万平方米，安排户数4622户。

（胡国成）

【召开工作会】 8月31日，组织召开了《门头沟新城地名专项规划》工作会。区相关委办局、镇及街道办有关负责同志参加了会议。会上编制单位对地名规划的意义、内容及以后需要配合的工作等方面进行了汇报。各单位提出了建议和意见。

（胡国成）

【召开路网方案初审会】 10月20日，组织召开采空棚户区改造石泉砖厂地块路网方案审查会，区市政管委、路政分局、文委、水务局、市规划院等单位的有关领导及负责同志参加了会议。会上原则同意石泉砖厂地块路网规划布局。并要求各有关单位配合修改完善方案，出现问题及时沟通，确保棚户区改造及相关道路建设实施。

（胡国成）

【规划编制与研究】 年内，组织编制完成了军庄镇、王平镇、雁翅镇、潭柘寺镇的总体规划，经区政府审查同意后已上报市规划委审查。启动大台地区总体规划编制工作，形成初步成果。组织编制完成了《门头沟区村庄体系规划》，并经区政府审议通过。在已完成村庄规划编制的84个村庄基础上，启动了剩余需要编制村庄规划的52村村庄规划编制工作，已基本完成。编制完成《城子218地块》、《龙口水库地块》、《滨河西区2号地》等新城范围内地块控制性规划，经公示后已上报市规划委。启动《东辛秤地块控制性详细规划》、《斋堂镇旅游集散中心控制性详细规划》等项规划编制工作。在完善《门头沟新城规划》基础上，启动了《门头沟新城综合交通规划》和《门头沟新城地名专项规划》编制工作。会同市政区市政管委、路政分局，完成了《门头沟区统筹城乡道路建设战略研究》；委托市规划院开展了《双峪环岛交通节点改造研究》。完成了《关于门头沟区统筹城乡一体化发展规划研究》、《门头沟浅山区发展问题研究》、《浅山区产业经济空间发展研究》、《门头沟新城重点地区实施建设研究》等调研课题；会同永定镇、国土资源分局落实了永定镇村庄整合研究工作。

（胡国成）

【规划管理】 年内，核发建筑工程类规划意见书16件，用地规模约160公顷，建筑规模约169.8万平方米；核发市政类规划意见书2件，用地规模约16.8公顷，道路及河道长度约5600延米；核发建设用地规划许可证24件，总用地规模约205.1公顷；核发公建项目的建设工程规划许可证24件，总建筑规模339772.56平方米，私人建房的建设工程规划许可证272件，总建筑规模15567.72平方米；核发临时建设工程规划许可证19件，总建筑规模16860.06平方米；地名命名3件。

（胡国成）

【规划监督】 年内，完成规划验线37项、395239.88平方米，规划验收23项、178648.79平方米。对全区的52个单位和个人、227间（栋）、3911.54平方米的违法建设及731.67米的围墙，逐户办理相关的审批手续的认定手续；对108、109国道两侧、下安路、永定等地区定期巡查，发现新的违法建设32处，4769.18平方米，及时与相关部门进行了查处；与市规划委执法大队一同对年内4次卫星查违的14处图斑，144208.98平方米的建设工程建筑情况，全部到现场进行了核实并上报市规划委。

（胡国成）

建 设 管 理

【概况】 2009年9月，门头沟区建设委员会更名为门头沟区住房与城乡建设委员会。区住房和城乡建设委员会在区委区政府和市住建委的领导下，在全体人员的共同努力下，以科学发展观为统领，按照“科学管理、执法规范、创新方法、勤政廉洁、团结协作、和谐有序”的总体要求，加强班子建设和党员干部队伍建设，发挥班子的整体作用，提高执行力和执行合力，实行扁平化管理，科学调度，统筹安排。建筑市场规范管理、工程质量安全监督管理、保障性住房建设与房屋行政管理、房屋建筑节能改造、拆迁管理等重点工作目标全部保质保量地完成，提升了门头沟城乡建设和房屋管理水平，完成了区委区政府交办的各项工作任务。

年内，完成房地产开发投资额76759万元，同比增长41.1%；商品房施工面积59.3万平方米，同比增长30.2%，其中住宅施工面积37.0万平方米，同比增长36.5%；商品房竣工面积4.3万平方米，同比下降71.1%，其中住宅竣工面积3.5万平方米，同比下降71.6；销售面积7.3万平方米，同比增长136%，其中住宅面积5.7万平方米，同比增长135.7%，销售额6.2亿元，同比增长170.1%，其中住宅销售额4.7亿元，同比增长136.6%，充分发挥了区域支柱产业作用；年内，共上网登记招投标项目130项，其中公开招标103项，邀请招标19项，直接发包8项。总建筑面积121.35万平方米，总中标价103220.25万元。做到了应招标工程100%招标，100%按照合同履约，实现了招投标“0投诉”；保障性住房建设稳步推进，经济适用房一期约4.8万平方米，共793套住宅。其中配建廉租房544套；经济适用房249套。目前该工程已经竣工。年内，继续落实应保尽保工作，租金补贴累计发放完成431户。廉租房实物配租、经济适用房、限价商品房通过市级备案分别为205户、1679户、137户，区内已取得保障性住房资格的申请户达到2452户；既有建筑节能改造、农村住宅节能改造成效明显，年内完成了10.77万平方米，既有建筑节能改造任务，完成了11884户88.87万平方米既有农村住宅节能保温改造任务，节能改造工作成为全市的一面旗帜。以“三项行动”、“安全生产月”为契机，全面开展安全质量大检查；全年共组织检查工地710余次，检查覆盖率100%。发现隐患1815余条，签发隐患通知书605份，立案处罚和快速处罚共12起，罚款16.892万元。全年未发生重大伤亡事故，安全工作在全市名列第一；做好危房排查解危工作，共受理房屋安全鉴定申请714件，确定城镇私房中有9户（27.5间）危房户。完成全部9户危房户解危工作，实现了年度“无城镇危房户”工作目标；按照“政府主导、群众配合、依法拆迁、妥善安置”的方针，本着公平、公正、公开原则，坚持依法拆迁、阳光拆迁、文明拆迁、有情拆迁。年内，共办理17个项目的拆迁公示；申请行政强制拆迁20起，实际执行12起。截至目前，在拆项目共16个，拆迁总户数3888户。创新工作方式方法，破解拆迁难题，切实维护拆迁当事人合法权益；按照谁分管、谁受理、谁审核、谁负责的要求，定期对权属登记实行动态管理，定期对受理件、办结件进行质量抽检。创新工作方法，采取预约登记方式为百姓服务。年内共办理房屋登记1.1万余件，促成存量房网上签约7000余件，初步建立了房屋电子登记簿；创新机制，推动全区劳务管理规范化，年内，住建委继续深化实名制管理，规范企业用工行为，继续强化劳务分包合同履约监管，引导市场主体“重合同、守信用”，建立畅通的农民工维权渠道，及时处理突发事件及集体上访事件。全年共解决拖欠农民工工资事件10起，为农民工追要工资910万元，涉及农民工1030人，确保了社会稳定。区住建委被北京市住建委评为保稳定先进单位。年内共受理信访件104件，做到信访件件件有回音，办结率100%。

单位名称：北京市门头沟区住房和城乡建设委员会
地　　址：北京市门头沟区新桥南大街27号
电　　话：69842655　69842910
邮　　编：102300

（石书霞）

【保障性住房工作】　1月1日，门头沟区保障性住房新政策出台。城镇居民申购限价商品住房的准入标准已经市政府批准并公布；同时，区廉租房准入标准有所调整，凡当月领取《低保证》且住房困难的家庭，当月可申请廉租住房租金补贴；人均月收入580元及以下家庭也可申请廉租住房租金补贴；申请廉租住房实物配租调整为人均月收入580元及以下同时符合60岁以上、大病、重残等条件，人均住房使用面积、家庭总资产净值等标准不变。

（石书霞）

【房屋安全普查工作全面展开】
1月初，召开房屋安全检查工作会，全面部署房屋安全普查工作。共检查城镇楼房1337栋，平房91024间，面积637.54万平方米。直管公房平房3328.5间，5.52万平方米，楼房102幢，13.58万平方米。城镇私有房屋4756户、17747间，26.62万平方米，查房率为100%。

（石书霞）

【危房解危工作】　2月15日，完成对全区各类房屋进行全面安全检查和危险房屋排查以及数据汇总；在房屋安全普查的基础上，由房屋安全鉴定机构进行房屋安全鉴定，共受理房屋安全鉴定申请714件，确定城镇私房中有9户（27.5间）危房户。从4月开始，全面展开解危工作；6月底完成解危工作。

（石书霞）

【市建筑节能检查组检查指导】
2月24日，市建筑节能检查组由市住建委副主任冯可良带队，对区内建筑节能工作进行检查和指导。重点检查了建筑节能目标完成情况和节能措施落实情况，检查组对区内的建筑节能工作给予了肯定，并提出要加强居民既有建筑房屋改造的宣传和推广工作；加强对试点单位的总结；与各相关单位相关部门设立联动机制，相互配合协调工作机制。

（石书霞）

【培训工作】　2月24日，举办了全区招投标及合同管理业务培训班，区内各房地产开发企业、施工企业、造价咨询机构以及工程建设有关单位100余人参加了培训。4月7日至8日，市建委与区建委联合举办了送建筑技术到区县讲座，市建委聘请了4位专家授课，分别讲授了施工安全管理、绿色施工技术、建筑节能验收标准、建材应用与管理等内容。区内各建筑企业的施工技术管理人员参加了此次培训。

（石书霞）

【开展专项行动　打击非法盗采】
2月24日至25日，建委协助区综治办开展集中整治斋堂地区非法盗采专项行动。建委重点对斋堂地区流动人口和出租房屋进行了清理整治，共检查出租房屋104户，对不符合规定的出租房屋和无业流动人员进行了清理。

（石书霞）

【市领导调研】　3月10日，市政府房改办主任、市住建委副主任苗乐如到区内调研，主要就门头沟区房屋普查成果与房屋权属历史数据对接工作进行检查指导。区建委作为试点单位，用普查数据与权属数据进行比对，在系统中应用“三选二”标准将房屋普查数据应用到实际房屋权属登记工作中，取得了初步的成果。市登记中心统计区建委登记部门在系统中办理业务4135件，其中成功利用房屋普查数据774条，楼房利用率为95%。下一步，将选定一个小区扩大试点，在权属档案数据整理的基础上与房屋普查数据对接，通过相互校验数据得到最新的区域内房屋数据，最终达到“以地管房、以楼管房”的立体管理目标。

（石书霞）

【学习实践科学发展观活动】 3月20日，建委组织召开动员大会，建委学习实践科学发展观活动正式开始。4月1日至2日，组织机关干部封闭学习培训，全系统50余人参加培训。5月12日，在汶川特大地震一周年之际，举行了“远学抗震英雄，近学陈志明”主题党日活动，7月3日起，开展特色主题党日活动，主要包括：新党员宣誓、老党员重温入党誓词、参观辽沈战役纪念馆、现场采访谈感想、红歌大家唱、制作专题片、召开座谈会等。

（石书霞）

【开展劳务企业信用评价工作】 自3月25日起，全区开展“建筑行业劳务企业施工作业队信用评价工作”。在区内的北京京西建设集团有限责任公司施工的四川省仪陇县兴都劳务开发有限责任公司黄伏爱作业队和河北省定州市天源建设工程有限责任公司李瑞昌作业队分别被评定为特A和A级信用施工作业队。

（石书霞）

【建立评标专家抽取终端】 3月，建设市场科、承发包交易中心设立了评标专家网络抽取终端，建立了评标专家的专家库随机抽取方式，严格规范评标专家在全区交易中心内的一切行为。2009年共抽取专家506人次，其中技术类专家399人，经济类专家107人。对于招标人需要代表参与评标的，将严格按照《招投标法》的要求，核实其高级职称及相关领域工作经验，并根据其聘书、人事证明等核实其与招标单位的人事关系。

（石书霞）

【解决业务过度集中问题】 由于棚户区改造，到区建委房屋权属登记部门办理产权分户的申请人与日俱增。为了避免混乱局面发生，4月3日起，建委协同相关部门，采取措施消除隐患。一是建立联动机制，建委与区应急办、分局内保处、派出所等部门联合，维持现场秩序，及时沟通，确保信息畅通。二是实行预约登记业务。申请人员进行实名预约登记，并按照约定时间前来办理业务，避免了连夜排队、过度拥挤现象。三是延长办公时间，并增加临时工作人员，通过紧急培训能够协助办理简单业务，确保在规定时限内发放房屋所有权证。

（石书霞）

【建筑工地甲型流感防控工作】 5月5日，对全区所有在施的36个工程下发了预防甲型H1N1流感宣传画300余张、宣传材料2000余份。对5个工地的落实情况进行了抽查，从6日起，全面启动应急机制，做到人员到岗，设备物资到位，责任到人；严格落实24小时值班制度，保持联络畅通；建立外来人员进场登记制度；定期对施工现场人员进行体温测试，真正做到了“抓紧一个关口、强调三个重点、强化四个责任”，做到了科学的预防和防治。7月1日，住建委购置消毒液160斤、体温表200支，投入金额1500余元，对全区42个工地进行了发放。

（石书霞）

【合同履约专项检查】 7月，区住建委组织实施了“门头沟区施工现场合同履约专项检查”活动。对区内11项工程施工总承包、专业分包、劳务分包、工程款拨付以及三方履职等内容进行了检查，并指出了工程中出现的一些问题，分析了原因并积极帮助整改。23日，市建委检查组到门头沟区专项检查，对区内工作予以肯定，并确定门头沟区作为此次全市专项检查的典型在总结会上作了经验介绍。

（石书霞）

【危旧房改造工程全面启动】 8月6日起，全区农村优抚、社救对象危旧房翻建维修改造工程全面启动，此次共涉及721户，分布在9个镇。由各镇、村组织施工队伍，区建委和监理公司对施工队伍进行培训和技术指导，对工程质量、材料要求及安全生产等方面进行全面监管。

（石书霞）

【召开安全生产现场会】 9月10日，组织召开了迎国庆保平安安全生产现场会。区领导付兆庚出席会议并讲话。区安监局、消防、环保局、航天科工集团第四研究院等主要领导，中建三局70名员工及区内25个集团、公司、施工单位的安全负责人、项目经理、安全员等100余人参加了会议。

（石书霞）

【成立业主委员会（试点）】 10月12日，组织召开了承泽苑小区成立业主大会和业主委员会（试点）筹备工作会，区领导贾文勤到会并讲话。大峪办事处、派出所、承泽苑居委会、开发建设单位领导及相关人员参加了会议。12月16日，经投票选举产生7名业委会成员，此项工作顺利完成。

（石书霞）

【规范信访程序，加强信访排查】 年内，进一步规范信访办事程序，加强信访排查，有效地控制和化解集体访、重访、上访事件的发生，年内共受理来信104件，领导阅批104件，其中市建委转办12件，信访办转办24件，首都之窗2件，政府监督办13件，便民电话18件，直接来信来访35件。对行动不便的残疾信访人，工作人员亲自到住户家中，所有信访件全部在规定时限内办结，做到信访件件件有回音，办结率100%。

（石书霞）

国 土 资 源

【概况】 北京市国土资源局门头沟分局（以下简称国土分局）是北京市国土资源局（以下简称市局）的派出机构，在市局的领导下，按照管理权限，负责组织实施行政区域内土地、矿产资源行政管理工作。国土分局下设9个职能科（室），即：办公室、财务科、综合科、地籍科、土地利用科、耕保征地科、地质矿产科、执法监察科、纪检监察科。下辖3个事业单位：北京市土地整理储备中心门头沟分中心；北京市门头沟区国土资源执法监察队；北京市门头沟区土地权属登记事务中心（北京市门头沟区土地利用事务中心）。现有干部职工57人。

年内，认真落实10亿元土地储备开发投资任务，完成土地一级开发投资12.88亿元，超额完成了目标任务；完成废弃矿山恢复治理项目2个，治理面积4.66万平方米；完成经营性用地挂牌入市交易1宗，成交额8.02亿元。获得市多储快供工作分中心业务考核奖及优秀组织奖；完成土地开发整理项目验收5个，完成土地开发整理新项目申报7个；完成区第二次土地调查（农村部分）的调查任务及城镇地籍更新调查，发放土地证1171宗，发证率79%，超额完成70%的工作目标；完成国土资源重点调研课题3个；认真落实“平安北京”建设工作要求，在打击盗采、处理信访、内部治安防范等方面取得了显著成绩，为平安国庆做出了贡献；开展文明单位创建活动，获得北京市爱国卫生先进单位；不断加强干部队伍建设，扎实推进反腐倡廉体系建设，认真落实党风廉政建设责任制，健全完善了制度和机制，为促进各项工作的落实提供了坚实的政治和组织保障。

年内，获2008年年度区级交通安全先进单位，获区创建学习奖机关单位，区土地整理储备分中心获得市土地整理储备中心颁发的分中心业务考核奖和优秀组织奖。

单位名称：北京市国土资源局门头沟分局

地　　址：北京市门头沟区新桥大街48号

电　　话：69856773

邮　　编：102300

（杨立新）

【联合整治检查】 1月12日至15日，区委政法委、综治办牵头，组织公安分局、国土分局、建委、斋堂镇等相关单位，在斋堂地区开展打击非法盗采专项行动。期间，出动工作人员600人次，炸毁煤熏口44个，行政拘留从事非法盗采活动人员32人，拆毁非法房屋1间，查扣从事非法盗采活动车辆8台，收缴非法煤炭8吨及盗采工具100余件。2月24日至25日，区委政法委、综治办牵头，组织公安分局、国土分局、斋堂镇等相关单位，在斋堂地区开展集中整治非法盗采专项行动。期间，出动工作人员230人次，处理煤熏口27个，检查原储煤场所10个，查扣从事非法盗采活动车辆1台，收缴自制炸药2公斤及盗采工具30余件。3月3日，会同斋堂镇政府，对斋堂镇西北山村地区进行联合治理。期间出动人员15人，车辆5台，填埋盗采煤熏口3处。4月1日，会同大台街道办事处、安监局、公安分局大台派出所、京煤集团、木城涧煤矿等相关单位，对大台地区草场沟、南巷沟、大华沟等私挖盗采行为进行联合整治。期间，炸毁煤熏口5处。5月13日，会同大台街道办事处、公安分局大台派出所、木城涧煤矿等相关单位，对大台地区草场沟、南巷沟等私挖盗采行为进行联合整治。期间，炸毁盗采煤熏口2处及盗采机械1台。6月5日，与丰台区联合采取行动，对处在两区交界处的大灰场地区的非法盗采石灰石行为进行专项打击治理。期间，对永定镇石佛村行政区域范围内开展了执法检查，发现石佛村（原永定镇采石厂）存在盗采石灰石的行为。在现场向永定镇石佛村村委会下发了《北京市国土资源局门头沟分局制止国土资源违法行为通知书》。要求村委会加强日常检查及监管，防止盗采现象的发生。18日，区综治办牵头，组织区公安分局、国土分局、林业局、斋堂镇政府等相关单位，在斋堂地区开展打击非法盗采专项行动。期间，炸毁煤熏口29个，填埋煤熏口2个。23日至24日，区综治办牵头，组织区公安分局、国土分局、建委、林业局、斋堂镇等相关单位，在斋堂地区开展打击非法盗采专项行动。期间，炸毁煤熏口12个，治安拘留非法盗采人员10人。9月17日至18日，区综治办牵头，组织区国土分局、工商分局、交通局、等相关单位，在斋堂镇地区开展集中清理整顿私挖盗采专项行动。期间，出动工作人员250人次，车辆45台，对斋堂地区原产煤区域进行了全面巡查。封堵煤熏口8个，断路20处，检查出租房屋36户81间，检查流动人口60人，检查运输车辆60辆，检查商户6家。10月29日至30日区综治办牵头，组织区国土分局、工商分局、交通局、等相关单位，在斋堂镇地区开展集中清理整顿非法盗采专项行动。期间，出动工作人员171人，车辆26台，炸毁煤熏口39个，封堵填埋煤熏口10个。

（杨立新）

【市领导调研】 1月14日，为落实陈刚副市长、苟仲文副市长等市领导关于打击奥运后非法采矿工作的有关要求，市局副局长李燕飞带领矿开处处长等领导到斋堂、清水地区就非法开采的现状及打击非法开采工作措施进行调研。区领导陈清参加调研。斋堂镇镇长清水镇副镇长，以及斋堂镇马兰村，清水镇上达么村、达么庄村的村长等就近期该区域非法开采反弹、外地工大量回流、区政府近期集中打击整治、打击工作资金投入、打击工作采取的措施及区域产业结构调整与矿山修复治理继续申请立项等情况向市局领导做了汇报。5月27日，市局地质环境处处长、矿产资源开发处处长、机关后勤服务中心主任等领导一行到区内就汛前地质灾害防治工作进行检查指导。国土分局汇报了2008年度全区地灾防治工作情况，以及年内汛前地灾防治工作进展完成情况。检查组在听取了国土分局的工作汇报后，到雁翅镇田庄村就镇村地质灾害防治工作进行了检查。6月2日，驻局纪检组组长刘敬忠到国土分局就廉政风险防范工作进行调研。国土分局从动员部署、宣传教育、建立责任制、职责及流程梳理、风险点查找、防控措施制定、审核完善等方面工作情况进行了汇报。刘敬忠对国土分局廉政风险防范工作取得成效，尤其是对加强土地储备资金监管的举措给予肯定，并就廉政风险防范工作提出要求。25日，市局老干部处处长到国土分局就学习实践科学发展观活动“回头看”整改落实情况进行检查指导。检查指导组听取了国土分局关于落实干部作风建设、党员干部队伍管理、国土资源宣传教育、1000亿开发投资任务、土地开复垦及建设项目用地预审等工作进展完成情况的汇报。要求国土分局继续抓好1000亿开发投资任务的落实，抓好国庆60周年的安全工作。7月21日，市局机关后勤服务中心主任带队到国土分局就开展“平安北京”建设工作进行检查指导。中心主任在听取了国土分局开展“平安北京”建设工作的情况汇报后，对分局所做的工作给予了肯定，并提出要求，8月21日，市局地质环境处处长带领市地质灾害应急调查队专家及有关领导到国土分局就汛期地质灾害防治工作落实情况进行检查指导。检查组在听取了国土分局关于地灾隐患排查、避灾明白卡发放、“四包七落实”、应急调查、汛期值守等工作进展完成情况汇报后，对国土分局的工作给予了肯定，并对下一步工作提出要求，9月9日，市局平安北京建设工作第四检查督导组到国土分局进行检查。首先，检查组听取了分局关于打击盗采、信访积案、内部安全保卫等工作情况的汇报，查看了机关内部消防及监控设施情况。随后，到妙峰山镇南庄村滴水岩沟就打击非法盗采情况进行了实地检查。11月5日，由市局勘查储量处、矿开处、研究室、顺义国土分局组成的矿山储量动态监督管理检查组就开展矿山储量动态监测工作进行检查指导。分局向检查组汇报了区矿山企业现状、储量动态监管措施、储量动态监测成果的应用以及开展储量动态监测的经验体会。矿山企业及地勘单位代表分别汇报了企业开展储量动态监测情况以及存在的问题。检查组在听取汇报后，对区矿山储量动态监测工作给予了肯定。随后，检查组一行到妙峰山镇北京恒坤拓峰有限公司进行了实地察看。12月2日，驻局纪检组组长周新华就党风廉政建设及国土资源管理工作进行调研。听取了分局党组书记、局长关于区国土资源管理现状、扩大内需项目进展完成情况、党风廉政建设责任制落实情况及干部队伍建设情况的工作汇报。

（杨立新）

【开展慰问活动】 1月14日，到清水镇张家铺村开展春节慰问活动。在村党支部书记、村委会主任的陪同下看望了该村6户生活困难的村民，分别为每户送上米、面、油等节日慰问品。

（杨立新）

【召开矿产资源工作会】 2月24日，召开2009年度矿产资源管理工作大会。会上，根据国土部及市、区整顿和规范矿产资源开发秩序的工作要求，结合近期山西发生的特大煤矿安全生产事故，重申了加强矿山安全生产工作的重要性。11月25日，召开2009年度矿产资源管理工作总结会。完成关闭非煤矿山企业3家，征收矿产资源补偿费379万元及采矿权使用费1.55万元，缴存矿山环境治理保证金1938万元。

（杨立新）

【现场办公】 2月26日，到斋堂镇就该镇旅游集散中心项目用地情况现场办公。斋堂镇党委书记介绍了“斋堂镇旅游集散中心项目实施计划”的总体情况；主管镇长通报了该项目运作情况。国土分局就该项目涉及的集体土地流转、存量用地、宅基地、土地一级开发、土地使用权出让、项目建设主体、拆迁安置等问题给予了政策解答，并提出了相关建议和意见。12月3日，到龙泉镇就该镇面临的权属、征地转户、拆迁安置用地等涉地问题进行现场办公。龙泉镇主要领导通报了水担路、永定河两项工程征地转户等7项涉地的突出问题。国土分局就有关问题一一给予了政策解答。双方经过沟通协调，达成了一致意见，就下一步工作拟定了解决措施及办法。

（杨立新）

【为采空棚户区做好用地服务】 2月，召开专题会议，传达学习上级文件及会议精神，认清当前形势，主动工作；主动上门服务，工作做在前面，切实帮助用地单位解决实际困难，树立服务型部门良好形象；深入基层，做好确权、征地、权属界定等前期工作，为加快用地手续的办理提供保证。3月，与采空棚户区改造建设中心建立了联席会议制度。多次到采空棚户区，随时了解和掌握用地情况，及时向采空棚改中心提供了龙泉镇、永定镇共计11个村的权属、地类情况，为拆迁安置用地提供了保障。

（杨立新）

【市检查组检查】 3月17日，由市安监局、市煤监分局副局长贾太保带队，市国土、发改委等单位有关领导组成的市打击非法开采矿产资源专项行动工作第一检查组到区进行检查指导。首先，检查组到斋堂镇就打击非法开采煤炭资源工作进行了现场检查。随后听取了有关工作汇报。检查组对区打击非法开采矿产资源专项行动工作给予了肯定。12月1日，市重大办、市城管执法局、市局组成联合检查组到区就“遥感二号”卫片违法违规用地纠改查处工作进行检查。分局局长汇报了区“遥感二号”卫片执法检查各项工作的进展完成情况及下一步工作安排。检查组认为，区高度重视土地管理工作，土地执法基础工作扎实，对落实此项工作取得的成效给予了肯定。

（杨立新）

【座谈交流】 3月31日，邀请区法制办、监察局、检察院等单位参加国土资源行政执法工作座谈会。会上，介绍了近几年来查处土地违法案件的工作情况。与会单位领导对国土分局在行政执法工作中取得的成效给予了肯定，并就执法中存在的难点问题进行了讨论。

（杨立新）

【土地总登记及二次土地调查】 3月，针对区农居混杂，国有土地与集体土地交织的现状，组织专人利用三周的时间，对已形成的国有土地地籍调查资料进行了全面梳理，并形成了区《城镇国有土地地籍调查摸底清册》。

（杨立新）

【召开党风廉政建设工作会】 4月2日，召开2009年党风廉政建设工作会。会议总结回顾了2008年度党风廉政建设工作情况，对年内党风廉政建设和反腐败工作任务、开展廉政风险防范工作进行了动员和部署。会上，国土分局主要领导和分管领导、分管领导和科室及事业单位负责人层层签订了党风廉政建设责任书，并提出具体的要求。

（杨立新）

【国土部检查组检查】 4月15日，国土资源部耕保司农地管制处处长等领导一行就斋堂镇土地开发项目新增耕地指标及耕地占补平衡情况进行检查。检查组听取了国土分局关于斋堂镇土地开发项目情况汇报，到斋堂镇土地开发项目区进行了实地测量核查。对区新增耕地及占补平衡工作给予了肯定。

（杨立新）

【增收帮扶】 4月29日，到所联系的斋堂镇灵水村、火村开展低收入农户增收帮扶工作调研。与村干部就发展状况、发展思路、资源情况、生活现状、收入来源、存在困难和急切需求进行了座谈。

（杨立新）

【土地开发整理】 4月，开展土地开发整理新项目的调研。一是多次到斋堂镇火村、西胡林、新高铺，以及妙峰山镇上苇店、炭厂进行实地踏勘；二是邀请设计、测绘单位及镇政府到现场就项目的可行性进行分析研究；三是与镇、村领导就项目规划、效益及存在的问题进行座谈。10月29日，召开2010年土地开发整理项目可行性研究专家评审会。专家组由农业部、中国农业大学、北师大，以及区农委、水务局等教授专家组成。专家组在听取了妙峰山镇、清水镇等4个土地开发整理项目可行性研究汇报及查阅了相关材料后，认为上述项目符合国土资源部、市局和相关部门技术规范的要求，以及其他有关规定。最后专家组一致同意4个项目的可行性研究报告通过评审。12月23日，召开2010年3镇5村土地开发整理项目可行性研究专家评审会。专家组在听取了斋堂镇西胡林、新高铺、火村，雁翅镇田庄村，龙泉镇门头口村等3个土地开发整理项目可行性研究汇报及查阅了相关材料后，认为该项目符合国土资源部、市局和相关部门技术规范的要求，以及其他有关规定。最后专家组一致同意3个项目的可行性研究报告通过评审。

（杨立新）

【捐款捐物】 4月16日，组织全体干部职工开展博爱在京城募捐救助活动，共计捐款2380元。5月19日，组织全体干部职工开展向四川什邡捐款活动，捐款960元。6月25日，组织全体党员开展共产党员献爱心活动，捐款970元。8月19日，组织全体干部职工开展向台湾莫拉科台风捐款活动，捐款2390元。11月25日，组织全体干部职工开展送温暖献爱心捐款活动，捐款2520元。

（杨立新）

【召开土地储备开发投资工作会】 5月15日，召开机关大会，会议就落实10亿元土地储备开发投资工作进行动员与部署。会上国土分局局长与分管副局长及储备分中心主任签订了完成任务责任书，并提出要求。

（杨立新）

【废弃矿山恢复治理】 6月23日，举行鲁家山石灰石矿矿山地质环境治理项目开工仪式。该项目位于龙泉镇龙泉雾村，总投资220万元，计划治理面积16630平方米。30日，龙泉镇门头口村煤矿矿山地质环境治理项目开工仪式。该项目位于龙泉镇门头口村，项目总投资220万元，计划治理面积3万平方米。

（杨立新）

【全国土地日宣传】 6月25日，是第19个全国土地日。在新桥大街设立了土地日宣传活动站，采取悬挂横幅、现场咨询等形式，向过往群众宣传国土资源法律法规及政策，为群众了解国土资源知识提供服务。活动期间，发放宣传材料5000余份，发放宣传品1000余件，参与群众6000余人。

（杨立新）

【地质灾害防治】 6月，制定措施，减少灾害损失，一是制定分局汛期突发地质灾害应急预案。二是健全工作机构。三是建立蓝色、黄色、橙色及红色预警响应工作机制。四是建立地灾处置工作机制，五是建立应急值班、通讯联络、巡视检查、应急报告等相关制度；六是配备专用车辆、GPS定位仪、测绘工具，为处理突发地质灾害提供物质保障。

（杨立新）

【党日活动】 7月4日至5日，机关党支部组织全体党员及入党积极分子一行43人到全国爱国主义教育基地——红旗渠纪念馆，开展以“弘扬红旗渠精神，促进国土资源工作”为主题的党日宣传教育活动。

（杨立新）

【区领导调研】 9月1日，区领导付兆庚到国土分局就国土资源管理工作进行调研。分局局长汇报了区国土资源现状，以及国土资源管理各项任务进展完成情况。付兆庚询问了土地及矿产资源执法、国土资源信访积案、地灾防治等有关情况，对国土分局所做的大量工作给予了肯定，并提出要求。12月3日，付兆庚就土地储备开发工作进行调研。国土分局就东辛秤等村综合改造项目、斋堂镇1号地项目的开发投资进展、存在的问题及2010年土地储备开发项目等情况进行了汇报。付兆庚对国土分局所做的工作给予了肯定，了解了项目投资中急需解决的难点问题，并就下一步工作提出了指导性意见，确保年内10亿元开发投资任务的完成。

（杨立新）

【学习考察】 11月17日至21

日，会同市局执法大队一行9人，赴山西省大同市怀仁县国土资源局实地学习考察。两局就土地征收补偿、二次土地调查、农村集体土地流转、涉地信访、打击私挖盗采等社会关注的热点和难点问题进行了探讨和交流。观看了怀仁县城市建设布局，了解了经济发展模式、当地历史、民俗和物产。

（杨立新）

【举办培训班】 12月10日至11日，举办由各镇主管镇长及相关科室负责人、土地员参加的国土资源管理培训班。邀请区发改委、规划分局、监察局、检察院等单位领导就业务工作进行了授课。18日至19日，举办国土分局全员素质培训班。邀请市局办公室副主任就公文、政务信息进行培训讲座。培训班上还邀请区检察院检察官、国土分局法律顾问就相关法律法规及案件分析处理进行了授课。

（杨立新）

【召开土地、规划专项整治会议】 12月24日，召开土地、规划专项整治工作会议。区领导付兆庚出席会议并讲话。会上，国土分局、规划分局主要领导汇报了区目前在土地、规划管理工作中的有关情况，并就存在的问题及原因进行了分析，对以后工作提出了意见。区监察局、法制办、发改委等单位领导及各镇镇长、各行政村支部书记、村长共计300余人参加会议。

（杨立新）

【城子21－218地块挂牌出让】 12月30日，区新城城子地区21－218居住项目用现场竞价在北京市土地交易市场拍卖厅举行。中铁、华远、住总、北京天台山、世纪龙泉等21家开发商参与了现场竞价，最终由北京天台山房地产开发有限公司以8.02亿元竞得该项目建设用地使用权。该地块位于龙泉镇城子地区。地块规划建筑面积8.6万平方米，挂牌出让起始价为1.1473亿元。

（杨立新）

市政管委

【概况】 年内，市政管委紧抓重点工程，加强行业管理，提升管理水平，全面加强了市政基础设施建设与管理。2009年市政管委共承担区属重点工程30项，其中道路工程17项，基础设施工程6项，绿化工程6项。新改建道路3.43公里，铺设各种管网20余公里，完成新改建城市绿地404.21万平方米。高家园路改造、增产路改造、门支路一期已全部完工；规划一路管线工程完成95%，公路道路施工完成30%；增北路、大峪二小路、门支路二期等其它道路工程正在进行、前期手续、拆迁和管线施工工作。焦家坡垃圾填埋场工程二期可研报告已完成，并已上会通过；滨河集中供热厂工程，由于该锅炉房属国信嘉业经营的民营项目，不属于政府投资接入范围，因此该锅炉房不再进行改建。同时该地区新增住房面积由黑山集中供热锅炉解决。完成六环路两侧绿化、高家园路两侧绿化、水担路三期绿化、滨河路改造、汽车十场路、月季园路行道树池改造六项工程，绿化面积404.21万平方米。

为民办实事工作全部按计划完成。年内实施了7项为民办实事工程，改造华新街、向阳社区、三家店等社区道路2.44万平方米及安装污水管道5270米，安装西宁路、建东、北涧沟等25个社区路灯580盏。区内首个轮滑广场、天然气入户改造工程、增产路桥等3座人行桥改造全部完工。

迎国庆“六十”周年环境建设各项任务完成。完成7大类共15项环境建设任务。高质量规划实施国庆期间城市景观布置工作，共完成灯杆挂旗1480杆，招贴590平方米、悬挂国旗彩旗2970面，摆放鲜花12.2万余盆；拆除各类擅自设立的、乱张贴、乱悬挂的非法户外广告牌匾415块，升级改造牌匾标识229户，2176平方米；对门城主要大街两侧37处、42栋楼体实施了夜景照明升级改造；拆除违法建设57处、3.45万平方米。

严格行业管理。加强住宅锅炉房供暖基础性工作，加强供暖期内室温达标检测，及时处理各类投诉件，共接报1562次，确保采暖季安全可靠运行。不断加强燃气行业管理，加快天然气管线建设及用户发展，新建天然气管道30公里，年内统计天然气用户2.45万户，天然气用气量371.3万立方米。石油液化气瓶装用户2.8万户，石油液化气5863.48吨。

单位名称：北京市门头沟区市政市容管理委员会
地　　址：北京市门头沟区城子大街23号
电　　话：69854076　69854077
邮　　编：102300

（姜　楠）

【市区领导调研】　2月18日，市环保局领导到市政市容委调研。3月4日，区领导何振芳带队到市政市容委进行调研。16日，区委纪检直派组到市政市容委调研。4月22日，区领导罗斌及学习实践科学发展观检查指导六组到市政管委检查科学发展观学习实践落实情况。24日，区领导刘云广带队开展环境整治暨安全生产大检查活动。8月5日，区领导伊欣欣带队对门城地区城乡结合部环境卫生进行了检查。19日，市市政市容管理委员会主任到区内进行调研。

（姜　楠）

【门支路一期、二期工程竣工】　十一前，门支路一期、二期工程完工。起点河滩，终点圈门。全线总长2520米，红线宽30米。

（姜　楠）

【冯村石门营集中供热厂开工】　11月底，冯村石门营集中供热工程开工。规划建设用地1.9万平方米，供热面积370万平方米，替代现状锅炉房5座。

（姜　楠）

【黑山地区集中供热厂开工】　12月底，黑山地区集中供热厂开工。规划建设用地1.8万平方米，供热面积360万平方米，替代现状锅炉房13座。

（姜　楠）

【市容环境管理】　年内，制定了《门头沟区新农村五项工程垃圾设施建设及垃圾分类工作方案》、《门头沟区2009年城镇地区垃圾分类实施计划》、《门头沟区新农村五项工程垃圾设施建设及垃圾分类工作方案》、《门头沟区2009年山区农村垃圾密闭化建设工作方案》、《门头沟区2009年城镇地区垃圾分类工作方案》、《2009－2011年门头沟区密闭式垃圾清洁站改造工作方案》、《门头沟区2009年山区农村垃圾密闭化建设工作方案》。

（姜　楠）

【为民办实事工程】　年内，小市政工程改造总面积约1.7万平方米，改造污水管线1500米，总投资约210万元。在华新建、广场、龙泉花园、北涧沟等社区安装路灯402盏；为东辛房、大峪中街共铺设污水管线700米，清淤300米，护砌边墙及沟底400米，完成路面铺装2000平方米；投资90余万元修建坡头中学桥；完成绿岛家园、冯村嘉园、滨河居住区等地天然气管道安装工作，3278户居民使用上天然气。

（姜　楠）

【天然气入区工程】　全年，天然气入户工作完成。与北京华油联合燃气开发有限公司马驹桥分公司签定了8000户居民天然气设施安装协议，对新桥南大街、剧场东街、梨园社区、龙泉花园、等共计12个小区8229户居民进行了旧楼安装天然气工作，其中区属7914户、市属251户、享受低保64户。

（姜　楠）

【政府信息公开】　年内，市政管委共主动公开政府信息260条，其中全文电子化率达100%。在已申请公开信息中共收到政府信息公开申请31件。其中当面申请27件，占总数的100%；申请的信息内容63.16%是法规文件类信息，36.84%是业务动态类信息。内容主要涉及门城拆迁等问题。

（姜　楠）

公 共 事 业

供 水

【概况】 年内，门城自来水有限公司坚持以邓小平理论和“三个代表”重要思想为指导，按照科学发展观统领全公司，全年完成供水量1484.90万吨，完成水费收入2414万元，完成销售收入2545万元，完成水质综合合格率100%，无安全生产事故和伤亡责任事故。

单位名称：北京自来水集团门城自来水有限公司
地　　址：北京市门头沟城子大街128号
电　　话：69842649　69828134
邮　　编：102300

（胡晓春）

【做好安全供水工作】 年内，根据门头沟分公司“平安国庆行动”工作计划以及国庆保卫工作方案的要求，对供水设施以及公司的治安防范等方面进行排查，对发现的隐患进行整改，同时为了安全供水工作有效的落实，做了一些具体措施：1、改造配水5#机，加大配水能力。2、提前大修加速池，确保高峰期安全供水。3、加强运行管理，制定可行的保障方案，迎接供水高峰的到来。4、与门头沟区政府、水务局沟通，建设门头沟区应急水源工程，为60周年大庆和门头沟区供水安全提供可靠的保证。

（胡晓春）

【对外服务工作】 年内，完成2600余户的平房一户一表工作。新安装DN75毫米以上管线5370.3米；DN75毫米以下管线1451.15米；换表264块，其中大表28块；修漏66处；修理零活731处。配合区市政工程的上水管线改造工作，共敷设DN400毫米上水管线4000余米，大小勾头26处。

（胡晓春）

【农村改水工作】 年内，解决滑石道南坡、圈外南坡、天桥浮村水压低或间断供水问题。对鳄鱼沟加压站供水管线进行了改造，同时在三店村新建1座加压站，与南坡加压站连动实施24小时不间断供水，此工程的建设解决了该地区长期供水难的问题。完成门头沟城南7个村的改水工程，该工程涉及百姓1600余户、供水管线DN150毫米以下64237米、4座供水加压站。

（胡晓春）

供 电

【概况】 年内，公司以加强精益管理、提升服务品质为目标，围绕国庆供电保障中心任务，不断夯实安全生产基础，加快电网建设，提高经营能力，加强党建和精神文明建设，完成了门头沟区电力保障工作。

（一）完成60年国庆保电任务。公司建立国庆供电保障组织体系，明确职责分工。成立了以领导班子为核心的国庆供电保障二级指挥部，制定供电保障体系及应急方案，组建抢修队伍，确保了19个重要客户和5个群众游园活动场所及烟花燃放点的安全可靠供电，完成了国庆保电任务。

（二）安全生产形势保持稳定。公司落实安全生产“三个百分之百”要求，围绕“百日安全”、“三查一整改”等专项治理活动，强化各部门安全责任，加大现场安全检查力度，对检查出的问题全部落实整改。加大安措资金投入，对安全工器具、安全防护用品和劳动保护用品进行了更新，为职工提供良好的安全工作环境。加强生产各专业标准化、规范化管理，积极推进设备状态检修和现场作业标准化管理，不断完善生产应急体系，确保了电网设备的稳定运行。积极推进“调控一体化”工作，12月22日公司调控中心正式试运行并通过北京市电力公司验收。开展带电作业工作，完成了带电作业车库、工器具库的建设，全年完成10千伏架空配电线路带电作业200件。完成“两节”、“两会”、《北京西南经济论坛》等安全供电保障任务。

（三）电网建设稳步推进。年内，公司完成15项续建项目、10项新开工项目的竣工决算，竣工决算完成率达100%。完成35千伏城坨、城军、城石三条线路迁移工作，完成规划一路、西苑路、高家园路等架空线入地改造工程，完成西六环、108国道改造等10千伏线路迁移工程的实施，确保了北京市重点工程西六环按期通车。先后对下斋等10条35千伏线路和2座35千伏变电站进行了改造。为地区电网的安全稳定运行奠定了坚实基础。

（四）经营业绩稳步增长。公司进一步落实集约化、精细化管理的工作要求，加大成本指标管控力度，各项经营指标稳步上升，整体经营状况良好。年内，共计受理各类业扩报装业务3625户，坐席累计受理各种报修4109次。截止12月底，共计更换卡表3850具，补装采集器246具，非居民计量装置改造64户。新农村改造工程完成1124户。

（五）优质服务水平不断提高。公司采取各项措施提升优质服务水平，塑造企业良好形象。完成对营业大厅和营业窗口的改造，规范优质服务行为，提高了客户报装、缴纳电费服务能力。组织开展“服务技能提升训练营”，进一步规范了工作人员服务行为。通过聘请行风监督员参与暗访、组织检查、服务稽核等方式，对优质服务工作进行全方位监控，切实提升优质服务水平。建立差异化服务，开通客户报装绿色通道，推出优先勘察、优先审批、优先实施、优先送电的服务，得到客户好评。开展一站式非居民及供电所16千瓦一站式报装服务，进一步缩小报装服务半径，缩短了报装周期，提高了客户满意度，彰显了公司优质服务形象。全年未发生有责任投诉。

（六）教育培训及科技进步成果显著。公司以提高员工队伍整体素质为目标，以培养管理人才和技能队伍为重点，全面开展教育培训工作。全年共举办各类培训班68个，共计838人次，全员培训率达100%。完成了GIS、PMS、ERP三个系统上线运行和培训工作，提高了生产管理科技水平。

（七）党建和精神文明建设取得新成绩。公司党委开展科学发展观学习实践活动，按要求、分阶段进行了深入学习。公司连续十年荣获“首都文明单位标兵”称号，获得“全国精神文明建设工作先进单位”国家级荣誉称号。龙泉供电所连续四年获得“门头沟区文明单位”称号，并被区推荐为“首都文明单位”。公司积极参与地方及军队的共建活动，在地区树立了供电企业的良好形象。公司开展“博爱在京城”募捐活动。284名职工共捐款10510元。以反腐倡廉“三三一”活动为契机，建立大宣教格局，规范权力运行机制，全面落实党风廉政责任制，推动了党风廉政建设工作的全面展开。建立健全宣传网络，加强新闻预警工作，开展宣传工作培训。反映公司发展的文章和节目先后在《京西时报》“文明之窗”和门头沟电视台“文明进行时”栏目播出。

单位名称：北京市电力公司门头沟供电公司
地　　址：北京市门头沟区滨河路66号
电　　话：69844354
邮　　编：102300

（聂杰良　杨　丽）

【举办新春团拜会】　1月9日，公司举办2009年新春团拜会。公司领导班子和百余名职工参加了活动。

（聂杰良　杨　丽）

【领导慰问】　1月24日，区领导刘云广、罗斌等到公司慰问全体干部职工。肯定公司为区经济发展做出的成绩，希望公司全体职工继续努力，为建设生态示范区做出更大的贡献，同时代表区委、区政府领导班子向供电职工致以节日慰问。

（聂杰良　杨　丽）

【新农村电气化建设】　2月12日、13日，公司新农村电气化建设通过区电力办的检查验收。门头沟地区已建成新农村电气化村34个，新农村电气化乡镇2个。4月10日，公司召开新农村电气化建设协调会，部署下阶段新农村建设工作。

（聂杰良　杨　丽）

【提升优质服务水平】　2月16日，公司营销系统组织供电营业窗口服务礼仪培训。营销处、客户服务中心、电费核算中心全体人员和7个供电所营业窗口人员参加了培训。3月9日至12日，9月13日至16日，公司分两次对高低压用户的绝缘工具进行试验，确保客户电工人身安全。3月16日，公司坚持履行社会责任，克服困难，仅用10天时间全面解决城子东街平房19户居民的用电问题。城子街道市场街社区居委会和居民代表送来“心系光明　造福民众”的锦旗。4月29日，公司营业大厅升级改造正式投运。营业厅的升级改造增加了4个收费、售电窗口，新建了大客户洽谈室和科学用电展示区，进一步提升了公司服务能力。5月19日，公司在进行新农村建设田庄路线路改造工作中，为确保用户家中重症患者生命安全，及时送去抢救设备，帮助看护病人并以最短的时间完成线路改造工作，提前恢复供电。为用户排忧解难，得到用户感谢与赞扬。27日，冯村嘉园小区居民代表向公司赠送“以人为本解忧难、创建和谐保平安”的锦旗。感谢公司解决小区50余户居民的用电问题。6月19日，公司举办优质服务技能提升训练营。训练营以案例演练为主要培训方式，根据服务技巧、投诉处理、客户认同、客户心理、营业厅功能划分等内容，应用大量的典型服务案例，利用现场演练加强服务人员的服务技能的培训，提升公司窗口人员整体服务水平。

（聂杰良　杨　丽）

【“三节约”活动】　3月20日，公司开展“三节约”活动合理化建议征集活动，共征集建议163条，均逐一进行落实。4月24日，公司在女职工中开展“三节约”活动。积极践行节约“六个一”活动，即：节约每一张纸、节约每一度电、节约每一升油、节约每一滴水、节约每一粒米、节约每一分钱。5月5日，公司成功举办“三节约”活动展示会，展示会以“学习实践科学发展观和三节约活动”为主题，北京市电力公司“三节约”活动工作小组及学习实践科学发展观第三巡检组到公司观看展示会。

（聂杰良　杨　丽）

【应急演练】　3月20日、31日，公司组织保安进行消防知识培训，并在永定河畔开展全员消防大练兵。8月27日至28日，公司用电检查科与门城自来水公司、区医院通力合作，开展大负荷测试及应急事故演练工作，目的是为确保门头沟地区国庆60周年重要客户可靠供电。

（聂杰良　杨　丽）

【学习实践科学发展观】　公司深入开展科学发展观学习实践活动。3月，学习调研阶段，公司党委进行广泛的思想动员，全体干部党员按要求学完规定的内容并撰写学习笔记。4月，分析检查阶段，公司党委认真开好领导班子民主生活会和党员专题组织生活会。5月，整改落实阶段，公司党委围绕影响和制约公司发展的突出问题，制定了整改措施，并逐步落实完成。

（聂杰良　杨　丽）

【行风监督座谈】　4月2日，公司召开行风监督员座谈会。邀请区人大、精神文明办及相关企事业单位的特邀行风监督员就公司行风建设、优质服务工作交流座谈。公司领导向新一届行风监督员颁发了聘任证书。

（聂杰良　杨　丽）

【警企联合专项普查工作】　4月10日，依据北京市发改委《关于开展2009年打击窃电专项行动的通知》的文件精神，公司与区公安分局干警联合开展区域内营业专项普查工作，加大对计量CT和表计的检查，确保公司的计量设备准确无误，避免电费流失。此次专项行动共出车次4次，人员15人，查处大客户窃电4处。

（聂杰良　杨　丽）

【对外宣传活动】　4月25日，公司团委组织团员青年在月季园社区开展以“诚信、责任、创新、奉献”为主题的“青春光明行”主题日活动。活动现场共发放《电磁波防辐射指南》、《居民用电指南》、《卡式电能表使用》等宣传册共计2000余册，现场为百余人讲解用电常识，走访服务对象4户。团员青年共计30余人参加了此次活动。5月17日，公司开展保护电力设施宣传活动。有效防范和打击盗窃破坏电力设施违法犯罪活动和电网外力破坏事故肇事逃逸行为，遏制盗窃破坏电力设施案件，切实保障电力设施安全，确保电网安全运行环境。活动中展示图板20块、发放各种有关宣传材料300余份。27日，公司举办百日安全“安全伴我行”演讲比赛。6月14日，公司开展安全生产月宣传活动。活动发放《保护电力设施，构建和谐社会》、《故障报修》、《营业窗口柜台服务》、《居民用电指南》等宣传材料1000余份。9月12日，公司举办以“迎祖国60华诞、展供电服务风采”为主题的上街宣传活动。共计发放《北京市电力公司节能减排宣传册》、《服务指南故障报修》、《卡式电能表使用》等宣传册2000余册。

（聂杰良　杨　丽）

【汛期严查电力设备】　5月14日，公司严格检查地方水库防汛工作，对地区6个防汛重点单位的供电线路、用户配电室及备用电源进行全面检查，确保门头沟地区安全渡汛。

（聂杰良　杨　丽）

【高考保电工作】　6月7日、8日，完成高考供电保障任务。大峪中学、育园中学以及教育考试指导中心是保电重点用户。

（聂杰良　杨　丽）

【西六环线路拆改工程】　6月30日，完成西六环路高压线路迁改工程，确保了北京市重点工程西六环按时通车。该工程涉及公司所辖的城坨、城军、城石三条35千伏线路及用户线路35千伏军港线路。

（聂杰良　杨　丽）

【共建活动】　7月19日，参与区举办的“迎国庆　庆八一　促和谐”“共建杯”军（警）民乒乓球比赛，与共建单位海军军训器材研究所联合组队参赛，取得团体第三名。继在“城乡携手迎奥运共建文明京郊行”活动中与潭柘寺镇赵家台村结为共建对子后，海军军训器材研究所于2009年与公司结成军民共建对子。8月1日，公司领导班子到共建单位海军军训器材研究所与官兵进行座谈，并送上节日慰问品。

（聂杰良 杨 丽）

【有限空间管理扎实】 7月22日，北京市发改委、安监局及北京市电力公司领导到公司检查密闭空间管理工作。检查组领导肯定公司对有限空间的扎实有效管理。24日，组织全体职工观看《有限空间作业安全为上》专题宣传片。

（聂杰良 杨 丽）

【组织复转军人参观】 7月30日，组织复转军人参观鸟巢、水立方等北京标志性建筑。参观职工表示在工作中要继续发扬人民子弟兵不怕吃苦的优良传统，为公司科学发展做贡献。

（聂杰良 杨 丽）

【企地联控机制】 7月，与区检察院举行“企地联控”预防职务犯罪座谈会。双方就反腐败工作、预防职务犯罪工作联控机制达成一致，形成预防职务犯罪信息交换制度、预防职务犯罪日常工作联系制度。9月16日，开展“行风监督员进企业”主题日活动，邀请区人大、精神文明办及相关企事业单位的特邀行风监督员就公司行风建设、优质服务工作交流座谈，向监督员发放“监督卡”。11月23日，与区检察院就建立企地联控长效机制开展座谈。区反贪局局长对公司开展“三三一”活动取得的成绩表示肯定，并表示要配合公司进一步加大企地联控力度，优势互补，希望双方建立密切沟通的渠道，把企地联控工作落到实处。

（聂杰良 杨 丽）

【市发改委调研】 8月4日，北京市发展改革委员会电力处协同区工业局局长兼区电力办主任到公司调研，对公司所做的工作给予肯定，并表示将对门头沟区电网建设大力支持。

（聂杰良 杨 丽）

【展示电力发展】 8月，公司职工代表北京市电力公司参加北京市市委宣传部、市委讲师团组织的“百姓宣讲团”大型主题宣传活动，讲述几十年来的用电回忆。同时，公司团委把60年来北京电力事业取得的跨越式发展，制作成宣传栏并组织团员学习。9月16日，召开“庆华诞暨忠诚企业共谋发展”主题活动展示会。

（聂杰良 杨 丽）

【召开交通安全警示会】 9月25日，召开公司交通安全会议。会议传达北京市电力公司《关于加强国庆六十周年供电保障交通安全管理工作的通知》，并对交通安全工作提出明确要求。会上区交通队作交通安全形势报告，并播放《血泪悲歌》交通安全警示片，增强职工的交通安全意识。

（聂杰良 杨 丽）

【国庆保电工作】 9月28日，在110千伏石门营变电站成功应对由北京市发改委组织的明察暗访工作组暗访一处1次，工作组对该站保安人员履行门禁制度恪尽职守的工作态度提出表扬。9月，公司严格执行“国庆60周年供电保障安全保卫工作方案”和“加强调度办公大楼及变电站等重要经济目标安全保卫工作的方案”以及国庆期间新门禁制度。在国庆保障期间成功应对区公安分局和北京市电力公司保卫部的多次明察暗访。10月1日至7日，完成“国庆60周年”重要政治保电任务，确保国庆期间地方重要客户及群众游园活动的电力供应万无一失。

（聂杰良 杨 丽）

【紧急应对恶劣天气】 11月1日，门头沟地区下起中到大雪，伴有6级左右大风，公司及时启动电网应急预案，以确保恶劣天气下电网的安全运行。当日大雪未造成电网停电事故，但厚重的积雪压迫树枝碰触到临近的低压线路，造成部分低压故障，公司及时进行抢修排除故障，有效降低了对居民用电的影响。

（聂杰良 杨 丽）

【反窃电专项行动】 11月12日，公司组织反窃电专项行动。对北京海琨建材厂、永联砂石厂、昆仑琨建材厂等10个用户进行专项检查，发现多处隐患问题，均及时与用户协商排查处理。

（聂杰良 杨 丽）

【下属单位情况】

单位名称：北京市门头沟供电公司永定供电所

电　　话：69804934

单位名称：北京市门头沟供电公司龙泉供电所

电　　话：69844654

单位名称：北京市门头沟供电公司潭柘寺供电所

电　　话：50861465

单位名称：北京市门头沟供电公司妙峰山供电所

电　　话：61881412

单位名称：北京市门头沟供电公司雁翅供电所
电　　话：61830371

单位名称：北京市门头沟供电公司斋堂供电所
电　　话：69819754

单位名称：北京市门头沟供电公司清水供电所
电　　话：60855075

（聂杰良　杨　丽）

供　暖

【概况】　年内，全区有住宅锅炉供热单位43个，其中市属11个，区属32个。按所有制分：国有27个，集体14个，股份合作制1个，其他1个。锅炉房79处，其中自供51处，兼供12处，社会公用16处。燃煤锅炉房75处，燃油锅炉房2处，电锅炉房2处。，锅炉139台，其中燃煤132台，燃油锅炉3台，电锅炉4台。锅炉总容量691吨（481兆瓦）。锅炉房建筑面积36453平方米。居民清洁能源分户自采暖11个小区。供热总面积498.2万平方米，其中住宅348.9万平方米，公建商业105.1万平方米，居民清洁能源分户自采暖44.2万平方米。供热管网总长176117米，其中一次水3620米，二次水172497米。换热站12个，其中：锅炉房管理11处，非锅炉房管理1处。参加供热工作人员1128人，其中管理人员173人，运行人员176人，其他人员779人。供热设备维修单位36个，供热设备维修总投资1856.31万元，其中一般维修592.53万元，更新投资1263.48万元。更新锅炉3台，水泵24台，除尘器3台，管道14.78万米，239处供热工程于10月底全部完工。

单位名称：北京市门头沟区住宅锅炉供暖管理办公室
地　　址：北京市门头沟区城子大街23号
电　　话：69854036
邮　　编：102300

（李冠英）

【领导慰问】　1月23日，区领导罗斌带领市政管委、建委、国信嘉业房地产有限公司领导，分别慰问了区供暖服务中心西联片锅炉房、国信恒望热力有限公司锅炉房。

（李冠英）

【燃料补贴拨付情况】　4月13日，按照确保专款专用的要求，将北京市市政管理委员会2008年冬由市区两级财政按照8：2比例分担，由各区统一发放的原则拨付的2008－2009采暖季补贴总额3722万元。分两次全部发放到43个供热单位。

（李冠英）

【集中供热厂建设完成工作】　6月17日，黑山、冯村石门营集中供热厂项目北京市发改委立项批复，确定项目总投资72903万元，市政府投资53392万元，其余资金由北京华源热力管网有限公司自筹解决。7月，供热厂取得建设用地规划许可证。11月，完成设计、监理、施工、主要设备等各项招标工作。11月，冯村石门营集中供热厂土建工程开始施工。12月，黑山集中供热厂土建工程开始施工。年内黑山地区集中供热工程供热面积251.8万平方米，可以取代20个小型供暖锅炉房。安装3台46兆瓦燃煤链条热水锅炉，总供热能力138.0兆瓦，新建热力站11座，改建热力站9座，热力网长度9.13公里。黑山项目总投资35256万元。冯村石门营集中供热工程供热面积327万平方米，可以取代17个小型供暖锅炉房。安装3台58兆瓦燃煤链条热水锅炉，总供热能力174.0兆瓦，新建热力站22座，改建热力站4座，热力网长度12.38公里。冯村石门营项目总投资为37647万元。

（李冠英）

【供暖表彰】　9月17日，门头沟区住宅锅炉供暖办公室被市市政市容管理委员会和市人力资源和社会保障局评为供热先进单位，同时北京国信嘉业恒望热力有限公司评为供热优秀单位，区供暖服务中心西联片锅炉房、区供暖服务中心南联片锅炉房评为供热先进单位。

（李冠英）

【政府应急煤炭储备】　9月28日，按照区政府供热专题会要求建立区政府应急煤炭储备，经区政府采购中心通过招投标程序，确定北京信迈通成工贸有限公司为应急煤炭储备商，完成煤炭储备1万吨储煤工作。

（李冠英）

【修订供热事故应急预案】　10月22日，依据供热有关政策法规修订了区冬季供热应急预案，成立了冬季供热应急指挥系统，明确了供热应急预案供热指挥系统职责。由区建设委员会供暖服务中心组成20人抢险队伍，承担全区供热应急抢修抢险任务。《冬季供暖应急预案》规定了紧急状态及紧急分类和等级，紧急情况处置程序、以及有关应急联动机制。

11月1日，由市市政管委向社会公布全市和区内24小时供热值班电话。全区供热值班系统并入全市供热指挥系统。

（李冠英）

【制定供热工作方案】 11月3日，建立了冬季供热指挥系统。按照属地管理要求各街道办事处及乡镇人民政府组织包括专业供热单位，社区居委会和管理单位，形成管理网络，协助区供热主管部门做好供热的宣传、监督和协调工作。区住宅锅炉供暖管理办公室为冬季指挥系统的日常办事机构，在区市政管理委员会主管领导负责下，具体处理冬季供暖的日常工作。

（李冠英）

【部署冬季供热准备】 11月5日，召开了门头沟区2009年至2010年度供热动员会，区市政管委就2009供热工作准备情况和下一步的重点工作做了汇报。会上，区领导罗斌提出具体要求。

（李冠英）

【开通供热服务热线】 11月7日，区市政管委开通“供热服务热线”，整个采暖季投诉电话总数330个。其中市供热办转来132个，区内住户投诉和供暖单位反映问题198个。所有居民反映的问题都及时、准确地反馈到有关供热单位，基本得到了解决。

（李冠英）

【供热开局运行检测】 11月15日，全区79处锅炉房全部点火运行。区43个供热单位对各自供热范围的供热安全运行情况进行了检查，并组织各供暖单位入户测温。经统计全区实测户数1198户，室内平均温度16度以上，测温合格率99%，达到全市供热合格标准。

（李冠英）

【领导检查工作】 11月11日，区领导刘云广带领区市政管理委员会、建委、国资委、环保局、等部门对区内43个供热单位79处锅炉房供热准备工作进行了检查。并实地察看了区供暖服务中心西联片锅炉房、北京国信嘉业房地产开发公司国信恒望锅炉房、区轮胎厂锅炉房提出具体要求。

（李冠英）

【自购商品房采暖补贴资金申请】 12月14日，按照《门头沟区行政事业单位自购商品房工作人员采暖费补贴管理办法》文件精神，协助区财政局做好自购商品房资金统计报表的报审工作，年内完成90个单位531件统计报表审查工作。

（李冠英）

【集中供热厂资金拨付】 12月22日，第一次市政府资金11250万元拨付给北京华源热力管网有限公司。

（李冠英）

【分户自采暖物业小区审核】 12月29日，按《北京市居民住宅清洁能源分户自采暖补贴暂行办法》的通知精神，备案居民住宅清洁能源分户自采暖管理单位共有11个，供暖面积44.2万平方米，居民4150户。

（李冠英）

供 气

【概况】 年内，区液化气站新发展用户1608户。检测钢瓶1698支，投入资金6万元，与市液化气公司联系，打通进气渠道，坚持双向进气的办法，使气源有了保障。年内矿务局液化气站和区液化气站合并后正常运行的第一年，用户数量增加，进气量增加，液化气站在保障门城地区用气的基础上想方设法保障了大台矿、木城涧矿、王平村矿、大安山矿的职工食堂、居民用气的工作。

单位名称：北京市门头沟区液化气站

地 址：北京市门头沟区新桥南大街59号

电 话：69843358

邮 编：102300

（李志明）

【送气下乡】 年内，根据区政府第51次常务会议精神，按照门头沟区送气下乡实施办法，正式启动向偏远山区送气的任务。以政府采购的办法向站内投入液化石油气运输车辆20辆，投入新钢瓶2万支。向斋堂镇、清水镇、雁翅镇投资建液化气换气站9个，解决了偏远山区农村用气的问题。

（李志明）

【改善办公条件】 年内，投入资金20万元，重新装修会议室60平方米。解决了各种监控设备的有效使用和内部开会的场地问题。

（李志明）

【改造供暖设施】 年内，对职工宿舍和办公供暖暖气管线进行了改造和更新。

（李志明）

环　境　保　护

【概况】　年内，门头沟区环保局全面启动国家生态区创建工作，以进一步提高环境质量为中心，落实十五阶段控制大气污染措施；稳步推进污染物总量减排工作；做好国庆环境质量保障；经过一年的努力，各项任务已全部完成。制定区《第十五阶段控制大气污染工作方案》，将控制大气污染防治措施落实到位。推行建筑工地“绿色施工”，加强对施工工地的监督检查，严格控制施工扬尘。推进工业污染源治理，严把新建项目审批关，减少煤烟型污染；加强对全区130台锅炉的检查和监测，关停赛阳水泥厂、妙峰山南山灰窑。严格控制机动车污染，开展黄标车淘汰、道路行驶车辆尾气监测等工作。加强餐饮业油烟排放监管，督促使用单位加强设备清洗、维护。制定区内应对极端不利气象条件的应急措施，组织开展联合应急执法检查行动，减少污染物排放。全面推进生态区创建，编制完成了《门头沟区创建国家生态区建设规划》，6月，区创建国家生态区工作全面启动。完成例行监测、环境应急等监测任务，共取得1.4万余个监测数据。截止年底，区内空气质量二级和好于二级的天数累计259天，占全年总天数的71.3%，提前41天完成（66%）市政府下达的空气质量目标。

单位名称：北京市门头沟区环境保护局
地　　址：北京市门头沟区剧场东街11号
电　　话：69842681
邮　　编：102300

（张英会）

【大气污染工作】　1月8日，召开大气污染防治工作会。聘任特约监督员20名，对大气污染防治工作进行监督。4月9日，召开落实“第十五阶段控制大气污染实施方案”工作会议。对第一季度控制大气污染措施进展情况进行了总结交流，并就全区控制大气污染工作提出了相关意见及建议。

（张英会）

【黄标车淘汰工作】　1月12日，设在区招商投资大厅的黄标车淘汰鼓励资金发放窗口正式对外办公。4月29日，市黄标车淘汰工作领导小组由市环保局领导带队，市商务委、市财政局等部门领导参加，到区内检查指导工作。检查组对区内前一阶段黄标车淘汰工作给予了肯定，就进一步做好黄标车淘汰工作提出了指导性意见。

（张英会）

【召开行政执法监督员座谈会】　1月15日，召开了行政执法特邀监督员座谈会。向区人大代表、区政协委员的10名行政执法特邀监督员介绍了全区环境保护工作重点及大气污染防治措施。并认真听取了监督员的意见和建议。

（张英会）

【召开工作会】　3月10日，召开落实2009年党风廉政建设及目标管理工作会。并逐级分别签定了党风廉政建设责任书及目标管理卡。

（张英会）

【领导调研】　3月12日，市环保局副局长郑江到区内调研。与区领导刘云广、罗斌就全区2009年污染物总量减排工作进行了座谈。4月8日，区领导何震芳带领区人大城建环保委部分委员和代表到区环保局（生态办）对区内开展环境优美镇创建工作进行了调研，在听取了区生态办、环保局、清水镇、斋堂镇负责领导汇报和介绍情况后，到清水镇、斋堂镇中心区对绿化美化、卫生厕所改造、污水处理站建设、路网建设等重点工程以及市级生态村进行了实地视察。15日，何震芳带领区人大城建环保委部分委员到区环保局调研污染物总量减排工作，并实地查看了冯村石门营集中供热锅炉房。

（张英会）

【国家生态区建设规划通过评审】　4月17日，《门头沟区国家生态区建设规划》通过市环保局专家评审。并按程序报批实施。

（张英会）

【污染源普查通过市级验收】　6月2日，副局长郑江带领北京市污染源普查验收组相关人员，对区内污染源普查工作进行检查验收，检查组依据普查验收标准逐项对照检查，区内第一次污染源普查工作通过验收。

（张英会）

【宣传活动】　6月3日，以“减少污染——行动起来”为主题，与葡东社区共同开展了创建“十佳”环保家庭活动。共有300余人参加，发放环保科普宣传材料600余份；环保袋300余个。

（张英会）

【培训工作】 9月3日，邀请市机动车排放管理站工程师，对局内机动车排放管理站新上岗人员进行了岗前培训。12月31日止，共办理淘汰黄标车2489辆，占全区正常参加年检黄标车数量的53.83%，全市排名第四；审批补助资金共计1823.63万元。办理申请黄标车以旧换新审批手续13件，补贴金额为67000元。

（张英会）

【保障国庆期间空气质量】 9月10日始，在（芹峪口）对辖区内进京机动车环保标志和尾气排放情况实行24小时检查。对于10月1日前进入五环路（含）、10月1日后进入六环路（含）的黄标车和排放不合格车辆予以劝反。完成了国庆节期间进京路口车辆尾气检查工作。

（张英会）

【执法检查】 9月10日至10月10日，对辖区内18家加油站和2辆油罐车进行了3个轮次的检查，并对含有汽油加油机的加油站进行了密闭性检测。12月21日至25日，与区交巡支队联合执法，开展整治机动车尾气排放行动。共抽查在辖区内上路行驶车辆103辆。检查中对尾气排放不合格车辆进行了处罚并开据了限期整改通知书，处罚率达100%。

（张英会）

【专业知识培训】 11月4日，邀请市局专业人员进行辐射源、固体废弃物安全监管工作培训，为下一步开展相关工作打好基础。

（张英会）

【成立辐射和固废监管科】 年内成立辐射与固废监察科。

（张英会）

环 境 卫 生

【概况】 环境卫生服务中心在编干部、职工162人。中心下有4个科室、4个正科级专业作业单位，即环境卫生服务中心一队、环境卫生服务中心二队、环境卫生服务中心三队、门头沟区生活垃圾转运站。担负着门城地区道路清扫保洁、垃圾清运、粪便清掏、垃圾压缩转运任务以及承担区域内的环境卫生技术性、事业性工作。年内完成了2009年各项工作任务。保质保量完成119万平方米干路清扫任务。每天按时普扫，白天保洁到位，清扫保洁率100%。主要大街使用机械作业，洒水降尘，机扫面积88万平方米，机扫率为74%。垃圾清运做到日产日清日转完，环卫设施遍及全区，2009年共压缩、转运垃圾11.87万吨。完成310座厕所清淘、清运及保洁工作，粪便清掏量为15.42万吨。完成了《2009年门头沟区人民政府目标管理任务书》（蓝皮书）中，涉及环卫中心的各项工作，完成了绿化、信息、计划生育、献血及区委、区政府和市政管委下达的其它工作任务。

单位名称：北京市门头沟区环境卫生服务中心
地　　址：北京市门头沟区城子大街39号
电　　话：69843036
邮　　编：102300

（周　莹）

【重大节日期间业务工作】 元旦期间，环卫中心干部、职工放弃休息，坚守在工作第一线。1、下属各队、转运站、各保洁公司对所管辖垃圾箱、果皮箱、地埋式垃圾站、垃圾楼、交通护栏等环卫基础设施进行粉饰、冲刷、清洗，保证环卫设施干净整洁；2、加大干路清扫保洁力度，加强日常保洁，机械清扫设备全部上路，提高机械作业效率；3、加强对公厕的日常管理，要求保洁员对公厕内、外随时进行保洁，确保公厕内、外的干净整洁；4、加大小广告清洁力度。1月31日夜，桃园小区自来水管突然爆裂，中心领导了解情况后及时组织中心一队、二队临时抽出人员、水车为小区居民送水直至水管修好，保障了居民除夕用水和节日期间的正常生活。2月6日，中心下属各队、转运站、各保洁公司出动人员4570人次，出动各种车辆589部，3175车次，完成了主要道路和街巷833万平方米的清扫保洁和295座环卫公厕的清淘、保洁工作，完成了垃圾清运、转运、粪便抽运工作。7天里共清运垃圾3091.88吨，抽运粪便2998.5吨，清运炮皮30.6吨。“五、一”假期，出动人员1857人次，出动各种车辆213部次，完成了区主要道路和街巷119万平方米的清扫保洁、环卫产权公厕的保洁工作，完成了垃圾清运、粪便抽运工作，3天里共清运垃圾812.48吨，抽运粪便1260吨。10月1日当晚，为区内烟花燃放点提供保障，燃放现场周边共洒水30吨，烟花燃放后清理炮皮3车。

（周　莹）

【慰问活动】　1月20日，区工会领导到中心慰问，为职工带来了关怀和慰问品，并慰问了正在马路上擦拭护栏的一线职工。

（周　莹）

【慰问活动】　1月21日，环卫中心党委、工会、基层支部的领导于春节前夕分别慰问了126名离退休人员、2名劳模、1名离休干部和1名离休干部遗属。为他们送去了新春佳节的祝福。

（周　莹）

【召开安全生产专题会】　2月10日，召开了安全生产专题会，定于2月11日至17日为环卫中心检查周活动时间。并成立了以环卫中心主任为组长的“环卫中心安全检查周”领导小组。检查中采取了环卫中心各基层单位自查和环卫中心安全生产检查周领导小组抽查相结合，以自查为主的工作方法，并做好检查记录，对查出的隐患立即整改。

（周　莹）

【扫雪铲冰工作】　2月16日夜，区内开始降雪，17日凌晨4时，中心根据雪情启动扫雪铲冰工作预案。8点前新桥大街、新桥南大街主干道已基本打通，滨河路、城子大街等主要大街于9点前基本打通，确保区内居民的出行，此次扫雪铲冰环卫中心共出动干部职工720人；出动各类车辆23台，64车次，其中融雪剂撒播车12台次，撒布器、清扫车26台次；共使用融雪剂25吨。11月9日，夜间10点普降大雪，中心启动了《门头沟区环卫中心扫雪铲冰工作方案》，组织中心、下属各队、站备勤人员立即到岗，展开扫雪铲冰工作。10日凌晨4点，环卫中心全体职工全部到位，在中心领导的统一指挥下，扫雪铲冰工作有序的进行。上午9点门城镇地区主干线已全部扩通，确保了区内居民的出行，此次扫雪铲冰环卫中心共出动干部职工606人；出动扫车10部，铲车、东风、斯太尔等各类车辆12台，77车次，其中融雪剂撒播车9台次；共使用融雪剂65.55吨。12日凌晨，区内突降中雪，12日凌晨7时，中心根据雪情立即启动扫雪铲冰工作预案。9点前门城镇地区主干线已全部扩通，确保了居民的出行，此次扫雪铲冰环卫中心共出动干部职工554人；扫车9部，1041、130等各类车辆8部，17车次，其中融雪剂撒布器1台次；共使用融雪剂7.05吨。

（周　莹）

【支部活动】　3月5日，中心机关团支部组织机关团员青年开展“中国青年志愿者服务日学雷锋日”活动，组织全体中心团员、青年打扫车棚子。9月20日，组织全体团员、青年开展活动，到城子大街，劝阻随地吐痰、乱扔垃圾不文明行为，对辖区周边的公交站牌、公告栏、公告牌、垃圾箱等进行擦洗，捡拾白色垃圾等。清理院内的卫生死角5处，食堂等。

（周　莹）

【安全保障工作】　4月3日，为了保障扫墓活动的顺利进行，为了车辆安全行驶，在不影响全区人民正常生活的情况下，环卫中心特制订了一系列安全防火措施。环卫中心还进一步细化、规范了《环卫中心安全生产事故应急预案》、《粪井、化粪池清掏安全生产规章制度》、《抱管工安全作业措施》、《化粪池圆形井清挖操作规程》、《下井（池）作业人员防护要求》等规章制度，为以后有效地预防有限空间作业中各类事故的发生奠定了良好的基础。7月17日，由区应急办组织，区安监局、广电中心、卫生局、交通支队、消防支队、环卫中心等相关单位共同参加的有限空间作业中毒窒息事故应急救援演练在环卫中心三队开展。演练过程中共出动环卫作业车2辆，环卫职工5名；消防车2辆，消防队员9名；120救护车1辆，医务人员3名；122交巡车1辆，交警2名。

（周　莹）

【业务工作】　4月28日，中心对新桥大街、新桥南大街、城子大街、双峪路、大峪南路、中门寺沟路、河滩西路、月季园路的4670扇护栏进行打磨、擦洗及油饰；对主要大街的果皮箱进行了安装、修补、更换；对三轮车、手推车进行了喷饰；清理了卫生死角及周边堆积杂物；清理小广告2000余条。9月28日，中心开展了一系列环境整治活动：对新桥大街、新桥南大街、城子大街、双峪路等4670扇护栏进行擦洗及油饰；共完成了253个垃圾箱喷漆，刷地坑35个，维修垃圾箱65个；对全区310个公厕进行了清洗粉刷；安装、修补更换主要大街果皮箱56个；处理突发事件2起；清理小广告3000余条。

（周 莹）

【防控禽流感】 5月2日，根据市突发公共卫生事件应急指挥部关于应对（H1N1）型流感防控工作会议精神，做好防控准备，中心及各队、站每人配发两副手套，两个口罩，五瓶消毒洗手液。同时，通知各保洁公司做好防控（H1N1）病毒准备。以便加强单位内部防控工作。7月3日，召开了甲型H1N1防控工作会，会上学习了《刘云广同志在门头沟区迎国庆防控甲型H1N1流感工作部署大会上的讲话》、《京卫急字【200916号北京市突发公共卫生事件应急指挥部办公室、北京市卫生局关于落实社会单位防控甲型H1N1流感管理责任的通告》、《京政发【200918号北京市人民政府关于进一步明确责任突出重点加强甲型H1N1流感预防控制工作的通知》等文件，同时制定并下发了《环卫中心防控甲型H1N1流感工作预案》。会上对下属作业部门、保洁公司提出了明确的要求，做好卫生大扫除、做好各部门、作业设施、重点部位的打药、消杀工作。

（周 莹）

【防汛工作】 5月30日，中心召开2009年度防汛工作会。会上中心领导结合单位实际情况传达了《2009年度门头沟区环境卫生服务中心防汛工作方案》精神。建立完善的中心防汛体系，明确落实防汛职责，健全各项管理制度，落实安全防范责任，确保中心安全度汛，确保人民生命财产安全，最大程度地减小事故灾难造成的损失。

（周 莹）

【领导视察】 7月6日，区领导刘云广根据通州和崇文两起有限空间安全生产事故就环卫生产安全工作进行了现场办公。会上中心领导向区领导就环卫中心安全生产情况进行了详细的汇报。刘区长查看了环卫中心的安全生产制度及相关资料，并提出了要求。13日，罗斌带队，由区政府办、安监局、卫生局、市政管委、消防处、电信局等有关部门组成的安全检查组到环卫中心三队进行了有限空间的安全检查。罗区长听取了环卫中心关于有限空间安全生产的介绍，查阅了相关的资料，查看了设备室，并提出要求。11月9日，安监局领导到环卫中心一队、三队、粪便处理厂进行了有限空间的安全检查。听取了2009年环卫中心关于有限空间安全生产情况，查阅了相关的资料，查看了设备室、安全生产制度等。安监局对环卫中心安全生产工作的重视程度以及制定的相关制度的严格性、可行性给予了评价。

（周 莹）

【培训学习】 7月8日，邀请了矿山救护队的专家，在中心三队进行了安全生产的专题讲座。专家介绍了有关有限空间各种有毒气体的特性、危害及作业中应如何防护、自救等有关安全生产的专业知识。30日，环卫中心组织中心所属各队、站，各保洁公司经理开展了有限空间安全生产的培训。

（周 莹）

【国庆保障】 9月28日，为进一步增强全体环卫职工的“国庆责任意识”，中心党委开展“抓党建促平安保国庆”建立国庆党组织责任区党员责任岗的工作意见。对全体党员进行“平安国庆”的教育，组织党员召开国庆专题生活会，充分发挥全体党员的先锋模范作用，带领广大环卫职工坚守岗位，履行职责，再创佳绩。

（周 莹）

【领导调研】 12月16日，区领导刘云广、罗斌及财政局、人事局、市政管委等有关部门领导到中心调研，区领导听取了中心关于斋堂环境卫生管理所正式运营；粪便无害化处理厂托管运营；黄标车淘汰更新；2007年为民办实事垃圾密闭化建设及资金使用情况；中标保洁公司续签合同及推进环卫作业体制改革等6项内容的汇报，区领导逐一进行了点评和指示，同时区领导对环卫中心近年来对全区所做的工作给予肯定。

（周 莹）

【为民办实事】 年内，承担政府目标任务蓝皮书中的任务一项：增设曹北路、石龙西路、冯石路一期果皮箱150个。已按要求安装到位。

（周 莹）

【重点工程项目完成情况】 年内，区粪便无害化处理厂建设工程和设备调试均已完成并通过验收。该粪便无害化处理厂正式投入使用后区内将告别粪便无序排放的局面，为全区奠定良好的环境基础。

（周 莹）

【业务工作试行市场化运作】 年内，继续与上年中标的9家保洁公司合作，负责中心278座达标以上公厕的管理和12条道路的清扫保洁工作。中心结合承包各公司特点，与各保洁公司重新制定了各项考核标准。检查组组织联检26次，并且在联检的基础上进行日常检查1116次、早查12次、夜查20次，并多次开展不定期业务抽查，确保了业务质量，公厕和干路的管理、保洁水平均有所提高，达到了预期的效果。

（周　莹）

城市管理监察

【概况】　门头沟区城市管理监察大队是集中行使包括市容环境卫生、城市规划管理（无证违法建设处罚）、工商行政管理（无照经营处罚）、市政管理、公用事业管理、城市节水管理、停车管理、园林绿化管理、环境保护管理、施工现场管理（含拆迁工地管理）、城市河湖管理、黑车、黑导游、市人民政府决定由城管执法机关集中行使的其他处罚权等14个方面职能的综合行政执法机关。年内，大队贯彻区委、区政府的工作部署，落实科学发展观，以建国60周年环境建设为重点，规范完善信访工作流程，建立健全三级应急处置体系，实行全天候无缝隙执法，加强日常盯守，积极开展各项专项整治活动。以加强队伍建设为根本，结合区内建设现代化生态新区的重点工作任务，树立“环境也是生产力”的“城管经济”理念，着力加强环境建设，不断提升环境建设质量水平，创新管理理念，改进执法方式，推行行政指导，提高执法服务水平。全年大队共集中组织开展城乡环境整治活动68次、社会志愿服务活动20次、公共文明引导行动和宣传普及活动16次，服务、宣传、教育和动员群众8万余人次，纠正违法行为6.5万余起、处罚1126起、罚款48.8万元。完成建国60周年环境保障、防控大气污染、拆除违法建设、规范广告牌匾和整治城乡结合部等11项目标任务和大队4个方面的重点工作任务，并在组织建设、队伍建设和效能建设等方面取得显著成效。使区内环境秩序保持了奥运水平，得到了社会各界和广大市民群众的广泛赞誉。获得了首都精神文明建设委员会授予的“迎国庆、讲文明、树新风”活动先进单位，北京市人保局和市城管局授予的“北京城管系统全面建设先进大队”，北京市献血办公室授予的“献血先进单位”和北京市城管执法系统国庆60周年庆祝活动跨区域支援环境保障先进单位和城管系统先进大队等荣誉称号。

单位名称：北京市门头沟区城市管理监察大队
地　　址：北京市门头沟区新桥南大街10号
电　　话：69861597
邮　　编：102300

（张　华）

【经验交流促提高】　1月9日，召开法制工作经验交流会。会上，对2008年法制工作开展情况进行了总结和交流，并部署了2009年的重点工作。10月19日，召开法制工作经验交流会，会上强调了案卷评查作为基础性工作的重要性，对案卷的制作与评查提出更高标准。

（张　华）

【共建共提高】　春节、端午、国庆等节日期间为共建单位清颐敬老院、潭柘寺敬老院送去粮油、米面、牛奶等慰问品和节日的祝福，并通过为老人义务理发修面，与光荣院老人们进行了交流。

（张　华）

【采空棚户区改造工程】　2月10日，会同永定镇、公安、工商等部门联合组成“棚户区改造”工作小组，开始对王村、石门营两村开展搬迁入户摸底。6月30日，出动70余名执法人员在采空棚户区改造石门营地块奠基仪式现场外围维护环境秩序，通过加强说服教育、制止破坏环境等违法行为，确保典礼仪式周边环境秩序良好。12月8日，会同公安、交通、消防等部门出动执法人员60余名，完成石泉地块定向安置房开工奠基保障任务。

（张　华）

【述职述廉暨廉政风险防范】　3月9日，召开科级干部述职述廉暨廉政风险防范动员工作会，会上区纪委第二纪检组组长、区直机关工委纪委书记、市城管执法局执法监督处处长等领导分别讲话，对大队近年来的党风廉政、队伍管理等各项工作给予了肯定，并提出要求。大队党组书记、政委对2009年落实党风廉政建设责任制和开展廉政风险防范管理工作做了进一步动员。会上，党组书记与支部书记代表签订了党风廉政建设责任书，大队长与分队长代表签订了执法责任书，党组书记与大队机关党委书记、机关党委书记与支部书记代表分别签订了党建责任书。

（张 华）

【学习实践活动】 3月19日，召开深入学习实践科学发展观活动动员大会，区委指导检查组成员到会指导工作。学习实践科学发展观活动正式启动。21日，在学习实践科学发展观集中培训班上，区委指导检查组组长作了题为《落实学习实践科学发展观的重要性和必要性的专题辅导报告》。7月16日，区委学习实践科学发展观领导小组办公室成员及第六检查指导组组长到大队对学习实践科学发展观工作开展调研，大队党组班子就开展学习实践科学发展观活动及相关工作情况进行了汇报。

（张 华）

【非法大排档重点监控】 4月3日，启动晚间非法大排档专项整治工作，明确晚间非法大排档16个重点监管范围及4项重点监控内容。将新桥大街、新桥南大街、双峪路、大峪南路、16个街区列入重点监控范围。监控内容为：禁止临街饮食业及其他商业商户进行店外经营、单位和个人擅自占用道路摆摊设点、无照经营和异地经营、露天烧烤等违法行为。

（张 华）

【PDA执法系统升级】 4月20日，市城管局PDA移动执法系统二期建设完成并正式启用。该系统主要包括公共业务、执法督考、移动办公、基础台帐、共享信息、法律法规等功能模块。年内，市城管局无线总机服务开通，向全体城管队员提供7×24小时的人工转接服务、短信群呼服务、人工查号服务、召集电话会议、组内通话等服务。

（张 华）

【“五四”团日活动】 5月4日，大队团总支开展特色团日活动纪念“五四”90周年。一是开展“传承五四精神、弘扬爱国情怀、建设科学发展——我为城管发展献计献策”主题演讲活动，激发团员青年的爱国热情和创业精神；二是听水峪嘴村党支部书记介绍水峪嘴村新农村建设情况报告，三是组织团员青年参观民俗博物馆和军事酒吧，开展登水峪嘴村古道摄影采风活动，区委科学发展观检查指导组领导参加活动。

（张 华）

【捐赠活动】 5月12日，开展“京什手拉手，重建新家园”捐赠活动，全体干部职工捐款3320元。

（张 华）

【低收入农户帮扶工作】 5月12日，大队党组成员到所联系的帮扶村斋堂镇张家村、牛战村，与镇、村两级领导班子召开现场会，从帮扶村的地区资源、发展状况、发展思路、生活现状、收入来源、存在困难和急切需求进行了实地考察调研。6月16日，大队领导班子成员及各支部党员一行34人分两组到张家村和牛战村，按照工作方案对164户低收入农户开展摸底调查作。7月20日，大队领导参加张家村、牛站村村民民主活动日，听取村两委班子《2009年上半年村务工作报告》及村财务公开情况，大队领导就大队以后帮扶工作向村两委班子及村民代表进行简要介绍。10月26日，大队长一行4人代表大队走访慰问张家村、牛站村56户老人，送上粮油等慰问物品，并与村两委就帮扶工作进行了座谈。

（张 华）

【宣传促执法】 6月26日，召开信息工作座谈会，会议明确近期要围绕“百日环境整治行动”、“迎国庆、讲文明、树新风活动”、“平安北京活动”、棚改区保障服务行动和“学习实践科学发展观活动”及加强队伍作风建设等重点工作开展信息宣传工作。7月9日，举办摄影、摄像基础知识学习讲座，邀请市局摄影专家授课，9个基层分队和6个科室的35名分队主管领导和信息员参加讲座。

（张 华）

【纪念建党88周年】 “七一”前夕，组织全体党员到平津战役纪念馆开展特色党日活动庆建党88周年。新老党员重温入党誓词、参观革命历史、缅怀党的丰功伟绩。

（张 华）

【新式执法证件启用】 7月1日，116名具有执法资格人员启用新式行政执法证件。同时要求执法人员在开展执法工作时必须出示证件，无行政执法证件人员不得从事行政执法工作。

（张 华）

【适应实施新条例】 7月10日，召开《北京市城乡规划条例》研讨会，会议由一线执法骨干参加，为《北京市城乡规划条例》的成功实施提供保障。16日，举办《北京市城乡规划条例》讲座，北京市人大法制委员会专家参加。

10月1日，《北京市城乡规划条例》正式实施。

（张　华）

【开展护卫活动】　7月26日至10月10日，开展“护卫碧水、护卫绿树”专项执法月活动，以整洁优美的环境迎接新中国成立60周年，7月29日，开展“护卫碧水、护卫绿树”宣传和执法活动，在新桥车站、新华书店、聚德隆超市、东辛房车站设置4个宣传站点，发放相关宣传资料400份，发放宣传城市管理法规纪念品100份，现场110余名群众签名响应。组织执法人员到水闸水域开展现场执法，当场责令30余名非法垂钓和游泳者改正违法行为。8月15日至9月15日，开展“护卫街巷”、“护卫家园”专项执法月行动，“护卫街巷”严查小广告、街头游商、占道经营、机动车售货、夜市排档和损坏小国旗等违法行为。

（张　华）

【领导调研】　7月30日，区领导伊欣欣到大队调研。伊欣欣在对建国60周年环境整治工作进行调研后提出要求。8月9日，市城管局副局长马惠民一行7人到大队调研工作，同基层分队长、机关科室领导进行了座谈，了解了城管执法工作中遇到的热点、难点问题。马惠民在肯定取得成绩的同时，提出要求。12月17日，区领导高连广一行10人到大队视察工作。政协领导听取大队主要领导汇报后，肯定大队在“三区联创”、奥运环境建设、建国60周年环境保障、棚改区环境服务等重要工作中所做出的贡献。同时，对于2010年工作提出要求。

（张　华）

【执法现场实地调研】　8月21日，市城管局执法大队到直属分队组织执法现场实地调研。执法大队领导就区内的渣土运输、渣土消纳以及运输车辆泄漏遗撒和施工工地管理等问题开展调研并到实地巡查。大队领导向执法大队领导介绍了相关工作情况和问题存在的原因。执法大队领导提出具体要求。

（张　华）

【应急演练】　9月8日，参加第一次国庆战时环境保障三级整体磨合应急演练，重点对演练计划，车辆人员按时到位，车载图像传输等进行检查。23日，开展第二次国庆战时环境保障应急处置演练。大队按照一级战时要求，在15分钟内，队员全部按规定到达指定地点，重点对人员到位时间、联络通迅情况、执法设备配带等进行检查。

（张　华）

【自由裁量权】　9月11日，召开深化推进行政处罚自由裁量权研讨会，各分队主管业务队长、法制员参会，就如何贯彻落实《北京市城管执法系统实施行政处罚自由裁量权办法》进行研讨，以及对《北京市城管执法系统实施行政处罚自由裁量权办法》的目的认识、内容，执法文书的相关改动、推行规范自由裁量权工作的要求等问题开展交流。

（张　华）

【国庆保障】　国庆期间，共出动执法力量896人次、执法车辆173台次，对区内18条主要大街和3个重点旅游景点进行了巡查和实时监控，查处无照经营、占道经营、店外经营、施工扰民等违法行为604起，责令59家“门前三包”落实不到位的单位和商户及时整改，清理擅自设置广告、条幅15条，办结群众举报22件。

（张　华）

【跨区域保障】　10月2日，20名执法人员参加市城管局紧急跨区域支援行动，协助朝阳大队保障鸟巢地区环境秩序，没收非法贩卖小国旗120个，清理非法照相摊位10处，为游人提供指路等服务80余次，并向中外游客提供咨询、帮助。

（张　华）

【行风监督工作】　10月29日，召开行风监督员座谈会，19名社会各界行风监督员参加会议。会上大队长向19名社会各界人士颁发城管行风监督员证书，并从6个方面对2009年工作进行了汇报，对2010年工作思路进行了介绍。在对行风监督员肯定成绩的同时，提出2个方面的建议。

（张　华）

【安装城管桌面视频会议系统】
10月30日，市城管局对区城管大队指挥中心桌面视频会议系统进行了安装、调试，并开展培训工作，实现市局指挥中心与区县指挥中心的音视频平滑对接。

（张　华）

【以考代培】　11月19日，开展模拟执法现场考核工作。法制科和督查科通过随机抽取执法证件号，22名执法人员参加此次考核，人员涉及主管副分队长、小组长、法制员等业务骨干13名，以及机关科员3名、队员6名。考核现场随机发放三套试卷。此次考核结合执法工作实际设置思考题，考核队员面对突发情况时的应变、处置和灵活沟通能力。

（张　华）

【建设公众城管】　年内，为完善城管执法公众化体系，引导公众参与城管执法决策、执行、监督等环节，增强城管执法透明度，大队坚持邀请人大代表、政协委员、专家学者、新闻媒体、市民群众、服务对象到城管开展互动，广泛征求社会各界的意见和建议，提升城管工作的社会认知度。通过开展“讲文明、树新风”、“假日文明行动”、“城管志愿者”等活动，丰富公众参与形式，提高市民参与城市管理的主体意识。通过网络举报、96310热线、行风监督员、咨询服务等多种渠道，加强政风行风建设。开展互动交流，听取社会各界意见。

（张　华）

交通 邮电

交 通

·公路建设

【概况】 北京市交通委员会路政局门头沟公路分局，前身为北京市路政局门头沟公路分局，自2009年11月9日起正式启用新行政公章，是北京市交通委员会路政局在门头沟区的派出机构，行使门头沟区域内县级及以上公路的规划、建设、养护、路政执法等职能。分局现有7个科室，下设路政执法大队和养路费征收稽查所2个基层单位，正式职工74人，其中党员56名，现有专业技术干部38名。年内，管养区域公路总里程939.65公里，公路密度为64.58公里/百平方公里。按管养公路行政等级划分，国道118.05公里/2条，省道65.07公里/4条，县道239.59公里/30条，乡道313.05公里/71条，村道194.61公里/119条，专用公路9.29公里/13条，桥梁4489.52延米/133座；按技术等级划分，一级公路21.35公里，二级公路212.74公里，三级公路262.84公里，四级及等外公路431.54公里，等外公路11.18公里。年内，门头沟公路分局提出了“迎国庆、保平安、促发展、保民生”的工作目标，以质量和安全为基石，不断强化行业管理手段，不断强化精细化管理力度，不断强化党建工作围绕中心服务大局的保障作用，充分发挥了公路基础设施建设对于拉动地区经济增长、改善交通状况、促进城乡统筹协调发展的重要作用，高标准、高质量完成了年度各项工作任务。全年完成公路工程投资4.81亿元，包括完成路政局投资4.3亿元，完成区内工程投资0.51亿元。其中新改建工程74公里/8项均在施工，完成投资3.55亿元。同时，推进前期项目156公里/8项。养护工程完成投资0.75亿元，其中大修及预防性养护工程36.7公里/5项全部完工；旧桥改造2项，其中完工1项，在施1项。完成乡村公路监管任务，包括乡村公路建设工程33.73公里/17项，乡级公路安保工程210公里/56项以及5个推进村的街坊路建设工程。推进区内城市道路工程34.8公里/8项建设，完成投资0.51亿元。综合指标完成情况：路况综合评分92.03；优良路段里程344公里。路政案件发现率100%、结案率99%，路政许可卷合格率100%，路政处罚卷合格率100%。完成贷款资金支付率100%，财政资金支付率98.38%。全年未发生重大质量安全甲方责任事故。承办人大建议6件，政协提案1件，签字率100%。办理政风行风热线书面答复4件。分局档案管理继续保持一级。路政管理坚持依法行政，全面加强对公路行政许可事项的审批与监督管理，全年路政许可卷18卷，收取赔补偿款221万元。强化执法力度，纠正违章124件，行政处罚22件。注重基础数据的资料采集，完成了部分路产设施的统计工作。同时做好治理超限运输配合工作。收费所认真落实税费改革要求，开展多种形式的宣传、培训、教育活动，做到思想不乱、纪律不散、工作不断。办理养路费返还6430笔995万元，补征养路费139笔14.2万元，发放催缴通知书68份，补缴15辆车5768.9元，滞纳金1149.6元。确保固定资产不流失，返还工作安全有序。党建工作以服务国庆60周年为中心，认真开展学习实践科学发展观活动、领导干部作风建设年活动、廉政风险防范目标管理工作以及交通系统工程建设领域突出问题专项治理工作。通过“迎国庆、讲文明、树新风”系列活动，注重加强行业文明长效机制建设。全面加强对内、对外宣传力度，提升分局软实力建设。同时加强群团工作的协调配合作用，拓展丰富职工文化活动，努力营造和谐、安全、稳定、廉洁的工作环境和地区形象。

单位名称：北京市交通委员会路政局门头沟公路分局
地　　址：北京市门头沟区龙泉花园1号楼
电　　话：69828999
邮　　编：102300

（周　猛）

【大修工程】 2008年11月5日至2009年11月25日，108国道辅线大修设计起点位于卧龙岗立交，终点卧龙岗桥，全长1.46公里，设计标准山岭重丘三级公路，设计车速为30公里/小时，路基宽10.5米，路面宽9米。北京路桥瑞通养护中心负责施工，公路分局负责项目管理。

（周　猛）

【领导视察调研工作】 1月4日，路政局党委书记吴天宝视察108国道改建工程苛萝坨隧道建设情况及安全生产工作。8日，市交通委委员、路政局局长姜帆到公路分局调研。公路分局汇报了公路养护管理路政巡查子系统建设情况，初步完成了设备和操作系统安装、调试，实现了网上初步运行。中科软科技股份有限公司对软件开发进展作了汇报。姜帆要求应将此系统与日常工作结合，推进业务自动化、管理精细化，管理一事一卡，并逐步完善相关制度办法。3月25日，路政局科技安全处、顺义公路分局到公路分局就路政巡查应急子系统建设情况进行了综合研讨。软件开发单位中科软公司作了系统功能演示汇报。公路分局借鉴工程管理模式进行系统建设，完成全部设备的安装调试，外场信号接入分局系统并与路政局联通完成。分局版操作系统成功试运行。顺义公路分局就多项问题提出完善建议。5月12日，区领导伊欣欣、翟云峰带队到双大路一期工程及潭王路工程施工现场考察调研。调研要求加快手续办理和拆迁等工作进度，严格项目管理和资金监管，进一步加大道路两侧环境整治力度，有步骤，有计划地重点解决群众关心、社会关注、影响人们出行的交通节点和难点问题。21日，由市交通委计划处、路政局计划处领导组成的2009年郊区公路建设养护计划执行情况监督检查小组到公路分局对公路建设养护计划执行情况进行监督检查，对108国道改建工程施工现场进行了实地考察。公路分局领导陪同检查。6月16日，翟云峰视察潭王路、担下路等2009年重点山区道路工程进展情况。区农委、市政管委、公路分局、妙峰山镇等有关单位负责人参加。相关单位汇报了山区重点道路工程的进展情况。6月17日，路政局科技安全处对108国道改建工程隧道火灾隐患进行专项检查，路政局质量监督站、项目管理中心参加了检查，并实地检查了南村隧道施工现场、民工驻地火灾隐患。30日，翟云峰视察清千路改建工程进展情况。区农委、公路分局、大台办事处等有关单位负责人参加。相关单位汇报了清千路道路工程的进展情况。7月3日，路政局农村公路管理办公室对门头沟区乡村公路建设、养护管理工作进行调研。区农委、区财政局、公路分局及龙泉镇乡村公路管理站代表参加调研。3日，区人大副主任带队组织大台办事处等部分区人大代表听取了公路分局关于清千路改建工程进展情况汇报。公路分局汇报了清千路改建工程前期进展情况。29日，路政局党委书记等到门头沟区双大路一期工程岭北沟桥施工现场调研并指导工作。公路分局领导、北京养护集团、北京路桥瑞通养护中心等负责人陪同调研。8月13日，区人大常委、城乡建设环境保护委员会主任带队，组织区人大代表一行12人视察双大路一期工程。公路分局作了情况汇报，现场视察了双大路一期工程施工现场。

（周　猛）

【召开离退休职工迎新春座谈会】 1月9日，召开全体离退休职工2009年迎新春座谈会，近200名离退休职工参加了座谈会。

（周　猛）

【领导慰问曹广辉父母】 1月21日，路政局局长、党委书记代表路政局党政领导到“全国公路局长的楷模”——曹广辉的父母家中看望，送去了慰问品和慰问金，并致以节日问候。

（周　猛）

【绩效督察考核】 2月16日，区政府督察考核领导小组到公路分局进行2008年度绩效督查考核工作，全区各乡镇的21位服务对象代表参加了会议。公路分局对2008年度各项工作进行了汇报，与会人员对局内工作进行了考核测评。

（周　猛）

【除雪铲冰应急保障】 2月17日凌晨3点至19日凌晨5点，门头沟区大部分地区普降中雪，公路分局启动冬季除雪安全紧急预案，派出养护作业人员667人次，作业车辆45台次、巡视管理车辆26台次、清扫车6台次、撒布机6台次、除雪铲4台次、平地机4台次、洒融雪剂312.5吨，防滑料260方。8月19日，下安路K10+100处发生塌方断路情况，分局启动防汛应急预案，派出抢险人员35人、巡视作业车6台、挖掘机1台、铲车1台，清理塌方50立方米。

（周 猛）

【召开绿化养护工作会】 2月27日，召开绿化养护工作会议。会议要求，要加强辖区内重点路段的绿化施工队伍建设，按照地域、天气、接养时间的不同属性，结合浇水、弱树复壮、整形修剪、病虫防治、防火、抗旱等作业内容，制定针对性强、路段明确、详实具体的绿化养护方案。3月3日，会同养护监理对管辖区域内的绿化养护作业现场进行巡视检查。12日，公路分局2009年生态绿化工程项目全面展开。

（周 猛）

【组织三八节联欢活动】 3月5日，组织以“我为分局发展献计策”为主题的三八妇女节座谈和联欢活动。分局全体女职工参加座谈。

（周 猛）

【生态绿化工程】 3月12日至4月20日，下安路K11+00~15+000，全长4公里，对弃渣边坡进行覆土绿化、植生袋绿化等形式进行生态修复。北京路桥海威园林绿化有限公司负责施工，公路分局负责项目管理。4月20日至6月22日，斋幽路，起点沿河城（K14+000），终点至市界幽州（K24+670），全长10.67公里，对公路两侧范围内可绿化地段进行乔木、灌木、地被植物、攀援植物的栽植。北京城市之光园林工程有限责任公司负责施工，公路分局负责项目管理。9月10日至10月10日，石担路新增节水设施范围从K0+000~K3+100，全长3.1公里，对中央隔离带内进行地下埋设管线，人工喷灌。北京路桥海威园林绿化有限公司负责施工，公路分局负责项目管理。

（周 猛）

【召开年度工作会】 3月15日，召开2009年工作会议。会上，局长作2009年工作报告。通报了2008年度中层干部考核情况，签订了党风廉政建设责任书和推进“平安北京”建设加强安全管理责任书，并对先进集体、先进个人进行了表彰。

（周 猛）

【科学发展观和廉政防范工作】 3月19日，召开深入学习实践科学发展观活动动员大会，启动科学发展观学习实践活动。区委学习实践活动指导检查组5位领导出席了会议。会上部署了《门头沟公路分局开展深入学习实践科学发展观活动实施方案》。分局领导班子成员、全体党员参加了会议。离休党支部的2位老党员应邀出席了会议。4月8日，开展深入学习实践科学发展观党课和廉政风险防范动员报告会，全体党员群众参加了此次会议。会上部署了开展廉政风险防范目标管理工作的实施方案。党委书记作了深入学习实践科学发展观促进公路事业发展的党课报告。与会人员观看《警钟长鸣》廉政教育光盘。5月9日，在交通部管理干部学院举办了“学习实践科学发展观暨廉政风险防范”培训班，全体职工参加会议。国务院发展研究中心研究员就深入学习实践科学发展观及近期国内外政治形势等热点问题进行了讲解，中国政法大学教授围绕廉政风险防范管理有关概念、工作方法进行了说明。8月10日，召开学习实践科学发展观活动总结大会。公路分局全体党员参加了会议，并对分局学习实践科学发展观活动进行了满意度测评，群众测评满意率达91.5%，其余为“比较满意”。

（周 猛）

【培训工作】 3月26日至27日，组织召开2009年第一季度道路工程质量安全例会暨安全知识培训会。分局领导、相关科室成员、双大路Ⅰ期、108国道、潭王路、西苑路等工程建设咨询单位、监理单位、施工单位的项目负责人、技术负责人、安全负责人参加了会议。会议邀请交通部公路交通安全工程研究中心博士、交通部桥梁专家、北京工业大学博士生导师就交通建设安全形势与法律法规分析、桥梁施工技术及安全应急处理、隧道施工关键技术及安全注意事项等针对性问题分别进行了专题讲解，组织各施工、监理单位人员共45人参加了安全生产法规知识考试，合格率100%。4月8日至10日，举办为期三天针对各乡镇养护管理人员的培训班，门头沟区乡镇公路管理站共10人参加此次培训。6月3日，组织召开2009年第二季度道路建设工程质量安全例会暨安全生产月活动动员会。分局相关科室成员，双大路Ⅰ期、108国道改建工程等项目的建设咨询、施工、监理单位的项目负责人、技术负责人、安全负责人参加了会议。公路分局领导出席会议并讲话。会议邀请交通部公路科学研究所研究员对山区公路隧道施工安全专题进行了总结和讲解。部署了安全生产"三项行动"活动及安全生产月活动方案。9月25日，组织召开2009年第三季度道路建设工程质量安全例会。分局领导、相关科室成员、各道路建设工程项目办、总监办、标段项目部参加了会议。会议邀请建设部安全督查组及交通运输部公路科学研究所专家做了专题讲解。12月11日，组织召开2009年第四季度道路建设工程质量安全例会。分局领导、相关科室成员、各道路建设工程项目办、总监办、标段项目部负责同志参加了会议。会议邀请交通运输部公路科学研究专家做了施工现场安全防护专题讲座。

（周　猛）

【中修工程】 3月28日至4月28日，韭园桥中修施工，位于下安路K3+700，为漫水桥，桥长72米，桥面宽9.2米，行车道宽7米。北京路桥瑞通养护中心负责施工，公路分局负责项目管理。4月15日至30日，上苇甸路中修设计起点位于上苇甸村，终点位于炭厂村北侧，路线全长3.586公里。设计标准山岭重丘三级公路，设计车速为30公里/小时，路基宽7.5米，路面宽6米。

（周　猛）

【公路法律法规宣传】 4月1日，公路分局路政大队在门城大街开展以"人人爱护公路，共建人文交通"为主题的法规宣传月活动。宣传活动悬挂横幅2条，彩旗10面，摆放展板6块，循环播放法律法规录音，发放材料1万余份，解答咨询50余人次。《门头沟电视台》、《京西时报》记者现场采访报道，电视台连续10天播放《北京市公路条例》主要内容，利用山区主要5条公路的大型可变情报板播发交通法规等主要条文。14日，在清水镇设立宣传站，第二次开展以"人人爱护公路，共建人文交通"为主题的法规宣传活动，悬挂横幅1条，摆放展板6块，发放材料4000余份，解答咨询30余人次。12月4日，全市公路交通开展"增强公民爱路护路意识，营造和谐交通环境"为主题的宣传活动。公路分局在河滩大街设站宣传，宣传活动悬挂横幅2条，插彩旗10面，摆展板6块，循环播放法律法规录音，发放材料6000余份，解答咨询100余人次。路政局、公路分局主要领导参加宣传。

（周　猛）

【召开农村公路建养工作会】 4月10日，门头沟区农业委员会组织召开了乡村公路2009年建设、养护工作会议，区农委、财政局、公路分局及各乡镇主管领导出席会议。会议进一步明确了乡村公路的管理工作机制，公路分局负责行业监督管理，区财政负责资金的筹措、拨付和监管，各镇政府为乡村公路建养主体，区农委负责乡村公路的全面管理工作。下发了《门头沟乡村公路养护、建设监督管理相关规定》及《关于加强乡村公路养护工程、监理及设计管理的通知》。

（周　猛）

【路网交通设施隐患治理工程】 4月15日至30日，潭王路、达洪路、斋幽路、上燕路、南赵路、军红路等公路实施交通工程建设，共设立单柱标志13套、双柱标志7套，贴膜14平方米，拆除标志1套。北京路桥方舟交通科技发展有限公司负责施工，公路分局负责项目管理。

（周　猛）

【预防性养护工程】 4月20日至5月15日，张马路实施改性稀浆封层预防性养护，道路全长4公里。北京子牙路桥养护有限公司负责施工，公路分局负责项目管理。5月20日至6月14日，南雁路预防性养护工程设计路段全长5.6公里，设计标准山岭重丘三级公路，设计车速为30公里/小时，路基宽7.5米，路面宽6米，两侧路肩各宽0.75米。6月1日至9月30日，石担路预防性养护道路起点位石门营环岛，终点为双峪环岛，全长4.8公里，设计标准一级公路，设计车速60公里/小时，首次采用超薄磨耗层技术。6月16日至9月25日，109国道预防性养护设计路段全长20.73公里。

（周　猛）

【旧桥改造工程】 4月20日至6月30日，桑峪口板桥实施加固工程，位于109国道K75+700处，设计荷载标准：公路Ⅰ级；桥梁全长18.5米，宽度为12米。北京鑫实路桥建设有限公司负责施工，公路分局负责项目管理。

（周　猛）

【组织共青团员青年拓展活动】 4月29日，公路分局团委组织17名共青团员青年到怀柔雁栖湖开展CS对抗拓展活动。

（周　猛）

【组织离休老干部、劳模参观】

5月7日，组织离休老干部、退休劳模到国家体育场“鸟巢”及国家游泳中心“水立方”参观。

（周　猛）

【组织爱国主义教育活动】　5月10日，组织全体干部职工到全国爱国主义教育示范基地——天津市蓟县盘山革命烈士陵园，进行“缅怀革命先烈”爱国主义主题教育活动。6月27日，公路分局组织全体党员职工赴河北省乐亭县李大钊纪念馆，缅怀烈士的丰功伟绩。

（周　猛）

【竞赛荣誉】　5月16日，路政局第五届乒乓球赛在中国残疾人奥林匹克运动管理中心举行，共设男子团体与女子团体两项赛事。公路分局女子团体取得总分第一，首次荣获冠军。12日至21日，开展路政局系统内路政管理人员为期10天的军训活动，公路分局路政大队荣获“内务卫生先进单位”。

（周　猛）

【召开安全防汛工作会】　5月31日，召开2009年安全防汛工作会，养护单位、在施工程施工单位、监理单位等主要负责人以及公路分局防汛领导小组成员、各相关科室负责人等参加了会议。会上，公路分局部署2009年《防汛抢险应急预案》，与各单位签订“安全迎汛责任书”，并提出要求。6月1日8时起，门头沟公路系统正式上汛。

（周　猛）

【组织隧道应急演练】　6月18日，组织108国道改建工程南村隧道及双大路Ⅰ期道路工程岭北沟桥施工应急救援演练。公路分局领导、各相关项目办、总监办、标段项目部现场观摩了演练全过程。演练模拟南村隧道塌方伤人事故及岭北沟桥高空坠落重伤事故。9月4日，组织108国道（南村～石门营段）改建工程南村隧道施工事故应急救援演练，路政局、区安监局相关领导现场观摩指导。

（周　猛）

【主题党日活动】　7月9日，公路分局机关党支部开展主题为“牢记宗旨、爱我家乡、建设家乡”的庆七一主题党日活动。全体党员面向党旗庄严宣誓。

（周　猛）

【召开社会监督员会议】　7月24日，公路分局路政大队召开社会监督员会。清水、雁翅、妙峰山、永定、潭柘寺镇的5位副镇长或主管领导，作为路政执法的社会监督员参加了会议。

（周　猛）

【108国道二期设计方案评审】　7月30日，市规划委主持召开108国道二期（河北镇～南村）改建工程设计方案专家评审会。市交通委、市交管局、市园林绿化局、市规划院、区政府和房山区政府等相关部门参加了会议。会议听取了市政设计总院关于道路工程设计方案的汇报，原则同意采用新辟线位、合理利用既有108国道线位的设计原则，按照山区一级公路标准进行设计。

（周　猛）

【分局档案工作通过一级复查】　8月11日，区档案史志局对公路分局档案工作进行了一级复查。公路分局档案工作继续保持一级目标管理水平。

（周　猛）

【项目管理平台培训】　8月20日至21日，举办高沿路、担下路道路工程项目管理系统应用培训班，提高工程项目管理信息化工作。

（周　猛）

【召开完工工程验收会】　8月27日，组织召开2009年完工工程交工验收工作会。包括张马路、南雁路预防性养护工程，桑峪口桥改造工程，韭园桥、上苇甸路中修工程，指路标志改造，斋幽路、下安路生态绿化共8项工程。

（周　猛）

【召开公路“三乱”工作座谈会】　8月28日，组织召开门头沟区治理公路“三乱”工作协作单位主管领导座谈会，区纠风办、公安分局、交巡支队、城管大队、农发中心、交通局、林业局的主管领导参加了会议。主要内容是重新确立组织机构，做好明察暗访工作，严防“三乱”现象反弹。

（周　猛）

【举办国庆60周年讲座】　9月23日，举行和谐公路论坛讲座，邀请首都师范大学教授做了题为“推动科学发展促进社会和谐”的报告，全体职工听取了报告。

（周　猛）

【国庆安全生产大检查】　国庆前夕，公路分局成立工程、养护、内保个专项安全检查组，分别对区域内在施工程项目、单位内保消防等工作进行了拉链式综合性安全检查。监理公司、养护中心、咨询单位等陪同检查。工程组以质量、安全为重点，检查了双大路一期、108国道、门头沟路等；

养护组以路容路貌和桥梁安全为重点，检查了108国道、109国道、妙峰山路、百花山路等干线公路、旅游道路以及乡公路三类桥梁；内保组以防火、防盗为中心，对办公楼、家属楼和危旧房屋进行门窗、监控等检查。

（周 猛）

【感动交通人物评选活动】 十一前夕，交通运输部在全行业组织开展了评选活动。公路分局已故副局长曹广辉从交通运输部提名的90位交通人物中经过交通运输职工近800万人投票，当选为“60位新中国成立以来感动交通人物”。

（周 猛）

【专项治理工作】 11月27日，召开工程建设领域突出问题专项治理阶段工作会。传达了交通运输部、市政府、市交通委等上级文件精神，部署了公路分局专项治理工作方案。公路分局领导和专项工作领导小组成员参加了会议。

（周 猛）

【举行职工运动会】 12月23日，公路分局第四届职工运动会在新桥路中学体育馆进行，60余名职工参加了7个项目的比赛。

（周 猛）

【项目前期工作】 年内，重点开展前期工作项目共13项，高沿路、担下路、109国道等。已完成4项、立项阶段2项、方案阶段7项。

（周 猛）

【召开干部述职评议会】 年内，公路分局处级领导就自身2008年度的学习、工作情况，取得的成绩、存在的不足以及下一步的打算向全体职工进行了述职。全体职工进行了民主测评。路政局人事处领导出席会议。12月25日，召开2009年度领导干部述职评议会。副科级以上干部分别就自己一年来的思想状况工作成绩、存在问题及改正措施向全体职工做了述职述廉汇报，述职后分别进行了民主测评。

（周 猛）

【公路路网管理与应急处置子系统】 年内，北京市公路路网管理与应急处置系统项目二期工程完工。该工程于2006年开始建设，2008年8月完成外场设备建设，2009年4月系统建设调试完毕并试运行。完成II型道路监控摄像机设备8套，I型道路监控摄像机设备3套，气象与路面湿度检测设备2套，可变情报板5块，交通流量采集设备3处4套，4套路政巡查车车载系统以及分中心系统设备与会商室建设。

（周 猛）

【市级荣誉】 年内，公路分局获纪念《水土保持法》颁布实施十八周年“水土保持工作突出的生产建设单位”，被北京市公民献血委员会授予市级无偿献血先进集体称号，被首都精神文明委员会评为“二〇〇八年度首都文明单位”。

（周 猛）

【献爱心活动】 年内，分局党员群众共计捐款1900元。

（周 猛）

【新改建工程】 年内，双大路一期新建工程全面完成路基土石方和挡土墙工程，二灰基层及路面沥青混凝土铺筑20公里/89%。柏峪隧道全部完成，梨园岭隧道已贯通，涵洞完成83道/100%。天水河桥1#桥除油面和伸缩缝均全部完成；燕家台桥除伸缩缝外全部完成；岭北沟桥完成桩基础、墩柱、系梁和盖梁施工。108国道改建工程南村隧道累计进洞1560米/57%，苛萝坨隧道完工。A1、B1、A2、B2桥完成所有桩基和部分承台、墩柱、盖梁的浇注工作，王村主线桥完成所有桩基、承台，墩柱、盖梁完成50%，K12+521箱涵、K12+403箱涵完成。路基填方完成约8万方/11.7%。潭王路改建工程完成路基挖方44万方/62%，路基填方36万方/78%，路基防护砌筑1.9万立方/15%，完成涵洞2道/2.4%。担下路新建工程完成施工、监理驻地建设，完成300米路基浸水挡墙基础施工。高沿路改建工程完成施工、监理、代建单位驻地建设，6公里范围完成地上物拆迁。清千路改建工程正在进行施工、监理、代建单位的驻地建设工作。

（周 猛）

【人行天桥工程】 年内，新建3座人行天桥，均位于石担路，其中3#人行天桥位于区法院西侧，4#人行天桥位于区体育中心西侧，5#人行天桥位于永定中学西侧。3#人行天桥完成钢墩吊装施工，4#和5#天桥完成桩基施工50%。

（周 猛）

【城镇道路工程】 年内，实施城镇道路工程34.8公里/8项，其中西苑路、门头沟路、增产路、规划一路4项进场施工，其余4项高家园路、中门寺路、增北路、大峪二小路停工待拆迁。

（周 猛）

【中小修维护、交通、绿化工程】

年内，对管养公路路基、路面、桥涵等公路设施进行经常性维护。北京路桥瑞通养护中心八处负责日常维护，公路分局负责项目管理。交通工程对管养范围内护栏、标志、标线等交通设施进行日常维护。北京路桥方舟交通科技发展有限公司负责日常维护，公路分局负责项目管理。绿化管护工程对管养范围内乔灌木、攀缘植物、草坪、绿篱色带以及地被植物进行日常养护作业、护林防火及病虫害防治。北京路桥瑞通养护中心八处负责日常维护，公路分局负责项目管理。同步实施了水毁、翻浆等公路病害处理。

（周　猛）

·运输管理

【概况】　年内，交通局在区委、区政府及市交通委的领导和整体工作部署下，全面贯彻落实党的十七大全会精神，坚持以“三个代表”重要思想为指导，以科学发展观为统领，围绕“人文交通、科技交通、绿色交通”的建设目标，夯实工作基础，创新工作机制，强化队伍建设，深化行业监管、严格依法行政，不断开创运政管理新局面，保持了行业发展的平稳态势，有效推动了全区道路运输事业纵深发展。年内获得区级荣誉8项、市级荣誉8项。

单位名称：北京市门头沟区交通局
地　　址：北京市门头沟区滨河路60号
电　　话：69842840
邮　　编：102300

（王元媛）

【节日值守】　元旦、春节、五一、端午节、十一期间，局内共出勤执法人员900余人次，发放宣传材料2000份，巡逻检查线路30余条，检查场站、企业、道口、水域100余处，张贴安全宣传画、横幅、展板、警示牌260块，组织召开百家运输企业大会1次，安全培训上千人次，有效防止了重特大事故的发生。

（王元媛）

【领导调研】　2月2日，区领导陈清到交通局调研，对交通局2008年完成的政府重点工程、行业发展、安全保障等工作给予了肯定，并就2009年工作提出建议。11日，市交通委副主任谷胜利、区领导陈清以及市运输局、市公交集团、区交通局、发改委、斋堂镇、八方达总公司等相关单位领导就斋堂客运枢纽建设进行实地调研。3月6日，区领导陈清、李建军就斋堂客运枢纽建设工程到交通局进行调研。10日，市交通委副主任就安全应急指挥工作进行调研。4月16日，市交通委委员就交通综合应急可视指挥设施建设、系统运行、发展方向以及存在困难等问题进行了实地调研。5月19日，区领导付兆庚到交通局调研，对交通局完成的政府重点工程、行业发展、依法行政、安全保障等一系列工作给予了肯定，并提出要求。6月24日，市路政局副局长孙中阁带队就芹峪口综合检查站建设进行实地调研、指导。7月2日，区领导付兆庚，区规划分局、国土分局、发改委、建委等相关单位领导召开斋堂客运换乘中心建设协调会。付兆庚对斋堂客运换乘中心项目提出要求。10月15日，区领导侯建华与区政协委员到交通局就满足百姓需求，抓好交通局各项工作为内容进行视察调研。11月26日，北京市交通战备办公室专职副主任带领国防动员委员会检查组，在区武装部部长李庆广的陪同下，到交通局检查交通战备工作。

（王元媛）

【深入贯彻落实科学发展观】　3月，围绕“坚持解放思想，推动科学发展，建设生态新区”这一主题，着眼于转变观念，破解难题，推动工作的目标要求，完成了学习实践科学发展观活动中学习调研、分析检查、整改落实三个阶段的工作内容。

（王元媛）

【斋堂客运枢纽站建设】　4月13日，斋堂客运枢纽站完成土地预审工作。该站建设规模为二级客运枢纽站，占地1.58万平方米，建筑面积1760平方米，可供50部中型客运车辆停泊，计划连接12条放射线路，将服务于斋堂镇、清水镇741平方公里内的61个行政村，3个办事处。整体工程竣工预计投入资金1057万元。

（王元媛）

【应急演练】　6月11日，组织开展了2009年安全生产防火自救应急演练活动。演练分为现场模拟维修车辆火灾疏散急救、初起火灾灭火器实射演练与室外消防栓操作演练三个过程。

（王元媛）

【法制宣传】　6月14日，分别在区影剧院广场、双龙峡景区、区液化气站门口及八方达河滩分公司德露苑客运站设立了宣传站，开展安全生产宣传咨询活动。现场悬挂横幅4条，安全生产展板12块，发放宣传海报、手册等共1500余份，解答群众问题500余次。12月1日，在区影剧院广场开展《北京市道路运输条例》宣传咨询活动，北京市交通委副主任刘缙到现场进行宣传。现场悬挂横幅3条，发放宣传手册、便民服务卡、环保宣传袋等共2000余份，解答群众问题50余次。4日，共出动20余人上街参加全国“12.4”法制宣传活动，现场悬挂横幅1条，发放宣传手册、宣传单、便民服务卡、环保宣传袋等共2000余份，解答群众问题40余次。

（王元媛）

【芹峪口综合检查站建设】　8月25日，芹峪口综合检查站竣工并投入使用，总占地面积为3000平方米，工程总投资1200万元。

（王元媛）

【客运公共交通临时性工作】　8月，延长了客四分公司645车队末班时间，增设苹果园地铁至门头沟方向的夜间摆渡车。9月28日，影响9个行政村、一所小学的西苑路，正式恢复通车。

（王元媛）

【国庆安保】　国庆期间，交通局采取措施加强国庆安保工作。一是高度重视，加强领导，为“国庆安保”工作提供有力保障。国庆筹备、举行期间所有国庆安保专项工作交通局都成立了安全保障领导小组，实现了五个到位，即国庆战时体制到位，保证运转高效；交通服务保障到位，实现公共交通畅行、黄标车停驶和货运保障的和谐运转；安全措施实施到位，落实有效责任体系；相关政策落实到位，确保政令畅通；宣传动员到位，营造良好舆论氛围。二是多措并举，强化落实，实现“国庆安保”工作目标。第一，安全监管工作日常制度化。第二，安全监管工作突出重点。第三，完善应急预案。国庆期间芹峪口综合检查站共检查各类车辆466辆，超限车67辆，卸载418吨，出动执法人员145人次，没有出现一例不安全事件。

（王元媛）

【客运公交场站建设】　年内，新建五级客运站8个：分别是燕家台、百花山、柏峪、向阳口、灵水、双龙峡、王平、大沟。总占地面积是5550平方米，总建筑面积2056平方米，总投资572.706万元。

（王元媛）

【治超工作】　年内，共检查各类车辆96842辆，发现超限车604辆，卸载货物2990.38吨，出动执法人员7956人次。配合林业执法部门检查木材运输车辆13车次，配合环保执法部门检查大货车243车次，协助劝返26辆。

（王元媛）

【机动车维修管理】　年内，在全行业开展了拉网式维稳排查和安全生产大检查，同时落实安全生产“三项行动”、“雷霆行动”、“护航行动”等内容，全年共检查企业213户次，出动执法人员326人次，解决业内矛盾1件，2家维修企业被市局评为汽车维修诚信企业。

（王元媛）

【打击非法盗采和环境整治】　年内，共配合区相关部门治理非法开采、清理非法煤场、打击黑车、清理永定河西大堤早市、联合夜查、西六环强制施工保障、大气环境治理、整顿九龙路扰民车辆运输、治理维修市场、重大会务及活动保障等重大活动共计40余次，出动执法人员2000余人次，到斋堂、清水、大台、王平等地区打击非法盗采70余次，暂扣车辆125辆，暂扣证件34个，取缔违法修车点2户，处罚122起，共计罚款59.79万元。

（王元媛）

【依法行政工作】　年内，交通局以落实行政执法责任制、贯彻“新道条”、“五五”普法为重点，不断在规范、完善、细化依法行政工作上下功夫。通过开展制度考评、案卷评查、公开述职、法制宣传日、监督员座谈、法规知识讲座、法律法规梳理、签定三级责任书、五项行为规范考试等一系列活动，不断强化监督约束机制，严格执法行为。

（王元媛）

【全程代办工作】　年内，货运新开业受理223件，汽车维修受理4件，境内旅客运输从业资格受理55件，货运从业资格证受理2258件，汽车维修检验员资格证受理8件，共接待各类咨询5200余人次，群众满意率100%。

（王元媛）

【甲型H1N1流感防控工作】　年内，交通局全面落实对机关内部和行业管辖区域的宣传动员以及防护服、口罩、防目镜、消毒液等防控物资储备工作，确保足额足量，做到有备无患；同时要求运输企业车辆坚持每天消毒、每日登记，预设留观室，坚持每日“0”报告制度；利用芹峪口检查站地理位置优势，严把进京路口，配合动物防疫检查部门对过往运输生猪、活禽类车辆实施严格检查，进行登记。共协助动检人员检查车辆42车次，肉鸡检疫消毒10万余只，奶牛10头。

（王元媛）

【党风廉政建设】 年内，以党建为龙头，坚持“一岗双责”两手抓的层抓层管工作机制，细化工作任务分解，贯彻学习中纪委和市、区对党风廉政建设与反腐败斗争的工作精神。通过党员电教活动、信访排查、三级会议、开展特色党日、领导干部作风年、创建学习型机关、商业贿赂登记、完善干部廉政档案、聘请社会监督员、“三重一大”制度、层级签订“党风廉政目标责任书”等措施，将党建廉政工作与政务工作同部署、同计划、同考核。真正做到了社会监督日常化、防御体系层次化、防腐拒变制度化，进一步强化了廉政防范意识，杜绝了党内违法乱纪行为的发生。

（王元媛）

【队伍建设】 年内，通过做广播体操、练队列、站军姿、打太极拳、党团活动、素质培训等活动，丰富职工活动内容，营造严肃活泼、纪律严明、整体化一、强身健体的机关氛围，强化职工令出必行、政令统一的军旅作风。逐渐塑造出一支执法严格、文明礼貌、服务为先的战斗集体，真正达到内练素质、外树形象的目的。

（王元媛）

【绿色车队组建工作】 年内，办理“绿色车队”申请受理工作22户385车。

（王元媛）

【交通战备工作】 年内，修订、完善了区交通应急保障计划和预案；完成了13个辖区武装部机构设置和人员配备。调整了区专业保障队伍，完成了对全区乡级以上公路及桥梁基本情况普查工作、民用运力国防动员以及对基层交通战备培训等工作。7月16日、17日，组织召开了门头沟区基层交通战备干部培训班，培训班由全区各镇、街道办事处交通战备工作主管领导、办公室主任及工作人员63人参加。区9个镇、4个办事处、1个市属单位均按时完成了本级交通战备机构及人员的组建工作，全区共有基层交通战备办公室14个，工作人员45名。

（王元媛）

【培训工作】 年内，举办货运驾驶员从业资格培训11期2261人，出租汽车驾驶员从业资格培训5期192人，汽车驾驶员等级培训183人，旅客运输从业资格培训3期12人。

（王元媛）

【精神文明建设】 年内，交通局党组、党支部、共青团发挥组织凝聚力，积极参与开展篮球、乒乓球、足球等各种精神文明活动，并取得了优异成绩。在全区迎七一主题党日活动中交通局的小品《情系龙门口》节目得到全区各级领导以及兄弟单位的首肯。在参加迎接建国60年大庆，市交通委组织的“交通行业首届文化艺术节”活动中，区交通局选送的小品《大山的梦想》荣获相声、小品类二等奖，原创作品奖；选送的作品中有6张摄影作品分别获得了书画摄影类三等奖和优秀奖；选送的舞蹈“运政之花别样红”参加了“庆祝建国60周年，交通行业首届文化艺术节”正式演出。

（王元媛）

【扶贫济困工作】 年内，针对低收入农户帮扶工作多次组织党员和积极分子实地考察重点户的情况，对龙门口村58户、洒家水村57户低收入农户专门实施结对帮扶。全局87名党员与入党积极分子结对帮扶率达到100%。为洒家水村村民送去棉被、褥子、枕头、枕套、床单、被套等总计价值2.4万元的防寒物品；还收集整理了局里一些还可以利用的旧资产，如电视、音响、餐具、彩灯等设备物品，折合人民币10余万元，并送到斋堂镇龙门口。参加“博爱在京城”、“京什手拉手，重建新家园”等捐款活动，共计捐款9120元。

（王元媛）

【道路运输协会工作】 年内，道路运输协会坚持“依托政府、服务企业、适应市场、自主创新”的宗旨，通过创建学习型社团组织，创建学习型企业，搭建车辆保险、汽车销售、运输科技、行业环保4个平台，帮助企业进行废弃机油污油无害化处置和车辆安装GPS定位及全程监控系统，组织会员单位开展论坛、代表大会，体检等工作，建立了政府、企业、经营者沟通的互赢渠道。

（王元媛）

【获得荣誉】 年内，获得2009年度交通运输执法先进单位；2009年北京市安全生产月活动优秀组织奖，北京市交通行业首届文化艺术节优秀组织奖，北京市交通行业首届文艺文化艺术节相声、小品类比赛二等奖，北京市交通行业首届文艺文化艺术节相声、小品类比赛原创作品奖；2009贺龙中国业余篮球公开赛暨北京篮协秋季联赛季军，北京市运管系统“迎春杯”乒乓球联谊赛第一名，2009年度“贺龙”中国业余篮球公开赛北京地区总决赛精神文明运动队奖，2009年度先进增收帮扶工作队，2009年度民兵工作先进单位，2009年安全生产监督管理先进单位，首届羽协杯羽毛球比赛暨联通杯青年羽毛球混合团体赛第五名，第十三届乒协杯男子甲组单打第一名，第十三届乒协杯男子甲组团体第三名，2009 年自愿无偿献血工作成绩突出单位，“贺龙杯”中国业余篮球公开赛（CBO）暨门头沟区第十一届“篮协杯”篮球比赛第一名。

（王元媛）

邮　电

·邮　政

【概况】　区邮局位于区经济、文化中心。机构设置为 5 部（人力、计财、运营、党群、市场）1 室（办公室）1 个中心（金融管理）1 个专业局（函件局），下辖 4 个支局 10 个邮政所，全局共有职工 226 人，其中正式工 89 人，邮政聘用工 2 人，劳务工 135 人。全局共有邮路 57 条，其中汽车邮路 2 条，自行车邮路 55 条，邮路总长 898 公里。业务范围包括邮政传统业务、储蓄业务、代理机票、彩票等中间业务，大峪支局可办理国际信函和国际包裹业务。

单位名称：北京市门头沟区邮政局
地　　址：北京市门头沟区河滩路 2 号
电　　话：69842560
邮　　编：102300

（谭文贤）

【领导慰问】　1 月 22 日，市公司党委书记等到潭柘寺镇看望门头沟邮局退休劳模，送来慰问品。到承泽苑邮政所慰问工作在一线的邮政职工。

（谭文贤）

【领导调研】　1 月 23 日，市邮政公司总经理一行到局内调研，提出具体要求。5 月 6 日，陈志强一行三人到区邮政局进行工作调研。局长围绕为地区发展和经济建设所做的工作及需要区委给予支持和协调的工作等方面进行了汇报。陈志强对该局的服务工作给予肯定。11 月 17 日，市公司党委书记等到门头沟局进行工作调研，对该局工作给予肯定，并提出要求。

（谭文贤）

【劳动竞赛】　一季度开展了“抓旺季、促发展，争创首季开门红”劳动竞赛活动，对各部室作出具体分工，确保后勤支撑到位。竞赛从四个方面入手：一是“五节联送”第二阶段营销创收竞赛；二是《岁月如歌》个性化邮票定制竞赛；三是信息联播网业务推广竞赛；四是金融专业、电子商务专业经营发展竞赛。

（谭文贤）

【培训工作】　4 月 14 日，请市公司安全保卫部人员为全局干部、职工进行安全保卫工作知识讲座，以现场讲解和案例播放形式，让职工学会如何应对危险并确保国家财产的安全。11 月 10 日，邀请区公安消防中队两位指导员对全局职工进行消防安全培训，重点讲述了火灾预防措施、个人自救技巧、灭火器的使用方法等，通过视频资料向大家讲解了火灾发生要素、家庭火灾预防、报警电话拨打、初期火灾扑救、火场自救、逃生以及消防法律法规等消防安全知识等。年内，一是对新员工进行上岗前培训，包括业务知识、服务规范、安全生产、计算机基础知识等。二是转岗人员培训。三是开展技能竞赛活动。四是做好技能鉴定工作。五是加强文化素质教育，鼓励员工在岗学习。年内有 46 人自学大专以上课程，一线营业人员大专以上学历占到 82%，达到市公司要求。

（谭文贤）

【召开座谈会】　5 月 13 日，与区商业联合会召开座谈会，区邮局领导为商家讲述了邮政的基础型业务和新型业务，各商家与邮局领导探讨经营发展之道，邮政为企业宣传工作所开发的业务得到商家的认可，许多企业表示将与邮政进一步合作。

（谭文贤）

【新型村邮站建站工作】　8 月 3 日，举办了新型村邮站建站工作启动仪式。年内，区邮局把新型村邮站建设作为重点工作来抓，在已建 22 个村邮站的基础上，再建 155 个，使建站率达到 100%，实现村村建站，户户通邮。

（谭文贤）

【组织防抢演练】 8月20日晚，市邮政公司与邮储银行为确保国庆60周年安全稳定，在门头沟邮局联合组织防暴演习。演练得到市公安局内保局、区公安分局、保安公司等单位的支持，全体从储人员及兄弟局100多人观摩了演练。

（谭文贤）

【举办国庆邮品推介会】 国庆前夕，利用周末举办了集邮产品推介会，近百名集邮爱好者参观了200余种展销的邮品，听取了现场工作人员国庆邮品介绍，许多集邮爱好者选购了自己喜欢的邮品。

（谭文贤）

【加强财务检查，堵塞漏洞】 年内，以检查与培训相结合、定期与不定期抽查相结合、普遍与专项检查、辅导相结合的方式，重点对税控发票使用、量收系统数据核对、邮资机的使用和管理进行检查，针对检查中发现的问题，提出改进意见。

（谭文贤）

【精神文明建设】 年内，以“党委工作和精神文明建设工作责任制”、“党风廉政建设工作责任制”、“党员教育管理工作目标”等为框架，做到工作目标明确，责任分工明确，责任人考核明确。部署了“迎国庆、讲文明、树新风”、“党员岗位立功”主题实践活动，党员发挥很好的模范带头作用。局内作为区里第二批开展学习实践科学发展观活动的单位，通过学习实践活动，进一步发挥党组织和党员的先锋模范作用，促进全年各项工作完成。

（谭文贤）

【落实降本增效措施】 年内，根据市公司《关于深入开展降本增效、压缩管理费用和非生产费用支出工作的指导意见》的文件精神，对油料、业务材料用品、水、电、气等制定了支出计划，并纳入机关部室长经营责任制考核中，对支局领用的低值易耗品实行定额管理并纳入生产考核。在对各部室下达预算目标时，要求各部室对归口管理的成本费用制定管控措施，加强管理，降本增效。

（谭文贤）

【损益核算工作】 年内，全面预算管理工作推进，全收入、全成本核算下到支局，直观反映出每个单位的利润水平，损益核算工作应用到边际成本、毛利率分析。为贯彻市公司“低本高效业务大力发展，高本低效业务适度发展”的经营思路提供了依据。

（谭文贤）

【下属单位情况】

单位名称：大峪支局
地　　址：门头沟河滩路6号
电　　话：69842515
邮　　编：102300

单位名称：西辛房所
地　　址：门头沟路77号
电　　话：69842484
邮　　编：102300

单位名称：三家店所
地　　址：三家店水闸路11号
电　　话：69842177
邮　　编：102300

单位名称：双峪路所
地　　址：门头沟大峪南路2号
电　　话：69842523
邮　　编：102300

单位名称：军庄所
地　　址：门头沟军庄镇
电　　话：60811504
邮　　编：102300

单位名称：潭柘寺所
地　　址：潭柘寺镇
电　　话：60862394
邮　　编：102308

单位名称：王平村支局
地　　址：王平镇西村
电　　话：61859647
邮　　编：102301

单位名称：大台所
地　　址：大台矿内
电　　话：61870374
邮　　编：102303

单位名称：木城涧所
地　　址：木城涧玉皇庙
电　　话：61872380
邮　　编：102304

单位名称：斋堂支局
地　　址：斋堂镇西斋堂
电　　话：69816804
邮　　编：102309

单位名称：清水所
地　　址：清水镇上清水
电　　话：60855495
邮　　编：102311

单位名称：雁翅支局
地　　址：雁翅镇雁翅村
电　　话：61830189
邮　　编：102305

单位名称：石龙支局
地　　址：门头沟石龙北路62号
电　　话：69804026
邮　　编：102308

单位名称：承泽苑所

地　　址：滨河居住区承泽苑2号楼一层
电　　话：61864313
邮　　编：102308

（谭文贤）

·电　信

【概况】　年内，联通门头沟分公司在区委、区政府和市网络通信公司的领导下，认真落实科学发展观，贯彻市、区的工作思路和工作重点，完成了全年安全无重大事故的工作目标，被评为北京市交通安全先进单位。

单位名称：中国联合网络通信有限公司北京市门头沟区分公司
地　　址：北京市门头沟区新桥大街4、6、8、10号
电　　话：69842616
邮　　编：102300

（安德国）

【业务发展】　年内，分公司按照“早发展、早受益”的工作原则，发挥全业务经营优势，拓宽销售渠道，展开宣传攻势，抓住重点业务不放松，业务收入完成年度计划的100.39%，宽带用户实增完成计划的178.21 %，新增世界风完成计划的102.97%，新增预付费用户完成年度计划的111.68%，新建项目签约率完成100%。

（安德国）

【服务管理与考核】　年内，分公司以服务管理“三坚持”、营业厅台“三加强”、装移查修“三降低”、“三提高”为主线，关注服务细节，推进服务营销一体化，塑造新联通服务品牌，实现了客户感知新突破。上半年客户综合满意度得分16个分公司总体排名第一。下半年，个人客户满意度得分排名第13位，家庭客户满意度得分排名第6位，大客户满意度排名第3位，中小企业客户满意度得分排名第5位。

（安德国）

【运行维护工作】　年内，分公司运行维护工作，以AA达标为契机，加强维护管理与检查，做好基础维护，确保网络安全，完成国庆60周年、防汛等重要通信保障工作。

（安德国）

【网络建设工作】　年内，分公司网络建设工作围绕“支撑市场、增强能力、注重效益”的工作要求，完成在建工程96项，完成覆盖177个行政村的村村通光缆工程；完成覆盖100个社区和12个卫生服务中心的社区通光缆工程；完成宽带提速工程，新装有源交接箱55套，新建局所4个；增光缆413.19条公里、电缆36.5条公里、通信管道1.42沟公里、AD端口33502个；完成3G室外基站126个、室内基站14个、2G室外基站47个、室内4个基站的配套工程建设任务。

（安德国）

【安全管理工作】　年内，分公司落实“三个注重”的安全理念，落实责任，以国庆60周年的安全保障为重点，抓安全教育，抓安全检查，抓隐患整改，制订安全保障总体方案，开展消防安全演练，强化隐患整改，进行驾驶员技能考试，确保完成全年安全指标，连续四年获得北京市交通安全先进单位称号。

（安德国）

【节能降耗工作】　年内，分公司积极推进节能降耗活动，落实责任，修订完善措施，完成王平、军庄分局集中供暖改造，年节约取暖费12万元。落实老旧设备退网41台，小灵通设备下电33台，交换端口释放608个，年节约电费11万元。

（安德国）

科技　教育

科　　技

·科技工作

【概况】　门头沟区科学技术委员会（简称区科委）是门头沟区人民政府主管全区科技工作的综合职能部门，负责全区的科技管理和科技服务工作。年内，区科委认真贯彻党的十七届三中全会精神，积极实践科学发展观，完成了各项科技工作，为全区经济、社会发展做出了积极贡献。组织实施各类科技项目，促进区域经济发展。积极探索国家级生态修复科技综合示范基地建设的途径，组织林业碳汇项目研究，组织实施“门头沟区生态修复技术集成与产业化支撑体系建设”项目。推广区域新能源利用，进行推进太阳能取暖试点工作；进行葡萄休闲观光园示范建设和高品质蛋鸡养殖基地建设；开展科技培训，实施科技奖励。完善门头沟区农村科技服务港建设，对科技协调员培训6期120人次，聘请日本专家到区内进行技术交流和讲学，培训人员100余人，利用远程教育开展培训20期，培训500人次。对2006、2007年度的科学技术进步奖、科技成果推广奖进行了评审，组织召开了科技奖励大会，颁发科技进步及推广奖45项；服务高新技术企业，为企业发展创造环境，出台科技创新政策，鼓励区域企业自主创新。共认定高新技术企业9家，开展“知识产权走进社区”“世界知识产权日”等活动。组织区内企业申报北京市专利试点企业；开展科普活动，营造全区科技氛围。完成二批创新型科普社区验收工作，完成《京西科技》电视节目播放，开展“门头沟大型生态成果系列展览”，新建“门科精品网”通过网络媒介展示了门头沟区农业科技成果。全区专利申请总量114件。其中发明31件，实用新型71件，外观设计为12件。专利授权总量为64件。其中发明24件，实用新型35件，外观设计为5件。

单位名称：北京市门头沟区科学技术委员会

地　　址：北京市门头沟区新桥大街40号

电　　话：69843260

邮　　编：102300

（刘福智）

【举办科技政策培训班】　3月10日，区科委与财政局、国税局和地税局为11家新认定的高新技术企业和20家准备认定高新技术企业就高新技术企业的税收减免政策、相关工作流程进行了专题培训。6月中旬，科委为石龙工业区入区企业举办了科技政策培训班，为企业在以后的发展中用好用足科技优惠政策打基础。

（刘福智）

【日本专家交流讲学】　3月27日至30日，应区科委邀请，日本日中友协会野县分会会员、日本年长者协会樱桃专家小林良次对区内妙峰山、永定和王平镇进行了100多名樱桃从业者技术培训。针对樱桃存在的产量和质量问题，日本专家从理论到实际进行了讲解。

（刘福智）

【开展知识产权宣传】　4月23日，在滨河西区开展“知识产权走进社区”宣传活动。通过设立宣传展板、发放宣传材料、购物袋、现场讲解等形式，为滨河西区近百名居民进行了知识产权知识普及，共发放宣传品500余份。24日，联合区工商局在科委门前开展“知识产权走上街道”活动，为过路群众发放宣传品300余份。向广大市民介绍了知识产权保护的法律法规、知识产权保护的形势特点以及有关专利知识等，增强了公众的知识产权保护意识和对知识产权、专利知识的了解和认识。

（刘福智）

【召开科技奖励大会】 5月13日，在区内召开门头沟区科学技术奖励大会。区领导伊欣欣、刘云广，市科委委员张庆水等出席大会并为获奖代表颁奖。区内各委办局、镇、街道主要领导，高新技术企业以及科技工作者150人参加了会议。翟云峰主持会议。区科委主任在会上宣读了《关于表彰门头沟区科学技术进步奖、科技推广奖的决定》。获奖代表分别做了典型发言。

（刘福智）

【探索国家生态修复基地建设】 5月，根据《门头沟区生态修复技术集成与产业化支撑体系建设》项目（即生态修复二期项目）任务要求，区科委与中国科学院地理科学与资源研究所共同合作，组织专家到王平北岭地区开展调研，完成了《国家生态修复科技综合示范基地总体规划》。

（刘福智）

【领导调研】 6月17日，市科委主任闫傲霜一行就门头沟区科技工作进行调研。围绕生态修复、特色农产品和新能源利用以及农民生活环境改善等情况，先后考察了永定大沙坑、妙峰山石灰矿生态修复试点及妙峰山镇樱桃沟村、妙峰山玫瑰园，并在龙泉宾馆与区领导进行了座谈。座谈中，听取了区科委主任对科技工作进展情况以及以后工作重点的简要汇报，市科委领导肯定了区内近年来在生态修复和科技工作取得的成绩，并就调研情况提出指导性意见和建议。7月2日，市知识产权局王淑贤副局长一行3人到门头沟区调研知识产权工作。参观了区内2家代表性高新企业，听取了科委主任所作的门头沟区知识产权工作汇报，与副区长翟云峰就未来门头沟区知识产权工作如何发展交换了意见，并就尽快建立门头沟区知识产权联席会议，启动针对门头沟区特色农副产品、旅游产品的知识产权保护战略制定，实现市区两级知识产权资源共享、信息共享等达成共识。

（刘福智）

【高新技术企业认定工作】 6月18日，对区内60多家企业以及注册在区内的16家原高新技术企业进行2009年高新技术企业认定启动工作培训，并对重点申报企业进行一对一的认定工作辅导，使符合条件的企业通过认定，帮助基本符合条件的企业尽快达到认定标准。到年底，全区9家企业被认定为北京市高新技术企业。

（刘福智）

【建立葡萄休闲观光园示范】 7月，在斋堂镇高铺村建设葡萄休闲观光园，引进了维多利亚、皇家无核等6个新品种，建设葡萄展示厅展示葡萄种类、葡萄盆景的栽培技术、葡萄种植管理知识等，并进行科普教育。

（刘福智）

【高品质蛋鸡养殖基地建设】 7月，在潭柘寺镇平原村建设高品质蛋鸡养殖基地，引进了元宝鸡、乌鸡、慧阳胡须鸡等13个蛋鸡品种进行饲养示范，同时通过蝇蛆养殖，以蝇蛆为主要饲料来喂鸡，提高鸡蛋的品质。

（刘福智）

【举办研讨会】 12月5日，“门头沟2009生态建设研讨会”在区内召开。市科委、区领导，就门头沟区作为“国家生态修复科技综合示范基地”5年来在生态修复、生态建设方面取得的成绩、经验进行了总结，对门头沟区生态修复、生态建设如何推动生态产业的发展，实现首都建设生态城市的目标进行了探讨。研讨会汇集了中外200余名生态领域专家，会议为政府、学界以及企业搭建了交流、合作的平台。推进了生态修复技术集成与产业化支撑体系建设。

（刘福智）

【科技协调员可持续机制研究】 12月，与中国农业大学合作开展了门头沟区农村科技协调员可持续运行机制研究，运用参与式理论，研究探索农村科技协调员运行机制，培养培训特色产业科技协调员，编写《北京市门头沟区农村科技协调员运行机制及可持续发展研究报告》，为科技协调员制度可持续发展提供规范。

（刘福智）

【组织林业碳汇项目研究】 年内，与北京环境交易所开展合作，并组织相关碳汇专家对区内进行林业碳汇情况调研及项目研究，分析全区开展碳汇项目的可行性，完成可行性报告，该报告对区内开展碳汇项目以及生态投融资具有重要的指导意义。

（刘福智）

【制定农村清洁能源方案】 年内，在对门头沟区农村居民能源需求及节能分析的基础上，制定了门头沟区农村2000户清洁能源入户总体方案和具体实施办法，提出了对沿108、109国道的2251户农户进行住房结构调整、太阳能取暖设备改造的实施方案。

（刘福智）

【出台科技创新政策】 年内，与税务、财政、人事、石龙开发区等单位联合成立高新技术企业认定服务小组，帮扶重点企业。进驻企业调研，根据企业需求设立500万元科技创新专项资金，以资金补助和专利奖励两种形式鼓励企业自主创新。设立门头沟科技创新工作领导小组并出台《门头沟区科技创新专项资金管理办法》和《关于优化服务环境促进科技型企业自主创新的暂行办法》，在机制层面和政策层面确保专项资金落实。完成了《关于加快区域科技创新体系建设的思考》和《门头沟区关于科技创新体系建设的意见》两篇调研报告。

（刘福智）

【实施生态修复项目】 年内，区委组织实施“生态修复专项技术创新”、“生态修复技术集成与应用示范”、“国家生态修复科技示范基地生态基础设施建设研究”“门头沟生态修复产业化能力建设”等课题，组织专家进行调研分析，完成了《西马各庄矿废弃地生态修复示范项目》设计方案等报告，通过项目实施，展示、应用各类生态修复技术，探索了生态修复与产业发展结合的途径。

（刘福智）

【创建科普社区】 年内，建设了王平镇西苑社区和斋堂镇黄岭西村2个创新型科普社区。其中，王平镇西苑社区建立生命主题活动室，利用多媒体活动室开展形式多样的竞赛活动，使老人和孩子们开展互动活动，为人们提供多方面的科学文化知识，增强家庭成员的科学素质。斋堂镇黄岭西村社区建设了生产民俗、生活民俗、化石3个展览馆，建设了科普一条街，其中包括科普画廊和科普标识牌，营造良好的科普氛围。

（刘福智）

【下属事业单位】

单位名称：北京市门头沟区科技开发服务中心
地　　址：北京市门头沟区新桥大街40号
电　　话：69865984
邮　　编：102300

单位名称：北京市门头沟区科技开发实验基地
地　　址：北京市门头沟区体北路15号
电　　话：69804947
邮　　编：102308

单位名称：北京山地生态科技研究所
地　　址：北京市门头沟区清水镇双塘涧村
电　　话：69840480
邮　　编：102311

（刘福智）

·地震工作

【概况】 年内，区地震局借助多种载体，宣传新《防震减灾法》和地震知识，完善科普教育基地建设。通过制定震情跟踪工作计划，严格责任，完成了全年的监测预报和震情跟踪工作任务及全区国庆地震安全保障工作。通过认真执法，严格监督，全年完成辖区内13个重大建设工程项目的烈度审核工作，配合北京市背景场探测工程项目的任务，完成两处强震台址的勘选工作。调整和完善门头沟区地震科普宣传网的内容。立体化建设门头沟区防震减灾助理员队伍。组织学校的应急演练，加强应急救援队和志愿者的建设及培训，完成了《门头沟区应急预案》的修订工作。

单位名称：北京市门头沟区地震局
地　　址：北京市门头沟区新桥大街40号
电　　话：69842450
邮　　编：102300

（李建云）

【科普宣传】 年内，围绕“积极防御地震灾害、构建安全和谐社会”主题，开展了形式多样的宣传活动。3月至5月，在《京西时报》上刊发专栏10期、专版1期。5月7日至20日，各镇街防震减灾助理员通过组织人员走上街头、进入社区，采取悬挂标语、摆放展板、张贴挂图、社区板报、发放宣传手册、接受咨询等方法开展防震减灾宣传活动；组织社区地震观测员、联络员对社区居民播放地震科普宣传光盘；利用镇局域网、安排各村以广播形式向村民宣传防震减灾知识。8日，联合区民政局、大峪办事处在区影剧院广场举办“将预防付诸行动，让安全融于生活”大型宣传活动；5月12日，联合区教委、首师大附中永定分校举办防震减灾知识竞赛暨汶川地震一周年纪念活动；科技活动周期间，在区电视台播放地震科普宣传片《地震揭秘》、《蟾童Ⅱ》、《笨笨狗闯魔城》。30日，组织区家庭代表队参加了市局组织的《2009年北京市防震减灾知识竞赛》。

（李建云）

【“三网一员”建设】 4月28日、29日，组织各镇、街防震减灾助理员、地震志愿者20余人在国家地震紧急救援训练基地开展为期两天的地震应急救援培训，拓展了门头沟区“三网一员”建设水平。

（李建云）

【疏散演习】 5月12日，区地震局、教委、公安分局内保处与大峪中学举行地震疏散演习活动。

（李建云）

【强震台建设】 5月，在清水镇、斋堂镇展开了强震台址的勘选工作。截至12月底门头沟区共有强震台13个，衰减台2个，15个台点均运转正常。

（李建云）

【特色党日】 6月19日，组织全体党员及入党积极分子到爱国主义教育示范基地——狼牙山革命基地，进行爱国主义教育。

（李建云）

【国庆安保工作】 8月31日，召开国庆地震安全保障工作动员会议，明确工作重点和方向。制定《新中国成立60周年门头沟区震情跟踪工作方案》。9月，检查全区所有宏观、微观监测台站，督察保障机制，保证了观测正常、信息畅通，整个戒备阶段加密会商16次，完成了全区国庆地震安全保障工作任务。

（李建云）

【领导调研】 9月25日，市地震局副局长陶裕录一行4人，到区内检查指导国庆地震安全保障工作。区地震局副局长对国庆地震安全保障工作进行了介绍，调研组对门头沟区国庆地震安保工作给予肯定，调研组参观了新建的震动台以及防震减灾科普教育基地。

（李建云）

【科普基地建设】 年内，区防震减灾科普教育基地位于门头沟区公共安全馆内，馆内地震科普展览面积500平方米，包括门头沟区应急避难场所分布图、地震安全教育主题墙、空中翻书电子设备、触摸屏等，以及公共安全多媒体培训教室。区地震局投资21万新建多功能全息地震模拟体验项目。

（李建云）

【重大工程地震烈度复核】 年内，受理建设工程地震烈度复核项目16件，绿色通道审批项目1件，完成率100%，无投诉。

（李建云）

【区内震情】 年内，经观察，辖区内共发生地震3次，最大为3月6日17时35分，东经115.55度，北纬40.01度，发生ML1.6级地震。

（李建云）

·气象工作

【概况】 门头沟区气象局是北京市气象局下属的事业单位，下设门头沟、斋堂、灵山3个气象站。有在职职工13人，离退休职工8人。主要负责区域内的地面气象观测、订正转发天气预报及通过电视台发布门头沟地区的天气预报、气候评价、开展公益、气象执法和有偿气象服务、防雷装置的安全检测与工程设计审核及验收等工作。年内在区委区政府和市局的领导及帮助下，围绕区委区政府和市气象局下达的各项任务指标，进行了认真研究、分解、落实。在全体干部职工共同努力下，使国庆60周年服务保障、精神文明创建、党风廉政建设、气象服务、基础业务建设、政府信息公开和全程办事代理等各项工作协调发展，完成各项任务指标。保持了首都花园式单位、首都文明单位标兵称号，获得献血工作先进单位，内保工作受到集体嘉奖。

单位名称：北京市门头沟区气象局
地　　址：北京市门头沟区体北路11号
电　　话：69804766
邮　　编：102308

（赵爱华）

【召开年终工作总结考评会】 1月12日，召开了2008年工作总结会。会上，各科室负责人总结了2008年工作，对2009年工作形势进行分析了、并提出了奋斗目标。会上，评选出了优秀个人3名、先进个人3名。

（赵爱华）

【市局领导慰问】 1月14日，市气象局局长胡荷带领相关处室领导到区气象局对全局职工、斋堂气象站、离退休老干部进行慰问，送来书籍和慰问品。3月17日，胡荷带队到局内，慰问即将赴西藏工作的干部。

（赵爱华）

【签订党风廉政责任书】 1月15日，党组书记、局长与各科室的科长签订了“领导干部党风廉政建设责任书”，科长与职工签订了“一般干部职工勤政廉洁责任书”。局党支部向全体党员职工做出了承诺并签订了“党支部承诺书”，每名党员与党支部签订了“党员承诺书”，全体在职职工和外聘职工都签订了“职工承诺书”。

（赵爱华）

【区领导调研】 2月9日，区农委副主任到局内进行旱情调研。局长汇报了2008至2009年秋冬季全区的降水、气温情况，区领导非常关注影响区内旱情的气象因素，并对门头沟区种植作物情况作了简要介绍，双方就全区的抗旱工作达成共识。7月3日，区领导李建军到局内调研。察看了观测场周围的环境，巡视了业务会商室。局长汇报了区气象局的人员、经费以及创收渠道、人影基地建设等基本情况，李建军询问了区内学校的避雷检测情况，并就如何改善观测场周围环境的问题，提出了建议。

（赵爱华）

【区政府督查考核】 2月11日，区政府督察考核小组一行5人到局内，对气象局2008年绩效工作情况进行督察考核。局长汇报了门头沟局2008年在奥运服务、文明创建、党风廉政、气象服务、基础业务建设、气象执法、政府信息公开、全程办事代理工作的完成情况以及2009年工作设想，按照考核程序对气象局的工作进行了无记名的评价打分。

（赵爱华）

【开展国际民防日宣传活动】 3月1日是“国际民防日”，在区黑山公园参加了门头沟区“国际民防日”社会宣传活动的启动仪式。此次宣传活动共制作参展了防灾减灾展板9块，发放宣传材料2000余份。

（赵爱华）

【学习实践科学发展观活动】 3月16日，召开了深入学习科学发展观活动动员大会。党组书记、局长做了动员报告，宣读了局内学习科学发展观活动实施方案，确定了开展科学发展观活动“解放思想，科学发展，公共气象，气象为民”这一主题。活动中采取集中学习、专家辅导、个人自学等多种形式，完成了规定的40学时培训任务，确定了2个专题，由局领导牵头，采取深入基层、发放调查问卷、召开座谈会、研讨会等方式进行调研。广泛征求了有关部门、社会监督员、服务用户的意见。共发出调查问卷100份，召开座谈会5个，走访有关单位、服务用户20家。根据收集到的意见、建议进行归纳梳理，整理出存在的问题，形成了专题调研报告。召开了专题民主生活会和党员组织生活会，开展批评与自我批评，听取群众意见，分析检查存在的差距和不足，提出改进思路和措施。研究制定了整改落实方案。群众测评满意度为100%。

（赵爱华）

【开展纪念世界气象日活动】 3月23日，为纪念世界气象日，宣传“天气、气候和我们呼吸的空气”这一主题，区气象局在门头沟区新桥大街进行世界气象日宣传活动。气象局局长带领职工到宣传现场，对过往行人进行了宣传和讲解，此次活动宣挂展板16块、10米长宣传条幅条1条，向群众发放气象灾害防御知识等宣传材料5000余份，京西时报记者到现场进行了专题采访。

（赵爱华）

【气象执法工作】 3月，对区内气象执法依据重新进行梳理，编制《门头沟气象局行政执法法律依据梳理》并报区法制办备案。服务大厅全年接到行政许可19件，其中图纸审核16件、竣工验收2件、放球1件。审批人员严格执法，按规定要求办理。根据群众举报上街执法，发现问题及时解决、纠正。年内，加大开展施放气球、探测环境执法检查力度，消除不安全因素，净化气球施放活动市场。对区内的建筑物、构筑物防雷情况进行摸底，开展防雷安全执法检查。并联合安监局、消防支队等单位联合执法，加强气象行政执法的力度，对建筑物防雷情况注册登记在案。

（赵爱华）

【市气象局领导调研】 4月2日，市局业务处一行4人到局内进行调研，会上，局长介绍了局内的基本业务情况，分析了气象服务、人员配置及素质等方面的问题，并表达了以后的业务工作发展需求。处长就业务工作的发展提出了建议，并介绍了各区（县）局业务发展情况。5月14日，北京市气象局副局长王建捷，带领业务处、计财处、装备中心、信息中心、气候中心的领导及北京市发改委领导到区灵山、妙峰山实地考察测风塔建设情况。在现场，大家对测风塔的垂直度、仪器的安装水平度、数据采集器的安装位置等方面进行了勘查，就数据存储卡的换取方式和换取时人员的安全问题进行了讨论。

（赵爱华）

【天津市气象局到区气象局调研】 4月3日，在北京市气象局局长谢璞、副局长邓北胜陪同下，天津市气象局局长权循刚一行到局内参观调研。区气象局局长介绍了局内的基本情况、台站建设、奥运气象服务情况、公共气象服务情况，并就大家提出的问题进行了解答。座谈会后天津气象局的领导还参观了业务会商室、观测场及办公室。

（赵爱华）

【到帮扶村走访特困户】 5月5日，到对口帮扶贫困村门头口村和东辛房村，对12个特困户进行实地察看和访问，并与村委会领导进行了沟通和交流，制定切实可行的帮扶计划。

（赵爱华）

【区指导小组督查指导工作】 5月15日，门头沟区委学习实践科学发展观活动第八指导小组一行5人，到局内督察指导工作，按着指导小组的要求，区气象局领导班子成员参加了汇报会。局长汇报了第一阶段学习实践活动的具体情况，专题汇报了对口帮扶门头口村和东辛房贫困村的工作进展情况，以及汛前业务准备、自动站、人影基地建设等工作基本情况。

（赵爱华）

【贯彻落实汛期工作会精神】 5月31日，召开局领导班子及全局职工大会，贯彻落实市局防汛工作精神。使全体职工树立防大汛、抗大旱的意识，查找存在问题，尽快解决隐患。成立了以局长为组长，各科室负责人为成员的防汛抗灾领导小组并制定相关措施。

（赵爱华）

【慰问帮扶村村民】 6月3日，局领导一行4人到医院看望了帮扶特困户中一位2007年不幸罹患脑癌的门头口村的村民。局长询问病人的病情及家中状况，安慰病人的家属，并给予3000元慰问金。

（赵爱华）

【召开民主生活会】 6月4日，召开领导班子民主生活会，区第八学习指导组全体成员参加会议，党组书记代表班子发言，对征求的意见建议逐条做了分析、检查，并提出了整改措施，班子成员之间开展了批评自我批评。

（赵爱华）

【开展党员献爱心活动】 6月，在全体党员中开展了“共产党员献爱心”活动，为助老、助学、助困捐款550元。

（赵爱华）

【参观李大钊纪念馆】 “七一”前夕，组织全体党员参观了李大钊纪念馆，党员们听取了讲解员讲述的李大钊的革命英雄事迹，受到教育。

（赵爱华）

【市领导视察工作】 8月13日，北京市政府秘书长安钢一行到门头沟气象局，视察指导国庆60周年气象服务保障工作。会上，各位领导听取了局长关于国庆60周年气象服务保障、人工影响天气等准备工作的汇报，安钢对门头沟气象局所作的工作给予肯定，并提出希望。

（赵爱华）

【国庆60周年气象服务保障工作】 根据首都国庆60周年北京市筹备委员会气象服务组人影作业指令和区政府应急保障工作会的要求，区气象局成立国庆60周年气象服务保障领导小组，召开职工大会及人工消（减）雨应急保障工作有关单位人员工作会，明确了各相关单位领导，责任落实到人。参加市人影办组织的4次人工消（减）雨实战演练作业，共132人次，出动车辆48车次，发射火箭弹36发。9月27日，召开国庆60周年气象服务动员会，会上局长布置国庆期间各项工作，要求业务人员要密切监测天气，值班人员要认真负责做好记录，门卫要做好安全保卫。并对安全保卫、消防设施、交通、网络、通讯等安全工作提出了具体要求和安排。在10月1日天安门举行庆祝活动时，33人参加服务保障工作，发射火箭弹330发，利用人工干预天气手段，成功消减可能造成天安门降雨的云团。

（赵爱华）

【海淀气象局赠送办公设备】 11月4日，海淀区气象局局长带领全体职工到局内开展手拉手文明共建活动，为支持局内实现办公自动化，赠送复印机、彩色打印机、数码照相机各1台。活动中海淀局局长、门头沟局局长签署了《文明对口交流合作协议书》。

（赵爱华）

【培训工作】 年内，共举办培训工作10项，重点对气象防灾减灾、防雷、气象观测基础、固定资产、档案管理、财务、施放气球，避雷工程验收质检等进行培训。

（赵爱华）

【局务公开】 年内，根据区委实行厂务公开工作的意见精神，成立了以局党组书记为组长的领导小组，设立财务公开、政务公开专栏，定期在公开栏内进行了公开。每季度向市气象局上报局务公开报表，内容包括：公开时间、公开内容、公开形式。

（赵爱华）

【编纂台站志工作】 年内，根据中国气象局统一部署，按着北京市气象局编写《北京市基层台站简史》的有关要求，分别编纂了门头沟区气象局和门头沟区斋堂气象站简史。简史从历史沿革、机构人员变动、业务建设、气象服务、精神文明等各个方面简要记叙了了门头沟气象局和斋堂气象站成立以来的发展历程。并于11月在《北京市基层台站简史》一书中出版。

（赵爱华）

【利用移动农网提供气象服务】 年内，利用移动农网向区委、区政府及防汛指挥部成员、森林防火指挥部成员等437个用户发布短期天气预报信息和灾害性天气预警信息206635条，所发送的气象服务信息遍布全区9个镇，171个自然村。

（赵爱华）

【避雷检测工作】 年内，开展了对矿山炸药仓库、油库、液化气站、学校防雷安全设施专项检测和检查。共检测单位约251个，检测建（构）筑物1630个，发出整改意见书35份。

（赵爱华）

【基础业务建设】 年内，配合市气象局气候中心在灵山、妙峰山、黄草梁3个风能源观测塔进行监测、维护。在原有自动站的基础上，增加了5个自动站。经过实地考查、选点，分别在斋堂镇九龙头林场、雁翅镇房梁村、军庄镇东山村建立了3个国家人工影响天气基地。

（赵爱华）

【年度气候评价】 年内，全区气候的主要特点为气温偏高，降水偏少，光照较充足。气温：年平均气温为12.4℃，比历年平均值（12.1℃）略偏高。极端最高气温39.3℃，极端最低气温-14.4℃。气温变化特点为冬季寒冷，春季干热，夏季闷热，秋季阴冷。春季平均气温比历年同季平均气温偏高1.5℃。进入5月后，全市一直受稳定的暖高压脊控制，天气晴好，太阳辐射较强，气温明显偏高。区气象站从5月5日至9日连续5天日平均气温超过了22℃，入夏时间提前到5月上旬，这在历史上比较罕见。夏季气温比历史同期偏高，主要表现为6月至7月，分别出现了日平均气温高于30.0℃的天气。日极端最高气温高于30.0℃的天数达44天，超过35.0℃的天数为9天。秋季前期温度偏高，后期温度急剧下降，季平均气温与常年同期平均气温相比略偏低，9月至10月日平均气温没有低于8.0℃的，11月日平均气温低于5.0℃的天数高达26天，低于0.0℃的天数达11天。冬季气温偏低，12月气温比历年值明显偏低，最低-14.4℃，出现在12月26日。降水：年总降水量为452.9毫米，比历年（601.4毫米）偏少，降水集中在主汛期。降水的季节分配：春季（3月至5月）总降水量比常年偏少，夏季（6月至8月）降水总量325.8毫米较常年（450.6毫米）偏少，秋季（9月至11月）降水量比历年同期偏多，降水集中在11月，总降水量为45.6毫米，受强冷空气和低空偏东风的影响，11月1日出现明显的降雪过程，降水量为22.8毫米，是历史上出现降雪第三早的年份，也是历史同期降水最多的年份。冬季（1月至2月、12月）降水量比常年值明显偏少，1月、12月均无降水。日照：年度日照总量2200.2小时，比常年2346.1小时偏少，春、夏、秋三季日照时数均比常年值偏少，只有冬季，无降水、多晴朗天气，日照时数比常年偏多。气候影响评价：对农业的影响：全区以冬小麦和春玉米及特色水果种植为主。春季前期气温偏高，降水较充足，光照比较充足，对小麦返青及生长有利，春后期，小麦遭受干热风的威胁，山区地块处于等雨播种状态。秋后期出现了明显降水，其降雪量大、积雪深，改善了土壤墒情，对改善深层墒情有一定作用，给小麦提供了十分有利的越冬条件，且对降低森林火险发生率非常有利，降雪还净化了空气，对抑制病菌的滋生也产生了一定作用。对人民生活的影响：春季气温偏高入夏时间提前到5月上旬，使全区旅游业比往年启动偏早。

（张殿芳　赵爱华）

教　　育

【概况】　年内，门头沟教育系统抓住学习实践科学发展观活动契机，不断强化“安全、质量、创新”三个意识，在加强教育规划研究、实施重点工程建设、强化两支队伍培养与建设、深化教育教学改革、创建学习型城市等方面开展了大量工作。

以规划为先导，推进全区教育科学发展。年初，区教委制定了《门头沟区2009年－2013年中小学布局结构调整规划方案》，决定对6所农村村完小实施撤并，使全区教育布局更加科学合理。制定“推进城乡一体化进程”规划，并开展教育人才培养专项调研，找准了制约教育发展的关键瓶颈；确定采取适度规模集中办学和山区学校优秀教师汇集工程的具体措施，为促进全区教育科学发展提供了保障。制定“全面完成初中校建设工程”规划，加大投入力度，完善初中校软硬件建设，促进了初中校建设工程任务的完成；新启动7所小学的规范化建设工程，达到了市政府教育督导实施素质教育检查的目标要求，受到了市督导组赞扬。组织开展新一轮学校三年发展规划制定工作，为提升全区教育整体发展水平做了准备。

以实施重点建设工程为契机，完成保发展保民生任务。投资13462万元，实施名校办分校工程，首师大附中永定分校竣工投入实用，北京实验二小永定分校完成工程基础部分；推进学前教育，完成王平村幼儿园建设工程；为师生营造安全的学习环境，完成11所学校抗震加固任务，累计施工面积59000平方米；改善教师生活条件，对11所农村学校教师集体宿舍进行改造，改造面积2269.3平方米，并新购置大批教师住宿用生活设施。根据《中小学办学条件标准》要求，加强中小学设备采购，为14所中小学配备教学设备价值3063余万元；完成初中校建设工程、小学规范化建设工程设备配置任务。

以实施人才强教为目的，两支队伍建设取得可喜成就。依据干部使用原则，组织了对学校领导班子的测评考察工作，共调整校级干部54人，其中交流干部34人，新选拔任用干部20人。完善了《教育系统后备干部队伍管理意见》，修订了《教育系统中层干部选拔任用工作暂行规定》。组织各层次干部培训班共计7次，培养干部560人次。采取选送中青年干部参加高级研修班、挂职锻炼、中层干部异校交流、到名校考察学习、举办专家讲座、落实青年干部导师制、依托网络开展远程培训等方式，拓宽了干部培训渠道，促进干部成长。

强化教师培养措施，建立了一支德才兼备的教师群体。以开展推荐“百名社会、家长、学生满意的好老师”活动为契机，加大了对优秀教师、优秀教育工作者的表彰力度，年内有12名教师被评为北京市优秀教师，1名校长被评为北京市优秀教育工作者，大台小学刘淑敏被授予全国模范教师荣誉称号。通过组织现代教育技术培训、数学高研班培训、组织第三批高中英语教师境外培训等和创建书香校园等活动，培训教师5800余人次，教师教育教学水平提高。通过组建名师工作室、建立农村中小学教师研修工作站等措施，加强骨干教师的使用与管理，加强对青年教师的指导和培养，促进了青年教师的成长。通过实施义务教育学校绩效工资改革和岗位设置工作，深化人事制度改革，建立优教优酬的薪资分配机制，调动了教师工作积极性。通过制定《关于鼓励城镇教师赴山区学校任教的意见》和《关于鼓励退休优秀教师赴山区学校任教的意见（试行）》，为提高山区教育教学质量积累了经验。首批确定3名退休教师赴斋中支教。

以深化教育改革为契机，素质教育工作取得新成效。通过稳步推进中小学生综合素质评价工作，建立完善了学生培养质量综合保障体系，使“德育为首”的办学理念得到强化，中小学德育工作取得较高成效。通过开展传承奥运教育成果、服务建国60周年活动，深化爱国主义为核心的民族精神教育和改革创新为核心的时代精神教育，使社会主义核心价值体系融入了学生心中。通过加强三结合教育，深化家长教师协会的研究工作，涌现出一大批适合山区学校特点的家长教师协会形式，为全区乃至全市远郊区县山区学校提供了典型经验。通过完善心理健康教育制度，完成心理咨询室建设，开展多种形式的心理咨询活动，使学生的心理健康程度有了提升，为促进学生良好的身心发展奠定了基础。通过以赛代训的形式加强班主任队伍建设，使班主任队伍工作水平不断提高，5 位教师参加全市班主任基本功展示比赛，2 位老师获得一等奖。通过开展国际间合作，促进了国际交流，给师生开启了实地感受外国教育发展的窗口。通过深化教学改革、严格落实课程计划、加强学校常规教学管理、落实各项教学质量监控措施，使学科教学质量有了提升。通过强化四个教育基地作用，开展综合实践活动，推进师生教与学方式的变革，提高了学生的综合实践能力，依据四个基地担负的培训内容编写的地方教材得到了同行的好评。通过组织首届国家学生体质健康标准测试活动，引导学校更加重视学生体质健康，也使《学校体育工作条例》得到了贯彻；区内学生在参加北京市第三届国家学生体质健康标准测试赛中，获小学组第二名，团体总分第七的好成绩。通过开展学校卫生防病工作，组织第五批健康促进学校创建工作，使学校的传染病防控工作取得成绩，有效控制了甲型流感的传播。

以建设学习型城市为目标，服务全区经济社会发展有新突破。健全了门头沟区学习型城市建设工作领导小组，聘请 8 位专家作为区内建设学习型城市特邀顾问，组织了不同层次的讲座，加大了学习型城市建设的宣传力度。开展各类创建学习型组织先进单位评估验收工作，评出 32 个创建学习型学校先进单位，16 个创建学习型机关先进单位，12 个创建学习型社团先进单位，25 个创建学习型社区先进单位及 200 户学习型家庭。整合全区教育、文化、科技、体育等资源，建立了 17 个终身学习服务基地；门头沟区被认定为“北京市创建学习型城市先进区”。加强三教统筹，开展社区教育和农民教育培训工作取得新进展，通过举办市民心理调适教育、市民计算机培训、举办社区教育讲座等形式，培训市民 13 万余人次，提高了社区居民素质，推进了和谐社区建设。举办果树修剪、农家乐旅游、中级中餐烹饪等实用技术培训，共培训农民 600 余人次，增强了农民就业技能，促进了新农村建设。

普通中学：

全区有中学 18 所，开设教学班 259 个，其中初中班 188 个，高中班 71 个。教职工 1504 人，其中专任教师数 1019 人。专任教师中，副高级职务 176 人，中级职务 366 人。市级学科带头人 13 名，市级骨干教师 10 人，市级特级教师 2 人。毕业生 2779 人，其中初中 2073 人，高中 706 人。招生 2821 人，其中初中 1972 人，高中 849 人。在校生 9892 人，其中初中 6139 人，高中 2687 人。寄宿生 2045 人，其中高中 1187 人，初中 858 人。高考录取分数线：文科 290 分，理科 300 分，区内高考录取率 74% 以上。普通教室 435 个，专用教室 153 个、实验室 190 个，图书馆（室）藏书总数 39.46 万册，电子图书 270 册。学校占地面积 364071 平方米，建筑面积 175492 平方米。体育馆面积 2696 平方米，体育场面积 101048 平方米。固定资产总值 27941.03 万元。全年教育经费投入 8617 万元，其中，国家拨款 8325 万元，自筹经费 292 万元。初中入学率 100%，巩固率 98.3%，毕业及格率 96.6%；高中入学率 95%，毕业合格率 98%，应届高考录取率：专科及以上 74%。

小学教育：

年内，全区有小学 42 所。开设教学班 447 个。教职工 1722 人，其中专任教师 1360 人。专任教师中，副高级职务 2 人，中级职务 735 人，市级学科带头人 1 人，市级骨干教师 18 人，市级特级教师人数 1 人。毕业生 2327 人，招生 1562 人。在校生 12051 人，其中寄宿生 358 人。普通教室 534 个、专用教室 146 个，图书馆（室）藏书总数 51.12 万册，电子图书 324 册。学校占地面积 299775 平方米，建筑面积 103303 平方米。体育场面积 94796 平方米。固定资产总值 12454.90 万元。全年教育经费投入 12755 万元，其中国家拨款 12409 万元，自筹 346 万元。小学入学率 100%，巩固率 99%，毕业合格率 98%。

学前教育：

年内，有托幼园 16 所，其中教育部门办园 7 所，其他部门 3 所，民办 6 所。入园班数 171 个，其中教育部门办园 110 个，其他部门办园 26 个，民办 35 个。入园 3089 人，其中教育部门办园 2395 人，其他部门办园 405 人，民办 289 人。在园 5097 人，其中教育部门办园 3361 人，其他部门办园 832 人，民办 904 人。离园 2325 人，其中教育部门办园 1852 人，其他部门办园 259 人，民办 214 人。有教职工 498 人，其中教育系统 189 人，其他部门办园 170 人，民办园 139 人。有专任教师 311 人，其中教育系统 137 人，其他部门办园 94 人，民办 80 人。学前三年教育普及率 89%。占地面积 59101 平方米，其中教育部门办园 19577 平方米，其他部门办园 11383 平方米，民办 28141 平方米。校舍面积 24149 平方米，其中教育部门办园 11392 平方米，其他部门办园 5735 平方米，民办 7022 平方米。教学及辅助用房 18097 平方米，其中教育部门办园 9241 平方米，其他部门办园 4433

平方米，民办4423平方米。行政用房2166平方米，其中教育部门办园1518平方米，企业办园295平方米，民办353平方米。图书室藏书25650册，其中教育部办园10810册，企业办园9000册，民办5840册。

特殊教育：

有工读学校1所，有教学班5个。现有在校生47人，其中住宿生31人。教职工47人，其中专任教师23人。专任教师中，副高级职务教师3人，中级职务教师10人。普通教室6个，专用教师2个，实验室3个。图书室藏书总数0.3万册。学校占地面积1.79万平方米，建筑面积0.52万平方米，体育场4000平方米，固定资产总值521.3万元，全年教育经费投入92万元。

有培智中心校1所，占地面积1440平方米，建筑面积300平方米。固定资产总值160万元，全年经费投入约17万元。教职工10人，全部为专任教师，其中，中级职务9人，初级职称1人。在校学生40人，随班就读64人。普通教室3个，专用教室1个，藏书100册。残疾儿童入学率98%，巩固率90%，结业率80%。

校外教育：

校外教育单位1个，有教职工32人，其中专任教师数16人。

职业教育：

年内，中等职业教育学校数1所；开设专业12个；开设教学班数71个；毕业916人、招生258人，在校生2139人。教职工198人，其中专任教师数128人。专任教师中，副高级职称31人，中级职称65人，初级职称23人，无职称9人；市级骨干教师3人，市特级教师1人。全部职业学校占地面积21679平方米，建筑面积19759平方米。固定资产总值1957万元。全年教育经费投入1479万元，其中国家拨款1269万元，自筹210万元。图书室藏书9900册。

成人教育：

年内，有成教中心学校1所。开设教学班78个。教职工67人，其中专任教师8人。专任教师中，副高级职务1人、中级职务5人。市级骨干教师2人。当年毕业生数706人，其中电大510人，党校60人，奥鹏63人，中专73人。当年招生1218人，其中电大702人，农大网院113人，奥鹏81人，中专322人。现有在校生3207人，其中电大1970人，党校379人，农大网院246人，奥鹏329人，中专283人。有普通教室数19个，专用教室数5个。图书馆（室）藏书总数6800册。学校占地面积5701平方米，建筑面积4910平方米。固定资产总值861万元。全年教育经费投入986万元，其中国家拨款472万元，自筹经费514万元。

其他情况：

小学教师学历合格率100%、初中教师学历合格率100%、高中教师学历合格率100%。中小学市级特级教师人数5人，其中小学特级教师1人、中学特级教师2人，职教特级1人，进修学校特级1人。全区中小学图书馆藏书91.45万册，电子图书594册。校舍总占地面积83486065平方米，总建筑面积48405585平方米。固定资产总值59646万元。全年教育经费投入54986万元，其中国家拨款52874万元，自筹2112万元。

（石明廷）

【拓展幼儿教育方式】　1月1日，区幼儿园举办庆祝新年联欢活动，采取自助餐方式拓展幼儿教育方式。小朋友表演了舞蹈、快板、童话剧等节目，同家长一起举行了亲子游戏，并以自助餐方式进行自我教育。

（石明廷）

【完成学校布局调整等系列工作】

年初，教委制定了学校布局调整计划。9月，完成了布局调整计划，撤销了东马各庄、下苇店、田庄、大村、齐家庄、黄塔等6所村小。完成24个涉及领导变更单位的法人资格变更工作。将永定中心小学更名为北京第二实验小学永定分校。成立门头沟区学生资助管理中心。将义务教育阶段“两免一补”及普通高中助学金等相关工作交接给“门头沟区学生资助管理中心”；有3881人次享受义务教育阶段“两免一补”政策助学补助、伙食补助，共涉及资金209.25万元；全区北京市户籍所有义务教育阶段中小学生全部免除教科书费；1274人享受甲、乙等普通高中助学金，涉及金额193.072万元。根据两委会决定，请示市教委同意，2009年停止三家店铁中高中部招生。

（石明廷）

【召开年会】　1月5日，中等职业学校第五届德育年会召开，会上，对中等职业学校如何适应社会变革，走科学发展与创新之路；如何培养遵守校规校纪；如何树立正确道德观、人生观、价值观，树立诚信为本理念等进行了研讨。7日，门头沟区教育学会首届学术年会在教师进修学校召开。年会为北京市教育学会“智慧教师”征文和“门头沟首届教育学会年会”征文获奖代表、优秀专业委员颁奖，获奖论文教师和优秀专业委员作了经验介绍，市德育中心科研员作了题为《提高家长的参与度构建家校社区协同教育机制》的讲座。教师学会会长做了总结讲话。150名会员代表参加了学术年会。3月3日，育新学校召开第五届德育年会。总结了学校以校训、校本德育教材、设立校长奖学金、进行综合素质评价、家长教师协会等7方面的德育工作，11位教师从自身角度作了德育工作经验交流。全体教职员工分成5组，进行了讨论。德育年会还收集了以全员德育、全程德育为主题的德育案例108份。进修学校、校外办、中教科主管领导及全校教师、家教协会家长代表160余人参加。

（石明廷　孙　媛）

【举办共建活动】　1月8日，清水小学与总后勤部油料研究所官兵举行军民共建活动，官兵们为清水中心小学教师赠送了羊毛被，并为学生捐款2万元。

（石明廷）

【营造书香校园】　1月8日，区教师进修学校举办“书香校园”读书交流活动。活动中教研员以《柏拉图对话集》和讲《孔子的故事》入手，介绍了古希腊圣贤苏格拉底和孔子的思想及其对民族文化的影响；中教研老师向大家推荐了《尘埃》和《狼道》两本书；教育宣传中心老师以《窗边的小豆豆》为例，剖析了现代教育存在的几大问题。10日，北京市“书香校园”读书现场交流会在区教师进修学校召开。会上以纪实影片的形式为与会者汇报了一年来的成绩和存在的问题，几位取得读书优秀论文奖的教师还现场交流了读书体会。北京教育学院人文学院副院长对区内的“书香校园”读书活动给予了评价，为获得“读书活动”示范校颁发了奖牌，为获得优秀论文奖的教师颁发了证书。北京市兄弟区县的领导、教委人事科、区内各中小学的领导共40余人参加了会议。

（石明廷　刘晓晴）

【举办“走进民间艺术感受中国文化”活动】　1月8日，清水中学开展主题为“走进民间艺术，感受中国文化”活动。邀请学生家长、社区居民到校欣赏教师、学生的绘画、书法作品，并指导学生进行了剪纸活动；学校还设计了家长与孩子共同参与的亲子活动，拉近孩子与家长距离。

（王秀玲）

【完成健康卫生工作】　1月9日，保健所完成全区2万余名学生身体监测工作。共化验肝功2746人，对全区校医及卫生教师培训3次，完成全系统计划生育工作，与区红会一同完成全区第三期急救员培训，加强对青少年近视眼防治，检查了健康促进校的申报和验收工作。

（董丽雪）

【举办捐资助学仪式】　1月9日，北京大峪中学召开捐资助学座谈会，北京鸿博集团启动主题为“知家乡、爱建乡、建家乡”捐资助学行动，20名优困学生得到资助。

（石明廷）

【书记高研班进入课题研究阶段】　1月10日开始，区内“十一五”书记高研班正式进入课题研究阶段。北京市知名党建专家对高研班课题——“中小学党支部书记工作专业化问题研究”进行论证，认为该课题研究填补了北京市乃至全国党建理论研究的空白，具有很大学术价值和实践意义；同时对课题研究过程提出建设性意见。区教育党校还召开了课题分组协调会，把学员分为七个分课题组，明确了课题研究的阶段性目标和每位学员的责任。

（周　强）

【进行假期安全教育活动】　1月10日，三家店铁路中学对全校学生进行假期安全教育活动。特邀三家店派出所警官为全体学生做了一次法制安全报告。

（石明廷）

【节前慰问送温暖】　1月12日，春节期间，教委两委领导走进劳模、困难教师、患病教师家中慰问。春节期间两委领导及教委各科室领导共慰问离退休、在职教职工及职工遗属300余人，发放各种慰问金22万余元。

（石明廷）

【专题知识讲座】　1月13日，龙泉雾小学聘请“花露园养殖合作社”主任兼校外辅导员到校为学生举行“走进蝴蝶的世界”专题讲座。为同学们讲解了蝴蝶生长的过程，并出示了蝴蝶各个时期的生长照片。还简要介绍了蝴蝶画制作的步骤和方法。2月27日，市基教中心历史教研员为区内高中历史教师做了题为“新课程下的高中历史教学与高考”的专题讲座。并结合北京市高考独立命题六年来文综历史学科试卷，从覆盖面、综合课程选材、过程、命题思路等几个方面谈了文综历史高考命题的特点，并向大家推荐了最新史学研究著作。3月5日，区教师进修学校请中国传媒大学教授为学校举办了题为《创建学习型学校若干问题的探讨》

的讲座。全校100余名教职工参加了学习。31日，西辛房中学举办学习型学校创建活动讲座，请中国传媒大学教授，为学校全体教职工作了题为《创建学习型学校若干问题的探讨》的专题讲座。28日，东辛房幼儿园党支部举行了主题为《学习科学发展观，讲党性、重品行、做表率》的讲座。观看了中央社会主义学院原副院长做的“党员干部的党性修养与自我完善”的录像，并组织了讨论。4月7日，城子幼儿园组织骨干教师讲座，有两位区级骨干教师分别为全园教师作了主题为“日常的一点一滴促进幼儿的倾听能力”、“开展区域活动促进幼儿发展”的讲座。5月12日，中教研政治组举办高中政治学科答题能力培养讲座，讲座从不同视角，就命题思想及试卷结构和特点等四个方面，对高中政治试卷如何答题进行了分析。大峪中学、首师大附中永定分校、育园、铁中老师代表各校进行发言，教研员进行总结。全区高一和高二政治教师参加。6月12日，教师进修学校举行以维护教师心理健康为主题的讲座，特邀北京师范大学心理学院教授介绍了教师职业倦怠的特点、成因以及预防对策，并针对本校教师实际，进行了互动指导。全体教师、城子社区部分老年人及区保健所教师200余人参加。11月10日，门头沟进修学校为践行科学发展观，邀请中共中央党校教授作了内容为《当前国际形势与我国的对外战略》讲座。12月16日，区小教研举办教学质量监控与评价专题讲座。讲座由市基教研中心老师对质量监控的意义、方法、国内外质量监控的发展等方面进行了讲解。26所学校教学主任和四至六年级语文教师参加了活动。

（殷兰廷　韩　英　石明廷　刘志忠　赵　旭　韩　娟）

【培训工作】 1月14日，龙泉雾小学举办班主任培训班。17日至20日，小教研组织新课程二级培训工作。观看了教学活动录像，学习了学期内各学科课程的教学目标，初步拟定了各学科的教学细节、教学重点、教学思路。人民教育出版社培训部专家还为一年级使用“人教版”教材的教师进行了一级培训，涉及小学11个学科，参训教师1177人，占总人数的98.5%。2月20日，区教委举办基层工会主席培训班，学习了十七届四中全会精神，邀请市教育工会领导和专家作报告，区教育工会领导对2009年工会工作进行了总结，并就《2010年教育工会工作指导意见》进行了解读。2月23日至3月1日，中教研分别在北京大峪中学和教师进修学校举办高中新课改培训，各学科进行了课例观摩，对观摩课的课堂教学设计、教学目标制定、教学方法选择和板书设计等作了研讨，并进行了部分学科的教学设计与展示。2月24日，灵溪生态教育基地校本教材《走进灵溪》编写培训工作启动。教材编写主要由区教科所负责，参加编写的有区内小学和中学教研室相关人员。26日，坡头小学请大峪二小老师到校，对全体教师进行课件制作培训，结合北京市第九届年会参评课件的优点和存在的问题，运用理论和实践相结合的方式，对教师课件制作进行了指导。3月10日，全区语文、历史教师接受信息技术培训，历时五天，内容是《图形图像处理》，全区30名语文、政治及历史教师参加。11日，区教委在区教师进修学校举办幼儿教师培训，内容是《儿童发展研读》课程，进行了学习心得体会交流。12日，区成人教育中心农村教育部老师到潭柘寺镇平原村，对当地果农进行果树冬季修剪培训，培训涉及苹果、大枣、樱桃3种果树，采取实地操作方式进行，针对不同的树形讲解果树修剪的原理，并通过实际操作演示，该村23名果农参加了培训。15日，峪中分校举办区级“十一五”课题《通过应用思维导图提高学习效果》的研究培训，全校13个学科教师参加了思维导图推广应用研究。18日，门头沟区举办第五期“双拥学校”计算机培训活动，区内驻军部队官兵、家属和退役退转军人共77人参加。学校共举办了4期，培训学员294人。90%以上的学员参加全国计算机等级考试，考试合格率达到95%。19日，区中教研举办《初中数学分层测试卡》的使用培训讲座，聘请北京市教育科学研究院基础教育研究中心数学教研室主任，从活动背景、活动过程、结果及分析、思考与建议等方面进行讲解。区内13所学校50余名数学教师参加。27日，区内教师在市教育学院参加了市教育学院组织的“国际理解教育项目”的培训，学员们经过半年的学习培训，对国际理解教育的背景、理念、教材框架、特点、教学方式等内容有了基本了解，为课程实验奠定了研究基础。4月3日，区中教研举办初三语文学科作文培训活动，邀请了北京161中学首席教师、北京市中考语文学科考试评价组成员为全区初三语文教师作了题为“一材多用培养变通能力”的作文讲座，结合中考优秀作文，从“提炼典型感人的材料，具体生动清楚地叙述几件事等方面进行了讲解。5日，东辛房幼儿园举办如何撰写半日活动计划”培训，教学主任作了如何“实施整体教育”、如何“以游戏为基本活动内容”，为幼儿创造良好学习环境的讲座，还对教师的半日活动计划进行了剖析。5日，区教委组织太平鼓舞操集中培训，由区教委体卫科、教育工会牵头，有60余名教师参加太平鼓舞操的集中培训。自下学期开始，教委将在全区中小学推广太平鼓舞操。10日，区培智学校的12位教师到区残联接受为期半天的专业康复训练，培训师由北京市残联康复指导中心的专业人士担任，培训师从肢体器械训练、认知能力训练、孤独症患儿的人际关系干预等方面，进行培训，并在理论和实际操作两方面对手指分离器等康复器械的运用进行了示范。10日，为提高学生课堂作文修改能力，区内开展了作文系列训练的研究活动。特邀全国中语会秘书长针对课堂教学情况，提出了“集中法”、“五步研究法”等教学方法，全区20多名中学语文教师参加了培训。10，师训部在军庄中学举办“系列作文”培训活动，该校教师做了教学研究课《人物的肖像描写》。7月7日至11日，区教委在教师进修学校组织新教师岗前培训活动，为新教师作了《教师的职业活动》《班主任工作》，《教师角色的转变》专题讲座及所任学科的业务培训。12日至16日，教工委在雁翅培训中心举办优秀党员培训活动，培训内容有学习实践科学发展观理论讲座、国际形势报告会、优秀党员事迹交流和研讨等，全系统107名优秀党员参加。20日，教育系统举办2009年新任校长培训班开班仪式，采用“集中学习与自我实践相结合、听取讲座与交流研讨相结合、追踪跟进与专家指导相结合”的方式进行，培训内容有政策解读、案例分析、经验介绍等。8月，教师进修学校举办了多项暑期绿色耕耘培训活动，培训涉及门头沟区中小学的9个项目。9月6日，区教委对教研员进行集中培训，培训内容包含动员报告，举办《落实科学发展观全面提升教研质量》讲座，教研方式的交流，分组对课程设置和中高考质量进行分析，培训总结等，提出了做一个让教育行政、社会、学校满意的教研员的理念。14日至18日，区成人教育中心举办了纵横码汉字输入师资及第二期骨干学员培训班，担任培训的38位在职教师和1位退休教师均为区内中小学教师，培训内容包括2002第三版汉字输入系统、2.0版比赛系统及词语接龙系统的应用及教学；参加骨干培训的84名骨干，来自区内4个办事处和4个镇。25日，教师进修学校举办幼儿教师“Flash动画制作”培训班，共计5天，共有领导和骨干教师28人参加培训，培训重点是掌握Flash的基本功能和使用方法，掌握动画制作、简单交互功能的运用、为动画添加声音及输出和发布动画等。10月16日，区教工委举办教育系统“十一五”团队干部培训班，培训内容有《中共中央国务院关于进一步加强和改进未成年人思想道德建设的若干意见》精神解读等理论培训。12月10日，低年级语文教研员到妙峰山小学听课并与教师们进行研讨，探讨交流的议题是如何提高低年级学生读书写话能力，小教研老师结合自己撰写的《读书写话》地方教材和区内现状，为该校低年级语文教师作了题为“如何提高低年级孩子读写能力”的专题讲座。10日，信息中心在进修学校组织召开全区中小学信息技术与教学整合交流研讨会，会上，王平中学、龙门小学、三家店小学教师进行了说课、反思展示，由北京教育网络和信息中心研究室主任进行了点评，并以“信息技术环境下如何通过说课、反思活动有效促进教师专业成长”为主题，为与会人员进行了专题讲座，全区信息技术教师40人参加了研讨会。12月，区教委举办初中语文教师解读文本能力培训，之前先由指导教师进行文本解读和理解文本的内涵和文体特点的讲座，接着受训教师进行试讲，并在指导教师指导改进后再次进行试讲，20余名参加“绿色耕耘”培训教师参加了培训。

（石明廷）

【举办幼教基本功考核、选拔活动】 1月17日至2月27日，为组织区内幼儿教师参加市幼教处举办的全市幼儿教师基本功展示活动，全区开始举办全区幼儿教师参加的基本功展示、考核、选拔活动。展示内容有情景设计口述、才艺展示、信息技术测试等。在全区选发赛中获得优胜人员，经过强化辅导后，将参加市“基本功展示”活动。

（杨秀英）

【自发参加救火】 2月6日，因一居民燃放烟花，将教委房管所大门前公路旁边的绿化带引燃。房管所领导和职工得知火情后，在没有任何命令情况下，迅速拿起单位灭火器参加了救火行动。

（石明廷）

【与社区居民一起闹元宵】 2月9日，育园小学学生与峪园社区居民一起闹元宵。学生们参加了社区居民的传统元宵节表演。

（石明廷）

【开展创安全校园活动】　2月10日，峪中分校开展创建安全校园活动。新学期开始，峪中分校重申了安全工作的重要性，对全校师生提出了三项安全要求。学校重新调整了教工、学生宿舍，并要求住宿者向学校签订住宿安全责任书，保证责任到人。

（石明廷）

【创新师资队伍建设方式】　2月10日，城子小学用“五抓”促青年教师成长。一抓教师书写。二抓青年教师的评优课。三抓课后反思。四抓编写试卷。五抓专业知识测试。

（石明廷）

【召开人大代表政协委员座谈会】　2月11日，区教委召开教育系统人大代表、政协委员座谈会，教委主任代表两委通报了2008年工作情况并提出2009年工作构想，代表们就教委在服务奥运、德育工作、改善办学条件、校本课程开发等工作展开了讨论。代表和委员们对区教委加强布局调整、加强师资队伍软件建设、推进心理健康教育等方面的工作提出了意见和建议。

（石明廷）

【开展疏散演习活动】　2月14日，龙门小学和西辛房中学分别以“安全伴我行，快乐共成长”和“防灾、避险、自救”为主题，组织全校师生进行了安全疏散演习。

（石明廷）

【开展安全歌谣传唱】　2月15日，三家店小学以“强化安全管理，共建和谐校园”为主题，举办安全歌谣传唱活动。歌谣涉及交通安全、校园安全、食品卫生安全等方面，15名区级文明小使者朗诵了《安全的人生最灿烂》的安全歌谣。学校还将安全歌谣发到每一位学生手中。

（石明廷）

【做好高三教学及高考工作】　2月16日，大峪中学采取措施做好高三教学及高考工作。一是落实《大峪中学教师队伍专业发展与研修方案》，促进教师队伍专业发展。二是落实《教学质量监控与评价办法》，改进教学常规管理，完善教师业务档案。三是深化新课程改革。四是做好教学服务工作。五是推进信息技术与学科教学的整合。六是研究高一招生工作，重点做好宏志生、体育特长生、实验班学生招生工作。6月4日，教委召开会议研究高考工作。决定在大峪中学和育园高中共设43个考场。为保证高考工作顺利进行，一是做好试卷的安全保密工作。二是协调各部门，保障高考各方面工作顺利进行。三是注意考试各环节细节的规范，校准时钟、发布指令和信号等设备。四是切实做好高考期间甲型H1N1流感的防控工作，实行每日报告制度。

（石明廷）

【开展与名校手拉手活动】　2月16日，新桥路中学与北京市名校丰台十二中开展手拉手共建活动。决定两校之间资源共享，并规定了每年开展教学研讨与活动交流的次数，尤其加强初三工作的交流。

（石明廷）

【开展“受挫”教育活动】　2月19日，清水中学组织初一年级学生开展了“假如我失去了双眼……”的感受挫折主题教育活动。活动中，学生蒙上双眼，原地转三圈，找到事先放好的书、文具盒、水瓶，再把它们放进书包，之后谈感想。

（石明廷）

【开展“新教师风采”展示活动】　2月20日至4月28日，区小教研语文学科开展了“新教师风采”展示活动。活动中，进行备课、讲课、研究、修改、校内展示、交流。

（李淑萍）

【举办实验技能与创新大赛】　2月20日，区教委举办“中学化学教师实验技能与创新大赛”总结颁奖大会。对区内参加市级比赛的6名获市一、二等奖和鼓励奖的教师分别颁奖。

（崔学英）

【小学科引领大课改】　2月23日，西辛房中学以小学科引领大课改。语文、数学、物理，音乐、地理等学科进行了课堂改革实践方面研究。

（石明廷）

【举行主题升旗活动】　2月24日，三家店小学少先队举行主题为“红领巾与祖国共成长”的升旗活动。

（石明廷）

【开展考核工作】　2月24日，大峪中学对4名市级学科带头人和骨干教师进行考核。请有关专家和校领导听取述职，由专家对他们的日常教学中的师德、教学方法、科研情况等方面进行考评。4名教师全部得到专家认可。

（孙占勤）

【举行十八岁成人仪式】　2月27

日，大峪中学举办高三年级学生十八岁成人仪式。活动由学生自主策划、组织、实施。100多名学生家长也参加了仪式。

（石明廷）

【举行小志愿者上岗仪式】 2月27日，坡小举办第二批小志愿者上岗仪式，志愿服务岗共设立饮水服务岗、男厕所监督岗、文明礼仪岗、课间楼道文明岗、环保卫士岗5个岗位，共招募小志愿者145名。

（石明廷）

【召开交流研讨会】 2月27日，教工委召开小学校长巴蜀教育考察汇报研讨会。19名赴四川巴蜀进行教育考察的小学校长参加了研讨会。大家汇报了此次考察中对学校管理、校园文化建设、校本课程开发等方面的感受。3月20日，黑山小学和大峪二小与德国环境教育专家进行交流活动，德国考察组参观了黑山小学的雨水收集工程和大峪二小的“节能减排与可持续发展教育”，与师生进行了座谈，还参与了两所学校的“再生资源回收站”的回收活动。21日，区教委校本教研室建设研讨会在大峪一小召开。大峪一小负责人介绍了校本教研室的建设情况，2名教师就校本教研情况作了汇报，展示了四节公开课，北京教科院基教所教授对研讨作了点评。31日，市教院组织市级品德学科带头人及骨干教师工作室30余人，到区进行品德与社会学科教学研讨交流活动，大峪二小、龙门小学教师分别作了《会赞美多好》和《古老的丝绸之路》的观摩课。专家进行点评，肯定了教学特色和探索精神，市级骨干教师工作室成员还为参加交流人员作了专题讲座，区内30名教师参加了活动。3月31日和4月3日，中教研分别在斋堂中学和西辛房举行了初三数学复习研讨活动，斋堂中学、大峪中学分校、西辛房中学的老师分别作了研究课，两校领导和数学教师20人参加了研讨活动。4月10日，教委在大峪二小举办题为“从阅读教学质量监控反思阅读课堂教学的专题研究”专题研讨活动，大峪二小，大峪一小、永定小学、育园小学的老师分别进行发言，《北京教研》编辑部主任进行了点评。5月6日，区教委召开北京市“十一五”规划重点课题“依托PTA探索区域家校协同教育新方式的研究”研讨会，会议了解了各实验校的研究进展、存在的问题，并由有关人员分别对学校24个子课题进行了分析和指导，提出改进措施和建议，31所实验校的课题负责人参加。14日，区内6所实验校课题负责人和部分老师参加了在房山区举办的“小学数学分层测试卡应用研究”课题研究活动，此次研讨会是北京市教育学会和北京师范大学首都基础教育研究院与房山区共同主办的课题研究，大峪二小的老师在研究会上展示了《分数基本性质》一课，受到了与会专家和参会者的好评。会上还颁发了由北京市教育学会和北京师范大学首都基础教育研究院组织的论文评比证书，区课题实验校的2名老师获一等奖。27日，“北京市小学语文习作教学研讨会”在教师进修学校召开，大峪二小、龙门小学、东辛房小学、大峪一小4位教师现场做课。市基教研中心小学语文研究室领导就区级骨干教师“如何说课”这一问题进行了教学讲座，市基教研中心小学语文研究室领导、区内小教科领导及各区县教研员70余人参加。6月3日，工人子弟小学开展英语校本课程研讨活动，研讨活动历时两周，共推出二、三、四、五年级的课各一节，90%的家长也参加了研讨活动。4日，区教委在大峪第二小学举办“节能减排与可持续发展教育”交流研讨会，与会者参观了大峪二校校园，观摩了该校环保课程展示，听取了校长所作的《走节能减排之路，结可持续发展之果》的汇报，两名学生和一个家庭代表分别做了《我监督，我建言》、《废电池发电了》、《节能减排进我家》的发言。联合国教科文组织中国可持续发展教育项目全国工作委员会执行主任、北京可持续发展教育协会会长参加活动，并肯定了大峪二小在节能减排与可持续发展教育方面所做的努力和取得的成效，并提出建议。北京自然之友青少年环境教育部、北京市宋庆龄科技馆等单位的领导和专家，区教委副主任、教师进修学校领导及区内和其它区县实验学校负责人50余人参加了活动。6月12日，区教委举办“初中学校发展现状总结性评价报告撰写”交流研讨会。研讨了初中校建设工程中如何落实内涵发展、人才强教、资源统筹、开放创新等问题的评价方法、教科所有关人员从初中学校发展现状总结性评价报告撰写的数据使用和格式要求、主要任务、体例框架、前言要求等方面进行了培训、区教委有关人员、教师进修学校校长、以及中教科、教科所领导参加了研讨会。16日，区教委在教师进修学校召开“课改背景下中小学促教师发展管理案例研究”项目交流会，项目组交流了该学期对教师专业发展理论和管理举措、效果的学习、研究力度，围绕教师专业化、促教师专业发展的理论与实践成果等方面进行了讲解，区大峪第一小学等5所项目学校的领导分别介绍了教师管理方面的特色做法，教科所负责人为学校的教师管理实践研究提出了意见和建议。18日，东辛房幼儿园开展了肢体语言在教育中的作用的研讨活动，教师们结合工作实际讲述了使用肢体语言在教育中所发挥的作用，诠释了“拥抱”、“微笑”、“拉钩”及“蹲下来”与孩子说话所起到的作用。9月16日，区高三历史教学研讨活动在大峪中学举行，峪中老师介绍了上学期全区参加北京市2009年文综高考历史学科调研会的情况，教研员对2009年区内历史学科高考数据进行了分析，并做了中国古代史单元分析举要，老师们针对2010年高考历史复习思路、复习对策进行了交流和研讨。11日至12日，区高中教学工作研讨会在大峪中学举行。会议共有六个议题：一是北京市原课程中心主任对2010年高考招生考试方案进行了说明；二是征求了区内高中学校对教师进修学校高中教研工作的意见和建议；三是参加总结了2009年高考工作；四是区考试中心解读了2010年高考招生考试方案；五是教委中教科对综合素质评价工作进行全面解读，六是教委副主任对区内高中教学工作作了全面的总结并提出了以后的工作思路。11月27日，西城与区小学品德与生活教学交流活动在工小举办。西城区育翔小学和区内工人子弟小学各一位教师采用“同课异构”的形式共上了一节《做游戏守规则》的观摩课。两区的学科教研员、市学科带头人结合课堂教学情况，进行了点评，西城区教研员还为与会人员作了专题讲座。12月4日，小教英语学科在大台中心举办了大台和永定两校的英语教学展示与交流研讨活动，围绕同课型教学如何提高课堂教学效率展开。16日，2010年高三毕业会考研讨会在教师进修学校举行，会上传达了北京市高三毕业会考说明会的精神，说明了“听并记录”和“阅读与表达”这两个2010年会考新增题型的命题原则、指导思想和答题要求，并就如何指导学生备战新会考，对每个题型提出了复习备考建议，区内全体高三教师参加了研讨会。

（石明廷）

【举办课题答辩暨中期成果汇报会】 2月28日，教委在教师进修学校举办数学骨干教师研修班课题答辩暨中期汇报会。代数组、几何组分别就课题研究情况作了汇报，与会专家给予了较高评价。

（王朝花）

【举行“纸艺”教学成果展】 3月1日，三家店铁中小学部开展教学成果展示活动。优秀折纸作品在学校宣传橱窗中展示，“纸艺”成为本校课程。

（石明廷）

【关爱聋哑学生】 3月3日，圈门小学举办主题为“关爱聋哑学生”的特殊升旗仪式和队会。国旗下讲话的题目是：“倡导文明关爱理念，人人关注残疾人”。并为1名二年级聋哑儿童配戴了红领巾。

（石明廷）

【开展学雷锋日公益劳动】 3月4日，三家店小学开展学雷锋日公益劳动。队员们在公交车站挂起横幅，站起了红领巾文明岗和红十字宣传岗，服务岗的同学们清理了公交车站上的小广告，擦拭了护栏，清扫了车站垃圾。为群众发放了法律、健康、禁毒等宣传材料。

（石明廷）

【强化春季传染病防控工作】 3月5日，城子幼儿园强化春季传染病防控工作。组织全体教职工进行春季疾病防控培训，由保健医讲解了春季常见传染病的相关知识及预防措施，布置了开展防病工作的重点，结合幼儿一日卫生消毒常规，重点做好幼儿入园晨检及全日健康观察工作。培训后进行了考试。

（石明廷）

【学雷锋活动】 3月5日，清水中学召开“向雷锋同志学习”动员会。活动的具体内容是：组织学生到敬老院开展学习雷锋献爱心活动；开展“学雷锋、树新风、乐于助人、诚实守信”征文比赛；各班利用晨会、讲故事、演讲比赛、板报等形式宣传雷锋精神，让学生感到雷锋就在身边。5日，新桥路中学团委召开第十六届学雷锋表彰会。会上对志愿服务工组进行了总结，提出开展志愿服务活动的计划，表彰了13个志愿服务先进集体和80名先进个人。

（石明廷）

【举行“阳光体育活动”启动仪式】 3月6日，区幼儿园举行了“阳光体育活动”启动仪式。园领导宣读了门头沟区有关落实“阳光体育活动”的《通知》和《区幼儿园幼儿阳光体育活动的方案》，成立了“阳光体育活动”领导小组，制订了工作制度、活动内容、目标及要求。

（石明廷）

【举办手工作品展评活动】 3月6日，城幼开展主题为“智慧在指尖巧手育娃娃”手工作品展评活动。

（石明廷）

【指导初三语文研究课】 3月6日，教师进修学校语文教研员指导妙峰山民族学校老师作了两节初三语文研究课。全区14所学校的37位语文教师参加了这次活动。

（石明廷）

【参加全国学术研讨会】 3月7日至13日，门头沟“和谐德育研究与实验”课题指导组，参加在昆明召开的“全国和谐德育思想学术研讨会”，黑山小学校长和坡头小学校长分别在大会上做交流发言，介绍了自己的研究经验。

（石明廷）

【市基教研中心视导】 3月9日至11日，北京市基教研中心14个学科近70名中小学教研员，对区内大峪中学等13所中小学校进行了全面集体视导。通过教学研究课，专题讲座和与教师座谈等方式进行交流研讨，提高课堂教学时效性。

（石明廷）

【成立党员义务服务小组】 3月10日，区幼儿园党支部成立党员义务服务小组，利用业余时间和废旧纸箱子、油桶、饮料罐、包装绳等，为幼儿园阳光体育活动制作了户外体育活动材料200余件。

（崔颖霞）

【通过中央农广校验收】 3月10日，中央农业广播电视学校督学处评估专家组，对门头沟区农广校三年工作进行了评估。评估组分别到军庄镇孟悟村、区成教中心等进行检查评估验收，并提出了建议。区农广校通过验收评估。

（石明廷）

【开展教研活动】 3月11日，大峪中学分校开展教研活动，活动体现了透、准、清、实、广。透：对文本吃得透、对中考说明理解得透、对学生认知水平研究得透；准：找准图表解题方法、抓准学生的理解与作者写作意图、抓准读书与感悟；清：教案规范、板书清楚、思路流畅清晰；实：以学生认识为起点、以学生提高为终结；广：由课内知识的传授到课外知识的延伸，体现了博大的语文观。

（石明廷）

【编写职业教育地方教材】 3月12日，区教委职成教研室召开区级重点课题“门头沟区中等职业教育地方课程的开发与研究”地方教材编写会。会上成立了幼教专业“弹唱教材”编写组，启动了“弹唱教材”的编写工作，制定了编写计划，做了人员分工，研讨了教材编写中的相关问题。

（谢淑敏）

【开展“班级树”认领活动】 3月12日，大台中心小学开展了“班级树”认领挂牌活动。小队员们通过给“班级树”取名，制定保护制度，形成了一种护绿文化。

（闫新丽）

【举行开放教育开学典礼】 3月14日，区电大举行门头沟电大春季开放教育开学典礼，268名新学员参加，电大校长对新学员提出具体要求。

（石明廷）

【举办小学数学研修班】 3月15日，门头沟区小学数学研修班结业，全区10名小学数学教师参加了研修班结业式。

（石明廷）

【开设永定河文化大讲堂】 3月15日，龙泉雾小学和琉璃渠小学共同开展永定河文化大讲堂系列活动。活动中聘请区教师进修学校中教研主任讲了《永定河文化拾零》的讲座。

（石明廷）

【召开初三工作会】 3月16日，新桥路中学召开初三年级学生、家长会，近400名学生及家长参加。学校领导为学生讲解了复习方法和重点。

（石明廷）

【举办读书节】 3月17日，清水小学举办主题为“书香溢校园——做一个有修养的人”的读书节活动。开幕式上发出了“读书——让梦想插上翅膀”的倡议；家长教师协会领导也向家长倡议。在读书节里，还向同学和家长推荐好书，并进行了读书笔记展览、读书体会交流、自制书签比赛展览、手抄报展览等系列活动。

（石明廷）

【举办“启智论坛”】 3月18日，斋堂中学启动教师“启智论坛”。论坛主题为“不要更辛苦，但要更聪明”。学校领导作了题为《我的教育教学工作》的发言。

（石明廷）

【竞选学生会干部】 3月19日，三家店铁路中学召开学生会干部竞选大会，校团委书记宣读了会议程序和演讲者顺序，介绍了竞选和自我演讲与即兴答辩的规则，22位竞选者进行了演讲。

（石明廷）

【举办初三语文中考复习研究课】 3月20日，西辛房中学初三语文教师围绕2009年中考语文“综合性学习”内容，从“筛选、提取、概括”和“写好开场白、结束语，设计语文综合性学习内容”两方面，分别作了两节研究课。为全区初三语文教师综合性学习教学，提供了中考总复习的样例。全区14所学校的37位语文教师参加。

（石明廷）

【参加市教学设计说课比赛】 3月20日，大峪中学老师和坡头中学老师分别参加了在北京教科院举行的2009年北京市历史学科教学设计说课比赛。

（刘志忠）

【开展文明十星评比】 3月20日，西辛房小学开展主题为“我文明，我优秀”文明十星评比活动。“十星”包括个人品德习惯、文化课学习、读书、体育锻炼等方面。学校每月评选一次，进行公示后，在开学典礼和家长会上进行表彰。

（石明廷）

【召开青年教师拜师会】 3月20日，小教研举办小学低年级语文“师带徒”活动。师徒们签订了协议，规定了双方的权利和义务，双方将严格按照协议开展工作。20日，大峪中学召开青年教师拜师会。由教务主任对“师带徒”协议进行了解读，师徒双方在协议书上签字并盖章，学校领导为指导教师颁发聘书。此次拜师协议聘期为三年。9月18日，育园中学召开青年教师拜师会，4位学科资深教师与4位年内聘用的青年教师结成了师徒关系，学校领导向受聘教师颁发了聘书，并要求师徒一要树立终生从教的理念；二要把学生的需求放在首位；三要努力学习，不断提高个人素质。

（石明廷　程淑芬）

【举行环保教育】 3月20日，西辛房小学成立环保小队，并进行环保教育活动。主要工作是利用废弃的纸张，制成小书签，写上自编的环保儿歌和活动口号进行宣传。学校还利用国旗下讲话的机会，推广了此项活动，用实际行动支持环保。

（石明廷）

【学习实践科学发展观活动】 3月20日，区教工委召开深入学习实践科学发展观活动动员大会。动员大会由区教委主任主持，教委纪检书记宣读教工委开展深入学习实践科学发展观活动实施意见，对教委机关、基层各单位学习实践活动进行了全面部署。教工委书记作了教育系统深入学习实践科学发展观活动动员报告，就如何开展活动提出了具体要求。11月10日，区教工委召开第二批学习实践科学发展观集中培训会，培训内容是，党的十七届四中全会文件精神的重大意义、加强和改进新形势下党的建设、如何发展学校特色，观看了反腐倡廉展览，教育系统基层单位的正职领导干部、专职副书记、“十一五”校级领导干部提高研修班学员200余人参会。16日，琉璃渠小学组织“学习实践科学发展观活动”专题报告会。全体教师集中观看了《深入学习实践科学发展观》的光盘讲座。12月8日，琉璃渠小学开展学习科学发展观培训活动，邀请教委学习实践科学发展观活动理论辅导组成员为全体教师进行了主题为《优化教育生态环境促进学校科学发展》的理论培训。

（彭秀芬　石明廷）

【举办第十二届学生艺术节】 3月22日，区教委举办第十二届学生艺术节。艺术节的比赛有声乐、器乐、舞蹈、朗诵等集体和个人项目。共有23所小学的600余名中小学生参加。

（石明廷）

【开展“感恩”系列教育活动】 3月24日，大台中心小学开展“学会感恩”系列教育活动。灰地小学开展了“让感恩伴我成长”系列教育活动；唐家坟小学以召开“感谢我身边的人”演讲会的形式，开展了活动。中心学校还组织学生开展了体验一次父母辛劳、给父母送一个温馨的祝福、制作一张爱心卡片、观看一次体现亲情影片、写一篇歌颂亲情的作文的“五个一”活动，并安排了“知恩于心、感恩于行”的主题班队会。

（贾立勋）

【参加总结、表彰、成果展示会】 3月24日，区内小学部分科学学科教师参加在昌平区召开的“北京版科学教材实验总结、表彰、成果展示会”并在会上受表彰。黑山小学教师做了“鱼的运动”的展示，王平小学、河南街小学等多名科学教师获得了包括教学设计、课堂实录在内的优秀教学成果一、二、三等奖。

（李　静）

【举办班主任基本功展示活动】 3月25日，区教委举办“门头沟中小学班主任基本功展示活动”，展示分为主题演讲、情景问答、魅力展示。每轮展示结束后，评委通过点评，进行指导培训，锻炼综合能力。

（贺兆梅）

【举办幼儿家庭安全知识竞赛】 3月25日，区幼儿园开展了幼儿家庭安全知识竞赛活动，活动通过致家长一封信、班级家长会、职工大会、网上学习等形式，向教师和家长宣传了举办竞赛的意义；并运用板报的形式，给家长出了100道安全知识有奖测试题，评出了各个获奖等级。

（崔颖侠）

【举行读书展示活动】 3月25日，付家台中心小学举行“与家长在一起”读书展示活动，展示了经典文化诵读、诗歌诵读、故事演讲、读书感言、课本剧表演等。

（石明廷）

【组织参观大兴少管所】 3月27日，区教委组织骨干班主任培训班学员43人到大兴少管所进行调研。班主任们观看了反映青少年犯罪心理的宣传片，参观了犯人监区、教学区等场所，观看了少年犯的文艺演出，少管所的领导介绍了教育工作。

（刘　娅）

【举办建设学习型学校报告会】 3月28日，教师进修学校举办建设学习型学校报告会。校长对学校“三年发展规划”做了解读，并阐释了创建学习型学校的意义；中国传媒大学教授做了有关学习型组织创建的报告；职成教研室老师做了对《学习型组织含义的理解》的发言。

（石明廷）

【开展儿童篮球游戏比赛】 3月28日，在黑山小学举行小学儿童篮球游戏比赛，比赛设有“10人定点投篮”、“10人曲线运球接力”、“10人传球接力”3个项目，区内10所小学的19支队伍，200余名运动员参加。

（石明廷）

【开展传统教育活动】 3月29日，西辛房中学组织师生到圈门里天桥浮烈士陵园，举行先烈祭扫活动，校团总支书记介绍了烈士事迹。

（石明廷）

【举行红领巾“文明街”清扫活动】 3月31日，付家台小学组织师生参观“青白口村革命斗争史展馆”后，举行了主题为“踏先烈的足迹，学英雄精神”的红领巾“文明街”清扫活动。

（石明廷）

【开展安全检查】 3月，坡头小学进行安全教育和检查，重点检查部位包括：消防设施、消防通道、用电照明线路，食堂煤气、用水安全、食品卫生等，并与各部门签订安全责任书。学校还在全体师生中进行了增强自护自救知识和技能的安全教育。

（石明廷）

【荣获全国竞赛第一名】 3月，大峪中学高三年级学生在全国青少年航空航天模型锦标赛中，获得第一名。

（石明廷）

【举办爱国主义教育活动】 4月2日，斋堂中学在宛平县八年抗战为国牺牲烈士纪念碑前举办爱国主义教育活动。

（石明廷）

【召开综合素质评价现场会】 4月3日，中教科和教科所在大峪中学联合召开普通高中综合素质评价现场会。大峪中学领导作了题为“与课程建设同步进行，积极推进综合素质评价工作”的专题汇报，班主任、任课教师及学生代表作了典型发言，全区4所高中学校的领导及部分教师参加了会议。

（贺兆梅）

【开展廉政建设检查活动】 4月5日，区幼儿园利用多种形式，开展岗位风险查找、完善廉政建设活动。观看了党风廉政建设学习光盘，学习了《党风廉政建设》第三期《以构建预警防范体系为重点，推进领导干部作风建设》等相关文件；学习后，针对党员干部廉洁自律中存在的问题进行了查找。

（石明廷）

【举办清明诗歌朗诵会】 4月5日，北京大峪中学分校举办清明诗歌朗诵会。中国教育报的记者，区新闻中心通讯员及学校200名师生参加了赛诗会。

（石明廷）

【开展青年志愿服务活动】 4月6日，三家店铁路中学举办志愿服务活动。54名志愿者学生和教师，对校园食堂、教学楼、综合楼楼道的卫生，校园宣传橱窗、接待室的卫生等进行打扫。

（石明廷）

【接待外区县德育干部参观学习】 4月7日，丰台区教委组织中学德育干部到育新学校参观考察家长教师协会建设情况。育新学校校长介绍了校内开展家长教师协会的经验和做法。丰台区的德育干部还参观了学校的校园文化墙。

（朱风海）

【观看纪录片】 4月7日，成教中心党支部组织党员、群众观看了“西藏民主改革50年”的纪录片。

（石明廷）

【创建学习型学校】 4月7日，成教中心召开“创建学习型学校”工作总结会，对“创建”和“迎评”工作进行了布置。中心领导以“学习、认识、提高”为题，对创建学习型城市的意义进行了阐释，使老师们对区内创建工作有了认识。

（石明廷）

【英语口语证书考试报名工作】 4月7日至15日，区成教中心组织了门头沟区北京口语证书考试报名工作。此次报名考生共100人，报考的级别全部为中级。

（石明廷）

【成立业余团校】 4月10日，三家店铁路中学团委召开“三家店铁路中学青年团校成立大会”，80余名积极分子参加了团校的学习。

（石明廷）

【举办中小学生跆拳道比赛】 4月12日，门头沟区中小学生跆拳道比赛在门头沟区体育馆举行，区内17所中小学的63名中小学生，参加了17个公斤级别的比赛。

（石明廷）

【召开班主任工作会】 4月13日，成人教育中心农村教育部召开村级教学班班主任工作会。学习了有关《优秀班主任评选条件》、《关于加强农广校专业课技能训练的实施意见》等教育教学文件，总结了上学期在教育、教学、考务、管理等方面的工作，分析了办学中存在的不足，并强调要加强管理，加强服务意识，为新型农民的培养做出贡献。中心农教部的全体教师、7个镇的16名村级班主任和部分村书记、村委会主任参加了会议。

（石明廷）

【采取措施严防手足口病】 4月14日，东辛房幼儿园采取五项措施严防手足口病。一是加强晨午检。二是严格执行消毒制度。三是积极开展健康教育。四是建立幼儿健康监测记录。五是加强防病知识宣传。

（石明廷）

【进山村为农民进行心理调适】 4月14日，教委职成教研室到龙泉雾村为村民进行心理调适。心理教师以游戏的形式，让村民在运动肢体活动和游戏中体验到健康的身体来自快乐。

（赵 旭）

【举办国家学生体质健康测试赛】 4月18日，区教委首次举办国家学生体质健康测试赛。测试赛项目包括测量身高体重、肺活量、台阶试验；立定跳远、握力（男）、坐位体前屈（女）、正常视力检出率、标准体重检出率等。测试对象为统一从学生学籍档案管理库中随机抽签的注册学生。

（石明廷）

【举办社会大课堂活动】 4月20日，军庄中学组织学生参观电影博物馆，奥林匹克森林公园和奥运场馆，开阔学生视野，增加学生科普知识。

（石明廷）

【组织骨干教师考察活动】 4月20日至25日，区教委组织初中数学骨干教师研修班成员到山东即墨28中和杜郎口中学考察。考察中，教师们认为两所学校的共同点就是“因学生需求而教”，重视对学生的研究，根据学生情况组织教学活动。

（王朝花）

【开办乡镇村级中专班】 4月20日，区农广校在斋堂镇开办2009级旅游管理专业中专班，村级中专班，该班学制两年，惠及东胡林村、黄岭西村的77名农民学员。培训内容涉及旅游地理、客房管理、旅游英语、消费心理学等16门专业课程，教学方式以教师面授、实际操作为主；考核方式为平时成绩与结业成绩相结合。

（石明廷）

【组织读写结合实效性研究】 4月21日，坡头小学与工人子弟小学联合开展了一次中年级语文教学研讨活动。参加活动教师首先观摩坡小、工小的老师各作的一节观摩课，教研员结合这两节研究课，作了题为《再谈读写结合》的教学讲座。

（李淑萍）

【组织深山区学校联合教研活动】 4月22日，小教研在清水中心小学组织联合教研活动，清水小学、斋堂小学、军响小学、付家台小学4所山区学校参加。活动中观摩了4节教学研究课，教研员作了题为《目标现行备课法》的教学讲座。4所学校的领导及高年级语文教师全程参加活动。

（李淑萍）

【组织骨干教师导师团视导活动】 4月22日，区教委组织幼儿教育骨干教师导师团到大台幼儿园视导活动。活动中观摩了该园老师的区域活动、语言活动和班级环境创设活动，并分组进行了交流研讨。

（曹云梅）

【营造科研氛围】 4月22日，北京电大门头沟分校组织教科研培训系列活动，培训的主要内容，一是观看专家网上视频讲座，解决“如何做好科研项目研究的有关问题”。二是承担门头沟区级重点课题的研究任务，提高研究水平。三是就课题研究中的基本步骤，课题背景、界定等问题进行学习，了解课题研究的基本过程。

（石明廷）

【完成市级研究课展示任务】 4月23日，区小学教师在燕山前进二小召开的“北京市小学科学骨干教师工作室教学实践研究活动”中，作了“做中学”中“神奇的电”模块中的“导体和绝缘体”一节展示课，受到了与会的市级骨干教师及专家的好评。

（李 静）

【参加市级班主任培训获奖】 4月24日，区内参赛选手参加在北京教育学院举办的北京市中小学班主任基本功培训与展示活动，活动中新桥路中学、大峪二小老师获得了一等奖。

（贺兆梅）

【举办防震减灾知识竞赛】 4月25日，首师大附中永定分校举办防震减灾知识竞赛，知识竞赛以《中华人民共和国防震减灾法》、防震减灾基本知识与常识、民居工程如何防震减灾等为主要内容，采取三轮淘汰制进行。

（石明廷）

【举办主题教育活动】 4月26日，永定中心小学党支部举办“重温入党誓词，缅怀革命先驱”的主题教育活动。活动中，全体党员参观了“狼牙山五壮士”事迹展，重温了入党誓词，举行了党员承诺仪式。27日，新桥路中学开展纪念五四运动九十周年暨“志愿在行动真情耀新中”主题活动表彰会。同学们向教师志愿者献上了鲜花，校领导向志愿班级代表颁发了志愿者服装，表彰了在志愿服务承诺中表现突出的班级、教师和学生。

（石明廷）

【举办科普教育活动】 4月28日，琉璃渠小学到大兴区北京天普公司和麋鹿苑开展“走进科普的春天”的主题参观活动。参观后，学生们还写日记，记录了参观体会。

（吴凤庆）

【开展素质拓展训练】 4月30日，区教委团委在雁翅培训中心组织优秀教工团员、团队干部、青年教师师德标兵开展素质拓展训练。活动中，教师们进行了破冰、背摔、电网、断桥、攀岩5个项目的拓展训练，共有120余人参加。

（石明廷）

【开展体质健康测试赛】 4月30日，坡头小学开展首届体质健康测试赛，参加测试赛人员随机选定，每班选5名男女生进行测试。并对年级第一名的班级进行表彰和奖励。

（石明廷）

【参加“春蕾杯”作文赛获奖】 4月，区内5086名小学生参加第十届全国青少年“春蕾杯”作文大赛，大峪二小2名学生荣获全国一等奖，大峪一小、大峪二小等学校的21名学生分别获全国二等奖。

（程淑芬）

【筹建心理咨询室】 4月，坡头小学心理咨询室建成并开展心理咨询活动。心理咨询室配备了沙盘，购置了书籍和光盘，设计了心理网站，配备兼职心理教师。

（石明廷）

【开展争做岗位标兵活动】 5月4日，西辛房小学，开展了“争做岗位标兵，享受职业幸福”活动。表彰了“五四青年岗位标兵”和在区级“春蕾杯课堂教学评优”活动中获得优异成绩的教师，校长向青年教师赠送了《做一个幸福的教师》一书。

（陈燕敏）

【举办“校徽校歌”征集创作活动】 5月5日，区教委举办“校徽校歌”征集创作活动，全区中小学美术音乐教师93人参加。

（侯秀丽）

【完成体育中考】 5月7日、8日、15日，区内体育中考工作完成，参加考试考生共计1822名。

（赵德喜）

【举行红十字日宣传活动】 5月8日，区教委保健所全体成员在新桥路中学门前进行红十字日知识宣传活动，并为居民义务测量血压、体重200人次，为行人发放宣传手册200份。

（石明廷）

【开展珍爱生命主题教育】　5月12日，付家台中心结合首个“防灾减灾日”暨纪念5.12地震一周年，开展了珍爱生命主题教育活动，学生们开展了防灾减灾紧急疏散演练活动，校长作了关注自然灾害，珍爱生命的演讲；中高年级学生观看了中央电视台“纪念四川汶川特大地震一周年活动”现场直播。

（杨世勇）

【举办农民计算机培训班】　5月12日，军庄中学举办了军庄地区农民计算机基础知识培训班。培训的主要内容有文字录入、如何查询有关致富信息等。

（石明廷）

【参加市网络教研活动】　5月13日，“北京市德育课程教学实效性研究走进燕山——强化学科专业知识、提高教学能力、增强教学实效”远程网络教研活动在燕山举行。区内设进修学校、潭柘寺中心、大台中心、斋堂中心、军响中心、付家台中心、清水中心7个地点，40余名教师与全市10个互动点进行了互动。教师根据所处地域不同在线进行了听课、听讲座，进行了在线提问、互动交流与研讨。

（艾艳敏）

【举办随班就读研究活动】　5月13日，门头沟区随班就读教研组成立暨第一次教研活动在区培智中心学校举行。全区6所小学5所中学的15位教师以参观“培智中心学校第五届趣味运动会”的形式，走近残障学生群体，感受区内特教事业发展。

（魏宏亮）

【举办儿童作品创作比赛活动】　5月13日，区教委在教师进修学校举办第二届“巧手杯”学前儿童作品创作比赛颁奖活动。全区有9所幼儿园的784名幼儿参赛，共收到作品764幅，其中50幅优秀作品和指导教师受到了表彰。各园幼儿、家长及全体幼儿教师1000余人次参观了展览。

（石明廷）

【举办法制教育】　5月14日，永定中心小学举行法制教育报告会，聘请区司法局相关人员从认识社会、拒绝诱惑、远离危险、预防犯罪4个方面进行讲解。

（石明廷）

【防控甲型HINI流感工作】　5月15日，区教委召开防控甲型HINI流感紧急会议。教委副主任传达了市区疾控中心关于防控甲型HINI流感有关会议和文件精神，布置了教委系统做好防控甲型HINI流感工作，强调要做好寄宿制学校、幼儿园等易感人群聚集区域的防控工作。6月2日，区幼儿园接收区防空H1N1检查小组检查。检查组听取了园长关于本园食品、卫生、消毒等防控措施和有关开展防控甲型H1N1型流感工作的情况汇报，随后详细检查和询问了幼儿园具体落实情况，重点对班级晨午检记录、卫生消毒记录、幼儿洗手、近年来幼儿园是否发生传染病病例等具体情况进行了详细检查。10月15日，区中等职业学校发现甲型HINI流感确诊病例，区教委采取措施紧急应对。

（石明廷）

【开展学生转化方向和工作方法研究】　5月15日，河南街小学针对问题学生的教育问题，开展学生转化方向和工作方法的研究工作。从关注儿童的心理健康，培养孩子健康的人格为出发点，开展了专题讲座和案例研究。

（李　艳）

【总结中考物理一摸情况】　5月15日，中学物理教研组总结物理一摸情况。平均分60.8，优秀率17.2%，良好率32.3%，及格率52%，低分率40%。从平均分来看，2008年是58分，2009年是60.8分。

（王志刚）

【开展学校“星级班”评选活动】

5月15日，首师大附中永定分校开展“星级班”评选活动，星级评比的内容有学习、纪律、体育、卫生、服务意识5项，每个单项都是一个“星级班”的标志。

（石明廷）

【参加残疾儿童运动会】　5月16日，区培智中心组织学生参加了北京市残联组织的残疾儿童趣味运动会。参加9个项目比赛。

（石明廷）

【探讨领导包班制】　5月19日，琉璃渠小学开始“领导包班制”的探讨工作，领导包班制的主要内容是，领导包一个班，及时了解班上学生动态，发现问题及时解决。

（石明廷）

【举办艺术教育开放性教学研究】

5月19日，新桥路中学举办了《中学艺术教育学科的开放性教学研究》课题开题会。课题组负责人宣读了开题报告，对研究背景、目的、意义等方面进行了说明。与会首席专家对课题开题作了鉴定发言，并对研究工作提出了建议。

（石明廷）

【为打工子女补习传统文化课】 5月20日，石门营小学为打工子女补习传统文化课。补习的内容有诵读古诗文、《弟子规》、《三字经》、《论语》等，同时开展了撰写小论文等活动。

（石明廷）

【下校进行科研视导活动】 5月21日，区教科所9名工作人员到城子小学进行科研工作视导。在听取学校领导汇报之后，相关人员与学校领导和担任课题研究的教师进行了交流，帮助学校查找自身不足。

（张萍萍）

【做好中小学布局调整工作】 5月21日，区教委召开会议，决定采取3项措施，做好区内中小学布局调整工作：一是结合采空棚户区改造变化后的人口布局，与区规划分局协商，对城镇地区的中小学布局调整工作制定整体规划方案。二是在中小学布局调整中，坚持小学就近入学、方便群众的原则；中学通过布局调整优化教育资源配置，提高教育教学质量。三是做好中小学布局调整的前期工作，充分与镇政府、街道办协商，通过各种渠道，做好宣传工作，争取群众和家长的支持，保持社会和谐与稳定。

（石明廷）

【参观区污水处理厂】 5月22日，区内部分高中化学教师参观了门头沟区污水处理厂。污水处理厂经理为教师们讲解了污水处理厂的建设发展情况等，处理厂工程师讲解了污水处理厂处理污水的SBR工艺流程。

（石明廷）

【解决教育民生问题】 5月25日，区教委召开会议，决定围绕三个主体解决教育民生问题。一是围绕教师主体，改善农村地区教师生活条件，投入600万元改造付家台中心小学、斋堂中学等11所农村地区中小学教师的集体宿舍。二是围绕学生主体，解决学生安全问题，开展全区中小学校舍抗震加固工程，解决学生在校饮水安全。三是围绕社会主体，改善育人环境，继续加强家长教师协会作用，发挥“中小学生社会大课堂”资源优势，探索学生实践活动方式和社会资源整合共享模式，扩大社会教育资源对学生的教育影响作用。

（石明廷）

【举办幼教骨干教师实践活动】 5月26日，区教委在永定中心小学幼儿园组织了骨干教师观摩实践活动，永定幼儿园老师组织了一节主题为“我喜欢的运动项目”的剪纸研究课。区内部分幼儿园的园长、海淀区教部分幼儿园的领导、教师参加了观摩和研讨活动。

（曹云梅）

【组织教师基本功培训与展示】 5月26日，区教委在教师进修学校举办小学教师基本功培训与展示活动，活动中采取案例分析的方法，对学科教学核心理念等方面的内容进行笔试考核；对书写的规范性进行考察，进行了说客比赛。参加活动的共有10个学科的70余位教师。

（王　鹤）

【参观北京展览馆】 5月28日，圈门小学组织学校四、五年级学生到北京展览馆参观北京市学校艺术教育成果展。

（石明廷）

【举行环境体检日活动】 5月31日，国际绿色和平组织带领芳草地小学的10名同学，到大台中心小学开展手拉手环保教育活动。活动分为三个阶段：首先参观了大台煤矿的全貌，并听取了大台地区煤炭开采和运输情况的讲解；其次在“绿色和平”组织工作人员的指导下，两校学生一起做了煤炭燃烧试验，最后学生将活动感受记录下来并向人类发出了倡议，号召大家保护我们赖以生存的地球。北京电视台、新京报、中新社、互动百科等多家媒体对活动进行了全程跟踪报道。

（石明廷）

【开展好老师评选活动】 5月31日，城子幼儿园开展了“家长满意、幼儿喜爱好老师评选活动”，首先、成立评审委员会，制定了评选方案；第二、依据评选条件和标准向家长宣传，征集意见。第三、组织家长投票，评选出幼儿、家长心中的好教师；第四、根据投票结果对当选人员进行公示，并进行表彰。

（苏文芝）

【开展学习型党支部创建活动】 5月，永定中心小学开展学习型党支部创建活动，活动内容是，首先、确立创建学习型党支部的目标。二是建立健全学习型党支部的学习与发展制度。三是构建学习型党支部的工作格局。

（石明廷）

【开展城乡学校手拉手活动】 5月，大峪二小与光明小学开展手拉手活动，通过组织教师相互听课、共同举办大型的教育教学研讨活动、开展英语学科交流和特级教师引领等措施，促进双方实现合作共赢。

（石明廷）

【开展“一个党员一面旗”征文活动】　5月，新桥路中学开展“一个党员一面旗”征文活动。组织党员学习科学发展观，规划自己的发展模式；启动了学习型学校创建工作，开展了主题为“我是一名共产党员”的征文活动。

（石明廷）

【开展歌咏比赛】　6月1日，三家店铁路中学举办庆祝建国60周年歌咏比赛活动。分别为获得一等奖和二等奖的教师发奖。

（石明廷）

【举办“六一”庆祝活动】　6月1日，龙门小学举行庆祝“六一”儿童节活动，活动内容分为“红歌合唱”和“爱心包裹捐助”两个环节。活动中共募集善款2300元，校内学生还收到了来自合作单位的礼品。琉璃渠小学举行庆祝“六一”活动，同学们表演了自己精心准备的文艺节目，每个班还设立了自己的游艺项目。城子小学举办首届“书写节”暨庆祝六·一儿童节活动，学校为学生购买了《庞中华小学生必备古诗词硬笔楷书字帖》，区内书法协会和市书法教研员参加了活动，与师生同台展示了书写技艺。

（石明廷）

【签订防汛工作责任书】　6月2日，区教委与下属单位签订防汛责任书，要求各单位召开防汛专题工作会议、成立防汛领导小组和抢险队，制定好防汛预案和各项制度，做好物资准备。并在汛期之前，对所辖范围进行一次大检查，发现问题及时处理。6月8日，区教委召开会议，研究部署防汛工作。一是健全防汛组织机构，成立相应的防汛领导小组和抢险队。二是加强防汛安全检查，重点检查学校闲置教室、出租房屋、供电设施等部位，及时排查安全隐患。三是做好防汛物资储备工作。四是加强宣传教育，利用板报、班会等多种形式，对师生进行相关知识教育，使师生掌握应急避险、自救、互救等常识和技能。

（石明廷）

【开展心理健康教育追踪调研】　6月2日，区教科所组织心理健康教师到大峪中学分校和大峪二小开展心理健康教育追踪调查与研讨活动。两所学校领导介绍了校内心理健康教育工作和心理教师工作情况；大峪二小和峪中分校的老师分别上了一节心理健康课。有关人员还参观了学校心理咨询室；查阅了可公开的学校心理健康教育工作资料。参加活动的10名中小学心理教师与两校的心理教师进行了研讨，提出了意见与建议。

（张慧萍）

【举办音乐课展示活动】　6月3日，小教研在育园小学组织音乐学科集体教研展示活动，两位老师做了中低年级唱歌研究课。课后，围绕“音乐”如何突出学生主体地位进行了研讨。

（巩长芬）

【开展享受童年幸福活动】　6月5日，西辛房小学开展让孩子享受童年乐趣与幸福活动，首先组织学生“我与父母找春天”放风筝活动。二是结合环保和勤劳节俭的主题，开展了亲子远足活动。三是组织读书比赛和我与家长同读一本书活动。

（陈燕敏）

【开展法制教育活动】　6月5日，西辛房中学师生与家长共同接受法制教育，内容是“预防未成年人犯罪”。区未成年人管教所宣传科的工作人员从当前未成年人犯罪案例入手，结合未成年人的年龄特点和性格特征，作了讲解。全校师生及家长1000余人参加。

（石明廷）

【召开初中体育课程改革现场会】　6月5日，中教研体育组在首师大附中永定分校召开初中体育课程改革现场会，转发了《北京市教委关于加强中小学体育课程教学意见的通知》。永定分校介绍了学校实施体育课改情况，体卫科长布置了贯彻市教委文件的有关《意见》，教研员对体育课程改革提出了几点建议。分校老师展示了男女生分班教学公开课。全区初中学校教务主任，体育教师参加了此次会议。

（赵德喜）

【举行爱眼日活动】　6月6日，城子幼儿园组织了以“爱护眼睛、保护视力、从小做起”为主题的爱眼日活动。组织幼儿进行以保护眼睛为主题的健康教育课、教授了幼儿学习新的眼保健操、请园保健医利用眼模具生动形象地为幼儿讲解了眼的结构和功能。对全体幼儿进行了视力普查，给家长提出了建议。

（石明廷）

【组织幼儿观看皮影戏】　6月12日，区幼儿园组织幼儿看皮影戏。皮影戏有传统音乐剧《龟与鹤》、《老虎学艺》等剧目。看完后，幼儿们还亲自动手操作了皮影。

（石明廷）

【举办“春蕾杯”备课大赛】 6月12日，区小教研在教师进修学校举办第二届小学青年教师“春蕾杯”基本功（备课）大赛。参赛选手用150分钟的时间进行了一课时的现场备课，由教研员进行现场评判。区小学五年以内（含五年）教龄的112名教师参加了此次大赛。评选出一、二、三等奖。

（赵 薇）

【做好师资补充工作】 6月12日，区教委召开会议研究师资补充工作。一是加大应届毕业生引进力度，按照“凡进必考”的原则招聘毕业生86人，其中大专31人，本科42人，研究生13人。二是做好外地优秀人才引进工作，通过考测，引进外省市地区级以上骨干教师8人。三是继续完成农村支教任务，做好石景山区5名教师和区内25名教师到山区中小学支教的选拔工作。

（石明廷）

【开展安全汇演活动】 6月14日，大台中心小学58名学生和16名老师，参加了木城涧煤矿的安全汇演活动。学生们用精彩的节目，宣传了安全工作的重要性，展现了大台小学师生的良好精神风貌。

（石明廷）

【做好小学毕业统测工作】 6月15日至17日，小学毕业考试举行，共有2334人参加。

（石明廷）

【招聘教研员】 6月15日，教师进修学校开始新一轮的公开招聘教研员工作。成立了以校长为组长的招聘工作领导小组和招聘工作小组，按照面试、综合能力考评、笔试、片段演示、答辩等招聘程序进行，严把教师入进修学校的进门关。

（韩 英）

【举办读书会】 6月16日，大峪中学分校召开了第十二届读书会。各班学生代表演讲读书体会；举办知识答题活动，各班随机选取代表上台答题，检验学生的读书效果。学校语文组为学生布置了读书书目，各班也组织开展了“故事会”、“朗读比赛”、“成语接龙”、“古诗朗诵”等读书兴趣活动，推动了“书香校园”创建工作。

（石明廷）

【调整会考复习策略】 6月16日，为做好政治学科的会考工作，中教研政治学科组开展模拟试题调研工作。政治教研组先后到育园中学、三家店铁路中学、大峪中学就高二政治学科会考模拟试卷的题型进行调研，通过调阅试卷与老师交流，做出了后期复习策略的调整。

（韩 娟）

【调研工作】 6月17日至18日，国务院参事室调研小组一行5人，分别到斋堂中学、斋堂中小学生爱国主义教育基地、清水中心小学和齐家庄小学进行实地考察，就全面素质教育、教育公平、职业教育的社会地位、教育投入、教育工作者对教育体制改革的反应等问题，分别与教委领导、校长、教师和学生代表进行座谈。

（石明廷）

【举办“立志教育学名人展示周”活动】 6月18日，育园小学举行“立志教育学名人展示周”活动。在活动启动仪式上，校领导为9名读书小状元穿上“小状元文化衫”，对30名读书小博士、5个书香班级和在学校举办的名人知识竞赛中获奖同学进行了表彰。全校1300多名师生参加了活动。

（石明廷）

【开展节水护水主题教育活动】 6月18日，龙泉雾小学与北京河湖处联合开展主题为“爱生命之源 现碧水蓝天”的节水护水教育活动。举行了“爱生命之源 现碧水蓝天”节水护水活动启动仪式，成立了“节水护水小志愿队”，向同学提出倡议。参观了孩子们自己亲手绘制的节水护水的手抄报展览，小志愿者们还来到北京母亲河——永定河畔，进行了节水护水的实践活动，捡拾河边的白色垃圾，参观水闸设施。

（石明廷）

【构建绿色、健康、和谐网络环境】 6月18日，区教委举办构建绿色、健康、和谐的网络环境培训。培训的内容是一款保护未成年人健康上网的软件工具如何使用。明确各校要用此软件为区内青少年筑起一道网络“绿色屏障”。

（裴福贞）

【做好中考准备工作】 6月22日，教委研究中考工作。该年度中考于6月24日至26日举行，分别在新桥路中学、育新学校和斋堂中学设3个考点、58个考场1700名考生参加考试。中考首次实行网上阅卷。

（石明廷）

【出台赴山区学校任教意见】 6

月23日，区教委出台鼓励城镇教师赴山区学校任教《意见》，规定教师选拔方式及条件。限定了山区学校范围、工作任务及期限。，规定了考核事项、政策与保障。

（石明廷）

【推进家长教师协会工作】 6月24日，区教委召开会议，推进家长教师协会工作。决定继续深化全区家长教师协会课题项目，“以家长教师协会试点为主要内容的学校社区协作机制项目研究”工作，推进适合山区学校特点的家长教师协会专题研究。

（石明廷）

【追踪初中研修班学员情况】 6月28日，师训部对区内初中数学骨干研修班学员进入课堂情况开展追踪。追踪方式是感受学员在课堂中的变化，观看学员在教学中分析、解答、总结等驾驭课堂情况。

（石明廷）

【开展“安全教育月”活动】 6月28日，城子幼儿园开展“安全教育月”活动，活动中，召开了安全工作会议，对“安全教育月”的意义进行了宣讲；对幼儿食堂进行了清扫，布置了消灭苍蝇、蟑螂、老鼠等害虫的措施；开展了预防孩子走失、交通安全、饮食卫生安全等多种安全教育活动；组织专人对户外活动场地、盥洗室、活动室等地进行检查，给家长发放了《安全教育告之书》。

（苏文芝）

【实施部分校舍抗震加固工程】 6月28日，区内部署暑期部分校舍抗震加固工作启动。一是做好校舍检测工作，聘请专业检测部门对全区26万平方米校舍进行抗震检测，作出鉴定报告、绘制补充图纸。经检测校舍需做抗震加固的面积为15万平方米，其中楼房11.5万平方米，平房3.72万平方米，加固资金约1.1亿。二是制定抗震加固工作方案，成立专门领导小组，制定三年实施计划，并决定2009年完成30%；三是调整学校教学工作。2009年度，投入该项工程资金为3563.28万元，完成抗震加固面积58947.41平方米，涉及学校11所。

（石明廷）

【召开教育系统建党88周年大会】 6月29日，教育系统召开庆祝建党88周年大会，表彰了教育系统优秀党支部、党务工作者和优秀党员。

（石明廷）

【开展庆“七一”活动】 6月30日，城子幼儿园党支部举行了主题为“颂歌献给伟大的党”的文艺演出活动。党员和教师们演出了演唱、三句半、相声、舞蹈、诗朗诵等。老党员还畅谈了工作的体会。

（苏文芝）

【市领导视察】 7月2日，市委常委、教育工委书记赵凤桐到区视察中小学抗震加固和教师集体宿舍改造工作，实地查看了中等职业学校的抗震加固工程和军响中心小学教师集体宿舍改造工程。

（石明廷）

【促进民办教育健康发展】 7月6日，区教委召开会议，总结研究民办教育工作。一是落实区政府对民办学前教育机构的鼓励政策，完成奖励资金的发放和使用监督工作。二是完善民办学校的审批与许可工作，上半年新审批2所民办学校。三是加强对民办教育机构的监管、评估，实施年检认定制度，对存在问题的民办学校给予缓检，限期整改后再予认定，依法规范其办学行为。四是加强对民办学校防火、食品安全及传染病的防控监管，督促其建立安全稳定的长效机制。

（石明廷）

【做好暑假工作】 7月10日，区教委召开会议，研究决定中小学暑期工作。一是做好暑假学校安全工作，重点做好防汛、消防、车辆管理等工作。二是加强不稳定因素排查，慰问困难党员和教职工，确保教育系统稳定。三是积极引导学生参加校外教育机构、社区组织的社会实践、文艺、科普和社区服务活动，提高学生的综合素质，假期向学生开放校内的活动场所。四是做好国庆60周年教育系统承担的群众游行训练工作，做好参训学生的后勤保障、卫生防疫、安全保障、防暑降温工作，确保参训学生安全。五是落实学校责任，继续加强甲型H1N1流感防控的宣传教育和其他各项工作。

（石明廷）

【落实区委十届八次全会精神】 7月14日，区教委召开会议，研究确定下半年工作重点。一、加快推进北京实验二小永定分校等重点工程建设，完成校舍抗震加固、山区教师集体宿舍改造、8所小学规范化设备配备等工作。二、科学规划教育发展结构和布局，推进教育教学改革，提升教育质量，满足群众入学和对优质教育资源的需求；推进学校人事制度改革，实施教师绩效工资改革，提高教师工资待遇。三、加强不稳定因素排查和矛盾化解工作，确保教育系统稳定；做好国庆60周年教育系统承担的群众游行等任务的训练工作，确保参训学生安全；继续加强甲型H1N1流感防控的宣传教育和各项工作。

（石明廷）

【推进“国庆平安行动”】 7月15日，区教委研究推进“国庆平安行动”各项工作。与各学校签订责任书。做好教育系统维稳工作。确保国庆游行训练安全，制定切实可行的安全方案。落实学校责任，继续加强甲型H1N1流感防控的各项工作。加强学生宿舍、职工公寓等重点部位的防火管理。

（石明廷）

【确定与北京八中合作办学意向】 7月16日，斋堂中学与北京八中达成合作办学初步意向。西城区教委主任与北京八中初中部校长听取了关于斋堂中学的介绍，原则上同意两校合作办学，并在教师培训、学校管理等具体方面达成初步合作意向。

（石明廷）

【汇报名师工作室工作】 7月25日，区教委组织名师工作室人员进行工作汇报，8位名师及7位工作室成员代表参加了汇报会。在会上，名师们介绍了一年来培养青年教师的情况，有关领导就加强名师工作室建设工作发表意见。

（石明廷）

【首次中考电子阅卷工作结束】 7月30日，区中考阅卷工作结束。首次实行网上阅卷。

（石明廷）

【加强市区校级骨干教师管理】 8月3日，新桥路中学举办市区校级骨干教师培训班。就如何提高骨干教师的教育教学水平、更好地履行职责等进行了研讨。

（石明廷）

【制作毕业纪念卡】 8月10日，东辛房幼儿园为幼儿制作毕业纪念卡，纪念卡由“班级毕业照、毕业证书、教师寄语、东幼园歌”4部分组成，每个孩子离园时，都会领到毕业卡。

（李红霞）

【成立学生资助管理中心】 8月19日，区教委学生资助管理中心成立暨揭牌和“生源地信用助学贷款”首批签约仪式在区教委举行。区领导李建军出席了揭牌和签约仪式。门头沟支行行长、受助学生家长代表、受助学生代表分别在助学贷款协议上签字，学生代表宣读了自己的决心书。

（石明廷）

【召开校舍安全工程领导小组会】 8月19日，区召开校舍安全工程领导小组会议，宣读了国务院办公厅关于印发中小学校舍安全工程实施方案的《通知》和北京市教委中小学校舍安全工程领导小组办公室关于进一步加强中小学校舍安全工程有关工作的《通知》精神。成立以副区长李建军为组长、教委、建委、发改委等14个委办局领导为组员的校舍安全工程领导小组和校舍安全工程办公室。区工程中心主任通报了全区中小学校舍的安全情况。会议还就如何协调各部门管理和审批制度等问题进行了初步研讨。

（石明廷）

【开展“母亲节”感恩教育活动】 9月5日，永定中心小学开展“母亲节”感恩教育活动，一是向全体学生推荐阅读一篇感人的文章《母爱》，二是向全体学生发出倡议，三是组织一次以《感恩》为主题的征文活动。

（石明廷）

【举行入学开笔仪式】 9月8日，东辛房小学举行入学开笔仪式，仪式的主题是“我六岁，祖国妈妈六十岁”。孩子们在绘有1949年的天安门、2008年奥运火炬祥云的图案上，写下了自己对祖国60岁生日的祝福。全校师生及家长代表560人参加了开笔仪式。

（石明廷）

【举办教师节庆祝活动】 9月10日，河南街小学举办欢庆教师节活动。少先队员通过打腰鼓、表演文艺节目、为教师献玫瑰花等活动，表达了自己对老师的热爱。并利用广播播送了少先队员代表为教师节的献辞。

（石明廷）

【召开庆祝教师节表彰大会】 9月10日，区庆祝教师节表彰大会召开，刘云广在大会上讲话，对全区教育工作提出四点要求。随后，以学习贯彻温总理在北京三十五中学的讲话精神为主题，召开了庆祝教师节座谈会，校长和教师代表分别阐述了自己对温总理讲话精神的理解和体会。伊欣欣对全区教育提出了要求。

（石明廷）

【举行区级体育学科优秀课展示活动】 9月11日，小教研体育组在育园小学举办区级优秀课展示活动。5位老师作了展示。展示先是在校级进行，校级优胜者选入片级，片级优胜参加区级评选。

（韩来成）

【成立春蕾工作室】 9月15日，东辛房小学成立春蕾工作室，举行了青年教师拜师仪式，学校领导为师傅们颁发了聘书。

（石明廷）

【举办读书讲座活动】 9月16日，军庄中心小学举办读书讲座活动。邀请师训部老师到校作了题为《读书，为生命奠基》的讲座。

（刘 琦）

【召开总结会】 9月18日，中教科在教师进修学校召开高中毕业生综合素质评价报告册模拟填写工作总结会。各高中校主管领导分别总结汇报，并就落实过程中的困难、措施、办法及存在问题等进行了讨论和交流。

（贺兆梅）

【举办秋季普通话测试】 9月19日，秋季普通话测试工作在教师进修学校进行。52人参加了测试。

（张由增）

【举办高考数学学科分析会】 9月19日，教师进修学校在大峪中学举办全区2009年高考数学学科分析会。教委中教研数学组汇报了年度内数学学科的高考情况，北京市数学特级教师对区内2009年数学学科高考情况作了点评，认为教师的教学手段和方法到位，并制定了详细的高考复习策略，积累了丰富的复习经验。还对新课标下的高考，提出了看法。区内42位高中数学、教师、怀柔区的2位高中数学教研员参加了分析会。

（赵连福）

【举办演讲我的读书故事活动】 9月20日，教师进修学校举办“教师论坛——演讲我的读书故事”活动中，6位教师演讲了自己的读书故事。

（韩 英）

【推进学案教学】 9月22日，大峪中学举行推进学案教学研讨活动。研讨的“学案教学”内容是课前如何编制学案、学案的内容应该具备什么、学生自主学习的内容及要求、如何保证学习效果等。还对教师引领、统一学案要求、如何对教师进行培训等问题进行了研讨。

（石明廷）

【开展小学教学子课题研究】 9月24日，区教科所举办《小学教学方法创新实验与研究》城子小学子课题开题论证暨培训会。《小学教学方法创新与实验研究》课题为“中国教育学会‘十一五’规划”重点课题，城子小学担任了该课题的两个子课题《提高小学生习作能力的有效教学方式研究》和《在数学课堂教学中培养学生听说读思能力的研究》的研究工作。教科所负责人宣读了子课题立项通知书，城子小学校长宣读了参与实验教师名单，颁发了证书，对两个子课题进行了开题论证。

（尚红燕）

【开展心理健康教育】 9月25日，大峪中学为高一新生举办心理健康教育专场讲座，聘请北京易迈步公司老师分别以“国家兴亡、匹夫有责”，高中生如何赢在起点为题，对高中生的人生进行了设计。

（徐潇潇）

【慰问山区师生】 9月27日，区教委组织教师业余文艺演出队赴斋堂地区慰问师生，演出节目有歌唱、舞蹈、快板、朗诵、小品等。

（石明廷）

【3万师生绣国旗】 9月27日，区教委组织教师及家长代表齐聚大峪二小，共同参加“我为祖国绣国旗”献旗仪式。为庆祝新中国成立60周年，区教委组织3万名师生，用15万米红线，绣出41面国旗。此次活动历时97天，用近2300多个小时。献旗仪式结束后，41面精心装裱的国旗将由全区41所学校保存。

（石明廷）

【举办古诗文诵读展评活动】 9月29日，区教委在教师进修学校举办“诵读经典美文，感受传统文化”古诗文诵读展评活动，区内18所中小学的208名学生表演了28个节目。经过展评，东辛房小学等5所学校选送的6个节目荣获一等奖。

（魏宏亮）

【参加市中小学书画展】 9月，由区内选送的10位美术教师的作品，参加了9月24日至27日在首都图书馆会展中心举办的北京市中小学“国庆60周年书画展”。选送作品中，有油画《春种》、《红色中国结》等，有国画《高山流水》、《和平颂》等，水彩画《岁月留痕》、《梦》。

（石明廷）

【部署成人高考工作】 10月13日，区教委部署成人高考工作。在育园中学、新桥路中学、育新中学设立考点，共计67个考场，有1813名考生参加考试。

（石明廷）

【庆祝少年先锋队建队60周年】 10月13日，是中国少年先锋队建队60周年，全区各小学开展了形式多样的庆祝活动。永定中心小学以“红领巾与祖国同行”为主题，回顾了中国少年先锋队组织走过的光辉历程，对获奖的少先队先进进行了表彰，获奖中队还进行了精彩展示。三家店小学的庆祝活动以“我与祖国共奋进”为主题，为二年级聘请了辅导员，建立了中队；表彰了区级红领巾奖章和优秀辅导员。

（石明廷）

【规范教学授课时间】 10月15日，区教委进一步规范教学授课时间。要求各中小学不得在8：00之前安排集体教育教学活动；小学生在校学习时间不超过6小时，并确保学生每天1小时的体育锻炼时间；中学生在校学习时间不超过8小时，并确保学生每天1小时的体育锻炼时间；科学设置每日课程结构，提高课堂效率，切实做到“减负增效”。

（石明廷）

【召开子课题研究小组会】 10月15日，区教委在教师进修学校召开“中华传统美德教育深化与推广的研究”子课题组会议。暑期参加香港中文大学新亚书院“中华美德教育行动”师资培训班的两位老师汇报了学习收获。之后，对9月29日开展的“诵读经典美文，感受传统文化”美德教育主题展示活动进行了具体研究与安排。子课题负责人还回顾了上学年度开展的“中华美德教育征文”及培训交流活动，并明确了以后的研究重点。

（魏宏亮）

【举办重阳节活动】 10月16日，教师进修学校举办了校内退休教师小型运动会。运动会项目有套圈、飞镖、夹乒乓球、门球等。10月26日，永定中心小学少先队开展了“爱心在重阳浓浓敬老情”重阳节敬老活动。每位同学制作一张贺卡，开展一次“我为爷爷、奶奶（外公、外婆）做一件事”的活动；同时利用晨会或队会的时间进行演讲。

（韩 英）

【招聘学生会干部】 10月20日，新桥路中学举办首届学生会干部招聘会。有100名学生参加初试，经过初试和复试，有17名学生当选。

（石明廷）

【校级干部高研班开课】 10月23日，教育系统“十一五”校级干部高研班开课。市普职成教办公室主任作了题为“校长的教学领导力——中国传统教育思想的启示”的报告。高研班58名学员参加了开课仪式。

（周 强）

【举办学校管理现场会】 10月24日，首师大附中永定分校举办学校管理现场会。永定分校校长作了“勇于实践创新、推动学校发展”的主题报告。各校领导表示要借鉴该校经验，探讨学校有效管理方式，提高学校管理工作。

（连春杨）

【举办初中数学高研班结业典礼】 10月25日，首届初中数学高研班结业典礼在教师进修学校多功能厅举行。北京教育学院党委副书记、区教委主任等相关领导出席结业典礼。教师进修学校副校长做了该班管理工作的总结，北京教育学院有关人员做了培训总结，研修班学员代表做了学习总结，有关专家对高研班给予了肯定。

（张由增）

【举办走京西古道品家乡文化活动】 10月26日，区教师进修学校举办主题为“走京西古道，赏金秋美景，品家乡文化”活动。所走古道为牛角岭古道，参加活动人员经水峪嘴，越牛角岭，穿桥耳涧，进入东西落坡村完全程。

（韩 英）

【举办第27届科技节】 10月27日，大台中心小学举办第27届科技节。科技节的主题是“将课堂实践与科技活动相结合”。在开幕式中，教师代表、获奖学生代表发言，校领导还颁发了航模比赛证书及奖品。科技节中，教师们还探讨了课堂知识如何与科技相结合等问题。

（张金明）

【听取反馈监督评价意见】 10月27日，区教委听取北京市义务教育教学质量监控与评价反馈意见会、暨初中语文教学深化课程改革研讨会在大峪中学分校召开。大峪中学分校语文教师介绍了校本教研特色，讲授了《“诺曼底”号遇难记》和《曹刿论战》两课，北京教科院基教研中心专家课进行了点评。区教委、教师进修学校领导，全市初中语文教研员及教师约350人出席了会议。10月29日，大峪中学举办了推进高中新课程改革，促进学生自主发展的语文选修课与必修课的研讨会。大峪中学教师为全市的300多位同行上了两节研究课。北京教科院基教研中心主任出席了研讨会，认为这两节课为高中语文教学的探索研究，起到了积极的推动作用。

（李玉兰　杜甫权　石明廷）

【“春蕾杯”征文活动成绩揭晓】 10月，参加全国第十届“春蕾杯”征文活动成绩揭晓。在活动中，区初高中共有23270名学生参加，其中大峪中学分校同学荣获一等奖，新桥路中学等校的12人荣获二等奖。11月全国第十一届“春蕾杯”征文活动启动。区内初高中共有2427名学生参加。

（石明廷）

【参加全国信息技术大赛】 11月5日，区内选手参加全国信息技术大赛。在无锡举行的第七届“全国中小学信息技术创新与实践活动”（简称NOC活动）的说课决赛中，大峪二小、三家店小学、王平中学3位教师，在与全国近1000名选手的竞争中，取得一等奖两个，三等奖一个。

（石明廷）

【进行房屋普查】 11月6日，区教委房管所进行屋普查工作。全体工作人员分为三组，对区教委管辖范围内近48万平方米的校舍、住宅及其他建筑物进行普查、检查、测算、绘图、数据登统，制定了2010年修缮计划。

（杜志田）

【举办菊花节开幕式】 11月10日，军庄中心小学举办了主题为“菊花苗苗在成长”的科技节菊花节开幕式。此次开幕式分为“三部分”：一是观看学校栽种菊花的录像；二是分班级轮流观看菊花，并进行了展评；三是各班表演了自编的有关菊花的诗歌和节目。

（石明廷）

【教育科研月开幕】 11月13日，教委教育科研月活动启动仪式在育园小学举行。此届教育科研月为第五届，教委副主任杨玉柱在启动仪式上宣读了《门头沟区关于进一步做好教育科研成果展示交流活动的意见》，并就学校在科研月活动中组织展示活动的内容及形式进行了说明。育园小学校长阐述了学校在“书香校园”读书活动中，通过开设“名人教育”校本课程，开展“立志教育”取得的成绩。与会者观摩了该校一节“名人教育”的课例。会上，表彰了年度内获得市级奖励的教师，总结了上一年度区开展“书香校园”活动。

（张萍萍）

【举办化学教研活动】 11月13日、23日，高中化学教研组开展高三化学总复习系列专题研讨活动。由大峪中学老师围绕化学基本概念、基本理论、化学元素、化合物的分解与合成等问题的复习进行了专题讲座。

（颉俊英）

【大峪中学举办学生英语论坛】 11月15日，大峪中学举办学生英语论坛。共有68名学生参加，经过选拔，18名选手参加决赛。

（石明廷）

【制定学校发展规划】 11月17日，区教委启动学校发展规划制定工作，聘请市教科院基教所专家为校长们作了如何“科学制定和实施学校发展规划”的讲座。专家们对黑山小学和新桥路中学等学校制定的三年发展规划进行了论证。

（石明廷）

【开发校本课程】 11月19日，北京大峪中学分校展示兴趣开发校本课程，有科学素养、艺术素养、体育三大类12门课程。

（石明廷）

【举行学习型家庭研究成果展示会】 11月20日，黑山小学召开学习型家庭研究成果展示活动现场会。展示活动现场会以“依托家长教师协会，建立学习型家庭”课题研究为基础，探讨学习型家庭内涵和建设学习型家庭的途径与做法、以及学校如何开展丰富多彩的创建活动。分为五个会场和五个主题。家教协会代表就习惯养成、亲子读书等相关问题作了专题发言。

（石明廷）

【启动第四批干部导师帮扶工作】 11月20日，区教委启动第四批干部导师帮扶工作。由11位校长对17位新上任的青年校长实施帮扶，时间为期一年。导师代表和青年校长代表分别发言。教工委为导师颁发了聘书，并对干部导师帮扶工作提出了具体要求。

（石明廷）

【开展安全教育活动】 11月23日，琉璃渠小学举办主题为“拥有健康，珍爱生命，联手社区，警民共建”的安全教育活动。学校与居委会及家长代表宣布了共同应对甲型H1N1流感和预防煤气中毒的措施，同学们表演了自己编写的防“甲流”儿歌，居委会向学生发放了防甲流、防煤气小贴士。学校与家长签订了预防煤气中毒责任书，为学生发放了防呼吸道疾病读本。担任学校法制副校长的管片民警给学生和家长作了安全教育讲座。

（彭秀芬）

【举行冬季长跑启动仪式】 11

月24日，新桥路中学举行了“科学锻炼、快乐学习、幸福生活”为主题的冬季长跑启动仪式，学校领导强调了锻炼身体的重要性，向全校教师员工发出倡议，还对师生每天进行体育锻炼的时间进行了具体安排。

（石明廷）

【聘请先进作报告】 11月26日，琉璃渠小学在深入学习科学发展观的活动中，育园高中的老师作报告。

（彭秀芬）

【就调研情况开展下校辅导】 11月28日，小教研老师到大台中心小学，对该校小学语文教学目标等方面存在的问题进行分析、指导，小教研老师还从“如何确立课堂有效目标”方面作了专题讲座。

（赵　薇）

【举办英语论坛】 11月30日，育园中学组织高一、高二年级学生开展了主题为“我自豪我是中国人”的中学生英语论坛比赛。2名同学获得一等奖。

（唐丽华）

【参加中学生作文大赛成绩揭晓】 11月，中国中学生作文大赛成绩揭晓，区内初高中共有1500名学生参加。4名同学荣获一等奖。

（石明廷）

【创建学习型城区先进区】 12月2日，门头沟区创建学习型城区先进区评估验收大会在龙泉宾馆召开，市委副秘书长李福祥等和专家组听取了门头沟区创建工作汇报，区领导伊欣欣、刘云广、陈志强出席会议。门头沟区创建学习型城区先进区通过了评估专家的评估验收。门头沟区创建学习型城区工作主要由区教委承担。

（石明廷）

【开展联片教研活动】 12月2日，小教研在大台小学开展联片教研活动，主题是“如何体现作文的中心思想”。东辛房小学市级骨干教师、琉璃渠小学区级骨干教师分别为2所学校的教学领导和大台中心小学教师作了作文教学示范课，受到教师的好评。小教研老师组织教师们对这两节课进行了研讨，目的是找出自己作文教学中的问题。

（石明廷）

【荣获市教学设计奖】 12月3日，北京市小学品德与生活、品德与社会学科召开2009年教学设计评选总结会，区永定中心小学老师的教学设计《我是北京人》获得市一等奖，大峪二小老师的《中华老字号》、《动脑拼七巧板》和育园小学老师的《绵延不绝五千年》获得市三等奖。

（艾艳敏）

【接受职工建家及教代会工作检查】 12月9日，区教育工会接受了市教育工会第五检查组关于教代会和职工建家工作的检查。检查组听取了新桥路中学、成教中心和育园小学3个单位的工作汇报，检查了3个单位的材料，察看了新桥路中学的职工之家。检查组认为，门头沟区教育工会的工作有思路，有章法，有实效；职工建家和教代会工作计划周密，实施到位，材料齐全，成绩显著；区教工委对教育工会工作非常重视，为工会工作的开展奠定了基础。

（石明廷）

【召开民主生活会】 12月11日，保健所召开学习实践科学发展观专题民主生活会。结合保健所面临的形势和任务，对照检查了在贯彻落实科学发展观、党性修养、作风建设等方面存在的问题，并进行剖析，目的是找准原因，明确以后工作整改方向。

（石明廷）

【举办青春期教育】 12月12日，新桥路中学对初一新生开展青春期教育。主要内容是男、女生分室观看青春期健康教育专题片。

（石明廷）

【中学“春蕾杯”青年教师基本功竞赛】 12月12日，区级“春蕾杯”青年教师教学基本功竞赛在大峪中学分校举行。活动近4个月，先是由各校进行选拔赛，选出的选手再通过训练，参加区级比赛。

（杜甫权）

【开展禁毒教育活动】 12月14日，多所中学开展禁毒教育活动。潭柘寺中学以“珍爱生命、远离毒品，追求美好生活”为主题，通过“远离毒品与健康同行”主题演讲，“珍爱生命、远离毒品、追求美好生活”宣誓，观看学习禁毒知识展板等多种形式对学生进行了禁毒宣传教育。西辛房中学以“珍爱生命、拒绝毒品；阳光生活、健康成长”为主题，学生代表宣读“珍爱生命、拒绝毒品”倡议书、学生签名，观看禁毒展览，学习禁毒知识，观看禁毒宣传片、主题班会等宣传毒品危害，号召大家珍爱生命远离毒品。新桥路中学开展禁毒宣传周活动，学生会成员准备了横幅，宣传板报，并向在校师生和周边社区居民发放宣传资料，宣传毒品的危害，号召大家珍爱生命远离毒品。

（石明廷）

【举办澳门回归十周年教育活动】 12月20日，东辛房小学举办了庆祝澳门回归十周年教育活动。学生们通过画澳门特别行政区的区旗和区徽、观看澳门回归纪录片、文艺表演、举办“澳门知多少”知识问答等活动，了解澳门基本情况。

（石明廷）

【开设低年级家长课堂】 12月21日，龙泉雾小学开设低年级家长课堂。讲解了低年级孩子由于好动、注意力不集中导致的课堂效果不好、作业质量不佳、学习成绩不理想的原因。与家长探讨了“如何提高孩子的注意力”的方法。学校还向家长发放了家教小报。有30名低年级家长参加了活动。

（石明廷）

【开设传统艺术课堂】 12月24日，坡头中学历史教师抓住学生的天性，尝试将历史课堂与京西古幡乐有机结合教育学生的方式，特邀民间艺人——古幡乐团团长和古幡乐的传承人走进课堂，进行现场演奏。学生感受了传统艺术的魅力，理解了“古幡乐”背后蕴含的传统文化价值。

（石明廷）

【完成2010年高考报名确认工作】 12月24日，区教委完成2010年高考报名确认工作。高考报名人数总计1010人，较2009年减少322人，降幅为24.2%。其中统考考生966人（文科398人、理科568人），单考单招考生44人（按考试类型）；高中毕业966人，中专13人、职高31人（按毕业类别）；应届生948人，往届生62人（按考生类别）。

（石明廷）

【举办新年运动会】 12月30日，圈门小学与东辛房办事处、北涧沟社区共同举行主题为“居校互动促和谐”的新年运动会。比赛分为老年组、中年组、青年组、学生组。比赛项目包括托球跑、定点投篮、足球射门、跳绳、踢毽、夹球跑、跳远、60米跑。

（石明廷）

【举办庆新年联谊活动】 12月31日，琉璃渠小学教师及家属欢聚一堂，举办了主题为“我幸福，我快乐”的庆新年联谊活动。教师、家属同台演出了多种形式的文艺节目，还穿插了游艺活动和抽奖活动，整个过程持续2个多小时。

（彭秀芬）

【表彰社会、家长、学生满意好教师】 12月，区教委表彰100名社会、家长、学生满意好教师。号召全区教育系统的广大教职工向他们学习，为全区教育事业发展做出新贡献。

（石明廷）

·首师大附中永定分校

【概况】 2009年，开设教学班30个，有教职工132人，其中专任教师90人。专任教师中，副高级职务24人、中级职务46人。毕业生数164人，招生445人，在校生1102人，其中寄宿生326人。普通教室数34个，专用教室18个，实验室11个。图书馆（室）1个，藏书总数4.5万册。学校占地面积33681平方米、建筑面积27668.5平方米。体育场馆面积12299平方米。固定资产总值2198万元。全年教育经费投入967万元，其中国家拨款967万元。

（张桂兰）

【实施初中校建设工程】 2月，召开会议，总结实施“初中校建设工程”工作。依照自评工作内容和评价体系，对教育教学、队伍建设、后勤保障等进行了自评，总结自身发展优势，对薄弱环节与不足进行分析，制定整改措施。经过3年的努力，“初中建设工程”已完成，学校的办学条件得到了根本改善，办学水平和教育教学质量得到明显提升，学生、家长和社会满意度逐年提高，学校被北京市教工委、教委授予“北京市初中建设工程先进集体”光荣称号。

（齐景林）

【举办勇于实践创新现场会】 4月24日，区教委在首师大附中永定分校召开“勇于实践创新，推动学校发展”现场会，首任校长汇报了学校工作情况，重点对校内聘任制及校内工资改革方案作了介绍。

（张桂兰）

【培训班主任】 4月，学校开展班主任培训工作。为期两个月，培训内容为班级管理、如何做学生思想工作、如何指导学生学习等。全校近40名班主任及年级组长、政教处老师参加。

（于文惠）

【参加首届高中生书画摄影大赛】

6月，学校组织学生参加首届高中生“迎国庆校园大变样”书画摄影征文大赛，国庆节前后作品在学校进行了展示，引起全校师生极大热情，起到鼓舞全校师生奋发向上的作用。

（侯建辉）

【开展国防教育活动】 7月12日至19日，在雁翅中小学生素质教育基地对校初一年级280名学生进行了为期一周的国防教育活动。学生除军事训练外，还聆听了两讲国防教育知识讲座。

（于文惠）

【参加城管志愿者活动】 9月24日，学校和区城管大队永定分队一起开展了“城管志愿者服务活动启动仪式”。学校学生利用休息时间向市民宣传城市管理的有关法律法规；对父母、亲戚、朋友、同学宣传市容环境卫生管理知识；监督学校环境卫生管理工作，对校园内违反环境卫生管理条例的行为进行提醒、劝阻；对校园外的无照经营摊点进行劝导；配合参与城管大队、学校、街道以及社区的环境卫生宣传活动。

（李　师）

【制定学校三年发展规划】 9月，学校制定了《首师大附中永定分校三年发展规划》。规划对学校外部条件及基本情况、学校的现状、学校的优势与劣势进行了分析，确立了新三年的发展思路与目标，制定了分年度、分部门的实施措施。

（齐景林）

【落实名校办分校工程】 9月，首师大附中永定分校校园改扩建工程基本完成，包括高中教学楼、学生宿舍楼、食堂、变配电室、锅炉房、风雨操场等，总建筑面积达10512平方米。全年引进师资共计26人，其中硕士研究生学历9人，具有高级职称8人。

（张桂兰）

【召开学习实践科学发展观活动大会】 10月29日，校党支部召开了全体党员大会，就深入学习实践科学发展观作了动员、部署，提出具体要求。

（高全华）

【举行高一年级学生会成立大会】 11月24日，高一年级学生会成立大会在学校报告厅举行。主持人宣读了学生会章程，学校领导给学生会干部颁发了聘书，学生会干部在主席台上庄严宣誓。新当选的学生会主席代表新一届学生会表示，要全心全意为学生服务。

（骆铁路）

【初三教学工作研讨会】 11月，召开初三教学工作研讨会。研讨会与以往的区别是，修改和调整了研讨会方式，将试卷分析列为研讨重点，“试卷分析会”采取以备课组为主来分析学生成绩。

（杨清龙）

【举办中学生英语论坛】 12月14日，学校开展主题为“首师大附中永定分校中学生英语论坛”活动。演讲内容为学生在参与国庆60周年庆祝活动中的亲身体验、收获和国家改革开放31年来在经济、科技、人文等方面的巨大成就，以及门头沟区60年来的发展和变化等。

（李　师）

【通过绩效工资改革方案】 12月20日，分校开展绩效工资改革工作。此次绩效工作改革，坚持“多劳多得，优绩优酬，向一线教师倾斜”的改革宗旨，经过反复宣讲文件，召开教代会征求意见，召开行政会多次讨论、6次反复修改方案，“首师大附中永定分校绩效工资改革方案”以教代会95%的高票表决率通过。

（张桂兰）

【举办高中课改研讨会】 12月26日，召开了高中新课改研讨会。学校领导分别从高考改革、综合素质评价两方面对与会者进行培训，使全体干部和高中教师领会了文件精神，明确了教育教学目标，制订了下一步工作计划。

（冯　亮）

【举办法律知识大讲堂】 12月28日，为了提高学生法律意识，使学生提高防范不法侵害的警惕性，学校在报告厅聘请本校法制副校长为初三学生讲了一堂法律知识课。主要内容为如何防范不法侵害。初三年级学生和高一年级学生还参观了区司法局和永定镇在校内举办的法律知识展览。

（于文惠）

【举办青年教师发展论坛】 12月29日，学校举办了“首师大附中永定分校青年教师发展论坛”活动。围绕青年教师成长、成才开展了研讨。

（李　师）

·北京第二实验小学永定分校

【概况】 学校开设教学班数68个。教职工数230人，其中专任教师数203人。专任教师中，副高级职务1人，中级职务115人。

当年毕业生数310人，招生数280人，现在校生数1820人。普通教室数70个，专用教室数13个。图书馆（室）藏书总数5.1625万册。学校占地面积33213平方米，建筑面积13073平方米。固定资产总值1357.86万元。全年教育经费投入1597万元，其中，国家拨款1559万元，自筹经费38万元。

（石明廷）

【联合举办英语教学研讨活动】 4月3日，北京教科院课程中心研究员、东城区小教科副科长、史家胡同分校、大兴礼贤中心小学校长及该校部分英语教师到北京实验二小永定分校，参加英语教学试验基地校英语校本课程研讨活动。北京实验二小永定分校栗元庄小学教师作了一节六年级的国家课程英语课。英语教研组组长进行了拼读英语知识和教学方法的解析，校长作了点评。此次基地校和实验校联谊活动，得到实验校领导和老师的认可和好评，并诚邀校内教师到礼贤中心小学送课，指导英语教学工作。

（石明廷）

【为兄弟区县学校送课】 4月17日，北京第二实验小学永定分校英语教师到大兴礼贤中心小学送课。参加此次活动的还有北京教科院课程中心研究员和史家胡同分校校长。由礼贤中心小学英语老师上了一节表音密码与国家课程整合课，北京实验二小永定分校老师执教了一节该课型的示范课。两校校长分别进行了点评。

（石明廷）

【举行奠基仪式】 5月23日，北京实验二小永定分校举行新校址奠基仪式。区领导王智慧、李建军与区教委、发改委等有关领导出席了奠基仪式。该项目是落实市教委“名校办分校”理念的重要建设工程。项目总投资6750万元，占地面积2700万平方米，校舍总建筑面积1992万平方米，建成后办学规模可容纳24个教学班，并集教学、生活与服务为一体。

（石明廷）

【举行拜师仪式】 9月10日，分校幼儿园举行拜师仪式。园长为6位工作经验丰富的骨干、高级教师颁发聘书，师傅代表表达了带徒决心；青年教师发言表示要向师傅虚心学习、自我加压，不断提高专业水平，使自己尽快成长。

（石明廷）

【参加地方课程与校本课程研讨会】 9月18日，学校副校长随教委小教科科长一行4人，参加了北京市地方课程与校本课程交流研讨会。副校长就学校英语学科拓展类校本课程的建设与研究进行了交流发言。

（石明廷）

【举行贯彻《全民健身条例》启动仪式】 9月30日，学校举行了贯彻《全民健身条例》颁布启动仪式。此次启动仪式是北京实验二小永定分校开展学生“阳光体育活动”和学校工会开展“教师健康工程”的汇报展示。学校7个单位的600多名师生以校为单位进行了体育特色展示。

（石明廷）

【举办少先队员风采活动】 9月，举办了以“欢庆祖国60华诞尽展少先队员风采”为主题的教育活动。活动内容有，组织“爱国主义教育征文比赛”、手抄报大赛；“做骄傲的中国人”演讲比赛、讲故事大赛、歌唱祖国红歌会等。

（石明廷）

【邀请教研员进行讲座】 10月21日，学校邀请教研员到校指导并作了以《目标先行备课法》为题的讲座。中年级语文教师和中心校全体语文教师及部分领导40人参加了这次活动。

（石明廷）

【评选校级骨干教师】 11月12日，学校举行校级骨干教师评选考核工作。考核内容是，备课和课件制作、专业理论知识。评委分语文、数学、科任3个大组，通过到课堂听课、观看课件制作演示，评出了校级骨干教师。

（石明廷）

【举办新上岗教师亮相课展示】 12月15日，在中心校举行了“新上岗教师上亮相课”展示活动。

（石明廷）

·培智中心

【概况】 培智中心校舍占地面积约1440平方米，为两排平房，操场与幼儿班合用一个。固定资产总值约160万元，全年经费投入约17万元。作为门头沟区唯一一所培智学校，市教委、区教委、区残联，每年都给予精神与物质奖励。近年，上级拨来的设备价值达80万元，年末新建水房1间，保障了学生饮用水和教师饮用水的洁净安全。现有教职工10人，专任教师10人，其中中级职务9人。普通教室3个，专用教室1个，藏书100册。在校生58人。

（李桂荣）

【进行个体培训】 2月，培智学校针对学生年龄差距大的现实，对不同年龄段的残疾学生进行了个体培训。为使学生在校最大限度地得到训练，在班级授课的基础上开始进行分组康复训练尝试，根据教师的特长和学生实际，共分成5个组对学生进行了个体培训。

（李桂荣）

【举办助残活动】 5月17日，区教委保健所人员到门头沟培智中心，向40名智障儿童表达关爱之情。带来牙膏、牙刷等卫生用品，为残疾孩子讲解了刷牙的必要性和正确使用刷牙的方法。

（王会庆）

【庆祝六一儿童节】 5月31日，召开庆“六一”联欢活动，全体师生及家长共同参与了活动，区残联领导到学校参加了庆祝活动并为孩子们送来慰问金。学校请区文联艺术家协会副秘书长、民间纸艺艺人为校外辅导员。学生们表演了乐器合奏、口技、讲故事、手语及歌舞等节目。

（王会庆）

【人大代表看望残疾孩子】 6月11日，区人大代表及区教委领导到培智中心看望孩子。了解学校概况、教师工作情况、学生学习活动情况等，对学校工作给予指导。

（李桂荣）

【参加诵读活动】 9月29日，培智中心部分学生在教师进修学校参加了由区教科所组织的“诵读经典美文，感受传统文化门头沟区中华美德教育诵读展评活动”，表演了“八荣八耻歌”和“古诗连诵”，在20多所普通中小学校参加展评的活动中获得特别奖。

（王会庆）

·成人教育中心

【概况】 2009年，共开设教学班78个。有教职工67人，其中专任教师8人。专任教师中，副高级职务1人、中级职务5人。市级骨干教师2人。当年毕业生数706人，其中电大510人，党校60人，奥鹏63人，中专73人；当年招生1218人，其中电大702人，农大网院113人，奥鹏81人，中专322人；现有在校生3207人，其中电大1970人，党校379人，农大网院246人，奥鹏329人，中专283人。有普通教室数19个、专用教室数5个。图书馆（室）藏书总数6800册。学校占地面积5701平方米、建筑面积4910平方米。固定资产总值861万元。全年教育经费投入986万元，其中，国家拨款472万元，自筹经费514万元。

【领导调研】 3月6日，区教委主任到成教中心调研，参加了女教师座谈会，慰问了女教职工。

（刘文瑞）

【举行计算机培训班开学典礼】 3月18日，门头沟区第五期“双拥学校”计算机培训班开学典礼在成教中心阶梯教室举行。区民政局、教委、成教中心等领导出席了开学典礼。学员共77人，全部为驻区部队官兵和区退伍人员。

（孙建梅）

【举行英语口语培训开学典礼】 3月27日，门头沟电大在阶梯教室举行门头沟区小学教师英语口语培训第六期开学典礼。区教委及门头沟电大领导参加。

（王振东）

【北京电大领导调研】 4月16日，北京电大党委书记一行3人，到学校进行学习科学发展观调研活动，调研主题为“谋划电大教育事业科学发展，努力办好人民满意的电大教育”。

（刘文瑞）

【进行工作交流】 5月14日，在北京电大督导室副主任陪同下，新疆昌吉电大一行3人到学校进行工作交流。参加交流活动的还有门头沟教委、门头沟电大和新疆昌吉电大相关领导及部分门头沟电大教师。门头沟电大领导向新疆客人介绍了校内情况，客人们参观了电大硬件设施。

（刘文瑞）

【召开创建学习型组织迎评会】 6月1日，在阶梯教室召开创建学习型组织迎评动员会。中心领导及全体教职员工参加。传达“迎评”重要意义，介绍了“迎评”工作的过程及具体时间安排。

（刘文瑞）

【举办奥鹏远程教育揭牌仪式】 9月11日，门头沟电大举办奥鹏远程教育北京广播电视大学门头沟分校示范学习中心揭牌仪式，北京电大门头沟分校校长主持揭牌仪式。门头沟电大奥鹏学习中心分别与区旅游局、区医院、中医院、妇幼保健院签署了人才培养基地和人才实习基地等实训协议。

（刘文瑞）

【召开“深入学习实践科学发展观”动员会】 11月2日，在阶梯教室召开“深入学习实践科学发展观”动员会。成教中心全体党员参加，部分党员积极分子和群众列席了会议，区教委学习实践科学发展观活动指导组第二组到会并发表指导意见。

（刘文瑞）

【接受市学习型城区评估】 12月3日，成教中心作为开放单位，接受了北京市学习型城区评估专家组的考察、评估，专家组对成教中心创建学习型学校工作给予肯定。

（刘文瑞）

【召开党员干部民主生活会】 12月8日，成教中心党支部组织召开了“学习实践科学发展观”党员干部民主生活会。中心领导干部谈了前一阶段学习实践科学发展观活动中广大党员、群众对自己的意见和建议进行了反思，提出了整改措施。

（刘文瑞）

【接受示范性基层电大评估】 12月16日，北京电大专家组一行8人到门头沟电大进行示范性基层电大的评估、考察。专家组在听取中心领导的工作汇报后，对门头沟电大的工作给予肯定，同时对示范性电大验收工作中存在的问题提出了改进意见和建议。

（石明廷）

·大峪二小

【概况】 2009年，学校开设教学班28个。有教职工99人。专任教师84人，其中副高级职务3人，中级职务64人。市级骨干教师5人，市级特级教师1人。当年有毕业生225人，招生208人，现有在校生1200人。有普通教室数28个，专用教室数4个，图书馆（室）藏书总数31.5万册。学校占地面积6941平方米，建筑面积2580.3平方米。固定资产总值872万元。全年教育经费投入643万元，其中国家拨款630万元，自筹经费13万元。

（高海英）

【开展学雷锋主题教育活动】 3月5日，开展了“学习雷锋，从我做起，从小事做起”主题教育活动。少先队员代表在升旗仪式上讲述了他们眼中的雷锋，号召少先队员们学习雷锋的钉子精神、助人为乐的精神，并落实到平时的学习、生活中。大队委员会向全体少先队员倡议：每人回收一件废旧物品，得到资金捐助家庭贫困学生。当天，红领巾站共回收废纸188斤，矿泉水瓶633个，易拉罐449个，奶袋479个。共有29个班级1000多名少先队员参加了此次回收活动。

（宋福燕）

【德国环境教育专家考察】 3月17日，德国环境问题独立研究所资深环境教育专家Meike女士到校考察“节能减排与可持续发展教育”，随行的有中国环境与发展研究所张惠莲。专家们与学校领导、教师、学生分别进行了座谈，到课堂和学生们一起上了一节“可再生能源——风能”的校本课程课，还参与了学校“再生资源回收站”的回收活动。专家们对大峪二小坚持“以学生的发展为本”办学理念，探索“构建绿色生态校园，培养可持续发展新人”的教育模式给予肯定。

（吕雅丽）

【召开教师节表彰会】 9月10日，召开教师节表彰会。15位优秀教师受到表彰。3位教师代表发言，还为30名教师庆祝了教龄。

（赵建华）

【庆祝少先队建队60周年】 10月13日，学校举行庆祝建队60周年大会。少先队员代表们为敬爱的老师献上红领巾，让老师们重温少先队的气息，感受少先队的活力；队员们进校后纷纷向少年先锋岗敬礼，表达对少先队大队旗的敬意。各中队也召开了以少先队光荣历史为主题的中队会，回顾了少先队60年的光荣历程。

（宋福燕）

【依托信息技术提高课堂教学实效性】 10月22日，由大峪二小承办的“北京市小学电化教育专业委员会第十届年会”在晨光饭店召开。全市19个区县的信息中心领导和150余所会员校的230名代表参加会。区领导李建军出席了开幕式并讲话。23日，与会代表和全区各中小学的100余名教师在大峪二小观摩了12节展示课，观看了学校数字化校园门户网站，校长作了“以课题研究和数字化校园建设为依托促进学校信息化工作”的经验介绍。

（赵建华）

【参加北京可持续发展教育国际论坛】 10月22日至24日，第四届北京可持续发展教育国际论坛在北京召开，大峪二小应邀参加，学校德育主任代表学校在分论坛中作了题为“节能减排与节约型学校建设”的发言，向与会的中外代表介绍了学校“走节能减排之路，结可持续发展之果”的可持续发展教育经验。10月31日，大峪二小荣获“全国能源与可持续发展教育优秀学校”。

（吕雅丽）

【召开学习实践科学发展观动员会】 10月30日，召开深入学习实践科学发展观活动动员大会。党支部书记从目标要求、参加范围、方法步骤、工作要求等方面，对大峪二小开展《深入学习实践科学发展观活动实施方案》进行了解读。

（赵建华）

【开展读书漂流活动】 11月，启动了“读书漂流行动”。读书漂流行动，是队员们将自己喜爱的图书交换阅读的行动。

（宋福燕）

【参加全国中小学信息技术决赛】 11月6日至8日，学校教师参加在江苏无锡举办的“第七届全国中小学信息技术创新与实践大赛”决赛，现场说课荣获一等奖。

（赵建华）

·妙峰山民族学校

【概况】 该校中学部开设教学班8个。有教职工45人，其中专任教师32人。专任教师中，中级职务20人。当年毕业生65人，招生62人，现有在校生195人，其中寄宿生30人。有普通教室10个，专用教室7个，实验室2个。图书馆（室）藏书总数3万册。学校占地面积18765.4平方米、建筑面积6748.5平方米。体育场馆面积5610平方米。固定资产总值1428万元。全年教育经费投入952万元，其中国家拨款949万元，自筹经费3万元。

小学部开设教学班20个。有教职工76人。有专任教师50人，其中中级职务23人。当年毕业生64人，招生31人、现有在校生248人，其中寄宿生34人。有普通教室20个、专用教室3个。图书馆（室）藏书3万册。学校占地面积13336平方米，建筑面积4702平方米。体育场馆面积6748平方米。固定资产总值1428万元。全年教育经费投入70万元，其中国家拨款70万元。

（杜春勇）

【开展心理健康教育工作】 2月开始，学校开始心理健康教育。帮助学生获取心理健康初步知识；加强学生心理辅导，帮助学生克服心理障碍。进行10次团体辅导，20多次心理咨询活动。投入上万元购买了心理辅导器材、电脑、软件等相关设备。创办心理健康小报，进行专题培训。

（李维东）

【成立村级家长教师协会】 3月19日，在担礼村召开村级家长教师协会第一次会议。进行家教活动培训，选出村级家教协会负责人，商量了学生存在问题的解决方法，进行了家访。

（杜海宇）

【加强地方课程建设】 3月，学校聘请专家，引领学校地方课程建设工作。教研员对校内低年级语文教师进行了说话写话课程的培训。培训内容就如何把握说话写话教材、怎么确定说话写话课的教学目标，如何进行说话写话课的教学设计等。

（赵俊军）

【校本课程开发】 5月，学校校本课程开发和建设从实际出发，分析地区的资源优势和学生、家长的实际需求，本着“构建学校特色课程，促进学生多元发展”的宗旨，在教师自主申报、学校审批基础上，相继开发了“走进妙峰山”、“民族教育（特别是满族文化传承）”、“踢毽子”、“书法艺术”等校本课程。

（赵俊军）

【开设心理健康教育课堂】 6月13日，门头沟心理健康教育现场会在妙峰山民族学校召开，市、区心理专家以及全区心理教师100余人参与活动。

（杜海宇）

【举办教学质量分析会】 9月，学校以教研组为单位，学习《门头沟区关于建立和加强教学情况分析的指导意见》。10月，组织了中考科目的月考，各任课教师分别从“教学任务、教学内容、教学方法、学生情况、特殊学生的个案情况”等5方面进行了分析，以教研组为单位，召开了“月考质量分析交流会”。

（王建亮）

【举办主题班会评选活动】 9月，举办了主题为“增强自我防护意识，养成良好个人卫生习惯”的班会并进行了评比。使学生们对“甲型H1N1流感”的防控知识有了深入的了解。

（李维东）

【开展学习实践科学发展观活动】 10月，学校开展学习科学发展观活动。开展了2次理论辅导，组织了100多人的问卷调查，观看了科学发展观教育专题片，召开了党支部和学校行政人员的民主生活会，针对反馈问题制定了整改方案，根据具体问题，明确了责任人和时限进行整改。

（孙宏军）

【加强校园建设】　11月，校长带领后勤组3人，利用双休日，同施工人员加班加点，开展校园建设。投资31410元对操场存在安全隐患的围栏下部及教学楼楼梯扶手进行了更新，更换围栏54块，面积310平方米。投资78400元，更换了楼梯扶手160延米，操场领操台上方安装了14平方米的电子显示屏。

（刘连金）

【开展板书设计评比活动】　12月25，学校开展了板书设计评比活动。全校14个学科31位教师参加。

（王建亮）

【实施学校绩效工资方案】　12月，义务教育学校实施绩效工资，校长组织班子成员学习上级文件精神及有关要求，制定了《绩效工资分配实施方案》。学校征求教职工意见48条，组织教师座谈2次，召开学校领导班子会议5次，进行讨论研究。经教职工代表大会表决，应到代表41名，到会38人，36人赞成。

（陈金义）

·门头沟区幼儿园

【概况】　门头沟区幼儿园始建于1989年6月1日，隶属门头沟区教委。共开设教学班12个，其中大班2个，中班4个，小班6个。还有特教班1个，亲子班9个。现有教职工62人。其中专任教师50人。专任教师中，中级职称27人，初级职称24人。区级骨干教师5人。年内毕业幼儿160人，新招幼儿130人，现在园人数356人。设有幼儿活动室12间，睡眠室12间，每班配有教师计算机、实物投影仪、电视、DVD等教学设备。多媒体教室4间，音体厅1间，幼图书室1间。室外设有各种大、中、小型活动器械100种。学校占地面积6340平方米，建筑面积3780平方米，体育场地面积1600平方米。固定资产总值419万元，全年教育经费投入514万元，其中国家拨款352万元、自筹经费162万元。

（翟　雯）

【加强安全教育】　3月9日，该园对园内各种设施和场所进行了安全大检查。全园师生参与了消防安全应急演练，培训教师如何使用消防器材，为消防安全提供了保障。

（翟　雯）

【落实“阳光体育活动”精神】　4月17日，召开了阳光体育工程启动仪式。成立了阳光体育领导小组，制订了工作制度。要求每周二、四开展幼儿户外体育活动区活动，每周五开展幼儿负重远足活动，晨间开展轻器械操玩具自选活动，在日常教学中增加了武术课、轮滑等课程，并有计划地提高幼儿走、跑、跳、钻、爬、攀登、平衡、投掷等运动技能，培养积极参加体育游戏的兴趣。

（翟　雯）

【开展情系灾区画卷祝福活动】　5月12日，为了“纪念汶川地震一周年”，区幼儿园开展了“情系灾区——祝愿灾区小朋友健康快乐”100米长卷绘画主题教育活动。全园教师和小朋友一起为汶川小朋友祈福，许下美好的心愿。把美好的祝愿画在长卷上。

（翟　雯）

【开展“阳光体育”展示活动】　5月27日，举行主题为“激情飞扬庆‘六一’，‘阳光体育’展示”活动。幼儿们在“艺术的花朵”“体育的幼苗”“亲子游艺”3个展区，展示了武术、花样轮滑、艺术体操、舞蹈、歌曲等节目中的形象。家长还带领幼儿参加了丰富有趣的亲子游艺活动。

（崔颖侠）

【开展争当小小升旗手活动】　9月21日，全体师生和家长进行了新学期第一次升旗仪式。园长向全体教师、家长、小朋友们献上了新学期贺词，幼儿园还开展了争当小小升旗手活动。

（崔颖侠）

【开展园本课题研究】　9月开始，园本教研组通过开展幼儿园特色建设问卷调查，确定了研究园本研究课题《户外体育活动的组织策略》。共开展户外体育观摩活动34节，收集体育游戏教案54篇。开展专题研讨活动20余次。还通过总结与交流提高教师实践反思能力。

（翟　雯）

【落实防控甲型H1N1流感措施】　9月，区幼儿园加大了防控流感力度。利用橱窗介绍了甲型H1N1流感的预防知识、为各班发放温度计、消毒皂等必备品，加强了幼儿参加户外锻炼。还要求各班做好师生晨检健康状况排查工作，对缺勤学生做好记录，坚持零报告制度；教育幼儿养成良好的个人卫生习惯；确保幼儿园无一确诊病例。

（翟　雯）

【召开学习实践科学发展观动员大会】 10月29日，召开了深入学习实践科学发展观活动动员大会。制定了三年规划。学习讨论、调研、走访、召开专题组织生活会和民主生活会、制定整改落实方案，解决突出问题，全体党员、群众的思想觉悟得到提升。

（翟 雯）

【开展幼儿普法日宣传教育活动】 12月4日，开展了普法宣传教育活动。通过户外游戏活动，使幼儿在游戏中遵守各项交通法规，提高自我保护意识；根据幼儿年龄特点，从幼儿生活入手，进行法律法规宣传与指导，提高儿童的防范意识；在中大班开展“我是安全小卫士”、“走在马路上”等主题活动。

（翟 雯）

【开展入户指导早期教育工作】 年内，开展入户指导早期教育工作。提高了社区内0－3岁幼儿家庭的科学育儿观念。课题组9月开学后，教师继续开展走进幼儿家庭对家长进行早教指导，了解幼儿的家庭背景，与家长沟通，制定了指导方案。课题组教师还采用做游戏的方式，亲近孩子，和孩子做朋友。

（翟 雯）

·斋堂中心小学

【概况】 学校共开设教学班14个。有教职工61人，其中专任教师46人。在专任教师中，中级职务23人。当年毕业生61人，招生56人。现有在校生276人，其中寄宿生61人。普通教室14个，专用教室5个，实验室1个，图书馆（室）藏书总数8万册。学校占地面积5920平方米，建筑面积3800平方米。体育场面积1500平方米。固定资产总值630万元。全年教育经费投入580万元，其中国家拨款580万元。

（苗青水）

【幼儿园改造工程竣工】 3月，市区教委投资110万元，幼儿园全方位装修和改建工程竣工。包括粉刷活动室墙壁、封闭走廊，更换塑刚门窗、建楼内厕所和洗手池、为活动室添加空调、热水器等。

（吕艳伟）

【举办教师基本功大赛】 3月至4月，举办教师基本功系列竞赛活动。共分为钢笔字、粉笔字、毛笔字、课程标准考试、古诗文诵读和课堂教学评优活动项目。此次比赛为区级“春蕾杯”比赛的选拔赛。拔出来的教师在参加区级“春蕾杯”基本功大赛中，分别获得了区一、二、三等奖。

（刘成奇）

【开展征文演讲比赛】 5月，举办撰写“我的教学故事”和“我讲我的教学故事”活动。教师宣讲了自己在教学中的事迹。在区小教研“我的教学故事”的评选中，校3名青年教师分别获区二、三等奖。

（刘成奇）

【通过学习型学校验收】 6月，区领导到校进行检查验收学习型学校创建工作。通过校长汇报、实地考察、查阅资料，学校被评为门头沟区学习型学校先进校。

（谭天柱）

【举行法制安全教育活动】 9月，聘请区法院法官，对全校300余名师生进行了专题法制安全教育。强化了师生法制观念。

（谭天柱）

【培训工作】 9月至12月，学校开展了教师培训基地工程。内容包括：教师共备一节课活动、寻找语文和数学两个学科教学重点和难点、开展《目标先行备课法》培训。11月至12月，开展青年语文教师系列培训活动。以一套北京基础教育研究中心骨干教师培训光盘为依托，利用每天下午第三节活动课后到下班前的一段时间观看，对语文教师如何备课、上课，如何建立良好的师生关系等方面进行研讨。

（刘成奇）

【通过幼儿园级类验收】 10月，斋堂中心幼儿园通过规范化验收。由区教委组成的验收小组，对斋堂中心幼儿园的管理工作、保教工作、教师队伍建设、及卫生保健工作进行了考评。经验收组认定，该幼儿园达到了二级三类幼儿园的办园标准，晋级为二级三类幼儿园。

（吕艳伟）

【评选校级骨干教师】 12月，斋堂中心小学进行校级骨干教师评选活动。学校成立考评小组，经过两周时间，评选出校级骨干4名。

（谭天柱）

【心理咨询室验收合格】 12月，门头沟区教委组织专家团到校进行检查验收心理咨询室。通过心理咨询师的讲解，校长汇报，实地考察，认为斋堂中心小学已完成心理咨询室建设。

（谭天柱）

·斋堂中学

【概况】 门头沟区斋堂中学1951年建校，是具有59年历史的山区寄宿制学校。现有教职工51人，其中专任教师32人。专任教师中，副高级专业技术职务3人，中级职务16人。在校生207人，其中住宿生104人。年内招生77人，毕业生69人。学校现有7个教学班，标准教室11个，专业教室6个，实验室3个，藏书5万册，学校占地面积34783平方米，建筑面积为9360平方米，操场面积为9387平方米。固定资产总值为832.62万元，全年教育经费投入545.67万元，其中国家拨款545.67万元。

（王雪松）

【召开教学年会】 1月15日，斋堂中学召开教学年会。年会主题为“提高课堂教学效率”。会上，老师从教学策略、教法和学法、新课程新理念等不同角度就自己教学经验做了发言，教导处主任就2008－2009学年第一学期教学工作进行了总结，并针对“提高课堂教学效率”主题，阐述了2009年教学工作指导思想和教学工作管理思路。校长在教学年会上强调，学校要继续为全体教师搭建教学交流、研讨平台，达到交流思想、互相启发、发挥优势、克服不足的目的，为以后教学管理、教学操作、教学研究，奠定坚实的基础。

（王雪松）

【法制宣传教育基地揭牌】 4月21日，区司法局为“门头沟区斋堂中学法制宣传教育基地”揭牌。组织讲师团到学校开展“青少年法制教育大课堂”系列讲座。

（王雪松）

【开展绣国旗活动】 6月20日，学校团委组织为庆祝建国60周年绣国旗活动。

（王雪松）

【与北京八中联合办学】 9月2日，斋堂中学与北京八中启动联合办学揭牌仪式，两校领导分别就合作方式进行了探讨，达成合作意向。北京八中首批名师到校，以师带徒的方式在撰写教案、讲课，撰写论文等方面对斋堂中学教师进行了指导，并作多次讲座。

（王雪松）

【“瞭望杯”时事竞赛】 9月，学校对德育工作特别是参加“瞭望杯”时事竞赛工作进行总结。在中学生第二十二届“瞭望杯”时事竞赛中，有9名同学获得好成绩，校内老师获得了辅导教师一等奖。

（王雪松）

【开展学习实践科学发展观活动】 10月，党支部组织召开学习实践科学发展观活动动员部署会。传达了上级党委关于开展学习实践科学发展观活动的《意见》精神，明确了学习实践活动的意义、指导思想等。组织召开了支委会、民主生活会，围绕学校工作中的问题进行了自我剖析，制定了整改措施。还以党课的形式，要求全体党员要时刻以科学发展观为统领，立足本岗、以身作则、率先垂范，为实现学校工作的科学发展和山区教育事业的可持续发展而努力奋斗。

（王雪松）

·东辛房小学

【概况】 东辛房小学现有6个年级，18个教学班，学生443人。其中正式学籍生322人，借读生121人。当年招生人数62人，毕业生人数66人。有普通教室20个，专业教室2个。学校有教职工47人。其中专任教师45人，工人2名。专任教师中，大专以上学历42名，其中本科学历15人，中专（高中）学历3人。有市级骨干教师1人，区级骨干教师1人。当年学生共获各级各类奖项121人次，教师获各级各类获奖项达56人次，学校获各级各类集体奖项达22项。学校占地面积5558.2平方米，建筑面积1892.5平方米；操场面积900平方米；图书室藏书总数1.5513万册；固定资产总值190.57万元。全年教育经费投入425.00万元，其中国家拨款418.27万元、自筹6.73万元。

（白丰莲）

【做好假期工作】 1月5日，学校召开会议，布置假期工作。要求：一是做好期末总结工作，并请家长配合学校，督促孩子复习，迎接期末考试；二是布置了学生假期主题教育活动。

（巩景茹）

【进行课题撰写培训】 1月7日，学校为全体教师从选题入手、到课题的制定、方法的选择、研究的效果等方面进行子课题的撰写培训。校长要求老师们要结合自己的课题和研究进展情况，撰写课题阶段成果汇报，展示研究进展情况。

（巩景茹）

【讲述教学故事】 1月14日，东辛房小学教师在多功能厅举办讲述我的教学故事活动。老师们结合自己的教育教学实际，有的讲述了自己在教育教学方面的成功经验，有的叙述了自己工作中的败笔。

（巩景茹）

【与社区携手共度传统佳节】 2月9日，学校领导及教师代表到东辛房、河南街、矿后街和矿建西街等社区，与社区干部群众一起组织学生开展了庆佳节、赏花灯、猜灯谜、做元宵等活动。

（巩景茹）

【举办做魅力女人培训】 3月4日，区中等职业学校老师为女教师进行礼仪培训。培训老师结合教师职业道德规范的内容和职业特点，从教师的发式修饰、美容化妆、着装搭配等方面做了讲解。

（巩景茹）

【开展国际交流活动】 3月23日，新加坡裕朗学校的师生与校内师生就传统美德教育情况进行了交流。校长向新加坡教育界的同仁介绍了学校在传统美德教育方面的经验，得到了新加坡师生的高度评价。两校学生间还进行了互动交流，开展了做英语游戏、记单词、读单词、背单词等英语学习活动。新加坡学生还将亲手制作的小礼物赠送给校内学生。

（巩景茹）

【开展母亲节活动】 4月26日，学校开展了以“八心”为标准，“五要五不要”为内容的争做让父母放心的“孝星”活动。

（巩景茹）

【开展劝解亲人不要酒后驾车活动】 6月23日，东辛房小学以制作小卡片的方式，开展了“劝诫亲人不要酒后驾车”寄语活动。全校410名学生参加。

（巩景茹）

【开展歌咏比赛】 9月25日，举办庆祝新中国成立60年歌咏比赛活动。东辛房、河南街、矿后街和矿建西街社区的居民也参加了活动。

（巩景茹）

【开展班主任培训】 9月，学校开展班主任培训，聘请北京市优秀教师、大峪一小老师，介绍了班主任工作经验。培训教师指出，从严格管理入手，规范学生着装、教给学生待人接物礼仪是培养学生良好行为习惯的基础，要引起老师们的注意。

（巩景茹）

·西辛房中学

【概况】 年内，学校有教职工89人，其中专任教师57人。专任教师中，副高级职务7人，中级职务28人。当年有毕业生173人，招生183人，现有在校生526人，学校开设教学班18个。学校有普通教室20个，专用教室5个、实验室3个、图书馆（室）1个，藏书总数3.4087万册。学校占地面积1.21万平方米，建筑面积6145平方米，体育场馆面积3346平方米。固定资产总值977.79万元。全年教育经费投入580万元，其中国家拨款580万元。

（韩义昆）

【开展法制教育】 1月16日，西辛房中学对学生进行法律安全教育。给学生讲解了交通安全知识，包括怎样认识交通指示标牌、怎样过马路、乘车乘飞机时注意什么等。还讲解了怎样预防煤气中毒、不在薄冰上玩耍、遇到坏人勒索怎么办、怎样报警等方面的知识。公布了年内中小学生安全事故共造成的死亡人数，以对全校师生起到警示作用。学校还组织学生进行了疏散演练。

（杨树标）

【开展学习型组织创建活动】 3月30日，学校开展学习型组织创建活动。邀请中国传媒大学研究员为学校全体教职工作了题为《创建学习型学校若干问题的探讨》的专题讲座。讲座内容从学习型组织理论的提出及发展谈起，结合自身的理解和实践，探讨了以“五项修炼”为内容的学习型组织内涵，阐述了创建“学习型学校”的目的和意义。

（杨树标）

【举行法制讲座】 5月18日，邀请区法院未成年人管教所宣传科领导到校为学生和家长举办法制讲座。讲座内容以“预防未成年人犯罪”为主题，从当前未成年人犯罪的案例入手进行分析，并结合未成年人的年龄特点和性格特征，解析了当前青少年犯罪的心理原因。指出中学生应该正确对待当前社会，学会正确认识社会，规范自己的行为，有效保护自己不受到他人的伤害。全校师生、家长1000余人听取了报告。

（杨树标）

【举行文艺汇演】 5月27日，中学全体师生、部分家长和区中等职业学校部分学生一起举行了以“迎接新中国成立60周年”为主题的校园文化艺术节。演出了19个节目。

（杨树标）

【开展中考前心理辅导】 5月，学校针对考学生考前焦虑问题，对初三全体学生作了一次心理辅导。在调查问卷、对结果分析基础上，为考生作了心理调试。

（杨树标）

【举行诗歌朗诵会】 6月1日，举行“庆祝新中国成立60周年”诗歌朗诵会。

（杨树标）

【举行诚信考生承诺】 11月10日，学校在初二年级期中考试中设定诚信考场，提倡学生作出考试诚信承诺。采用自愿报名方式，再由班主任或年级主任审核，上报教务处备案。培养学生诚实守信的品质。

（杨树标）

【举办教育教学经验交流活动】 11月26日，校内语文骨干教师、优秀班主任与雁翅中学进行教育教学经验交流活动。听了雁翅中学教师的一节语文课和英语课，进行了点评。

（杨树标）

【学习教学新模式】 12月28日，北京市教育科学研究院中学数学研究主任和区数学教研员到西辛房中学为教师办讲座。主讲题目是“当今最倡导的教学理念和教学模式”。

（杨树标）

·育园小学

【概况】 年内，学校开设教学班27个，学前班5个。有教职工97人，专任教师82人。市级骨干教师2人。当年有毕业生220人，招生166人，现在校生1141人。有普通教室32间，专用教室7个。图书室藏书总数5.6万册。学校占地面积为11020平方米，建筑面积6204.9平方米，运动场建有200米环形跑道。固定资产总值9741935.46万元。全年教育经费投入9297万元，其中国家拨款929万元。

（李京晶）

【推进校本课程研发】 3月，学校开发了具有校内特点的校本课程，有学名人立志教育校本课程，古诗文诵读课程，阅读与习作课程，数学思维训练课程，以及英语棋、书法、围棋、共14门。9月，校本课程正式列入课程表。

（李京晶）

【举行“走进春天，走进名人”实践活动】 4月3日，组织全体1000余名学生参观了北京植物园曹雪芹故居、圆明园。参观后还写出了感想。

（李京晶）

【开设特殊安全课】 5月25日，1200多名学生听取了校长做的安全教育报告。播放了日常拍摄的学生活动片断，将活动中存在的安全隐患提示给同学们，再结合事例告诉孩子们教学楼中容易引发的安全事故。向同学们讲解了安全知识，明确了校园安全要求。

（李京晶）

【举行主题教育活动】 6月1日，举行了以“庆六一，立大志，展才艺”为主题的文艺演出。区领导李建军等以及好家长代表共同参加了庆祝活动。为27名好家长颁发了奖状。

（李京晶）

【举办专家带教师“活”、“动”】 6月4日，邀请到北京师范大学外语教育与教师教育研究所博士给老师们做讲座。讲座围绕“让课堂活起来，让学生动起来”主题展开。采取“互动、交流”方式，设定3个问题情境与老师们探讨了“活”与“动”的内涵。几位老师就语文、数学、英语3个学科的授课素材进行了现场授课。

（李京晶）

【举行展示周活动】 6月8日至12日，举办以“学名人、伟人，感受大家风范”为载体的“立志教育”读书“展示周”活动。在启动仪式上，学校领导为读书小状元穿上“小状元文化衫”，为读书小博士、书香班级颁发了奖状，对在名人知识竞赛、讲名人故事比赛中的获奖同学给予了表彰。六（3）班全体同学诵读了《论语》5则。活动期间，学校还利用小电视台播放了“快乐书屋讲名人故事”录像，“名人诵读”录像，学名人综合实践活动的录像，以及班会展示录像。

（李京晶）

【开展系列活动】 学校庆祝新中国成立60周年，举行了一系列庆祝活动。9月18日，与育新中学和当地社区联合举行了“迎国庆、讲文明、树新风”文化成果展开幕式；22日，在3－6年级学生中，开展了“爱我中华、知我中华”知识竞赛答卷，对10名优秀个人、5个优秀团体进行了奖励。27日，组织五年级173名学生和13名教师到北京展览馆参观了60年成果展，了解祖国60年来在经济、文化、科技等方面取得的辉煌成就。27日晚，育园小学和育园社区联合开展了“为祖国欢歌”文艺晚会。29日，在4－6年级学生中举行了“祖国在腾飞”朗诵比赛。30日，在全校举行了“唱响国歌祝福祖国”歌咏比赛。

（李京晶）

【举办讲座】 10月24日，育园小学请著名教育专家到校，为全体教师进行《教育就是养成良好习惯》专题讲座，从行为习惯、学习习惯和思维习惯3方面进行了讲解。

（李京晶）

【迎接藏族小朋友】 10月26日，学校迎来藏族小伙伴。活动中，同学们表演了健身操、舞蹈《金孔雀》、快板《奇袭白虎团》、独唱《丰收的歌儿快乐的唱》，藏族小朋友表演了舞蹈，演唱了具有民族风格的歌曲。在学校领导和同学的陪同下，小朋友们参观了学校教学楼、实验楼，学校领导还为每个藏族小朋友送上了一份礼物。

（李京晶）

【举行教育科研月开启动会】 11月13日，举行教育科研月启动暨学校特色发展专题研讨活动。北京教育学院和区教委等相关领导，中、小、职、成、幼学校的校长等150余人参加会议。育园小学进行了“立志教育”特色活动展示，校长做了题为《以“学名人、伟人，感受大家风范”为载体的“立志教育”读书活动，带动学校整体工作向前发展》的大会发言，播放了《培养有志气的中国人》的立志教育专题片，教研组长代表和教师代表发言，介绍了在读书活动中的收获，观看了一节由老师执教的名人课例——维克多·雨果。教育专家和领导对这节课进行了点评。

（李京晶）

·大峪中学

【概况】 年内，开设教学班32个。有教职工178人，其中专任教师120人。专任教师中，副高级职务51人、中级职务41人。市级学科带头人1名，市级骨干教师3人，市级特教师1人。当年毕业生370人，当年招生348人，现在校生1063人，其中寄宿生521人。当年高中录取分数线476分，高考录取率专科及以上99.5%。有普通教室36个、专用教室21个、实验室12个。图书馆（室）藏书总数6万册。学校占地面积63210平方米，建筑面积44268.15平方米。体育场馆面积1582平方米。固定资产总值1.15亿元。全年教育经费投入1897万元，其中国家拨款1627万元，自筹经费270万元。

（刘景敏）

【国家级青少年体育俱乐部挂牌】 4月22日，国家级青少年体育俱乐部在校内举行挂牌仪式，大峪中学校长任俱乐部董事长。学校按照《民办非企业章程》要求，实行董事会管理，最高权力机构是俱乐部董事会，在俱乐部董事会的领导下，聘请专、兼职教练员进行各项体育活动。

（刘景敏）

【表彰优秀学生干部和共青团员】 4月底，在纪念“五四”运动90周年之际，经各班团支部评比推荐，年级组、校团委、政教处审核，学校授予30名同学为“优秀学生干部”荣誉称号；授予20名同学为“优秀共青团员”荣誉称号。

（刘景敏）

【召开教学质量总结分析会】 5月15日，召开教学质量分析会。针对开学以来进行的青年教师基本功比赛、会考、高三一模和二模、高一和高二期中考试以及常规教学等情况，进行了教学质量分析和总结。

（刘景敏）

【举办第十九届艺术节】 5月，举行第十九届艺术节。主题为“弘扬民族精神，展示青春风采”。表演了演唱、相声、舞蹈、诗歌朗诵等节目。

（刘景敏）

【举办“关爱儿童，共创和谐”游艺会】 6月1日，在体育馆举行了大峪中学“关爱儿童，共创和谐”游艺会。校长向孩子们祝贺节日，向家长们提出希望。

（刘景敏）

【举办青年教师基本功比赛】 6月，举办青年教师基本功比赛。比赛涉及11个学科，20名教龄不足7年的教师参加比赛。比赛的内容有备课、讲课、说课、撰写教案等。

（刘景敏）

【总结高考成绩】 7月，大峪中学高考成绩再创新高，学校理科状元考入清华大学，文科状元考入人民大学。高考重点率、本科率均创学校最好水平。考生中，500分以上112人，本科上线率75%，本科录取率85%。重点率占三分之一。高考成绩连续四年大幅攀升。

（刘景敏）

【举办开学典礼】　9月1日，学校举行新学年开学典礼。区领导刘云广为考入清华和人大的优秀毕业生及优秀师生颁奖。同日，刘云广等区领导到师生中间进行慰问。

（刘景敏）

【学生赴美进行文化交流】　9月30日，组织8名学生到美国与美国LOUDOUNVALLEY高级中学进行了为期12天的交流活动。

（刘景敏）

【召开秋季田径运动会】　9月30日，举办秋季田径运动会。高二3班学生在北京市田径传统校运动会跳高比赛中以1.86米的成绩通过国家二级运动员水平，高三2班同学在400米比赛中以52秒76的成绩通过国家二级运动员水平。

（刘景敏）

【参加国庆游行活动】　10月1日，组织7名教师和90多名学生参加国庆游行活动。

（刘景敏）

·新桥路中学

【概况】　年内，学校共开设教学班38个。有教职工169人，其中专任教师113人。专任教师中，副高级职务10人、中级职务56人。市级骨干教师3人。当年毕业生数265人，招生254人，现在校生1725人，其中寄宿生50人。学校有普通教室39个，专用教室10个，实验室6个。图书馆（室）藏书总数1.1643万册。学校占地面积34668.4平方米，建筑面积15244.9平方米。体育场馆面积1114.3平方米。固定资产总值1680.55万元。全年教育经费投入1893.72万元，其中国家拨款1844.50万元，自筹经费49.22万元。

（罗金鹏）

【召开全校骨干教师大会】　3月26日、召开全校骨干教师大会，对校级骨干教师重新认定，共有31位。使学校教师队伍形成了市、区、校级骨干梯队。

（安淑娥）

【召开市级艺术教育课题开题会】　5月19日和12月17日，两个北京市级艺术教育课题开题大会分别在新中召开，市区领导共20人参加大会。两个开题会都得到专家的指导和肯定。

（安淑娥）

【采取“个人成长档案夹”管理教师】　9月，对新教师采取“个人成长档案夹”形式进行管理。档案袋中装有新教师的基本情况、个人发展目标、读书要求、学习培训、教育教学工作记录等。这项管理措施，有利于对教师个人工作业绩等各方面进行跟踪管理。

（安淑娥）

【太平鼓队参加演出】　10月1日，组成80人的太平鼓队，参加新中国建国60周年在天安门广场举办的国庆庆典演出活动。

（安淑娥）

【布置“学习实践科学发展观”活动】　10月26日，召开全体教职工大会，布置第二批“深入学习实践科学发展观”活动。党支部书记作大会动员，重点解读了新桥路中学学习实践科学发展观活动实施方案。结合学校教育教学工作实际，开展“践行科学发展，共建和谐新中，走特色发展之路，办人民满意学校”活动的安排。

（安淑娥）

【加强骨干教师培养】　12月26日至31日，学校先后组织70人次青年教师和骨干教师到丰台十二中和山东杜郎口中学参观学习。

（安淑娥）

·工读学校

【概况】　门头沟区工读学校有教学班5个。现有在校生47人，全部为具有严重不良行为的未成年人。其中住宿生31人。教职工47人，其中专任教师23人，专任教师中副高级职务教师3人，中级职务教师10人。普通教室6个，专用教师2个，实验室3个。图书室藏书总数0.3万册。学校占地面积1.79万平方米，建筑面积0.52万平方米，体育场0.4万平方米，固定资产总值521.3万元，全年教育经费投入92万元，全部为国家拨款。

（董国舫）

【建立工读预备生制度】　5月，学校校外教育办公室走访了全区所有初中学校，建立了工读预备生档案，宣传工读学校在管理方面以“严”字当头，重点突出：严格管理、严格控制、严格训练、严格要求的办学思想。主要教会学生如何做一名学生，如何做一名好孩子，如何做一名普通劳动者。

（董国舫）

【参加全国工读教育系统教科研培

训】 7月14日至17日，工读学校4位青年教师参加了全国工读教育系统举办的教学、科研培训。与工读学校的同仁们进行了交流。

（董国舫）

【参加心理教育研究生课程班】 7月，工读学校3名教师参加市教委举办的第四届工读学校教育管理及心理教育研究生课程班学习。

（董国舫）

【加强学校硬件建设】 8月，学校修建了150米长的塑胶跑道操场。工程由市财政专项拨款240余万元，改善了工读学校的校园环境。

（董国舫）

【组织住宿生钢笔字比赛】 9月，组织住宿生进行钢笔字比赛。每天晚上组织住宿生练习钢笔字，已经成为学校素质教育的一个特色。

（董国舫）

【荣获先进单位称号】 9月，工读学校荣获区教育系统学习型学校先进单位称号。工读学校在学习型学校创建过程中，实现了各个组织机构工作到位，每个教职员工参与到位，形成了学习型组织的运行机制，做到了全体教职工和学校组织一起学习、一起工作、一起成长。

（董国舫）

【开展学习实践科学发展观活动】 10月，学校以深入学习科学发展观为主旨，联系工读学校实际，探索工读教育的发展规律。活动围绕学校招生难、转化难2个突出问题进行。在学习实践活动中，全体党员和干部认为，应把学校办成“一所学校（转化严重不良行为未成年人的学校）、两个基地（法制教育基地和心理咨询基地）”，发挥教育转化、法制教育、心理咨询三合一教育功能的学校。

（董国舫）

·育新学校

【召开第五届德育年会】 2月28日，学校全体教职工参加了在龙世源度假村召开的以“全员德育、全程德育”为指导思想的育新学校第五届德育年会。区教委相关领导、教师进修学校领导以及育新学校家长教师协会部分代表共170人出席。

（李长军）

【开展经典诵读】 3月16日，在学校的升旗仪式上，初一（1）班女生班的21名学生和班主任为全校师生诵读了《女儿经》。23日，由初一（2）班男生班的19名学生和班主任为全校师生诵读了《弟子规》。

（李长军）

【召开初三管理工作座谈会】 3月17日，召开“2009年中考工作分析思考与展望”座谈会。由负责初三年级的教学主任主持，校长对一学期来的初三年级组的工作给予了肯定，并就以后初三工作提出了10条建设性意见。初三年级9个班的班主任先后就班内学生学习、心理等情况进行了分析。

（李长军）

【开展清明节征联活动】 3月25日，学校为弘扬中华民族传统文化，活跃全校师生文化生活，在校园网发出清明节征联通知，时间为一周，此次征联将评选出一、二、三等奖，优秀作品向《百花山文艺》推荐选载。

（李长军）

【开展竞选才艺展示活动】 3月26日至31日，开展了“我与祖国共奋进——第五届学生会竞选才艺展示”活动。43名学生参加竞选展示，90名学生、2位学生家长观看了活动。

（李长军）

【开展“让书籍点亮人生”读书会】 4月2日，初一年级组在多功能厅开展“让书籍点亮人生”读书会。以读《童年》和《钢铁是怎样炼成的》两本书为主，由读书演讲会、现场抽签答题、颁奖仪式三部分组成。

（李长军）

【建立教师成长档案袋】 4月9日，学校为教师建立“教师专业成长档案袋”，档案袋分为规划版块、教学版块、学习版块、研究版块、指导版块五部分。教务处负责把“档案袋”材料挂在网上。

（李长军）

【举办家校讲座】 4月16日，初一年级200余位家长到学校参加家长学校活动。著名教育专家，中国家庭文化研究会研究员、北京市家庭教育研究会研究员、北京市语文教学学科带头人、北京四中网校副校长到校为家长作了题为“提高学习成绩，从养成良好学习习惯开始”的专题讲座。

（李长军）

【获全国楹联基地授名】 5月14日，北京市楹联学会、门头沟楹联学会的部分领导和育新学校领导、教师20人在京西龙世源度假村召开全国楹联基地创建筹备会。

25日，举办“迎端午纪屈原有奖征联”活动。聘请专家对应征稿件进行审阅，评选出优秀对联作品在学校展出，并对获奖作者给予奖励。9月23日，育新学校中国楹联基地授名仪式在校内举行。授名仪式由育新学校书记主持，中国楹联学会会长等4位中国楹联学会专家，北京楹联学会会长等9位北京楹联学会专家，区政协、教委、文联、区精神文明办领导，出席了授名仪式。

（李长军）

【发放校长奖学金】 5月18日，全体教职工及学生参加育新学校第三届校长奖学金颁奖仪式。初一、初二共有36名学生获得校长奖学金。四年来共有154人次获得这个荣誉称号。

（李长军）

【关爱生命关注安全】 6月8日，召开专题行政会，传达了教委关于安全的文件精神。学校成立了以校长为组长的安全领导小组，制定了安全工作计划，安排了具体行动。召开了全体教职工大会，对教职工进行了关于安全方面的宣传教育。政教处还对学生进行了安全教育工作，强调了要学生们注意校内安全，预防打闹、磕碰造成的校园伤害事故。

（李长军）

【举行赛课活动】 11月19日起，举行课堂教学评比活动，评比内容为课堂教学的各项环节，共有16位教师参加。2名老师荣获一等奖。

（李长军）

·财贸干校

【概况】 门头沟区财贸干校为区直属成人教育事业单位，差额拨款形式，行政编制26人，主要职责从事中专学历教育和岗位技能培训。从2005年开始增设大专学历教育，开设经济管理专业、会计专业、计算机专业3个专业。年内，根据区人事局工作部署，完成公开招聘工作人员工作，完成事业单位岗位管理办法的制定；坚持以改革发展为动力，开展政治思想教育；坚持以教学为重点，发展大专教育，完成招生和授课计划；建立完善了管理制度，改善了办公环境，保证了教学工作正常运转；制定了平安国庆计划书。

单位名称：北京市门头沟区财贸干校
地　　址：北京市门头沟区东辛房大街88号
电　　话：61895032
邮　　编：102300

（宋银莎）

【毕业典礼】 1月10日，召开2006级学生毕业典礼，共计53名毕业生。

（宋银莎）

【发展新党员】 1月18日，召开新党员发展大会，2名青年教师发展为预备党员。新、老党员，入党积极分子分别在会上发言。

（宋银莎）

【公开招聘应届毕业生】 3月至7月，区财贸干校决定招聘3名本科毕业生，岗位为：会计教师、计算机教师、档案管理岗位。特成立了招聘工作领导小组，经过笔试、面试、体检，最终确定1名应届大学毕业生，并通过人事局审批。

（宋银莎）

【举办高考补习班】 4月，举办成人高考补习班，补习科目涉及数学、语文、英语。报名交费学生20余人，往届参训学生未通过考试继续参加补习班20人，培训学员共计40余人。

（宋银莎）

【开展岗位设置管理】 6月至12月，深化事业单位改革，开展岗位设置管理。优化了人员结构，增加了专业技术人员的结构比例，提高了专业技术人员待遇。

（宋银莎）

【续订劳动合同】 9月23日至30日，职工劳动合同到期，经过召开三年工作汇报会，职工重新申请工作岗位，学校与全体职工续订了劳动合同书。

（宋银莎）

【开展学习科学发展观活动】 9月至年底，召开深入学习实践科学发展观活动。围绕“提高思想认识，理清发展思路，坚持科学办学”的主题，通过学习调研、分析检查、整改落实三个阶段，完成了学习科学发展观活动。

（宋银莎）

【发展大专教育】 10月，经参加全国成人高考，正式录取合格学员86名。到年底学校有计算机信息管理、会计、经济信息管理三个专业，大专生共计267名。

（宋银莎）

【完成设备购置】 年内，对教学设施和办公设施进行更新。购买投影仪1台，投影幕1块，7月购置打印机1台，打印复印传真一体机1台，黑板3块。

（宋银莎）

文化 卫生 体育

文 化

·文化文物

【概况】 区文化委员会是区人民政府主管文化、文物、新闻出版、版权、广播电视、扫黄打非、文化综合执法工作的职能部门，内设6个职能科室、1个文化行政执法队，即办公室、文化科、文物科、文化市场科、计划财务科、政策法规科、文化行政执法队（含信息举报中心、行政执法一分队、行政执法二分队、行政执法三分队）。下属5个基层事业单位：文化馆、博物馆、图书馆、影剧院、文物事业管理所。文委系统共有在职职工141人。年内，文委贯彻落实党的十七大精神，重点围绕建国60周年，开展了迎建国60周年系列文化活动，抓好基层公共文化服务建设及基层公共文化设施达标建设，为群众搭建文化活动平台，创造优越的文化活动环境；加大文化执法力度，确保国庆期间文化市场和文物保护单位的安全。

单位名称：北京市门头沟区文化委员会
地　　址：北京市门头沟区门头沟路8号（门头沟博物馆6层）
电　　话：69843315
邮　　编：102300

（张　晨）

【第十九届门头沟文化艺术节】 2008年12月26日至2009年2月12日，举办了第十九届文化艺术节，艺术节以“如歌三十年京西构和谐”为主题，开展了“门头沟区春节团拜会”、“潭柘歌星”歌手大赛、“正月里唱大戏”京西山乡戏曲大巡演、“新风报春贺三农”主题春联征集6项区级重点活动和百余场基层文化活动，受益群众达15万人次。

（张　晨）

【博物馆展览】 2008年12月27日至2009年3月，举办《京西巨变——门头沟改革开放30年成就展》，展览分为八个部分，共展出300余张图片。全年共举办《北京老字号非物质文化遗产保护成果展》、《走过60年——门头沟区庆祝新中国成立60周年老照片展》等临时展览10个。

（张　晨）

【平安文物行动】 1月15日，区2009年平安文物行动动员会召开，区文委与各镇、街道办事处主管领导以及潭柘寺、戒台寺、川底下3个国家级重点文物保护单位负责人在《门头沟区文物安全责任书》上签字。全年，在“雷霆行动”、两会期间、“国庆平安活动”等专项检查和日常巡视检查中，出动机动车60台次，检查人员120人次。

（张　晨）

【新春团拜会】 1月18日，举办了“腾飞门头沟，欢乐过大年”门头沟区春节团拜会。团拜会以舞蹈、声乐、器乐、曲艺、戏曲现场表演的形式宣传北京2008奥运成功举办、改革开放30周年、门头沟区生态新区建设发展、社会事业快速发展，人民生活喜人变化。区四大部门领导向全区人民拜年，同近千名群众代表观看团拜会演出。

（张　晨）

【京西工业遗产调查】 1月至4月，完成了16个工业企业调查，行程1000余公里，拍摄照片近300张，GPS定点10余组。此次调查主要围绕煤矿类、典型交通类、近现代典型工业类3部分进行。

（张　晨）

【戒台寺滑坡治理工程】　3月12日，开始戒台寺滑坡整治保寺后续工程，10月18日完工，11月25日验收合格。

（张　晨）

【明长城资源调查工作】　4月，区内明长城资源调查资料经国家文物局专家组审查验收，全部合格。区明长城主要分布在斋堂镇柏峪村黄草梁、天津关、沿河口、沿河城、东岭以及清水镇洪水口村、小龙门村、燕家台村一线。总长度为4289米，其中敌台17座、烽火台2座、关堡2座、挡马墙6段、砖窑5座。

（张　晨）

【非物质文化遗产工作】　5月20日，举行第三批申报区级、市级、国家级非物质文化遗产代表作名录专家论证会。7个项目被推荐进入区级非遗名录，5个项目被推荐进入北京市级非遗名录，2个项目被推荐进入国家级非遗名录。6月12日，在区博物馆举办《门头沟区非物质文化遗产保护成果展》和《遗珍璀璨——京西下苇甸皮影保护成果展》主题展览活动，庆祝第四个文化遗产日。

（张　晨）

【第三届永定河文化节】　7月17日至9月28日，举办第三届“中国·北京永定河文化节”。文化节以在北京中山公园音乐堂公演的“碧水·乡情”——大型原创民俗风情声乐作品《永定河组歌》音乐会拉开帷幕，以“相约永定河畔体验文化古韵”为主题，举办了融文化、旅游、体育、娱乐、商务为一体的永定河组歌音乐会、永定河书馆、永定河古村探访等9项专题活动。组织区内传统戏曲、器乐、歌舞、手工技艺等，到景区、农家乐、茶苑表演展示；开办“永定河书馆”，邀请市区级民俗专家、学者以“说书”的形式讲述关于永定河的民间传说、历史故事。

（张　晨）

【第三届门头沟合唱节】　9月28日，“为祖国放歌”——门头沟区庆祝新中国成立60周年群众歌咏比赛决赛暨第三届“中国·北京永定河文化节”闭幕式在区影剧院举行。区四大部门领导出席了活动。区政府代表队演唱了《今天是你的生日，我的中国》和《我和我的祖国》两支合唱歌曲。

（张　晨）

【京西太平鼓】　10月1日，区中等职业学校的40名太平鼓队员参加了国庆60周年群众游行和在天安门广场举行的联欢晚会。

（张　晨）

【国庆游园庆祝活动】　10月2日，“热烈庆祝新中国成立60周年游园文艺演出活动”在滨河广场举行。由区文化馆民族管弦乐团和北京凤乐团联袂出演了《平湖秋月》、《金蛇狂舞》等20余个节目。700余名群众观看了演出。

（张　晨）

【国庆观影活动】　国庆期间，区影剧院集中放映《建国大业》、《风声》、《天安门》等国庆献礼片，其中《建国大业》一片共放映23场，观影9315人次。

（张　晨）

【第三次全国文物普查】　11月，区第三次全国文物普查小组完成全区不可移动文物的野外调查工作。此次普查共确定不可移动文物561项。

（张　晨）

【公共文化服务体系建设】　年内，为城子办事处、永定镇、大台办事处和龙泉镇4个镇街文化中心配置设备。为清水镇24个村和永定镇3个村建立了农家书屋，配备了图书、书柜、座椅、投影仪等设备。

（张　晨）

【农村电影放映工程】　年内，为70个村的数字电影厅安装了数字电影机、幕布、座椅等设备。为农村送数字电影16160场，其中固定数字电影厅放映电影14600场，数字放映队放映电影1560场次。

（张　晨）

【文物修缮工作】　年内，投入资金230万元，完成圈门大戏楼、三家店山西会馆一期工程、万佛堂过街楼、张家庄戏台、斋堂东城门及戏台、河南台关帝庙、涧沟村钟鼓楼等修缮工程。

（张　晨）

【文化市场执法工作】　年内，文化娱乐市场执法检查，共检查217次，出动执法检查人员603人次，出动车辆229辆，检查图书、报刊、电子出版经营单位180家次，印刷、复印企事业104家次，音像制品制品单位110家次，歌舞娱乐场所121家次，互联网服务营业场所388家次，受理举报25件。

（张　晨）

【全程办事代理】　年内，全程办事代理室按照“一门受理、全程代办、内部运作、按时办结”的要求，遵循“便民、公开、依法、高效”的基本原则，精简行政审批事项，简化手续和审批环节，提高工作效率和服务质量。全年共接待群众咨询人数339人次，受理办理各项事务330件，其中做出行政许可56项，办理服务事项43件，全年总计达373件，群众满意率达97%。

（张　晨）

·广播电视

【概况】　年内，广电中心坚持以邓小平理论和三个代表重要思想为指导，贯彻落实科学发展观，贯彻落实党的十七大、十七届三中、四中全会和区委十届七次、八次全会精神及中央、市、区宣传思想工作会议对新闻宣传工作的总体部署，始终把握正确舆论导向，发挥宣传、教育、服务、引导的主渠道作用，为贯彻“人文北京、科技北京、绿色北京”理念，实现保增长、保稳定、保民生工作目标，建设现代化生态新区提供了强有力的舆论支持。全年区电视台共播出新闻3296条，拍摄制作各类专题节目463部（期）。全年电视完成外宣新闻138条，广播完成外宣任务78条。

年内，广电中心被评为门头沟区年鉴工作先进集体，被首都精神文明建设委员会评为首都文明单位。在全区全民健身项目表演赛中获三等奖。广电中心采制的《生态治理除旧貌京西老区展新颜》获“北京市广播影视奖”电视新闻类二等奖，《门头沟新闻》获“北京市广播影视奖”电视节目技术质量奖标清新闻类三等奖，《门头沟新闻片头》获“北京市广播影视奖”电视节目技术质量奖视频图形片头类三等奖，《迎接新中国成立60周年宣传报道方案》获北京市广播电视系统内评比二等奖。党支部完成换届选举工作。

单位名称：北京市门头沟区广播电视中心
地　　址：北京市门头沟区新桥大街36号
电　　话：69843348
邮　　编：102300

（高艳蕊）

【门头沟综合频道试播】　1月1日，门头沟综合频道试播，综合频道的开播改写了门头沟区没有自己频道的历史。综合频道由自办生活资讯类节目、综合服务类节目、优秀影视剧组成，以“快乐生活，时时精彩”为宗旨，把为观众服务作为办好节目的出发点与归宿点。

（高艳蕊）

【学习实践科学发展观活动】　3月20日，召开“深入学习实践科学发展观活动动员大会”，就《门头沟区广播电视中心深入学习实践科学发展观活动实施方案》进行全面部署。在学习实践活动过程中按照三个阶段工作任务和要求开展了学习调研，撰写了领导班子分析检查报告，形成了整改落实方案。学习实践活动过程中共收集到意见、建议43条，形成调研报告2篇，领导班子分析检查报告群众满意度测评达到97%。

（高艳蕊）

【开展低收入农户增收帮扶工作】　4月22日，广电中心参加清水镇低收入农户增收帮扶工作见面会。到广电中心帮扶村简昌村和张家铺村实地考察，对两个村的村情及低收入户情况进行了解，根据两村实际情况制定5项帮扶措施。

（高艳蕊）

【挂职锻炼干部工作】　5月至7月28日，西藏尼木县挂职锻炼干部到广电中心挂职主任助理。中心制定了《广播电视中心关于2009年拉萨尼木县干部索朗平措来广电挂职锻炼实施方案》，做好挂职干部在挂职期间的学习、工作和生活保障。挂职锻炼工作结束后，中心自筹资金2.15万元购买了一部提词器及一台三角架赠送给尼木县电视台。

（高艳蕊）

【捐款活动】　6月22日，开展共产党员献爱心活动，党员和积极分子共捐款1260元。8月21日，为台湾台风受灾地区群众捐款2090元。11月24日，为甘肃地区群众献爱心捐款2040元。

（高艳蕊）

【慰问帮扶村老党员】　7月1日，中心党组班子成员慰问了学习实践活动联系帮扶村的4名建国前老党员，了解了老党员的生活情况，并送去了慰问金。

（高艳蕊）

【举办消防知识讲座】　7月2日，利用集中学习日组织职工听取了消防知识讲座。

（高艳蕊）

【发展新党员】　7月18日至19日，组织特色党日活动，参观李大钊故居纪念馆。召开支部党员大会，讨论通过了吸收5名同志为预备党员。

（高艳蕊）

【举办全区新闻业务培训班】 7月28日，举办全区新闻业务培训班，邀请原北京电视台台长、总编辑就新闻、专题节目创作进行了讲解，并针对北京台及门头沟台获奖新闻、专题作品进行了点评。

（高艳蕊）

【新中国成立60周年宣传报道】 10月，制定了《迎接新中国成立60周年宣传报道方案》，在新闻节目中开设《喜迎新中国成立60周年》、《迎国庆讲文明树新风》、《办实事惠民生促和谐》等栏目，拍摄制作了系列报道《身边的60年》，推出了红色经典影片展播月。

（高艳蕊）

【综合频道开播庆典活动】 11月8日，举办"门头沟电视台建台十五周年、门头沟电视台综合频道开播、门头沟新闻网开通暨第十个记者节"庆典活动，区四大部门领导及全区相关单位主要领导参加了庆典活动。

（高艳蕊）

【举办全会精神辅导班】 11月19日，举办十七届四中全会精神辅导班，邀请区委宣传部副部长授课，重点对十七届四中全会决定的重大意义、核心内容和基本框架、应重点把握的几个问题进行了解读。

（高艳蕊）

【区领导调研】 12月30日，区领导姚忠阳到广电中心调研，中心主任介绍了广电中心基本情况、近年来新闻宣传工作开展情况及存在困难。姚忠阳对广电中心工作提出要求。会后，参观了广电中心机房、审片室和演播厅。

（高艳蕊）

卫 生

【概况】 年内，卫生工作坚持以实现人人享有基本医疗卫生服务为目标，以提高城乡居民健康水平为中心，加紧落实"十一五"时期卫生事业发展规划，围绕国庆六十周年安全保障，确保了公共卫生安全、生产安全和内部稳定。市、区为民办实事项目按时完成。改造农村户厕1700户，创建北京市卫生村15个、健康社区9个；区医院急诊综合楼主体完工，疾控中心办公实验楼投入使用，新建22个农村标准化卫生室和12个健康工作室；为全区416名贫困精神病人免费送药4098人次，投药金额20.5万元；为区内户籍适龄妇女进行子宫颈癌、乳腺癌免费筛查13699人、10977人；为农民进行免费健康体检26770人，占农村户籍人口的42.6%；落实老年人优待政策，为6994名无社会养老保障老年人进行健康体检，为71名无社会养老保障老年人免费镶牙，开展农村居民白内障筛查，实施白内障复明手术150例，减免费用45万元。重点做好甲型H1N1流感防控工作。各级医疗机构严格执行预检分诊制度，开展流感样病例监测和传染病症状监测；加强医护人员个人防护，预防医院交叉感染；接种甲型H1N1流感疫苗33842人次，采取预防性投药、派医护人员进学校等措施控制学校突发疫情。传染病防控等公共卫生工作扎实开展。加强区内禽流感、鼠疫、艾滋病及手足口病等各类传染病的防控，落实国家免疫规划，开展健康促进工作，实现了全区无重大传染病暴发流行、无重大食物中毒和生活饮用水污染事件、无孕产妇死亡及精神病人肇事肇祸事件目标。开展"以病人为中心"的医院管理年和医疗质量万里行活动。组织百日医疗安全、医院感染管理等专项检查，查找医疗安全隐患，重点解决医疗质量与服务中的突出问题。社区和农村卫生工作稳步发展。继续实行药品零差率销售制度；建立以社区为基础的慢病防治工作网络，创新慢病干预方式，促进社区残疾人康复达标进程；继续实行收支两条线管理，探索社区卫生岗位绩效考核新方法，建立三级考核体系，完善绩效考核制度；整合社区卫生资源，组建华新建社区卫生服务站，提高医疗卫生资源利用效率。新型农村合作医疗保障水平进一步提高。全区参合农民54188人，参合率

98.37%，筹资总额2226.85万元，共支出合作医疗资金1288.97万元用于村民报销，同比增长了48.19%。加强医疗机构临床用血安全检查力度，完成“国庆60周年”备血应急队伍组建工作。完成国庆60周年医疗卫生保障任务。加大社区和农村人才引进力度，采取公开招聘、签订定向就业协议、返聘高级专家进社区等形式，全年共引进卫生技术人员67人。加强卫生专业技术人员继续医学教育学习。规范区级继续医学教育项目申报工作，开展市区级认可项目290项，培训4051人次，专业技术人员继续教育达标率为98.45%。2009年，门头沟区卫生局被评为首都文明单位，首都科教、文体、法律、卫生“四进社区”活动十大典型活动提名奖，创建北京市健康社区和健康促进示范村优秀组织一等奖，北京市人口和计划生育工作先进集体，首都“迎国庆、讲文明、树新风”活动先进集体，首都国庆60周年群众游行支持贡献单位等。

单位名称：北京市门头沟区卫生局
地　　址：北京市门头沟区石龙北路10号
电　　话：60801936
邮　　编：102308

（屈雪峰）

【入户灭蟑工作】　截至1月6日，累计入户灭蟑15880户，占门城地区总户数的24.3%。共张贴、发放灭蟑宣传海报和致居民朋友们的一封信等宣传材料5.4万份，悬挂灭蟑宣传横幅144条。

（屈雪峰）

【禽流感防控工作】　1月7日，采取措施，对禽流感监测。一是各医疗机构开展预检分诊，筛查、登记流感样病例；区疾控中心追踪排查每例流感样病例，送检阳性标本至市疾控中心检测确认；二是入户搜索禽养殖户，落实各项防控禽流感措施，启动日报告和零报告机制；三是完善应急工作机制，做好应急物品、车辆和消毒药品的准备工作，应急小分队24小时备勤；四是从7日起检查各医疗机构及疾控中心的防控措施落实情况；五是加强冬春传染病防治知识宣传，引导群众正确认识禽流感。20日，举行人感染高致病性禽流感防控桌面演练。演练中考核了卫生局应急指挥；医疗单位应急响应、预检分诊等知识的掌握；疾控中心应急防控措施、病例的治疗和转运等内容。

（屈雪峰）

【领导活动】　1月8日，区领导李建军检查区医院禽流感防控工作，要求各部门积极配合，加强防控，充分做好相关工作。5月4日，刘云广视察区内流感防控工作，实地查看了区医院、京煤集团总医院2所医院的感染性疾病科的预检分诊、医疗救治、疾病诊治流程，以及疾控中心流行病学调查疫情分析会商、应急物资储备等情况。19日，李建军带队检查门城地区三家主要医疗机构甲型H1N1流感防控措施落实情况，检查了各医院的预检分诊和发热门诊诊疗流程，要求区CDC、卫生监督所和相关医院协同配合，确保医疗机构切实做到“早发现、早报告、早隔离、早诊断、早治疗”。6月19日，李建军带队检查门城地区环境卫生，检查了剧场东街、河滩九国广告牌后、城子七棵树桥头、月季兴市场南门、梨园、永定等地的环境卫生。8月21日，刘云广到卫生局调研，听取工作汇报，与有关单位就社区卫生服务、院前急救系统、卫生基础设施建设等工作进行研究，提出要求。9月23日，刘云广视察区内甲型H1N1流感防控备战情况，查看了定点收治医院军庄卫生院的转移收治通道、就诊治疗环境，询问了备战医务人员、医疗物资的配备储备情况，以及新建CDC的流感检测实验室建设情况。要求相关部门及单位全力配合，确保定点收治医院在规定时限内，做好应对甲型H1N1流感防控及病人的收治工作。11月16日，郭光磊到卫生局调研指导学习实践科学发展观活动，听取了卫生系统第二批学习实践活动进展情况汇报，与5个基层党组织书记进行了座谈，提出要求。24日，市纪委驻市卫生局纪检组组长何群一行调研区内卫生系统学习实践科学发展观活动情况，听取了卫生局、区医院的工作汇报，肯定了区内卫生系统第一阶段取得的工作成效，提出要求。12月22日，姚忠阳到卫生局调研，听取了卫生系统的基本情况介绍及工作开展情况，重点就甲型H1N1流感防控工作、医疗对口支援工作、卫生系统基础设施建设等方面进行了交流与探讨。25日，市卫生局副局长邓小虹带队调研对口支援区域医疗中心工作情况，听取了宣武医院、区医院对口支援工作的情况汇报，部署了下一阶段工作，并对北京市医疗中心设置与规划、医疗中心建设存在的问题进行了归纳与分析。年内，市卫生局副局长于鲁明一行督查区内甲型H1N1流感防控工作，听取了开展情况汇报，考察了区医院防控工作实际开展情况。区人大副主任赵爱娟一行调研区内公共卫生体系建设情况，听取了关于社区卫生、农村基本医疗、新农合和公共卫生等工作的汇报，与部分单位就基本建设、人员编制、双向转诊、公用经费等问题进行了座谈，实地考察了德露苑社区卫生服务站的就医环境、康复设施等情况。

（屈雪峰）

【食品添加剂专项整治】　1月13日，启动打击违法添加非食用物质和滥用食品添加剂专项整治工作，对首批101个单位的130名区属餐饮单位负责人进行了集中培训。

（屈雪峰）

【参观改革开放30年成就展】　1月15日，组织医疗卫生工作者参观区改革开放30年成就展。共200余人参加了活动。

（屈雪峰）

【召开工作会议】　1月16日，召开卫生系统工作会，会议要求：一是加快卫生基础设施建设，完成为民办实事任务；二是完善公共卫生服务体系，提升公共卫生应急能力和管理水平；三是强化农村卫生网底建设，提高农村医疗服务和保障水平；四是全面推进社区卫生服务，构建新型城乡卫生服务体系；五是加强医院管理，提高医疗服务质量。

（屈雪峰）

【“1+1”十进行动】　1月至10月，组织预防艾滋病宣传志愿者到社区、工地、医院、学校、和企事业单位等场所，宣传预防艾滋病防治知识、招募宣传志愿者活动。

（屈雪峰）

【举办事迹报告会】　2月4日，举办“援什医疗队”事迹报告会，5位同志代表区21名“援什”医疗队员做了事迹报告。

（屈雪峰）

【无偿献血工作】　2月11日、12日，公安分局、劳动局、国资委、供销社和八方达等11个单位组织参加无偿献血。共采血123袋，24600毫升。6月16日，市输血质控中心检查指导区内用血医院输血质控工作。年内，建立由区卫生局、国税局、龙泉镇、永定镇、京煤集团等13个单位，共487名志愿者组成的可在72小时内随时启动的无偿献血应急志愿者队伍，确保在自然灾害、事故灾难、公共卫生事件、社会安全事件等突发事件以及高温严寒季节性缺血等情况发生时，保障医疗用血需求。开展冬季无偿献血工作，25个企事业单位共献血198袋39600毫升。

（屈雪峰）

【市社区卫生考核】　2月12日，市社区卫生工作领导小组到区检查，听取了社区卫生工作实施情况汇报，检查了社区健康档案、收支两条线落实、药品零差率销售和人员资质等4个方面的落实情况及相关资料，考核了妙峰山和东辛房街道社区卫生服务中心，对社区卫生工作给予肯定并提出建议。

（屈雪峰）

【学习实践科学发展观活动】　3月18日，召开第一批深入学习实践科学发展观活动动员会，学习实践活动的主题是“为人民健康服务，让人民群众满意，推动卫生事业科学发展”，区学习实践活动第三检查组、卫生局党委班子成员、卫生系统各基层单位党政领导和机关全体党员共80余人参加了会议。19日，组织机关全体党员参观市反腐倡廉警示教育基地。3月24日至4月5日，卫生局党委成员分两组到19个基层单位开展调研活动。5月21日，召开学习实践科学发展观活动第一阶段总结暨第二阶段启动会。7月31日，卫生局机关党支部到雁翅村开展帮扶工作。10月26日，召开第二批深入学习实践科学发展观活动动员会，卫生系统17个基层党组织618人参加全区第二批学习实践活动。

（屈雪峰）

【预防职务犯罪】　4月9日，卫生系统举办预防职务犯罪法律法规培训，讲解了预防职务犯罪的定义和意义，职务犯罪的种类，以及如何预防职务犯罪，现场观看了市卫生系统治理商业贿赂典型案例实录。

（屈雪峰）

【开展节前安全检查】　4月21日至24日，与区安监局联合检查了辖区10个重点医疗单位配电室、氧气站、食堂、剧毒药品库、生化实验室、供应室等重点部位的安全工作。

（屈雪峰）

【演讲比赛】　4月28日，卫生系统举办“智慧凝聚力量，岗位奉献青春”主题演讲比赛。

（屈雪峰）

【甲型H1N1流感防控工作】　5月20日，开展甲型H1N1流感实战演练，考察了区医院感染性疾病科、区CDC应急小分队、社区卫生服务机构及属地政府部门应对甲型H1N1流感突发疫情的紧急处置能力。29日，卫生系统二级以上医院和有关单位参加了全国卫生系统防控甲型H1N1流感视频会，部长陈竺进一步部署了甲型H1N1流感防控工作。10月14日至15日，区监察局、教委、疾病预防控制中心等6个单位联合成立甲型H1N1流感督导组，督导检查辖区8所学校及1家社区居委会的防控工作。12月10日，甲型H1N1流感住院费用纳入新农合补偿范围：甲型H1N1流感患者住院前七天之内的门诊医疗费用按住院标准补偿；区内甲型H1N1流感收治定点医疗机构补偿比例与区内二级医疗机构相同；甲型H1N1流感危重病例转往市定点传染病医院（佑安医院）的参合村民，按照辖区二级医疗机构标准补偿；将甲型H1N1流感住院治疗的药费全部纳入补偿范围。年内，联合区监察局督察京煤集团总医院、区医院甲型H1N1流感防控工作。市政府社会防控督查组卫生专业组督查区内甲型H1N1流感防控工作，听取了甲型H1N1流感防控工作开展情况的汇报，查阅了防控工作的相关文件、记录，现场考察了区医院防控工作的实际开展情况。完成甲型H1N1流感疫苗接种工作，已接种33789人，未出现严重不良反应病例。

（屈雪峰）

【开展政风行风评议工作】 5月25日，召开卫生系统政风行风评议动员会，部署了2009年政风行风评议工作。区纪委监察局、纠风办领导、特约监察员、行风监督员和系统各单位一把手参加了会议。9月16日，区政府纠风办政风行风评议组到卫生系统开展民主评议工作，先后走访了区医院、中医院和永定卫生院，采取听、问、访、查的方式，从计划部署、加强教育、完善服务、内部监督等方面，对区内行政主管机关依法履职、公正执法、办事效率、服务态度和清正廉洁等作风建设情况以及医疗机构的行风建设情况进行了评议。

（屈雪峰）

【专项检查】 5月25日至6月4日，市三级医院专家检查组检查区医疗机构医药价格管理工作。年内，市卫生局联合督导检查小组检查了我区精神卫生工作的组织管理、工作实施及贫困精神病人的免费投药等情况。卫生局卫生监督所开展打击安全生产非法违法行为专项工作，重点监督检查了小食品、餐饮和农家乐、城镇医疗机构非法行医活动；重点巡查了永定地区、黑山大街、东辛房、龙泉镇地区、剧场东街及铁三局四处等7个早市非法行医出没地。共监督检查440户次，其中小食品及农家乐336户次，医疗机构104户次；出动监督员369人次，143车次，查处无证及违法经营食品单位9户，取缔无证经营食品2户，取缔非法行医3户。卫生系统开展预防煤气中毒事故安全检查工作，成立了领导小组，出动人员50余人次检查重点医疗单位，对全系统共计345户使用炉灶取暖的职工统计造册。开展“以病人为中心”医疗安全百日专项检查工作，检查了医院重点部门和科室的医疗服务、医疗质量和护理质量。开展实验室生物安全及医院感染管理专项检查工作，重点检查了区医院、中医院和妇幼保健院的临床实验室布局与流程，医院感染控制和生物安全制度落实情况，流感样病例样本采集、保存、运输，开展检验项目、室内质控、参加室间质评及医务人员岗位培训情况；医疗机构依法执业、医院感染管理的规章制度及落实情况，消毒灭菌与隔离、医疗废物管理及医务人员职业卫生防护工作状况，医院感染病例和医院感染暴发的监测工作情况等。区献血办协同市输血质控中心和市血液中心专家组开展血液安全督导检查工作，检查了区内二级医疗用血单位的血液安全管理工作，评判并指导了血库机构设置及人员配置、基础设施建设、仪器设备使用、用血安全制度和临床用血流程等方面工作。开展病媒生物专项执法检查，重点查看了50家星级宾馆、医院、商场超市、食品加工厂、餐饮业等单位鼠、蟑情况及防鼠设施的建设情况，防鼠合格率达到94%，防蟑合格率达到92%。

（屈雪峰）

【培训工作】 6月15日，卫生系统举办2009年度入党积极分子培训班，100余名入党积极分子参加了培训。8月24日，召开2009年狂犬病免疫预防门诊业务培训会，重点讲解了狂犬病暴露者登记报表及数据库登记信息释义，学习讨论了北京市狂犬病技术管理规范。辖区3家狂犬病免疫预防门诊共12名业务骨干参加了培训。年内，完成第十届社区卫生服务“十专业”岗位培训工作，93人取得岗位合格证书。

（屈雪峰）

【两癌筛查启动】 7月14日，启动两癌筛查先期工作。子宫颈癌筛查对象为户籍25岁至65岁妇女，乳腺癌筛查对象为40至60岁妇女。区妇幼保健院、区医院、京煤集团总医院3家医疗机构为“两癌筛查”指定医疗机构。

（屈雪峰）

【市稽查考核新农合基金管理】 7月23日，市卫生局稽查考核新农合基金管理工作，察看了龙泉镇新农合经办机构补偿业务和公示情况，查阅了银行对账单和上一年新农合财政部决算报表、账册以及规章制度等相关材料，肯定了区合作医疗的基金筹集、财务制度建立、基金使用和监管机制等方面工作。区卫生局、财政局和劳社局相关负责参加了稽查汇报会。

（屈雪峰）

【母乳喂养周】 8月1日至7日，妇幼保健院举办母乳喂养周系列活动。

（屈雪峰）

【督导检查健康促进示范村】 8月6日至20日，区爱卫办会同健康教育所督导检查健康促进示范村、健康社区创建工作，共涉及8个镇、4个办事处的14个村和9个居委会，以《北京市健康社区考核验收评分标准》、《北京市健康促进示范村工作考核标准》为依据，采取听汇报、查阅相关资料、实地查看等方式，重点检查了各创建村和创建社区的组织机构建设、环境整治、健康知识讲座、健康档案归档等工作开展情况。

（屈雪峰）

【组织参观书画摄影展】 8月11日至16日，组织系统500多名党员干部到军事博物馆参观“如诗如画门头沟”大型书画摄影展。

（屈雪峰）

【学生集中活动单位传染病防控】 8月上旬，卫生局卫生监督所会同区应急办、教委、纪检委督查斋堂军训基地、雁翅教委培训基地和京西建国酒店3家暑期学生集中活动单位的传染病防控工作。

（屈雪峰）

【市爱国卫生综合检查】 9月3日，市爱卫办分为市容环境社区卫生、病媒生物防治和单位控烟3个检查组，检查区爱国卫生和“迎国庆”环境卫生整治工作。

（屈雪峰）

【参加市社区卫生系统汇演】 9月9日，参加市社管中心举办的“光荣社区卫生人北京市社区卫生系统庆祝建国60周年文艺汇演”，获得“优胜奖”。

（屈雪峰）

【举办国庆60周年文艺汇演】 9月18日，卫生系统举办国庆60周年职工文艺汇演。共27个节目报名参演，其中舞蹈《祖国颂》等3个节目获优秀表演奖，锣鼓快板《美丽的祖国》等3个节目获优秀创作奖，妇幼保健院等3个单位获优秀组织奖。

（屈雪峰）

【高血压日】 10月8日至10日，开展“全国高血压日”宣传活动，现场免费测量血压，发放宣传材料1000余份，并讲解了盐与高血压的关系及日常饮食中合理用盐等相关知识；部分社区卫生服务中心还组织了健康教育大课堂、高血压咨询活动等。

（屈雪峰）

【区中医医院与朝阳医院合作签约】 10月25日，区中医医院与朝阳医院举办合作签约仪式暨大型义诊活动，两院将在医、教、研等方面开展为期5年的合作，以专家门诊，门急诊绿色通道、疑难会诊，义诊咨询、人员交流、物资支持、信息交流等形式，为区内居民提供更好的医疗服务。

（屈雪峰）

【干部人事制度】 10月26日，区人力社保局联合监察局、纪委直派纪检组联合检查局内干部人事制度执行情况，听取了从干部选任、干部考核、公开招考、人员调配、教育培训及工资福利6个方面做的情况汇报，查阅了相关资料并发放了调查问卷。联合检查组肯定了干部人事制度工作，提出了意见和建议。

（屈雪峰）

【创建健康促进示范村】 10月28日，市健教所通过听取汇报、现场检查、查阅资料及走访群众等方式，对区内14个示范村的创建工作进行了验收。

（屈雪峰）

【艾滋病防治宣传月】 11月10日至12月10日，开展主题为“遏制艾滋，履行承诺”的艾滋病防治知识宣传月活动，落实国家“四免一关怀”政策，慰问艾滋病病毒感染者，利用一台一报宣传媒体开展艾滋病防治宣传教育工作。

（屈雪峰）

【世界糖尿病日】 11月14日，开展了以“糖尿病教育与预防——认识糖尿病，我们在行动”为主题的健康宣传活动，共为社区居民免费测血糖、健康咨询1000人次，发放宣传材料15种，共计5000余份。

（屈雪峰）

【爱心捐款活动】 11月25日，组织开展“送温暖、献爱心”捐款活动，全系统1742人共向甘肃省陇南市地震灾区捐款41022元。年内，卫生系统参加为“莫拉克”台风台湾受灾地区捐款活动，系统1640人，共捐款22825元。

（屈雪峰）

【围产保健及助产工作市级质控】 12月3日，北京市妇幼保健院对门头沟地区活产数、孕产妇系统管理数及产科医院围产儿死亡漏报、孕产妇死亡漏报等项目进行了市级质控工作。抽查区医院、门城社区卫生服务中心城子防保科2所医疗保健机构，均未发现漏报现象，孕产妇系统管理的各项指标均到达“十一五”规划要求。

（屈雪峰）

【医院管理年和医疗质量万里行】 12月9日至11日，开展医院管理年和医疗质量万里行督导考核工作，从医疗质量、医技、护理、院感、科教、患者满意度调查等方面对5家二级医院进行了考评。

（屈雪峰）

【农村孕产妇住院分娩补助】 12月15日，实施《农村孕产妇住院分娩补助政策》：凡具有门头沟区农村户籍，在门头沟区二级及以下具有助产资质的医疗机构（区医院或妇幼保健院）住院分娩的孕产妇，住院分娩可享受600元财政补贴。

（屈雪峰）

【创建无烟北京】 12月，开展“创建无烟北京”健康教育宣传活动。围绕国际肺癌宣传月及日常控烟宣传工作，开展多种形式的控烟活动，制作“创建无烟北京”电视片，发放《无烟北京》宣传画及宣传材料，播放《控烟公益宣传片汇编》光盘，制作宣传板、开展健康知识讲座等。各镇街、医疗单位共开展宣传咨询活动30余次，接待咨询人数2000余人次，发放宣传材料2万余份。

（屈雪峰）

【完成国庆保障工作】 年内，完成了国庆游园活动、国庆庆典活动和国庆期间医疗卫生保障任务。加大重点地区、重点行业的监督执法力度，累计出动33车次98人次；建立食品安全预警，创建餐饮消费安全街；加强应急医疗救治能力建设，抽调医务人员和救护车辆组成医疗救援小分队，保障应急设施和急救药品、物资的储备；开展国庆期间药品和医疗器械安全使用专项检查，制定实验室生物安全应急处置工作方案，组建实验室生物安全事件处置专家组，负责现场调查确认和分析评价判断；制定突发公共事件医疗救治应急预案，做好车辆、设备的维护和人员的技术强化训练，保证重大传染病和突发公共卫生事件的医疗救治工作。

（屈雪峰）

【新型农村合作医疗工作】 年内，人均筹资达到420元，筹资总额2226.85万元；全区参合村民54188人，参合率98.37%。共支出合作医疗资金1288.97万元用于村民报销，同比增长48.19%。共有参合村民3254人次享受了住院报销，同比增长18.07%。报销人员中，有5491人次享受了门诊报销带来的实惠；有514人次享受门诊特病报销，补偿207.02万元；32人次享受学生儿童报销政策，补偿17.55万元。

（屈雪峰）

【加强社区卫生工作】 年内，整合医疗卫生资源，优化社区卫生服务运行机制，重组改建中铁三局四公司三家店医院为华新建社区卫生服务站；完善绩效考核制度，建立科学规范的社区卫生服务三级考核体系，推荐永定社区卫生服务中心参加市绩效考核试点工作，推行“家庭保健员计划”，组织3207人参加培训考核，经过综合信息评价和考核认证，共选聘2507名家庭保健员。组织社区卫生服务机构人员参加全科医师、社区护士岗位理论和技能培训36次，参加培训1049人次。社区康复、心电图、B超3个专业培训38次，参加培训1072人次。2009年报名参加全科医师、社区护士、防保医师岗位资格培训考试71人，社区其他7个专业培训考试97人。

（屈雪峰）

【卫生监督所执法工作】 年内，开展迎国庆食品安全、打击违法添加非食用物质和滥用食品添加剂等专项整治工作。出动监督员570人次，车辆193车次，开展各项公共卫生监督检查7469户次。加强法律法规培训，强化经营单位的主体责任。推行公共场所卫生监督量化分级管理制度；加强医疗卫生行业内部的依法执业管理；对重点地区定期巡视检查，严厉打击非法行医。严格依法行政。制定《门头沟区卫生局重大行政决策法律审查制度》等6项制度，全年受理行政许可事项1198件，办结率100%。解答群众咨询11331人次，受理群众投诉举报42起，处理率100%。

（屈雪峰）

【公费医疗费用拨付】 年内，完成2008年度公费医疗人员医疗费用拨付工作。

（屈雪峰）

【党风廉政建设和反腐败工作】年内，召开党风廉政建设和反腐败工作会议，确定工作重点：一是开展党性党风党纪教育，加强领导干部作风建设；二是贯彻党风廉政建设责任制，确保完成反腐倡廉各项任务；三是推进廉政风险防范管理工作，加强源头治理；四是加强行业作风建设，纠正损害群众利益的不正之风。

（屈雪峰）

【护士课堂】 年内，妇幼保健院每月举办两期“护士课堂”，以“你讲、我讲、大家讲”的形式共同学习护理理论知识。

（屈雪峰）

【狂犬病免疫预防】 年内，检查辖区3家狂犬病免疫预防门诊在疫苗供货渠道中的执行及使用情况。

（屈雪峰）

【学校和托幼园所春季安全】 年内，监督检查了辖区内17所学校和16所幼儿园的传染病防控、食品卫生安全等方面工作。

（屈雪峰）

【不良执业行为积分管理】 年内，卫生局卫生监督所针对医疗机构不良执业行为采取积分管理，建立了医疗机构不良执业行为日常监督档案，实行一户一档积分管理，并上报辖区内医疗机构的不良执业行为，进行网上公布，引导区内患者安全就医。

（屈雪峰）

【“无吸烟家庭”评选活动】 年内，爱卫办按照“支持控烟工作，家庭成员不吸烟、不敬烟、不让烟”的标准，审批授予1000户家庭“无吸烟家庭”荣誉称号，并张贴统一标牌。

（屈雪峰）

【事业单位公开招聘】 年内，卫生系统14个单位共面向应届生和社会公开招聘工作人员56名。

（屈雪峰）

【农村生活饮用水卫生监测】 年内，完成2009年农村生活饮用水枯水期卫生监测工作。共设监测点23个，其中涉及“2009年全国农村饮水安全工程水质卫生监测项目”的监测点9个、“2009年全国农村饮用水监测点水质卫生监测项目”监测点14个。共采集水样46件，合格38件，合格率82.6%。

（屈雪峰）

【托幼园所体检】 年内，完成托幼园所体检工作，共体检2483人。

（屈雪峰）

【社区卫生服务】 年内，完成2009年第十一届社区卫生服务全科医师、社区护士、康复、心电图、药学等5专业理论培训工作，共培训62场次，1992人次。

（屈雪峰）

【收支两条线管理】 年内，区内各社区卫生服务中心严格执行收支两条线管理制度。上缴财政1814.29万元，同比增长41%。

（屈雪峰）

【社区卫生岗位绩效考核】 年内，永定镇社区卫生服务中心作为全市3个试点区县单位，开展岗位绩效考核。

（屈雪峰）

【艾滋病知信行调查监测】 年内，完成流动人口艾滋病知信行调查和监测工作，分别进驻中关村科学城建设公司、北京矿建公司和蒙建公司等3个建筑工地，采用一对一方式进行调查，共获得有效问卷206份，采集血清206份。

（屈雪峰）

【推广家庭护眼按摩操】 年内，发放培训手册、教学光盘和挂图，在全区小学生中推广使用《家庭护眼按摩操》。

（屈雪峰）

【社区卫生服务信息系统】 年内，启动社区卫生服务综合管理信息系统建设项目。根据市卫生局和区信息化建设的要求、结合卫生系统的实际情况，项目分成基础网络建设，基础数据库建设，市、区两级应用平台建设，系统运营维护和培训四个部分。

（屈雪峰）

【流感疫苗接种】 年内，完成流感疫苗接种工作，全区累计接种流感疫苗40324支，其中老人19888支，学生19405支，自费流感疫苗累计接种1031支。

（屈雪峰）

【开展农村饮用水用工作】 年内，完成“北京市农村饮用水用水量调查”课题工作。完成52个村的农村安全饮用水整改工作。

（屈雪峰）

【社区医生进学校工作】 年内，启动社区医生进学校工作，派遣医务人员到全区41所中小学校协助开展卫生保健工作。

（屈雪峰）

【中医绩效考核】 年内，开展中医医院绩效考核工作，制定了工作方案，成立了考核领导小组和专家组，采取查阅资料、实地考核、现场提问和满意度调查等方式，从基础建设、内涵建设、财务管理、医院管理和中医药文化建设等方面考核。中医医院在考核项目上基本符合细则指标的要求，考核结果合格。

（屈雪峰）

【量化分级管理】 年内，推行公共场所卫生监督量化分级管理制度，对辖区内的住宿场所和游泳场所开展了公共场所卫生监督量化分级管理评定工作，评定共分为3个卫生信誉度等级。

（屈雪峰）

【无社会养老保障老人健康体检】 年内，为区内户籍60周岁以上无社会养老保障老人开展健康体检，体检项目包括体格检查、血常规、尿常规、快速血糖检测、心电图、B超等，共体检6994人次。

（屈雪峰）

【征兵体检】 年内，完成2009年征兵体检工作，共上站335人，合格162人。

（屈雪峰）

·卫生监督

【概况】 年内，卫生监督所在区卫生局党委和所党支部的领导下，以“三个代表”重要思想和党的十七大精神为指导，全面开展学习实践科学发展观活动，巩固已取得的各项成果，按照年初提出的“认真学习和实践科学发展观、明确目标、坚定政治方向、脚踏实地、扎实苦干、确保安全”的工作思路，统筹规划、抓住重点，真抓实干、打造亮点，深入源头、查找盲点，坚持执法与服务相结合的方针，积极开展各项工作，确保了全区公共卫生安全。完成了市所、区政府和区卫生局下达的目标任务，辖区内未发生食物中毒、生活饮用水污染等重大突发公共卫生事件。全年共监督检查7469户次，制作一般程序行政处罚案卷30卷，罚没款50400元；简易程序处罚106起，其中警告105起，罚款1起500元。共受理群众投诉举报42件，处理42件，处理率100%。卫生许可受理审核中心共接到咨询次数3710次，咨询人数达4941人次；申办人申请1429户，受理申请办理卫生许可证1047户。全程办事代理大厅共受理205件，办结105件，其余正在办理，群众咨询23人次。

单位名称：北京市门头沟区卫生局卫生监督所
地　　址：北京市门头沟区石龙北路12号
电　　话：60804950
邮　　编：102308

（陆沈凤）

【乳制品专项检查工作】 2008年12月1日至2009年3月24日，以预防食物中毒为中心，开展乳制品专项检查工作，累计出动监督员702人次，执法车180车次，监督检查食品经营单位498户次，其中餐馆306户次，集体食堂20户次，民俗接待户152户次（民俗村5个），食品加工厂14户次，副食单位3户次，主食加工3户次。

（魏春平）

【重大节日专项检查】 2008年12月12日至2009年2月24日，卫生监督所以预防食物中毒为中心，结合节日消费特点，开展食品安全专项整治工作，严厉打击违法添加非食用物质和滥用食品添加剂的违法行为，消除食品安全隐患，确保春节期间饮食卫生安全。共出动监督员392人次49车次，监督检查食品经营单位245户次，其中餐馆175户次、集体食堂9户次、民俗村3个、民俗接待户44户次、食品加工厂11户次、副食单位3户次、主食加工3户次。1月4日至2月5日，卫生监督所加大对公共场所单位的监管力度，重点检查卫生许可证是否有效，从业人员健康证明持有情况，场所内卫生设施使用情况，公共用品、用具的清洗消毒，场所内环境和空气状况等，共监督检查44户次，其中商场、超市12户次、住宿场所11户次，游泳馆4户次，浴池2户次，美容美发15户次。春节期间，以主要大街的宾馆饭店、餐饮单位、超市及旅游景区的餐饮单位、旅店、医疗机构等单位为重点进行巡查，共出动监督员21人次，执法车7车次，监督检查46户，其中餐饮单位28户，民俗接待户6户，医疗机构6户，公共场所6户，检查结果全部合格。节日期间全区未发生食物中毒和食源性疾患，也未发生生活饮用水事故和其它突发公共卫生事件。7月7日至10月10日，以深化量化分级管理、督促各项制度落实、规范小型餐饮业及农家乐等为重点开展迎国庆食品安全专项整治工作。共监督检查99户，其中餐饮单位88户，集体食堂11户。书写笔录9户，发放意见书28户，发放承诺书12户，店外经营2户，照相6张，发放预警100张，甲流感防控检查40户次。7月14日至29日，门头沟区国庆60周年群众游行训练工作在京煤集团斋堂培训中心进行，为保证266名参训人员的饮食卫生安全，卫生监督所对此次活动进行了全程公共卫生保障，完成了46餐次，11460人次的公共卫生保障任务，抽检69件、快速毒物检测8件，全部合格。8月1日至10月15日，按照《北京市卫生局关于迎接新中国成立60周年加强公共场所卫生监督管理的通知》的要求，加强了对辖区内住宿、游泳等公共场所卫生监督管理工作，共监督检查84户次，其中旅店业42户次，理发美容店21户次，游泳场馆8户次，文化娱乐场所3户次，洗浴业1户次，商场8户次、图书馆1户次。针对检查中发现的未取得卫生许可证擅自营业、游泳池水质经检测不符合国家卫生标准等问题，给予其相应行政处罚。8月13日至10月15日，根据北京市卫生局《关于迎国庆加强生活饮用水卫生监督工作的通知》要求，加强了对辖区内供水单位的卫生监督工作，共监督检查78户，二次供水9户，自备水源10户，农村水厂3户，农村简易自来水56户。节日期间，卫生监督所每天派两组巡查人员对餐饮、公共场所、生活饮用水、医疗、传染病消毒等单位进行巡查，共监督检查61户次，其中食品35户次（民俗接待11户次，其它餐饮单位24户次），公共场所10户次，生活饮用水1户次，甲流感防控检查15户次（医疗机构14户次，CDC1户次），要求整改10户次。出动监督员36人次，执法车15车次。黄金周期间全区未发生食物中毒及生活饮用水污染等突发公共卫生事件。

（经　通）

【专项整治工作】 2008年12月22日至2009年4月10日，开展打击违法添加非食用物质和滥用食品添加剂的专项整治行动。此次行动以各类餐饮经营单位滥用食品添加剂和非食用物质的行为为重点，分7批次培训管理相对人589余人次，与参会的餐饮单位负责人签订了《门头沟区预防食物中毒责任书》；发放宣传材料1650余份；共出动监督员1016人次，执法车辆254车次，监督检查餐饮经营单位508户次。对1家存在经营使用超过保质期限的食品添加剂、待加工食品与直接入口食品存在交叉污染现象、食品生产经营人员未取得有效健康证明而从事食品生产经营等违法行为的单位进行立案查处，依法给予了900元的行政处罚。9月，卫生监督所对辖区内的消毒产品生产经营单位进行了违法宣传疗效和添加药物的专项检查。5家单位未按要求向标有“卫消证字”或“卫消字”产品的生产企业索取生产企业卫生许可证和产品卫生许可批件；1家单位销售的3个消毒产品标签说明书和宣传内容不真实。监督员对存在问题单位下发了监督意见书，责令其立即整改，停止销售违规宣传的产品。

（魏春平　张　炼）

【禽流感应急工作】 1月7日至14日，北京市发现1例禽流感病例后，卫生监督所立即召开“紧急动员会暨禽流感检查培训会”，全所监督员学习了《卫生部人感染高致病性禽流感应急预案》《门头沟区卫生局卫生监督所人感染高致病性禽流感防控应急预案》以及《门头沟区卫生局卫生监督所关于人感染高致病性禽流感监督检查要点》等，同时开展禽流感防控工作专项监督检查，共监督检查食品24家，医疗机构34家。13日，组织一起疑似突发禽流感疫情的桌面推演，以提问题形式，由监督所疫情指挥主管副所长主持，考察了监督员在发生疫情时的快速反应能力、正确采取措施能力和应变能力。

（经　通）

【联合检查】 1月12日，联合区技术监督局、龙泉镇政府、三家店派出所，对三家店一非法豆制品加工黑窝点进行了取缔，共没收并销毁豆制品成品及半成品约150公斤，没收盛装豆制品塑料箱15个。2月12日，参加区建委组织的对使用地下设施经商单位的联合检查。共检查7家单位，卫生监督所责令存在卫生问题的食品生产经营单位立即整改。13日，联合区公安分局、药监局，取缔了永定小园村一家无证黑诊所，并对其行政处罚，全部非法药品和诊疗器械被当场没收。3月30日至4月3日，会同区水务局对清水镇、雁翅镇和妙峰山镇的29个自备水源进行检查验收，针对检查中发现的消毒设备未使用、蓄水池不达标等问题，监督员责令其立即整改，给予指导和建议。4月9日，会同斋堂镇政府、安监局、旅游局等部门，对斋堂镇川底下、柏峪等6个村的47户“农家乐”进行现场检查。23日，会同区爱卫会和大峪办事处，联合对大峪地区的4个机关单位和2个餐饮单位禁烟工作的落实情况进行监督检查，2个餐饮单位禁烟工作落实到位。29日，会同军庄镇政府对辖区内民俗旅游接待户进行验收和监督检查。30日，由区领导李建军带队，区政府、卫生监督所、CDC、教委等相关领导及人员组成的检查组对全区3家医疗机构、1家疾病预防机构、2家幼儿园、2家餐饮单位进行节前安全检查，检查情况总体良好。5月8日，由妙峰山镇政府牵头，卫生监督所、区旅游局、工商局等部门联合对妙峰山镇9家大型农家乐以及餐饮单位的进货索证登记、加工场所卫生状况、使用食品添加剂等情况进行监督检查。6月19日和25日，联合区药监局，对大峪前街41号、坝房子村路旁平房、蔡家府山下2号和重点地区的顽固非法行医点三家店53号诊所、民生胡同5号诊所进行清理整顿，共取缔非法行医点4处，暂时停止执业活动4处。7月7日和9月25日，参加区建委组织的关于开展普通地下空间安全使用综合整治活动会议，会后对区内具有地下空间作业场所的单位进行了联合监督检查，并与被监管单位签订了安全责任书，共检查11户次。7月31日，会同区商务局、工商分局、城管大队、大峪办事处，对主要大街双峪路两侧的饭馆、美容美发、蛋糕房等经营单位进行了全方位的监督检查，共计监督检查各类商户20户。同日，联合东辛房派出所、区药监局，对东龙门152号院的非法行医点进行突击检查，依法将其取缔，并对出租房主进行了教育。8月21日，联合药监、公安部门，对5处非法行医经常出没的地点进行监督检查，并对相关人员进行普法宣传教育。9月3日，联合药监、公安对永定地区无证行医、卖药摊点集中地带进行突击检查，取缔2家“黑诊所”，药监局查封扣押药品99种。15日至16日，与妙峰山镇政府及区工商、环保、公安等部门联合对妙峰山地区的餐饮单位和民俗旅游接待户进行了综合安全检查。两天共监督检查16个单位，发放预防扁豆和有毒蘑菇中毒的预警宣传画32份。10月10日，由永定镇政府牵头，卫生监督所、区工商局、安监局等执法部门联合对永定镇石厂村的2家企业的职业卫生进行监督检查，卫生监督所要求各企业要及时安排接触职业危害的人员进行职业健康检查，建立健全职业健康监护档案，制定职业病防治计划、实施方案和职业病危害事故应急救援预案。11月19日至20日，由北京煤矿安全监察分局牵头，卫生监督所、区地煤办、安监局等部门联合对区内3家煤矿企业的作业场所的职业卫生设施、职业病防护用品配备使用及职业健康监护档案等进行监督检查，并对未按照规定组织在岗期间职业健康检查的企业给予了警告的行政处罚，责令其限期整改。12月9日至15日，区爱卫会联合卫生监督所、永定镇、龙泉镇、大峪办事处、城子办事处及东辛房办事处等部门，对区内的宾馆饭店、餐饮单位、商场超市及机关单位等共计50家单位进行病媒生物防控和公共场所禁烟情况监督检查，检查情况总体良好。

（陆沈凤）

【卫生法律法规宣传和培训】 1月21日，开展2009年生活饮用水卫生工作培训会，进一步宣传贯彻《北京市生活饮用水卫生监督管理条例》《生活饮用水卫生标准》等法律法规和卫生标准，对全区25个供水单位的负责人及管水员40余人进行了培训，并签订了《生活饮用水卫生管理责任书》。2月11日，在潭柘寺镇政府举办2009年首批“农村管水员培训班”，潭柘寺镇12个村的管水员和村委会主任47人参加了培训，此次培训共发放《生活饮用水卫生管理制度》《生活饮用水日常监督检查表》各47份。23日，召开“门头沟区2009年学校卫生工作会”，就《食品卫生法》《学校卫生工作条例》等相关卫生法律法规和卫生知识进行了进一步讲解，共有41所学校的主管领导、校医和食堂管理员69人参加。3月10日，会同石龙管委会、区安监局在石龙工业区举办“职业病防治培训”。39家单位的负责人、职业卫生管理人员参加了培训，并签订了《门头沟区用人单位职业病防治责任书》。15日，卫生监督所会同区工商分局、区药监局等单位开展以“宣传消费政策、推动消费维权、提高消费信心、构建和谐消费、促进经济发展”为主旨的“3.15”消费者权益日宣传活动。共发放各类宣传材料4种、1500余份，接受宣传人数1500人，解答咨询10余人次。19日至20日，对全区一级以下医疗机构进行了《中华人民共和国传染病防治法》《北京市医疗机构不良执业行为积分管理暂行办法》等法律法规培训，近200家社区卫生服务站、村卫生室、学校、厂矿医务室及个体医等单位的207人次参加了培训。监督员将2008年度所有校验完未及时领取的医疗机构执业许可证现场发给各医疗机构负责人，又提前将2009年校验申请表和校验提交的材料及具体要求560份发给申办人，并对申办人提出的问题当场给予了答复。4月15日至21日，会同区水务局对清水、斋堂、雁翅、王平和龙泉5个镇116个村的366名管水员进行了业务培训，就生活饮用水卫生知识及近年来发生生活饮用水污染事件进行了讲解。此次培训共签订责任书116份，发放宣传材料232份。25日，和相关部门开展了《职业病防治法》主题宣传日活动。共发放宣传材料5种、3000余份，宣传人次3000余人次，咨询人数20余人。5月8日，召开推行公共场所卫生监督量化分级管理工作培训会，有26个单位（住宿21个、游泳馆5个）的30名负责人参加了培训，发放材料32份、宣传画80张。26日和30日，到东辛房办事处北涧沟社区、区惠民家园建筑工地和新桥大街开展《食品安全法》宣传活动，共发放《食品卫生监督量化分级管理及用餐手册》500本，《食品安全法》宣传书包900个，卡套3000个；接受宣传人数3000多人，咨询10余人。6月14日，卫生监督所参加卫生局牵头的食品安全生产月宣传活动。共发放食品安全法宣传卡、宣传画以及温馨小贴士——成人腹泻的饮食调养等食品安全知识6种、4000余份，预防食物中毒展板3块，接受宣传人数4000人，解答咨询10余人。

（经 通 经守银）

【非医用放射源监督检查】 2月24日至3月11日，对全区7家非医用放射源的使用单位进行全面监督检查，各非医用放射源的使用单位均持有有效许可证；放射工作人员均持有体检证和培训证，但个别单位存在放射工作人员健康监护档案不健全问题，卫生监督员当场下发卫生监督意见书，要求其立即整改，并择期进行复查。

（侯宇卅）

【民俗旅游接待户专项整治工作】 3月3日和6日，对雁翅镇40家、妙峰山镇51家餐饮单位的负责人进行了以食品卫生及预防食物中毒、食品添加剂、乳制品等知识为重点的培训。共91人参加，并签订了《预防食物中毒责任书》。18日，组织召开门头沟区2009年“农家乐”专项整治工作会，全区各镇主管镇长参加，部署门头沟区民俗旅游接待户专项整治工作，明确主体责任和监管责任。3月23日至8月7日，开展办证与监管工作，对无证经营但符合卫生标准的民俗接待户给予办证，对有证的民俗旅游接待户进行规范管理，有效预防食物中毒的发生，此次共监督检查民俗旅游接待户507户次。

（张云志 经 通）

【廉政风险防范工作】 3月，召开全体卫生监督员的廉政风险防范动员会，部署廉政风险防范工作，制定廉政风险防范管理实施方案。结合工作实际认真查找廉政风险点，领导班子查找风险点3个，制定防控措施3条；所内查找风险点5条，制定防控措施5条；所领导查找风险点18个，进行廉政公开承诺9条；重点岗位人员查找风险点216个，进行廉政公开承诺108条。科队每半年进行自查，并上交自查报告。7月24日，区卫生局纪检书记带领由各医疗单位主管领导组成的互查小组到监督所进行检查指导，对卫生监督所廉政风险防范工作给予了肯定和好评。

（郑素音）

【春季安全大检查】 3月，开展学校和托幼园所春季安全大检查，对辖区内17所学校和16所幼儿园进行了传染病防控、食品卫生安全等方面的检查，针对个别幼儿园存在的食品留样分量不足、记录不全等问题提出了整改意见，并对幼儿园负责人和从业人员进行了食品安全宣教，确保师生们的公共卫生安全。

（李 枚）

【甲型H1N1流感防控工作】 4月30日，启动甲型H1N1型流感防控工作，召开关于甲型H1N1流感防控工作相关知识的培训，共有35名监督员参加。5月2日至6日，对辖区内14家一级以上医疗机构、1家疾病预防控制中心及1家医务室的甲型H1N1流感防控措施落实情况进行监督检查。针对检查中发现的个别单位防护用品储备不足、未设立预检分诊、无人员培训制度、未做甲型H1N1流感培训、发热筛查室未全部使用造成分区不合理、筛查室出入口无标识、消毒设施设备不到位等问题，立即下发了《卫生监督意见书》，要求其立即整改。8月3日，会同区应急办、教委、纪检委对斋堂军训基地、雁翅教委培训基地、京西建国酒店3家举办暑期学生集中活动的单位的甲型H1N1流感防控工作进行督查，针对督查中发现的问题，监督员下发了卫生监督意见书，责令其限期整改。10月14日至15日，卫生监督所、区监察局、教委、社会办、卫生局应急办、疾病预防控制中心6个单位联合成立甲型H1N1流感督导组对8所学校及1家社区居委会进行督导检查，检查情况总体良好。10月，卫生监督所对辖区内60家学校、托幼机构、12家建筑工地甲型H1N1流感防控工作进行监督检查，此次检查的重点内容包括学校和托幼机构的晨午检、因病缺勤追踪记录、传染病防病知识的宣传教育以及各项防控措施落实情况等，检查情况总体良好。

（曹卫斌 李志娟）

【手足口病防控监督检查】 4月，对辖区内15家托幼机构开展了手足口病防控工作检查，检查结果较好，监督员要求各单位要提高认识，认真落实各项防控措施，切实做好手足口病防控工作。

（邓俊琴）

【安全生产月专项整治行动】 6月10日至30日，为做好“安全生产月”活动，开展以城乡结合部、“农家乐”及永定河两侧非法经营、超范围经营单位为重点的食品安全专项整治工作，实行弹性工作机制，挂、销帐制度，无证“农家乐”备案制度，重点检查食品进货索证、食品储存加工制作过程、餐具消毒、店内外环境卫生等情况。累计监督检查653户次，发放意见书411户次，发放承诺书405户次。

（经　通）

【夏季食物中毒预警】 6月，开展夏季食物中毒预警工作。通过媒体向人民群众传播家庭食品安全和预防食物中毒的知识，介绍如何把握好食品的购买、储存和制作等关键环节；制作预防毒蘑菇中毒和扁豆中毒的宣传海报向辖区内餐饮单位统一发放，并要求其张贴于餐厅内明显位置，起到对餐饮单位和消费者的警示作用；组织卫生监督员到社区、景区、学校、工地、食堂等面对面向群众宣传食品安全法律法规和食物中毒预警知识，发放宣传材料，解答群众的问题。7月2日，以如何预防夏季食物中毒为重点对潭柘寺地区餐饮单位及农家乐进行监督检查，对道路两侧的餐饮单位及赵家台、平原村的农家乐发放了如何预防毒蘑菇和扁豆中毒的两种宣传海报，共计监督检查餐饮单位和农家乐36户，发放两种宣传海报280份。

（郑素音　魏春平）

【实验室检查】 7月12日至28日，根据卫生监督二期平台实验室的检查内容，对辖区内开展实验活动的8家医疗机构进行了监督检查。检查内容有：实验室必须每月至少检查一次实验室生物安全情况，并有记录；建立并完善实验室人员档案管理系统，对接触病原微生物人员基本信息、岗位信息、进入实验室人员和从事的活动进行详细登记；建立完善各项生物安全管理制度；废弃物处理等。1家医院对制度落实情况无自查记录，监督员当场下发了监督意见书。

（李志娟）

【通过卫生清洁月验收】 9月3日，北京市爱卫会3个专家检查组对全区爱国卫生清洁月工作进行检查验收，此项工作涉及卫生监督所管辖的医疗、餐饮单位环境卫生、病媒生物防控、公共场所禁止吸烟等多项内容，在5个专项检查小组20多名监督员的努力下，区内餐饮单位的卫生工作得到了专家组肯定。

（魏春平）

【预防接种检查】 9月4日至28日，为进一步贯彻《疫苗流通和预防接种管理条例》，对辖区内免疫门诊进行了监督检查，经查：个别单位还存在着应急预案不健全、冰箱温度记录不规范等问题。针对检查中发现的问题，监督员要求其立即整改，确保群众疫苗接种的安全。检查的主要内容有：接种单位的组织领导、应急预案的建立；接种单位和接种人员资质的准入和培训；疫苗的运输、保存的规范；接种现场的条件、消毒设施、医疗废物的处理等。

（李志娟）

【食品卫生保障】 10月13日至15日，对举办2009年门头沟区成人高考、自学考试的育园中学、新桥路中学、育新中学等考点周边的13家餐饮单位进行了监督检查。及时消除安全隐患，确保了考试期间考生和考务人员的食品卫生安全。

（魏春平）

【学习实践科学发展观活动】 10月30日，召开了学习实践科学发展观活动动员大会，成立了领导小组，明确了工作职责和各个阶段的工作任务。活动期间开展了党小组集中学、撰写学习心得、党员自学、书记讲党课、观看《科学发展在北京》教育光盘、与系统十佳共产党员座谈交流、参观现场教学点、党员集中大讨论等多种方式的学习教育活动。

（郑素音）

【违规发布医疗广告专项整治】 11月，开展违规发布医疗广告专项整治行动，对检查发现的标签说明书和宣传内容不真实的2家单位销售的6个消毒产品，责令其立即停止销售活动，并告知门头沟工商分局。

（经　通）

【重大活动公共卫生保障】 年内，完成门头沟区政治协商会第八届第三次会议、门头沟区第十四届人民代表大会第四次全体会议、门头沟区深入学习实践科学发展观活动局处级干部学习培训班、“代马依风走京西”大型活动、2009年北京首届永定河穿越赛、台湾友人食品安全保障、国庆60周年群众游行训练、首都西南区域经济发展论坛、全国人大代表及市区领导视察区残联工作、成人高考学校周边食品安全保障工作等10次重大活动公共卫生保障，共进行现场快速检测272件，实验室检测31件，保障了86餐次近2万余人次的公共卫生安全。

（经 通）

【健康证专项检查】 年内，整合所内监督资源，分4个组对区内餐饮业和公共场所以及从业人员健康证进行专项检查，共监督检查722户、其中餐饮业489户、公共场所233户，从业人员3478人，根据检查情况责令各单位立即对未取得健康证明的从业人员进行体检。

（王炳江）

【“学法、知法、用法”活动】 年内，开展了为期10个月的“学法、知法、用法”活动，共组织10次集中培训、1次参观活动，直接受教育职工达310人次。

（刘振文）

【学校卫生工作】 年内，共监督检查学校卫生及传染病防控52户次、19户，合格48户次。卫生监督所对2所教室人均面积不符合卫生标准、2所课桌椅设置不符合卫生标准的学校，给予了警告的行政处罚。

（经 通）

【生活饮用水监督检查】 年内，共监督检查生活饮用水230户次、128户，其中市政供水2户次、二次供水33户次、农村水厂及自备水源52户次、农村简易自来水150户次、90户。重点加强农村饮水安全的监督检查，并结合办理卫生许可证标准进行指导，提出整改意见。对32个安装自动制售饮水机的小区进行检查，针对检验报告未公示的问题，卫生监督员当场下发监督意见书，责令管理单位立即改正。

（马英泽）

【卫生许可】 年内，共接到群众咨询3710次、4941人次，接到申办人申请1047户，受理申请798户。共发证797户，其中新发证554户，延续160户；变更83户；注销32户。

（刘正东）

【打击非法经营行为】 年内，取缔食品加工黑窝点10起，取缔非法行医18起，没收医疗器械7件，没收镶牙药瓶20余个，没收药品20余盒，宣传条幅广告牌8块。

（经 通）

【量化分级管理】 年内，餐饮单位和集体食堂量化分级管理完成548户，其中A级单位42户，B级207户，C级308户。AB级占44.7%；公共场所卫生监督量化分级管理评定工作，完成73.53%的住宿场所和100%的游泳场所。

（经 通）

【卫生监督抽检】 年内，卫生监督所共完成抽检3014件，其中食品抽检2885件（包括双峪市场快速检测2495件，市所抽检抽测390件）合格2843件，合格率为98.54%；完成生活饮用水抽检42件，合格39件，合格率92.86%；完成公共用品抽检62件，合格59件，合格率95.16%；完成集中空调冷却塔水质抽检10件，合格10件，合格率100%；完成室内空气质量监督抽检15件，合格15件，合格率100%。

（经 通）

·疾控中心

【概况】 年内，区疾控中心以“三个代表”重要思想为指导，以科学发展观为统领，贯彻“预防为主”的工作方针，进一步完善疾病预防控制体系，全面履行防病工作职能，严格落实重大疾病防控措施，以甲型H1N1流感、禽流感、手足口病等传染病的防控为重点，加强艾滋病、霍乱等重点传染病的预防宣传、日常防控和预警监测，传染病疫情得到有效控制，特别是在与甲型H1N1流感博弈的实战中坚持科学防控，落实各阶段的防控策略，落实流行病学调查、医学隔离观察、疫情监测报告等各项防控措施，遏制疫情蔓延。科学规范实施扩大免疫规划程序，计划免疫保持高水平接种率，Ⅰ类疫苗报告接种率达到100%。加强计划免疫相关疾病监测工作，脊灰、麻疹、新生儿破伤风监测率均为100%，儿童计划免疫相关传染病得到有效控制，自1974年以来全区连续35年无脊髓灰质炎和白喉病例发生。全面推进规范化门诊建设进程，全区18家免疫预防门诊均通过规范化门诊验收。健康教育工作推出了为百名处级领导送健康行动，每月向百名处级领导赠送《健康》杂志及《相约健康》报。在全区卫生系统11个社区卫生服务中心441名专业技术人员中，组织开展了“健康科普知识大练兵”演讲比赛。以提高居民健康素养为核心目标，继续推进健康社区和健康促进示范村的创建工作，增加“健康素养宣传车跑进唱响社区大舞台活动”，开展科普知识进社区活动，共举办健康知识讲座272场，受众人数11450人，开展文体、宣传等多种形式的健康教育活动共计125次。结合预防接种宣传日、世界无烟日等重大宣传日，开展了进工地、进超市、进学校等大型宣传活动9次，制作《相约健康》电视片24期，《相约健康》报4期8万份；印制并下发《防治人禽流感知识问答》、《接种疫苗》以及防治“甲型H1N1流感”系列宣传材料共计11种55万份。慢病防治工作推进，建立了以社区为基础的慢病防治工作网络，依托市疾控中心科研项目，开展高血压、糖尿病、超重及肥胖社区慢病干预项目。结合“健康北京人”十年规划要求，在全区范围内推广中老年健身操和减肥韵律操，组织社区开展膳食知识竞赛、趣味运动会、慢病干预文艺汇演。对家保人员进行血压、体重测量等技能培训，社区综合防治工作网络在创新中扩大，社区慢病规范化管理水平进一步提高。荣获国庆60周年庆祝活动北京市医疗卫生保障最佳服务保障奖、北京市中小学校控烟活动先进集体、北京市结核病健康教育与健康促进先进奖、创建北京市健康社区健康促进示范村活动优秀组织奖一等奖。

单位名称：北京市门头沟区疾病预防控制中心
地　　址：北京市门头沟区城子东街甲40号
电　　话：69843156
邮　　编：102300

（张翠红）

【开展首都预防艾滋病宣传活动】 1月10日至10月10日，开展了首都预防艾滋病宣传志愿者“1+1”十进行动，先后走进区医院、电影院、、新港水泥厂等进行宣传，共有125名志愿者参加了宣传，新发展778名志愿者参加预防艾滋病宣传活动，累计发放宣传材料9275份，小礼品892份，安全套3630只。

（张翠红）

【召开事迹报告会】 2月12日，召开援什医疗防疫队事迹报告会。中心全体职工参加了报告会。5位区卫生系统援什队员分别以《我为灾区防疫事业做贡献》、《历尽艰险，不辱使命》、《让青春在灾区飞扬》、《情系什邡，让爱永延》、《奋战灾区，无怨无悔》为主题进行演讲。

（张翠红）

【召开工作会】 2月12日，召开2009年工作会，总结回顾了2008年工作，部署了2009年工作。17日，召开2009年健康教育工作研讨会，回顾了2008年工作，提出2009年以“普及、创新、提高”为主线的工作设想，研讨了2009年健康教育工作方向及工作重点，各镇、办事处、医疗单位健康教育主管领导及负责人共计41人参加了会议。3月6日，召开2009年免疫预防工作会，部署2009年免疫预防工作计划，布置初中一年级乙肝疫苗接种工作，医疗机构防保科负责人及业务骨干、托幼机构及学校医务室负责人共64人参加了会议。11日，召开2009年度慢病防治工作会，总结2008年慢病防治工作，部署2009年工作要点，并就全区慢病流行现状及防治策略与参会人员进行了交流，全区11个社区卫生服务中心主管领导及慢病相关人员共38人参加了会议。24日，召开狂犬病免疫预防工作总结研讨会，分析总结了2008年全区狂犬病防治工作，反馈了2008年门诊督导检查情况，提出了相关工作要求，中医院、大台医院、斋堂医院3家狂犬病免疫预防门诊工作人员参加了会议。27日，召开了2009年肠道传染病防治工作暨业务培训会议，总结2008年全区肠道传染病防制工作情况，部署2009年肠道传染病防制工作，并特别聘请了市疾控中心专家对《霍乱弧菌检验操作规程》进行了讲解，21家医疗机构医务部主任、肠道门诊负责人、临床及检验人员40余人参加了会议。6月16日，召开甲型H1N1流感防控工作专门会议，对前一阶段防控工作中发现的问题进行了研讨，安排部署了下一阶段防控工作重点。7月6日，召开门头沟区工作场所健康促进项目启动会，聘请中国医师协会健康讲师团讲师、有氧运动中心主任进行了《办公桌后的隐身健身》知识讲座。8月`7日，召开2009年上半年工作总结会，总结了上半年工作，分析了工作中存在的问题和困难，研讨了疾控系统绩效考核工作，提出了下半年工作思路。

（张翠红）

【督导检查】 2月16日至18日，对3家狂犬病免疫预防门诊在疫苗供货渠道中的执行及使用情况进行检查，业务指导、提出工作要求。2月23日至3月10日，对18家免疫预防门诊、5家医院妇产科肝炎防治工作进行了督导检查。5月4日至6日，对区医院、中医院等医疗机构甲型H1N1流感防控工作进行了检查指导。5日至6日，对镇、办事处、医疗单位、托幼机构及建筑工地预防甲型H1N1流感宣传材料发放情况进行了督导检查。13日至14日，对永定中心小学、永定中心幼儿园等7个单位甲型H1N1流感防控工作进行了督导检查。25日，对斋堂医院的发热门诊和肠道门诊进行了督导检查。26日，对新世纪幼儿园、新星幼儿园手足口病防控工作进行了督导检查。6月5日至16日，对门城镇所属5家二级及以上医院、3家一级医院传染病疫情报告工作进行了督导检查，针对检查中发现的问题提出了要求和建议。7月17日至27日，对全区医疗机构结核病防治工作进行了检查，对检查中发现的问题给予指导。8月，对斋堂、妙峰山、潭柘寺、大台等12个社区卫生服务中心上半年慢病防治工作进行了督导检查，针对居民个人健康档案数据库录入工作进行了结果反馈，对高血压、糖尿病、超重和肥胖项目干预方案进行了部署，发放高血压、肥胖、糖尿病宣传折页和慢病宣传扇共3000余份。10月14日至15日，由区卫生局、教委、卫生监督所和疾控中心组成的督查小组对永定中学、大峪中学、峪中分校等7所学校以及城子办事处、市场街居委会、京煤集团高级技术学校等单位的甲型H1N1流感防控工作进行了督查。

（张翠红）

【党员承诺落到实处】 2月17日，召开党员承诺兑现会，以党小组为单位，听取了每个党员对2008年承诺兑现情况的汇报，由所在党小组党员对承诺落实情况逐项进行了评议，28名正式党员承诺已全部兑现，兑现率达到100%。

（张翠红）

【培训工作】 3月4日，举办庆"三八"健康知识讲座，请区妇幼保健院专家就乳腺癌和宫颈癌的防治知识进行了讲解，全区中小学校、幼儿园的女性校医及疾控中心全体女职工共52人参加了讲座。6日，召开学校和托幼机构春季传染病防控工作培训会，讲解了猩红热、手足口病等常见传染病的传染源、传播途径和防治措施，并提出了学校和托幼机构春季传染病防控工作要求，全区16家医疗机构防保人员、30所中小学校及托幼机构卫生老师共47人参加了培训。19日，举办了2009年医务人员性病/艾滋病防治知识培训班，请市疾控中心专家对性病流行形势和5种报告性病的诊断治疗进行了讲座，并讲解艾滋病的基本知识、流行形势和职业暴露防护等内容，21家医疗机构的37名医务人员参加了培训。3月19日至20日，分两批召开了基层医疗机构消毒知识培训会，医院、卫生院、学校医务室、村卫生室和个体诊所共186个基层医疗单位的207位消毒专兼职人员参加了培训。26日，对全区18家免疫预防门诊、小学及托幼机构医务室负责人进行了外来儿童强化查漏补种、集中用工单位外来务工人员麻疹流脑疫苗接种工作培训。27日，召开廉政风险防范管理动员暨法律知识培训会，请区反贪局副局长给全体职工讲解预防职务犯罪知识。5月4日，举办甲型H1N1流感防控知识培训，对疾控中心、卫生监督所、社区卫生服务中心、卫生院146名流调人员进行了个人防护用品的使用及流行病学调查、现场疫点消毒、标本采集等方面的培训。12日，到区公安分局进行了甲型H1N1流感相关知识讲座，公安分局拘留所和看守所的35名公安干警参加了讲座。14日，对龙世源度假村的25名工作人员进行了甲型N1H1流感防治知识培训。18日，到区老干部局进行了甲型H1N1流感相关知识讲座，35名老干部和5名工作人员参加了讲座。19日，对旅游局及其下属景点60余名工作人员进行了甲型H1N1流感知识讲座；对大峪办事处40余名社区干部进行了预防甲型H1N1流感健康知识培训。20日至21日，召开了2009年慢病社区干预项目培训会，对2009年高血压、糖尿病、超重及肥胖干预项目管理方案进行了培训，对2008年门矿医院医务人员超重及肥胖干预项目进行了终期评估，全区7个社区卫生服务中心主管领导及慢病相关人员共20人参加了培训。21日，举办了针对镇干部、村、居委会主任共70余人参加的预防甲型H1N1流感培训班。7月16日至18日，举办2009年免疫预防业务培训班，对北京市免疫规划疫苗及针对传染病历史与现状、传染病流行病学调查、预防接种后异常反应调查与处理、信息化工作要求等进行了培训，18个免疫预防门诊预防接种、疾病监测人员60余人参加了培训。8月24日，召开2009年狂犬病免疫预防业务培训会，讲解了狂犬病暴露者登记报表及数据库登记信息释义，学习讨论了北京市狂犬病技术管理规范，3家狂犬病免疫预防门诊12名业务骨干参加了培训。9月3日，召开2009～2010学年入托、入学及转学儿童预防接种证查验及疫苗补种业务培训会，全区18家免疫预防门诊负责人、业务骨干以及托幼机构、学校卫生老师共72人参加了培训。4日，举办卫生专业技术人员鼠疫防治知识全员培训，对鼠疫流行病学和防治、鼠疫临床学及诊断等进行了培训，培训后进行了闭卷考试，疾控中心50名专业技术人员参加了考试，考试合格率100%。10日，举办社区慢病干预技术培训班，对高血压和糖尿病社区干预技术进行了培训，全区12个社区卫生服务中心的慢病主管领导及专职医务人员54人参加了培训。16日，对建筑工地负责人进行了防治艾滋病知识培训，全区28家建筑公司的负责人参加了培训，发放宣传材料2种2000份、宣传品50份。23日，举办医疗单位网络直报人员艾滋病网络直报培训，讲解艾滋病网络直报工作具体内容、报告流程和相关注意事项，共67人参加了培训。10月10日，召开乙肝补种工作培训会，18家接种单位的防保科长和主管医生以及中小学校医、卫生老师共68人参加了培训。12日，举办健康教育基本理论与技能培训班，邀请市健康教育所专家就烟草控制与履约进程进行了讲解，各镇、办事处健康教育专兼职人员、中小学校卫生老师共计78人参加了培训。14日，到城子职高进行了甲型H1N1流感知识讲座，通过广播向所有在校师生讲解甲型H1N1流感防控知识。12月1日，举办了甲型H1N1流感重症、危重、死亡病例信息报告及流行病学调查培训班，全区一级及以上医疗机构疫情网络直报负责人及专职人员共25人参加了培训。

（张翠红）

【组织团员活动】 3月5日，团支部以“雷锋精神永存，志愿服务常伴”为主题开展了学雷锋纪念日活动，组织团员到区救助管理站，赠送了常见传染病防治知识手册、消毒药品、宣传画，对救助站收容场所的消毒方法进行了讲解，并在现场进行演示和指导。5月16日，与怀柔区疾控中心团支部联合开展了以“弘扬五四精神，为山区奉献青春”为主题的教育活动，参观了双龙峡景区和冀热察挺进军司令部遗址。9月25日，6名团员青年到清颐敬老院，为老人们讲解了高血压及流感预防知识，为45名老人测量了血压，发放宣传材料10种400余份、健康宣传购物袋50个，钥匙包40个，公交卡袋30个。12月12日，组织团员青年对区工会困难职工家属及农民工就业招聘会现场筑福体育馆进行了空气及物体表面终末消毒。

（张翠红）

【健康科普知识讲座】 3月10日至4月底，以“参与、普及、服务”为主题，举办了首届健康科普知识讲座大练兵活动。全区卫生系统11个社区卫生服务中心（站）的441名专业技术人员参与了活动。经过初赛、预赛、决赛，评选出6名优秀选手。

（张翠红）

【开展村民健康需求调查】 3月11日，对2009年申报健康促进示范村的军庄镇新村与永定镇石厂村开展了村民健康需求调查工作。内容涉及村民的健康状况、健康知识需求、获取健康知识日常途径与期望途径、对当前健康教育工作建议等方面内容。

（张翠红）

【计量认证复评审及扩项评审】 3月13日至14日，市质量技术监督局组织评审组对疾控中心进行计量认证复评审和扩项评审工作。评审组依据《实验室资质认定评审准则》和中心内部质量体系文件进行考核，在肯定中心质量体系建设、检测能力的基础上提出了12项整改意见。相关科室对照评审组提出的整改意见进行了整改。5月5日，新的计量认证资质正式获得市质量技术监督局批准，在原有基础上新增11个项目。疾控中心具备食品卫生、公共卫生、职业卫生、辐射防护与监测、疾病预防控制5类共计246个项目的检测能力。

（张翠红）

【宣传活动】 3月24日，开展第14个世界防治结核病日宣传咨询活动，发放宣传资料6种5000余份，向7所中小学校发放《防治结核健康颂》光盘。4月10日，开展预防接种宣传月系列活动——进农贸市场活动，搭建宣传平台悬挂横幅，发放以预防接种为主的宣传材料5种5500余份，接待咨询人数100余人。15日，开展预防接种宣传月系列活动——进工地活动，在石门营经济适用房建筑工地进行了多种形式的健康知识宣传，发放宣传材料8种1000余份，向工地赠送健康知识宣传材料6种1600余份。25日，开展“全国儿童预防接种宣传日”宣传活动，设置专家咨询台，为咨询的儿童家长解答儿童接种疫苗的相关问题，现场悬挂主题宣传横幅1条，设立宣传展板1块，发放宣传折页、宣传单、健康杂志及家长必读手册等宣传品12种6700份。5月15日，联合区商务局及盐业执法队在鑫源市场开展了以“全社会共同参与，持续消除碘缺乏病”为主题的防治碘缺乏病日宣传活动，向群众讲解了真假碘盐鉴别知识，发放宣传材料4种2000余份，接待咨询400余人。19日，到石门营经济适用房建筑工地，利用晚上时间向建筑工人进行甲型H1N1流感健康教育，现场向建筑工人发放甲型H1N1流感宣传材料4种300余份、光盘20余张。20日，与军庄镇政府在杨坨车站联合开展了甲型H1N1流感健康教育宣传活动，向过往群众发放宣传材料8种4000余份，接待咨询

20余人。21日，利用晚上农民收工以后时间，在军庄镇东山村组织开展了预防甲型H1N1流感健康知识讲座，为村民播放了预防甲型H1N1流感记录片，发放致全区人民的一封信、温馨小提示等折页各50余份。8月9日，在龙泉镇三家店地区开展了以“预防手足口病，共创健康家园”为主题的宣传活动，向群众讲解预防手足口病基本知识，发放宣传材料6种3000余份，接待群众咨询63人。10月8日至10日，组织辖区内各医疗单位开展了以“盐与高血压”为主题的全国高血压日宣传活动，为居民测量血压，发放宣传材料1000份，并讲解了盐与高血压的关系及日常饮食中合理用盐等相关知识。11月14日，联合门城社区卫生服务中心在绮霞苑社区卫生服务站开展了以“糖尿病教育与预防——认识糖尿病，我们在行动”为主题的世界糖尿病日宣传活动，为居民免费测量血糖，邀请有关专家为患者进行糖尿病相关问题的解答，社区居民表演了老年健身操，活动中发放宣传材料500余份。12月1日，区卫生局、疾控中心在区体育馆举办了以“遏制艾滋，履行承诺”为主题的世界艾滋病日宣传活动，团区委、红十字会、计生委等单位参加了宣传，区有关部门领导与22名志愿者一起向全区居民发放了艾滋病宣传材料和宣传品，现场还设置艾滋病自愿咨询台和甲型H1N1咨询台接受市民的咨询，活动中共摆放展板14块，发放宣传材料13种3500份，各类宣传品1200份，安全套2000只。

（张翠红）

【室间质评考核】 3月至4月，微生物检验科参加了卫生部临检中心组织的5类室间质评活动。检验项目共计33项，结果均满意。

（张翠红）

【流动儿童强化查漏补种】 3月至5月，在全区开展了学龄前流动儿童强化查漏补种活动，共调查学龄前儿童5139人，对无卡、无证儿童予以补卡、补证，对漏种儿童予以补种或预约。

（张翠红）

【方便群众，服务上门】 4月18日至19日，在斋堂医院协助下，利用休息日到斋堂地区集中对该地区公共卫生从业人员进行了健康体检，发放健康证213人。

（张翠红）

【献爱心捐助活动】 4月20日，组织全体职工参加“博爱在京城”捐款活动，共计捐款1660元。5月20日，在“京什手拉手，重建新家园”募捐活动中，全体职工捐款1620元。6月26日，在“共产党员献爱心”活动中，全体党员捐款1570元。8月26日，全体职工向台湾莫拉克台风受灾地区捐款共计1690元。11月25日，在“送温暖，献爱心”捐助活动中，全体职工共计捐款1620元。

（张翠红）

【甲型H1N1流感防控工作】 自4月27日起，建立了甲型H1N1流感防控组织体系，下设5个工作组；制定了应急预案，从科室抽调5名业务人员成立甲流防控办，重新调整合理配置27人应急小分队。5月1日起，应急小分队24小时坚守岗位，备班人员24小时待命。建立了信息沟通制度和疫情日报告、零报告等制度。加强培训演练，在开展全员培训的基础上，重点对应急小分队成员进行了相关知识培训，组织开展了消毒应急演练。加强对基层重点单位的督查力度，对辖区18家医疗机构、39所学校及托幼机构的甲型H1N1流感防控工作进行了专项督导检查和技术指导。对永定镇、龙泉镇等单位进行了社会层面甲型H1N1流感防控工作督导；对区教育培训中心和京西建国酒店夏令营举办情况和军训活动进行了摸底调查和督导检查。加强学校学生晨检，及时准确掌握学校因病缺勤人数和发热学生人数，做到防控关口前移。5月31日，成立了预防甲型H1N1流感健康科普知识进社区巡讲团，由12名优秀讲师组成，面向社区、机关、农村、学校、企业等开展预防甲型H1N1流感健康科普知识普及活动。5月，在育园小学、坡头中学、大峪二小3所学校开展了《甲型H1N1流感健康教育监测评价》项目，回收调查问卷999份。从10月11日起，利用“北京市中小学生传染病早期监测预警信息系统”对全区中小学、托幼园所学生健康状况进行监测，截至12月31日，未发现聚集性发热疫情。加大学校甲型甲型H1N1流感防控知识宣传力度，通过宣传板、宣传资料以及召开防控知识培训会等多种形式，向广大师生宣传甲流防治常识，并经常到学校进行督导检查，确保有疫情发生时早发现、早报告、早隔离、及时处置。利用宣传资料、健康讲座、健康教育宣传栏等形式，开展了预防甲型H1N1流感知识健康教育与健康促进活动，提高重点人群自我防护能力。到社区、工地、车站、老干部局等人口集中单位或人口密集场所，针对不同人群开展了有特色的讲座。制作宣传材料9种50万余份发放到各镇、办事处等单位。结合健康科普知识“五进”活动，开展预防甲型H1N1流感培训28场；举办健康大讲堂85场；举办大型宣传咨询活动6次。制作《相约健康》电视专题片1期、预防甲型H1N1流感小知识及针对归国留学生温馨提示，在区有线电视台播出；在《京西时报》开辟预防甲型H1N1流感知识介绍专栏，每周1篇，进行甲型H1N1流感知识介绍。强化监测，构筑疫苗保护屏障。确定专人每天进行疫情监测、信息收集、网络直报和分析工作。加强各医疗机构门急诊病例中流感样病例监测，对监测数据及时进行分析，对于有甲型H1N1流感相关流行病史的流感样病例及时进行流调处理。推进甲流疫苗接种工作。截至年底，全区已有3.3万市民安全地接种了疫苗，有效遏制了甲型H1N1流感疫情的传播。

（张翠红）

【外来务工人员疫苗接种】 4月至5月，开展了集中用工单位麻疹、流脑疫苗免疫接种工作，接种麻疹疫苗2044人次、流脑疫苗2006人次。

（张翠红）

【开展卫生监测工作】 4月至10月，按照《北京市2009年病媒生物密度监测方案》的要求，开展了蚊、蝇密度监测工作。每旬开展蝇密度监测，年度平均蝇密度为1.55只/笼；5月至10月，每旬开展蚊成虫及蚊幼虫密度监测，年度平均蚊成虫密度为0.20只/灯·小时、蚊幼虫密度为0.03只/勺。8月24日至26日，在区建委协助下，分别到中关村科学城建设公司、北京矿建公司和蒙建公司等3个建筑工地，开展了流动人口艾滋病知识、态度、行为调查，共获得有效问卷206份，采集血清206份。年内，在门城地区菜市场、集贸市场销售店及外环境采集地表水、游泳池水、水产养殖水、水海产品、熟食品等样品共计623件，进行霍乱弧菌检测，检测结果均为阴性。以“2009年全国农村饮水安全工程水质卫生监测项目”和“2009年全国农村饮用水监测点水质卫生监测项目”为依托，开展了农村生活饮用水监测工作，对9个“饮水安全工程”监测点、14个“饮用水监测点”监测点进行了枯、丰水期水质监测工作，采集水样132件，并对各监测点的基本信息进行核实，对其供水方式、消毒方式等情况进行现场调查，完成基本情况调查表23份。

（张翠红）

【领导视察】 5月4日，区领导刘云广、李建军视察了疾控中心甲型H1N1流感防控工作情况。实地察看流行病学调查疫情分析会商室、应急物资储备等情况，了解了应急处置小分队人员准备情况、区内密切接触者隔离场所设置以及存在的困难等情况。

（张翠红）

【开展健康教育评估项目】 5月26日，召开《青少年性病/艾滋病健康教育评估》项目总结会。区教委、永定中学和中等职业学校等单位8人参加了会议。该项目自2008年11月启动，历时1年半，在永定中学、中等职业学校开展了每名学生1册《青少年预防艾滋病宣传教育读本》、艾滋病宣传展板进校园、预防艾滋病知识主题班会和广播艾滋病知识等活动。青少年宣传教育前后艾滋病知识知晓率从45.36%提高到79.96%，对待感染者的态度正确率从30.93%提高到55.17%。

（张翠红）

【控烟健康教育稳步开展】 5月31日，组织全区医疗单位、各镇办事处同时开展了以“烟草健康警示”为主题的世界无烟日大型宣传活动，向居民宣传吸烟危害，共悬挂“图形警示揭露烟害真相”横幅5条，设立宣传咨询台4个，制作宣传展板6块，发放宣传材料8种6000余份，接待咨询人数1000余人；利用健康大课堂向广大居民进行吸烟危害健康的宣传教育，体现出“戒烟从我做起”人人参与共建美好环境的戒烟理念，宣传日前后共举办健康大课堂13场，受益人数460余人。年内，在全区范围开展了多种形式的宣传活动。制定了世界无烟日活动方案，并向辖区17家医疗单位布置活动任务；制作并发放无烟日宣传材料，将市疾控中心配发的无烟日宣传海报1400张和烟草健康警示折页1.4万份下发到17家医疗单位。

（张翠红）

【开展艾滋病综合监测工作】 5月31日至6月12日，在区卫生监督所的协助下，对足疗保健、洗浴中心和KTV歌厅等27家娱乐场所113名女性工作人员进行了艾滋病问卷调查，采集血清105份，发放各种宣传材料260份，完成监测工作。

（张翠红）

【开展消防实战演练】 6月12日，联合区消防支队开展了消防演练。紧急疏散是在未事先通知的情况下进行，各楼层治保委员接到火情警报后，迅速组织人员安全有序撤离，历时2分钟，达到预期效果。消防官兵讲解了灭火器的选择、使用方法、注意事项以及提高灭火技能技巧等实战演练知识，每名职工在消防官兵的指导下对灭火器及消防栓使用进行了实际操作。

（张翠红）

【召开社会监督员座谈会】 6月19日，召开社会监督员座谈会。汇报了疾控中心各项工作开展情况及发展概况。与会人员对疾控中心各项工作表示满意，并提出合理化建议。向11名社会监督员颁发了聘书。

（张翠红）

【举办学术论文演讲比赛】 6月25日，举办了以“发挥共产党员先锋模范作用，争做本专业拔尖人才”为主题的青年医师学术论文演讲比赛。共征集37篇学术论文，评选出一等奖1名，二等奖3名，三等奖4名。

（张翠红）

【党员参观学习】 6月28日，与党建结对子单位——色树坟卫生院党支部组织全体党员去天津蓟县盘山烈士陵园参观学习，在纪念碑前，重温了入党誓词，为新党员配戴了党徽。8月13日，组织全体党员到军事博物馆参观“如诗如画门头沟”大型美术书画摄影展。

（张翠红）

【推广中老年健身操】 7月至8月，在全区范围内推广中老年健身操和减肥韵律操。通过3个阶段向群众推广，达到运动干预的效果：一是组织科内人员和东辛房社区医护人员4人小组，到城子向阳居委会学习健身操；二是来自15个社区卫生服务中心（站）从事慢病工作的医务人员、社区居委会成员、辖区居民共161人次参加了为期7天的健身操培训班；三是由参加培训的学员对所在辖区一般人群、高危人群以及慢病患者进行培训，侧重于2009年参加社区慢病干预项目的调查对象。培训班结束时，慢病科为每一位学员发放了中老年健身操培训光盘。

（张翠红）

【开展娱乐场所艾滋病干预】 8月4日至5日，到足疗保健、洗浴中心、卡拉OK歌厅等42家娱乐场所，为167名女性工作人员赠送了《妇女保健知识》和《艾滋病预防知识读本》等宣传册，并请区医院皮肤科大夫解答常见妇科疾病和妇女保健知识。

（张翠红）

【生物安全自查】 9月1日，中心生物安全专业委员会对生物安全状况进行了自查。检查结果各科室分工明确，生物安全管理有序，人员生物安全意识显著提高。

（张翠红）

【开展糖尿病健康知识竞赛】 9月1日，联合门城社区卫生服务中心在德露苑社区卫生服务站举办了糖尿病健康知识竞赛，53名糖尿病患者参加了活动，竞赛分必答题和抢答题两部分。通过知识竞赛的形式对社区糖尿病患者进行知、信、行干预，改变患者不良生活习惯，促进社区糖尿病综合干预。

（张翠红）

【开展季节性流感疫苗接种工作】 9月10日至11月10日，开展2009年季节性流感疫苗接种工作，为60岁以上老人免费接种流感疫苗19888人份，为学生免费接种19405人份，自费流感疫苗累计接种1031人份。未接到异常反应报告。

（张翠红）

【举办趣味运动会】 9月23日，与军庄社区卫生服务中心联合举办了以“有效控制预防慢性病”为主题的趣味运动会。164人次高血压干预项目的慢病人员参加了运动会。比赛项目包括踢毽、定点投球等趣味性项目及慢病科自编的老年健身操表演。

（张翠红）

【举办饮食干预座谈会】 9月24日，与妙峰山社区卫生服务中心共同举办了以“健康饮食，轻松控制血压”为主题的饮食干预座谈会。8名高血压患者分别从营养和烹饪两方面介绍了自己准备的菜肴。慢病科还为到场人员推荐了高血压患者食谱。40余名高血压患者参加了会议。

（张翠红）

【开展市级季节性流感抽样调查】 10月9日至23日，对机关、学校、商场、村（居）委员4个行业586人开展了季节性流感抽样调查项目，调查内容包括基本信息、个人健康状况、流感疫苗知识掌握情况、是否了解国家优惠政策等，以了解市民对市政府流感疫苗接种政策的知晓率和满意度，提高流感疫苗接种工作的有效性。

（张翠红）

【举办中老年健身操大赛】 10月21日，联合大台社区卫生服务中心在大台社区居委会举办了中老年健身操大赛，由大台、木城涧等8个居委会组成的8支代表队参加了比赛，百余名群众观看，评选出前三名及优胜奖代表队。

（张翠红）

【学习实践科学发展观活动】 10月27日，召开深入学习实践科学发展观活动动员会，布置开展活动工作方案和要求。11月10日至11日，开展了以“为人民健康服务，让人民群众满意，推动卫生事业科学发展”为主题的调研活动，先后走访了门城社区卫生服务中心、龙泉镇等单位。12日，全体中层干部到妇幼保健院参观学习，听取了该院主管领导关于医院文化建设、提升全员整体素质、拓展人性化特色服务及医院发展情况的介绍，中心中层干部谈了参观学习的感受。13日，组织开展了专题党课学习活动，中心主任、党支部书记做了题为《深入领会学习实践科学发展观要求，努力提高推动科学发展观的能力》的专题学习辅导。中心全体中层干部、党员、团员及工会干部共27人参加了党课学习。16日至18日，分别召开青年知识分子，高、中级知识分子，行政后勤人员征求意见座谈会，大家从单位的整体利益出发，结合深入学习实践科学发展观的内容，根据迁入新址后的实际情况，提出并分析了单位存在的突出问题，提出了可行性建议。26日，召开学习实践科学发展观体会交流会，科主任结合实际工作，谈了自己在学习实践科学发展观中的收获及启发，交流了在工作中践行科学发展观的思考、认识和体会，全体党员参加会议。12月7日，到斋堂医院开展学习实践科学发展观调研走访活动，围绕传染病疫情报告管理、计划免疫、健康教育、慢病防治等方面工作展开调研，了解疾控中心在日常工作中存在的问题，听取了斋堂医院、雁翅卫生院、清水卫生院的意见和建议，分析存在问题的主要原因，探讨对策和解决办法。11日，以党小组为单位召开党员专题组织生活会，采取逐个评议方式，每名党员结合思想和工作实际，以批评与自我批评的方式对自身存在的问题进行查找，提出了整改措施。

（张翠红）

【举办慢病干预文艺汇演】 11月27日，举办了主题为“和谐社会，健康为本”慢病干预文艺汇演。由门城、东辛房、大台、军庄等8个居委会组成的8支代表队共170人参加了汇演。经过评委打分等环节决出了前三名及优胜奖。

（张翠红）

【举办青年职工演讲比赛】 11月27日，举办“追求卓越，超越自我，爱岗敬业，共建和谐”为主题的青年职工演讲比赛。以青年职工阅读《超越自我》一书进行征文，选出6篇优秀作品进行演讲，评选出一等奖1名，二等奖2名，三等奖3名。

（张翠红）

【开展拓展训练】 12月29日，组织全体中层干部到绿色军威素质拓展训练营开展了以“中层干部管理能力提升”为主题的体验式拓展训练。

（张翠红）

【推广使用家庭护眼按摩操】 年内，在全区中小学校推广使用《家庭护眼按摩操》，并将配套培训手册、教学光盘和挂图发放到全区各小学校每个学生家长手中。

（张翠红）

【开展素质教育】 年内，区疾控中心围绕‘五个一”活动对近年来参加工作的大学生开展了素质教育，即读一本书《超越自我》；写一本读书笔记；召开一次座谈会；写一篇征文；举办一次演讲比赛。

（张翠红）

【开展系列控烟活动】 年内，在各学校开展了以“我爱无烟环境”为主题的控烟征文活动，共收集征文100篇，经中国控制吸烟协会青少年专业委员会评选出小学三等奖2名；中学二等奖1名，三等奖1名；高中一等奖、二等奖、三等奖各1名。征集控烟宣传警语52条、烟盒控烟宣传画38幅，经中国控制吸烟协会青少年专业委员会评选出二等奖1名，三等奖4名。在各学校控烟活动中评选出控烟义务监督员10名，并颁发了义务监督员挂牌。

（张翠红）

【碘盐实验室考核合格】 年内，在2009全国碘缺乏病实验室质量控制盲样考核中结果合格，获得了由国家碘缺乏病参照实验室及联合国儿童基金会颁发“2009年参加全国质控网络并合格的实验室－碘盐实验室”证书。

（张翠红）

【流感及禽流感防控工作】 年内，按照市疾控中心工作要求，加强了重点人群、重点行业、重点单位流感监测工作。继续在哨点医院开展流感监测工作，累计监测378625人次，其中流感样病例5871例，占监测人群的1.55%，无流感病例、不明原因肺炎病例和人间禽流感病例报告；禽流感高危人群主动搜索926931人次，无流感样病例和人间禽流感疑似病例报告；流动人口主动搜索55041人次，无流感样病例报告。

（张翠红）

【手足口病防控】　年内，针对手足病严峻形势，采取措施：一是加强培训，对学校、托幼机构卫生老师及医务人员进行了2次手足口病防治知识培训；二是广泛宣传，与区有线电视台制作《预防手足口病知识》电视片1期，普及手足口病防病知识；三是强化督导，对25所中小学校、11所托幼机构、4家医疗机构进行了督导检查；四是强化报告制度，加强手足口病疫情的审核、报告工作，密切留意疫情动态，一旦发现病例异常增多的情况，马上调查了解，进行流行病学调查，及时发现、排查可能出现的新的疫情。手足口病发病数与2008年相比下降9.62%。

（张翠红）

·门头沟区医院

【概况】　年内，区医院认真学习贯彻落实党的十七大精神和“三个代表”重要思想，深入学习实践科学发展观活动，重点开展创建平安医院、完善公共卫生体系建设、ISO9000医疗质量管理体系认证、急诊综合楼建设、政风行风评议和党风廉政建设等工作。

坚持以病人为中心，医、护、教、研等工作全面提高。加强医疗质量管理，稳步提高医疗服务水平。认真落实12项核心制度，提高科学化管理水平，先后完善了病案质控、处方质控、护理质控等组织，修订完善了医疗安全管理等制度30余项，加强了对运行病案的监控工作，坚持质控工作每月例会制度和“检查－反馈－整改－提高”的循环工作机制，创办《质控专刊》，全院病历和处方质量提高，合格率达到99.01%以上；加强护理安全管理，修改完善29项护理管理制度，对应急预案做补充，对护理差错及不良事件上报登记进行新的要求；贯彻落实《护士条例》，聘请护理专家对全院护士进行护理风险安全管理及护理质量标准的讲课培训，确保了护理安全；落实服务理念，拓宽服务范围：内科增加了通过桡动脉进行造影及支架植入术、13C呼气试验、肺功能检测等新业务；外科开展了多例颅骨骨折、硬膜外血肿清除术、胸腔镜下肺叶切除术、腹膜后腹腔镜治疗肾囊肿、纤维胆道镜与腹腔镜的术中联合的应用治疗胆总管结石，进行了区内第一例腔镜甲状腺手术；骨科重点开展并推广了脊柱外科新技术；妇产科开设了内分泌与宫颈病变诊治门诊；血透室增加班次为病人开展透析服务；影像中心开通了PACS系统，实现了各种影像资料的统一和整合。全年发表论文32篇，获科技进步奖20项，首发基金项目科研课题5项。全年累计举办讲座48场，培训人数11126人次。

以平安国庆为主题，完善了急诊急救工作规范和群体群伤应急处置预案，为急危重症患者开通了“绿色通道”，完善了急诊病人转接工作机制，全年门急诊量约29万人次，急诊抢救成功率97.83%；处理突发公共卫生事件7起，救治57人次。参加包括植树医疗保障、国庆群众游行重大活动的医疗保障活动17次，派出医务人员43人次，出动救护车辆10台次；开通双向就诊绿色通道，人民医院、宣武医院专家以出门诊、查房、会诊等方式，指导医院临床工作。区医院每周定期派高年资深医务人员到基层卫生院开展医疗服务；加强传染病防控，严密部署甲型H1N1流感防控工作，签订四方责任书，建立和完善了预检分诊、消毒隔离、疑似留观、隔离治疗等各项流程，改善观察室留观条件，投入军庄传染病病房的筹备与建设，做到了“早发现、早报告、早诊断、早隔离、早治疗”，先后完成了模拟演练、实战演习、疑似病例筛查和确诊病例收治等工作，达到了两个“零”感染率的要求。重点开展对结核病、鼠疫、艾滋病等传染病知识培训13场次，参加人数达3494人次，参训率和合格率均达到100%。加大手术室、新生儿病房和血透室感染管理力度，严格规范，加强监测，全年无院内感染事件发生。

以学习实践科学发展观活动为契机，推进党建工作。以“创建和谐医院”为载体，通过理论学习、分析检查和整改落实，广泛开展便民措施20余项：开展导医、咨询服务，丰富导医内容；药剂科增开服务窗口，方便患者寻医问药；影像中心取消了预约检查，缩短了出报告时间；检验科为远道的患者邮寄化验单；五官科病房为老年患者发放便民服药卡；妇产科为产后病人准备红糖水；开展了新农合数据上传和当日出院报销结算相关工作；在候诊区增设便民设施，完善专家门诊标识；对刷卡收费系统进行了升级；为血透患者专门购置了更衣柜；与基层社区、卫生院达成便民服务协议，开展服务。开展政风行风民主评议及信访工作。党风廉政建设工作取得成效，收到锦旗19面，表扬信15封，医务人员拒收红包、礼品2000余元。

深化人事制度改革，积极引进人才。引进大学生16名，学科带头人1名，聘任了高级职称4人，中级专业技术人员15人，初级资格人员4人；完成8名年轻干部转正工作；规范财务、固定资产管理，严格采购程序。严格按照相关法律法规和财务规章制度，坚持厉行节约，勤俭办事，加强内部审计和成本核算工作，降低成本经营运作，提高资金效益，节能降耗支，将医院所有经济业务全部纳入财务统一核算。药品、医疗器械、医用耗材的采购和使用严格管理，基本实现阳光采购和网上招标采购，全年集中招标采购1023种，金额5607.63万元，占采购总金额的97%。

区医院急诊综合楼工程稳步推进。10月26日完成结构封顶，各种配套设施及医疗设备也纳入采购计划。

加大安全检查力度，全面排查隐患，对重点部位进行重点监管；加大物防、技防投入，完成全院消防设施和电路的检测与更新，完成了监控室录像系统的升级改造，增加了监控容量和安全系数，确保国庆60周年安全生产万无一失。

年内，区医院取得了良好社会效益和经济效益，收入比去年同期增长22%，先后荣获首都卫生系统文明单位、北京市安全保卫工作集体嘉奖、北京市爱国卫生先进单位、门头沟区科学进步奖等荣誉。

单位名称：北京市门头沟区医院
地　　址：北京市门头沟区河滩桥东街10号
电　　话：69842251
邮　　编：102300

（李青云）

【安全工作检查】 1月20日，区卫生局检查组到区医院进行节前安全工作大检查。春节前，由副区长贾文琴带队的区安全生产检查组，对区医院配电室、锅炉房、氧气站、监控室等重点部位进行了安全生产大检查。3月24日，区卫生局副局长带队的联合检查组到院内进行了“医疗百日安全活动”专项检查。9月10日，卫生局安全综合检查组到区医院，分成医疗安全组、食品安全组、生产安全组、环境卫生组、感染安全组对“国庆平安行动”开展情况进行全面督导检查。12月9日，区卫生局副局长带队对院内进行“医疗质量万里行”活动督导检查，提出要提高病案书写质量，做好术前疑难病例、死亡病例的讨论，加强用血管理，保障用血安全。

（张丽娟）

【召开科教工作会】 2月10日，召开2009年科教工作会，相关科室主任与教学干事参加会议。总结2008年科教工作，对2009年科教工作重点进行说明。

（张丽娟）

【开展先进事迹报告会】 2月18日、19日，开展了“感动2008年先进事迹报告会”，包括援什医疗队、奥运志愿者代表在内的7名先进代表作了事迹报告，组织全院职工集中学习了“感动2008先进事迹报告会”录像光盘。

（张丽娟）

【“爱耳日”宣传】 3月3日，是全国“爱耳日”，耳鼻喉科选派医务人员参与爱耳日宣传活动。在门诊大厅发放宣传材料，并接受患者咨询；到区残联，为群众普及耳朵保健知识。

（张丽娟）

【召开对口支援座谈会】 3月5日，宣武医院副院长等一行20人，到区医院就2009年对口支援工作进行座谈。

（张丽娟）

【开展礼仪知识讲座】 3月5日，开展“我为病人做什么”主题活动，聘请了区职业高中礼仪专业老师，为全院女职工讲了“给患者天使般的微笑”礼仪知识讲座。

（张丽娟）

【启动新农合网上直报】 3月16日，启动新农合网上直报工作，成立结算室，负责医保、新农合结算。享受新农合直报第一人：永定镇小园村民因乳腺癌住院，产生医疗费用5307.60元，报销2489元。

（张丽娟）

【GE公司CEO到区医院参观访问】 4月30日，GE国际医疗集团全球首席CEO约翰先生携GE中国分公司总裁等一行人到区医院进行参观与访问。区医院院长与约翰先生就双方协作进行了座谈，就加快设备更新换代、整合设备资源、加强业务培训等方面交换了意见。GE公司一行对医院的医疗设备进行了现场观摩。

（张丽娟）

【实施腔镜甲状腺腺瘤切除术】 4月，区医院普外科为一名女性年轻患者成功实施腔镜甲状腺腺瘤切除术。

（张丽娟）

【安装PACS系统】 4月，影像中心安装了PACS系统，将X线数字摄影、CT、MR组成一个局域网，优化了影像中心内部的检查流程，使每位病人的各项影像资料在科内实现了资源共享。

（张丽娟）

【“手拉手”帮扶活动】 6月17日，与宣武医院就全科医师培训基地“手拉手”帮扶活动开展座谈，双方从基地建设、工作管理、师资带教、教学方案等方面进行磋商，并签订全科医师“手拉手”教学基地3年帮扶协议书，宣武医院表示无条件扶持区医院开展全科医师教学基地建设，22日，召开全科医师培训基地“手拉手”活动师资培训动员大会，全院师资教师40余人参加会议。

（张丽娟）

【免费两癌筛查】 7月27日，面向全区25岁－65岁的北京市户籍适龄妇女，通过细胞学检查、B超检查等方式免费进行宫颈癌、乳腺癌检测与筛查。

（张丽娟）

【接受政风行风民主评议】 9月16日，区政风行风评议组组长带领行风评议员一行6人，对区医院的政风与行风建设工作开展评议。听取了院长关于2009年政风行风工作建设情况的汇报，并对CT室、血透室、中医科、急诊科等科室进行了考察，了解医院的发展与建设情况，提出了建议。

（张丽娟）

【扩建发热门诊】 9月22日，院发热门诊东扩19.04平方米，新设卫生间、淋浴洗手盆等，并在病房内安装对讲、液晶电视等设施，改善了病人住院环境。

（张丽娟）

【启动军庄甲流收治病房】 10月15日，按照卫生局要求，启动军庄卫生院做为区医院甲流患者收治病房，开设40张床。

（张丽娟）

【完成征兵体检工作】 10月30日，召开门头沟区征兵体检工作会暨业务培训。11月6日，展开体检工作，每天体检160余人。此次体检共335人，男兵320人，物检合格152人；女兵15人，物检合格10人。

（张丽娟）

【召开社会监督员座谈会】 11月16日、17日，召开为期两天的社会监督员、行风评议员及基层社区卫生院座谈会，介绍了区医院深入学习实践学发展观活动的进展以及在科学发展观的指引下为民办实事情况，各位监督员在听完汇报后，在肯定医院工作的基础上，提出了建议。

（张丽娟）

【收治第一例重症甲流患者】 12月2日，区医院收治第一例甲型H1N1重症患者，经医务人员抢救，患者病情好转，3天后转右安医院继续治疗，一周后，痊愈出院。

（张丽娟）

【通过“平安医院”复审】 12月14日，通过“平安医院”复审，被授予“平安医院”称号。

（张丽娟）

【通过ISO9000二次复审】 12月16日，通过了ISO9000二次复审。北京大陆航星认证公司专家先后走访考察了医务部、护理部、科教科、内科、人事科、院办、纠纷办、器械科等科室，经过现场询问和资料查阅，给出结论是：门头沟区医院目前实施的医疗质量管理体系符合医院现状和工作实际，且得到了有效运行，继续保持认证有效。

（张丽娟）

【对口支援工作检查】 12月25日，北京市卫生局副局长一行4人到区医院，对北京市十三届二次人民代表大会关于加大对口支援区域医疗中心建设力度的提案落实情况进行检查。

（张丽娟）

【监控设备升级】 年内，完成监控设备升级改造，更新了计算机系统。

（张丽娟）

【开展防火专项整治活动】 年内，开展2009年至2010年度冬春季防火专项整治活动，制定《门头沟区医院2009至2010年度冬春季节火灾防控专项整治行动工作方案》。

（张丽娟）

【参加比赛活动】 年内，区医院参加了卫生系统乒乓球比赛，分别取得了中年男子单打第一名，第二名，青年男子单打第三名，女子单打第二名，女子团体第一名，男子团体第三名及优秀组织奖。参加“智慧凝聚力量，岗位奉献青春”演讲比赛，分别获一等奖和二等奖。参加迎国庆“60”周年文艺汇演，参赛街舞获第二名。组织5个青年队、5个中年队、2个干部专家队，共计60人参加卫生局组织的第九届登山比赛，其中8个队取得了优胜奖。参加门头沟区首届“羽协杯”羽毛球比赛暨“联通杯”青年混合团体羽毛球比赛，获得团体第七名、男单第六名，女单第四名。

（张丽娟）

【完成捐款活动】 年内，完成“京什手拉手”、“支援台湾灾区”、“共产党员献爱心”等多次捐款活动，共捐款48450元；向宁夏固原捐赠价值1万余元的药品；为尼木县医院赠送价值10万元的医疗办公用品。

（张丽娟）

【学习实践科学发展观活动】 年内，院党委所辖9个党支部，257名党员参与了学习实践科学发展观活动，贯彻落实“学习调研、分析检查、落实整改”三个阶段的各项任务，医院以“为人民健康服务，让人民群众满意，推动卫生事业科学发展”活动主题，以“党徽戴起来、标杆竖起来”为口号，以“创建和谐医院”为载体，推动了科学发展观的学习与实践。

（张丽娟）

【完成门诊医生工作站培训】 年内，完成门诊医生工作站电脑、服务器、交换机等中心设备以及《门诊医生工作站及合理用药检测系统》的政府招标采购工作，配置安装门诊医生工作站60余台，对门诊医生进行了工作站软件使用培训。

（张丽娟）

【慰问活动】 年内，慰问“空巢”老人，40年以上党龄的老党员、困难职工和劳动模范共计76人次，发放慰问金合计16875元。

（张丽娟）

【义诊活动】 年内，组织义诊3次，共接诊596人次。

（张丽娟）

·龙泉医院

【概况】 年内，龙泉医院以科学发展观为指导，以国庆平安为主线，以“医院管理年”活动为契机，发挥专科医院的职能作用，不断提高医疗质量和服务水平，完善各项制约机制，医院安全稳定可持续发展。全年共接收住院376人次，出院354人次，日均住院病人为243人，业务收入突破千万元。完善和修订了包括开具各种证明的管理制度、医疗质量安全管理制度、护理质控标准、医务人员继续教育制度等9类52项管理制度及相关工作流程。做好免费投药工作。除每周定期门诊投药外，在全区设立了27个免费发放点，并到就诊困难患者家中进行现场投药。全年共有408名贫困精神病患者享受免费投药，投药金额达16.6万元。进一步规范精防工作。重新修订了社区精防工作考核标准，将新卡核实时间缩短为一周，提高了新病人建卡及时率。对全区在册精神病人进行了《北京市社区精神卫生个人健康档案》的抄录、补录、复核工作，共整理档案近2千份。与区电视台“相约健康”栏目联合开展《睡眠障碍》等健康知识讲座15期。在全区开展“关注百姓身心健康——精神卫生知识进社区”主题活动，到党校、敬老院等不同领域进行精神卫生知识宣传讲座5次，受众人数达400余人，发放各种宣传资料10多种近千份。开通医院网站，为方便患者就医、促进医患交流提供了平台。坚持院务公开，对爱心捐款、发展党员、人员招聘、干部奖惩、民主测评等进行了公示。严格执行“三会一证”制度，扎实推进廉政风险防范目标管理工作，进一步修改和完善了党员干部考核标准，进行背对背民主测评2次，党员干部的满意度均在98%以上。加大继续教育的培训和考核力度，组织甲型H1N1流感知识等传染病培训及病房管理等相关业务知识培训共22次，理论和操作考试各2次，合格率达到100%。派出管理和专业技术人员分别参加急诊急救、放射诊断技术、心理咨询及医疗管理等专业的学习，为医院培养后备人才。加强组织建设。实施服务工程。通过两节慰问、健康体检、重阳节组织座谈和参观奥运标志性建筑等形式服务退休职工及困难党员。增添食堂设备，改善职工用餐条件。每月补贴1万余元，为合同制人员缴纳住房公积金，缓解职工购房经济压力。参加区新型农村合作医疗实时结算报销，减轻贫困患者的经济负担，缩短家属往返报销时间。拓展服务领域。加大资金投入扩大病区，开设以生活护理为主、康复治疗为辅的老年精神科，主要收治躯体病合并精神症状的老年患者。现有2个病区，开放式管理，设床位130张，床位使用率100%。通过开展“祖国腾飞家乡巨变”摄影、征文活动，组织参观新中国成立60周年及门头沟区发展成就展，开展“歌唱祖国”红歌会活动，参加卫生系统迎国庆文艺汇演等，促进文化建设。

单位名称：北京市门头沟区龙泉医院
地　　址：北京市门头沟区门头沟42号
电　　话：69842724
邮　　编：102300

（李秋红　杨艳平）

【培训工作】 1月9日，制定禽

流感防控工作应急处理预案，对全院医务人员进行了禽流感防控知识培训和防控演习。3月11日，特邀友谊医院教授为全体医务人员进行“病案书写与医疗安全”的知识培训。25日，外聘专家对全体医护人员进行了第二期心律失常有关知识培训。培训内容纳入医院年终“三基”理论考试范围。4月1日，医保办对全院职工进行了北京市医疗保险持卡就医实时结算政策培训，推动持卡就医实时结算工作。同日，组织全体医务人员进行手足口病防控知识培训。3日，组织职工进行“安全生产知识”培训及知识问答，涉及消防、交通、水电煤气意外事件的处理等多项内容。8日，围绕“医院感染管理办法”、“医务人员手卫生”和“医疗污染管理条例”三个方面内容对全体医务人员进行了院感相关知识培训。6月4日、5日，组织医护人员对甲型H1N1型流感知识进行笔试与口试，合格率达100%。17日，药剂科对全院职工进行了抗生素分级管理、毒麻精神药品、限制药品的使用和处方管理办法的培训。9月2日，组织全体医务人员进行了鼠疫知识培训和现场考核，合格率100%。3日，老年病区利用休息时间组织全体护工进行老年病人基础护理知识培训。10月19日，邀请北京市防火宣传中心的专家对全院职工进行了消防安全知识培训，观看了交通事故及消防安全警示片。同日，组织全体医务人员进行了甲型H1N1流感第三版诊疗方案培训，向各科室发放了《龙泉医院基本药物目录》。22日，邀请回龙观医院副主任护师进行了病房管理相关知识培训。11月18日，特邀北大医院专家进行“病历规范书写与临床医疗安全知识”培训。

（李秋红）

【召开春节联欢会】 1月11日、13日，分别组织召开2009年休养员新春联欢会、退休职工迎新春座谈会。21日，召开2009年度卫生工作会暨春节联欢会。对2008年的整体工作进行了总结，对优秀科室及先进个人给予表彰。职工们用自编自演的相声、三句半、舞蹈等节目欢庆新春。

（李秋红）

【检查工作】 1月15日，市卫生局联合督导检查小组对对门头沟区精神卫生工作的组织管理、工作实施及贫困精神病人的免费投药等情况进行了检查。20日，卫生局局长带领联合检查组到院进行节前安全检查。3月24日下午，卫生系统医疗质量安全检查组到院进行“以病人为中心医疗安全百日活动”专项检查。5月21日，市卫生局物价处组织3级医院物价方面专家到院进行业务指导检查。通过翻阅物价管理文件，实地考察物价公示情况和察看收费项目数据库，对医院物价管理工作提出了意见和建议。6月9日至17日，精神卫生保健所对全区27个基层精防社区和站点的精防工作进行了检查和指导，合格率100%。6月23日，区卫生系统安全生产互查小组到院进行安全检查，推动建国60周年安全保障工作的开展。7月28日，卫生系统党风廉政建设检查小组来院指导检查。医院以“加强廉政建设，确保安全稳定”为题向检查组做了工作报告。8月20日，市残联、市卫生局专家组在副区长李建军及相关部门领导的陪同下对医院精神残疾人职业康复劳动基地进行了验收。同日，北京市医学影像质控中心专家组对依法执业、人员配备、设备管理、质控监测等多方面工作进行了专项检查调研。8月31日，卫生系统病案检查组对医院的病历质量进行初查，随机抽查了5份运行病历为参加市里的病历评比做准备。9月7日、9日，市、区卫生局的专家检查组先后到院进行国庆期间药品和医疗器械安全使用管理专项检查。11月19日，市卫生局专项检查组通过听取汇报、查阅病历、现场提问、观看演示等方式，对医院的卫生统计工作进行了督导检查。12月9日，区卫生局检查组来院对医疗管理、病例书写、诊断用药等工作进行实地检查。14日，“平安医院”验收组到院进行复核验收检查。31日，开展节前安全工作大检查。及时查找重点科室、重点部位存在的问题及安全隐患，确保节日期间各项工作的正常运行。

（李秋红）

【慰问活动】 1月20日，区总工会主席任继明等到院慰问，为全体职工带来了慰问品。“两节”期间，医院党、政、工、团干部为共建部队官兵、建国前入党的老党员和困难退休职工送去了新年的问候和祝福，并赠送慰问金和慰问品。在端午、立秋、中秋等传统节日到来之际，医院按照惯例为每一位住院病人准备了粽子、炖肉、月饼和水果。5月16日，区红十字会党组书记、区卫生局局长到院慰问精神残疾患者并送来价值1万元的棉被。“八一”前夕，院党政工团领导带着防暑饮料，到共建部队——北京军区62351部队进行慰问。12月25日，食堂工作人员戴上圣诞帽，装扮成“圣诞老人”，准备了午餐，和病人一起庆祝圣诞节的到来。

（李秋红）

【社区精神病人管理】 两会期间，区精保所组织精防医生通过入户和电话随访的形式对有肇事肇祸隐患的95名精神病人进行了重点排查。共收容精神病人10人，投药398人次，无肇事肇祸事件发生。7月23日，区精保所组织全区社区精防医生对精神卫生个人健康档案抄录、补录和复核工作进行了二级培训。国庆期间，组织全区精防医生对各辖区内在册的重性精神病人进行了走访和评估，与公安机关协调配合，克服困难，创造条件，完成了精神病人的收容任务。共集中收治精神病患者40人，无肇事肇祸发生。8月26日，市精保所联合卫生监督所到新桥社区卫生服务站，对门头沟区国庆期间的精神卫生保障工作进行实地督导检查。年底，区卫生局与精神卫生保健所组织各相关医疗单位的主管院长对2009年精防工作进行了总结。年内，区精保所对门头沟区各医疗单位的精防工作进行了全面考核，并给予了现场指导和综合评定。区卫生局疾控科有关人员对此次工作进行了督导。

（李秋红）

【“援什精神”报告会】 2月11日，邀请卫生系统5位援什医疗队队员做先进事迹报告。医疗队队员们汇报了在灾区的工作和生活情况。

（李秋红）

【召开安全治理专题会】 2月12日，召开安全治理专题会。对病房、食堂、锅炉房、宿舍等重点科室和重点部位的水、电、煤气线路进行了安全检查。

（李秋红）

【召开医务工作会】 2月18日，召开了2009年医务工作会。总结2008年的医疗卫生工作并对2009年工作进行了布署。

（李秋红）

【召开党建工作会】 2月20日，院党支部召开了2009年党建工作会。回顾总结了2008年的党建工作并对2009年的工作进行了部署。为2008年读书笔记评比优秀的2位同志颁发了奖品。

（李秋红）

【精神卫生全区行】 2月24日，特聘专家参与区电视台相约健康栏目《睡眠与健康》的摄制。4月17日，联合军庄卫生院对军庄镇的乡村医生、居委会干部、精神疾病患者及家属进行精神卫生知识讲座。29日，组织医生到斋堂敬老院进行义诊，对10名老人进行了免费投药。5月5日，医院专家金弘敏教授到区委党校对门头沟区的科级干部进行了“压力与心理健康”知识讲座。12月24日，与妇幼保健院联合开展孕期心理健康知识讲座，对现场提出的问题进行了咨询和解答。

（李秋红）

【开通医院网站】 3月2日，医院网站开通运行，网址为：http：//lqyy. bjmtg. gov. cn。

（李秋红）

【庆“三八”妇女节活动】 3月4日，组织全院女职工开展“庆三八”猜谜活动，共同欢度节日到来。6日，手语节目《天使》代表卫生系统参加区妇联组织的“庆三八”文艺演出。

（李秋红）

【岗位技能比拼活动】 3月18日，组织全体医生进行病历书写比赛。评出一、二、三等奖。4月24日，组织财务人员进行岗位技能比赛，包括手工点钞、计算和心算三个项目。护士节到来之际，举办了护士节庆祝会暨护理技能操作大赛。评出一、二、三等奖。6月19日，举办食堂工作人员厨艺大比拼。比赛分食品安全卫生知识问答和揪䰄擀皮、切丝等现场操作两部分进行。10月22日，组织药剂人员进行了岗位技能比赛。在规定的时间内完成审核处方、摆药和填写药品剂量三个环节的比拼。

（李秋红）

【召开廉政风险防范工作动员会】 4月3日，院党支部组织全体党员干部召开廉政风险防范管理工作动员大会。

（李秋红）

【演讲比赛】 4月29日，医院派出代表参加卫生系统“智慧凝聚力量岗位奉献青春”演讲比赛，获得三等奖。年内，组织开展“让青春在岗位上闪光”、“假如我是院长，假如我是患者”演讲比赛。

（李秋红）

【开展无抽搐电痉挛治疗技术】 5月22日，新项目无抽搐电痉挛治疗开诊，为全市郊区县中第二家开展此项技术的专科医院。全年治疗164人次，有效率达95%。

（李秋红）

【团支部换届选举】 6月4日，院团支部举行支部换届选举大会。选出团支部书记1名，增选文体委员1名，小组长2名。

（李秋红）

【民主测评工作】 6月11日，组织职工对中层以上干部及党员进行背靠背民主测评。领导班子满意度100%，院级领导满意度为98.8%，中层干部满意度为96.4%、党员平均满意度为97.6%。下半年民主测评时，将科室分成老年科、精神科和职能后勤科室3大部分，首次采取中层干部与科室成员面对面的形式进行述职述廉，以量化考核评分的形式对党员干部进行综合打分。

（李秋红）

【防火培训及消防演练】 6月22日，组织开展院内突发事件应急演练。29日，邀请北京市防治火灾中心的专家进行消防安全知识培训及灭火演练指导。

（李秋红）

【支部工作】 6月26日至28日，组织党员到西柏坡革命圣地参观学习，重温入党誓词。24日，院党支部召开党员发展大会，通过2名同志为中共预备党员。院内，党政工团领导对建国前老党员及退休的困难党员进行了慰问。7月30日，党支部召开全体党员大会。1名预备党员如期转正。年内，开展以“做时代先锋，为党旗添彩，向吴大观同志学习，争创一流工作业绩”为主题的教育宣传活动。9月10日，开展反邪教教育主题党日活动，组织全体党员干部观看《反对邪教，警钟长鸣》专题片。16日，组织开展“银幕上看祖国”国庆观影特别活动。10月27日，组织全体党员、中层以上干部及入党积极分子代表召开深入学习实践科学发展观活动动员大会。支部书记做了动员，2名党员代表进行了表态发言。11月20日下午，院党支部与军庄卫生院党支部组织全体党员干部到军庄镇孟悟村，联合开展以“感受科学发展给农村带来的巨大变化”为主题的特色党日活动。年内，院党支部书记先后以《如何当好中层干部》、《责任胜于能力，细节决定成败》、《学习实践发展观，促进医院科学发展》为题对全体党团员和积极分子进行了党课教育。

（李秋红）

【休养员运动会】 6月26日，组织召开“喜迎新中国成立60周年”第五届休养员运动会。首次设置了病人与家属的互动项目。

（李秋红）

【开展“国庆平安行动”】 7月9日，召开中层以上干部工作会。与中层干部、重点科室签订“国庆平安行动责任书”。21日，组织全体职工召开“国庆平安行动”动员大会，对相关工作进行了布署和安排。9月1日，召开安全专题工作会，对节日期间的医疗安全和社会稳定等工作进行了具体布署。14日，由卫生局领导带领检查组到院进行“国庆平安行动”督导检查。22日，通过了区卫生局组织的国庆节前网络信息安全工作专项检查。

（李秋红）

【召开第七届职工代表大会】 7月30日，召开了第七届九次职工代表大会。会议对2009年上半年财务收支情况进行了审议，讨论并通过了《解除聘用合同人员缴纳违约金的规定》、《开具收入证明的有关规定》、《为合同制职工建立住房公积金的有关规定》。12月25日，召开第七届十次职代会。会上讨论并通过了《2009年财务收支情况》、《2010年度科室经济指标和奖金分配方案》及《专业技术职称聘任办法》。

（李秋红）

【护理质量管理专题会】 9月2日，召开了护理质量管理专题会，对医院护理质控检查标准做了重新修订。

（李秋红）

【老年病区患者及家属联谊会】 9月26日，首次召开老年病区患者及家属联谊会。职工们用歌舞等节目向老年患者致以节日问候。

（李秋红）

【国庆60周年庆祝活动】 9月30日，组织全体职工开展了“歌唱祖国”红歌会。通过个人演唱、团队合唱等不同的表现形式，营造了一个“唱红歌、爱祖国”的良好氛围。10月20日，组织25名党团员到北京展览馆参观中华人民共和国成立60周年成就展。参加卫生系统庆祝国庆60周年文艺汇演活动，用自编自演的配乐诗朗诵《我们一起走过》为祖国60周年华诞献礼。21日，组织党团员、积极分子到区博物馆参观门头沟区庆祝新中国成立60周年图片展。

（李秋红）

【世界精神卫生日宣传】 10月10日，围绕第18个世界精神卫生日“使用网络应有度，科学合理才健康”的活动主题，在院内及各个社区医院、社区站开展心理健康知识咨询和义诊活动。

（李秋红）

【职工健康体检】 10月，组织全体在职、退休职工进行身体健康检查。

（李秋红）

【学习交流工作】 11月19日至25日，院党支部与妇幼保健院、军庄卫生院、医疗技术指导中心等单位进行学习实践科学发展观活动交流学习。

（李秋红）

【医疗质量安全专题研讨会】 11月24日，院领导班子成员、科主任、护士长及医疗专家召开了医疗质量安全专题研讨会。围绕实际工作中出现的病历书写不规范、主动学习动力不足、责任和服务意识不强等问题进行了讨论。

（李秋红）

【召开民主生活会】 12月2日，院领导班子、各党小组分别召开学习实践科学发展观民主生活会。结合自身实际，进行自我剖析。

（李秋红）

【科主任述职报告会】 12月11日至16日，组织门诊及临床各科室召开科主任述职报告会。从科室建设、人才培养、指标完成、履职情况等方面进行总结报告，结合实际工作中存在的问题展开了交流学习。

（李秋红）

【召开工作研讨会】 12月18日，组织中层以上领导干部召开2010年工作研讨会。总结和分析2009年的工作成绩和存在问题，对新一年的工作目标、工作计划进行研究和布署。

（李秋红）

【爱心捐款】 年内，为雁翅镇3户困难家庭送去帮扶款4500元。在“博爱在京城”、“莫拉克”风灾、“送温暖、献爱心”社会捐助月等活动中捐款共计7400元。

（李秋红）

【采取措施确保医务人员安全】 年内，采取多种措施确保医务人员的人身安全。一是加强职工教育，提高安全防范意识。二是工作时间增加1名保安巡逻，随时处理意外情况。三是投入资金对门诊诊室进行内外环境改造。四是新招收一批男护士，减少女职工值夜班。五是组织职工分批进行防身术训练，增强防身自卫能力。

（李秋红）

【做好甲型H1N1型流感防控工作】 年内，加强预检分诊。在门诊大厅设立预检处，对所有到院就诊的患者在免费发放口罩、监测体温，做好登记。实行新的探视管理措施，对所有探视病人家属检测体温，发放一次性口罩。每天早晚为住院病人免费发放汤药，病房每日用醋熏蒸，防止病人交叉感染。在对住院病人注射流感疫苗的基础上，做好职工的应急接种动员组织工作，除有禁忌症外，全院共有137人进行了甲型H1N1流感疫苗接种。

（李秋红）

【申办京卡·互助服务卡】 年内，医院工会为每位工会会员集中申请办理“京卡·互助服务卡”，推动“职工互助服务温暖工程”的实施。

（李秋红）

体　育

【概况】 结合门头沟区发展战略目标，坚持体育事业与经济、社会协调发展，普及群众体育活动，营造健身氛围，提高竞技体育水平，加强农村体育和社区体育工作，完善体育基础设施建设，加强体育执法力度，以人为本、科学发展、强化功能、服务群众，体育事业在创新中走向繁荣。成立了门头沟区羽毛球运动协会，区内各行业、系统、单项体育运动协会和体育俱乐部共计18个，新吸纳10余名处级干部参加到单项体育协会及体育组织中来。在体育社团活动方面，发挥18个体育社团组织和4个俱乐部的桥梁纽带作用，鼓励和支持社会体育拓展，组织开展传统体育活动如篮球、乒乓球、门球、桥牌、中国象棋、定向、田径等不同级别的体育活动34项次。举办各类中小学生运动会，做好体育传统项目学校特长生的选拔和审批工作，完成青少年体育俱乐部的年审工作。由区教委、体育局共同主办的区中小学生跆拳道比赛。区体育局、教委共同主办的门头沟区第二十四届中小学生“凌燕杯”比赛等。

单位名称：北京市门头沟区体育局

地　　址：北京市门头沟区新桥大街32号
电　　话：69851020
邮　　编：102300

（史伟崇）

【群众体育】　4月18日，举行2009年北京市群众体育大会北京市首届旅游山会潭柘寺杯山地越野挑战赛，近500名山地越野高手参加了比赛。5月3日，承办了“京西信翔——碧波杯”钓鱼大奖赛。7月4日，北京市首届体育大会的比赛项目，“穿越母亲河——2009年北京首届永定河穿越赛”在区内举行。此次比赛也是北京市首届旅游山会的系列活动之一。年内，举办门头沟区全民健身体育节凌燕杯田径比赛、首届青少年跆拳道、春秋季门球比赛等区级赛事；承办了区公安系统组织的登山比赛，区科技人员组织的登山比赛，区信鸽300、500公里大奖赛。培训国家级社会体育指导员1人，一级社会体育指导员4人，新发展技术型社会体育指导员38人，社会和工程体育指导员在镇街配备率达100%，全区163个晨、晚练站点社会体育指导员配备率达100%，实现了区体育场馆和青少年体育俱乐部社会体育指导员配备率100%的目标。继续完善区全民健身工作委员会、39个委办局、4个街道办事处和131个居委会形成的城市全民健身组织网络，以18个行业和系统形成的单项体育运动协会，4个青少年体育俱乐部形成的社会团体全民健身组织网络，以区农民体育运动协会、9个各镇体协和189个行政村形成的农村全民健身组织网络，163个晨晚练点和1100多名社会体育指导员形成的社区全民健身组织网络。

（史伟崇）

【体质检测】　6月，为北京市成年人体质测试采集66名公务员的体制检测数据，测试内容包括身高、体重、肺活量、反应时等。

（史伟崇）

【竞技体育】　年内，落实《门头沟区参加北京市第十三届运动会工作方案》，确立了市运会比赛项目。先后完成了资格选拔、队员注册、赛前训练等准备工作。春季各项目教练员到各个校区挑选人才，经过文化考试、素质测试、专项测试以及体检等，选拔合格体育人才25人。业余体育学校各个运动项目招生免费训练学生200余人，运动学校共有“三集中”学生120余人；完成新生注册运动员131人，共有注册运动员373人，为上一级体校输送优秀运动员4名。

（史伟崇）

【体育法制】　年内，对辖区内体育项目经营单位进行安全规范专项检查，重点对游泳场馆、地下经营场所进行安全检查，对游泳救护员持证上岗，游泳教练资质证件等进行检查。行政执法检查和安全监管工作每季度召开安全工作例会一次，传达文件和会议精神、通报典型事故案例、部署自查工作，听取体育经营单位的意见和建议，督导各体育经营单位对照《行业执法检查工作方案》重点和标准中的检查，落实安全生产主体责任，全年安全监督检查96项次，未发生体育安全伤害事故。对全区体育项目经营单位进行重新登记备案，对体育产业进行普查，对居住小区配套体育设施建设进行调查摸底，对体育项目经营单位应急预案进行检查。

（史伟崇）

【体育设施】　年内，市体育局和区政府共投资92.5万元，对2004年配建的65套全民健身工程和1套标准工程进行更新。投资72万元为农村配建篮球球场24块，投资75万元在永定镇侯庄子村新建农村体育俱乐部1个，投资8万元新建乒乓球长廊1个；投资40万元建立龙泉雾篮球广场，投资40万元在城子街道向阳社区建立区内第一个体育生活化社区。全区新增体育占地面积12252平方米，镇、行政村体育器材配备率达到100%。

（史伟崇）

社会 生活

民 政 工 作

【概况】 在区委、区政府的领导下，局党委带领全局干部职工，以大民政理念为指引，围绕“保增长、保民生、保稳定”目标任务，贯彻落实科学发展观，以“健全五大体系，办好七件实事，打造一流队伍”为目标，抢抓机遇，解放思想，全力保障和改善民生，完成了首都民生年各项工作任务，推动了民政工作健康快速发展。民生保障力度空前，城乡低保、农村五保、优抚对象等保障标准大幅提高，医疗救助、临时救助、农村住房保障力度明显加强，低收入家庭逐步纳入社会救助范围，民生保障覆盖范围和受益人群迅速扩大。公共服务水平显著提升，规范民政专项社会事务管理工作，全面推行社区居家养老服务，实施城乡无丧葬补助居民丧葬补贴制度，完成清明节群众祭扫服务和9月9日婚姻登记高峰日等工作任务。年内，全局广大干部职工主动适应大民政建设的需要，不断加强民政自身建设，努力提高服务科学发展的能力、服务社会建设的能力、依法行政的能力，整体工作水平得到明显提升，为促进全区社会和谐稳定做出了贡献。

单位名称：北京市门头沟区民政局

地　　址：北京市门头沟区新桥南大街25号

电　　话：69842081

邮　　编：102300

（杜占禄　李　卫）

【农村民主日活动】 1月4日，召开年内第一次农村民主日活动部署会。区领导郭光磊、张冰、贾文勤出席会议。会上确定了“扩大基层民主，践行两委承诺，落实三大理念，建设生态新区”的活动主题。活动中印发了《致村民的一封信》、《村民代表征询联系户意见表》，从各委、办、局抽调27名处科级干部组成9个督查组，按着“规范流程、督导工作、发现亮点”的要求，对各镇民主日活动开展情况进行督查指导。2月10日，召开民主日活动督查工作汇报会。各督察组汇报了督察情况，对民主日活动进行了总结，市区领导对区内民主日活动和督察工作经验给予了肯定。

（杜占禄　李卫）

【慰问活动】 1月10日，伊欣欣、刘云广、李慷云、高连广、郭光磊等区四大部门领导率领12个慰问组，对老党员、老优抚对象、残疾人、困难群众进行了走访慰问。要求各级政府和有关部门重视民生问题，不断健全完善社会救助体系，保障困难群众的基本生活。13日，市民政局和市残联组成的市政府联合慰问团，在局领导陪同下，分3组走访慰问了区内18名优抚社救对象，为每户送去了600元慰问金和慰问品。同时还分别到区光荣院、妙峰山社会福利中心和区儿童福利园慰问，并送去8万元的慰问金。

（杜占禄　李　卫）

【召开迎新春军政座谈会】 1月19日，召开2009年迎新春军政座谈会。区四大部门领导，驻区部队军政领导及区双拥工作领导小组成员单位主要领导出席会议。会上通报了全区经济社会发展情况，总结了全区2008年双拥工作情况，军地领导就进一步做好新形势下的双拥工作进行了座谈。

（杜占禄　李　卫）

【清明祭扫服务】 3月28日至4

月6日，区殡仪馆、天山陵园、万佛华侨陵园共接待祭扫群众30.1万人、车辆4.1万辆，未出现任何安全事故。为应对交通、现场秩序、防火三大难题，区领导召开动员部署会议，多次到重点单位检查巡视；组织431名工作人员协助3个重点单位做好交通疏导、维护秩序和安全保卫工作；保障了群众扫墓活动安全有序，实现了“文明祭扫、平安清明”的目标。

（杜占禄 李 卫）

【区政协委员视察】 4月8日，区政协副主席侯建华、朱德友及部分委员在局领导陪同下，视察了农村社救对象危旧房改造情况和区儿童福利园、红叶爱心家园的运行情况，听取了民政局在建立健全社会救助体系等方面的工作汇报。委员们对民政工作发挥职能作用，为全区的和谐稳定做出积极贡献给予了肯定，并提出希望。

（杜占禄 李 卫）

【丧葬补贴发放工作】 4月13日，启动城乡无丧葬补助居民丧葬补贴发放工作。副区长贾文勤组织民政、公安、财政等相关单位召开协调会，研究确定了补贴对象、补贴资金发放程序等内容，明确了各单位的相关职责。全年，为731名城乡无丧葬补助居民发放丧葬补贴365.5万元，实现了丧葬费补助待遇城乡同标准、全覆盖。

（杜占禄 李 卫）

【防灾减灾宣传活动】 5月12日，针对平原、山区两大特点，先后到大峪街道和斋堂镇开展防灾减灾宣传教育活动。通过发放防灾手册、悬挂宣传展板、提供专家咨询等形式，宣传防灾减灾的有关知识。10月14日，联合区卫生局在水闸西路社区开展了以“让灾害远离医院”为主题的宣传活动，增强了居民的公共安全意识和应对自然灾害及其他突发事件的能力。

（杜占禄 李 卫）

【区县合作】 5月13日，与西城区民政局领导班子成员就双方合作事宜进行了座谈交流。座谈中，双方介绍了各自养老机构建设和居家养老开展情况，并就两区利用资源、地域优势合建养老机构，达成了初步合作意向。此外，双方还就流浪乞讨人员救助、殡仪服务等方面的合作进行了交流。

（杜占禄 李 卫）

【农村住房保障工作】 5月，启动优抚社救对象危旧住房翻建维修工作，召开了动员部署会，制定了实施方案，将翻建维修户数由110户增加到721户，困难家庭、优抚对象危房翻建补助标准分别由2.1万元提高到4.5万元、由3万元提高到5.4万元，困难群众维修房屋补助标准由每户0.9万元提高到1.35万元。年底按照“节能、抗震、保温”的要求，对翻修房屋进行了验收，投资2776万元为721户农村优抚社救对象危旧房翻建维修工程全部按期完工。

（杜占禄 李 卫）

【首家护养型养老机构揭牌成立】 6月18日，举行北京石龙老年护养院揭牌仪式，标志市内首家大规模护养型养老机构成立并投入使用。国家安全生产监督管理总局副局长王树鹤、市民政局局长吴世民、区领导刘云广、贾文勤出席；王树鹤、吴世民为北京石龙老年护养院揭牌。北京石龙老年护养院建筑面积8000平方米，床位300张，以接收痴呆、不能自理老人为主。该院设有老年护养、老年痴呆康复、老年病治疗等7个功能区，可提供20余项服务。

（杜占禄 李 卫）

【领导调研】 7月21日，区人大副主任聂文玉一行就民生保障工作到我局专题调研，聂文玉对局内工作给予肯定，并提出要求。11月18日，区领导伊欣欣、陈国才到局内调研，听取了2009年民政工作任务落实情况及2010年工作安排情况汇报，询问了社会救助、慈善捐赠、民族宗教、村务公开民主管理、目标管理和为民办实事等工作情况，并与班子成员进行了座谈。伊欣欣对民政工作提出要求。

（杜占禄 李 卫）

【界线联合检查】 7月，与相邻区县合作，对“门丰线”、“石门线”、“门房线”等5条区县界线及界线标志物进行联合检查，及时标定与昌海石丰房等毗邻区的界线和界桩，确保区县界线的连续贯通，为区政府依界行政、施政到位创造了条件。

（杜占禄 李 卫）

【低收入家庭大学新生入学救助】 9月，对符合条件的323名城乡低收入家庭高等教育新生进行了救助，共发放助学金128.4万元，保障了城乡低收入家庭新生入学。

（杜占禄 李 卫）

【双拥成果巡回展】 10月24日，驻区部队和部分社区开展双拥成果巡回展览活动。共制作双拥宣传展板25块，展出图片500余幅，展示了区内双拥工作取得的丰硕成果，体现了“同呼吸、共命运、心连心”的新型军政军民关系。

（杜占禄　李　卫）

【低保对象住院救助办法实施】　11月，正式实施《门头沟区城乡低保对象患危重病住院救助管理办法》。该办法实施后，符合医疗救治条件的城乡低保对象中因患危重病住院，无力承担医疗住院押金的人员在定点医院就医时，凭《门头沟区城乡低保对象住院救助证明》，可享受最高不超过3万元的先期垫付住院押金的救助。

（杜占禄　李　卫）

【社区服务站标准化建设】　12月8日，市民政局对区内77个城市社区服务站、14个试点农村社区服务站标准化建设二期工程进行了验收。验收组随机抽取了月秀园东里社区、石厂村等社区服务站，就社区服务站标识物安装的数量、质量及办公设备运行情况进行实地检查。验收组对区内工程组织协调和监督工作给予了评价，91个社区服务站标准化建设全部通过验收。

（杜占禄　李　卫）

【社会救助】　年内，调整城乡低保标准，城市低保标准由月人均390元提高到410元；农村低保标准由月人均170元提高到200元，全年共支出低保金6743万元，保障了全区18240名城乡低保对象的基本生活。为城乡低保对象发放一次性生活补贴249万元。提高农村五保供养标准，保障了238名农村五保对象的基本生活。扩大民生保障范围，将低收入家庭全部纳入临时救助范围，全年安排临时救助资金134万元，对1679名因病因灾等原因造成生活暂时困难的城乡低收入对象进行了救助。加大专项救助力度，统筹城乡医疗救助政策，门诊和住院救助比例提高10%，取消住院救助起付线，将住院救助最高额度提高至3万元，资助全区2349名农村低保对象全部参加新型农村合作医疗，困难群众看病难问题得到缓解。加强流浪乞讨人员救助工作，民政、公安、城管、卫生等多部门联合救助机制实施平安国庆集中救助行动，救助乞讨人员211名。

（杜占禄　李　卫）

【慈善捐赠】　年内，开展“京什手拉手、重建新家园”、“党员献爱心”、“送温暖献爱心”等社会捐赠活动，全年接收社会捐款482万元。开展助老、助学、助困、应急救助等6类慈善救助项目，支出慈善救助金208万元，救助区内困难群众7886人次。搭建社区捐赠平台，建设爱心小屋18个。

（杜占禄　李　卫）

【社会福利】　年内，以实现9064养老服务工作格局为目标，加快推进福利服务设施建设，完成新增1000张养老机构床位的建设任务。完成区老年福利中心建设工程前期项目可行性研究和立项报批工作。完成永定镇、斋堂镇、潭柘寺镇、雁翅镇社会福利中心改扩建工程。依法做好福利企业资格认定工作，认定福利企业51家。举办2期残疾职工就业招聘会，加强福利企业指导检查，保障了福利企业残疾职工合法权益。福利彩票发行销售安全运行，实现销售收入3027万元。开展了11期福彩送真情活动，发放福彩公益金24.1万元，救助134户特困家庭，取得较好的社会效益。

（杜占禄　李　卫）

【双拥工作】　年内，围绕国庆60周年庆祝活动，开展双拥文化活动。举办军民联谊座谈会、双拥工作成果巡回展、“双拥杯”友谊篮球赛和乒乓球赛、主题征文等系列双拥活动。建立军营流动图书室，免费向部队官兵赠阅图书6000余册，为所有驻区部队免费订阅了“京西时报”和“北京社区报”，开展了“书画艺术家进军营慰问创作”和送电影、送文化、送科技进军营活动。实施拥军优属工程，协调资金300万元解决北京卫戍区门头沟民兵装备仓库出行问题。

（杜占禄　李　卫）

【优抚安置】　年内，完成优抚对象定期补助调标工作，提高农村优抚对象保障水平，为优抚对象发放各类抚恤金439万元，发放义务兵及农村烈属优待金221万余元。将全区224名城镇无工作优抚对象、在乡优抚对象全部纳入医保和新农合保障体系，减免和报销医疗费近155万元。发挥优抚服务中心职能作用，组织20名在乡优抚对象进行短期休养。将城镇退役士兵自谋职业补助标准由2万元提高到2.5万元，转业士官自谋职业补助标准由2.5万元提高到3万元，鼓励复退军人自谋职业、自主创业，完成94名城镇复退军人的安置任务。

（杜占禄　李　卫）

【民政社会事务管理】　年内，婚姻登记中心实行6天工作制，坚持深山区巡回登记制度，满足了群众的婚登需求。完成9月9日婚姻登记高峰日工作任务，当天办理婚姻登记283对，全年办理婚姻登记4432对，婚姻登记合格率100%。贯彻殡葬管理法规，继续保持火化区火化率100%。落实征地超转人员社会保障政策，提高生活待遇。提高见义勇为奖励标准，加大对困难家庭救助帮扶力度。

（杜占禄 李 卫）

【基层政权建设】 年内，开展“村务公开民主管理难点村”调查工作，总结推广了四道桥村的“阳光账务”、龙泉雾村的“村民代表承诺书”等典型做法。完成2个镇、27个村示范创建任务，使全区50%以上的镇村达到示范单位创建标准。开展第八届村委会换届选举工作调研，加强38个重点、难点村的动态排查，为换届选举工作奠定了基础。

（杜占禄 李 卫）

【社团组织评估工作】 年内，探索建立民间组织评估机制，开展社会团体评估工作。按照政府指导、社会参与、独立运作的工作要求，在“公开、公平、公正、自愿”的基础上，按照自我申报、专业人士评估、领导小组审核、颁发达标组织证书的程序进行。2009年完成了10个达标社团评估工作。

（杜占禄 李 卫）

【队伍建设】 年内，以“坚持科学发展、推进民政创新、服务生态新区”为主题，开展学习实践科学发展观活动，围绕社区服务体系和公益性墓地建设等一批重点、难点问题开展大调研活动，着力解决一批广大群众普遍关注的民生问题；开展大民政学习讨论活动。通过动员会、研讨会、交流会等形式，在全区民政干部中开展集中学习讨论活动，在“什么是大民政、建设什么样的大民政、怎样建设大民政”等问题上达成了初步共识，为大民政建设奠定了坚实的思想基础；修订民政局“三定”规定，调整优化民政组织结构、理清职责任务。深化干部人事制度改革，加大公开选拔、干部交流和教育培训力度，民政工作力量得到充实，干部队伍素质有了新的提升；深化绩效目标管理考核，变单一业务考核为综合考核，将办文办事、信访接待、工作纪律等5类综合事项纳入考核范围，机关工作效能明显提升；民政宣传工作。全年发表各类宣传报道674条，编发《民政要情》64期；加强对行政许可和行政审批事项的梳理确认，规范信息公开程序，加强全程办事代理和信访接待工作，群众满意率100%。

（杜占禄 李 卫）

【廉政风险防范管理工作】 年内，召开党风廉政建设暨推进廉政风险防范管理工作会，制定了廉政风险防范管理工作实施方案、实施细则和考核办法，结合绩效目标管理确定风险防控措施，健全完善风险防范管理制度，建立三级廉政风险库，全面推行廉政风险防范管理工作。全局共查找廉政风险点103个，绘制工作流程图41张，保证了各项工作的平稳运行。

（杜占禄 李 卫）

【慰问金救助款发放工作】 年内，安排1000万元救助款和慰问金，用于对38892名困难群众的救助和民政对象的慰问，春节前将480万元临时救助款、70万元市区两级自然灾害救助资金和448万元民政对象两节慰问金发放到位。

（杜占禄 李 卫）

【96156“两节”服务活动】 年内，开展了96156——传承社区亲情、服务社区居民“两节”服务活动。93个社区居委会参与，组织6445名志愿者为1.19万名特定服务对象开展亲情陪伴、家具整理等志愿服务519次。

（杜占禄 李 卫）

【下属单位情况】

单位名称：北京市门头沟区接受救灾捐赠事务管理中心
地 址：北京市门头沟区新桥南大街25号
电 话：69849146
邮 编：102300

单位名称：北京市门头沟区福利生产办公室
地 址：北京市门头沟区新桥南大街25号
电 话：69843740
邮 编：102300

单位名称：北京市门头沟区福利彩票发行中心
地 址：北京市门头沟区新桥南大街25号
电 话：69844605
邮 编：102300

单位名称：北京市门头沟区光荣院
地 址：门头沟区永定镇冯村
电 话：69804781
邮 编：102300

单位名称：北京市门头沟区军队离退休干部修养所
地 址：门头沟区峪园小区1楼1单元101

电　　话：69843318
邮　　编：102300

单位名称：北京市门头沟区婚姻登记中心
地　　址：门头沟区门头沟路134号
电　　话：61893270
邮　　编：102300

单位名称：北京市门头沟区救助管理工作站
地　　址：门头沟区龙泉雾兴隆街80号
电　　话：61891128
邮　　编：102300

单位名称：北京市门头沟区接受救灾捐赠事务管理中心
地　　址：门头沟区门头沟路134号
电　　话：61895733
邮　　编：102300

（杜占禄　李　卫）

民族宗教侨务

【概况】　年内，门头沟区民族宗教侨务工作坚持以中国特色社会主义理论和党的十七届三中、四中全会精神为指导，认真学习践行科学发展观，坚持党的民族宗教工作基本方针，紧抓平安国庆这条主线，根据全国、北京市民族宗教侨务工作部署要求，创新思路，务求实效，扎实工作。进一步落实并认真宣传党的民族、宗教、侨务有关政策，努力提高民族宗教侨务工作水平。不断创新工作机制，进一步强化了对民族宗教事务管理。引导民宗侨界为门头沟区的经济建设服务。经过各部门协调配合，上下共同努力，实现民族团结，宗教和谐，社会稳定的局面，完成了平安国庆的任务，确保了全年民族宗教领域的平安稳定。被市政府侨办评为年度侨务工作先进单位。

单位名称：北京市门头沟区人民政府民族宗教侨务办公室
地　　址：北京市门头沟区新桥南大街25号
电　　话：69847974
邮　　编：102300

（王　慧　张科研）

【春节走访慰问活动】　1月17日，走访慰问了全区归侨，送上慰问品和慰问金。20日，区领导郭光磊、贾文勤、侯建华等，代表区委、区政府对潭柘寺、戒台寺僧团进行了慰问，为两寺各送3000元慰问金。23日，副市长程红在伊欣欣、刘云广、贾文勤等区领导的陪同下，慰问了妙峰山镇少数民族贫困户和潭柘寺僧团，同时，检查了潭柘寺景区旅游接待和节日安全工作，并提出要求。国庆前夕，走访慰问了区内归侨，代表党和政府致以节日的问候，并分别赠送了慰问金和慰问品。

（王　慧　张科研）

【公益活动】　1月19日，北京市侨资企业协会副会长、龙安公司董事长给区内归侨捐赠慰问品。7月31日，区民宗办与市、区两级基督教三自爱国组织机构成员带慰问品到区消防支队慰问全体官兵，并进行座谈。8月，区天主教为台湾遭受莫拉克台风灾害的同胞捐款。其中永定曹各庄教堂捐款1168元，斋堂后桑峪教堂捐款1865元。9月11日，区基督教三自爱国领导小组向新桥路中学宏志班助学捐资2万元，并承诺建立经常性捐助机制。10月23日，民宗侨办及天主教爱国会成员等一行到雁翅镇敬老院开展重阳节慰问活动。为老人赠送了粮、油等3000余元的慰问品，并一起进行座谈。11月27日，区天主教爱国会代表爱国会向清水镇困难户上学的孩子捐赠助学金。

（王　慧　张科研）

【宗教工作】　2月4日，区领导罗斌和贾文勤召集国资委、民宗办、区公安分局领导和基督教会负责人，就建教堂搬迁户安置房问题再次召开协调会。会上，听取了有关部门领导就搬迁户安置进展情况汇报，了解存在的困难和问题，研究了具体办法，达成了协议。5日，民宗办协助基督教会与国资委签定了有关协议，购买搬迁户安置房资金已经落实到位，解决了新建教堂进程的关键问题。3月24日，区基督教三自爱国领导小组举行新建教堂奠基典礼仪式。4月28日，组织各宗教组织主要成员在社区服务中心举办了创建学习型社会组织培训班。全区基督、天主、伊斯兰、佛四教组织班子成员、教职人员和部分信徒骨干近50人参加了培训。11月18日，对区内宗教活动场所创建和谐寺观教堂活动（以下简称创建活动）和落实甲型流感防控工作情况进行了检查。25日，区民宗办主任陪同区政协领导在潭柘寺接待了西藏以尼木县委书记带队的参观团。区政协、民宗办、统战部、公安局等有关部门领导参加了接待，并与西藏客人进行座谈。听取了区民族宗教的情况介绍。并参观了潭柘寺和戒台寺。11月，区内开展了创建和谐寺观教堂活动。结合区内实际，分别编制了佛、天主、基督、伊斯兰四教创建活动实施方案和考评标准。年终依据考评标准进行了自查和有关部门联合组织检查考评。12月11日，召开民族宗教工作会。区民宗办主任、全区各镇政府、街道办事处主管领导和民政部门工作人员参加会议。会上，传达了北京市民族宗教工作领导小组颁发的《关于基督教聚会点长效管理机制的意见》和国家宗教局、市宗教局关于创建和谐寺观教堂活动有关文件精神，并布置了各属地做好圣诞节宗教活动场所安全稳定工作。民宗办主任回顾总结了区内全年民族宗教工作和基督教专项整治情况，部署了2010年工作任务，公安局国保支队副队长通报了区内宗教动态情况，

（王　慧　张科研）

【侨务工作】　2月9日，门头沟区民宗侨办组织区内归侨和侨眷参观了海内外华侨和侨眷捐资共建的奥运场馆——水立方。2月，在区内注册的侨资企业——北京柯林龙安医学技术有限公司的办税卡不慎遗失，影响了公司正常经营和报税缴税。该公司特意到区民宗侨办求助。区侨办，协助该公司解决了办税问题。5月，区民宗侨办和区爱卫会协助侨资企业在区内开展“清洁卫生构筑健康家园进社区活动”。在德露苑、月季园东里等4个社区开展了“清洁卫生构筑健康家园进社区活动”。通过图片展版和“空瓶换赠成品”等形式普及、宣传环保知识。并向社区无偿提供了1万多瓶84消毒液。5月，根据市侨办统一部署，对区内所属企业进行了人才、技术等需求情况调查，在区国资委、工商联和石龙开发区的协助下，完成了调查工作。

（王　慧　张科研）

【领导调研】　2月19日，市宗教事务局和市文物局领导到潭柘寺佛教活动场所进行调研，了解潭戒两寺管理情况，并研究了区内佛教场所有关问题。4月23日，市宗教局局长申建军等一行就佛学院建院问题和规范宗教活动场所问题到雁翅镇白瀑寺进行调研。考察了白瀑寺的建筑和寺内的文物，听取了区宗教办的汇报，与当地镇村领导进行交谈，了解情况，并提出要求。调研中还对妥善解决白瀑寺问题进行了研讨。

（王　慧　张科研）

【依法行政】　3月12日，会同统战部、公安、工商等部门对清真市场进行联合检查。在检查中，对无工商经营许可证，无卫生许可证、无清真经营手续的三无商户，进行了责令立即停业整改，当场对经营人进行了相关政策法规教育。区民宗办会同基督教会到各镇和大台街道对拟依法登记的基督教中心聚会点进行综合考察。有关镇、街道领导和村、社区干部参加了考察，并配合办理了相关手续。截止到9月底，斋堂镇斋堂、雁翅镇雁翅、付家台、房良、王平镇东王平、大台灰地、妙峰山镇陇驾庄、军庄镇军庄、永定镇冯村和基督教城子临时教堂，10处地区基督教中心聚会场所，完成了依法登记工作，并颁发了登记证照。年内共接待民族更改行政审批事务14件，其中符合受理条件的11件，汉族更改为满族5件，汉族更改为蒙古族4件，汉族更改为回族1件，汉族更改为白族1件。

（王　慧　张科研）

【宗教节日】　5月2日，是佛教传统宗教节日“浴佛节”，两寺僧团分别举行佛诞浴佛法会，参加两寺佛事法会的信众达2500余人。8月15日为天主教圣母升天瞻礼日，有300余名信众在曹各庄天主教堂参加弥撒活动，公安局和当地派出所到教堂维持秩序。9月21日，400余名穆斯林群众在区内清真寺内举行节日会礼，庆贺伊斯兰教的传统节日——开斋节。在民宗侨办和公安部门的指导协助下，整个活动现场秩序井然。12月24日至25日，圣诞节期间，基督教、天主教在城子基督临时聚会场所、曹各庄和后桑峪天主教堂举行庆祝活动。贾文勤等领导分别到3个教堂向信教群众祝贺节日。参加庆祝活动的信众达5000余人次。

（王　慧　张科研）

【专项工作】　5月4日，召开了基督教专项治理工作会议。区民宗办主任在会上通报了全区基督教情况，并提出对基督教治理工作基本策略和方法；区委统战副部长部署全区基督教专项治理工作。区委统战部、区民宗办、区公安组成专项工作组，召开了专

题会议，对35个游离聚会点进行分析研究，并制定专项整治和争取转化游离聚会点工作方案。从6月份开始，工作组到各镇村、街道社区同辖区党政领导、派出所干警、镇街民政科等工作人员对各镇街游离聚会点逐一进行争取转化工作。分别找游离聚会点负责人逐点逐人进行谈话教育，宣传党的宗教政策和法规，做争取转化工作。对斋堂镇火村、大峪街道绿岛家园等地下渗透背景的聚会点负责人进行了重点教育，然后由所在街道办事处和居委会进行重点监控。经过对全区35个游离聚会点进行专项整治，使地下渗透聚会点得到瓦解。截止到8月底，根据全市统一部署，全区完成了9个镇4个街道涉及34个村、社区的35个游离聚会点负责人的争取转化工作，取得明显效果。全区聚会点由99个减少到91个，三自组织掌控聚会点由64个增加到77个，全区基督教聚会点的掌控率已达到98.8%，有8个镇、4个街道掌控率已经达到100%。

（王　慧　张科研）

【民族工作】　5月26日，市民委、市政研室、市农科院、第二外旅游管理学院、市生产力促进中心领导和专家与区科委、民宗办、妙峰山镇政府领导一起共同研讨陇驾庄村发展规划。大家对清华大学专家组编制的陇驾庄少数民族村发展规划以不同角度，围绕规划的可行性和操作性等问题提出了修改意见和建议。8月23日，区民宗侨办组队参加北京市民族体育邀请赛。新桥路中学男、女两组选手分别获得蹴球比赛学生组第四名的成绩。

（王　慧　张科研）

【安全检查】　6月10日，会同区委统战部和区消防处对区内信徒人数较多，场所面积较大的基督教城子临时教堂、永定、潭柘寺中心聚会点进行了重点消防安全检查，当场提出存在问题隐患，并具体指导聚会场所进行整改，消除隐患。12月23日，贾文勤带领区统战、民宗办、国保、消防各部门组成安全检查组统一行动，对区天主教曹各庄教堂、后桑峪教堂、基督教临时教堂、聚会点进行了安全隐患排查。检查组重点检查了疏散标识、消防、照明、取暖等设施。

（王　慧　张科研）

人口与计划生育工作

【概况】　年内，全区人口计生工作在区委、区政府的领导和市人口计生委的支持指导下，坚持以科学发展观为统领，贯彻落实中央《决定》和市委《决定》精神，落实区委、区政府《关于深入贯彻落实科学发展观统筹解决人口问题的实施意见》，实施了“人文计生”“普惠民生”“幸福人生”三大工程，进一步巩固了创优成果，计划生育率保持在97%以上，稳定了低生育水平，为生态涵养发展区建设营造了良好的人口环境。

单位名称：北京市门头沟区人口和计划生育委员会
地　　址：北京市门头沟区新桥南大街46号
电　　话：69844839
邮　　编：102300

（亓建军）

【领导慰问】　1月4日，市人口计生委正局级委员李芸莉走访慰问了大峪街道向阳东里社区计划生育家庭和永定镇万佛堂村计生专干，并送去了慰问品和慰问金。6月9日，中央国家机关人口计生第四协作组到王平镇韭园村慰问，协作组9个单位的计生工作负责人与该村党支部、村委会、计生专干、独生子女家庭代表进行了座谈，并且入户走访慰问，共慰问了30户贫困独生子女家庭，发放慰问金9000元。

（付延路）

【重要会议】　1月20日，召开创建全国计划生育优质服务先进单位总结会。副区长贾文勤宣读了《国家人口计生委关于表彰2008年全国计划生育优质服务先进单位的决定》。区委常委、宣传部部长陈志强对全区巩固创优成果，进一步做好全区人口计生工作提出要求。各委办局、各镇街计生工作领导、计生干部、村居计生专干共200多人参加了创优工作总结会。2月16日，召开人口与计划生育领导小组会，区领导刘云广、陈志强、贾文勤、区人口与计划生育领导小组成员单位领导出席了会议。刘云广就进一步做好全区人口计生工作提出要求。3月9日，召开人口和计划生育工作会，市人口计生委正局级委员李芸莉，区领导刘云广、李慷云、高连广、陈志强、贾文勤，区人口和计划生育领导小组成员单位、各委办局主要领导、各镇街党政一把手、主管领导参加了会议。贾文勤在工作报告中总结过去一年全区人口计生工作，部署了2009年的工作任务。李芸莉对计生工作提出要求。刘云广与相关单位代表签订了《2009年人口和计划生育目标管理责任书》并就进一步做好全区人口计生工作提出要求。5月25日，召开人口计生宣传工作会暨婚育新风部门联系会，贾文勤参加会议并对人口计生工作提出要求。

（高　旭）

【机关学习】 2月2日，以“巩固创优成果，再创工作佳绩”为主题开展为期3天的学习讨论活动，全体工作人员学习了国家、市人口计生委有关文件精神，公布了修改完善后的区人口计生委机关各项规章制度。3月19日，召开深入学习实践科学发展观活动动员大会，传达了区委有关文件，宣读了《区人口计生委党组开展深入学习实践科学发展观活动实施方案》，全面部署了学习实践活动。区人口计生委党组书记做动员，区委第一批学习实践活动指导组有关领导出席了动员大会。4月3日，区人口计生委主任以《唱响时代旋律，建设和谐计生》为主题作学习实践科学发展观报告。23日，结合实际情况以“我为科学发展献一策”、“门头沟区人口计生工作科学发展所面临的问题”等题目开展大讨论，由主要领导分别作学习实践科学发展观报告。6月10日，召开学习实践科学发展观专题组织生活会，全体党员、入党积极分子参加了会议，大家围绕深入贯彻落实科学发展观，结合实际工作，查找个人在贯彻落实科学发展观方面存在的突出问题，制定了改进措施，明确了努力方向。

（付延路）

【考核与评估】 2月17日，区政府督查考核组到人口计生委进行督查考核，对区人口计生委2008年工作给予肯定，对巩固创优成果、进一步做好全区人口计生工作提出意见和建议。11月3日，部署年终工作检查。检查考核时间：5日至13日，检查考核内容：《2009年门头沟区计划生育目标管理考核评估方案》《2008—2009年度北京市区县人口和计划生育工作考核评估方案》的相关内容、创建全国计划生育优质服务先进单位重点评估指标。16日，市评估检查组对全区2009年流动人口计划生育工作进行考核评估。检查组到龙泉镇双峪农贸市场和东辛房街道矿建街西社区了解流动人口计划生育服务和需求情况，对区内的流动人口计划生育工作给予肯定。12月14日，市人口计生委主任邓行舟带领市考核评估组对区内2008－2009年度人口计生工作进行全面考核评估。考核评估组与区卫生、民政等7个相关部门和军庄、雁翅、大峪3个镇街主管领导进行了座谈。考核评估组对区内人口计生工作取得的成绩给予肯定，对进一步做好人口计生工作提出了意见和建议。

（陈　涛）

【培训工作】 2月27日，举办了PADIS流动人口系统应用培训会。市人口计生委流管处工作人员对PADIS流动人口子系统试运行期间的工作进行了部署；授课老师对PADIS系统具体操作应用进行了讲解。区人口计生委相关工作人员及13个镇街计生办主任和负责流动人口管理工作人员参加了培训。5月25日，举办人口计生工作综合培训班。市人口计生委宣教处处长刘凤婷以“改革中的人口和计划生育宣传教育”为主题，就计划生育宣传教育的历史沿革、宣传教育方法、宣传教育的主要内容等几个方面做了培训。区人口计生委各科室负责人分别就统计、法规、药具、协会、技术服务等工作进行了讲解。9月4日，举办法制工作综合培训班，就新编的《法规工作规范要求（试行）》进行讲解征求意见；对各镇街计划生育案卷进行了评查；就进一步做好全区计划生育法制工作进行了研讨。各镇街计生干部、流动人口计划生育协管员学习了《流动人口计划生育工作条例》。11月3日，举办人口计生基础信息核查工作培训班，印发了《门头沟区人口和计划生育基础信息核查工作实施方案》。工作人员就此次人口计生基础信息核查登记对象、主要核查内容进行了解读。各镇街主管领导、计生干部以及区公安、卫生、妇幼、流管等部门的领导及具体工作人员参加了培训。3日，举办市独生子女伤残家庭特别扶助制度培训班，工作人员就北京市独生子女伤残家庭特别扶助制度政策解释、特别扶助对象资格确认工作程序、特别扶助制度工作填表说明等内容进行了讲解。符合独生子女伤残家庭特别扶助条件的，政府给予每人每月160元的特别扶助金。

（付延路）

【领导视察、调研工作】 4月16日，贾文勤到人口计生委调研，听取了人口计生委领导的工作汇报，对区人口计生委学习实践科学发展观活动第一阶段情况给予肯定，对做好下一阶段学习实践活动提出要求。7月22日，区政协副主席侯建华率领部分政协委员视察。委员们听取了区人口计生委主任对近年来工作情况的汇报，观看了反映全区人口计生工作成就的电视专题片，并实地察看新落成的区人口文化园。政协委员们对全区人口计生工作取得的突出成绩给予肯定。对进一步做好人口计生工作提出建议。

（付延路）

【奖励扶助和特别奖扶工作检查】 4月21日，市人口计生委主任助理一行指导区奖励扶助工作，首先听取了奖励扶助工作汇报，审核了相关材料，到龙泉镇龙泉务村与奖扶对象面对面交流，核实奖扶对象资料，检查资格确认程序是否完整准确、公示程序是否符合要求等。市人口计生委领导对区奖励扶助工作给予肯定。年内，全区有247人享受农村部分计划生育家庭奖励扶助政策，他们每人每年将得到市区两级总额不少于1500元的奖励扶助金。有84人享受独生子女家庭特别扶助政策，每人每月将得到200元的特别扶助金。

（刘 雨）

【生殖健康与优质服务】 5月14日，在东辛房地区社区卫生服务中心举行免费体检启动仪式。体检项目包括妇科、B超、乳透、血糖等项目的检测，为400多人免费体检，咨询服务数百人，举办社区健康知识讲座7场。6月16日，到矿建集团建筑工地，宣传政策，解答疑问。发放《流动人口服务指南》《北京人口》、计生《家庭历书》等宣传资料600余份，避孕药具600盒，悬挂横幅，现场为工地上的农民工讲解了男性健康知识和艾滋病的预防等知识。17日，继续开展对农村采取长效节育措施的户籍已婚育龄群众进行的奖励性免费健康体检。体检项目包括：一般检查、乳腺检查、超声波检查、一般化验、生化检查、妇科检查以及男性泌尿生殖系统检查，已免费健康体检850人。7月10日，在黑山地区施工的内蒙蒙建公司门头沟项目部建筑工地，举办“生殖健康与生命质量”科普知识大课堂，为建筑工人们讲授男性健康、预防艾滋病、避孕药具使用等知识，发放《流动人口服务指南》《北京人口》等宣传材料1400多份、避孕药具1200盒，咨询服务100多人。22日，完成“情系弱势群体，关注女性生殖健康”为主题的宣传服务活动，2033名残疾和低收入家庭已婚育龄妇女接受了免费健康体检。27日，与区统战部联合在驻区66019部队开展门头沟“生殖健康进军营·优质服务暖人心”宣传服务活动。区生殖健康讲师团成员为120余名部队官兵讲授了生殖健康知识和男性健康知识。主办单位还邀请了区医院、区中医院有关专家义诊、咨询服务，耐心解答官兵们的咨询。9月11日，举办“幸福沙龙”启动仪式，北京大学医学部教授为30多位年轻夫妻讲解了生殖健康、优生优育、孕产期保健等知识，并与大家互动交流，现场答疑解惑。10月28日，区计划生育生殖健康宣讲团成员先后到永定、东辛房等镇街开展男性健康宣传，为138名男性朋友讲授了男性健康知识，讲座现场悬挂宣传横幅，发放了《男性健康手册》、《北京人口》等宣传材料。12月1日，区计划生育生殖健康宣讲团成员为50余名驻区某国庆受阅部队官兵讲授了生殖健康、男性健康、预防艾滋病等知识，并且开展义诊咨询服务，发放了计划生育宣传材料。18日，“计生讲座大课堂”走进龙泉雾村，区计划生育生殖健康宣讲团成员为60多名育龄群众讲授了计划生育生殖保健、优生优育、平衡饮食、有氧运动等知识，提供健康咨询服务，解答群众提出的疑难问题。

（高 旭）

【京西人口文化节开幕】 5月27日，举办第四届京西人口文化节开幕暨区人口文化园落成揭牌仪式，市人口计生委副主任丁勇，区领导陈志强、贾文勤等出席开幕式。该届人口文化节以“实践科学发展观·构建和谐生态区”为主题，从5月开始，到11月结束。6月5日，举办“我与国策共成长”征文演讲比赛。各镇街选拔推荐的13名选手参加了演讲比赛。比赛评选出一等奖，二等奖，三等奖，以及优胜奖，主办单位领导向获奖者颁发了奖杯和奖品。7月11日，围绕“关注计划生育家庭，促进妇女创业发展”主题，开展了丰富多彩的宣传服务活动。区人口计生委发放《关爱生命，传递健康》宣传折页3200份，宣传画2400张。各单位还采取文艺演出、播放健康知识光盘、举办健康知识讲座、义诊咨询服务等多种形式的宣传服务活动。31日，举办“京西女孩亮京西”摄影书画展启动仪式。仪式上聘请了专家顾问和评委。此次摄影书画展是第四届京西人口文化节的重要组成部分，时间持续半年，共征集摄影作品139幅，书画作品160幅，经专业人员评审，7幅摄影作品、11幅书画作品分获此次征集活动一、二、三等奖。

（高 旭）

【协会工作】 6月24日，组织各镇计生协会秘书长、项目扶持户到房山区学习参观。听取了该区“三结合”贴息贷款采取抵押方法的好处和具体做法，大家参观了十渡镇3个农家乐项目扶持户，两地扶持户相互交流，切磋技艺，取长补短，共谋发展致富之路。7月22日，中国人口与发展研究中心公共管理研究部主任郭维明在市计生协领导的陪同下到区内调研市级示范会员之家使用和活动情况。实地考察了军庄镇东山村和永定镇万佛堂村示范会员之家的阅览室、咨询室、活动室和人口学校，分别与会员代表和理事会成员进行了问卷调查和座谈，了解了两地的活动开展情况和存在的问题。

（宋京晨）

【药械市场专项整治】 7月29日，召开计划生育药械市场专项整治会议，部署药械市场专项整治工作。成立了专项整治行动协调小组，制定了专项整治行动实施方案。区领导贾文勤对专项整治行动提出要求。8月24日，贾文勤带领专项整治行动检查组，对门城重点地区、重点行业经营计划生育药械的部分门店进行了联合执法检查。全区共有药店76家，保健品商户23家，全区开展计划生育药械市场专项整治行动以来，专项整治行动检查组已对其中的42家门店进行了检查。9月22日，市督查组到区内督查计划生育药械市场专项整治工作。市督查组听取了计划生育药械市场专项整治行动工作汇报，与相关部门进行了交流座谈，实地查看了门城地区3家成人用品商店。市督查组对全区的专项整治工作给予肯定。区领导李建军就门头沟区进一步巩固计划生育药械市场专项整治行动成果、继续搞好计划生育药械市场管理工作提出要求。

（杜宏平）

【流动人口计划生育管理】 8月10日至26日，完成重点地区流动人口抽样调查，此次调查是以龙泉镇三家店村和水闸西路社区作为调查点。17日，与山东省烟台、东营、菏泽、德州、济南、淄博、泰安7个地市结为流动人口计划生育服务管理工作友好单位，签订了《流动人口计划生育双向服务管理工作协议书》，明确了流动人口计划生育服务管理职责。同日，召开流动人口出生监测工作座谈会，区卫生局、妇幼保健院、区医院、京煤集团总医院的妇产科主任及具体工作人员参加了座谈会。与会人员针对流动人口出生监测工作中存在的不足和工作难点进行了讨论，提出了改进措施和建议。9月1日，区人口计生委、区流管办、龙泉镇等联合在双峪农贸市场举行“爱在你身边”流动人口计划生育宣传服务活动。副区长贾文勤参加宣传服务活动，并向群众发放宣传材料。活动现场设立了计划生育政策咨询、药具发放、宣传品发放服务台，医务人员开展了内科、妇科、儿科、中医等义诊咨询服务，工作人员向群众发放了《致流动人口的一封信》《流动人口计划生育常识》《服务指南》《知情选择》等宣传材料，发放避孕药具2000多盒、计划生育宣传袋500多个。11日，召开《流动人口计划生育工作条例》座谈会，并且就该《条例》与《流动人口计划生育工作管理办法》以及北京市的相关规定做了对比讲解。10月21日至23日，与大台街道办事处、京煤集团木城涧煤矿以“爱在你身边”为主题，联合开展《流动人口计划生育工作条例》宣传服务活动，医务人员先后到木城涧煤矿、大台街道、千军台坑上门服务，为大台地区771名流动已婚育龄妇女进行B超、妊娠检验。

（付延路）

【帮扶活动】 8月20日，单位领导及部分党员到雁翅镇马套村，开展党员联系低收入农户帮扶活动，机关党员与帮扶对象见面，逐一入户了解帮扶对象情况。在党员联系低收入农户帮扶活动中，与雁翅镇马套村、杨村结成帮扶对子，主要领导多次到两村了解情况。根据区委要求，结合联系村实际和单位工作职能，研究具体帮扶措施。

（高 旭）

【举办京西人口与发展论坛】 12月4日，举办第二届京西人口与发展论坛暨第四届京西人口文化节闭幕式。论坛以“统筹解决人口问题，推进人口科学发展”为主题，采取主题报告和宣讲论文相结合的方式进行，共同研究探讨统筹解决人口问题。会上北京大学教授作题为《着眼统筹与民生，构建大人口服务平台——门头沟区人口与发展建言》的主题报告。论坛共收到论文及调研文章35篇。历时半年的第四届京西人口文化节结束，闭幕式上表彰了在此届人口文化节宣传服务活动中做出突出贡献的先进集体和先进个人。

（付延路）

【宣传品发放】 12月21日，全区“两节”计生宣传品陆续发放到户。区人口计生委设计制作了《2010年工作手册》5000册，以宣传计划生育生殖保健知识、家庭生活常识为主要内容的《家庭历书》4.5万册，年历画4.8万张、“福”字2万张、台历2000本以及其它宣传品共计11万多份。

（高 旭）

爱国卫生

【概况】 年内，区爱卫办在区委、区政府的领导下，在市爱卫办的支持指导下，围绕国庆60周年环境卫生保障和区委、区政府爱国卫生目标管理任务，协调全区各部门、各单位，发动城乡居民大力开展爱国卫生运动，使城乡环境面貌进一步改观，病媒生物得到有效控制，公共场所禁止吸烟工作稳步推进，农村改厕、卫生创建工作有序开展，卫生防病知识广泛普及。组织爱国卫生月和城市清洁日活动，发动全区人民开展环境卫生大扫除。开展病媒生物防制工作，通过区电视台、《京西时报》等新闻媒体加强病媒生物防制知识宣传力度，发放宣传折页2000份，张贴宣传画450张；动员社区居民和社会单位清洁环境，清运垃圾，翻缸倒罐，清除各类积水，全面治理病媒生物孳生地；7月至9月，分别组织开展6次全区病媒生物统一消杀投药活动，共投放各类消杀药品6吨；开展春、冬季统一灭鼠活动，不断完善防鼠设施；联合有关部门多次开展公共场所禁止吸烟执法检查活动。全年完成农村户厕改造1700户，创建北京市卫生村15个、北京市健康社区9个，创建北京市健康示范村15个，完成各项承办的区政府为民办实事项目任务。35家单位获得北京市爱国卫生先进集体荣誉称号，35人获得北京市爱国卫生先进个人荣誉称号。

单位名称：北京市门头沟区爱国卫生运动委员会

地　　址：北京市门头沟区大峪南路6号

电　　话：69843460

邮　　编：102300

（李 佳　刘玉琴）

【召开工作会】 1月6日，召开了2008年爱国卫生工作总结会，会议就2008年爱国卫生工作进行了总结，对2009年工作进行了部署。3月23日，召开工作会议，对春季灭鼠、爱国卫生月、公共场所禁止吸烟等工作进行部署。7月30日，召开“迎国庆爱国卫生清洁月活动”安排部署会。12月1日，召开工作会，安排部署冬季“健康北京灭蟑行动”。

（李 佳　刘玉琴）

【环境卫生整治】 1月19日至23日，结合2009年第一个城市清洁日活动，组织辖区各镇、街道办事处开展了以“清洁家园、迎接两会”为主题的环境卫生大扫除活动。2月27日，开展2009年第二个城市清洁日活动，共出动干部群众5500人，整治主要大街5条，清除卫生死角9处，清理积雪201处，捡拾白色垃圾3公斤，清运垃圾渣土8.5吨，清除小广告187条。3月27日，开展第三个城市清洁日活动，出动干部群众2500人，清除卫生死角8处，清理绿地4000平方米，捡拾白色垃圾1.5公斤，清运垃圾渣土6吨，清除小广告98条。4月，开展了以“清洁环境，拥有健康”为主题的第二十一个爱国卫生月活动。6月至9月，每周对门城地区三个街道办事处两镇的环境卫生状况进行巡查，对存在的卫生问题进行拍摄，共制作专题片一部，多媒体幻灯片6部，均在区政府常务会前进行了播放。期间，共拍摄照片900余张，反映环境卫生问题279处，对问题整改情况复查16次，全部得到解决。6月至12月，每月会同市政管委、农委、社会办、城管大队、环卫中心等部门对9个镇4个办事处的环境卫生状况进行了抽查，按统一标准进行了打分和排名。8月，开展了以“除四害、讲卫生、干干净净迎国庆”为主题的爱国卫生清洁月活动，21日是爱国卫生清洁月活动高潮日，当天全区共出动干部群众5000余人，清除卫生死角28处、蚊蝇孳生地13处、乱贴乱画小广告156条，清运垃圾渣土35吨，投放除四害药品1.5吨，设立宣传站点50个，张贴宣传画900张，发放宣传材料4000份。9月1日，联合区教委在各类学校和托幼机构开展了开学第一周“校园清洁周”活动。18日，会同市政管委联合组织开展了迎国庆清洁整治日活动，各街道社区、镇村、社会单位以及相关执法部门参加了活动。此次活动共出动人员1万余人次，各类车辆360余台次，清理各类小广告3000余处，清理垃圾渣土6000余吨。12月26日至30日，开展“迎两节净环境”环境卫生大扫除活动，出动6000余人，清理卫生死角17处，清运垃圾渣土2.5吨，清除乱贴乱画小广告127条。

（李 佳 刘玉琴）

【病媒生物防制】 3月29日至4月5日，配合市爱卫办对将军林地区蚊虫孳生地及蚊虫密度进行了调查，并提前向该地区水体投放了灭孑孓药品，坚持每天对周边200米范围喷洒灭蚊虫剂。4月8日至10日，对各镇、街道办事处灭鼠工作情况进行了抽查，共检查5个村、7个社区、17个社会单位，投药覆盖率、到位率达到98%。其中大峪办事处、东辛房办事处、龙泉镇、军庄镇投药覆盖率、到位率达到100%。4月27日、28日，联合北京柯林龙安医学技术有限公司在大峪街道德露苑、绿岛家园等4个社区开展用消毒产品空瓶置换全新柯林龙安清青草香84消毒液的爱心进社区活动，共置换消毒液20余箱。6月22日、7月20日、8月10日、20日、30日和9月20日分别组织开展了全区病媒生物统一消杀投药活动，共投放各类消杀药品6吨，有效降低了病媒生物密度，确保了国庆60周年庆祝活动不受病媒生物侵扰。12月1日至30日，开展为期30天的“健康北京统一灭蟑”投药工作，共有3000余户家庭参与。9日至15日，会同大峪、城子、东辛房办事处、永定镇、龙泉镇以及工商、商务、卫生监督等部门对门城地区部分宾馆饭店、医院、商场超市、机关单位、食品加工厂、餐饮业共50家单位的病媒生物执法检查，防鼠合格率达到94%，防蟑合格率达到92%，均符合国家标准。

（李 佳 刘玉琴）

【公共场所禁止吸烟】 4月初，在全市率先开展了无吸烟家庭评选活动，共评选出无吸烟家庭1000户，张贴了统一的“无吸烟家庭”标牌。4月底，联合镇、办事处和有关单位对门城地区党政机关、无吸烟餐饮单位进行了检查，共检查党政机关15家、无吸烟餐饮单位4家。5月28日，在区体育馆门前举行了公共场所禁止吸烟大型宣传咨询活动，发放禁烟宣传品2万余份，接待群众咨询200多人次。31日，世界无烟日当天，会同区商务局对全区的商业售烟网点进行了停售烟草制品情况的检查。与教委联合开展了“我爱无烟环境”为主题的控烟征文活动，覆盖全区15所学校，共征文60篇。12月9日至15日，会同大峪、城子、东辛房办事处、永定镇、龙泉镇以及工商、商务、卫生监督等部门对门城地区部分宾馆饭店、医院、商场超市、机关单位、食品加工厂、餐饮业共50家单位的公共场所禁止吸烟工作进行了检查。

（李 佳 刘玉琴）

【农村改厕】 4月初，邀请专业人员对各村改厕工作人员进行了技术培训，6月17日，聘请改厕专家到雁翅镇松树村进行现场指导。6月至8月，多次到各镇村对改厕工作进行检查和指导，共检查20个村，135户。8月28日，市爱卫办部长刘金华一行对区内户厕改造工作进行了抽查，检查雁翅镇松树、淤白和泗家水村共30户。9月底，1700户农村户厕改造任务全部完成。

（李 佳 刘玉琴）

【共建健康示范村】 4月22日，中央电视台100余人到永定镇石厂村开展义务植树活动，共种植各类果树300余株，石厂村被确定为中央电视台的定点植树场所。11月4日，中央电视台在永定镇石厂村举行了“共建北京市健康示范村”捐赠活动，向石厂村捐赠了电冰箱189台、微波炉330台、电脑20台及图书1000本。

（李 佳 刘玉琴）

【领导检查】 6月19日，李建军带队，对门城地区环境卫生进行了检查。重点检查了剧场东街、城子七棵树桥头、月季兴市场南门等地。9月3日，市爱卫办联合检查组对区内国庆60周年爱国卫生工作（环境整治、病媒生物防制和公共场所禁止吸烟）进行了全面检查。

（李 佳 刘玉琴）

【首届社区健康风采大赛】 7月13日，对参加首届北京市社区健康风采大赛的大峪街道月季园二区太极扇代表队进行现场指导，对动作协调性和整齐性提出了改进意见。8月27日、28日，组织大峪街道月季园二区、向阳社区代表门头沟区参加了市爱卫办举办的参赛规则、比赛标准和健康知识培训。9月12日，大峪街道月季园二区的太极扇、向阳社区的健身舞代表全区参加了北京市举办的首届社区“健康风采”大赛，分别获得了二等奖和三等奖。

（李　佳　刘玉琴）

【卫生创建】　7月14日、15日，对潭柘寺镇、雁翅镇北京市卫生村创建工作进行了检查，共抽查了7个村、70余户。10月20日至21日，市爱卫办对创建北京市卫生村工作进行检查验收，潭柘寺镇王坡村、妙峰山镇禅房村等15个村通过了检查，成为北京市卫生村。26日，市爱卫办对全区2009年创建北京市健康社区的大峪街道葡东社区、城子街道西宁路社区、东辛房街道河南街社区等9个社区进行了检查验收。通过听取汇报、查阅资料和实地检查，认为各社区符合北京市健康示范社区标准。

（李　佳　刘玉琴）

老　龄　工　作

【概况】　门头沟区老龄工作委员会是全区老龄工作的议事机构，下设办公室，负责全区老龄事业工作。年内，坚持以科学发展观为统领，以迎接和庆祝新中国建国60周年为契机，深入贯彻党的十七届三中、四中全会精神和“党政主导、社会参与、全民关怀”的老龄工作方针，着眼于保障和改善民生，进一步完善社会养老保障制度，全面落实市政府关于老年人优待工作的各项政策，不断解放思想，开拓创新，团结协作，完成了全年各项工作任务，推动了全区老龄事业的新发展。

单位名称：北京市门头沟区老龄工作委员会
地　　址：北京市门头沟区光荣院
电　　话：69807952
邮　　编：102308

（刘　文）

【为老人办实事】　年初“两节”和“九九”重阳节期间，全区各级领导和各单位广泛开展走访慰问“送温暖”活动，共走访慰问各类老年人2.5万人次，送慰问款和物品折价近550多万元。10月26日，贾文勤在区老龄办和红十字协会、慈善协会领导的陪同下，会同恒坤投资集团有限公司总裁办负责人，入户走访慰问5位百岁老人，送去5000元慰问金及鲜花、寿糕、水果和蚕丝被。26日，慰问区光荣院的全体老人，送上价值千余元的慰问品。重阳节期间，与红十字协会、慈善协会联合开展慰问全区90岁以上高龄老人活动，发放了价值8万余元的物品。10月30日，与卫生局、财政局、人力资源和社会保障局以门卫行〔2009〕19号文联合下发了《门头沟区无社会保障老年人健康体检工作实施方案》。截至10月底，为空巢家庭老人安装应急救助门铃500个。截止到12月10日，为20个“社区星光老年之家”配备的器材、设备全部到位。11月初至12月20日，为13个街道、镇的6909名无社会保障老人进行了健康检查。

（刘　文）

【助养活动】　1月15日至20日，老龄办和特困老人助养协会组织北京国信嘉业房地产有限公司、区殡仪馆、潭柘寺镇鲁家滩村等助养单位到清水、斋堂、龙泉等7个镇，为61名特困老人送去助养款3.24万元。21日，贾文勤到王平镇入户慰问4户特困老人，为每位老人送去助养款600元。10月23日，召开特困老人助养工作座谈会。总结工作，部署第十轮助养工作任务，对以后的助养工作形式提出要求。协会成立以来，已连续开展九轮助养活动，参加助养的单位有20多个，个人达百余人，累计接收助养款60多万元，受助老人1119人。当场接收助养救助款6.67万元，有125名老人得到救助。

（刘　文）

【召开老龄工作会议】　1月11日，召开13个街道（镇）主管领导和科长参加的迎新春老龄干部座谈会。总结2008年工作，探讨新一年的工作思路，布置老年人优待证的办理和高龄老人补助金的发放工作。并要求要在春节期间，广泛开展帮扶救助送温暖活动。17日，召开迎新春老年人代表座谈会。区老龄委副主任介绍2008年全区老龄工作情况和2009年的工作思路和主要任务。与会代表对所取得的成绩给予肯定，并就以后老龄事业的发展提出意见和建议。3月27日，召开区2009年老龄工作会议。区老龄委副主任作了《深入落实科学发展观，求真务实创新业，把我区老龄事业提高到新水平》的工作报告。全面总结2008年的工作，部署2009年工作任务。市老龄办副主任、市老龄协会副会长陈谊，在肯定全区老龄工作取得的成绩后，结合全市老龄工作的形势和任务提出意见。副区长贾文勤就做好全年的工作提出要求。

（刘 文）

【市区领导调研视察工作】 1月19日，市老龄协会办公室副主任宋学懂率领的调查组，到区内调查了解65周岁及以上老年人《老年优待卡》发放和使用情况。到军庄镇杨坨社区居委会召开座谈会，听取老年人的意见和建议。3月25日，市人大常委会内务司法办公室巡视员刘振宇率领的调研组，就区内老年人权益保障工作进行调研。在军庄镇香峪村"星光老年之家"召开老年人代表座谈会。听取镇领导汇报，老人代表就农村老年人居家养老、医疗、老年活动站建设和运行管理、老年人出行以及加强老龄工作机构建设等问题提出意见和建议。4月27日，贾文勤检查农村"山区星光计划"设施的管理和使用情况。到王平镇的吕家坡村、河北村、安家庄村、西马各庄村和韭园村的"山区星光计划"设施进行实地检查，并提出要求。5月19日，区人大常委会主任等领导视察老龄活动基础设施。先后视察大峪街道峪园社区居委会和王平镇河北村、吕家坡村的老年活动基础设施的建设和管理使用情况，召开座谈会，听取居、村情况介绍。随后，听取区老龄委副主任关于近几年全区老龄事业发展情况的汇报及对2009年老龄工作的思路和主要任务的介绍后进行座谈。与会人员对老龄工作给予肯定，并就进一步做好老龄工作提出意见和建议。8月5日，市老龄办权益处处长一行到区内的永定镇万佛堂村、艾洼村、桥户营村和冯村嘉园社区居委会，就城乡社区所建的"星光老年之家"的后期管理工作进行调研。7日，贾文勤就推进居家养老等几项重点工作到老龄办进行调研。听取老龄办领导关于全年工作情况和落实区政府"为民办实事计划"进展情况的汇报，就推进社区居家养老、落实无社会保障老人的健康体检以及加强城乡老年福利服务设施后续管理等几项重点工作，进行商讨。

（刘 文）

【老年人维权工作】 2月26日，与区司法局及工、青、妇等部门联合举办了"法律援助——与你同行"大型宣传咨询活动，宣传《北京市法律援助条例》和"一法一条例"等法律法规，发放各种宣传材料万余份。至12月底，接待老年人来信来访6件。区老年人法律援助中心共接待老年人法律咨询741人次，代写诉讼法律文书43份，办理老年人法律援助案件17件，为老年人挽回经济损失26万元。区人民法院依法审结各类涉老案件800余件，涉老案件的调解率一直保持在70%以上。对缴纳诉讼费确有困难的老年人共计缓、减、免诉讼费用2.83万元。全年未发生恶性涉老侵权案件。

（刘 文）

【老年人活动】 4月9日，组织老年人代表参加了市老龄活动中心举办的百度老年搜索新闻发布会。14日至15日，与体育局、老干部局共同举办，区门球协会承办的全区第21届春季"健康杯"老年门球赛。全区23支老年门球队的运动员、教练员和裁判员等250人参加比赛。经过62场比赛，城子办事处一队获第一名。铁三局四处二队、区委老干部局一队和大峪办事处康乐队分获第二至第四名。5月8日至9日，与王平镇老龄委联合开展为金婚老人免费拍摄婚纱照活动。共为16个村4个社区居委会的165对夫妇拍摄纪念照。6月9日，配合市老龄办"三下乡"活动，在潭柘寺镇举办了由天坛医院心内科主任授课、百余名老人参加的健康知识讲座。18日，老龄办领导参加大峪街道举办的爱心家园揭牌仪式，赠送价值千余元的娱乐用品。9月16日至17日，与体育局、老干部局共同举办，区门球协会承办的区内第22届秋季"金秋杯"老年门球赛在区委老干部局门球场举行。全区各单位的23支老年门球队的运动员、教练员和裁判员等300人参加比赛。区光荣院队获第一名，铁三局四处三队、区老教协一队和大峪办事处永青队分获第二至第四名。27日，与王平镇联合举办了该地区第六届老年人才艺表演赛，有410名中老年人参加，设有文艺、健身、书画、特长等4类比赛项目。11月13日，组织健康老年人代表参加了由生命时报和北京市老年人活动中心举办的首届"阳光老人"养生经验交流会。17日，与大峪街道老龄委共同举办百余人参加的象棋比赛活动。

（刘 文）

【落实老年人优待政策】 4月24日，到潭柘寺和戒台寺风景区检查老年优待卡的使用情况。截止到12月底为全区户籍人口中年满90周岁以上老年人发放高龄津贴38.33万元，享受人数346人（含百岁老人累计10人，实发金额0.96万元）。累计为年满65周岁以上的老年人办理《老年人优待卡》23712张。区域内地面公交线路45条，均为持优待卡的老年人免费；区内12个主要旅游景区对于持卡的老人给予门票免费，对于60岁至64岁的老人给予门票半价的优惠；区文化、体育部门所属的馆（所）、中心，分别给予老年人提供免费服务或按时间段给予不同的优惠照顾。

（刘　文）

【居家养老（助残）服务工作】 8月24日，贾文勤在区民政局主持召开居家养老（助残）服务工作交接会。听取民政局关于居家养老工作情况的汇报，宣布居家养老工作正式移交区老龄办。11月24日，老龄办主任和街道（镇）负责人参加市政府召开的“落实北京市市民居家养老（助残）服务九养办法”工作部署会议。12月2日，区老龄办、残联、民政局参加区政府召开的落实居家养老（助残）服务“九养政策”协调会，就《实施方案》初稿进行讨论。7日，区政府就全区居家养老（助残）的《实施方案》召开协调会议，会上关于落实《北京市市民居家养老（助残）服务（九养）办法的实施方案（试行）》进行讨论。同意成立居家养老（助残）服务工作领导小组及办公室，原则通过《实施方案》（试行）稿。16日，区政府54次常务会讨论并通过了关于落实《北京市市民居家养老（助残）服务“九养”办法的实施方案》（试行）。17日，老龄办到商委，就居家养老（助残）服务商（点）的确定工作进行商讨。主要涉及7个街道镇。初步确定北京京西鑫维康商贸有限责任公司的连锁店为服务点。同日，到区社区服务中心就关于96156服务热线参与居家养老（助残）服务工作进行商恰。21日，与社区服务中心96156确定了14家服务商，覆盖大峪街道、城子街道、东辛房街道、大台街道、龙泉镇和永定镇，主要是购买服务。23日，区政府办以“门政办发［2009］72号”文件转发了《区老龄办、区残联关于落实北京市市民居家养老（助残）服务（九养）办法实施方案》（试行），下发到全区有关单位。成立了以贾文勤副区长为组长，老龄办、残联、民政局三个部门的一把手为副组长的区居家养老（助残）服务工作领导小组及办公室。23日至25日，对基层上报的80岁及以上老年人申领居家养老（助残）服务券的审批表进行核批，总计4736人。28日，老龄办和商委负责人到北京京西鑫维康商贸有限责任公司，商议所辖连锁店为居家养老（助残）服务商一事，明确了双方的责权利，共同起草了协议书。31日，区政府召开了老龄办、残联、民政局参加的第三次协调会议，就《门头沟区居家养老（助残）券使用管理细则（试行）》和服务商的确定及服务内容等进行协商。

（刘　文）

街　道

大峪街道

【概况】　年内，在区委、区政府的领导下，按照建设现代化生态新区的总体要求，围绕“建首善之区、创一流业绩”的工作目标，引领干部群众团结奋斗、求真务实、开拓进取、扎实工作，街道各项事业取得发展。以科学发展观学习实践活动为契机，全面加强基层党组织的各项建设。按照“党员干部受教育，科学发展上水平，人民群众得实惠”的目标要求，在完成各阶段“规定动作”的基础上，成立理论讲师团到社区巡讲30余场，党员受教育人数达6000余人次；开展“五型”机关、学习型街道和学习型社区创建活动，使领导班子、党员干部队伍的整体素质显著提高。完成社区两委换届工作，干部队伍结构明显改善。采取“三推一选”的方式，选举产生新一届社区党支部班子成员93名。在先期试点的基础上，完成第七届社区居委会换届选举，32个社区居委会共选举产生社区专职工作者178名。关注民生问题，实事工程推进。完成了桃园、葡东等7个社区道路改造1.17万平方米；对坡头西街、黑山南区裸露地面进行硬化；完成月季园东里等3个社区绿化美化工程；粉饰新桥南大街、剧场东街社区61个单元楼道，并更换了楼道内的老旧门窗；扩建剧场东街社区活动室；翻建、改造了向阳东里等7个社区自行车棚14座。加大环境整治力度，辖区环境质量显著提升。为社区配备密闭化垃圾车120辆，实施生活垃圾密闭化清运。对辖区环境进行集中整治，清运垃圾渣土4100吨，完成龙门河滩等10个社区建筑粉饰5340平方米。规范户外广告牌匾159块，规范店外经营，治理门前脏乱现象。开展花园式社区创建工作，承泽苑、绮霞苑社区被评为“北京市绿化美化先进社区”，龙泉花园、中门花园、新桥西区、新桥南大街社区被评为“北京市绿化美化花园式单位”。扎实推进和谐社区创建工作，完成了中门花园、新桥等6个社区创建工作。开展“迎国庆，促和谐，为祖国欢歌”系列文化活动，被首都文明委评为“首都迎国庆、讲文明、树新风活动先进单位”。开展平安国庆行动，辖区社会秩序和市民安全感显著增强。完善社会保障体系，就业安置渠道进一步拓宽，与西城区月坛街道建立用人单位空岗信息通报制度，联合举办就业招聘会，安置320人就业。发展残疾人事业，完成残疾人温馨家园建设工程，为残疾人在温馨家园接受康复和技能培训。不断深化全程办事代理制工作，强化机关代办窗口和社区代办站的服务效能，全年受理服务类事项590件，受理事项办结率和群众满意率继续保持双百指标。

单位名称：北京市门头沟区人民政府大峪街道办事处
地　　址：北京市门头沟区增产路46号
电　　话：69842537
邮　　编：102300

（曹少斌）

【召开2009年工作会议】　2月20日，在区成教中心召开大峪街道2009年工作会议，对在2009年和谐社区建设工作中做出突出成绩的社会单位、党组织、社区居委会以及先进个人进行表彰，对大峪街道2009年工作进行了部署。

（曹少斌）

【科学发展观学习实践活动】 3月20日，召开大峪街道学习实践科学发展观活动动员大会，部署学习实践科学发展观活动。区领导陈清到会并就学习实践活动提出要求。4月1日，举办科学发展观理论讲座。3日，在龙世源度假村举办学习实践科学发展活动培训，聘请区委党校书记讲课，70名机关干部参加了封闭培训。

（曹少斌）

【社区党支部换届选举动员会】 3月31日，召开社区党支部换届选举工作动员会，对社区党支部换届选举工作进行动员和部署。

（曹少斌）

【第七届居委会换届选举工作】 3月，在桃园社区进行第七届社区居委会换届选举试点工作。4月15日，在桃园社区召开选举大会，以居民代表选举方式依法选举出桃园社区居委会新一届社区专职工作者5名。5月4日，在办事处机关举办第七届居委会换届选举培训班。6月20日，第七届居委会换届选举投票选举工作在33个社区居委会同步进行。

（曹少斌）

【学习型街道社区创建工作会】 4月29日，在区成教中心召开创建学习型街道、学习型社区工作会议，对2009年创建学习型街道社区工作进行动员部署。

（曹少斌）

【爱心捐款活动】 4月，组织开展博爱在京城行动，街道党员干部群众累计捐款75831.9元。5月20日，开展“京什手拉手，重建新家园”募捐行动，街道党员干部群众为灾区捐款93660元。6月24日，组织部开展党员献爱心捐款活动，全街道党员共捐款35212元。

（曹少斌）

【举办预防急性H1N1疫情培训】 5月7日，举办预防急性H1N1疫情培训班。

（曹少斌）

【领导视察】 5月15日，市委副书记王安顺到向阳社区调研连民心恳谈室工作。

（曹少斌）

【社区居民才艺比赛】 6月16日，在办事处机关举办“为祖国欢庆”社区居民才艺比赛。

（曹少斌）

【举办就业招聘会】 6月17日，与西城区月坛街道在新桥中学体育馆联合举办就业招聘会，40余家用工单位提供就业岗位1560个，近600人初步达成跨区就业意向。

（曹少斌）

【温馨家园揭牌仪式】 6月18日，残疾人温馨家园投入使用并举行揭牌仪式。

（曹少斌）

【庆祝建党88周年】 6月26日，召开“庆祝建党88周年暨感动社区十杰共产党员和百名优秀共产党员表彰活动”。

（曹少斌）

【人大代表接待选民活动】 6月30日，大峪代表团18名人大代表分别在办事处机关和双峪社区两个接待点开展了接待选民活动，26个社区60余名选民代表向人大代表反映意见建议60条。

（曹少斌）

【召开国庆平安行动动员会】 7月2日，召开国庆平安行动动员会，对国庆期间辖区安全保卫工作进行部署。

（曹少斌）

【开展城市志愿服务活动】 9月4日至10月8日，在月季园服务站点，开展国庆志愿服务活动，城市志愿者上岗140人次，为1700余名群众提供了信息咨询、量血压等项服务。

（曹少斌）

【就业援助】 9月10日至30日，启动以“援助进家，政策到人，帮您就业”为主题的“就业援助进家入户专项活动”。

（曹少斌）

【为祖国欢歌演出季活动】 9月，举办迎国庆“为祖国欢歌社区演出季”活动，举办文艺演出15场，观众总人数6000余人。

（曹少斌）

【创建五星级社保所】 10月，接受并通过“五星级社保所”创建工作评估检查。

（曹少斌）

【成立社区党委】 11月，在峪园社区成立街道内第一家社区党委，并举行了揭牌仪式。

（曹少斌）

【党建主题宣讲】 11月，理论讲师团成员开展《十七届四中全会精神》主题宣讲活动，听课党员群众达1万余人次。

（曹少斌）

【学习型城市迎检工作】 12月，接受市专家组学习型城市创建工作检查验收。被评为10个学习型社区，21个学习型社团和35个学习型家庭。

（曹少斌）

城子街道

【概况】　城子街道位于门头沟区政府北侧2公里处，背倚九龙山，面朝永定河，南北以河滩桥和水闸为界，西至东龙门，东与石景山区五里坨接壤。行政辖区面积约6平方公里，总户数15069户，常住人口39310人。辖区内有包括教师进修学校、职高、中学、小学、幼儿园在内的学校6所；有自来水公司、铁三局四处等4家市属单位；有国资委、市政管委等22家区属单位；另有门头沟区医院及全区唯一的一座清真寺。辖区内有城子大街、滨河路2条主干道，小巷胡同50多条，现有十多条公交线路穿插其间，交通十分便利。

城子街道办事处现有16个社区居委会。内设16个部门、科室，行政编制31人，事业编制10人，主要承担辖区城市建设、综合治理、社区建设、社会治安、计划生育、民政及社会保障、文教卫生管理和服务职能等。

5年来，城子地区铺设污水管道15000米；硬化路面10万平方米；拆除违法建筑2万多平方米；绿化美化2万多平方米；翻建公厕50座；现有80个垃圾站全部封闭。为解决下岗职工问题，成立了社会公益性组织——红雨保洁公司。城子街道连续五年获得北京市爱国卫生先进单位称号。在抓基础建设的同时，街道还通过创新社区党建形式及开展特色社区创建活动，推动社区建设全面发展。街道现有168快乐驿站、向阳文化艺术团、党员便民服务队等多个社区党员活动平台；现有精品社区2个，和谐社区2个，特色社区14个。在办事处设立总部，各社区建立分支机构的组织有连民心恳谈室、青少年法律学校、少年模拟居委会等；另有心语交流室、爱心小屋等群众性专项服务组织多个。组织成立了多支志愿服务队伍，服务内容包括扶残助老、环境保护、法制教育、治安巡逻、奥运服务等多个项目，志愿者总数超过2000人，其中奥运会城市志愿者176人。

单位名称：北京市门头沟区城子街道办事处
地　　址：北京市门头沟区城子西街17号
电　　话：69827340
邮　　编：102300

（李媛媛）

【慰问活动】　1月12日，七棵树西街社区党支部和工人子弟小学对辖区重残人员和军烈属进行联合慰问活动，为他们送去了米、面、春联、福字等慰问品。

（李媛媛）

【环境整治活动】　1月16日，组织社区和辖区单位600多人开展清除卫生死角，清除小广告，清理堆物堆料，捡拾白色垃圾等活动。

（李媛媛）

【解决市场社区用电问题】　1月20日，市场社区13号平房院19户居民多年的用电难问题，在政府和供电公司共同帮助下得到解决。政府和供电公司承担50万元的电路改造费用。施工过程中，供电公司先后派出多批专业技术人员，新安装变压器一台，架设低压线路500余米，树立电线杆8根，并为19户居民分别安装了插卡式电表。

（李媛媛）

【举办妇女维权知识竞赛】　1月21日，商场社区举办了妇女维权知识竞赛，内容涉及反家庭暴力、平等就业、婚育权利、妇女儿童保护法等方面知识，6名选手和40多名观众参加了此次活动。

（李媛媛）

【举办迎新春联欢会】　1月23日，在区教师进修学校举办2009年新春联欢会，机关全体工作人员和17个社区的干部、群众600余人参加了此次活动。

（李媛媛）

【组织中小学生假期活动】　2月1日，街道团工委在商场社区成立阳光天地活动室，并组织开展了以“让你变聪明从这个寒假开始”为主题的比赛活动，30余名中小学生分别开展了象棋、围棋、跳棋、五子棋等项比赛。4日，在城子西街社区组织辖区小学生参加“爱科学动手做”寒假活动，校外辅导员教孩子组装各种造型的仿真立体拼插模型，各社区参加此项活动的小学生累计人数超过200人。9日，车站街社区举办假期青少年美术、作文比赛作品展，50多名5岁至13岁中小学生及儿童参加了比赛，收到美术作品和作文60多件，6名小同学分获美术比赛和作文比赛的前三名。

（李媛媛）

【护林防火工作】 2月2日，街道办事处落实和完善防火工作责任制度，在各临近山地的社区加强巡逻值班，社区派专人对靠山重点地区每天进行巡逻和检查；办事处机关和社区居委会有专人值班，确保电话24小时畅通；针对护林员和巡防员还开展了消防器材使用方法的培训活动；利用黑板报、宣传单等向常住居民和过往群众开展宣传教育工作，内容包括《森林法》、《森林防火条例》和防火避险常识等多个方面。

（李媛媛）

【预防煤气中毒宣传检查】 2月2日，联合辖区派出所开展预防煤气中毒宣传检查活动，对租房户和孤老户等隐患重点部位进行了检查，加强了对住户的宣传教育工作。

（李媛媛）

【区领导调研】 2月6日，贾文勤到七棵树东街社区，与辖区居民和社区干部进行了座谈，并听取了办事处主任的工作汇报。贾文勤对办事处前一阶段的工作及社区建设成果给予肯定，并提出具体要求。4月9日，聂文玉、贾文勤，就学习实践科学发展观活动落实情况等问题到城子街道进行调研。6月12日，刘云广到城子街道就社区选举工作、社区服务站建设、棚户区改造等问题进行了调研。9月22日由李慷云、罗斌、谭杰带队，组织区人大代表视察了城子办事处西宁路、华新建两个社区的环境整治和为民办实事工程。

（李媛媛）

【消防安全检查】 2月17日，联合执法部门开展消防安全检查，对辖区建材市场、餐馆、地下空间、舞厅、台球厅、网吧等火患重点部位进行检查。此次行动主要检查建筑物或场所是否依法获得有关消防行政许可；灭火器材配置是否符合规定；疏散通道、安全出口、疏散指示标志、应急照明、防火防烟分区等配置情况。执法部门对在检查中发现的问题向商家提出了明确的整改意见并要求其限期改正。

（李媛媛）

【流动人口服务工作】 2月25日，街道司法所为七棵树西街的30多名流动人口，提供惠民政策咨询、法律知识讲解、安全技能培训等多项服务。

（李媛媛）

【庆三八活动】 3月3日，七棵树东街社区举办庆三八知识竞赛，竞赛题目内容涉及反家庭暴力、妇女维权、计划生育、平等就业、婚育权利、妇女儿童保护法等方面，30余人参加了活动。4日，邀请北京大学高级营养师为社区妇女授课，主题为“自主健康，关爱生命”，200余人参加了此次活动。

（李媛媛）

【培训工作】 3月3日，向阳社区与阿毛美容美发中心合作为社区妇女举办造型化妆培训班，传授美容美发知识，社区30余人参加了此次培训。12日，街道综治办和团工委联合举办消防培训班，邀请北京市消防培训中心的老师为社区群众和工人子弟小学的部分师生共100余人讲解消防知识，传授灭火技巧。3月13日，市场社区、兴民大街社区、城子大街社区分别组织社区居民合唱培训，邀请中等职业学校音乐教师为社区居民进行合唱培训，社区200余人参加了培训。18日、19日、20日，组织社区干部参加的多媒体制作培训，60人参加了培训。7月8日，组织新一届社区干部开展社区教育培训活动，52名社区干部参加了培训。22日，为新上任的社区干部举办了专题培训班，全街道百余名社区干部均参加了封闭培训。培训内容以政策理论和业务知识为主，涵盖了社区党支部和居委会日常工作的各个方面。9月24日，组织心理健康知识讲座活动，就如何与子女沟通问题，邀请区心理调适讲师团老师为68名独生子女家长进行了讲解。

（李媛媛）

【学习实践科学发展观活动】 3月18日，区委学习实践科学发展观指导小组一行5人到城子街道，督促、指导学习工作，并同街道工委领导一起研究、制定学习活动的实施方案。19日，城子街道工委召开学习实践科学发展观工作会，区委指导小组成员和办事处全体工作人员共计80余人参加了此次会议。4月8日，举办了学习实践科学发展观专题辅导讲座，办事处机关全体工作人员参加了学习，要求全体工作人员每人至少完成1万字学习笔记，同时撰写2000字心得体会1篇，副处级以上领导人员的学习笔记在2万字以上。17日，举办机关干部学习实践科学发展观辅导报告会，区委第一批学习实践活动第二指导检查组组长为40余名机关干部作了辅导报告。

（李媛媛）

【换届选举工作会】　3月24日，召开第七届社区党组织换届选举动员会，社区党支部委员、部分居委会主任和机关包片干部共80余人参加了此次会议。4月，完成了社区党组织的换届选举工作。通过换届选举共产生了51名党支部委员，文化程度为大专的19人，高中、中专的28人，初中的4人；平均年龄49岁；共37人连选连任。6月，完成了居委会换届选举工作，16个社区完成选举，选出92名社区居委会成员，14个居委会实现了书记、主任一肩挑。

（李媛媛）

【清明祭扫协防工作】　3月27日，城子街道采取三项措施做好清明祭扫协防工作。

（李媛媛）

【采空棚户区改造工作】　4月8日，对采空棚户区的户籍情况进行了调查摸底。据统计，城子采空棚户区2008年底非农业户籍情况：5440户，13068人。2009年1月1日至4月1日的非农业户籍情况：5923户，14841人；比2008年底增加了483户，1773人。其中在采空棚户区范围内居住的残疾人559人。5月22日，成立拆迁工作领导小组；挑选25名机关干部组建10支工作小分队，到石泉砖厂安置房建设地块各居民家中开展宣传和动员工作。22日，近20户居民签署了拆迁协议。

（李媛媛）

【爱心募捐活动】　4月24日，举行了博爱在京城爱心募捐活动，机关全体人员共捐款2.5万元。

（李媛媛）

【举办百人品尝百家宴活动】　4月27日，蓝龙家园社区举办讲文明、促和谐百人品尝百家宴活动，40多个家庭准备的50多道菜肴参加了比赛，通过投票方式选出了6道菜品分获一、二、三等社区美食奖。

（李媛媛）

【举办演讲比赛】　4月28日，举办“我与国策共成长”演讲比赛，16名演讲者分别代表各自社区参加了比赛。通过此次比赛使城子街道社区居民的健康生活意识得到普遍提高，优生优育、提高人口素质的思想得到良好推广，计生国策深入人心。

（李媛媛）

【参观区民防地下指挥中心】　5月11日，办事处为提高社区居民的风险防范意识和灾害应对能力，组织社区群众100余人参观了区民防地下指挥中心。

（李媛媛）

【关爱残疾孩子慰问演出】　5月13日，区残联和办事处的领导向残疾人代表赠送服装等物，并观看了残疾孩子表演的节目。

（李媛媛）

【甲型H1N1流感防控工】　5月20日，办事处成立领导小组，加大排查力度，做到底数清、情况明；加强疫情监测，明确疫情报告制度，实行每日零报告制度；加大宣传力度，增强群众自我保护意识和防疫能力，做到群防群治。划分为防控协调、宣传信息、防控督察、社区防控指导、物资保障、现场秩序维护6个工作组，明确各自职责及任务。排查回国人员，掌握辖区内在国外居住的亲属情况；加强防控知识宣传，发动社区居民积极开展环境整治活动，清除卫生死角。坚持零报告制度，做好防控物资储备工作，发现疫情及时上报。

（李媛媛）

【组织心理调适讲座】　5月21日，组织中老年心理调适活动，心理调试讲师团为32名中老年进行了培训。

（李媛媛）

【开展第五个城市清洁日活动】　5月，举办健康知识讲座8场，出黑板报20块，张贴宣传画300张，悬挂横幅17条，发放宣传折页2.7万份。为辖区1067条狗进行免疫。组织开展环境整治工作，清理卫生死角15处、污水口67个，清除堆物堆料27车、小广告残标256条，劝阻不文明行为6起。

（李媛媛）

【流动人口和出租房屋专项排查】　6月3日，召开流动人口和出租房屋专项排查行动工作会，并对专项排查工作提出了明确要求。

（李媛媛）

【开启防汛工作】　6月9日，采取措施，加强防汛工作。一是进一步完善了防汛抢险预案，重新调整了防汛指挥部组织机构和抢险成员；二是与居委会签定了《城子街道办事处2009年度防汛工作责任书》；三是充实了防汛物资，对防汛抢险器材进行了检查维修；四是督促施工单位加快护坡墙施工进度；五是对辖区危房险户进行了登记造册，发放了明白卡，对居民进行了再教育；六是对泥石流易发区做好了应急疏散准备。

（李媛媛）

【“百日环境整治”工作】 6月至9月，一是开展环境建设，完成绿化美化4500平方米，硬化道路8600平方米，外立面粉饰3000平方米，整修围墙2600平方米，清运垃圾渣土5000吨，铺设污水管道1400米，改造厕所2座，硬化社区裸露地面7500平方米。二是进行环境整治，组织辖区单位1万余人次开展除四害、清洁日、卫生月等整治活动。三是应对甲型H1N1流感和禽流感，举办健康知识讲座40场，出黑板报200余块、张贴宣传画500张、发放宣传材料2.7万份，为辖区1067条狗、500只鸡进行健康免疫。

（李媛媛）

【国庆维稳工作】 6月至9月，一是开展矛盾纠纷排查化解工作：开展普法宣传，矛盾纠纷排查工作。共调解纠纷385件，调解纠纷成功率97%。共收到信访件23件，接待来访20次，没有越级集体访发生；二是制定工作方案，开展专项整治：制定了《迎国庆安全保卫方案》、《公共聚集场所消防安全专项整治行动实施方案》、《火灾隐患排查整治“雷霆行动”方案》、《社区电线老化等消防安全隐患整改方案》、《禁止非法种植和铲除罂粟等毒品原植物工作方案》等各类工作方案。组织协调城管、卫生、工商、消防、公安等部门开展了各类相应的专项检查整治行动；三是开展重点人群排查控制行动：开展流动人口和出租房屋专项排查行动。共走访了流动人口4946人、房屋1455户，在排查期间发现非法务工蒙古国人1人，网上在逃犯1人，及时汇报了相关部门。

（李媛媛）

【招聘社区专职工作者】 7月，招收9名大学生社区专职工作者。9月，招收11名社会社区专职工作者。

（李媛媛）

【迎建国60周年演出】 9月25日，举办庆建国60周年，抒爱国主义情怀千人文化展演活动，机关全体人员和17个社区的文艺队伍共同参加了表演。

（李媛媛）

【召开创建学习型街道、社区】 10月14日，门头沟区学习型街道、社区先进单位工作在城子街道广场社区活动室召开。大峪街道、东辛房街道、大台街道的主管领导和教育专干连同参与创建10个社区的书记参加了此次会议。听取了4个街道参与创建社区的汇报，查看了创建学习型社区的档案材料后。社会工委、区教委领导都对下一步工作进行了布置。10月，广场社区、西七棵树社区、西宁路社区通过了门头沟区学习型社区评估小组的验收。

（李媛媛）

【达标社区验收工作】 11月，七棵树西街社区、商场社区、城子大街社区、桥东社区通过和谐社区检收，西宁路社区通过达标社区检收。

（李媛媛）

【市督学组检查】 11月，街道通过了市全面实施素质教育督导检查组的检查。

（李媛媛）

【全程代办工作】 年内，全程办事代理室共计受理事项701件，其中即办件174件；承诺件527件已全部办结。申办人的满意率为100%。政府信息公开工作共计收集文件43份。

（李媛媛）

【住房保障工作】 年内，共受理廉租房租赁补贴申请材料11件，上报区住房保障办11件，并已通过区住房保障办审批。全年共有25户家庭正在享受按月发放的补贴房租；共受理廉租实物配租住房申请32户，符合资格家庭29户，并通过区住保中心审批。城子办事处辖区廉租房累计上报审批通过58户。受理经济适用住房申请92件，初审合格上报区住保办77件，已备案家庭75个，辖区内累计共有209个申请家庭等待第一轮摇号；受理限价商品住房申请，截止至12月共受理申请23件，初审合格上报区住保办18件，都已通过市级备案取得购买资格，等待摇号和配售；廉租住房年度复核，一是对廉租住房实物配租的51户家庭进行年度复核，二是对廉租住房补贴的27户家庭进行年度复核。年内，住房保障审核相关数据。网络录入：廉租补贴、实物配租、经济适用房和限价商品房共录入163户；协助调查廉租住房13户，经济适用住房41户，限价商品住房19户；评议廉租房52户，经济适用住房118户，限价商品住房37户；公示、入户调查廉租房39户，协助调查13户，共52户，经济适用住房公示入户77户，协助调查公示入户41户，共118户，限价商品住房公示入户18

户，协助调查公示入户19户，共37户；举报调查：截止年底，辖区保障窗口未接到任何对廉租、经适用、限住房申请家庭的举报。

（李媛媛）

【为民办实事工程】　年内，投资近300万元，完成：华新建、新老宿舍社区改造小市政道路5000平方米；西宁路、民生、华新建、新老宿舍等社区铺设污水管道1400米；华新建、新老宿舍社区新改建公厕5座；西宁路、新老宿舍、华新建等社区硬化裸露地面1万平方米；西宁路社区绿化美化4000平方米；三家店火车站以北铁路沿线砌护坡墙2000平方米。

（李媛媛）

东辛房街道

【概况】　东辛房街道工委、东辛房街道办事处是区委、区政府的派出机构，位于门城地区西部，辖区面积18平方公里，有15个社区居委会，常住人口13740户、33413人，流动人口1120户、4280人。年内，东辛房街道围绕区委、区政府中心工作，深入贯彻落实科学发展观，积极发挥街道统筹辖区发展的职能作用，完成了保增长、保民生、保稳定的各项任务，实现了地区的和谐发展。

年内，东辛房街道被首都精神文明建设委员会评为“首都文明街道”；被北京市爱国卫生运动委员会评为北京市爱国卫生先进单位；被北京市人口和计划生育委员会评为北京市2009年度人口和计划生育工作红旗单位；被北京市“国庆平安行动”指挥协调小组评为国庆安保工作先进单位；荣获共青团北京市委颁发的2009年度北京市共青团“达标创优”竞赛活动组织奖。

单位名称：北京市门头沟区东辛房街道办事处

地　　址：北京市门头沟区西辛房大街50号

电　　话：69842026　69842067

邮　　编：102300

（冯　涛）

【开展“两节”服务活动】　1月1日至2月9日，举办了以“96156传承社区亲情，服务社区居民”为主题的两节服务活动。在对社区需要服务的特困人员进行摸底调查基础上，为35户特困人员发放了亲情卡。

（冯　涛）

【慰问工作】　1月4日，区领导陈志强到矿建街西社区进行慰问，并与社区干部一起进行了座谈，随后到困难党员、困难群众家中进行慰问。8日，中残联副主席、党组副书记、常务副理事长王乃坤到葡萄园社区慰问了身患孤独症的困难残疾儿童，送上了慰问品和慰问金。14日，区领导李建军慰问了西辛房社区困难残疾人，了解了其家庭情况，并送去慰问金和慰问品。同日，街道工委书记慰问了矿建街西社区建国前老党员和矿后街重病党员，为他们送去了慰问金和节日的祝福。同日，办事处红十字会开展了“扶危济困”送温暖活动，对辖区20名困难户进行慰问，送去米、面、油和慰问金1万元。办事处主任慰问5户计划生育困难家庭和困难计生专干，为他们送去米、面、油、奶等慰问品。春节期间，街道共计慰问建国前老党员17人，困难党员275人，投入资金近4万元。社区志愿者和社区干部为社区内的特困户、残疾人、孤寡老人开展志愿服务活动69次，704人参加，858人享受服务。“两节”期间，街道民政部门共慰问辖区群众5336人，发放慰问金154.75万元，发放慰问品折款9970元。开展了“走千家、交百友、送温暖、办实事”活动，慰问困难计划生育家庭50户，发放慰问金1万元，发放计划生育历书、年画、福字等宣传品7000余份，入户走访育龄群众和流动人口达3100户。15日，区领导张冰慰问了圈门社区党支部书记，为她送去了鲜花和慰问金，询问了社区的各项工作。20日，区领导张冰等领导，慰问了龙新街社区老妇救会主任，为她送去了生活用品和慰问金。

（冯　涛）

【开展固定资产清查工作】　1月5日，办事处居民科对社区居委会2008年固定资产进行了清查，共增加固定资产136件，87097.4元。

（冯　涛）

【抓好禽流感防控工作】 1月8日，召开处级干部会议，研究禽流感防控工作方案。同日，召开了社区居委会工作会，就禽流感防控工作进行部署，办事处主任提出要求。

（冯　涛）

【召开退休干部新春座谈会】 1月15日，召开了退休干部座谈会，向退休干部们汇报了2008年工作，征求了退休干部的意见和建议。

（冯　涛）

【举办春联征集活动】 1月15日，举办了“喜迎新春　共创和谐”春联征集评选表彰活动，13个社区30多名参赛作者参加作品评选。经过评选10名优秀作品获奖。

（冯　涛）

【召开贯彻社会建设精神研讨会】 2月2日，举办了学习贯彻区社会建设大会精神研讨会，12名处级领导分别谈了学习体会和收获，针对学习中遇到的疑惑进行了研讨。

（冯　涛）

【两节期间保稳定工作】 1月19日，与东辛房派出所共同开展了烟花爆竹安全管理宣传咨询日活动，发放宣传材料3000张，受教育群众达600余人。20日，召开2009年春节安保工作动员会，与社区居委会签订了综治工作责任书，要求社区干部提高认识，认清形势；严密组织，认真落实；保障通讯，沟通信息。21日，和东辛房派出所相关领导对地区4个烟花爆竹销售点进行检查。

（冯　涛）

【建立就业联动机制】 1月19日，与西长安街街道举办了再就业工作经验交流会，标志着双方再就业联动机制起动。双方相互介绍了2008年就业和低保工作的总体情况，探讨了存在的主要问题，并对2009年就业工作的难点、热点问题进行了研讨。双方商定以后将安排业务骨干到对方街道挂职学习，不定期举办各种专题交流，推动就业工作科学发展。

（冯　涛）

【开展节前物价检查】 1月19日，对辖区的物美便利店、灵泰药店、京侨佳美超市进行了物价检查。检查的内容包括价格标签、商品价格、是否有过期产品等。

（冯　涛）

【开展全民清洁活动】 1月20日，开展了以“清洁家园迎接2009”为主题的环境卫生大扫除活动。15个社区共组织党员干部和志愿者480人，清理黑河4500米，清除街头小广告135条，捡拾白色污染12公斤，清除垃圾杂物3吨，清扫街巷万余平方米。

（冯　涛）

【召开重点工作研讨会】 2月10日，召开了2009年重点工作研讨会，机关科级以上干部参加研讨。会上，传达了区第十届人民政府第三次全体会议精神，各科室结合2009年工作的重点、亮点和创新点进行了汇报和研讨。

（冯　涛）

【培训工作】 2月13日，组织劳动保障协管员学习《区进一步扶持城乡劳动力就业的暂行办法实施细则》，讲解了低保人员就业补贴的要求，标准，补贴的期限，申报审批的程序等内容。12月17日，召开了计划生育工作培训会，发放《北京市独生子女伤残死亡家庭特别扶助制度》工作手册140册，《人口和计划生育服务手册》240册。

（冯　涛）

【开展“五型”机关创建活动】 2月16日，召开了年度机关建设工作会。提出了按照“效能优先、服务至上”的要求，开展学习型、服务型、效能型、和谐型、文明型的“五型”机关建设活动。

（冯　涛）

【召开环境建设部署会】 2月17日，召开了2009年环境建设部署会。会上与社会单位以及社区居委会签定了2009年环境卫生工作责任书并提出具体要求。

（冯　涛）

【开展春风就业行动】 2月18日，开展了春风行动就业服务活动，走访用工单位9家，对企业招用各类就业困难人员和农村劳动力优惠政策进行了宣传。3月4日，和西长安街街道在北涧沟社区联手推出春风行动促就业招聘洽谈会。西长安街街道组织了10余个用工单位，提供了33个工种500余个岗位，100多名失业人员参加了招聘会，74人与用人单位达成用工意向。

（冯　涛）

【检查职康站安全工作】 2月18日，区残联理事长到滑石道职康站进行安全检查，对职康站活动室、工作室的用电、用水及防火安全隐患进行了检查，并给予肯定。

（冯　涛）

【做好“两会”安保工作】 2月24日，召开了“两会”安全保卫工作动员会，15个社区居委会主任和流管员参加了会议。要求各社区居委会要高标准做好“两会”安保工作，为做好60年大庆的安全保卫工作奠定基础。并对预防煤气中毒工作进行了再动员，做到逐户宣传、逐户检查，把安装风斗的工作落实到位，保证人民生命安全。

（冯　涛）

【召开人口计生工作会】 2月25日，召开了2009年人口计生工作会，部署了街道2009年人口和计生工作，并与社区居委会签订了“2009年计划生育目标管理责任书”。

（冯　涛）

【召开党群工作会】 3月3日，召开了2009年党群工作会，将社区党建、宣传教育、纪检、武装、工会、共青团、妇联等工作会议进行合并精简，提高工作效率。并提出具体要求。

（冯　涛）

【召开协助区重点工程动员会】 3月3日，召开了协助区重点工程动员会，区市政管委传达了区政府《门支路二期和增北路道路工程住宅拆迁实施方案》，并进行了讲解和举例说明，回答了社区干部疑问。

（冯　涛）

【举办促进妇女自主创业报告会】 3月3日，在北涧沟社区举办了“展巾帼风采促妇女自主创业”报告会，请区巾帼自主创业报告团成员讲述自身创业经历。

（冯　涛）

【举办庆“三八”座谈会】 3月8日，机关工会举办了庆“三八”妇女座谈会。办事处主任到会并讲话，对女同志表示了节日的祝贺，并对女同志提出了希望。

（冯　涛）

【开展学习实践科学发展观活动】 3月19日，召开了深入学习实践科学发展观活动动员会。会上工委书记提出具体要求。25日，请党员代表、人大代表、居民代表和地区单位代表共计30人组成了代表评议组，通过召开评议组座谈会、向评议组成员发放征求意见表、设置征求意见箱三种途径广泛征求党员群众意见。26日，举办深入学习实践科学发展观活动集中培训班，机关全体党员和积极分子共计53人参加学习。4月2日，举办深入学习实践科学发展观处级干部封闭学习培训班，区领导陈志强听取了街道工委深入学习贯彻科学发展观的落实情况和工作进展汇报，对下一步学习教育活动提出要求。9日，区人大副主任何震芳就深入学习实践科学发展观活动到办事处调研。24日，办事处主任做了题为《以人为本，深入贯彻落实科学发展观》专题辅导报告。5月22日，召开了分析检查阶段动员会，总结了学习调研阶段工作情况，传达了文件精神和要求，部署了分析检查阶段各项工作任务。6月3日，召开领导班子专题民主生活会，区督察组成员参加民主生活会。7月21日，召开整改落实阶段工作会，学习了郭光磊在门头沟区深入学习实践科学发展观活动工作会上的讲话，对分析检查阶段工作进行总结，对整改落实阶段工作进行部署。8月11日，召开了第一批深入学习实践科学发展观活动总结会。会议全面总结了第一批学习实践活动的开展情况、取得的实际效果以及以后的努力方向。通过代表评议组测评，满意度为100%。10月29日，召开了第二批深入学习实践科学发展观活动动员会。第二批学习实践活动的16个基层党支部委员和街道指导组成员参加了会议。传达了北京市第三批学习实践活动动员会精神，部署了《东辛房街道第二批深入学习实践科学发展观活动实施方案》。1630名基层党员全部参加学习实践活动。学习调研阶段，各党支部严格按照工作要求，采取了党课集中学、分组讨论、外出参观、畅谈心得体会等形式。共组织集中学习讲座23场次，分组学习讨论128次，外出参观学习260余人次，收到心得体会482篇，撰写调研报告16篇。分析检查阶段，各支部通过召开评议组座谈会、发放征求意见表、设置征求意见箱和入户走访4种渠道，分别征求了党员、群众和社会单位的意见。召开评议组座谈会33场次，参加人员762人次；发放征求意见表315份；入户走访党员群众3149人次；征求了26家社会单位的意见建议56条。16个基层党支部先后召开民主生活会，101名社区两委干部全部参加。召开专题组织生活会92次，参加党员1158人次。撰写分析检查报告5篇、分析检查材料11篇。共查找出基层干部创新能力、基层民主建设、社区服务水平、城市管理方式和城市环境建设等五个方面的问题。针对查摆出的问题，深刻剖析了存在问题的主客观原因。整改提高阶段，16个基层党支部针对查摆出的问题和需要完善的体制机制，制定了切实可行的整改措施，撰写整改落实方案5篇，整改材料11篇。工委统一制定了《整改任务分解书》，各支部按照任务分解书的要求，明确了整改项目、整改措施、整改责任人和完成时限，强化了责任分工，增强了整改工作的可操作性和规范性。通过开展第二批深入学习实践科学发展观活动，广大党员干部在思想认识上有了新提高，推动科学发展的信心和决心更加坚定；在推动工作上有了新动力，干部的工作能力全面提高；科学发展上有了新举措，和谐社区建设全面推进。经过470名代表评议组成员的满意度测评，16个基层党支部的群众满意率都在95%以上。

（冯　涛）

【开展廉政风险防范工作】　3月至9月，开展了廉政风险防范目标管理工作。包括建立组织机构、制定实施方案、动员培训、查找廉政风险防范点、阶段性检查、自我评定等9个环节。

（冯　涛）

【宣传工作】　3月9日，针对社会上发生的电话诈骗、网络诈骗、短信诈骗、迷信诈骗等案件与东辛房派出所开展了防诈骗入户宣传工作，要求社区及时召开会议，入户发放《致全区居民一封信》，提高居民防范意识。5月8日，开展了“我参与、我传播——红十字在行动”宣传咨询活动，共发放宣传品2000多册。21日，与药监门头沟分局联手举办“药品安全知识进社区”系列活动启动仪式。系列活动采取宣讲、答卷、竞赛等形式普及安全用药知识，营造关心、关注药品安全的社会氛围。26日，与门矿医院联合在“华洋四海”市场门前开展5·29上街大型宣传活动，发放宣传品1000余册、计划生育避孕工具4000只、其他避孕药150盒。16日至22日，办事处以“坚持科学发展，建设科技北京”为主题开展科技宣传周活动。7月10日，开展了“关注计划生育家庭，促进妇女创业发展”宣传咨询活动。共有800余人参加，发放宣传材料1000余份，发放避孕工具86盒，登记育龄群众需求调查表30余份。8月24日，开展向台湾受灾群众捐款献爱心活动，社区居民群众踊跃捐款。9月10日，在西山社区开展药品安全进社区宣传活动，请区药监分局人员就药品安全使用有关知识进行了宣讲，现场发放《宣传知识手册》1000册。10月28日，举办了96156宣传服务活动，河南街志愿者秧歌队、腰鼓队参加了宣传。活动现场义务磨刀20余把，量血压50余人，发放宣传材料200余份。

（冯　涛）

【检查指导流动人口工作】　3月15日，市计生委流管处处长、区人口计生委副主任到西山社区检查指导流动人口工作。

（冯　涛）

【创建学习型街道、社区工作】　3月27日，举办了创建学习型街道、社区工作动员会。部署了《东辛房街道创建学习型街道工作实施意见》及机关、社区创建工作安排。区教委副主任围绕创建学习型组织的背景、意义、如何创建及创建的具体想法进行了介绍。办事处主任提出要求。

（冯　涛）

【社区党支部换届选举工作】　3月27日，召开了社区党支部换届选举工作动员会。会议部署了2009年社区党支部换届选举工作意见，组建了换届选举工作领导小组和指导员队伍。制作了《致全体党员的一封信》。各支部采取了党员大会宣传动员、党员骨干分片宣传和悬挂横幅张贴公告等方式，开展宣传。制定了《关于对社区两委班子进行届满考察工作的意见》，成立了考察班子工作领导小组，通过召开座谈会、个别访谈和重点走访等形式掌握干部各方面的表现，多方面选拔人才。4月1日，举办了社区党支部换届选举工作培训班，重点讲解了候选人产生过程中“三推一选”的推荐程序。根据换届选举工作的步骤和流程，统一印制了社区党支部选举办法等辅导材料，制作了11份工作表格。截止到4月22日，街道15个社区党支部依法选举出45名新一届社区党支部委员。共有1043名党员参加了党支部换届选举大会，占应到会人数的96.5%。

（冯　涛）

【开展护林防火工作】　3月28日、29日，15个社区组织68名义务护林员、300多名治安志愿者开展了护林防火工作，共张贴标语口号300余条、挂横幅20条，上山护林防火工作人员近1000人次。

（冯　涛）

【开展居家养老需求调查】　4月6日，开展了居家养老需求调查、共调查1047人，为开展居家养老服务工作奠定基础。

（冯　涛）

【启动为民办实事工程】　4月8日，启动为民办实事工程。7月30日，为民办实事工程竣工，完成区政府蓝皮书工程。共计完成硬化道路8000.9平方米，完成计划的107%；铺设污水管道2938米，完成计划的100.2%；新

（翻）建封闭式垃圾屋7座，完成计划的100%；硬化裸露地面1625.78平方米，完成计划的107%；美化社区1380平方米，完成计划的110%，凉亭和铁栏护网也已建成；修建护坡挡墙1796.15立方米，完成计划的108%。环境整治工程共计硬化道路7323.5平方米；铺设污水管道870米；美化社区300平方米，绿化社区500平方米；修建护坡挡墙14.75立方米；修建文化墙848.58平方米，均完成计划的100%。

（冯　涛）

【开展联合执法检查活动】　4月12日，办事处、东辛房派出所、流管办联合开展了流动人口执法检查活动，共查验流动人口婚育证341个，办理婚育证41个，入户938户，签订出租房屋责任书25份，发放各种宣传材料1000余份。

（冯　涛）

【开展献爱心活动】　4月20日，开展了“博爱在京城”献爱心活动。15个社区共接受捐款13499.5元。6月24日，机关党支部47名党员参加了“共产党员献爱心”捐款活动，共计捐款2220元。15个社区党支部563名党员、4名积极分子和11名群众共计捐款8555.5元。街道全体人员捐款10775.5元。8月24日，开展向台湾受灾群众捐款献爱心活动，接受社会各界捐款12215.9元。11月23日，开展了“扶贫济困献爱心，温暖过冬促和谐”为主题的募捐活动，共捐款7142.5元。

（冯　涛）

【第七届换届选举工作】　4月28日，召开了第七届社区居委会换届选举工作动员会，会上对社区居委会换届选举工作进行了安排和布置。办事处主任提出具体要求。5月8日，召开了居委会换届选举工作汇报会，总结第一阶段选举工作并对第二阶段选举工作进行了培训，重点讲解了选民登记工作的注意事项和工作要求。第一阶段共发放《致广大社区居民的一封信》13720份，出板报62块，悬挂横幅46条。22日，对选举居民代表进行了专题培训。15个社区共划分居民小组337个，选举出居民代表703人，其中党员190名。6月16日，举办指导员培训会，对居委会换届选举程序安排进行了模拟演练。20日，15个社区完成了社区居委会换届选举工作。此次换届选举共选出社区干部93人。

（冯　涛）

【贯彻市十届六次会议精神】　4月28日，举办了学习贯彻市十届六次会议精神辅导。会上办事处主任提出具体要求。

（冯　涛）

【防控甲型H1N1流感工作】　5月7日，举办了“防控甲型H1N1流感知识讲座”，区社区卫生服务管理中心和东辛房社区卫生服务中心分别对甲型H1N1流感的定义、发展趋势、防控办法等方面进行讲解，60余人参加讲座。共发放宣传防控材料1.2万份，《致全区居民一封信》1.2万封，宣传海报300张。6月2日，召开防控甲型H1N1流感工作会，部署“落实四项责任把防控工作抓紧抓实”工作方案。并提出工作要求。12日，与区门矿医院联合举行“防控甲型H1N1流感实战演练”，区应急办领导现场观摩指导。7月6日，组织了由社区居委会主任、主管主任和社会单位行政一把手参加的辖区防控甲型H1N1流感工作会。办事处主任要求辖区社会单位、社区要认真落实“四个一”工作部署，确保辖区人民身体健康和社会稳定。

（冯　涛）

【举办演讲比赛】　5月7日，举办了“我与国策共成长”演讲比赛。有18名参赛者进行了演讲，评选出一等奖，二等奖，三等奖。推选出一等奖选手参加区级比赛，并获得了全区第一名。

（冯　涛）

【拆迁安置工作】　5月22日，召开了东辛房地区东龙门安置房建设拆迁工作会。通过宣传标语、板报、宣传材料等方式，完成了1100多户居民入户调查工作。6月15日，召开了东龙门安置房拆迁工作汇报会，建设街、和平街、龙新街社区汇报了拆迁公告公布后群众的反映情况。办事处主任提出要求。7月6日，街道抽调26名科级以上干部组成3个拆迁工作组，深入到辖区1790户拆迁居民家中，宣传拆迁政策，了解社情民意，解决居民实际困难，帮助群众理解政策，执行政策，动员搬拆。7月21日，区领导贾文勤调研石泉砖厂安置房拆迁工作进展情况。工委书记、办事处主任汇报了石泉砖厂安置房拆迁进展情况。31日，张冰调研石泉砖厂地块动迁进展情况，要求一定要切实发挥好基层党组织、党员领导干部和党员的先锋模范作用，保障拆迁安置工作顺利进行。年内，1790户居民完成拆迁1718户，占96%。

（冯　涛）

【防汛工作】 6月2日，启动东辛房地区防汛工作预案，采取三项措施，抓好2009年防汛工作。一是组建两级抢险队伍。街道办事处组建了一支由办事处机关20名工作人员和民兵组成的抢险突击队。二是建立汛期灾情观察员队伍。三是做好物资储备。共储备车辆2台，水泵2台，编制袋1万条，铁锹200把、镐200把。

（冯 涛）

【举办社区居民才艺大赛】 6月12日，举办了“为祖国欢庆”社区居民个人才艺大赛。共评选出一等奖、二等奖、三等奖。经过此次初赛，推选出3名选手参加区级居民才艺个人展示大赛，一人获得一等奖、办事处获得优秀组织奖。

（冯 涛）

【召开总结表彰会】 6月26日，召开了庆祝建党88周年总结表彰会。街道领导班子成员、45名社区党支部委员、100名在和谐社区建设中表现突出的优秀党员和13名新发展党员参加了大会。大会对2008年至2009年度社区党建工作进行了总结，并对100名在和谐社区建设中表现优秀的共产党员进行了表彰，13名新发展党员进行集体宣誓。会上，播放了街道工委机关党支部开展深入学习实践科学发展观活动专题片，对下一步基层开展学习实践活动进行了铺垫和指导。

（冯 涛）

【组织开展接待选民活动】 6月26日，组织人大代表开展了接待选民活动。居民代表15人结合实际情况向人大代表提出8方面问题18条意见和建议。该团代表经过汇总和整理，以代表提案的方式向区人大进行了反映。

（冯 涛）

【开展“平安北京”工作】 7月8日，召开了“平安北京”建设动员会，对建国60周年庆祝期间的社会稳定工作进行了部署。并要求做好4项工作。

（冯 涛）

【检查工作】 7月15日，区纪委相关领导对西辛房社区、北涧沟社区党风廉政教育工作、“百幅廉政漫画宣传墙”等文化设施进行了检查指导。在听取了街道整体汇报后，纪委领导对街道党风廉政建设工作给予了肯定，并对下一步工作提出了建议和要求。9月24日，分别对东辛房地区的物美便利店、灵泰药店进行检查。重点检查价格标签、商品价格、是否有过期产品，切实维护消费者的利益。11月16日，市指导组成员到矿建街西社区检查流动人口计划生育工作，听取了社区汇报，检查了流动人口计划生育工作档案。24日，区社会办、民政局、文明办、综治办等部门领导及有关街镇主管领导组成联合检查组对西辛房、矿建街、葡萄园3个社区进行和谐、达标社区评估验收工作。经过听取工作汇报、检查基础材料、组织群众座谈、查看重点工程等环节，对街道和谐社区、达标社区创建工作给予好评。经过区评估小组的检查验收，西辛房、矿建街两个社区被命名为和谐社区，葡萄园社区被命名为达标社区。12月，市人口计生委领导到东辛房街道检查人口和计划生育工作，办事处主任汇报了近两年计划生育工作情况，矿建街西社区介绍了开展的特色计划生育活动。检查组成员入户走访了育龄妇女家庭，进行了实地问卷调查，对街道人口计划生育工作给予了肯定。

（冯 涛）

【开展迎国庆系列活动】 9月8日，部署国庆期间安全稳定、矛盾排查工作，15名区委下派特派员到社区共同维护社区的安全稳定。9日，与东辛房派出所联合开展安全生产、消防安全、食品安全集中检查，对9处经营场所的疏散通道、安全出口畅通、消防设施的配备、应急照明灯和疏散指示标志设置情况进行了检查，并提出整改要求。15日，召开了迎国庆环境工作布置会。社区居委会主任、主管主任及23个社会单位负责人参加会议，会议提出了地区国庆期间环境布置工作方案及要求。18日，开展迎国庆周末卫生环境整治活动。组织党员干部和志愿者612人，清除垃圾杂物3吨，捡拾白色垃圾176公斤，清除小广告213条。21日，召开“国庆平安行动”再动员会，再次部署国庆期间安全稳定工作，区派特派员、机关科级以上干部、社区党支部书记、主任参加会议，并提出要求。22日至23日，街道工委、办事处组成两个国庆安全检查组，到15个社区居委会开展国庆安全工作大检查，检查了国庆安保措施落实情况，查看了相关资料，对重点人的布控进行重要安排，确保地区国庆期间安全稳定。23日，举办了“喜迎国庆共创和谐”文艺汇演，参与演员群众近500人。25日，完成地区国庆环境布置工作。共布置国旗246面、彩旗170面、条幅16条，布置花坛10处、鲜花800盆。

（冯 涛）

【开展就业服务工作】 9月11日，开展了“迎国庆就业援助进家入户”专项活动。以“援助进家、政策到人、帮您就业”为主题，开展了“三进五送”就业服务，向提供岗位信息的企业开展“四对接”服务。21日，举办“迎国庆就业援助进家入户”大型公益招聘会，招聘单位提供了47个工种400余个工作岗位。参加招聘会社区居民共计300余人，达成就业意愿60余人，发放就业宣传材料500余份。

（冯　涛）

【参观建国60周年成就展】 10月13日、20日，先后组织两批机关干部、社区干部、社区居民共300余人，参观了“辉煌六十年——中华人民共和国成立60周年成就展”。

（冯　涛）

【举办健康讲座】 10月27日，请区妇幼保健院主任医师为街道50名男性朋友讲授男性健康知识。发放男性健康宣传材料150余份。据统计，男性健康日社区共举办讲座10场，更新板报23块，悬挂横幅15条，摆放展板30块，发放男性健康折页600余份，发放宣传品800余份。

（冯　涛）

【开展接种甲型流感疫苗工作】 11月6日，组织机关干部和社区干部接种甲型流感疫苗。

（冯　涛）

【开展区人大代表视察活动】 11月9日，东辛房代表团组织召开人大代表会议，开展十四届人大五次会议会前视察活动，共有11名区人大代表参加。区人大副主任何振芳参加视察活动。

（冯　涛）

【扫雪铲冰工作】 11月10日，办事处组织15个社区、40多个社会单位和个体商户开展扫雪铲冰工作，共出动800余人、清扫面积7万余平方米。

（冯　涛）

【预防煤气中毒工作】 11月12日，与东辛房派出所联合召开社区居委会和流动人口管理员工作会，部署开展预防煤气中毒大检查工作，与15个社区居委会主任签订了预防煤气中毒责任书。在15个社区广泛开展“四防”工作宣传，共悬挂宣传横幅30余条，张贴宣传标语近400条，入户宣传检查6683户、签订责任书3023份、发放风斗779个。共检查出隐患89个，已全部完成整改。12月11日，与东辛房派出所联合进行预防煤气中毒工作检查，检查人员到西山、葡萄园、北涧沟社区居民家中进行了实地查看。

（冯　涛）

【举办用药安全知识竞赛】 11月19日，与药监门头沟分局联手举办“东辛房地区用药安全知识竞赛”，药监门头沟分局局长、办事处主任参加活动。15个社区的18名选手参加了比赛。

（冯　涛）

【社区“两委”任期承诺工作】 11月24日，召开社区“两委”任期承诺工作动员会，部署社区“两委”任期承诺工作。街道15个社区“两委”班子、98名社区“两委”干部撰写了承诺书，共提出实事承诺83件。

（冯　涛）

【开展冬季全民灭蟑行动】 12月4日，召开冬季防治病媒生物工作会，主要针对冬季灭蟑行动进行部署。此次灭蟑工作按照宣传动员、登记统计、统一投药3个阶段进行，办事处联合区爱卫会、卫生监督所等部门开展了联合执法检查。

（冯　涛）

【取缔西山马路市场】 年内，办事处与区城管大队联合依法取缔西山非法马路市场，方便居民出行。同时与石巷村沟通协调，为居民新建了菜市场。

（冯　涛）

【推进规范化社区建设】 年内，15个社区全部成立了社区服务站，并通过公开招考的方式录用了25名社区工作者。

（冯　涛）

【地区保税护税工作】 年内，制定了《东辛房街道落实经济指标工作实施方案》，成立了保增长促发展工作领导小组和办事机构。对辖区企业进行摸底调查，建立了台帐，实行了领导干部包企业制度，为企业提供贷款、招工、参展、信息咨询等服务。

（冯　涛）

【全程办事代理工作】 年内，严格落实全程办事受理工作制度，加强对基层全程办事代办员的培训，提高代办效率和服务水平。全年，全程办事受理室共办理事项834件，办结率为100%，无群众投诉。

（冯　涛）

【开展精神文明创建工作】 年内，建立了街工委理论讲师团和基层理论宣讲小分队，完善了基层理论中心组学习制度。开展了“文明家庭、和谐排院、和谐楼道”评比表彰活动，营造了文明和谐的社会环境。东辛房街道连续7次被评为首都文明街道，圈门、西辛房、河南街、矿建街西4个社区被评为首都文明社区，东辛房社区被评为区级文明社区。

（冯　涛）

（刘　毅）

大　台　街　道

【概况】　大台街道工委、办事处是区委、区政府的派出机构，位于区境西南部，辖区面积81平方公里，下辖9个社区居民委员会，总人口约1.8万人。其中户籍人口约1万人，流动人口约8000人；现有基层党支部11个，党员587人。年内，大台街道在区委、区政府的领导下，深入学习实践科学发展观，落实“人文北京、科技北京、绿色北京”要求，按照市、区社会建设大会精神和区委、区政府建设现代化生态新区奋斗目标，紧抓历史转折重要机遇期，调动大台地区全社会的积极性，加快地区的经济社会发展步伐。在全力做好保民生、保稳定工作的同时，保持地区经济持续增长，社会和谐稳定，完成了庆祝建国60周年的各项工作任务。年内，大台街道办事处荣获全国社区共建共享先进单位、北京市国庆安保先进集体、北京市“迎国庆、讲文明、树新风”活动先进单位等荣誉。

单位名称：北京市门头沟区人民政府大台街道办事处
地　　址：北京市门头沟区大台街道大台路8号
电　　话：61870460
邮　　编：102303

（刘　毅）

【领导调研】　1月4日，伊欣欣到大台进行工作调研。2月9日，刘云广进行工作调研，现场观看了古幡会。4月8日，李慷云进行工作调研。20日，侯建华进行调研，指导学习科学发展观活动。5月8日，贾文勤调研选举工作，对街道完成社区党支部换届选举工作给予肯定，对第七届居委会换届选举工作提出具体要求。6月5日，付兆庚到街道调研，肯定了街道在防火、防汛、打击非法盗采、安全生产和应急管理等方面的工作，并提出工作意见。30日，翟云峰进行了工作调研。9月25日，韩生辉进行了工作调研，检查了流动人口和出租房屋管理工作。

（刘　毅）

【召开地区公共事务协管会】　1月20日，召开年度地区公共事务协调管理委员会工作会议，辖区9个成员单位一把手参加了会议。

（刘　毅）

【行政督查考核】　2月25日，区行政督查考核小组到办事处进行年度督查考核工作，听取了《大台街道2008年绩效考核报告》。辖区单位、居民、社区干部等100余名代表对2008年办事处整体工作进行了测评。

（刘　毅）

【召开年度工作会】　3月3日，召开年度工作会。会上总结了2008年工作，部署了2009年工作，工委书记与各社区居委会主任签订了工作责任书。

（刘　毅）

【庆“三八”妇女节系列活动】　3月8日　街道妇联、工会组织开展“三八”妇女节庆祝活动。各社区举办女性健康知识讲座、歌颂母亲朗诵比赛、女党员清洁社区、建国前老党员讲抗战故事等活动。

（刘　毅）

【学习实践科学发展观活动】　3月18日，启动学习实践科学发展观活动。年内，街道机关、社区将整改提高作为重点，突出学习实践活动的“实”字。针对查摆出的突出问题，机关党支部制定整改措施17项，建立完善制度10项，社区、非公有制企业党支部制定整改措施58项，建立完善制度15项。

（刘　毅）

【流动人口基础调查】　4月16日，街道流管办完成地区1418户出租房屋和7684名流动人口的基础调查工作。

（刘　毅）

【宣传工作】　4月18日至24日，开展“依法信访，共筑和谐”宣传周活动。共设立宣传点8个，悬挂宣传横幅12条，向居民下发宣传折页200套，《信访条例》120本，信访名片200个，公民信访须知2000张。各社区分别以腰鼓队、大秧歌、扇子舞等活动烘托现场气氛，参与群众达2000余人。12月4日，在法制宣传日社区沿街宣传活动中，共发放各类法律宣传材料1000份，街道巾帼法律宣传队入户宣传近200户。

（刘　毅）

【开展捐款活动】　4月22日，街道、社区开展“博爱在京城”捐款活动，共收到各方捐款11067.2元。5月20日，开展“京什手拉手、重建新家园”捐款活动，街道机关人员，共捐款2450元。

（刘　毅）

【举办第四届北港沟民间庙会】4月25日，大台地区第四届北港沟民间庙会开幕，庙会期间开展了电影放映、卡啦OK大家唱、消夏晚会、秧歌大赛等一系列群众性文化活动。

（刘　毅）

【举办青年团员主题团日活动】5月5日，街道团工委以“传承五四精神、弘扬爱国情怀”为主题，组织广大青年团员参观北京市规划展览馆。

（刘　毅）

【开展职业洽谈会】　5月8日，宣武区职介中心、门头沟职介中心工作人员到大台灰地社区，举办招聘会。地区近200余名低保、下岗和失业人员参加了招聘会，其中40人通过面试与招聘单位达成初步意向。

（刘　毅）

【流管员电脑竞赛】　5月，街道流管办将12名流动人口管理员分成6组，结成“一帮一”竞赛小组，举办流动人口管理员电脑操作竞赛，经考核，12名流动人口管理员及格率达到100%。

（刘　毅）

【开展区人大代表述职】　6月24日，组织大台地区的区人大代表在黄土台社区居委会开展了代表接待选民、代表述职活动。联系大台团的市人大代表、区人大副主任赵爱娟和大台团4名区人大代表，同地区9个社区的20名选民代表，围绕“深入贯彻落实科学发展观，紧抓历史机遇，勇担光荣责任，加快地区发展”这个主题进行了座谈。代表们通过分别走访与选民座谈等形式，共征集到选民提出的意见和建议20余条。

（刘　毅）

【开展安全生产月活动】　6月，办事处贯彻“安全第一、预防为主、综合治理”的工作方针，围绕安全生产，开展有针对性的系列宣传教育活动。

（刘　毅）

【举办征文演讲】　6月，街道计生办举办“我与国策共成长”征文演讲比赛，共征集征文9篇，演讲稿12篇。

（刘　毅）

【防汛工作】　6月，通过排查危房险户，确定险户169户、危险房屋542间，涉及人员487人，各社区明确干部包片原则，填制发放《防汛明白卡》，确定转移线路32条，应急避险场所15处、3900平方米。办事处协调辖区单位和各社区居委会，组建了由近300人组成的木城涧矿、天马轴承公司专业救援队和由200人组成的9支社区志愿应急抢险队。

（刘　毅）

【落实国庆平安行动】　6月至10月，开展国庆平安6个专项行动，严格实行重点人管控，发动近600名群众参与社会面防控，形成专群结合、群防群治、覆盖面广、防范有效的工作体系。全年接待群众来访172件264批306人次，地区未发生大规模群体性事件和非正常访。加强人民调解力度，及时化解各类矛盾，成功调处纠纷131件。落实帮教安置和社区矫正工作，新建社区法律服务室4个，实现9个社区法律服务室全覆盖。

（刘　毅）

【完成社区换届选举工作】　上半年，办事处对社区“两委”班子现状、社区人员结构、党员居民代表结构等进行了全面分析和掌握。依法遵守选举程序，加强细节指导，包居干部全过程参与，及时解决发现的问题，确保9个社区党支部、居委会换届选举工作完成，参选率分别达到了87%和97%。党政一把手一肩挑率78%。

（刘　毅）

【贯彻中央和区委全委会精神】7月14日，机关干部、社区党支部成员学习贯彻区委十届八次全委扩大会议精神。办事处主任传达了会议精神。区工委书记结合地区实际，提出要求。9月26日，召开学习贯彻中央十七届四中全会精神会议要求与会人员学习贯彻十七届四中全会精神要与学习实践科学发展观活动紧密结合，与加强基层党支部建设紧密结合，与抓好国庆平安行动紧密结合。

（刘　毅）

【开展人民调解员任职培训】 7月21日，举办社区人民调解员任职培训，王平法庭庭长从效力、要件等方面对人民调解协议书这一调解工作中的难题进行了分析讲解。

（刘　毅）

【防控甲型H1N1流感】 9月20日，启动甲型H1N1流感防控应急预案，对密切接触者进行居家隔离观察，由大台医院将居家隔离观察所需防护用品送到相关社区，并上门接诊社区内遇到有发热症状的人员，各社区广泛开展爱国卫生运动，普及卫生知识，进行环境卫生整治，提高居民卫生意识。

（刘　毅）

【举办摄影书画征集活动】 9月，街道计生办组织开展“京西女孩亮京西”摄影书画征集活动，向各社区、企事业单位、学校广泛征集作品。共收集书画作品20幅，摄影作品15幅。

（刘　毅）

【开展国庆环境综合整治】 国庆节前，发动干部群众，开展迎国庆百日环境整治活动。清理重点地段的垃圾坡和卫生死角16处，清运垃圾渣土1500多吨，捡拾白色垃圾300公斤，清除小广告210处。加大环境美化布置力度，投入资金5.8万元，制作悬挂旗、彩旗、宣传板和宣传橱窗。

（刘　毅）

【开展国庆各类庆祝活动】 9月，启动“为祖国祝福与祖国同行”广场文化月活动。举办文艺演出10场，文体比赛5场，放映电影2场，地区群众参与过6000人次。

（刘　毅）

【招录社区工作者】 9月，通过组织报名、笔试、面试、政审等各阶段的工作，共招录18名社区工作者，并全部签订服务协议，服务期限为三年。

（刘　毅）

【和谐社区创建工作】 11月19日，区和谐社区创建验收小组到街道进行检查验收工作，经考核，玉皇庙社区、桃园社区通过和谐社区验收，大台社区、双红社区通过达标社区验收。

（刘　毅）

【清千路改扩建工程启动】 12月20日，清千路改扩建工程开工。此工程北起清水涧村与下安路相接，向西南延伸终点至北台村，工程全长15.66公里，设计标准为山区三级公路，设计车速30公里/小时，路基全宽8.5米，双向2车道。

（刘　毅）

【成立计划生育贴心服务队】 12月，大台社区组织成立“计划生育贴心服务队”。服务队由30名社区协会会员组成，服务对象面向社区全部计划生育家庭，服务内容包括“四宣，三送，两帮”。

（刘　毅）

【为民办实事工程】 年内，完成门头沟区为民办实事工作任务5项。新建成千军台、木城涧、双红社区封闭式垃圾屋4座。绿化美化黄土台社区200平方米。新建黄土台社区文化大棚200平方米。新建千军台、庄户、板桥卫生室320平方米。改造千军台、木城涧、玉皇庙等社区道路1万平方米。完成门头沟区环境建设重点工作任务1项。绿化桃园社区菜台路口200平方米，清运千军台社区垃圾渣土2400吨，超出计划600吨，建设垃圾仓3个300平方米。

（刘　毅）

【开展婚育服务工作】 年内，开展地区流动已婚育龄妇女孕检，孕检妇女达2095人，其中享受免费孕检政策的妇女1627人，免费为地区305名低收入家庭育龄妇女进行体检。查验流动人口婚育服务证1437个，持证率90%，验证率95%。

（刘　毅）

【社会保障工作】 年内，地区现有享受最低生活保障待遇居民322户、667人。办理经济适用房备案224份，实物配租备案44份。加强对老年人、残疾人等弱势群体的关注，办理城乡居民养老保险459份，办理老年优待卡133份，办理90岁以上老人高龄津贴11份，地区一老一小医疗保险参保率100%。优化残疾人生活环境，在黄土台社区创建“温馨家园”，办理残疾人困难补助119人，发放各类残疾辅助器具65件。争取慈善、福彩救助金20余万元，慈善助学金20万元，资助大台中心小学修建基础设施，购置文体用品。

（刘　毅）

【再就业工作】 年内，完善区、街道、社区失业人员管理信息体系，动态管理失业人员基础台帐。加强失业人员技能培训，召开招聘洽谈会，大力宣传就业政策，开发社区公益性就业岗位，推动失业人员就业。全年登记失业人员 251 人，就业 226 人，其中就业困难人员 129 人，失业人员推荐成功 79 人，空岗信息采集 197 个，职业指导 129 人，开发就业岗位 341 个，安置失业人员 297 人。

（刘　毅）

【打击非法开采】　年内，通过固化多部门联合巡查机制，开展联合巡查 51 次，出动 108 车次，322 人次。动态管理各煤熏口，及时炸毁、封堵煤熏口 39 个，用炸药 36 箱，雷管 142 发。强化出租房屋管理，严禁流动人口参与非法开采，联合开展出租房屋、流动人口清理行动 24 次，拘留非法开采人员 38 人，收缴头盔、头灯等开采工具 300 余件。

（刘　毅）

乡　镇

潭　柘　寺　镇

【概况】　潭柘寺镇位于区东南部，镇政府驻地鲁家滩村，距区政府14公里，距市中心36公里。地域总面积81平方公里，现有12个行政村，11139人。耕地面积980亩。镇党委下属14个党支部（总支），其中村级党支部（总支）12个，党员794名，其中农村党员732名。镇内矿产资源以叶腊石、煤、石灰石、石英石等为主，叶腊石原料及叶腊石制品销往全国各地。旅游资源丰富，千年古刹潭柘寺和八奇洞位于镇域内的北部。镇域内可开发的旅游资源较多，有桑峪村广慧寺、南辛房村天门山、南村溶洞、鲁家滩村西明朝开国元勋徐达之子徐增寿之墓等。年内，全镇以科学发展观为统领，围绕“坚持科学发展观，加快产业转型，建设新型生态和谐小城镇”的主题，开展学习实践科学发展观活动，完成了学习调研、分析检查、整改落实三个阶段的各项学习任务。以打造“生态强镇、旅游重镇、文化名镇”为目标，以服务保障“平安国庆”为载体，推进了全镇各项事业全面发展。全镇农村经济总收入完成47326.2万元，比上年同期增加4905.2万元，同比增长11.6%，完成全年计划的101%；农民人均劳动所得实现8592.7元，比上年同期增加727.9元，同比增长9.3%，完成全年计划的101%；乡镇企业总收入完成34956万元，比上年同期增加3010万元，同比增长9.4%；乡镇企业利润总额完成3402万元，比上年同期增加178万元，同比增长5.5%。

单位名称：中国共产党北京市门头沟区潭柘寺镇委员会
　　　　　北京市门头沟区潭柘寺镇人民政府
地　　址：北京市门头沟区潭柘寺镇
电　　话：60860600
邮　　编：102308

（李淑鑫）

【民主日活动】　1月5日，召开2009年第一次农村民主日活动动员大会，部署2009年第一次民主日活动工作。区委督察组成员、镇机关副科级以上干部、各村党支部书记、村委会主任、大学生村官、财务人员参加了会议。19日，开展2009年度第一次民主公开日活动。区督察组成员到5个村庄检查了民主活动日活动情况。8月20日，镇内9个村开展了2009年度第二次民主公开日活动。

（李淑鑫）

【召开防疫工作会议】　1月5日，召开全镇12个村的村级防疫员参加的2009年防疫工作会，部署2009年全镇防疫工作。

（李淑鑫）

【慰问工作】　1月20日，镇领导及机关干部分别到所联系的村慰问，为镇内2名建国前老党员、40名困难党员、109名残疾人和23名优抚对象送去了慰问金。7月1日，镇党委和基层党组织对建国前老党员和生活困难党员进行了走访慰问，给老人送上慰问金和慰问品。10月27日，镇领导带领民政科干部对孤寡、特困、行动不便及90岁以上的老人进行慰问。

（李淑鑫）

【举办各种比赛】　1月21日，第五届“潭柘歌星”歌手大赛在区广电中心演播厅举行。市、区、镇的21名选手参加了比赛。4月27日，镇卫生院举办以“参与、普及、服务”为主题的健康科普知识讲座大练兵比赛。5月15日，举办“我与国策共成长”演讲比赛活动。镇内12个村的14名计生专干和计生宣传员参加了比赛，50余名村民妇女观看了比赛。8月13日，镇机关干部、村两委干部、大学生村官共40人参加首届“迎国庆”台球比赛。9月25日，举行潭柘寺镇“庆十一迎中秋”红色歌曲大传唱大型合唱比赛。全镇各村及镇属企事业单位共13支队伍参赛。12月28日，举办第十三届乡村青年文化节启动仪式暨第六届潭柘歌星挑战赛潭柘寺镇赛区预选赛。初赛选拔的22名选手，经过比赛，10名选手进入总决赛。

（李淑鑫）

【成立农村会计服务中心】　2月18日，召开各村书记、村主管会计会议，成立农村会计服务中心，负责对全镇各村财务统一规范管理。

（李淑鑫）

【召开老干部座谈会】　2月28日，召开老干部座谈会，邀请21名老干部到镇政府，听取镇整体规划工作思路汇报，以及宅基地换楼房工作实施方案介绍，并结合个人经验提出意见和建议。

（李淑鑫）

【召开组宣纪信访政法工作会】　3月13日，召开潭柘寺镇2009年组织宣传纪检信访政法工作会。会上部署潭柘寺镇2009年党委、政府的各项工作。镇纪委书记、副镇长分别同各村签署了《潭柘寺镇村党支部党风廉政建设责任书》、《潭柘寺镇信访排查调处工作责任书》、《2009年村党支部“三级联创”工作责任书》。

（李淑鑫）

【培训工作】　3月17日、18日，区医院和中医院医生，对镇内55名学员进行心肺复苏技术、创伤急救技术及各类突发性灾难急救进行培训，并对全体学员进行操作考核，合格者颁发红十字会“初级急救员证”。3月25日至4月1日，镇社保所与区劳动和社会保障局合作，请北京酒店管理学院的高级面点师，举办为期4天的初级面点师职业技能培训，共培训31人。参培人员通过考核后，被授予《中华人民共和国职业资格证书》。4月13日，镇社保所请区城乡社保办的工作人员，对12个村的村委会主任及相关办事人员集中进行城乡养老保险培训。培训内容涉及城乡养老保险政策、办理方式、缴费标准等内容。15日，镇旅游办公室联合区旅游局、中等职业学校为镇域内民俗接待户举办民俗旅游培训班，参训学员80余人，区中等职业学校的老师分别讲解了食品卫生和接待礼仪。23日，区水务局对镇内43名管水员以及12名村官进行培训。同时向管水员下发《循环水务的理论与实践》、《北京市农业用水月统月报记录本》、《门头沟区农村管水员工作日志》等工作材料，并部署了2009年管水员工作。24日，全区农村基层“两委”干部进行“依法履职，预防职务犯罪”反腐倡廉教育培训。组织全镇12个村37名“两委”干部集中观看了视频。8月10日，赵家台村残疾人康复中心举办为期2天的如意球编织培训，参加培训的残疾人及残疾人家属、专职委员共30余人。9月11日，镇计生办与卫生院联合开展“家庭保健员”培训。全镇共计60人加入“家庭保健员”队伍，分12期进行培训，每期请1名健康专家为学员们讲授不同的慢性病保健方法。10月14日，聘请北京农业职业学院的老师为平原村民俗旅游接待户指导培训，平原村的10户民俗旅游接待户，共16人参加了。11月5日，聘请高级茶艺技师到镇内，为民俗旅游接待户的30余位茶艺爱好者授课。25日，镇社保所联合区劳动局为30余名村民传授编织技巧、介绍实用的手工艺品加工技能。12月11日，邀请区政府办信息科同志就如何发现挖掘信息，如何写好信息等热点、难点问题进行了介绍和讲解。12个村的信息员、通讯员，大学生村官及机关各科室信息员共41人参加了培训。

（李淑鑫）

【学习科学发展观活动】　3月20日，召开深入学习实践科学发展观活动动员会。区指导检查组第11组成员、镇机关全体党员、各村书记、供销社书记60余人参加了动员大会。5月25日，召开深入学习实践科学发展观活动第二阶段动员会，全体机关党员、各村书记、供销社书记共72人参加了会议。会上对全镇深入学习实践科学发展观活动第一阶段的情况进行了总结，对第二阶段的分析检查工作进行了部署。4名同志分别代表镇领导班子和机关党员作了典型发言。8月12日，召开深入学习实践科学发展观活动总结会，全镇72名党员干部参加此次大会。会上总结了各项成果和创新经验，并对下阶段学习实践活动做出了安排。10月26日，召开第二批学习实践科学发展观活动动员会，区指导检查组成员、镇领导班子、联系村科长、各村书记、主任、供销社书记、大学生助理等60余人参加了动员大会。12月8日，开展深入学习实践科学发展观活动知识竞赛，全镇12个村由两委干部、优秀党员和大学生助理组成的12支代表队参加了比赛，全镇机关干部和各村两委共110人参加了此次活动。

（李淑鑫）

【召开计生工作会】 3月20日，召开2009年人口和计划生育工作会议，总结2008年人口计生工作，部署2009年全年工作。主管镇长为荣获2008年度计划生育先进集体和个人颁奖，并同各村村委会主任签署了计生责任书。

（李淑鑫）

【经验报告会】 4月1日，镇妇联邀请3名区巾帼自主创业报告团成员，向镇内50多名妇女代表作自主创业报告，传授自主创业的经验。

（李淑鑫）

【农民低收入户帮扶工作】 4月2日，镇经管站在统计各村计划指标和劳动力分布状况的同时，展开了对农民低收入户的清查工作，统计出符合条件的农户900余户。24日，召开低收入农户增收帮扶工作队见面会。会后6个单位的领导分别与责任村村干部、联系村负责人见面谈话，了解各村低收入农户具体情况。

（李淑鑫）

【组织专题辅导讲座】 4月3日，区委党校老师到镇内为机关全体干部80余人讲解科学发展观的意义、内涵以及如何在工作中贯彻落实科学发展观。24日，镇党委书记、镇长分别就《落实科学发展观，加强学习型机关建设，增强学习的主动性》和《落实科学发展观，实施宅基地换楼房》为题进行了专题讲座，机关全体干部共80余人参加了讲座。6月9日，镇民政科与区老龄委特邀北京天坛医院心内科主治医师，以“多种慢性病人的自我管理”为主题，以高血压、糖尿病、冠心病的防治问题，为镇内近100名老年人进行了预防保健知识讲座。10月15日，镇计生办、卫生院在草甸水村礼堂举办流感预防知识讲座，共30名村民参加了活动。

（李淑鑫）

【届中考察】 4月8日，召开领导班子届中考察动员会。会上书记和镇长分别代表领导班子和政府作了2006～2008年述职述学述廉报告。会后采取不记名的方式，对领导班子进行了民主测评。

（李淑鑫）

【共建活动】 4月10日，东直门街道干部与赵家台村干部进行座谈，并参观了赵家台新村建设的情况。双方领导签订了“践行科学发展观，城乡手拉手共建新农村”协议书，东直门街道向赵家台村赠送了2万元。20日，潭柘寺镇与德胜街道举办手拉手共建活动签约仪式，镇长与德胜街道办事处主任签订了结对互助协议。

（李淑鑫）

【宣传工作】 4月17日，镇社保所在鲁家滩村大街进行以“养老全覆盖享受新生活”为主题的宣传活动，向过往群众发放宣传材料200余份，接受咨询30余人。18日，开展“依法信访共筑和谐”宣传活动，现场悬挂横幅4条、展板8块，发放《信访条例》、《北京市信访条例》、《信访人须知》及《潭柘寺镇民情信息卡》等宣传材料12000余份，接待群众咨询200余人次。6月25日，小城镇办牵头，在全镇范围内开展主题为“保障科学发展，保护耕地红线”的宣传教育活动，设立宣传咨询点向群众散发宣传资料1000余份，现场讲解土地管理法、第二次全国土地调查及集体土地确权等国土知识，接受咨询350余人次。8月24日，镇综治办、司法所、旅游办、计生办、派出所、交通队等部门联合在鲁家滩中心大街开展交通、消防、食品安全以及普法知识宣传活动，共发放各种宣传材料2000余份，受教育人数达600余人。9月23日，区委理论讲师团老师为全镇党员干部和群众共120余人，作了题为“新中国成立60周年形势宣讲”的辅导报告。11月12日，镇综治办联合派出所在集贸市场设立宣传点，通过悬挂横幅，摆放展板、发放宣传品等形式向广大村民宣传安全使用煤火、预防煤气中毒和危险急救等常识，当日共发放宣传资料1000余份。12月4日，开展“12·4”普法宣传日活动。镇政府相关部门在中心大街设立宣传咨询服务站，回答群众咨询，市统计局领导和镇政府领导向过往行人宣传、发放《宪法》《法律援助条例》、《统计法》等宣传材料共6000余份。

（李淑鑫）

【扶贫助残送科技下乡活动】 4月28日，市农学院张教授在阳坡元村千亩核桃生产基地，为镇内32名核桃种植人员教授核桃栽植、嫁接、剪枝及核桃的疾病防治技术。现场向农民代表赠送了500本实用技术图书，并对阳坡元村、草甸水村的5名残疾人进行入户

"一对一"的指导教学。

（李淑鑫）

【纪念"五四"运动】 5月4日，镇团委与京投集团团委组织团员青年80余人，在天门山国家森林公园开展纪念"五四"运动90周年共植青年林活动。

（李淑鑫）

【领导调研】 5月7日，区人大副主任谭杰等对镇内12个村进行新农村建设调研，各村书记和主任参加了座谈会。6月5日，市委组织部领导到平原村开展主题为"三进两促"的调研，区、镇相关领导陪同座谈。

（李淑鑫）

【召开第五届人代会】 5月8日，召开镇人大第五届第七次全体会议，会议审议通过了《2008年政府工作报告》，审查和批准了《2008财政预算执行情况及2009年财政预算草案》。12月24日，召开第五届人民代表大会第八次全体会议，参加会议代表44人，列席44人。会议听取并审议通过了《2009年潭柘寺镇政府工作报告》以及《2009年潭柘寺镇人大工作报告》

（李淑鑫）

【学习交流工作】 5月11日，西藏自治区拉萨市尼木县党委政府代表团来到镇内进行参观交流。镇两委班子与尼木代表团进行了座谈，双方领导分别介绍了两地经济社会发展情况，并就加强双方沟通合作，做好援藏工作等问题进行了研讨。12日，区学习型机关考察组到镇内考察学习型村镇建设情况，听取创建工作报告，并查看创建工作的档案资料。14日，镇党委组织领导干部及各村书记到密云县蔡家洼村参观学习，借鉴旧村改造工作的成功经验。6月10日，镇党政班子成员就农村产权制度改革、山区能源循环利用等新农村科学发展问题到平谷区大华山镇挂甲峪村进行实地调研，区指导检查组成员一同调研。23日，镇内60余名镇党代表和部分机关干部到天津周邓纪念馆、平津战役纪念馆参观。并赴华明镇实地学习"宅基地换楼房"的具体操作模式和规划设计、管理理念，组织镇党代表建言献策研讨镇内"宅基地换楼房"工作的推进办法。8月28日，主管镇长带领文教办工作人员和全镇12个村的主要干部到永定镇岢萝坨村和王平镇色树坟村参观学习环境卫生管理工作和垃圾分类的先进经验。

（李淑鑫）

【主题日活动】 5月18日，潭柘寺镇与文明共建单位市计生委机关党委结合新中国成立60周年，组织开展爱国主义教育主题日活动。组织镇党员干部到天安门国旗护卫队、毛主席纪念堂、天安门城楼进行了参观学习。

（李淑鑫）

【安全卫生抽查】 5月18日，镇旅游办联合区旅游局、安监局和卫生监督所对鲁家滩村、赵家台村、平原村的重点接待散户进行抽查，重点检查经营手续、食品安全卫生、电路和消防安全，并对发现的问题提出了整改意见。

（李淑鑫）

【人大活动】 5月18日，采取分片集中接待的形式，在全镇范围内开展为期2天的人大代表联系接待选民活动。13名区、镇人大代表到4个选区，结合实际向全镇81名选民宣传惠民政策，与选民进行栢互交流，共征集40余条意见建议。

（李淑鑫）

【召开维稳工作会】 5月27日，召开维稳工作会，会上镇长传达了市、区维稳工作会的重要精神，纪委书记通报了全镇1月至5月信访工作情况。8月31日，召开迎国庆安全稳定工作会，镇党委书记对近期全镇开展的四个专项行动和"百日环境整治"、"交通、消防、食品安全宣传大检查"等活动中发现的突出问题提出了具体要求。会后，举行了"潭柘寺镇国庆安保村民自治启动仪式"，全面启动全镇群防群治队伍。

（李淑鑫）

【专题民主生活会】 6月5日，召开了以"坚持科学发展，加快产业转型，建设新型生态和谐小城镇"为主题的专题民主生活会。区检查指导组成员到会指导，镇党政班子成员参加了会议。

（李淑鑫）

【防汛工作】 6月9日，召开2009年度防汛工作总结动员会，会上总结了1月至5月全镇安全防汛的基本情况，并对6月至9月汛期间的防汛工作做了部署，镇科级以上干部、各村两委班子成员以及各相关单位负责人参加会议。

（李淑鑫）

【环境整治】 6月18日，召开迎国庆60周年百日环境整治动员大会，主管镇长对各村目前环境建设方面存在的问题进行了分析、总结，并结合实际情况，部署了迎国庆60周年百日环境整治活动实施方案。7月28日，主管镇长介绍全镇开展百日环境整治以来的工作情况，对各村环境建设存在的问题通过多媒体进行了演示和剖析说明，并明确下一步的工作要求和工作目标。9月16日，召开迎国庆60周年环境部署会，主管镇长部署环境卫生清洁整治高潮日和环境整治周活动具体工作。镇内12个村的书记、主任和社会单位的主要负责人及联系村科长参加了会议。

（李淑鑫）

【召开第一批村官欢送会】 6月18日，召开大学生村官座谈会，对第一批大学生村官三年来的综合表现进行测评，欢送第一批大学生村官。

（李淑鑫）

【“献爱心”活动】 6月22日，组织开展由市慈善协会发起的助老、助学捐款活动。全镇机关共有102人参加募捐，共收到募捐款8000元。

（李淑鑫）

【防控工作会】 6月30日，召开防控甲型H1N1流感工作会，主管镇长要求各部门要高度重视，落实各项防控措施，进行甲型H1N1流感日报工作。

（李淑鑫）

【消防安全演练】 9月8日，潭柘寺公园举办消防安全演练活动。镇政府、派出所、公园的相关领导参加了此次演练。

（李淑鑫）

【庆祝教师节】 9月8日，潭柘寺中学召开庆祝第25个教师节暨优秀教师表彰大会，镇党委书记代表镇党委、政府向全体教师捐赠了慰问金。

（李淑鑫）

【领导检查】 9月27日，市委“平安北京”建设信访督导组一行3人，到镇内检查重点矛盾化解、重点人稳控以及党政领导干部大接访工作。10月20日，市卫生村检查验收组一行7人到镇检查验收市级卫生村创建工作，镇领导及相关工作人员陪同检查。28日，区民政局领导检查危房改造工作，镇领导及相关工作人员陪同检查。11月9日，市委农村实用人才工作第四检查组，到镇内检查验收2009年度农村实用人才培养工作。并到赵家台、桑峪、平原3村进行了入户访谈。

（李淑鑫）

【成立团组织】 9月29日，赵家台村潭柘紫石文化产品经济合作组织举办团支部成立仪式。团区委、镇团委、赵家台村党支部班子及经济合作组织团员青年30人参加了成立仪式。

（李淑鑫）

【举办联欢活动】 9月29日，鲁家滩村举办“我和我的祖国”活动，为57名共和国同龄人举办“与祖国同庆”联欢活动。

（李淑鑫）

【主题团日活动】 11月7日，镇团委组织机关和基层优秀团员青年42人到怀柔清寓庄园开展“活力团队建设基层”主题团日活动。

（李淑鑫）

【参与创意产业博览会】 11月25日，赵家台村潭柘紫石文化产品经济合作组织代表门头沟区参加第四届中国北京国际文化创意产业博览会，参展的紫石砚、紫石茶盘等工艺品作为此次文博会唯一的一组紫石创意雕刻产品，受到观展群众的关注。

（李淑鑫）

【组织体检】 11月27日，镇民政科联合卫生院为全镇60岁以上无保障老人开展免费体检。

（李淑鑫）

【为民办实事】 12月10日，镇社保所经过协商、努力，在区监察大队的协助下，为10名群众追回拖欠工资2.5万元。

（李淑鑫）

【换届选举动员会】 12月23日，召开农村党组织换届选举动员会，镇领导班子成员、区巡视指导组成员、镇机关科以上干部、各村两委干部及党支部书记助理共计110余人参加了动员大会。

（李淑鑫）

永　定　镇

【概况】　永定镇位于门头沟区东南部，辖区面积68.6平方公里，地理位置优越、环境优美、资源丰富，莲石路和规划西长安街延长线贯穿全镇东西，三石路、西苑路连通辖区南北，距离市中心仅24公里。全镇共有24个行政村、7个居委会，常驻人口5.8万人。户籍人口27565人，其中男性13641人，女性13924人。非农业人口14165人，农业人口13400人。年内，在区委、区政府的领导下，全镇以邓小平理论和“三个代表”重要思想为指导，全面贯彻党的十七大、十七届三中全会精神，贯彻落实科学发展观，按照区域功能定位要求，以改革创新精神，调整产业结构，推动经济平稳健康发展；举全镇之力，确保国庆60周年保障工作完成；着力以“保增长、保民生、保稳定”的要求做好各项工作，全面完成区委、区政府年初确定的各项建设任务，全镇经济社会发展建设迈出新的步伐。农村经济总收入完成41.6亿元，同比增长10.2%，乡镇企业总收入完成241405万元，同比增长1%；农民人均劳动所得完成15159.4元，同比增长8%；税收完成4493万元，同比增长12%。

单位名称：中国共产党北京市门头沟区永定镇委员会
北京市门头沟区永定镇人民政府
地　　址：北京市门头沟区永定镇石龙南路11号
电　　话：60804231
邮　　编：102308

（杨瑞连）

【健康知识讲座】　1月3日，冯村嘉园居委会组织举办健康知识讲座，为创建和谐社区和为老年人的身心健康提供了保障。

（杨瑞连）

【村民兑现2008年股金】　1月5日，冯村共发放股金989.8万元，比去年增长了9.8万元，每名村民平均能够领取到5000元的股金红利。

（杨瑞连）

【开展食品安全检查】　1月8日，镇联合工商所在辖区内开展了专项整治行动，对集贸市场、食品经营户、超市、商场的食品安全工作进行检查，取得了良好的效果。

（杨瑞连）

【走访慰问活动】　1月10日，区领导贾文勤对参加2008年北京残奥会脑瘫足球比赛的运动员进行了走访慰问，并送去了慰问金。5月5日，区民政局领导分别到冯村、艾洼、万佛堂3名患有重病的村民家中进行了走访慰问，并为他们送去了医疗救助金。6月30日，镇领导干部走访慰问了建国前老党员和离退休老干部，给他们送上慰问金和慰问品。7月22日，区文明办到西辛称村走访慰问了11户低收入农户。在走访慰问中，与所帮扶低收入户代表进行了座谈，询问了他们的生产生活状况。7月29日，镇领导干部走访慰问区武装部和驻区武警消防支队、四九二部队，为部队官兵送去了慰问金、慰问品。9月，对全镇13名建国前老党员和3名离退休老干部进行了走访慰问，向他们表示节日的祝贺和问候，并送去了慰问品和慰问金。11月，区慈善协会副会长到王村患白血病的女孩儿家中走访慰问，并将慈善应急救助金送到了他们手中。

（杨瑞连）

【棚户区改造拆迁工作】　2月4日，召开了“棚户区改造工作专题会”，会上传达了市、区关于门头沟区棚户区改造工作的有关要求和部署。4月，棚户区改造拆迁工程全面启动，拆迁工作领导小组分为7个小组到村中与村民进行商谈拆迁补偿，并签订补偿协议。

（杨瑞连）

【开展科技制作活动】　2月25日，永兴社区组织43名中小学生开展了科技制作活动，活动以制作四驱车模型和开展车模比赛为主要内容。

（杨瑞连）

【安全生产工作】　2月27日，镇相关部门联合区国土资源分局、王平派出所出动执法人员30人，执法车辆5部炸毁一非法煤窯口。4月23日，配合区质监局、区自来水公司等部门处置了上岸村84消毒液回流自来水管道事故。7月1日，成立了北岭地区打击非法盗采综合整治办公室，共拆除房屋372间，断电6处，封堵主要路口5处，在封堵路口处栽植松柏树550棵，清理外来人员35

人，查扣农用车一部，收回旧汽车两部。18日，镇政府联合公安、区矿产资源管理局在上岸村南查扣盗采沙石挖掘机一台。25日，镇安全科配合工商、药监、公安等部门在桥户营村一出租房屋内查处非法加工制造药物试剂盒的公司一处。

（杨瑞连）

【法律援助工作】 3月1日，开展了主题为《北京市法律援助条例》的宣传活动。共发放法律援助与您携手折页2000份、“148”法律问答100例500册、法律援助惠民服务户卡500个。

（杨瑞连）

【召开妇女节表彰大会】 3月7日，召开了庆祝“三八”妇女节表彰大会，表彰了妇女工作中做出突出贡献的先进集体和个人，全镇妇代会干部和妇女代表近300人参加大会。

（杨瑞连）

【召开新农村建设工作会】 3月19日，召开了2009年新农村建设工作大会，会议对2009年新农村建设工作进行了安排部署，并逐级签订了《2009年目标管理责任书》、《2009年新农村建设重点工程目标管理责任书》。全镇33个村、居和企事业单位的230余人参加了会议。

（杨瑞连）

【知识讲座】 3月21日，区图书馆与司法局宣传科在石厂村举办了以“增强村民法律意识促进新农村建设”为主题的农村法律知识讲座，取得了较好的法制宣传教育成果。10月，永兴社区举办了落实科学发展观创科普示范社区健康知识讲座活动。此次讲座围绕《心脑血管疾病的预防和健康》做了专题讲座，社区80多名居民参加了讲座活动。

（杨瑞连）

【学习实践科学发展观活动】 3月24日，召开了学习实践科学发展观活动动员大会。区学习实践科学发展观活动指导检查组组长对镇内学习实践科学发展观活动前期准备工作给予了肯定，镇党委书记提出要求。

（杨瑞连）

【义务植树活动】 3月25日，中央电视台到共建单位石厂村开展以“城乡手拉手，共建新农村”的义务植树活动。各部门共计100余人参加了植树活动。共种植果树300余株。

（杨瑞连）

【培训工作】 3月26日，举办了城乡居民养老保险工作培训班，就《北京市城乡居民养老保险办法》、《北京市城乡居民养老保险工作流程》和《北京市城乡居民养老保险办法实施细则》进行讲解。5月11日，门头沟区中等职业学校在万佛堂村活动中心举办了中等厨师取证班开班活动。此次取证班培训时间为期20天，其中实操课程为14天。6月10日，组织辖区内各村党支部书记、主任参加了土地政策、法规培训会。会上介绍了《北京市建设征地补偿安置办法》，并针对当前征地转户、建设用地审批等问题安排了专题讲解。7月10日，石厂村举办了劳动技能培训班，提高了劳动力的职业技能、增强了竞争力，让失业人员学到一技之长，同时也解决了地区劳动力就业问题。9月23日，举办了入党积极分子和后备干部培训班，为参加培训的100余人上了“新中国成立60周年形势宣讲”专题党课。

（杨瑞连）

【召开专题会议】 3月31日，召开2009年人口和计划生育工作会。镇领导对2008年人口和计划生育工作进行了总结，并与村居签订了《计划生育目标管理责任书》102份。万佛堂村和贵石村作了典型发言。4月29日，召开了庆祝“五四”青年节暨表彰会。总结了2008年的团委工作，部署了2009年的工作，对先进团支部、优秀团干部和优秀共青团员进行了表彰。团员青年代表进行了经验交流发言。6月2日，召开2009年防汛工作大会。会上，镇领导传达了市、区防汛工作会议精神，并以多媒体形式就村镇两级防汛应急预案及处理程序进行了现场演示。15日，召开迎国庆环境建设暨创建国家生态区大会。各村居党组织书记、主任参加大会。30日，召开庆祝中国共产党成立88周年表彰大会。镇党委对全镇20个基层党组织、21名党务工作者和77名共产党员进行了表彰。全镇1400多名党员、积极分子和群众参加大会。8月28日，区建委、安监局在镇内联合召开建筑施工安全生产工作会。

（杨瑞连）

【社区两委换届选举工作】 3月31日，召开社区党组织换届选举工作动员会。永兴、北区等6个社区党组织全部参加换届选举。4月29日，社区党组织完成了换届选举。新一届社区党组织选举工作全面完成，成员总数18人，6名党支部书记、13名委员实现了连选连任、新任委员5人。5月5日，召开第七届社区居委会选举工作动员会。全镇各社区两委班子成员、机关包社区干部参加会议。会上，选举办公室工作人员就选举规程和日常工作对与会人员进行了培训。10日，推选产生了社区新一届选举委员会，在推选社区选委会过程中，参加投票的社区居民代表共计198人，参选率达到75%。7个居委会共提出候选人67名，其中有59人当选为选委会成员。6名社区党支部书记均当选为选委会主任，当选率达到100%；11名党支部委员进入选委会；社区选委会有中共党员46名，占选委会成员总数的78%。6月20日，完成第七届居委会换届选举工作。选出新一届社区主任7名，副主任4名，委员24名。区领导刘云广、韩生辉等到镇视察投票选举工作，对镇居委会换届选举工作给予了肯定。

（杨瑞连）

【宣传活动】 4月9日，开展了大力实施城乡居民养老保险制度宣传活动。接待咨询30余人，发放《致全区城乡居民的一封信》、《城乡居民基本养老保险政策问答》等宣传资料5000余份。6月9日，开展了第19个全国土地日宣传活动，发放宣传资料8000多份，宣传品1000多份。7月，司法所率领法制小分队成员到曹各庄村永兴瑞农贸市场，开展了法律法规知识宣传活动。发放了流动人口管理条例、法律援助知识问答、社区法治及流动人员应知应会的相关法律知识等宣传资料共计1400余份。9月14日，开展反邪教和平安国庆学习教育活动，1921名党员观看了专题片，为做好新中国成立60周年安全保卫工作提供有力保障。10月28日，开展了“男性健康，幸福你我同享”的主题活动。组织了第10个男性健康日宣传服务和男性健康知识大课堂活动，发放宣传材料近1000份，宣传品200件。11月，镇综治办联合辖区派出所和当地管护人员，到群众家中开展“冬季安全采暖，预防煤气中毒”宣传工作，并对辖区住户安装使用炉具及土暖气的情况进行检查。12月4日，开展“五五”普法宣传日活动，共发放宣传材料1568份，接待法律咨询23人。12月，开展了烟花爆竹安全燃放集中宣传咨询活动。活动共悬挂横幅2条，摆放展板1块，发放《门头沟区烟花爆竹禁放单位和地区》等多种宣传材料共计1500余份。

（杨瑞连）

【区领导调研】 4月11日，刘云广就棚户区改造工作到镇调研，听取了有关部门领导的工作汇报后并提出要求。23日，李慷云等领导到秋坡、石佛村就低收入农户帮扶工作进行调研，要求从根本上解决低收入农户的困难。4月，刘云广到棚户区改造石门营安置房建设区工地现场调研。听取了有关负责人的情况汇报，了解了粮库的储备能力和现状，查看了区环卫中心的厂房、车间和生产现状，并到安置地点进行了现场勘察。5月，陈志强等领导到西辛称、桥户营和秋坡、石佛进行调研。分别听取了镇村领导干部帮扶工作汇报，询问了低收入农户的生活情况，生活来源、造成困难原因等情况，就进一步做好帮扶工作与镇村领导干部进行了座谈。6月7日，付兆庚等区领导到镇检查安全工作，听取了镇领导关于全镇安全情况汇报，并到龙口水库大坝和秋坡险村进行了实地视察。7月20日，李慷云到秋坡、石佛村参加2009年第二次民主日活动。在听取了村干部的工作汇报后，李慷云对近几年来两村所取得的成绩给予了肯定。11月，贾文勤对四道桥村“温馨家园”进行检查。

（杨瑞连）

【征文演讲摄影比赛】 4月28日，举办了“我与国策共成长”征文和演讲比赛活动。全镇各村居的计生专干及宣传员100余人参加了活动，共评选出了一等奖1名、二等奖2名、三等奖4名。10月1日，岢萝坨村、西峰寺旅游开发中心和京西东篱文化论坛联合举办的“岢萝坨杯”摄影大赛，评选出一等奖1名、二等奖2名、三等奖3名。

（杨瑞连）

【预防甲型H1N1流感工作】 5月4日，召开了防控甲型H1N1流感工作紧急会议。镇领导对全镇近期工作进行了总结，对当前工作进行了安排和部署。15日，召开防控甲型H1N1流感工作会议。镇领导传达了市、区两级关于防控甲型H1N1流感工作会议精神，并对国内外甲型H1N1流感疫情进行了通报。永定卫生院工作人员就甲型H1N1流感基本知识、传播途径、预防措施等向与会人员进行了讲解。7月7日，召开防控甲型H1N1流感工作部署大会。全体机关干部，各村、居书记、主任，部分驻镇社会单位负责人参加会议。

（杨瑞连）

【组织育龄妇女体检】 5月15日，卫星队组织全村66名育龄妇女到永定卫生院进行了体检。体检项目有B超、妇检、TCT筛查等。

（杨瑞连）

【创建学习型先进村评估验收】 5月27日，门头沟区创建学习型城市工作领导小组到岢萝坨村就创建学习型先进村镇工作进行评估验收。经过评估，领导小组对镇内在创建学习型先进村镇建设上所取得的成果表示肯定。

（杨瑞连）

【举办“星火工程”文艺演出】 5月31日，北京市“文艺演出星火工程”演出队分别到何各庄、西辛称等村，为村民表演文艺节目。“文艺演出星火工程”已经在镇内演出了97场。

（杨瑞连）

【建成“和谐”园】 5月，贵石村投资46万元，建成了一座集休闲娱乐为一体的“和谐”园，为村民营造了一个清洁、卫生、和谐的生活环境。

（杨瑞连）

【市领导视察工作】 5月，首都文明办领导到冯村视察指导工作，在听取了镇、村干部的情况介绍后，实地察看了北京碧琨种植中心、冯村广场和黄花梨生态园，对冯村取得的成绩给予了肯定。

（杨瑞连）

【献爱心捐款活动】 6月25日，开展了“共产党员献爱心”捐款活动。镇内1783名党员群众，共捐款6万余元。8月7日，机关干部献爱心捐款共6970元。11月24日，开展了为内蒙古、江西两省区贫困区和甘肃陇南市灾区群众“送温暖、献爱心”捐款活动。镇机关干部和基层村居共计捐款35390元。11月，开展了“共产党员献爱心”捐款活动。镇机关党员和入党积极分子为困难群体捐助了爱心款7000余元。

（杨瑞连）

【发放残疾人用品用具】 6月，举办了残疾人用品用具免费发放仪式。发放了轮椅、坐便器、康复用具、助听器等168件残疾人辅助器具。

（杨瑞连）

【举办消夏啤酒节开幕式】 7月17日，举办岢萝坨“消夏啤酒节暨综合文艺晚会”。北京电视台、北京日报、区电视台等多家新闻媒体记者进行了宣传报道。

（杨瑞连）

【组织人大代表参观考察】 7月30日，区人大代表永定团到“北京市最美的乡村”——昌平区香堂文化新村进行参观考察。

（杨瑞连）

【联合执法】 8月27日，镇相关部门联合区安监局、工商所、卫生监督所、城管等职能单位，对三石路两侧的沿街商铺进行了安全检查，并下发了《致全镇人民的一封信》2000余份。8月，镇相关部门对辖区内影响环境逾期未改商户进行了突击夜查，检查商户50余家，清理违法行为4起，执法单位依法先行保存了违规经营商家的部分烧烤炉具、桌椅等。此次出动执法人员60余人。8月，镇相关部门联合区安监局和永定工商所等相关部门开展了家具生产企业专项整治行动。对生产企业的各项安全生产规章制度、消防通道、消防器材、车间的用电安全及警示标志等方面进行了排查。10月，镇政府联合区安监局、消防支队、永定派出所和永定工商所在小园村一出租房屋院内，查处一处非法制造充装销售乙炔气的黑窝点。执法人员当场没收乙炔储气钢瓶9个，没收原材料（电石）约1.5吨，拆除简陋充装生产线一条。

（杨瑞连）

【古道修复工程】 8月，石佛村启动了进香古道二期修复工程。此次古道修复全长300多米，路面宽4米，采用青石和石块铺设，中间铺设2米宽的石块甬道，两侧各铺设1米宽的青砖。

（杨瑞连）

【召开教师节座谈会】 9月9日，举行庆祝教师节座谈会。全镇中小学的校长、优秀教师和社会各界人士等共庆教师节。

（杨瑞连）

【拆除违章建筑】 9月，在镇政府和区城管大队永定分队的支持和协助下，对上岸村辖区耕地内的违法建筑进行依法强制拆除。共出动工作人员20余名，挖掘机5辆，依法强制拆除违法建筑730余平方米。12月，区城管大队对位于石厂村的两处违法建筑进行了强制拆除。拆除面积为1498.75平方米。

（杨瑞连）

【完成残疾人证换证工作】 9月，完成了第二代“中华人民共和国残疾人证”换发工作，全镇共为1050名残疾人换发了第二代残疾人证。

（杨瑞连）

【民生工程建设】 10月，栗元庄村实施了绿化美化和污水管线改造工程，对村中3500米胡同的污水管线进行升级改造。投资30余万元，对村周边环境进行了绿化美化工作，绿化美化面积达1260平方米，种植了紫薇、黄杨球、菊花等花草树木4000多株，新建花池子9个。12月5日，侯庄子新村二期工程竣工，占地70亩，村民住宅二层楼共计203栋，工程总建筑面积3.5万平方米。村党支部、村委会投资270万元，新建了550平方米的文化活动中心、170平方米的卫生室和800多平方米的村委会办公楼。年内，全镇完成美化绿化2.37万平方米，外立面粉饰6.95万平方米，清理垃圾渣土4.61万吨，修建花池9300平方米，修砌边沟9950米，建文化墙1.4万平方米。栗元庄等7个村的街坊路任务32474平方米全部完工。

（杨瑞连）

【召开人大代表会】　11月，区政协主席高连广参加门头沟区人大代表永定代表团第五次会前代表团会议。在听取了镇领导的汇报后，对镇内2009年各项工作完成情况给予肯定。

（杨瑞连）

【安全检查】　12月，镇相关部门联合区安监局、体育局、永定工商所等部门到辖区开展了地下空间安全生产大检查工作。

（杨瑞连）

【重点工程建设】　年内，完成全镇重点工程。采空棚户区工程：总占地面积951.62亩，其中住宅面积94740.83平方米；非住宅面积12207.24平方米，果树林木127044棵（株），拆除任务全部按要求完成，并顺利进行开工建设。西苑路工程：拆迁总面积12257.53平方米，除卧龙岗一家企业外全部拆迁完毕。108国道永定段工程：总拆迁面积14205.32平方米，现已拆除9629.14平方米。再生水厂工程：总拆迁面积6219.94平方米，已全部拆除，施工单位全面施工。规划一路工程：总拆迁面积2600平方米，已全部拆除，施工单位全面施工。八宝山西迁工程：总拆迁面积20647平方米，完成全部拆迁任务的50%。经济适用房工程：一期建设面积约为4.5万平方米，主体工程已完成，正在进行内部装修。108国道辅路工程：总拆迁面积800平方米，树木6000棵，已基本完成。新农村建设工程：农业综合开发土地治理工程基础设施工程，治理面积8500亩，计划总投资1099.8万元，目前正按照实施方案进行施工建设。京津风沙源治理工程：已治理面积11696亩，总投资969万元，其中人工造林1696亩，封山育林10000亩。产业发展项目。新发展设施农业及配套设施125亩，其中上岸70亩、金桥农庄55亩，已完工。南区打造农业主题公园、十字道发展核桃150亩、北区观光果园提升改造等工程已完工。

（杨瑞连）

龙　泉　镇

单位名称：中国共产党北京市门头沟区龙泉镇委员会
北京市门头沟区龙泉镇人民政府
地　　址：北京市门头沟区门头沟路21号
电　　话：69844312
邮　　编：102300

（魏　菜）

【概况】　龙泉镇位于门头沟区东部，是区委、区政府所在地区，镇域面积49平方公里，辖行政村18个，社区居委会9个，镇办企业3家，常住人口30222人。是区内的交通枢纽，阜石路将镇内与城区连接，370、336、941、921、929、948、972、981、959、977、992、运通101、206、112、116路公交车直达地铁及市区。年内，镇党委、政府在区委、区政府的领导下，坚持以邓小平理论和“三个代表”重要思想为指导，坚持以科学发展观统领全镇经济社会发展全局，认真落实区委、区政府工作部署，着力强化镇域功能定位，加快产业结构调整，大力推进城乡建设，经济和社会各项事业取得全面进步。全年实现农村经济总收入187382万元，同比增长10.1%；税收入库额6059万元，同比增长39%；农民人均劳动所得实现11713元，同比增长8.9%。

【成立残疾人康复站】　1月10日，成立滑石道村和大峪村两所集职业技能培训、康复训练、职业康复劳动为一体的多功能休闲场所——龙泉镇残疾人康复站。

（魏　菜）

【慰问困难弱势群体】　1月19日以来，对全镇400多名农村无保障困难户、镇退休困难人员、部分因大病致贫的农村低保边缘户、残疾人等进行节前慰问。共发放慰问金和米面油等慰问品，共计12万元。6月，镇领导到琉璃渠、三家店、龙泉务3所小学进行慰问，为学生送去了文具、书籍等，并与学校领导进行了座谈交流。

（魏　菜）

【民主公开日活动】　1月20日，镇内各村全面开展民主日活动，机关近50名干部到所包村指导、监督民主公开日工作。

（魏　菜）

【建立健全三个机构】　2月5日，镇内建立健全“三机构”保障棚户采空区改造。围绕镇7个村的棚户采空区改造工作，成立“采空棚户区改造建设办公室”。围绕城市危旧房改造工作，成立“中门寺工作组”。针对拆迁过程中产生的各种矛盾，健全“龙泉镇矛盾调处中心”。

（魏　菜）

【加强制度建设】　3月2日，镇党委政府建立健全五项机制：一是建立健全岗位责任制。二是建立健全检查考评机制，实行考勤制度、请假制度，将出勤与干部工资、评优等挂钩。三是建立健全责任追究机制。四是明确包村（居）干部工作职责，督促所联系村建立历史遗留问题台帐，畅通群众诉求渠道。五是完善村（居）干部绩效考核制度，确定《考核目标卡》，将考核结果与村（居）年度绩效考核奖金挂钩。

（魏　菜）

【规范村级干部工资】　3月2日，镇内出台《龙泉镇村级干部绩效考评暂行办法》，进一步明确村级干部工资的审批，由镇村级干部绩效考评小组负责。村正职干部月工资的考评程序按照《龙泉镇农村“两委”任期承诺事项完成情况和履职情况考评办法》执行，依据各科室《考核目标卡》，兑现村级干部绩效奖金。

（魏　菜）

【党建工作】　3月6日，镇党委提出从七个方面加强党的建设。一是围绕功能定位，开展学习实践科学发展观活动。二是坚持抓基层、打基础，分类推进基层党建。三是以发挥先锋模范作用为重点，做好党员教育管理工作。四是尊重党员主体地位，扎实搞好党内民主建设。五是探索建立城乡一体的党建工作新格局。六是加强领导班子和干部队伍建设，着力提高领导科学发展的能力。七是严格执行党风廉政建设责任制，扎实推进惩治和预防腐败体系建设。

（魏　菜）

【学习实践科学发展观活动】　3月23日，采取五项措施开展学习实践科学发展观活动。一是正面教育到位。二是党员领导干部自身建设到位。三是骨干队伍培训到位。四是调查研究到位。五是组织检查到位。11月11日，镇43个基层支部开展学习实践科学发展观活动，党员覆盖面达到100%。

（魏　菜）

【加强机关固定资产管理】　3月26日，采取措施对机关固定资产和办公设备进行管理。成立后勤管理服务中心，设置1名固定资产管理员，在财政科设置1名固定资产动态管理员，打破“重购置，轻管理”的现象。

（魏　菜）

【第七届人代会】　3月28日，召开第七届人民代表大会第六次会议。代表审议并通过《龙泉镇人民政府工作报告》、《龙泉镇2008年财政预算执行情况和2009年财政预算草案的报告》。镇中心组成员列席出席会议。8月1日，召开第七届人民代表大会第七次会议。镇人大代表听取了关于上半年工作的报告，选举产生副镇长1名。镇中心组成员、村（居）主要干部列席出席会议。12月19日，召开第七届人民代表大会第八次会议。代表审议并通过《龙泉镇人民政府工作报告》，选举产生龙泉镇镇长。镇中心组成员、村（居）主要干部列席出席会议。

（魏　菜）

【“三个中心”和“三资”工作】　4月7日，镇内加快“三个中心”建设，加强农村“三资”管理。一是成立龙泉镇农村会计服务中心、龙泉镇农村集体资产及经济合同监管中心、龙泉镇农村招投标委托服务中心。二是建立三资监管工作机制。制定了《龙泉镇村级集体经济组织财务“账款双托管”管理办法》《龙泉镇农村集体资产管理办法》《龙泉镇农村经济合同管理办法》《龙泉镇村级重要事项经济事项招投标办法》四项制度。三是明确“三资”管理主要内容。对农村集体资源进行调查。对农村集体资产进行清产核资，强化农村集体资金民主管理，全面推行“账款双托管”工作。

（魏　菜）

【农村产权制度改革工作】　4月13日，率先启动城子、中门寺、东龙门3个村的产权制度改革试点工作。至此龙泉镇农村产权制度改革工作全面展开。年内，东龙门、西龙门、石碴、门头口、岳家坡5个村完成改制工作。

（魏　莱）

【组织村干部考察学习】　4月18日，组织大峪村、中门寺村、琉璃渠村等7个村党组织书记和村委会主任，到市城乡一体化试点村海淀区四季青镇北坞村，就城乡结合部地区矛盾、拆迁等问题实地考察，对于推动全镇经济发展和社会稳定，确保重点工程建设奠定了基础。

（魏　莱）

【企业用工招聘会】　5月19日，龙泉镇、区劳动局、龙泉雾村、居委会4家单位联合亚艺美术有限公司、兴达伟业房地产公司、中建科技发展中心等在内的13家全区知名企业，举办“龙泉镇民营企业招聘会”，提供就业岗位180余个，工种涉及30多种，政策及用工信息咨询300余人，共有99人进行了求职登记，86人与企业达成就业意向。

（魏　莱）

【加强干部作风建设】　5月21日，采取四项举措，推进机关干部作风建设。一是结合学习实践科学发展观活动，加强廉洁自律教育。二是大力倡导文明服务，认真履行工作职责。三是建立监督考核机制，提升防控能力。四是完善规章制度。用制度规范行为，形成用制度管权、制度管人、制度管事的机制。

（魏　莱）

【举办乡医培训班】　6月3日，与门城地区社区服务中心联合，举办了预防甲型H1N1流感乡医培训班。辖区内的10个村卫生室的14名村医生参加了培训。

（魏　莱）

【市领导调研】　6月9日，市委组织部干部监督处王清旺处长一行6人，到龙泉镇琉璃渠村进行“三进两促”调研。区委常委、组织部长张冰及区相关领导参加调研。龙泉镇领导及琉璃渠村党支部书记向领导介绍了该村的历史文化、党建情况、新农村建设情况等。实地考察了百米琉璃文化墙、三官阁过街楼和修缮后的厂商宅院、琉璃渠村西山琉璃瓦厂。

（魏　莱）

【迎接新村官】　7月8日，镇内开展迎接新“村官”启动仪式。10多名新村官被派往各村担任村党支部书记和村委会主任助理。

（魏　莱）

【信访矛盾调处工作】　10月30日，采取四项措施全面落实矛盾调处和信访排查工作。一是完善信访工作机制。副职以上领导干部包片、包村、包案。二是完善信访工作制度。制定完善《龙泉镇矛盾调处工作实施方案》《龙泉镇突发事件应急预案》《龙泉镇越级群体访应急预案》。三是加强信访风险防范。四是分层化解重点矛盾。根据信访问题的性质、涉及范围、调处难度，将重点矛盾和信访案件划分层次，建立台帐、分层制定化解方案。

（魏　莱）

【农村实用人才五大工程】　11月19日，实施五大工程完善农村实用人才管理体制。一是实施培训指导工程。二是实施协议帮带工程。三是实施学历教育工程。四是实施电教示范工程。五是实施高校资源共享工程。

（魏　莱）

【欢送新兵】　12月，为新兵召开座谈会。镇主要领导，部分村居干部、新兵及家属参加了座谈。

（魏　莱）

【基础设施建设】　年内，九龙都市观光园、香杏路、琉璃渠环路、滑石路；三家店三队305户新民居改造外保温工程；西六环拆迁三家店二期宅基地工程；2250亩第二道绿化隔离带工程；411亩荒山造林项目全部完成。

（魏　莱）

【重点工程项目】　年内，全镇重点建设项目19项，总投资8606万元，超额完成区目标管理责任书任务。

（魏　莱）

【棚户区改造工程】　年内，东龙门、西龙门历时24天完成拆迁任务。拆除住宅院落233个，非住宅22宗，约计4.3万平方米，果园林地占地325亩。

（魏　莱）

【土地开发工作】　年内，中门寺土地一级开发全面启动，拆迁住宅院落78个；城子村218地块成功上市；龙泉务、琉璃渠、大峪等村土地一级开发项目有序推进。

（魏　莱）

【区级重点工程】　年内，完成增北路、高家园路拆迁安置和军缆迁移任务；解决了西六环工程噪音扰民、震房、线塔迁移等问题；完成了龙泉务、三家店等地区拆迁安置房建设和水担路三期绿化工程。

（魏　莱）

【环境综合整治工作】　年内，配合市区重点工程建设，开展环境卫生综合整治工作，投入资金890万元，完成绿化面积5.58万平方米，清运垃圾渣土47620吨，建花池8870平方米，砌挡墙32061平方米，粉饰20380平方米，拆除违法建设12465平方米。

（魏 菜）

【社区换届选举工作】 年内，完成9个社区居委会两委换届选举工作，实现了居委会书记、主任一肩挑。

（魏 菜）

【科教文卫体工作】 年内，开办实用技术培训21期，实施新型农民“百万中专生计划”，招收学员74人，开展健康教育活动18次，举办知识讲座23期。门头口村、峪新社区通过市区健康教育示范村（居）工作验收。新型农村合作医疗参合率达到100%。成立龙泉镇防控甲型H1N1流感领导小组办公室，完成6项动物免疫工作。加强村级卫生室管理，新建岳家坡、天桥浮村级卫生室2座。完成大峪、三家店一队、龙泉务村、西辛房村等6个村的数字电影设备安装工作，19个村队配备电脑建立了资源共享服务点；开展文化下乡工程，新建滑石道村、西辛房村、东龙门村、琉璃渠村农家书屋4个，放映电影120场；实施“星火演出工程”，完成48场演出任务；组织开展各类文化活动28场；开展非物质文化遗产申报工作，大峪村“万福太平秧歌童子圣会”、龙泉务村“一心同乐太平秧歌老会”的论证报告通过了专家评审，并列入了区级非物质文化遗产目录。

（魏 菜）

【社会保障工作】 年内，实施各类救助190户，420人，80万元。完成33户危旧房改造任务，发放建房补贴140万元；积极开展慰问活动，全年累计投入15万元，慰问300户；组织开展各类捐款活动5次，共募集善款13.69万元。完成无障碍改造家庭61户，发放残疾人辅具327件，为400名残疾人发放节日慰问金12万余元，为455名残疾人办理养老补贴28.52万元。完成“家电下乡”补贴937人次，26.48万元，“汽车摩托车”补贴38人次，兑现补贴11.98万元。

（魏 菜）

【就业再就业工作】 年内，龙泉务、琉璃渠、东辛房、三家店等村举办4期企业政策见面会，联系用工岗位784个，推荐用工315人次，就业115人。办理农村劳动力转移就业证287个。登记失业人员新增453人，登记失业人员实现就业376人。

（魏 菜）

【低收入户帮扶工作】 年内，制定《龙泉镇促进低收入户增收致富帮扶工作方案》，采取领导包村、干部包户、党员包人的办法，按照“同村不同策、同户不同策”的原则，分类帮扶、整体推进，全镇133户4500元以下低收入户，人均收入已达到6662元。

（魏 菜）

【亮点展示工作】 年内，在各村、社区、机关科室开展亮点展示工作。党政班子成员、基层两正职和机关科级干部定期到展示单位听取工作汇报，实地参观政府投资项目和重点工程项目建设情况。

（魏 菜）

军 庄 镇

【概况】 军庄镇位于门头沟区政府东北部，北与海淀区接壤，西与龙泉镇相连，南与石景山毗邻。镇域总面积34平方公里，辖8个行政村、两个社区居委会，总人口11430人，总户数6154户，其中农业人口为3416人，1895户。年内，坚持以邓小平理论和“三个代表”重要思想为指导，认真贯彻党的十七大、十七届四中全会精神，贯彻落实科学发展观，在区委、区政府的领导下，团结带领全镇人民，紧扣“保增长保民生保稳定”三大目标，积极落实建设“人文北京、科技北京、绿色北京”三大战略任务，努力加快新农村建设步伐，围绕建国60周年大庆作好各项工作。全镇全年农村经济总收入完成31656万元，比去年同期增长10.4%；农民人均劳动所得完成7593元，比去年同期增长8.2%。

单位名称：中国共产党北京市门头沟区军庄镇委员会
北京市门头沟区军庄镇人民政府

地 址：北京市门头沟区军庄镇西杨坨村

电 话：60810741

邮 编：102300

（朱晓静）

【民主日活动】 1月16日，镇8个行政村分别开展了民主日活动。活动中，各村的村民代表听取了村干部述职、2008年承诺事项完成情况及村务财务工作汇报，并确定2009年工作思路和承诺事项。代表们还对两委班子及成员的工作情况进行了民主测评，对村务事务提出了意见和建议。7月20日，完成第二次民主日活动。活动中，各村的村民代表听取了村干部述职、2009年承诺事项完成情况及村务财务工作汇报，并确定2009年下半年工作思路和承诺事项。代表们还对两委班子及成员的工作情况进行了民主测评，对村务事务提出了意见和建议。

（朱晓静）

【召开总结表彰会】 1月16日，召开2008年度工作表彰会，对新农村建设、产业结构调整、流动人口管理、环境卫生等先进村进行了表彰，并举行了发奖仪式和先进村委会代表典型发言。

（朱晓静）

【慰问活动】 春节期间，镇党委、政府对全镇的困难户、优抚户、残疾人、困难党员、机关退休职工、驻镇部队官兵等进行慰问，共走访慰问了750余人，发放慰问品、慰问款累计资金近30万元。10月24日，镇党委、政府开展了走访慰问活动，为镇内22位90岁以上老人带去了慰问品，举办了文体趣味性活动和健康知识讲座。

（朱晓静）

【文化活动】 1月22日，各村居以春节为契机，开展群众性迎新春文体活动。新村举办了卡拉OK演唱会；军庄村组织乒乓球比赛；孟悟村、灰峪村等村邀请了专业演出团队进行演出。2月9日，组织开展全镇秧歌花会表演、花灯有奖猜谜等系列活动，10余支文化队伍参加了演出，分别表演了威风锣鼓、大秧歌、扇子舞等节目，共有200余人参与了演出。7月7日，组织开展了“我是幸福女孩”演讲比赛。全镇各村居的10名优秀女孩围绕女孩自尊、自爱、自强；围绕“我是妈妈的贴身小棉袄”；孝敬老人、帮助他人做有出息的女孩；热爱学习、热爱生活的女孩等方面做了演讲。9月14日，举办“舞动红绸、祝福祖国”迎国庆贺中秋群众文化展演活动。10个村居的200余名演职人员参加了演出，分别表演了秧歌、旗舞、扇子舞、红绸舞等节目。22日，以团体合唱形式，组织开展了“唱响和谐祝福祖国”——迎国庆贺中秋歌咏比赛，各村居的10支代表队共400余名群众参加了比赛。10月20日，举办“爱祖国爱家乡”诗歌朗诵会。此次活动共征集各类原创诗歌作品52篇，全镇各村居、企事业单位的干部、群众共34人参与活动。

（朱晓静）

【慰问演出】 1月22日，北京燕山保安表演艺术团到军庄镇灰峪村村进行慰问演出，为村民们表演了歌舞、乐器演奏、魔术等节目，300余名群众观看了演出。

（朱晓静）

【搭建就业援助平台】 2月24日，与西城区展览路街道、延庆县康庄镇及华夏大地（北京）劳务人员俱乐部手拉手结成友好关系，签订城乡就业援助协议书，共同致力城乡统筹就业工作。25日，举办了“手拉手，促就业”招工现场会，邀请华夏大地（北京）劳务人员俱乐部的8家企业设点，提供100余个工种，近300个岗位进行招聘，同时接受了300余人次的劳动保障政策咨询，发放就业宣传材料500余份，100余人初步达成就业意向。6月18日，举办第二次“手拉手，促就业”招工现场会，北京华夏大地劳务人员俱乐部的10家用工单位设点进行招聘，共46个工种，560个就业岗位，接受劳动保障政策咨询服务200余人次，发放就业宣传材料200余份，55人初步达成就业意向。

（朱晓静）

【举办培训班】 3月3日，组织果农进行果树剪枝技术培训。培训内容包括：请果树专家为果农现场示范果树剪枝、整形，并讲解果树栽植、管理以及病虫害防治等技术，受训果农20余户。17日，新型农民系列培训班开班。此次系列培训邀请了区中等职业高中的讲师，组织各村农民就素质、健康、技能掌握等方面举办了30多期培训。4月9日，举办了学习实践科学发展观活动专题培训，包括机关干部及各村居主要领导干部120余人参加了此次培训。11月11日，举办了以农村土地管理、信访条例、政府信息公开等法律知识为内容的依法行政培训。镇机关干部、村两委干部参加了培训。20日，举办了人民调解业务培训。邀请区司法局讲师主讲，各村居人民调委会主任、委员参加了培训。

（朱晓静）

【学习实践科学发展观活动】 3月18日，召开军庄镇第一批学习实践科学发展观活动动员会。镇机关干部、各村居书记主任以及基层各党支部委员110余人参加了会议，区第十一检查指导组全体成员到会参加。会上，宣读了《中共军庄镇党委关于开展第一批深入学习实践科学发展观活动的实施方案》；镇党委书记做了动员讲话；区指导检查组组长做了发言并提出学习实践科学发展观活动的指导意见。4月16日，组织开展“深入学习实践科学发展观，营造良好生态环境”主题实践植树活动。全体镇机关干部、属地各企事业单位、驻镇部队共600余人参加了活动，栽种油松、侧柏及经济林种等近5000株。8月11日，召开学习实践科学发展观活动总结会。区委学习实践活动指导检查组成员、镇机关干部以及各村居书记、主任参加了会议。会上，区委学习实践活动指导检查组对全镇学习实践活动给予了肯定；全体与会人员围绕学习实践活动情况进行了群众满意度测评。10月27日，召开第二批学习实践科学发展观活动动员会。镇机关包村干部、各村居书记主任以及基层各党支部委员100余人参加了会议，区第一指导组全体成员到会参加。会上，宣读了《中共军庄镇党委关于开展第二批深入学习实践科学发展观活动的实施方案》，对深入学习实践科学发展观活动进行了具体部署；镇党委书记做了动员讲话；区指导检查组组长做了发言并提出学习实践科学发展观活动的指导意见。11月3日，开展第二批学习实践科学发展观活动，共涉及18个基层党支部，671名党员，其中包含流动党员12名。活动中各基层党支部以“解放思想、关注民生、建设生态和谐新军庄”为主题，组织党员开展学习讨论，重点学习十七届四中全会精神，并通过开展镇领导作辅导报告、典型经验介绍、村官讲党课、收看党员电教片、参观学习等活动，创新方法，丰富形式，确保活动实效。

（朱晓静）

【开展乒乓球比赛】 5月21日，组织开展了第二届和谐杯乒乓球赛，全镇的80余名运动员参加了比赛。

（朱晓静）

【建党88周年文艺演出】 6月24日，组织开展庆祝建党88周年文艺演出，邀请了北京保安艺术团与村民同台演出，表演了歌舞、乐器演奏、魔术等节目，300余名群众参加了此次活动。

（朱晓静）

【送健康下乡活动】 7月6日，石景山医院到军庄镇东杨坨村开展送医送药送健康下乡活动，并在活动现场进行义诊。此次共义诊30余人，50余人进行了咨询，发放各类健康宣传品200余册，免费发放了近1000元的药品。8月7日，北京大学第三医院研究生社会实践团到军庄镇杨坨社区开展送医送药送健康下乡活动。18名医务人员在活动现场进行义诊，并宣传疾病防治知识。此活动共义诊160余人，发放各类健康宣传品1500余册，免费发放了近1000元的药品。

（朱晓静）

【区领导调研检查工作】 6月10日，区领导付兆庚到军庄镇检查矿山安全工作。8月1日，区领导伊欣欣、刘云广到镇就西杨坨村回迁楼安置及灰峪村险村搬迁进行调研。9月22日，区人大组织各镇人大副主席到镇内就新农村建设工作开展调研。各镇人大副主席实地查看了军庄镇灰峪村险村搬迁工地和西杨坨村六环路回迁安置房工地施工进展情况，并就施工质量、施工进度等方面提出建议；区人大副主任对军庄镇各部门提出新农村建设意见。30日，区领导刘云广到镇进行重点镇建设及北四回迁工作调研。10月9日，区领导伊欣欣到东山村进行旅游产业发展项目调研。23日，刘云广到东山村进行生态旅游建设项目调研。11月9日，郭光磊到东山村进行“深入开展学习实践科学发展观活动加强基层党组织建设”活动调研。11日，区领导郭光磊到军庄镇东山村对学习实践活动进行了检查与指导，在肯定东山村学习实践活动工作的同时，对进一步开展并落实学习实践活动各项工作提出了要求，并对东山村的京白梨果园进行实地考察。22日，伊欣欣到镇进行第二批科学发展观活动调研。

（朱晓静）

【残疾人温馨家园投入使用】 8月12日，集残疾人劳动技能培训室、康复训练理疗室、多功能活动室、图书室、卡拉OK音乐室、模拟厨房、休息室、卫生间、爱心超市等于一体的军庄镇残疾人温馨家园正式投入使用。

（朱晓静）

【举办艺术作品展】 8月27日，杨坨社区举办主题社区艺术作品展。此次展览共征集书法、绘画、刺绣、剪纸、雕刻、手工编织等作品69件，有50余名群众参与。

（朱晓静）

【启动管网改造工程】 9月22日，东山村在村内启动实施一户一表管网改造工程。该工程涉及管道贯穿全村320户，管线总长达17.5公里。

（朱晓静）

【成立首家农村党员服务站】 11月23日，成立了全区首家农村党员服务站。区委组织部副部长为党员服务站揭牌并讲话。

（朱晓静）

【开展法制宣传日活动】 12月4日，镇司法、安全、派出所等多部门联合组织开展全国法制宣传日活动。此次活动通过宣传展板、法律咨询、发放宣传资料等形式向群众宣传法律知识，共发放宣传资料500余份。

（朱晓静）

【欢送新兵】 12月10日，为9名新兵召开新兵欢送会。镇主要领导，新兵及家属参加了此次欢送会。镇领导在欢送会上讲话，并为新兵赠送礼物。

（朱晓静）

【换届选举工作】 12月24日，召开村级党组织换届选举工作动员大会。包片领导、包村干部、各村党支部支委共计90余人参加了大会。大会部署了《中共军庄镇委员会关于做好农村党组织换届选举工作的实施方案》；提出选举工作目标；镇党委书记对此次换届选举工作提出要求；按照《中共军庄镇委员会关于村党组织换届选举工作的办法》《军庄镇村党组织换届选举工作流程》要求，对全体参会人员进行了培训。

（朱晓静）

【学习区委十届九次全会精神】 12月30日，组织各村居党支部书记、全体机关干部参加学习，传达贯彻区委十届九次全会精神。进一步把学习实践科学发展观活动、村党支部换届选举工作与贯彻落实全会精神相结合，全面谋划明年工作任务。

（朱晓静）

【做好地区安全工作】 年内，镇政府重点针对安全生产、安全保卫、食品卫生、烟花爆竹等工作实行安全检查，重点检查了镇域内液化气站、施工工地、家具厂、农家乐、非煤矿山、网吧等40余家企业单位。同时，杨坨社区与镇派出所联合，对辖区内住户房屋安全取暖、居民自用煤炉等情况进行检查，宣传预防煤气中毒知识，进一步提高群众预防煤气中毒的意识。进入护林防火期后，全镇30人的半专业灭火队、7支共250余人的扑火队，近100名森林防火员和生态林管护员均上岗到位。国庆安保期间，联合派出所、城管等部门，在辖区内开展为期一个月的安全专项整治工作。

（朱晓静）

【新农村建设重点工作任务】 年内，完成第二道绿化隔离地区建设工程由镇施工的1220亩任务；启动军庄镇中心区集中供水厂项目，已完成前期手续；完成孟悟村生态园项目，整修梯田14公顷、安装太阳能杀虫灯10盏、修整田间路2000米、木质人行步道635米、设施农业3800平方米、护栏480米、园门1座；启动343亩矿山生态修复工程；完成4000平方米军庄街心公园绿化工程；完成军灰路路肩硬化工程2700平方米；启动京白梨产业发展项目和东山沟域经济发展项目，区农委牵头组织进行沟域规划设计、项目可行性研究；启动设施种植业项目，已完成砖钢结构大棚7栋、联栋温室1座，并已通过农委验收；整体推进“五项工程”建设任务，协助水务局完成自来水管网改造工程，新建太阳能集中浴室4座，安装淋浴器82个、新能源项目户用热水器77台、太阳能路灯150盏，新建公厕5座、垃圾屋15个。

（朱晓静）

【环境建设重点工作】 年内，完成军庄村生态沟治理项目，扶唇垒堰100亩、300立方米蓄水池1座、节水灌溉100亩、人行步道300米、道路硬化900米；启动六环路两侧绿化工程，军庄地区重点地段336亩，普通地段511亩；完成100亩植被恢复工程；拆除违法建筑2010平方米；完成户外广告整治及规范工作，更换政府街沿线广告牌匾32块、180平方米，墙面牌匾装饰24块57.6平方米；健全户分类、村收集、镇运输、区消纳的垃圾收运管理考核制度；继续开展环境优美家庭户评选活动和整治一条街活动，做好废弃塑料袋回收工作；完成东杨坨村文明生态村的创建工作和环境优美镇的规划编制工作。

（朱晓静）

妙峰山镇

【概况】 妙峰山镇地处门头沟区浅山区，为北京市生态涵养与水源保护区的重要乡镇之一，镇域面积110平方公里，全镇现辖17个行政村，总人口9791人，其中农业人口6850人，占人口总数的70%。有经济合作组织12个。年内，妙峰山镇以邓小平理论和三个代表重要思想为指导，全面贯彻落实科学发展观，圆满完成国庆安保任务，实现“大事不出、小事减少、严格管理、秩序良好”工作目标的同时，重点围绕生态环境建设、产业结构调整、基础设施建设、促进农民就业增收等方面全面推进地区的和谐发展。以建设现代化生态山区，实现城乡经济社会协调发展为工作重点，以“稳定、发展、强镇、富民”为指导思想，以特色农业和民俗旅游业为新的经济增长点，着重发展涧沟村的玫瑰花、樱桃沟村的大樱桃，担礼村的白梨、陇驾庄村的盖柿、炭厂村的杏扁儿等名优特产品，先后建立了妙峰樱花园、灵溪科技园、苇甸百果园等一批具有地区特色的集观光、休闲、采摘、科普为一体的农业园区，以带动当地经济的进一步发展。年内正式开放了妙峰山森林公园、京西古道风景区、“神泉峡”等风景区使旅游业成为了全镇经济发展的重要支柱。妙峰山镇通过资源整合与产业结构调整，已成为门头沟区极具开发潜力的乡镇之一。

妙峰山镇作为全区第一批学习实践活动的试点单位，认真贯彻落实市区委会议精神，以加快产业结构调整为主线，以富民增收为核心，组织各阶段工作，取得了初步成效。在全区第一批学习活动总结大会上进行典型发言，水峪嘴村党支部还被列入门头沟区第二批学习实践科学发展观现场教学示范点。镇党委被评为全区“五个好”党委。年内镇经济总收入5.69亿元，同比增长10.1%；人均劳动所得7505元，同比增长8.1%。

单位名称：中国共产党北京市门头沟区妙峰山镇委员会

北京市门头沟区妙峰山镇人民政府

地　　址：北京市门头沟区妙峰山镇陇驾庄村

电　　话：61881014

邮　　编：102300

（马　莉）

【民主日活动】 1月12日，召开年度第一次民主公开日工作部署会。会上主管副镇长对此项工作进行了部署，提出了具体要求。截止到16日，全镇17个自然村完成了民主日活动。7月9日，召开全镇第二次民主日活动工作部署会，全镇17个村的党支部书记、书记助理及机关包村科长、区委学习实践科学发展观指导小组全体成员共同参加会议。会上，由镇纪委书记向与会人员传达了区、镇有关文件精神和统一工作部署。镇长、区委学习实践科学发展观指导组组长分别就民主日活动结合新中国成立60周年大庆、深入学习实践科学发展观活动、推进新农村建设和加强基层民主管理等工作向大家提出要求。

（马　莉）

【市领导调研】 3月11日，副市长夏占义就农村工作先后到樱桃沟、黄台两村现场检查指导工作。两个村的党支部书记分别就自己村的基本情况、主导产业及新农村建设情况，向领导进行汇报。并实地参观了樱桃沟村的旧村改造成果及北京绿纯蜂业基地。4月15日，市委党校第一期局级领导干部研修班的21名学员到妙峰山镇参观考察。听取了关于全镇基本情况及樱桃沟村基本情况，实地参观了樱桃沟村的旧村改造成果及樱花盛开的大樱桃采摘园。在涧沟村的“平西情报联络站”，参观了展室、收看了专题片《隐蔽的战线》。4月25日，拉萨市委书记就新农建设到樱桃沟村调研。听取镇、村两级领导对全镇新农村建设和樱桃沟村旧村改造情况的工作汇报。实地参观了樱桃园，入户到村民家中与村民座谈。5月15日，市委副书记王安顺到涧沟村调研。听取关于全区工作的情况汇报、关于门头沟区产业结构调整面临的困难、民生问题、基础设施建设相对落后的现状以及关于全镇整体工作情况的汇报。并参观该村的村容村貌建设、妙峰山高山玫瑰园。在参观考察过程中分别就产业结构调整、60年大庆营造稳定的社会环境学习实践科学发展观活动等问题与基层领导进行了交流和探讨。6月24日，市委组织部区县干部处处长一行6人到水峪嘴村与该村结成和谐新农村共建单位。听取了关于全镇产业结构调整以及发展沟域经济的情况汇报，实地参观了水峪嘴村生态修复现场、军事酒吧、古道博物馆后，到涧沟村的平西情报交通联络站开展了主题党日活动，并参观了该镇的妙峰山森林公园。12月17日，副市长夏占义就农村“两委”换届选举工作到水峪嘴村进行调研。听取了关于镇、村两级“两委”换届选举工作的情况汇报和有关全区农村“两委”换届选举工作的情况汇报。汇报过程中，夏占义就农村当前经济发展、主导产业转型、农民就业等问题与区、镇、村三级领导进行了交流，对“两委”换届选举工作提出具体要求。

（马　莉）

【学习实践科学发展观活动】　3月17日，召开深入学习实践科学发展观活动动员大会。会上，镇党委副书记向与会人员宣读了学习实践活动实施意见和实施方案。镇党委书记就全镇发展当中现存的问题结合学习实践活动的开展向大家提出具体要求，区委指导检查组组长代表检查组也对学习实践活动提出了明确的要求。最后，区领导张冰在肯定了镇党委前期所做的各项准备工作的同时，提出具体要求。24日，区领导伊欣欣就学习实践科学发展观活动到镇内调研。听取了关于全镇学习实践科学发展活动的情况汇报，伊欣欣对镇学习科学发展观活动的前期准备和工作部署给予了肯定。同时，针对以后的工作提出具体要求。4月28日，举办学习实践科学发展观知识竞赛。全镇村、企共计16个基层支部代表队、48名队员参加了比赛，通过预赛、决赛，最终决出一等奖1名、二等奖2名、三等奖3名。5月27日，召开学习实践科学发展观分析检查阶段工作会，全体机关干部、各基层支部主要领导和村党支部书记助理参加会议。镇党委副书记对第一阶段工作进行总结，并对第二阶段工作进行了部署。镇党委书记就开展学习实践活动分析检查阶段工作进行了再动员，并就抓好第二阶段工作向大家提出具体要求。6月22日，召开“学习实践科学发展观”领导班子专题民主生活会，查找班子成员在贯彻落实科学发展观方面存在的突出问题。班子成员各自联系工作实际，通过对照检查、民主评论，找出了差距，提出了整改措施。区委检查指导组第11小组成员参加了专题民主生活会。25日，组织全镇14个村党支部的组织委员、支部书记助理在水峪嘴村召开了科学发展观专题民主生活会观摩会。7月1日，召开镇领导班子贯彻落实科学发展观分析检查报告评议会。区、镇两级党代表、人大代表、基层干部、机关干部、基层党员和群众参加会议。与会代表从对科学发展观的认识、查找的问题、工作措施等方面进行了讨论和民主评议。发放47张评议表全部收回。评价为满意的46人，比较满意的1人。17日，召开学习实践科学发展观活动整改落实阶段工作会议，党委副书记对该镇学习实践科学发展观活动第一、二阶段的工作进行了总结，对第三阶段工作进行了部署。8月13日。召开学习实践科学发展观活动总结测评大会。全体机关干部、村企支部主要领导、各村大学生村官、区委检查指导组第11小组所有成员共计120余人参加会议。镇党委副书记代表镇党委对学习实践活动进行了总结。与会人员对妙峰山镇学习实践活动进行了民主满意度测评，满意度达到了100%。11月19日，区领导伊欣欣就学习实践科学发展观整改落实情况到镇内进行调研。首先听取镇党委书记关于全镇学习实践科学发展观活动试点开展及整改落实工作情况的汇报，对全镇正在进行的科学发展观整改落实工作能够结合全镇实际情况和明年工作思路给予了肯定，并对全镇2010年的工作提出具体要求。

（马　莉）

【开展辖区风景区建设】　3月，“京西古道风景区”建设工程启动。工程项目主要包括四大部分：一是古道周边环境综合治理。二是完善古道沿线标识牌的设置。三是增加古道驿站和酒家。四是启动古道所在村农家乐经营。3月，炭厂村“神泉峡”旅游风景区建设项目启动。景区总面积约5平方公里。4月30日，妙峰山镇旅游咨询服务中心成立暨妙峰山文化旅游节启动。该中心是区内目前第一家乡镇级旅游咨询服务中心，该中心总投资150万元，占地面积5000余平方米，设立了旅游咨询大厅、旅游商品纪念品展区，建立了镇级应急指挥系统。4月，启动妙峰山玫瑰苑建设工程。该玫瑰苑建址在特色玫瑰种植村涧沟村，总占地面积700平方米、房屋建筑面积200平方米。5月15日，由市委农工委、市农委、市园林绿化局等单位主办的“北京樱桃季”启动仪式在樱桃沟村种植基地举行。6月10日，妙峰山森林公园举行揭牌仪式。该公园总占地面积2264.7公顷，囊括了该镇涧沟、樱桃沟、南庄三个自然村。植被覆盖率达到98%以上，8月27日被北京市园林绿化局正式批准“北京市森林公园”。镇投资50万元在园内建造的“玫瑰展厅”也开始正式接待游人。9月16日，水峪嘴村古道风景区正式对外开放。该村以旅游为产业的农民经济合作组织也从即日起成立，全村入股村民174户，441人。26日，举行妙峰山“神泉峡”风景区落成开幕仪式。景区总面积15平方公里，共计投入资金300余万元。11月，召开神泉峡景区门票听证会，会议由区发改委有关领导主持，区工商所、人大、文委等有关部门代表参加了听证会。会前，全体参会人员对“神泉峡”景区进行了实地考察。会上，工作人员介绍了炭厂村的基本情况，随后，各个单位代表相继发表了自己的看法，最后一致同意“神泉峡”景区门票定价20元。

（马　莉）

【平西情报交通联络站揭牌仪式】　4月13日，举行“晋察冀社会部北平前哨——平西情报交通联络站”启动仪式。工程投资100余万元。原晋察冀社会部领导代表、原平西情报交通联络站部分工作人员家属代表及此次展览特邀历史顾问等相关人员参加了揭牌仪式。

（马　莉）

【低收入户帮扶工作】　4月23日，召开帮扶单位见面会。镇主要领导、各帮扶单位代表、各村党支部书记参加会议。会上，介绍了各村基本情况，各村支部书记与帮扶单位代表相互认识，互通联系方式。会后，帮扶单位进村入户，实地了解情况。8月21日，召开低收入帮扶工作阶段汇报会，各帮扶单位代表参会。各帮扶单位围绕所帮扶村的具体情况进行了工作汇报。截止年底，全镇减少337户低收入户，占低收入户总数的35.3%；低收入户增收26%。

（马　莉）

【自行车挑战赛】　5月23日，举办崔克杯妙峰山2009自行车挑战赛。该比赛也被称之为“首届妙峰山自行车挑战赛”，由区、镇两级政府主办，北京行如风自行车俱乐部承办并运营全部赛事。共有179名选手参加此次比赛，赛程从妙峰山牌楼到涧沟村全长15.5公里。经过激烈角逐，最终分别决出5个组别的冠军。

（马　莉）

【召开国庆平安行动大会】　7月1日，召开国庆平安行动动员大会，镇域内20余家单位主要领导及机关包村科长共计70余人参加会议。会上针对“国庆平安行动”部署了全镇信访维稳、流动人口和出租房屋、安全生产保障和甲型H1N1流感等几项重点工作。

（马　莉）

【水利风景区成功申报为“国家级”】　8月25日，国家水利部正式批复妙峰山水利风景区为“国家级水利风景区”，该水利风景区包含了苇甸沟域中的上苇甸、炭厂、大沟、禅房、黄台和岭角6个自然村。

（马　莉）

【外宾参观】　10月15日，德国前联邦议院及欧洲议会议员协会访华代表团成员39人到樱桃沟村参观新农村建设成果。实地察看了大樱桃观光园区的建设现状、旧村改造成果，并入户与村民进行了座谈。

（马　莉）

【滴水岩景区一期工程竣工】　11月3日，举行滴水岩景区一期工程竣工仪式。该工程共分三期，一期工程总投资400余万元，区政协、文联、文委、旅游局及镇村相关领导参加了竣工仪式并做了讲话。竣工仪式上由河北灵隐寺本权方丈主持了法事活动，而后由5位书画家为竣工仪式开展了书画笔会活动。

（马　莉）

【区人大代表活动】　11月9日，妙峰山代表团组织全体区人大代表8人，对镇域内的区重点工程进行了集中视察。代表们对重点工程的完成情况表示满意。参观了炭厂村西沟景区，水峪嘴村古道博物馆和军事酒吧。

（马　莉）

【农村“两委”换届选举工作】　12月18日，召开农村“两委”换届选举工作动员大会。全镇各村党支部书记、组织委员、大学生村官及机关包村干部共计80余人参加会议。领导张冰，以及农村“两委”换届选举工作巡视指导组参加了动员会。会上，镇领导部署农村党支部换届选举工作；并对农村“两委”换届选举工作提出具体要求；巡视指导组组长就村“两委”换届选举工作提出建议。会后，对各村具体工作人员进行了关于选举工作知识培训。

（马　莉）

王　平　镇

【概况】　王平镇位于门头沟区中南部，地域面积46.6平方公里。辖行政村16个、居委会4个，总人口7722人，全部是非农业人口。年内，以邓小平理论和“三个代表”重要思想为指导，牢固树立和全面落实科学发展观，认真学习贯彻党的十七大和十七届三中、四中全会精神，按照建设社会主义和谐社会的总体要求，大力实施“生态立镇、旅游强镇、服务兴镇”三大战略，落实“保增长、保民生、保稳定”各项任务，完成了全年的各项工作任务。

年内，完成农村经济总收入1.4亿元，同比增长10.4%；实现人均劳动所得7997元，同比增长8%；镇级财政收入49.6万元。都市型现代农业稳步推进，11个村农业综合开发工程1500亩，西王平村等4个村土地开发281.25亩，新建金银花温室大棚3栋，引进优质果品苗木4.8万株，帮助7个农业种植大户完成了农业保险的投保工作。西王平村的薄皮核桃，在陕西举办的全国核桃评比大会上获得了三等奖。旅游业发展呈良好势头，成功申报市级民俗户2家，安家庄村被评为区级民俗旅游村，全镇全年共接待游客4万人次，实现旅游综合收入600万元。基础设施建设加强，完成了东、西王平村低压改造工程、部分村的安全饮水管网扩户和一户一表工程，完成了东马各庄村、西落坡村污水治理工程。新建公厕6座，完成户厕改造50户。完成潭王路建设工程王平段拆迁工作、929路公共汽车王平客运站建设工程。启动了型煤销售点建设工作，完成东马各庄村、安家庄村防汛工程、13个村邮站建设工作。加强了环境建设工作，粉饰村、社区墙体，镇政府周边、河北村、色树坟新村、东王平村新村绿化美化工程2.08万平方米。王平镇2009年被评为“北京市环境优美镇”，东石古岩村、西石古岩村被评为“北京市卫生村”，韭园村被评为“门头沟区最美丽的山村”。荒山造林438亩，封山育林1万亩，节能房改造544户，新建太阳能浴室5座，路面硬化4271平方米。国庆期间，动员600名治安志愿者参与了国庆安保社会面巡逻和重点人群的排查控制工作，落实了国庆期间“零报告”制度，形成了全方位的防控网络，实现了“平安国庆”目标。全年开发社区就业岗位228个，安置失业人员156人，成功推荐75名失业人员就业。为420户818名低保对象调整了低保标准，全年发放低保金362余万元，优抚27户、为960名无保障老年人发放保障金230万元。报销医疗费149人次共20余万元。

单位名称：中国共产党北京市门头沟区王平镇委员会
北京市门头沟区王平镇人民政府
地　　址：北京市门头沟区王平镇王平大街东路18号
电　　话：61859400
邮　　编：102301

（赵　娜）

【领导慰问】　1月13日，区领导罗斌、杲建忠代表区委、区政府慰问了王平镇4户困难家庭，并送去慰问品和慰问金。16日，市财政局副局长边瑶到西王平村听取了核桃种植及樱桃等都市型现代农业的发展及集体资金民主管理、使用等情况的汇报，并与党员及村民代表进行了座谈。随后到镇内3个困难家庭中进行了慰问，送去了生活用品及慰问金。6月9日，由中央国家机关外交部、农业部、人力资源部、新闻出版总署等9大部门计生专管负责人组成的计划生育协作组到韭园村开展了捐赠送温暖活动，发放慰问金9000元。

（赵　娜）

【民主日活动】　1月16日，各村、居统一开展了2009年第一次民主公开日活动，并将财务报告及村（居）务公开监督小组、民主理财小组审核的报告等展示在各村、居公开栏内，据民主测评统计，全镇16个行政村两委班子、两委干部307项承诺办实事项目已全部完成，两委班子、两委干部民主评议优秀率为82.61%、81.43%。7月20日，各村、居统一开展了2009年第二次民主公开日活动。活动中，各村居两委干部分别向与会党员、村民代表进行了述职，对任期承诺的完成情况进行说明。还对欢庆国庆60周年，完成“三保”任务、营造和谐氛围的工作计划进行了汇报。

（赵　娜）

【市领导调研】　1月23日，研究垃圾回收分类再利用的日本专家在市农研中心领导的陪同下，到镇内参观考察垃圾分类情况。2月10日，日本东京都环保水务代表团就农村生活垃圾源头化分类工作到镇内进行参观考察，日本专家对垃圾分类的认识与工作的开展情况表示了肯定，同时介绍了日本生活垃圾的分类处理方法，并就生活垃圾如何更好的减量化、无害化、资源化处理等问题与镇领导进行了交流讨论。市外事办、市政管委、区市政管委及王平镇主要领导一同参加。3月11日，副市长夏占义就垃圾分类工作到王平镇调研，实地到西石古岩村入户察看了农户垃圾分类工作，夏占义对镇内从垃圾分类入手治理脏乱差环境的创新举措给予肯定。区委领导伊欣欣、刘云广等领导陪同调研。5月22日，市委统战部常务副部长闵克一行到镇内进行调研。市委农工委、市工商联、市民主党派负责人、无党派人士代表及区有关领导等参加了此次调研。7月12日，全国政协委员、民建北京市委副主委李晓林与民建北京市委企业委员会的企业家们到镇就新农村建设发展问题进行参观调研。31日，中组部机关离退休老干部党支部到王平镇就新农村建设进行参观调研。9月23日，市旅游局副局长安金明就镇旅游规划进行调研，听取了镇主要领导关于王平镇的基本情况、镇旅游项目发展、“一村一品”发展规划的介绍，并到马致远故居进行实地参观，对王平镇依托名人故居，点面结合搞活民俗旅游做法给予肯定。10月10日，市委党校第35期中青班学员及相关教授到镇进行调研。教授及学员们听取了镇主要领导就全镇产业转型、生态修复、都市型现代农业及民俗特色旅游发展等情况汇报。市委党校教授对生态功能的作用及生态补偿机制等知识向与会领导、学员进行了讲授。

（赵　娜）

【组织学习会议精神】　2月17日，传达学习市、区委会议精神，镇机关、村居两委干部一同参加了学习。镇党委书记结合市、区会议精神，重点对王平镇2009年“三农”工作进行了部署。5月6日，就贯彻落实市委十届六次全会精神进行了集中学习。9月29日，组织机关干部、村居支部书记集中学习党的十七届四中全会精神。结合《中共中央关于加强和改进新形势下党的建设若干重大问题的决定》内容及全镇实际情况，组织与会人员进行讨论。

（赵　娜）

【垃圾分类】　2月，天津市市容委、武清县县长及石各庄镇的领导到王平镇就生活垃圾源头分类处理工作进行参观调研。5月21日，怀柔区政协副主席、区委统战部长带领区政协常委、政协委员就农村生活垃圾源头化分类工作到镇调研，区政协副主席侯建华参加了此次调研。

（赵　娜）

【开展“三八”妇女节活动】　3月2日，开展各种活动喜迎“三八妇女节”。镇妇联组织开展致富经验交流活动，邀请区自主创业取得成就的4位妇女代表为各村居100余名妇女讲述了创业经历。

（赵　娜）

【京西古道】　3月26日，北京京西古道文化发展协会就古道的开发与保护问题进行了探讨研究。借助京西古道这一独特文化遗产，以王平古道为中心，整合、研究、规划古道资源，焕发古道的人文、历史及其资源性潜在价值。6月19日，京西古道文化发展协会在王平镇举办了揭牌成立仪式，区领导翟云峰、杲建忠为协会成立揭牌，并希望发展协会这个专业组织能够深层次挖掘古道资源，成为镇域旅游发展助推力量。24日，镇投资30余万元，在京西古道旁，民俗旅游村——韭园村新建了主题雕塑、驼马雕像等局部景观。

（赵　娜）

【组织各类培训班】　3月26日，开展廉政风险防范管理知识培训。镇机关干部、各村支部书记、主任参加了此次培训。邀请了区纪检委干部从制定方案、贯彻执行、检查考核、整改提高四个环节与排查风险、成因风险分析、凭估风险大小、制定措施和建立机制五个步骤进行了分析和讲解。3月，组织机关干部开展了看光盘、听讲座启发式学习活动。国学大师教授以《学会人际沟通》为题，从修养、心态、孝道、交友、管理五个方面进行讲解。4月23日，举办民俗旅游培训班，邀请旅游局、中等职业学校老师为全镇民俗游接待户、景点服务人员讲授健康烹饪、接待礼仪等服务技能。9月15日，王平镇邀请区委党校副校长以《团结奋斗再创辉煌》为主题宣讲了建国60周年辉煌成就。9月，组织村、居及农民专业合作社负责人、各农副产品加工企业代表开展了商标发展研讨培训，区工商分局领导与专业产权代理公司律师对与会人员进行了培训。11月，组织全体机关干部、各村居两委委员及大学生村官助理集中开展了以学习科学发展观增强实践自觉性为主题的专题辅导。

（赵　娜）

【组织人大代表开展系列活动】 3月31日，王平、大台人大代表就法庭工作开展了案件旁听活动。区法院、镇党委政府领导、及全镇13名调解委员会主任一同观摩了案件审理。5月20日，区人大联络室主任及部分区人大代表到吕家坡村开展选民接待述职活动。镇领导及选民代表参加了此次活动。11月6日，王平代表团区人大代表开展视察讨论活动，区人大副主任赵爱娟、王平镇主要领导参加了此次活动。代表们听取了镇主管领导有关2009年环境整治工程、精品果园建设及集中供水水厂建设等区、镇重点工程和为民办实事工程项目的情况汇报，并对这些工程项目的进展、质量及群众反映情况进行了询问，对王平镇能够为民所想的开展工作表示了肯定。

（赵　娜）

【学习实践科学发展观系列活动】 3月，镇内第一批学习实践科学发展观活动全面展开。以学习理论知识，实地参观考察等多种形式，组织全镇村干部、党员对科学发展观有针对性地、系统地进行学习。4月28日，区政协主席高连广到帮扶单位西石古岩村进行调研。活动中，听取了西石古岩村村干部对该村情况的汇报，并提出建议。6月17日，组织召开了领导班子学习实践科学发展观活动分析检查报告评议会，镇党代表、人大代表、群众代表参加了此次评议活动。通过镇党代表、人大代表、群众代表的评议，使镇领导班子对学习实践活动目的性和针对性有了认识，为学习实践科学发展观活动下一阶段工作奠定基础。10月31日至11月5日，各支部分别组织两委干部、党员、入党积极分子召开了第二批学习实践科学发展观活动动员会。镇指导检查组成员参加会议。各支部针对实际情况制定了实施方案，以多种形式组织大家学习。11月，镇主要领导带领各村支部书记赴密云、怀柔参观学习。同月，组织各村居两委委员到学习实践活动试点妙峰山镇水峪嘴村观摩学习。通过此次实地观摩活动，进一步提高了全镇两委干部思想认识，对全镇各项事业进一步健康发展将起到了推动作用。12月1日至7日，镇各支部相继召开了专题组织生活会，分别从提高思想认识；谋划明年发展思路；健全制度；支部班子团结；抓载体，注重实践五个方面组织召开会议。7日，区委巡回检查组到王平镇吕家坡村、东马各庄村就学习实践科学发展观活动检查指导工作，听取了第一阶段工作的总结，并提出了4点要求。

（赵　娜）

【召开现场会】 4月2日，区安全生产监管机构和队伍建设调研会在镇内召开。市安监局煤电处处长、区安监局及各乡镇街道主管领导参加。8日，召开老龄工作现场会，区老龄办、镇主要领导、各村居干部及老年人代表参加。镇主管领导对全镇老龄工作进行了总结布置，对区级敬老模范单位吕家坡村进行了表彰，获奖单位及个人还以关爱老年人、促进新农村建设、搭建社区文娱舞台，开创老龄工作新局面等实际工作进行了典型发言。

（赵　娜）

【交流活动】 4月16日，市摄影家协会、区文联到镇开展了“走古道、览故居、谈发展”交流活动，奥运会“同一个世界、同一个梦想”主题口号执笔人书法家高路参加此次活动。书法家还执笔为韭园村写下了“和谐之旅”“点燃激情　燃烧梦想”等书法作品。

（赵　娜）

【换届选举工作】 4月17日，完成镇社区党组织换届选举工作。全镇3个社区通过党员、居民、镇党委三推荐相结合的方式对候选人进行提名，然后由全体社区党员进行统一投票选举产生新一届社区党支部领导班子。6月20日，4个社区居委会完成新一届居民委员会换届选举工作，各社区居民代表按照公开、公平、公正的选举程序顺利选出了满意的“当家人”。12月23日，召开农村党组织换届选举工作动员会，区委巡视指导组、镇主要领导、包村干部、各村支部委员及部分党员代表参加了此次动员。

（赵　娜）

【宣传活动】 4月18日，开展了以“依法信访、共筑和谐”为主题的信访宣传活动。活动中向群众发放了印有信访条例的小扇子、围裙等宣传品。6月17日，以“纪念人民调解委员会组织条例施行二十周年”为主题进行了法律知识宣传，并邀请区晨光律师事务所的3位律师，现场为居民进行法律咨询，逐一对每个问题进行解答。25日，开展了土地日主题宣传活动。12月4日，开展了以“加强法制宣传教育、服务经济社会发展”为主题的宣传活动。通过展板、宣传画和发放宣传资料等多种形式向群众和外来务工人员作了宣传，并通过现场咨询的互动形式回答了群众所关心的各种法律问题。

（赵　娜）

【爱心捐助活动】 4月21日，组织机关干部、各村居开展了“博爱在京城”爱心募捐活动。全镇共捐款2.3万余元。6月24日，在全镇范围内开展了“共产党员献爱心”活动。共筹集善款1.4万余元。

（赵 娜）

【创建环境优美镇】 4月，启动了环境整治重点“粉饰”工程。工程总投资200余万元，粉饰面积合计8.5万平方米，涉及3个社区居委会和109国道复线沿线行政村5个。

（赵 娜）

【开展老年人活动】 5月8日至9日，为全镇165对结婚50周年以上的金婚夫妇免费拍摄了婚纱照。10月14日，镇敬老院组织院内老人游览北京植物园，还观看了盛世华章大型插花艺术展。26日，开展了送温暖、送演出、送知识等形式多样的庆祝活动。镇主要领导与老龄干部一起对全镇90岁以上老人进行了慰问，专业演出队伍在重阳节为村居老年人们带去了祝福。

（赵 娜）

【星火工程】 5月11日，北京歌舞剧院曲艺团到吕家坡村文艺演出。至此拉开了王平镇“星火工程”文艺演出系列活动的序幕。5月至10月期间，全镇各村陆续看到市级专业团队和区级业余团队演出共计近50场。

（赵 娜）

【爱残助残活动】 5月15日，镇残联与医院、司法、计生等部门联合，通过开展法律咨询、义诊的方式为残疾人提供免费服务，并向他们发放了就业指导、健康知识、助残政策等相关宣传材料。12月3日，开展了一系列的爱残助残庆祝活动。

（赵 娜）

【甲型H1N1流感防控实战演习】 7月10日，举行甲型H1N1流感防控实战演习，通过真人模拟，大力宣传等形式，提高应对甲型H1N1流感防控能力。

（赵 娜）

【国庆60周年系列活动】 7月14日，与三家店铁路公安联合开展了国庆平安行动铁路护路宣传活动。活动现场，向群众发放了铁路安全知识公开信、《铁路护路手册》、警民联系卡等宣传材料2000余份。22日，与驻镇派出所、工商所等单位联合组成国庆平安行动检查组，对镇域内生产安全、食品安全、交通安全、消防安全、流动人口管理等多方面开展联合检查。8月25日，由镇机关和村居组成的18支代表队参加了迎国庆党史知识竞赛。9月16日，与驻镇派出所、工商所等单位对食品安全、消防安全等进行联合大检查，检查各村居单位落实国庆期间安全保卫工作开展情况。23日，协助西城区委宣传部、门头沟区委宣传部组织承办题为为伟大祖国骄傲——新中国成立60周年文化交流活动。17日，镇团员、大学生村官以诗歌朗诵会的形式为庆祝祖国母亲60岁生日献礼。

（赵 娜）

【市、区领导检查验收】 8月20日，市残联、市卫生局及残疾人康复方面有关专家就创建康复达标工作到镇进行检查验收。9月10日，市专家成员组到镇检查和指导环境优美镇的创建工作。市领导对镇创建环境优美镇所做工作给予肯定，并对污水处理、空气质量、地表水监测等专业数据提出了意见和建议。10月19日，由市教委领导、成教方面有关专家组成的评估组对镇内市级示范性成人文化技术学校创建工作进行检查验收。11月，区委巡回检查组成员到镇对落实第二批学习实践科学发展观工作情况进行检查指导。检查组成员先后到河北村、西马各庄村，听取了支部书记就学习实践科学发展观工作落实情况和下一步工作准备情况汇报，察看了支部制定的实施方案和支部手册。

（赵 娜）

【优秀党员事迹宣讲活动】 11月26日、27日，镇党委、政府按照“党员干部受教育、科学发展上水平、人民群众得实惠”的总体要求，组织优秀党员事迹报告宣讲团到各村居开展宣讲教育活动，为地区建设和发展起到了促进作用。

（赵 娜）

雁 翅 镇

【概况】 雁翅镇地处区内中北部，地域面积267平方公里。辖23个行政村，1个居委会，总人口8764人，其中农业人口6052人，居民人口2712人。年内，在区委、区政府的领导下，坚持以邓小平理论和“三个代表”重要思想为指导，学习实践科学发展观，按照“保增长、保民生、保稳定”的要求，解决农民增收、生活用能、民居改造、就业保障等实际问题，在完成国庆服务保障任务的同时，实现了全镇经济社会各项事业健康发展。坚持以生态修复和水源保护为重点，实施京津风沙源治理工程，完成人工造林5294亩、爆破造林707亩、封山育林工程1万亩。完成黄崖沟内生态绿化工程，实施了碣石清洁小流域治理工程，完成了碣石村集雨工程和古井的修复，拆除青白口村旧场院，建造生态公园。实施田庄南山、大村口子沟、山神庙综合治理工程。加快产业结构调整步伐，在河南台新发展标准化果园1个，提升改造大村、饮马鞍观光果园2个。酸枣芽、小杂粮获得有机食品认证。发展林下经济，新增种植黄芩700亩。完成培育新品种任务，在田庄栽植葛根400亩。新发展柴鸡规模养殖1处，发展柴鸡2万只。新发展蜜蜂养殖800群。推进旅游服务产业发展，修复碣石部分文物景点。创建市级民俗旅游村1个、区级民俗旅游村1个，发展民俗旅游户13户。举办了苹果采摘节和摄影大赛活动。加大引进创新工作力度，引进了龙杏食品加工和云山庄园接待项目，加强“大村三宝”品牌建设。新发展淤白玫瑰花种植合作社和书字岭种植合作社2家。全面推进三资管理制度改革，成立“三个中心”，全部实现了农村账款双托管。启动了农村集体林权制度改革试点工作。加大基础设施建设力度，开展环境综合整治，完成景观绿化1.5万平方米，硬化5000平方米，围墙修复1000平方米，拆除违章建筑8700平方米，粉饰墙体2.18万平方米，垃圾分类工作已展开，保洁员全部上岗，为农户购置了垃圾分类设备，完成了环境优美镇创建验收。加快推进路网建设，完成庄大路、苇子水路和街坊路建设任务。实施农村安全饮水工程，完成17个村的饮用水设施改造任务。加快新能源推广和使用，完成8个村1069户节能住房改造工程，新建3个煤气销售点、1个型煤销售点。开展市级卫生村、文明生态村创建工作，实施农村五项基础设施工程，新建封闭式垃圾屋13座，新建公厕20座，完成户厕改造334户，创建市级卫生村3个、文明生态村2个。加大低收入农户增收帮扶工作力度，建立低收入农户工作台帐，建立增收帮扶机制，促进低收入农户增收，联合开发了489个就业岗位，实现农村富余劳动力转移就业83人次。开展民政救助工作，为农村优抚社救对象翻修房屋207户621间。推动城乡居民医疗保障体系建立，办理“一老一小”及无业居民大病医疗保险282份，城乡居民养老保险参保2600多人，23个村卫生室、健康室实现全覆盖，新型农村合作医疗参合率达99%。全年农村经济总收入44140万元，同比增长10%；实现人均纯收入7800元，同比增长10.4%；实现区级财政收入41万元，同比增长40%；完成固定资产投资3682万元，同比增长6.5%。

单位名称：中国共产党北京市门头沟区雁翅镇委员会
北京市门头沟区雁翅镇人民政府
地　　址：北京市门头沟区雁翅镇付家台村
电　　话：61839874
邮　　编：102305

（李沐熹）

【领导慰问】 1月10日，区领导王智慧、翟云峰到镇内慰问了18户优抚对象、低保户、老党员和残疾户送上棉被和慰问金。6月25日，西城区商务局、审计局、国土资源局、红十字会、宗侨办等8个单位组成慰问团，到镇内开展慰问活动，为付家台村建国前老党员送上慰问金和慰问品，为付家台中心小学的同学们送来学习用品。

（李沐熹）

【民主活动日】 1月12日，召开2009年度第一次民主日活动动员培训大会，部署民主日筹备工作。此次民主日以“扩大基层民主，践行两委承诺，落实三大理念，建设生态新区”为主题。7月14日，召开第二次民主日活动动员培训会，部署20日第二次民主日活动工作。此次民主日以“规范村务公开、加强民主管理、保障60年大庆平安稳定”为主题。

（李沐熹）

【举办培训班】 2月14日，河北农业大学的果树管理专家为镇内60多名苹果种植户代表进行了果树管理培训，传授春季苹果管理的知识和技术。3月19日，中国农科院的果树管理2两位教授，为80多名农户集中培训核桃春季管理技术。26日，在镇成人学校举办了中国草本咖啡豆种植方法培训班，邀请草本咖啡豆专利技术发明人为村民讲解相关技术要领，30多名村民参加了此次活动。4月15日，举办城乡居民养老保险动员宣传培训班，发放《城乡居民养老保险政策问答》、《致全区城乡居民的一封信》等材料，区劳动保障局工作人员为全镇24个村居的相关工作人员讲解城乡养老保险政策。16日，举办水管员业务知识培训班，邀请区水务局、卫生局有关工作人员为全镇各村84名水管员授课。5月13日，区安全局领导对全镇23个村、居干部和安全管理人员60余人进行了安全生产培训，提高了安全管理人员的安全防范意识和对相关法律法规的了解。6月10日，举办核桃夏季管理培训班，区科技开发实验基地副主任为大村地区农民讲解了薄皮核桃的夏季管理技术，近百名农民参加了此次培训。8月24日，雁翅镇中式面点师培训开班，邀请了区劳动局职业技术学校的专业技师，向50多名农民学员讲解面点制作技巧。

（李沐熹）

【绩效考核】 2月16日，区绩效督察考核第六组到镇内，对全镇2008年度各项工作完成情况进行了全面考核。镇党委书记做了汇报。会上检查组向与会代表发放了民主测评表，对镇党委、政府进行社会满意度调查，并与部分代表进行了座谈。检查组还查看了全镇档案，并到已完成一期建设的黄崖沟风景区实地考察，与镇领导就有关设施建设、未来配套服务等事项做了交流讨论。

（李沐熹）

【安全检查】 2月23日，对镇域内的3家超市、1家早晚服务部、1家饭馆及雁翅加油站进行了消防安全检查，重点查看了各类消防器材的配备及使用、货物存放场地情况、电线电路使用状况、可燃物清理等情况。经检查，6家经营单位的各项制度健全，消防器材齐备，安全管理有序。检查中，向经营单位宣传了上级文件精神和有关安全知识。

（李沐熹）

【领导调研】 2月26日，市广播电视局电影处处长到青白口村，对该村数字电影播放工作的开展进行调研。首先到青白口村的数字电影放映大礼堂，现场观看数字电影播放设备的运行情况，并向村放映员询问每个月的放映场次和内容、片源供给、放映员的工资待遇等问题。了解每年的流动电影放映、放映员的培训、各项设施的配置、资金使用等情况后。提出具体要求。4月23日，区领导王智慧到镇内调研，听取了全镇学习实践科学发展观的进程、“三个中心”建设、廉政风险防范工作推进、纪检监察干部队伍建设四个方面的工作情况的汇报，并到芹峪肉鸡养殖小区、南石洋大峡谷森林公园进行了实地考察。王智慧对全镇各项工作给予肯定，并提出具体要求。11月24日，伊欣欣到镇调研，听取了第二批学习实践活动开展情况的汇报。伊欣欣提出了具体要求。

（李沐熹）

【宣传活动】 2月26日，镇妇联与司法所联合开展了以“保障妇女合法权益依法推进家庭和谐”为主题的普法宣传活动，活动共计发放法律法规汇编148本、法律知识手册、宣传折页等3000余册。工作人员并就法律援助范围、申请和咨询方法等进行讲解，宣传妇女权益保护的相关知识。4月18日，开展“依法信访、共筑和谐”宣传日活动，共张贴标语300多条，放置展板画24套，悬挂27条宣传横幅，发放宣传品1000余份，下发《北京市信访条例》、《维护信访人合法权益》、《规范国家机关处理信访行为》等宣传材料3000多份。5月8日，举办“健康知识进农家”主题卫生知识宣传活动。向过往群众发放了“预防甲型H1N1流感病”小折页450份、相关宣传材料800余份，雁翅卫生院医生向群众讲解甲型H1N1流感的相关知识和防治注意事项。12月4日，开展了以“依法治国，执政为民”为主题的联合法制宣传活动，镇司法所、综治办、纪检信访室、统计所等相关科室与雁翅派出所组成联合宣传队，向过往群众进行了集中法制宣传，活动共向群众发放宣传读本、宣传折页、小挂历、方便购物袋等材料共计1500余份，解答群众法律咨询60多人次，受教育群众达400余人次。

（李沐熹）

【领导视察】 3月3日，市残联副理事长侯淑芬到镇内视察田庄地区残疾人温馨家园。侯淑芬了解温馨家园运行情况、果袋生产情况并看望了参加活动的残疾人，随后考察了扶残助残基地“田庄精品核桃种植基地”。对田庄地区温馨家园依托镇苹果种植基地和村核桃种植基地，发展扶残助残项目、职业康复劳动项目，并产生了良好的社会效益和经济效益给予了肯定。

（李沐熹）

【召开农村工作会议】　3月5日，召开2009年工作部署大会，传达市、区农村工作会议精神，总结2008年新农村建设情况，部署2009年工作任务，并与各村签订了《2009年度村级干部目标管理责任书》。

（李沐熹）

【启动学习实践科学发展观活动】　3月17日，雁翅镇召开学习实践科学发展观活动动员大会，传达中央、市、区委有关文件精神和镇党委实施意见，部署第一批学习实践活动。镇领导、全体机关干部共80多人参加了会议。

（李沐熹）

【召开人大会议】　3月31日，召开雁翅镇第七届人民代表大会第六次会议，全镇46名人大代表听取了镇政府工作报告、财政工作报告、2009年重点工作和重点工程安排情况的报告，并投票选举副镇长1名。12月25日，组织召开雁翅镇第七届人民代表大会第七次会议，区人大主任李慷云出席了会议。与会代表听取了全镇2009年度政府工作报告、人大工作报告、财政工作报告和2009年重点工程完成情况报告。经过分组讨论审议，代表们对全镇过去一年来取得的成绩给予了肯定，并提出了建议。

（李沐熹）

【武装部工作】　3月至5月，完成了3个民兵连整组工作，组建了应急分队连72人，高炮连62人，普通民兵连105人。在整组过程中把部分民兵干部和民兵超龄人员进行了补充和调整，提高了全镇民兵的整体素质和战斗力。6月，组织了民兵防汛演习。8月完成兵役登记工作，对已登记人员进行了年审、核验。国庆期间组织民兵26人完成芹峪口、大村口民兵执勤工作。完成2009年度征兵任务，输送新兵6人，超额完成征兵任务。

（李沐熹）

【成立“三个中心”】　4月21日，召开动员培训大会，正式成立农村会计服务中心、农村集体资产及经济合同监管中心、农村招投标服务中心，布置村级账款双托管工作。会上对各中心机构设置、工作人员岗位职责、集体资产监管办法、经济合同管理办法、村级重要经济事项招投标办法等进行了说明，并下发农村财务“账款双托管”委托书，对相关的管理办法、工作流程进行了培训。

（李沐熹）

【献爱心活动】　4月21日，组织机关干部、各村居开展了“博爱在京城”爱心募捐活动。全镇共捐款16595元。5月12日，组织全镇开展“京什拉手、重建家园”捐款活动，向灾区重建献爱心，全镇共计捐款23240元。

（李沐熹）

【召开低收入户增收帮扶工作会】　4月28日，召开低收入户增收帮扶工作会，传达区工作会议精神，对全镇低收入户的增收工作进行动员部署。14家区帮扶单位领导、全镇23个村的村干部、包村干部参加了会议。

（李沐熹）

【防汛工作】　6月4日，召开年度防汛工作动员会，全面部署年度防汛工作。布置了全镇防汛工作的具体实施方案，与各村负责人签订了防汛工作责任书。随后开展了为期两天的防汛工作大检查，对辖区各村居、各单位应急预案的制定、救灾物质储备、抢险队伍建设、重点部位设防等进行了检查。18日，在青白口村永定河主干道开展了防汛救灾避险实战演习，80多名镇机关干部和森林公安应急大队官兵参加了此次演习。

（李沐熹）

【国庆平安行动】　6月25日，召开“国庆平安行动”动员大会，对全镇迎国庆平安行动的工作步骤、工作措施、工作责任进行了部署。会上下发了《雁翅镇关于深入开展“国庆平安行动”的工作方案》、《各类重点人员排查表》等工作文件，要求各村居、各单位组织好群防群治力量，开展国庆平安专项行动，做到辖区“村村街道有人巡、矛盾纠纷有人解、重点部位有人看、重点人员有人控、突出问题有人管、敏感事件有人报”。

（李沐熹）

【京西龙杏食品有限公司开业】　7月15日，镇内农副产品加工企业——北京京西龙杏食品有限公司开业，区委宣传部、农委、工业促进局和区国资委等有关单位的领导出席了开业仪式并为公司剪彩。

（李沐熹）

【黄粉虫鸡养殖基地投入运营】 7月24日，举行北京山农生态农业有限公司柴蛋鸡养殖科技示范基地揭牌仪式。该养殖示范基地是通过人工培育的黄粉虫喂养特种黑角麻鸡，生产营养价值丰富的粉虫柴鸡蛋，推广和发展山农牌黄粉虫、黄粉虫柴鸡等系列有机食品。

（李沐熹）

【林权制度改革试点工作】 8月25日，召开改革动员培训会，对农村集体林权制度改革试点工作的总体思路、具体内容和方法步骤进行了布置。通过对村集体所有的生态公益林和商品林按照现产权制度进行改革，初步构建"产权归属清晰、经营主体到位、权责划分明确、利益保障严格、流转顺畅规范、监管服务有效"的现代林业产权制度。农民凭借集体成员资格获得该村林地的股份收益权，并在不改变土地用途的前提下获得对商品林的转包、出租、转让、互换、入股、出资等处置权。

（李沐熹）

【环境优美乡镇通过验收】 9月10日，市农委、市环保局领导和专家组成的检查组到镇内检查验收环境优美镇和文明生态村创建工作。检查组首先听取了《创建工作报告》，检查了创建材料，实地查看了镇域中心环境建设情况，随后到泗家水村和松树村，检查市级文明生态村创建情况。检查组肯定了雁翅镇在创建工作中所作出的成绩，一致认为雁翅镇的各项指标均符合创建标准，决定授予雁翅镇北京市级环境优美乡镇称号，并授予泗家水、松树村文明生态村称号。

（李沐熹）

【垃圾分类工作】 9月16日，召开垃圾分类工作会，布置了生活垃圾分类工作实施方案，明确了指导思想、具体原则、工作内容、人员车辆安排和镇、村、户的职责任务。

（李沐熹）

【召开森林防火动员大会】 10月30日，召开2009～2010年度森林防火工作动员大会。会上对2009年度森林防火工作进行了总结，并对2010年度森林防火工作进行了部署。

（李沐熹）

【换届选举工作】 12月23日，召开农村党支部换届选举工作动员会，区换届选举工作巡视指导组第三组全体成员出席了会议。会上传达了区关于做好村"两委"换届选举工作会议精神，下发了《雁翅镇农村党支部换届选举工作实施方案》和《雁翅镇关于村党支部换届选举工作的办法》等相关文件，对此次换届选举工作进行了部署，并对镇联系村干部和村工作人员进行了培训。

（李沐熹）

斋　堂　镇

【概况】 斋堂镇位于门头沟区西部山区，是北京市小城镇之一，镇域面积392.4平方公里，耕地面积3477.3亩，辖30个村居，26家驻镇单位。全镇7974户，14187人，镇办企业8个，个体工商户2282个；全镇共有基层党支部29个，其中农村党支部28个，社区党支部1个，党员1744人。

年内，在区委、区政府领导下，围绕市委、政府"营造一个良好局面，办好一件大事"总体工作部署，以"安全稳定、和谐优美、发展创新"为工作主题，树立科学发展观，努力构建和谐社会，全力维护安全稳定，全面实施"163"重点工程，抓住历史机遇，实现产业调整有新突破，城市建设有新面貌，社会事业有新发展，着力解决民计民生问题，加快沟峪经济基础设施建设，全力打造以旅游业为支柱产业的经济发展新格局，坚持"一沟一品"的特色发展道路，通过体制创新，形成斋堂镇特有的旅游经济产业。

镇党委、政府依据"163"工作思路，结合斋堂镇传统历史文化资源和风光秀美的生态资源优势，编制完成了镇域控制性总体规划、城镇景观设计规划、生态修复与农业发展规划、红色旅游规划、胡林谷景区规划、爨柏景区规划、灵岳寺景区规划以及新农村建设规划和历史文化名村保护与发展规划在内的22个村庄规划。桑峪、西斋堂、火村、马栏、东胡林、军响6村规划已经通过审批；完成了2008年至2010年社会公共服务设施建设和产业发展规划编制工作。按照空间布局，遵循"1＋1＋N"的发展模式,对镇中心区,镇内29个村分别进行了功能定位,划分为综合服务核心区、城镇建设拓展区、村落文化保护区,逐渐形成"一村一品、一沟多品"的产业发展格局,为斋堂经济社会发展奠定了坚实的基础。

经过全镇人民的努力,经济稳步增长,各项重点工程和重点工作全面完成。年内,全镇农村经济总收入完成63329.3万元,农民人均纯收入达到7379元,乡镇企业总收入完成60196万元,乡镇企业利润总额完成11815万元,;固定资产投资额完成19237万元。

单位名称:中国共产党北京市门头沟区斋堂镇委员会
北京市门头沟区斋堂镇人民政府

地　　址:北京市门头沟区斋堂大街45号

电　　话:69816653

邮　　编:102309

（孙　涛）

【做好禽流感防疫工作】　1月9日起，全镇针对各种禽类及家畜的彻底清查工作。并组织一只专业防疫队伍，专职对全镇防疫工作进行监控并开始对全镇禽类及家畜进行统计工作。

（孙　涛）

【召开座谈会】　1月13日，组织召开了退休老干部座谈会,邀请镇机关退休干部40余名,向老干部汇报了一年的工作情况,并与他们进行了座谈。2月11日,区人大副主任谭杰带队到镇,同11个村的负责人就农民就业和农民增收问题进行了座谈。7月16日,第四批大学生村干部助理到镇报道,镇领导同他们进行了座谈。

（孙　涛）

【召开工作总结表彰会】　1月20日，举行2008年工作总结表彰大会，对张家村、马栏等村进行了表彰，先进村进行了典型发言。

（孙　涛）

【安全隐患排查整治工作】　2月19日至23日，要求各村（居）、各景区、各单位负责人重视火灾隐患排查专项活动，并针对景区开展了安全检查，检查双龙峡、爨底下和珍珠湖3处景区。对东斋堂、军响、桑峪等8个村和3处施工工地的出租房屋进行了预防煤气中毒安全检查。

（孙　涛）

【召开2009年工作部署会】　3月5日，召开了2009年工作部署会。领导分别部署了主管工作，各村（居）支部书记村委会主任以及各包村科室负责人参加了会议。

（孙　涛）

【完成教育平台测试】　3月6日，完成镇农村党员干部现代远程教育终端站点平台应用测试工作。

（孙　涛）

【举办放心粮油下乡活动】　3月10日，协助商务局与鑫维康连锁店在镇文化广场举办"进斋堂"活动。

（孙　涛）

【拍摄组拍摄"旅游名镇"】　3月29日，"旅游名镇"拍摄组进驻斋堂，对镇内人文、历史、自然景观进行拍摄，展现斋堂镇风采。

（孙　涛）

【召开第十三次团代会】　3月31日，斋镇团委召开了第十三次代表大会，团区委领导和镇党委领导出席大会，并作了重要讲话。

（孙　涛）

【爨柏景区工作】　3月27日，召开爨柏景区门票价格听证会。4月10日，爨柏景区招聘工作人员，并对新员工进行岗前培训。15日，对爨柏景区消防、交通、治安、食品卫生、用电等方面的安全情况进行了联合检查，为五一的开业做好前期准备。

（孙　涛）

【开展"放心农资下乡进村活动"】　4月15日，区动监局、区农发中心组织下属执法单位和种业、农机服务部门在镇内开展"放心农资下乡进村活动"。

（孙　涛）

【召开帮扶工作见面会】　5月7日，召开低收入农户增收帮扶工作见面会，区委宣传部、民政局等15家帮扶单位参加了会议。见面会上，镇党委向各单位公布了帮扶工作的实施方案，以提高低收入农户增收问题来检验学习实践活动的实际效果。

（孙　涛）

【开展"代马依风"走京西活动】　5月20日，组织、安排部署为期3天的"代马依风"走京西活动。

（孙　涛）

【启动菌棒基地建设】　5月21日，全市面积最大食用菌菌棒基地建设项目在镇内签约启动。

（孙　涛）

【客运站建设完成前期工作】　6月10日，客运站位于斋堂电管站西侧，已完成征地工作及对地上物进行补偿的工作，工程共征地24.4亩。

（孙　涛）

【各村进行民主公开日活动】　7月17日，镇各村按照区镇统一安排，进行了2009年第二次民主公开日活动。

（孙　涛）

【法城蜜蜂文化节开幕】　7月31日，第七届法城蜜蜂文化节开幕。

（孙　涛）

【灵水举人节开幕】　8月7日，第八届灵水举人节开幕。

（孙　涛）

【召开教师节表彰大会】　9月10日，召开全镇教育工作者表彰大会，对教育战线的先进工作者和对教育事业给予支持的单位进行了表彰。

（孙　涛）

【完成国庆安保工作】　10月12日，完成安全稳定保障工作。在打击非法盗采、旅游景点安全、综合整治工作、防火工作以及各类安全保障等方面工作中均达到了区委区政府的工作要求。

（孙　涛）

【部署无偿献血工作】　10月27日，召开2009年无偿献血工作会，部署年内公民无偿献血工作。

（孙　涛）

【农业大棚工程通过验收】　10月27日，镇内设施农业大棚按照标准施工建设，主体工程基本竣工，并通过了市区农委相关领导验收小组的验收。

（孙　涛）

【召开森林防火工作部署会】　11月4日，为确保森林防火期安全，斋堂镇综合分析多方面情况，对全镇所面临的防火形势进行综合分析，对2009年至2010年护林防火工作进行部署，做好全镇护林防火工作。

（孙　涛）

【学习科学发展观活动】　11月6日，镇基层党支部按照镇学习实践活动方案精神，带领部分党员干部到密云、延庆、昌平等区县，进行了5天的参观学习。

（孙　涛）

【召开换届选举部署会】　12月23日，召开农村两委换届选举部署会，镇党委要求各村党支部及各包村科室要高度重视，提前谋划，加强领导，保证换届选举工作依法有序进行。

（孙　涛）

【召开区人大代表会前准备会】　12月25日，镇代表团召开区人大代表会前活动，推选出了代表团组成人员，讨论了各项相关草案和征求意见稿，征求了意见、议案以及批评建议，部署了大会期间有关的注意事项。

（孙　涛）

【市、区领导到斋堂镇调研】　年内，市委宣传部、市区发改委多次到镇内调研，视察镇党委政府产业结构调整和生态环境整治等工作；市区打非工作组多次到镇检查工作，确保打非工作开展；区领导伊欣欣到镇调研并视察了斋堂渠台山庄工程和军响坳峪沟生态环境治理示范工程。对马栏村发展红色旅游的情况进行了了解；对斋堂镇学习实践科学发展观活动进行了调研。郭光磊到镇检查旅游住宅合作社工作。付兆庚到镇调研安全生产工作。区检察院检察长带领区检察院各职能部门到镇进行检务工作调研。

（孙　涛）

【完成农村规划编制】　年内，镇内22个村确定为五项工程整体推进村，按照区农委、规划分局要求全部编制新农村发展规划，年内完成了柏峪、青龙涧、黄岭西、沿河口等7个村村庄规划编制工作。杨家村、吕家村、双石头村、法城村村庄规划完成前期工作。

（孙　涛）

【新农村建设工程】　年内，乡村道路建设工程，完成柏峪台路3.6公里、柏黄路1.2公里、沿东路2.5公里大修工程、新兴村街坊路建设及上下水改造工程。新农村公厕已经建成16座。农村新能源推广工程，全镇共10个村进行节能房屋改造工程，已经完成1249户；东斋堂村、军响村、沿河城村3座液化气站正在实施。太阳能路灯共240盏全部安装完成。沿河口村完成30户搬迁住宅建设，共完成街坊路绿化长度27400米，绿化面积18800平方米，种植乔木5318株，种植花灌木54800株。年内，对道路工程、给排水配套工程、污水工程、电力配套工程、种植基地整护工程、养殖基地配套工程总投资3099万元。建林下经济工程2060亩；暖棚工程4000平方米；苗圃基地100亩；煤窝沟通过关闭煤矿产业结构调整基础设施建设工程的实施，完成道路工程4.86万平方米，扶唇垒堰4.32万立方米，节水灌溉1690亩，给水管道6694米，打机井4眼，建蓄水池14座。完成黄岭西150亩葡萄；军响七里沟400亩核桃；桑峪500

亩核桃；提升改造军响百果园50亩；建设九龙头主题农业公园；标准化基地建设项目750亩；完成替代产业项目520亩。共建设施农业大棚230栋。在煤窝沟建菌棒加工厂1座，年生产能力在500万棒左右。

（孙　涛）

【消防工作】　年内，完成辖区内的企业、景区、各村（居）、农家乐，以及“六小单位”消防安全宣传、检查。

（孙　涛）

【旅游业发展】　年内，镇内制定了以“一个中心带动三个项目辐射6条沟峪经济带”的产业结构模式，以斋堂镇旅游集散中心的建设为平台，实施西斋堂村历史街区保护修缮利用项目、东斋堂村旧村改造项目、东斋堂新镇区住宅开发项目，加强爨柏沟、煤窝沟、马栏沟、北山沟、桑峪灵水沟、沿河城沟6条沟峪经济带建设，重点建设了爨柏沟。爨柏沟全面实施重组，沟内6个村庄捆绑式发展，联合成立了爨柏景区，安排固定就业岗位100多个，各村旅游服务接待户总量增加，人员增多，旅游收入增长迅速。爨底下、双龙峡、珍珠湖景区共接待游客13.26万人，营业总收入1042.53万元。

（孙　涛）

【打击非法盗采工作】　年内，对北山地区非法盗采情况进行了地毯式处理，共处理煤熏口11个。按照煤熏口类别，对其中5个进行了炸毁、另外6个使用铲车进行了封堵。“两会”期间，开展整治行动，打击非法盗采。出动工作人员230人次，处理煤熏口27个，检查出租房屋144户，有无正当职业者24人，移交派出所处理。检查原储煤场所10个，查扣从事非法盗采活动的农用三轮车1辆，收缴自制炸药2公斤、发电机、卷扬机、干式变压器等盗采工具30余件。对辖区流动人口和出租房屋开展了集中清理整顿行动。共检查出租房屋145户309间，流动人口303人；审查流动人口51人，行政拘留2人，罚款7人，对其余人员进行了集中教育，劝导其限期离京。同时，处罚违法出租房主2人，罚金400元；收缴帽斗、头灯等用于非法盗采工具15件。全年共计处理熏口2297个次，开展了10次大规模清理出租房屋和流动人口的专项行动，拆除和捣毁各类房屋窝棚9处，抓获私挖盗采人员126人，查扣非法运煤车辆50余辆，遏制了斋堂地区非法盗采势头。

（孙　涛）

【维护地区稳定工作】　年内，镇政府严格落实属地管理责任，成立了专项工作领导小组并进行了部署，制定了各项工作台帐，排查隐患，制定整改措施，加强监督落实，维护了地区安全稳定。入开展党性党风党纪教育活动，逐级签订了责任书，加强反腐倡廉宣传工作，深入开展反腐倡廉主题教育活动，引领领导干部讲党性、重品行、作表率；加强信访工作，解决群众反映的热点、难点问题。强化意识，千方百计保民生。强化责任加大力度保稳定。加大矛盾排查化解力度。开展党性党风教育活动。确保各项要求落到实处。年内共排查社会矛盾13次，调解各类纠纷340余件；开展法律咨询活动13次，接待咨询群众224人次，解答各种法律问题23件；受理群众来信30件次，受理来访总量27件30批213人次；领导接待日共接待群体访32起。

（孙　涛）

【养殖业】　年内，有6户农户参与柴鸡规模化养殖，共养殖柴鸡3.12万只；

（孙　涛）

【三品认证】　年内，3家单位新办有机认证。为北京市法城蜜蜂养殖种植专业合作社；北京神州百草种植有限公司；西胡林村经济合作社办了认证。

（孙　涛）

【矿山治理和生态修复治理工作】　年内，完成人工造林3949亩；荒山造林5015亩；封山育林5000亩；实施了京津风沙源治理工程、小流域综合治理工程、土地综合开发工程、人工造林工程、矿业环境综合治理工程和地质环境综合治理工程，相继完成了煤窝地区、青龙涧、黄城峪沟、狼虎沟和水嘴沟等10条沟峪的生态修复治理工程。通过各项工程的实施，矿业环境治理面积近150平方公里，煤矿采空区治理面积达到80%，全镇林木覆盖率达到77%，生态环境发生了显著变化。

（孙　涛）

【民计、民生工作】　年内，完成各种灾害捐款40多万元；发放各种保障金1300多万元；投资750万元为优抚对象和农村困难户改造危房207间；落实低保1518户，3287人；新型农村合作医疗参合人数5368人；发放各种贷款207.5万元；开展各类培训621人次；全程代理接待咨询779人次，办结事项2041件。

（孙　涛）

清 水 镇

【概况】 清水镇地处北京市最西部，东与斋堂镇相邻，西与河北涿鹿县接壤，南与房山区相连，北与河北省怀来县连接，距市中心93公里，109国道贯穿东西，镇域面积339平方公里，辖32个行政村，5461户，10586人，其中农业人口8377人。全镇共有39个党支部，党员1395名。境内旅游资源丰富，北有海拔2303米的京都第一峰灵山和被誉为京西小三峡的龙门涧，南有海拔1991米的“华北百草园”百花山，西有小龙门国家森林公园，都是北京市著名的天然风景旅游区。年内，在区委、区政府的领导下，清水镇党委、政府以科学发展观为指导，按照“保增长、保民生、保稳定”的总体要求，围绕年初确定的各项经济社会发展目标和区政府下达的各项任务，采取有效措施加快产业结构调整，转变经济增长方式，团结和带领全镇人民，抢抓机遇，奋力拼搏，全面推进全镇经济社会发展。全年农村经济总收入完成34743.3万元，同比增长13.8%；乡镇企业总收入完成28934万元，同比增长16.8%；乡镇企业利润总额完成8288万元，同比增长23.8%；农民人均劳动所得完成7317.8元，同比增长10.5%；固定资产投资完成7960万元，同比增长18.9%；财政税收完成3746.2万元，同比增长增长64%。

单位名称：中国共产党北京市门头沟区清水镇委员会
北京市门头沟区清水镇人民政府
地　　址：北京市门头沟区清水镇上清水村
电　　话：60855407
邮　　编：102311

（梁宏岩）

【区领导检查调研】 1月8日，翟云峰到清水镇检查动物防疫工作，在听取了清水镇关于做好动物防疫工作的汇报后，到张家庄村动物防疫检查站、张家庄村肉鸡养殖小区、杜家庄村肉鸡养殖小区进行了检查。5月1日，伊欣欣就新民居改造工程到清水镇调研，对西达么和椴木沟的“暖起来”工程进行了实地查看，并提出了具体要求。12日，伊欣欣到清水镇检查重点工程建设进展情况，对双大路工程清水段进展情况和京津风沙源治理工程荒山造林项目进行了实地察看，并提出了具体要求。20日，王智慧就农村惩防体系建设情况到清水镇调研，对清水镇的“三个中心”建设情况和廉政风险防范管理工作表示满意，同时对该镇关于纪检工作的建议给予了答复。27日，付兆庚就安全生产工作到清水镇调研，在听取了镇党委、政府关于产业结构调整、安全生产和打击私挖盗采等工作的汇报后，到清水镇西宝煤矿，对市安监局提出的监察整改情况进行了督察，并提出了具体要求。6月25日，伊欣欣到清水镇检查指导农村三资管理中心工作，听取了清水镇农村三资管理中心工作进展情况的汇报，并提出了具体要求。10月27日，付兆庚就安全生产工作到清水镇调研，听取了清水镇打击私挖盗采工作和西宝煤矿复工后安全生产工作的汇报，并提出了具体要求。12月16日，伊欣欣到清水镇检查农村党支部换届选举筹备工作和清水镇服务型政府建设。听取了清水镇农村党支部换届选举筹备工作的报告，实地参观了清水镇新办公楼，对清水镇社保大厅和全程办事大厅的建设情况给予了肯定。

（梁宏岩）

【著名作家到镇内座谈采访】 4月22日，创作有《贫嘴张大民的幸福生活》、《菊豆》、《集结号》等著名作品的作家刘恒回到家乡清水镇，与家乡父老一起座谈，采访了解了清水镇近年来的发展情况、山区旅游发展与生态建设等情况，采访了清水中心小学的校长及老师，询问了他们的日常工作生活及山区学生的学习生活等有关情况，了解了山村教师和学生的真实生活状态，并表示将以此为素材创作歌剧，在国家大剧院成立两周年时上映。

（梁宏岩）

【市领导检查】 4月30日，市建委副主任冯可梁到清水镇检查新民居改造各项工作。冯可梁在检查完西达么村、椴木沟村和燕家台村的墙体保温和门窗保温工程后，对清水镇已完成的各项新民居改造的工程质量给予了肯定，同时对房地基美观等工作提出了合理化建议。10月30日，市党风廉政建设工作联合检查组到清水镇检查工作。检查组一行首先听取了清水镇党委做的《党风廉政建设专项检查工作汇报》。观看了由北京电视台制作的洪水口村党支部书记于广云事迹专题片——《唤醒沉睡的大山》，听取了洪水口村加强党风廉政建设，发展股份制经济，实现经济发展，村民富裕的专题汇报，并检查了清水镇党风廉政建设、惠农资金使用、民主活动记录、“三资”管理相关文件和档案资料。并与清水镇洪水口村村民代表进行了座谈。

（梁宏岩）

【捐款活动】 5月19日，举办了“京什手拉手重建新家园”社会捐赠活动。镇机关工作人员共捐款10380元。6月24日，开展了“共产党员献爱心”捐款活动，全镇机关干部共捐款7100元。8月10日，开展了“伸出你的双手，为台湾灾区奉献一片爱心”的捐款活动，镇全体机关干部共捐款3660元。

（梁宏岩）

【举办村级档案管理培训班】 8月13日，举办了村级档案管理培训班，区档案史志局业务人员对村级档案工作规范化管理的必要性、村级档案范畴、村级档案归档要求、村级档案整理等6个方面进行了讲解。清水镇党办工作人员讲解并发放了《北京市村级档案管理办法》、《门头沟区2009年新农村建设档案工作要点》等文件。全镇各村的32名档案员参加了培训。

（梁宏岩）

【举办农家乐书屋图书发放仪式】 9月22日，市新闻出版局读书益民办公室、区文委的领导到清水镇农村文化服务中心大院，为张家庄、田寺、洪水峪等24个行政村发放了价值120万元的图书和音像制品3.6万册，推进了清水镇的文化建设。

（梁宏岩）

【举办庆祝建国60周年文艺晚会】 9月29日，在燕家台村举办了庆祝中华人民共和国成立60周年文艺晚会，整台晚会共表演了《坐唱灵龙轩》、《燕家台，我可爱的家乡》、《我的祖国》、传统山棒子戏等21个节目。晚会歌颂了新中国成立60年来的巨大变化。全镇500余名群众观看了晚会。

（梁宏岩）

【综合办公楼落成使用剪彩】 10月28日，举办综合办公楼落成使用剪彩仪式，办公楼占地面积16亩，总建筑面积8000平方米，主体楼建筑面积3900平方米，设计为主体4层，局部5层的双面砖混结构，于办公、会议、培训为一体，功能齐全，结构合理。区领导高连广、郭光磊、谭杰、陈志强出席了剪彩仪式并剪彩。

（梁宏岩）

【举办《大家看清水》画册发布会】 12月5日，在北京四中举行了大型画册——《大家看清水》发布会。大型画册——《大家看清水》由清水镇政府和北京古都韵书画院共同策划发起，由古都韵书画院组织编辑。该书共收入书画摄影作品300余件。发布会上，《清水——京西边陲美如画》一同亮相。

（梁宏岩）

【打击非法盗采活动】 年内，共炸毁非法煤矿口26个，使用炸药90箱，电雷管210支，炸毁非法盗采运输设备及收缴器具19台，出动车辆1475车次，人员6810人次。

（梁宏岩）

【一村一品专业村建设】 年内，发展一村一品专业村5个，有田寺梅花鹿、下清水苗圃、杜家庄崇安沟观光园、李家庄梦园果园、黄安坨特种养猪场。

（梁宏岩）

【最美丽的山村评选活动】 年内，在门头沟最美丽的山村评选活动中，八亩堰村被评为2009年度门头沟最美丽的山村。

（梁宏岩）

【甲型H1N1流感防范工作】 年内，清水镇多措并举，防范人感染甲型H1N1流感，一是由镇动物疫病防控中心对养殖场所进行消毒，向养殖户发放防疫药品，并教授养殖户药品的正确使用方法，同时向他们强调防控工作的重要性；二是设立检查站，在进京入口小龙门、江水河和张家庄3个村分别设立检查站，由专人负责检查运送动物进京的车辆，持有动物检疫合格证的车辆方可放行，无检疫合格证的车辆及人员则由检查站人员劝返。三是每天由镇动物疫病防控中心与养殖户进行电话联系，了解有无异常情况，并将当天全镇的防控情况汇总填报后及时上报，发挥联防联控工作机制作用。

（梁宏岩）

【低收入户工作】 年内，成立了低收入户工作领导小组，并制定了实施方案和帮扶机制，通过排查，全镇有低收入农户1690户，3630人。至年底已消除低收入户641户，占低收入总户数37.6%，户均增收38.1%。

（梁宏岩）

【新民居工程】 年内，“亮起来”工程方面，已累积为22个村安装太阳能灯1055盏；“暖起来”工程方面，已完成墙体保温22万平方米，门窗3.6万平方米。洪水峪型煤加工厂设计生产生物质型煤5万吨，建筑面积6800平方米，占地10亩。工程总造价600万元，已开始生产；“循环起来”工程方面，已建3个液化气配送站，并已投入使用。

（梁宏岩）

【为民办实事】 年内，为民办实事方面：改造农村户厕130户，改建公厕8座。绿化美化109国道清水粮库外400平方米。完成5个村的创建北京市卫生村工作。

（梁宏岩）

人　物

组织机构负责人名单（截至 2009 年底）

中国共产党北京市门头沟区委员会

区委书记　伊欣欣
区委副书记　刘云广、郭光磊
区委常委　伊欣欣、刘云广、郭光磊、陈志强、陈　清（4 月免）、王二安、罗　斌、付兆庚（4 月任）、王智慧（11 月免）、张　冰、韩生辉、陈国才、赵潮英（11 月任）
区纪委书记　王智慧（11 月免）、赵潮英（11 月任）
区委政法委书记　韩生辉
区委办主任　陈国才
区委组织部部长　张　冰
区委宣传部部长　陈志强
区委统战部部长　侯建华
区委研究室副主任（主持工作）　张翠萍（9 月免）、张书军
区直机关工委书记　陈国才
区直机关工委常务副书记　李增金（12 月免）、李纪云（12 月任）
区委老干部局局长　吕根群
区民族宗教办主任　王维胜
区精神文明办主任　任全礼（2 月免）
区综治办主任　陈　波（12 月免）
区委防范和处理邪教问题领导小组办公室主任　张福军
区委党校校务委员会主任、常务副校长　李荣超

门头沟区人民代表大会常务委员会

区人大主任　李慷云
区人大副主任　何震芳、赵爱娟、聂文玉、谭　杰、王建昌（不驻会）
区人大常委会办公室主任　艾德禄
区人大常委会研究室主任　刘志国（3 月免）
区人大常委会代表联络室主任　王明元
区人大常委会内务司法工作委员会主任　高帮利
区人大常委会教科文工作委员会主任　杜晨光（12 月免）
区人大常委会财经工委主任　李维兴（12 月任）、王德成
区人大常委会农村工作委员会主任　杨国强
区人大常委会城乡建设环保工作委员会主任　王德成（9 月免）、李秀山（9 月任）

门头沟区人民政府

区　长　刘云广
副区长　罗　斌、陈　清（4 月免）、付兆庚（4 月任）、闫永喜、翟云峰、李建军（11 月免）贾文勤、姚忠阳（11 月任）
区政府办公室主任　张　永
区发改委党组书记、主任　张满仓

区国资委党委副书记、主任　高增明（9月免）
白连富（9月任）
区国资委党委书记、副主任　张　杰
区商务局党组书记、局长　郭殿海（9月免）
区商务委员会党组书记、主任
王立宇（9月任）
区委教工委书记　张爱宗
区教委主任　何　渊
区科委党组书记、主任　张文波
区监察局局长　曹桂林
区农业局局长　刘永强
区农业局党组书记　张广成
区园林绿化局党组书记、局长　高连发
区民政局党委书记、局长　白连富（9月免）、
张翠萍（9月任）
区司法局党组书记、局长　马　星
区财政局党组书记、局长　许　彪
区人事局党组书记、局长　杜斌英（9月免）
区劳动和社会保障局党组书记、局长
高连发（9月免）
区人力资源和社会保障局党组书记、局长
杜斌英（9月任）
区建委党组书记、主任　冯　飞（9月免）
区住房和城乡建设委员会党组书记、主任
冯　飞（9月任）
区市政管理委员会工委书记、主任
张乐春
区交通局党组书记、局长　索宝柱
区委农工委书记、主任　刘永强
区文委党委书记、主任　陈世杰
区卫生局党委书记　顾　宏
区卫生局党委副主席、局长　赵国章
区人口计生委党组书记、主任　王培兰（9月任）、
姜淑琴（9月免）
区审计局党组书记、局长　高　见
区环保局党委书记、局长　曹志远
区统计局党组书记、局长　李　伟
区水务局党委书记、局长　徐邦敬
区林业局党委书记、局长　李　建（9月免）
区旅游局党委书记、局长　张久振
区体育局党组书记、局长　范根源
区法制办主任　谷志强
区委街道工委书记、区街道办主任
韩兴无（2月免）
区委社会工委书记、区社会建设工作
办公室主任　韩兴无（2月任）
区信访办主任　杨寿聪
区民防局局长　李志文
区档案局党组书记、局长　刘望鸿
区城管大队队长　史宗宪
区城管大队党组书记、政委　安焕生
区工业局党组书记、局长　张庆伍（9月免）
区经济和信息化委员会党组书记、主任
张庆伍（9月任）
区安监局党组副书记、局长　李有敏
区安监局党组书记　梁光学

中国人民政治协商会议北京市门头沟区委员会

区政协主席　高连广
区政协副主席　杲建忠、侯建华、
安冬梅（女，不驻会）、
野京城（不驻会）、
朱德友（不驻会）、
孙善民（不驻会）
区政协秘书长　董　辉
区政协研究室主任　陈廷彩
区政协专委会工作一室主任　孙永春（9月免）、
刘建生（12月任）
区政协专委会工作二室主任　刘增城
区政协专委会工作三室主任　何建忠
区政协专委会工作四室主任　杨金波（9月任）

政法、军事

区检察院党组书记、检察长　许晓闽
区检察院反贪污贿赂局局长　陆启顺（11月免）
区法院党组书记、院长　黄建京
区公安分局党组书记、局长　谢世龙（9月免）、
鹿进宝（9月任）
区公安分局政委　鹿进宝（9月免）、
孙连辉（12月任）
区人武部政委　王二安

群众团体

区工商联主席　李维兴（12月免）、
奚秀月（12月任）
区工商联党组书记　王香萍

区总工会党组书记、主席　任继明
区总工会常务副主席　刘克刚
团区委党组书记、书记　徐家湛（5月任）
区妇联党组书记、主席　石　军
区科协党组书记、主席　赵　凯
区残联理事长　李彩霞
区文联主席　张广林（7月免）、孙永春（9月任）
区红十字会常务副会长　王连勇

乡镇街道

潭柘寺镇党委书记　连春国
潭柘寺镇镇长　韩瑞昌
永定镇党委书记　刘建生（12月免）、陈　波（12月任）
永定镇镇长　史雅琳
龙泉镇党委书记　刘树军
龙泉镇镇长　王九中（9月免）、付军利（9月任）
军庄镇党委书记　王九中（9月任）、王立宇（9月免）
军庄镇镇长　舒伯文
妙峰山镇党委书记　彭利峰
妙峰山镇镇长　卢佳强
雁翅镇党委书记　李国庆
雁翅镇镇长　谢春雪
斋堂镇党委书记　万　钦
斋堂镇镇长　刘贵清（12月任）、刘　东（12月免）
清水镇党委书记　张璇里
清水镇镇长　杨树国
王平镇党委书记　耿新民
王平镇镇长　彭天和（12月任）、奚秀月（12月免）
东辛房街道工委书记　梁增霞
东辛房街道办事处主任　穆春林
大峪街道工委书记　李梦林
大峪街道办事处主任　董国柱（12月免）、王　涛（12月任）
城子街道工委书记　董国柱（12月任）、李纪云（12月免）
橙子街道办事处主任　李秋芳
大台街道工委书记　李秀山（9月免）、袁新民（9月任）
大台街道办事处主任　袁新民

事业单位

区地震局局长　张文波（兼）
区广电中心党组书记　张慧军
区广电中心主任　宋　奇
区医院院长　袁春兰
区石龙管委主任　张丰收（6月任）、闫永喜（6月免）
区委石龙开发区工委书记、总公司总经理　张丰收
区经管站站长　董建忠
农发中心主任　张广成
区地煤办主任　张庆伍（兼）
区机关后勤服务中心主任　杨广义
区环卫中心党委副书记、主任　王春海
区环卫中心党委书记　何松朝
区老龄办主任　王进亮
北京百花山国家级自然保护区管理处主任　王九中（12月免）、刘　东（12月任）
区公共工程服务中心党组书记、主任　陈晓峰
区财贸干校校长　张德成
区风景区管理处主任　张连升

区管企业单位

区粮食局局长　王立宇（9月任）、郭殿海（9月免）
京门良实国有资产经营管理公司党委书记、监事会主席　张树栋（5月免）
京门良实国有资产经营管理公司党委副书记、董事长、总经理　刘　婕
京西建设集团有限责任公司党委书记、总经理　李　旭
京门国有资产经营管理中心党委书记、总经理　连久利
京门国有资产经营公司党委书记、董事长、总经理　郭化安（5月免总经理）
区供销社主任　崔长青（12月任）、安兴凯
京门国有商业资产经营公司总经理　宋建筑（5月任）

首都全民义务植树先进单位（4个）

门头沟区发展和改革委员会
门头沟区绿化委员会办公室
门头沟区大峪街道办事处
门头沟区卫生局

首都绿化美化先进单位（3个）

门头沟区财政局
门头沟区潭柘寺镇人民政府
门头沟区市政市容管理委员会

首都绿化美化园林小城镇（1个）

门头沟区龙泉镇人民政府

首都绿化美化花园式社区（1个）

门头沟区大峪街道承泽苑社区
门头沟区大峪街道绮霞苑社区

首都绿化美化花园式单位（187个）

北京国信好望物业管理有限公司——含晖苑A区
北京京煤集团有限责任公司门城物业管理分公司
中国人民解放军91918部队
西峰山庄国际酒店管理（北京）有限公司
北京万佛华侨陵园有限公司
北京精雕科技有限公司——东院
门头沟区教工招待所
北京灵宝苗木有限公司
北京国信好望物业管理有限公司——霁月园小区
门头沟区大峪街道新桥南大街社区居民委员会
门头沟区大峪街道新桥西区社区居民委员会
门头沟区大峪街道龙泉花园社区居民委员会
门头沟区大峪街道中门花园社区居民委员会
门头沟区城子街道桥东社区居民委员会
门头沟区城子街道七棵树东街社区居民委员会
北京滨城物业管理中心——城子大街32号院
门头沟区龙泉镇水闸西路社区居民委员会
门头沟区博物馆
北京京煤集团有限责任公司物业管理分公司
北京鑫华源机械制造有限责任公司——制造中心
北京昊泰建筑材料有限公司
门头沟区龙泉镇中门寺村民委会大院
门头沟区妙峰山镇红樱桃旅游度假山庄
门头沟区应急救援大队
门头沟区大台街道黄土台社区居民委员会
门头沟区王平镇社会福利中心
门头沟区王平镇河北社区居民委员会
门头沟区中小学生素质教育培训中心
北京平西昊远企业管理中心电力安装队
北京华电新明电器有限公司
门头沟区斋堂镇军响金水饭庄
门头沟区清水镇人民政府大院
上清水清水湾食用菌合作社
北京市公安局门头沟分局
北京市路政局门头沟公路分局——石龙北路26号

院
北京国信好望物业管理有限公司——皓月园
北京市门头沟区公安消防支队
中国人民解放军61416部队33分队
北京市大峪中学分校
北京市门头沟区清水中学
北京市门头沟区工读学校
北京市门头沟区西辛房中学
北京市门头沟区琉璃渠小学
北京市门头沟军响中心小学
北京市门头沟区清水苗圃
北京双吉制药有限公司
北京燕莎黄塔经贸发展公司
北京市门头沟军庄村居委会社区大院
北京市门头沟区大峪街道永新社区居民委员会
北京市门头沟区大峪街道新桥社区居民委员会
北京市门头沟区百花速8酒店
北京昊华能源股份有限公司木城涧煤矿千军台坑
北京歌华有线电视网络股份有限公司门头沟分公司
北京市门头沟区大峪街道向阳东里社区居民委员会
北京京煤集团有限责任公司绿海物业管理分公司——绿岛家园
北京精雕科技有限公司
门头沟区地方税务局
北京意高科技有限公司
北京东方博特科技发展有限公司
北京实力通达工贸有限公司
门头沟区永定镇上岸村委员会大院
门头沟区永定中学
门头沟区体育局
北京国信好望物业管理有限公司含晖苑小区
北京盛鸿物业管理有限责任公司
北京蓝龙物业管理中心蓝龙家园
门头沟区峪园小学
门头沟区峪园中学
大峪街道峪园社区居委会大院
大峪街道向阳楼社区居委会大院
大峪街道月季园一区社区居委会大院
大峪街道月季园二区社区居委会大院
大峪街道月季园东里社区居委会大院
门头沟区垃圾压缩转运站
京煤集团杨坨物业管理分公司
北京昊华能源股份有限公司大台煤矿
大台街道落坡岭社区居委会大院
大台街道桃园社区居委会大院
门头沟区民政局
门头沟区林业局
门头沟区妙峰山镇人民政府机关
门头沟区雁翅镇人民政府机关
北京国信好望物业管理有限公司临境苑小区
北京昊华能源股份有限公司物资分公司
门头沟区社区服务中心
门头沟区天山陵园
京煤集团斋堂培训基地
北京仙潭珍禽养殖场
北京京煤集团总医院大台医院
门头沟区幼儿园
门头沟区雁翅中学
门头沟区科技开发试验基地
北京中粮龙泉山庄有限公司
北京京煤集团昊华能源股份有限公司木城涧煤矿
门头沟区大峪街道峪园南里居委会
门头沟区潭柘寺中学
北京莱勒克食品有限公司
门头沟区斋堂镇污水处理厂
北京埃姆毛纺有限公司
北京市辰发物业管理公司新桥家园
中国人民解放军六六二八二部队
北京峪东住宅管理服务中心绮霞苑小区
北京城市河湖管理处第一管理所
国土资源部西峰寺培训中心
北京京西蓝天旅游服务有限公司
门头沟区军庄镇人民政府机关
北京昊华能源股份有限公司矿山救护队
北京昊华能源股份有限公司安全培训中心
门头沟区人民法院
门头沟区潭柘寺镇人民政府机关
门头沟区潭柘寺镇鲁家滩村鲁新小区
门头沟区永定中心上岸小学
门头沟区妙峰山学校
北京市京西风光旅游开发股份有限公司妙峰山景区分公司
北京万辉双鹤药业有限公司
北京昊煜工贸有限责任公司煤矸石热电厂
王平医院
门头沟区卫生局
北京市瑞驰钻石厂
门头沟区妙峰山镇社会福利中心
北京市公安局门头沟分局色树坟森林公安派出所
门头沟公路分局路政大队

北京永兴物业管理中心永兴小区
北京华丰房地产开发有限责任公司冯村嘉园
门头沟区永定镇万佛堂村村委会
北京筑安基业混凝土有限责任公司
北京羚锐卫生材料有限公司
北京九发药业有限公司
北京路桥海威公路养护工程有限公司第八分公司
北京市戒台寺风景区
北京市潭柘寺风景区
北京石龙葡东物业管理中心葡东小区
北京市门头沟区新桥路中学
北京峪东住宅管理服务中心德露苑小区
北京峪东住宅管理服务中心承泽苑小区
北京京煤集团总医院
北京市九龙山矿泉饮料公司
中国人民解放军总后勤部油料研究所
北京宝宜耐火材料有限公司
北京市龙世源度假村
门头沟区潭柘寺镇敬老院
区委、区政府机关
门头沟区职业技术教育中心学校
门头沟区龙泉医院
京煤集团有限责任公司教育培训中心
北京赛德广告制品有限公司
北京三聚环保新材料有限公司第一分工司
京西风光旅游开发股份有限公司
斋堂镇人民政府机关
水利局永定河管理处斋堂水库管理站
斋堂中心小学
斋堂中学
斋堂职业高中
门头沟区国家税务局第四税务站
门头沟区军庄中学
门头沟区养路费征收稽查所
门头沟区气象局
门头沟区光荣院
门头沟区大峪向阳一区
门头沟区城子兰龙小区
门头沟区教师进修学校
北京石龙工业区市政管理处
北京金地超硬材料公司
门头沟区教育委员会
门头沟区建设开发公司
门头沟区永定镇人民政府
门头沟区电信局石龙电信支局
北京石龙工业区管理委员会
门头沟区潭柘寺中心小学
门头沟区大峪中学
北京矿务局上岸疗养院
北京矿务局液压支架厂
六二〇二五部队
九一七八〇部队
北京矿务局职业病防治所
北京市人民矿山机械厂
北京市自来水公司城子水厂
门头沟区供电局石门营变电站
六二三五一部队
门头沟区医院机关
门头沟区煤矿机关
门头沟区殡仪馆
六二三四一部队
六一〇九六部队
北京矿务局机关
门头沟区龙泉宾馆
门头沟区供电局

首都绿色村庄
（18个）

门头沟区清水镇黄安坨村
门头沟区斋堂镇柏峪村
门头沟区雁翅镇田庄村
门头沟区王平镇西马各庄村
门头沟区斋堂镇高铺村
门头沟区妙峰山镇涧沟村
门头沟区妙峰山镇樱桃沟村
门头沟区军庄镇香峪村
门头沟区龙泉镇琉璃渠村
门头沟区永定镇石厂村
门头沟区妙峰山镇桃园村
门头沟区清水镇洪水口村
门头沟区潭柘寺镇平原村
门头沟区军庄镇东山村
门头沟区潭柘寺镇鲁家滩村
门头沟区王平镇韭园村

门头沟区清水镇杜家庄村
门头沟区永定镇岢罗坨村

首都绿化美化积极分子（30人）

刘晓波：门头沟区发展和改革委员会
曲世军：门头沟区财政局
刘宝娣：门头沟区直机关工委
李成辉：门头沟区直机关工委
李争三：中共门头沟区委宣传部
晋卫华：门头沟区农业委员会
彭天山：共青团门头沟区委员会
王子奇：门头沟区人民检察院
高文生：门头沟区卫生局
韩凤芹：门头沟区妇联
何丽琴：门头沟区绿化委员会办公室
杜兴根：门头沟区雁翅镇
王丽慧：门头沟区教育委员会房管所
蒋文林：门头沟区人武部
王进亮：门头沟区园林绿化局
张海猛：北京市交通委员会路政局门头沟公路分局
张乐春：门头沟区市政园林服务中心
宋金鑫：北京京门国有资产经营中心
刘德明：门头沟区斋堂镇
王　海：门头沟区清水镇
何　智：门头沟区永定镇
安子剑：门头沟区潭柘寺镇
舒伯文：门头沟区军庄镇
韩金城：门头沟区妙峰山镇
耿新民：门头沟区王平镇
李　明：门头沟区龙泉镇
穆春林：门头沟区东辛房街道办事处
董国柱：门头沟区大峪街道办事处
安玉坤：门头沟区大台街道办事处
赵桂忠：门头沟区城子街道桥东社区

统计　资料

自　然　概　况

	计量单位	2006 年	2007 年	2008 年	2009 年
1. 辖区面积	平方公里	1450.7	1448.9	1448.9	1448.9
新城规划区面积	平方公里	87	87	87	87
2. 户数	户	107519	109281	110405	113987
户籍人口	人	239087	240313	241400	244704
农业人口	人	64906	63213	61098	60059
非农业人口	人	174181	177100	180302	184645
人口自然增长率	‰	0.42	1.42	1.61	0.57
3. 全年降雨量	毫米	681.0	622.0	626.9	452.9
全年平均气温	℃	12.9	13.3	12.5	12.4

注：2009 年户籍人口中包括未落常住户口人员 224 人，2008 年户籍人口中包括未落常住户口人员 276 人，2007 年户籍人口中包括未落常住户口人员 323 人。

辖区面积为北京市集体土地地籍调查数据。

资料来源：门头沟区国土资源局、门头沟区公安分局、门头沟区计生委、门头沟区气象局。

行 政 区 划

	辖区面积（平方公里）	行政村个数（个）	居委会个数（个）	总户数（户）	户籍人口（人）		
					合 计	其中：非农业人口	其中：男性人口
合计	1448.9	177	99	113987	244704	184645	126046
大峪办事处			34	20747	54342	54342	27645
城子办事处			17	7800	19081	19081	9932
东辛房办事处			15	12661	31268	31268	16310
大台办事处	80.9		9	3619	8431	8431	5223
潭柘寺镇	79.8	12		6305	11198	5570	5637
永定镇	65.5	24	7	14998	28774	15454	14247
龙泉镇	49.2	16	9	14168	29017	18266	14820
军庄镇	33.5	8	2	6154	11438	8020	5899
妙峰山镇	112.6	17		5412	9797	2945	4933
王平镇	45.9	16	4	3334	7739	7739	4120
雁翅镇	263.9	23	1	5062	8773	2713	4544
斋堂镇	382.4	29	1	7963	14123	8275	7175
清水镇	335.3	32		5764	10723	2541	5561

资料来源：门头沟区国土资源局、门头沟区公安分局、门头沟区民政局、门头沟区社会办。

国民经济主要指标（一）

	计量单位	2009 年	2008 年	2009 年比 2008 年增减%
人口与就业				
人口				
年末全区常住人口	万人	28.0	27.5	1.8
就业				
城镇从业人员（不含私营）	人	65407	64849	0.9
#在岗职工	人	62628	61895	1.2
个体从业人员	人	18449	16860	9.4
城镇登记失业率	%	4.87	4.87	
宏观经济				
国民经济核算				
地区生产总值	万元	747950	731790	2.2
第一产业	万元	12609	10464	20.5
第二产业	万元	374546	411423	-9.0
第三产业	万元	360795	309903	16.4
固定资产投资				
全社会固定资产投资	万元	854576	709779	20.4
#房地产开发投资	万元	113082	209665	-46.1
财政				
一般预算收入	万元	92666	88824	4.3
一般预算支出	万元	372620	270088	38.0
物价				
居民消费价格指数	%	98.5	105.1	

资料来源：门头沟区人力社保局、门头沟区财政局。

国民经济主要指标(二)

	计量单位	2009 年	2008 年	2009 年比 2008 年增减%
产业				
农村经济				
农林牧渔业总产值	万元	36331.1	31330.5	16.0
农村经济总收入	万元	895732.0	811358.0	10.4
工业				
工业总产值	万元	649896.0	690550.0	-5.9
商业				
社会消费品零售额	万元	216585.0	185991.0	16.4
#批发零售业	万元	171559.0	150141.0	14.3
住宿餐饮业	万元	38663.0	29728.0	30.1
其他	万元	6363.0	6122.0	3.9
旅游				
接待总人次	万人次	395.1	364.8	8.3
旅游收入	万元	46801.8	40415.0	15.8
对外经济贸易				
新批“三资”企业	个	4	2	100.0
投资总额	万美元	1128.0	3130.0	-64.0
实际利用外资	万美元	1281.0	1008.0	27.1
金融保险				
金融机构存款余额(人民币)	万元	2124871.0	1585094.0	34.1
#城乡居民储蓄存款余额	万元	1144161.0	880949.0	29.9
金融机构贷款余额	万元	423846.0	331866.0	27.7
保险业务收入	万元	18396.5	18130.6	1.5

资料来源:门头沟区商务委、中国人民保险公司门头沟支公司、中国人寿保险公司门头沟支公司。

国民经济主要指标（三）

	计量单位	2009 年	2008 年	2009 年比 2008 年增减%
教育、文化、科技、卫生				
教育				
中、小学在校生	人	23406	24916	-6.1
中、小学专任教师	人	2507	2458	2.0
文化				
公共图书馆藏书量	万册	43.2	36.0	20.0
科技				
专业技术人员	人	7219	7305	-1.2
卫生				
卫生机构病床数	张	2534	2513	0.8
卫生机构技术人员数	人	2888	2259	27.8
生活与环境				
生活				
城镇居民人均可支配收入	元	23345	21613	8.0
农民人均纯收入	元	11475	10282	11.6
在岗职工平均工资	元	38176	34568	10.4
市政建设				
全年用电量	万度	81243.9	71498.2	13.6
自来水售水量	万吨	1188.8	1141.1	4.2
环境				
城市绿化覆盖率	%	33.4	38.7	
城镇生活污水处理量	万吨	500.7	473.0	5.9
空气质量二级和好于二级天数	天	259	259	
空气质量二级和好于二级天数完成率	%	71.4	70.8	

资料来源：门头沟区教委、门头沟区文委、门头沟区科委、门头沟区卫生局、门头沟区园林绿化局、门头沟区污水处理厂、门头沟区环保局。

地区生产总值

单位:万元

	2009年	2008年	2009年比2008年增减%
合　　计	747950	731790	2.2
第一产业	12609	10464	20.5
第二产业	374546	411423	-9.0
工业	330008	362453	-9.0
建筑业	44538	48970	-9.1
第三产业	360795	309903	16.4
交通运输、仓储和邮政业	13412	10273	30.6
信息传输、计算机服务和软件业	668	690	-3.2
批发和零售业	62371	48092	29.7
住宿和餐饮业	16563	15783	4.9
金融业	24883	26241	-5.2
房地产业	60628	46952	29.1
租赁与商务服务业	16345	16846	-3.0
科学研究、技术服务和地质勘察业	11172	11336	-1.4
水利、环境和公共设施管理业	5382	5266	2.2
居民服务和其他服务业	12536	14826	-15.4
教育	39875	33906	17.6
卫生、社会保障和社会福利业	22799	19702	15.7
文化、体育和娱乐业	5798	4369	32.7
公共管理和社会组织	68363	55621	22.9

注:表中2009年数据为初步核实数据。

城乡人民生活抽样调查情况

指标名称	单 位	2009 年	2008 年	2007 年
城镇居民				
一、调查户数	户	200	200	100
二、家庭人口数	人	534	508	269
平均每户人口	人	2.67	2.54	2.69
三、调查就业人数	人	269	246	134
四、人均可支配收入	元	23345	21613	19466
五、人均消费性支出	元	15953	14881	14118
农村居民				
一、调查户数	户	150	150	150
二、家庭人口数	人	495	500	504
平均每户人口	人	3.30	3.33	3.36
三、整半劳动力	人	381	373	369
平均每户劳动力	人	2.54	2.49	2.46
四、每一劳动力负担人口	人	1.30	1.34	1.37
五、人均总收入	元	13226	11460	10407
六、人均纯收入	元	11475	10282	9198
七、人均生活消费支出	元	8308	7444	6891